全国高职高专医药院校药学及医学检验技术专业工学结合"十二五"规划教材

供药学及相关医学类专业使用

医药营销技术

主　编　王会鑫　周先云　黄　颖
副主编　刘　徽　杨文豪　任守忠
编　者　（以姓氏笔画为序）
王会鑫（宝鸡职业技术学院）
任守忠（海南医学院）
刘　徽（辽宁卫生职业技术学院）
杨文豪（顺德职业技术学院）
周先云（鄂州职业大学医学院）
赵　洁（枣庄科技职业学院）
郑美娟（漳州卫生职业学院）
党创世（陕西华西制药股份有限公司）
黄　柯（辽宁卫生职业技术学院）
黄　颖（枣庄科技职业学院）

华中科技大学出版社
http://www.hustp.com
中国·武汉

内 容 简 介

本书是全国高职高专医药院校药学及医学检验技术专业工学结合"十二五"规划教材。

本书分为认识医药市场营销、医药市场分析技术、医药营销市场选择技术、医药营销组合技术和医药营销组织管理控制技术五大模块。

本书供高职高专药学及其他相关医学类专业使用。

图书在版编目(CIP)数据

医药营销技术/王会鑫,周先云,黄颖主编.—武汉:华中科技大学出版社,2013.1(2023.1重印)
ISBN 978-7-5609-7992-2

Ⅰ.①医… Ⅱ.①王… ②周… ③黄… Ⅲ.①药品-市场营销学-高等职业教育-教材 ②医疗器械-市场营销学-高等职业教育-教材 Ⅳ.①F724.73

中国版本图书馆 CIP 数据核字(2012)第 104592 号

医药营销技术 　　　　　　　　　　　　　　　王会鑫　周先云　黄　颖　主编

策划编辑：罗　伟
责任编辑：史燕丽
封面设计：范翠璇
责任校对：朱　玢
责任监印：徐　露
出版发行：华中科技大学出版社(中国·武汉)　　电话：(027)81321913
　　　　　武汉市东湖新技术开发区华工科技园　　邮编：430223
录　　排：华中科技大学惠友文印中心
印　　刷：广东虎彩云印刷有限公司
开　　本：787mm×1092mm　1/16
印　　张：28
字　　数：681千字
版　　次：2023年1月第1版第6次印刷
定　　价：59.80元

本书若有印装质量问题,请向出版社营销中心调换
全国免费服务热线：400-6679-118　　竭诚为您服务
版权所有　侵权必究

全国高职高专医药院校药学及医学检验技术专业工学结合"十二五"规划教材

编委会

丛书学术顾问　文历阳　沈　彬

委　员（按姓氏笔画排序）

王　杰	沈阳医学院	周建庆	安徽医学高等专科学校
王志亮	枣庄科技职业学院	赵立彦	铁岭卫生职业学院
甘晓玲	重庆医药高等专科学校	胡殿宇	郑州铁路职业技术学院
艾力·孜瓦	新疆维吾尔医学专科学校	侯振江	沧州医学高等专科学校
卢　杰	大庆医学高等专科学校	俞启平	江苏建康职业学院
边毓明	山西职工医学院	宣永华	滨州职业学院
吐尔洪·艾买尔	新疆维吾尔医学专科学校	姚腊初	益阳医学高等专科学校
刘　燕	山西职工医学院	秦　洁	邢台医学高等专科学校
刘福昌	宝鸡职业技术学院	秦自荣	鄂州职业大学医学院
李炳宪	鹤壁职业技术学院	夏金华	广州医学院从化学院
李惠芳	长治医学院	徐　宁	安庆医药高等专科学校
杨凤琼	广东岭南职业技术学院	凌伯勋	岳阳职业技术学院
杨家林	鄂州职业大学医学院	唐　虹	辽宁卫生职业技术学院
张　申	怀化医学高等专科学校	唐忠辉	漳州卫生职业学院
张　鑫	南方医科大学	黄　剑	海南医学院
张平平	山东万杰医学院	曹　杰	哈密职业技术学校
陆予云	广州医学院从化学院	章绍清	铜陵职业技术学院
陆曙梅	信阳职业技术学院	蒋　斌	合肥职业技术学院
陈少华	广州医学院护理学院	魏仲香	聊城职业技术学院
范珍明	益阳医学高等专科学校		

总序

高职高专药学及医学检验技术等专业是以贯彻执行国家教育、卫生工作方针,坚持以服务为宗旨、以就业为导向的原则,培养热爱祖国、拥护党的基本路线,德、智、体、美等全面发展,具有良好的职业素质和文化修养,面向医药卫生行业,从事药品调剂、药品生产及使用、药品检验、药品营销及医学检验等岗位的高素质技能型人才为人才培养目标的教育体系。教育部《关于推进高等职业教育改革创新,引领职业教育科学发展的若干意见》(教职成〔2011〕12号)明确提出要推动体制机制创新,深化校企合作、工学结合,进一步促进高等职业学校办出特色,全面提高高等职业教育质量,提升其服务经济社会发展能力。文件中的这项规划,为高职高专教育以及人才的培养指出了方向。

教材是教学的依托,在教学过程中和人才培养上具有举足轻重的作用,但是现有的各种高职高专药学及医学检验技术等专业的教材主要存在以下几种问题:①本科教材的压缩版,偏重于基础理论,实践性内容严重不足,不符合高等卫生职业教育的教学实际,极大影响了高职高专院校培养应用型人才目标的实现;②教材内容过于陈旧,缺乏创新,未能体现最新的教学理念;③教材内容与实践联系不够,缺乏职业特点;④教材内容与执业资格考试衔接不紧密,直接影响教育目标的实现;⑤教材版式设计呆板,无法引起学生学习兴趣。因此,新一轮教材建设迫在眉睫。

为了更好地适应高等卫生职业教育的教学发展和需求,体现国家对高等卫生职业教育的最新教学要求,突出高职高专教育的特色,华中科技大学出版社在认真、广泛调研的基础上,在教育部高职高专相关医学类专业教学指导委员会专家的指导下,组织了全国60多所设置有药学及医学检验技术等专业的高职高专医药院校近350位老师编写了这套以工作过程为导向的全国高职高专医药院校药学及医学检验技术专业工学结合"十二五"规划教材。教材编写过程中,全体主编和参编人员进行了认真的研讨和细致的分工,在教材编写体例和内容上均有所创新,各主编单位高度重视并有力配合教材编写工作,编辑和主审专家严谨和忘我的工作,确保了本套教材的编写质量。

本套教材充分体现新教学计划的特点,强调以就业为导向、以能力为本位、以岗位需求为标准的原则,按照技能型、服务型高素质劳动者的培养目标,坚持"五性"(思想性、科学性、先进性、启发性、适用性),强调"三基"(基本理论、基本知识、基本技能),力求符合高职高专学生的认知水平和心理特点,符合社会对高职高专药学及医学检验技术等专业人才的需求特点,适应岗位对相关专业人才知识、能力和素质的需要。本套教材的编写原则和主要特点如下。

(1) 严格按照新专业目录、新教学计划和新教学大纲的要求编写,教材内容的深度和广度严格控制在高职高专教学要求的范畴,具有鲜明的高职高专特色。

（2）体现"工学结合"的人才培养模式和"基于工作过程"的课程模式。

（3）符合高职高专医药院校药学及医学检验技术专业的教学实际，注重针对性、适用性以及实用性。

（4）以"必需、够用"为原则，简化基础理论，侧重临床实践与应用。

（5）基础课程注重联系后续课程的相关内容，专业课程注重满足执业资格标准和相关工作岗位需求。

（6）探索案例式教学方法，倡导主动学习。

这套教材编写理念新，内容实用，符合教学实际，注重整体，重点突出，编排新颖，适合于高职高专医药院校药学及医药检验技术等专业的学生使用。这套规划教材得到了各院校的大力支持和高度关注，它将为新时期高等卫生职业教育的发展作出贡献。我们衷心希望这套教材能在相关课程的教学中发挥积极的作用，并得到读者们的喜爱。我们也相信这套教材在使用过程中，通过教学实践的检验和实际问题的解决，能不断得到改进、完善。

全国高职高专医药院校药学及医学检验技术专业工学结合"十二五"规划教材编写委员会

前言

在我国经济的快速发展过程中,包括医药产品在内,大多数产品已经逐渐从卖方主导转向买方主导。随着我国医药体制改革的不断推进和深入,医药企业间的竞争日益激烈,医药营销技术在医药企业经营过程中的作用也越来越重要。医药企业需要在市场营销中不断提高营销管理能力、营销创新能力和营销执行能力,亟需大量的专业性复合型的医药市场营销人才完成医药市场营销任务。

本教材虽然知识量大,但我们在教材编写中始终贯彻"实用、够用、管用"的原则,彰显职业教育特色,坚持高等职业教育"工学结合"的人才培养模式原则,以医药企业市场营销的实践活动为指导,将医药市场营销的项目、任务和工作作为教材编写的主要内容,注重培养学生分析问题、解决问题的医药市场营销实践能力,以期学生在掌握扎实的医药市场营销相关知识基础上完成市场营销工作任务。

本教材打破传统教材的模式,以项目为导向,以任务为驱动进行编写,力求做到教材体系项目化,教材结构模块化。我们以营销流程为线索,设计了认识医药市场营销、医药市场分析技术、医药营销市场选择技术、医药营销组合技术和医药营销组织管理控制技术5个模块,通过17个项目和78个任务来讲授医药营销理论和训练营销实战技巧。每个项目都按照医药营销岗位实际工作任务为载体设计的活动进行,实现营销理论与医药营销实践的一体化,同时培养学生创造性思维和创新能力。

本教材的编写具有实务性、系统性、时事性、应用性和创新性。从编写内容上,全书在基本的医药市场营销内容基础上,创新性地加上医药组织市场购买行为分析、医药企业市场战略规划、OTC市场营销技术、医疗服务市场营销技术等内容。从编写形式上,全书在每一模块的编写中,有医药营销案例以提高学生的学习兴趣,有知识链接、知识拓展等内容以拓宽学生的知识面,有课堂互动以启发学生的思考,有小结为学生整理每一模块的主要内容,有能力检测帮助学生温故而知新,其中较有特色的部分是编写了能够体现每一模块核心医药营销能力的实战训练,从医药市场营销的实际出发提高学生的医药市场营销实务能力。并配有与本教材同步的PPT课件,激发学生对医药营销浓厚的兴趣和方便教师教学。

本教材具体分工:王会鑫、党创世负责第十五项目的编写,周先云负责第八项目、第十二项目的编写,黄颖负责第四项目、第六项目的编写,刘徽负责第一项目、第十四项目的编写,任守忠负责第二项目、第三项目、第五项目、第九项目的编写,杨文豪负责第十模块、第十三项目的编写,郑美娟负责第七项目的编写,黄珂负责第十六项目、第十七项目的编写,赵洁负责第十一项目的编写。陕西华西制药股份有限公司销售副总经理党创世对本书内容给出了指导意见。全书的框架结构与策划以及全书的修改定稿由王会鑫、周先云、刘徽完成。本书可以作为医药市场营销专业学生的专业课教材,也可以作为非医药市场营销专业学生的选修课教材,亦可作为医药企业市场营销从业人员自学的参考书。

本书在编写过程中得到宝鸡职业技术学院、鄂州职业大学医学院、枣庄科技职业学院、辽宁卫生职业技术学院、顺德职业技术学院、海南医学院、漳州卫生职业学院的各位领导和同仁的大力支持,在此深表感谢,并向本书参考文献的作者致谢。由于编者的水平有限,书中难免存在疏漏和不足之处,恳请读者批评指正。

编 者

目录
MULU

模块一　认识医药市场营销　　/ 1

项目一　医药市场营销基础知识　　/ 3
　　任务一　理解医药市场营销核心概念　　/ 3
　　任务二　认知企业经营观念　　/ 9
　　任务三　了解市场营销的产生和发展　　/ 13
　　任务四　市场营销组合理论的发展　　/ 19
　　任务五　实战训练　　/ 24

项目二　医药市场概述　　/ 25
　　任务一　掌握医药市场特点　　/ 25
　　任务二　了解医药市场现状　　/ 27

模块二　医药市场分析技术　　/ 33

项目三　医药市场营销环境分析　　/ 35
　　任务一　医药市场营销环境分析概述　　/ 36
　　任务二　分析医药宏观市场营销环境　　/ 41
　　任务三　分析医药微观市场营销环境　　/ 53
　　任务四　实战训练　　/ 62

项目四　医药消费者市场购买行为分析　　/ 65
　　任务一　医药消费者市场特点　　/ 65
　　任务二　影响医药消费者购买行为的因素　　/ 68
　　任务三　分析医药消费者购买行为类型　　/ 80
　　任务四　医药消费者购买决策过程分析　　/ 82
　　任务五　实战训练　　/ 86

项目五　医药组织市场购买行为分析　　/ 88
　　任务一　认识医药组织市场　　/ 89
　　任务二　分析医药产业的购买行为　　/ 98
　　任务三　分析医院的购买行为　　/ 107
　　任务四　实战训练　　/ 112

项目六　医药市场调研技术　　/ 113
　　任务一　医药市场调查的内容和方法　　/ 113

　　　　任务二　医药市场调查的步骤　　　　　　　　　　　　　　　/ 122
　　　　任务三　实战训练　　　　　　　　　　　　　　　　　　　　/ 136

模块三　医药营销市场选择技术　　　　　　　　　　　　　　　　　/ 141

项目七　医药企业市场战略规划　　　　　　　　　　　　　　　　/ 143
　　　　任务一　企业战略　　　　　　　　　　　　　　　　　　　　/ 144
　　　　任务二　医药企业战略计划过程　　　　　　　　　　　　　　/ 149
　　　　任务三　医药企业市场营销战略管理过程　　　　　　　　　　/ 158
　　　　任务四　实战训练　　　　　　　　　　　　　　　　　　　　/ 165

项目八　医药目标市场营销技术　　　　　　　　　　　　　　　　/ 168
　　　　任务一　医药市场细分　　　　　　　　　　　　　　　　　　/ 169
　　　　任务二　选择医药目标市场　　　　　　　　　　　　　　　　/ 176
　　　　任务三　医药市场定位　　　　　　　　　　　　　　　　　　/ 180
　　　　任务四　实战训练　　　　　　　　　　　　　　　　　　　　/ 188

项目九　医药市场竞争性营销技术　　　　　　　　　　　　　　　/ 191
　　　　任务一　医药企业竞争者分析　　　　　　　　　　　　　　　/ 192
　　　　任务二　医药企业的市场领导者战略　　　　　　　　　　　　/ 202
　　　　任务三　医药企业的市场挑战者战略　　　　　　　　　　　　/ 207
　　　　任务四　医药企业的市场追随者与市场利基者战略　　　　　　/ 210
　　　　任务五　实战训练　　　　　　　　　　　　　　　　　　　　/ 217

项目十　OTC营销技术　　　　　　　　　　　　　　　　　　　　/ 219
　　　　任务一　OTC概述　　　　　　　　　　　　　　　　　　　　/ 220
　　　　任务二　OTC终端营销策略　　　　　　　　　　　　　　　　/ 231
　　　　任务三　零售药店终端拜访　　　　　　　　　　　　　　　　/ 237
　　　　任务四　零售药店店员教育　　　　　　　　　　　　　　　　/ 243
　　　　任务五　零售药店推广会　　　　　　　　　　　　　　　　　/ 246
　　　　任务六　零售药店终端促销　　　　　　　　　　　　　　　　/ 248
　　　　任务七　实战训练　　　　　　　　　　　　　　　　　　　　/ 254

项目十一　医疗服务市场营销技术　　　　　　　　　　　　　　　/ 257
　　　　任务一　医疗服务营销的含义与医疗机构的分类　　　　　　　/ 258
　　　　任务二　分析医疗服务的特点及其营销的意义　　　　　　　　/ 262
　　　　任务三　医疗服务的市场营销技术　　　　　　　　　　　　　/ 265
　　　　任务四　实战训练　　　　　　　　　　　　　　　　　　　　/ 278

模块四　医药营销组合技术　　　　　　　　　　　　　　　　　　　/ 279

项目十二　医药产品策略　　　　　　　　　　　　　　　　　　　/ 281
　　　　任务一　医药产品整体概念和医药产品组合策略　　　　　　　/ 282
　　　　任务二　医药产品生命周期及营销策略　　　　　　　　　　　/ 286
　　　　任务三　医药产品品牌策略与商标策略　　　　　　　　　　　/ 291

任务四　医药产品包装策略　　　　　　　　　　　　　　/ 297
　　任务五　医药新产品开发策略　　　　　　　　　　　　　/ 299
　　任务六　实战训练　　　　　　　　　　　　　　　　　　/ 306
项目十三　**药品价格策略**　　　　　　　　　　　　　　　　　/ 308
　　任务一　药品价格概述　　　　　　　　　　　　　　　　/ 309
　　任务二　药品的价格管理政策　　　　　　　　　　　　　/ 313
　　任务三　影响医药商品定价的因素　　　　　　　　　　　/ 316
　　任务四　药品定价目标与定价程序　　　　　　　　　　　/ 319
　　任务五　医药商品定价方法　　　　　　　　　　　　　　/ 321
　　任务六　医药商品定价策略　　　　　　　　　　　　　　/ 325
　　任务七　调整医药商品价格策略　　　　　　　　　　　　/ 330
　　任务八　实战训练　　　　　　　　　　　　　　　　　　/ 336
项目十四　**医药分销渠道策略**　　　　　　　　　　　　　　　/ 339
　　任务一　认识医药分销渠道　　　　　　　　　　　　　　/ 340
　　任务二　医药分销渠道的设计技术　　　　　　　　　　　/ 344
　　任务三　医药分销渠道的管理　　　　　　　　　　　　　/ 355
　　任务四　实战训练　　　　　　　　　　　　　　　　　　/ 365
项目十五　**医药促销技术**　　　　　　　　　　　　　　　　　/ 368
　　任务一　促销策略概述　　　　　　　　　　　　　　　　/ 369
　　任务二　人员推销　　　　　　　　　　　　　　　　　　/ 374
　　任务三　药品广告　　　　　　　　　　　　　　　　　　/ 382
　　任务四　公共关系　　　　　　　　　　　　　　　　　　/ 388
　　任务五　销售促进　　　　　　　　　　　　　　　　　　/ 391
　　任务六　实战训练　　　　　　　　　　　　　　　　　　/ 397

▷ 模块五　医药营销组织管理控制技术　　　　　　　　　　　／399

项目十六　**医药营销计划、组织与执行技术**　　　　　　　　　/ 401
　　任务一　设计医药市场营销组织　　　　　　　　　　　　/ 402
　　任务二　制订医药市场营销计划的内容及其执行　　　　　/ 406
　　任务三　实战训练　　　　　　　　　　　　　　　　　　/ 419
项目十七　**医药营销控制技术**　　　　　　　　　　　　　　　/ 421
　　任务一　医药市场营销控制　　　　　　　　　　　　　　/ 421
　　任务二　年度计划控制　　　　　　　　　　　　　　　　/ 423
　　任务三　市场营销审计　　　　　　　　　　　　　　　　/ 424
　　任务四　实战训练　　　　　　　　　　　　　　　　　　/ 428
附录A　实训考核评分标准　　　　　　　　　　　　　　　　　/ 430
附录B　部分参考答案　　　　　　　　　　　　　　　　　　　/ 431
附录C　教学大纲　　　　　　　　　　　　　　　　　　　　　/ 434
参考文献　　　　　　　　　　　　　　　　　　　　　　　　　/ 435

模块一

认识医药市场营销

Renshi Yiyao Shichang Yingxiao

项目一　医药市场营销基础知识

学习目标

掌握：市场营销、医药市场营销、需要、需求、欲望等概念。

熟悉：企业经营观念中的传统企业经营观念和现代企业经营观念及各企业经营观念。

了解：市场营销的产生与发展。

能力目标

能够深刻理解医药市场营销的内涵。

知道企业经营观念对医药市场营销的影响。

 ## 任务一　理解医药市场营销核心概念

一、认识医药市场

医药市场是市场的分支之一，认识并理解医药市场的基础是对市场的理解。对于市场，可以从马克思主义政治经济学和市场营销学两个层面来理解。

从马克思主义政治经济学层面上讲，市场有广义和狭义概念之分。广义的市场是指一定时间、地点、条件下商品交换关系的总和，即商品生产者、市场中介和消费者之间实现交换关系的总和。交换关系可以在现代社会中的各个方面体现，如金融证券、信息、技术、银行信贷等。狭义的市场是买与卖集合的场所，即买卖双方聚集在一起交换产品、劳务和服务的场所。医药市场在这里即为医药产品买与卖集合的场所，如中药材批发市场、药店等。

从市场营销学层面上讲，营销学之父——美国营销学家菲利普·科特勒认为：市场是某类产品现实需求和潜在需求的集合。在这里，市场专指买方及其需求，不包括卖方，即买方构成市场、卖方构成行业。医药市场则是指个人或组织对医药产品的现实需求和潜在需求的集合。

> **知识链接**
>
> 营销学之父——菲利普·科特勒
>
> 　　菲利普·科特勒被誉为营销学之父、营销界的爱因斯坦。他生于1931年,被美国西北大学凯洛格管理学院聘为终身教授,具有美国麻省理工大学博士、哈佛大学博士及苏黎世大学等八所大学的荣誉博士学位。另外,他还担任美国管理学院主席、美国营销协会董事长和彼得·德鲁克基金会顾问。
>
> 　　菲利普·科特勒创作了20多部著作,他的《营销管理》被许多国家的营销人士视为营销宝典,被奉为营销学的圣经。营销学的许多理论是由科特勒创新提出的,他成就了完整的营销理论。他一直致力于营销战略与规划、营销组织、国际市场营销和社会营销等研究,见证了美国40多年经济的兴衰。他创造了整合营销、顾客让渡价值理论、目标市场营销、产品生命周期理论、体验式营销、反向营销和社会营销等理论,并进一步将营销思想的精髓运用到社会利益、健康利益和心理利益等方面,拓展了营销理论的实施范围,使营销思想和理论为非盈利组织和全球研究计划服务。

　　从市场营销层面对医药市场进行理解,即以市场营销中的市场三要素为基础得出医药市场构成的三个要素:人口、购买力和购买欲望,即

市场＝人口×购买力×购买欲望

　　人口是医药产品需求的基础,购买力是消费者购买医药产品的实际支付能力;购买欲望是消费者购买医药产品的愿望,三者之间是乘积关系,某个因素的多少会影响医药市场的总体规模。从医药营销实践看,对上述公式还应该进行修正,要充分考虑竞争因素,如果市场总体规模较大,但竞争非常激烈,市场被众多的医药企业所分割,市场规模显然不能从上述公式中体现出来。因此,医药企业在考核医药市场时,要同时分析人口、购买力、购买欲望和竞争状况。本书对于医药市场的内容将在第二章进行详细讲述,这里只做简单介绍。

二、认识医药市场营销

　　对医药市场营销的理解需要首先将其与医药市场区分开,医药市场营销与医药市场显然是不同的,前者注重营销,后者注重市场。市场营销学的发源地是美国,对于二者的区分要从英文原文入手。市场的英文是"market",市场营销的英文是"marketing",从英文上可以看出市场的英文原意是指"market"这一客观物质,只是单纯的名词。而市场营销的英文中是将"market"视为动词,即"对市场进行营销"的意思,将其再进行动名词的转化是使"对市场进行营销"这一动词名词化,成为其行为本身的一种表达及学科和专业的一种表达。市场营销专业也叫"marketing"。所以,在认识医药市场营销之前要先认识市场营销。

　　(一) 对市场营销的理解

　　许多消费者把市场营销看成是一种力量,认为是一种广告和推销的泛滥,认为市场营销就是促使不情愿的购买者购买他们不需要的产品。学习本课程后,就会认识到,这与市场营销是什么及市场营销应该怎么做相差很远。对于市场营销的理解主要是从它"不是什么"和"是什么"两个角度进行。

1. marketing 不是什么

marketing 不是市场,不是销售,不是推销,不是促销,不是经营,不是市场学。市场营销曾经被描述为推销产品的艺术,可是市场营销最重要的内容并非推销,推销只不过是市场营销冰山上的一个点。著名管理理论家彼得·德鲁克曾说过:可以设想,某些推销工作总是需要的;然而,市场营销的目的在于深刻地认识和了解顾客,从而使产品或服务完全适应顾客的需求而形成产品自我销售;理想的营销会产生一个已经准备来购买的顾客,剩下的事就是企业如何便于顾客得到这种产品或服务。

2. marketing 是什么

杜拉克先生曾说过:营销的真正内涵是使销售成为多余。marketing 是市场营销,或者说是营销(即对市场的营销),是以消费者需求为基础,以市场为导向,对市场进行分析,从而实现进入市场、占领市场、引导市场等的一系列市场行为,在个人或组织间进行交换来满足各自的需求。在我国台湾,marketing 被翻译成行销学;在我国香港,marketing 曾被翻译成市务学,这种翻译与市场营销学较相似。

"对市场营销最简短的解释是,发现还没有被满足的需求并满足它",这是菲利普·科特勒曾经说过的一句话。许多人常问,"设计出一个新技术时,这个技术在市场上会不会有需求?"其实,他们这个问题问颠倒了。现代的市场,是需求决定产品,而不是产品决定需求。摩托罗拉的铱星通信系统在当年是世界上最先进的技术,它曾被评为美国最佳科技成果,但铱星通信系统运营一年,损失 100 亿美元,这是为什么?因为铱星没有市场需求。"适合你的就是最好的",这是现代消费者的共鸣。

3. marketing 的中文含义

市场营销(管理)是计划和执行关于创意、商品和服务的观念、定价、分销和促销,以创造符合个人和组织目标交换的一种过程。这个概念是由美国市场营销协会的英文定义翻译得来的。

> **知识链接**
>
> 美国市场营销协会关于 marketing 的定义:marketing(management) is the process of planning and executing the product, price, promotion and place of ideas, goods and services to create exchanges that satisfy individual and organizational goals.

市场营销,又称为市场营销学、营销学、市场营销管理、营销管理等。营销学主要是辨别、满足和引导人类社会的消费需求,也可简练地定义为有利益地满足需求,它属于管理学范畴,不属于经济学范畴。例如:当注意到人们在买二手汽车时想要得到更多的确定信息,从而产生了创建一个用新方法卖二手汽车的汽车组合公司;当注意到人们想以低价购买好的家具,从而创建了出售可组装家具的宜家公司。如果你有敏锐的洞察力和丰富的想象力,就会发现我们的生活存在许多有利可图的商机。从这一层面理解,市场营销的真正意义不仅仅局限于满足消费者需求(或者说更好地满足消费者需求),而是要引导消费者需求,促进社会的进步和繁荣。

市场营销学所涉及的范围十分广泛,包括创意、商品、服务、经历、事件、地点、财产权和组织等,在上述方面可以运用营销思想。

(1) 创意。一家生产化妆品的公司老板说:"我们在工厂里制造化妆品,我们在商店里出售希望。"可以看出,这是一位成功的老板,因为他十分清晰地知道消费者购买化妆品真正追求的并不是化妆品本身,而是通过化妆品传递给消费者对年轻、美丽的希望和追求。进一步剖析,消费者购买化妆品更青睐于那些能够给她们带来青春、美丽等希望的产品,至于化妆品本身她们关心得较少。更进一步地明确一下,消费者购买的是希望,而不是化妆品本身。

(2) 商品。商品包括有形商品和无形商品。有形商品是看得见、摸得到的物品,在发展中国家,有形商品尤其是食品、日用品、服装和住房等是经济的主要支柱。无形商品是用肉眼无法看见,但却真实地客观存在着,如技术、信息等。

(3) 服务。衡量一个国家的经济发展水平,第三产业(即服务业)所占GDP的比重是较重要的一个指标。发达国家的服务业通常占国民生产总值60%以上,美国作为发达国家中较发达的经济体,其经济是由70%的服务和30%的有形商品组成。服务有纯服务和双重服务两大类。

纯服务是指买方与卖方之间不借助任何实体物品传递的服务,如精神科医生在听患者的倾诉后为其提供的咨询服务。

双重服务是指买方与卖方之间需要借助实体物品传递服务,但消费者真正购买的不是实体物品而是服务,实体物品只是传递服务的媒介,例如,速食食品企业,顾客在使用食品时更多的是享受了企业快捷、便利的服务。

(4) 经历。经历是可以运用营销技巧出售给需要的消费者,例如,美国好莱坞在拍摄电影时设计的地震、火山喷发等影棚,就可以供游客体验电影中的情节,使游客有种身临其境的感觉。

(5) 事件。企业在周年纪念、艺术表演、体育比赛、大型贸易展览等事件中,运用营销技巧为企业的品牌做策划,提升企业在公众心目中的形象和地位。现在已有能为一个事件精心计划并负责让它完美地推出的专业的事件营销人士。

(6) 地点。这包括城市、地区,甚至整个国家,都积极地争取吸引游客、工厂、公司总部和新的居民,以促进当地经济的发展。中国依靠迅速发展的市场增长空间,安定的政治、经济环境,良好的国际形象吸引了大量的外国投资机构。爱尔兰岛上有许多出色的地点营销者,他们已经吸引了500多家企业将其厂房设于爱尔兰,他们还成立了爱尔兰发展董事会、旅游董事会和出口董事会,分别对内部投资、旅游、出口负责。地点营销者包括经济发展专家、房地产经销商、商业银行、本地区商业协会、广告和公众关系机构。

(7) 财产权。财产权是指所有权的无形权利,如房地产产权或股票、债券等金融资产。房地产代理机构、投资公司、银行等需要在买卖过程中运用营销力量实现交易。

(8) 组织。各种组织总是积极致力于在公众心目中树立起一种强大的、良好的形象。一些营利和非营利组织在运行中需要运用营销塑造组织形象,如消费者协会、红十字会等组织。其中,美国总统大选中各竞选组织就是运用营销手段来争取选票。

(二) 对医药市场营销的理解

在对市场营销有了深刻理解的基础上,对医药市场营销的认识和理解就十分容易了。医药市场营销就是将市场营销的知识、技术和技巧运用到医药市场的营销过程中。需要充分注意的是,医药市场不同于普通市场,医药市场中的药品、医疗器械等产品关系到人民生命安全问题,国家有相关的法律法规对医药市场做出规定,医药市场营销要在医药产品流通、销售等法规框架下进行。

医药市场营销是指个人或医药组织通过创造医药产品并与其他个人或医药组织进行交换以满足其医药需求的一切活动。

由于国家对医药产品实行相对严格的管制，医药产品不同于普通消费品，医药市场营销活动不包含个人与个人间的交换，仅限于个人与医药组织间、医药组织与医药组织间的交换。医药市场营销可以理解为紧密贴近医药产品顾客，针对顾客的需求创造令人满意的解决方案。

三、医药市场营销相关概念的理解

从对医药市场营销概念可知，医药组织的中心是满足消费者的医药需求，这是进行医药产品市场交换活动的根本动力。这里要注意医药营销满足的是需求，而非需要、欲望，虽然三者之间十分相近，但有本质上的区别。理解医药市场营销必须要对其相关概念进行深入地理解，即要理解需要、欲望、需求、产品、商品、价值、满意、交换、交易等医药营销核心概念。

（一）需要、欲望和需求

1. 需要是指没有得到某些基本需要的感受状态

需要(need)是客观的，是不以人的意志为转移的，是医药营销人员可以识别的，而不是可以改变和创造的。需要包括人类为了生存所具有的吃、穿、住、用、行、安全、情感、归属、受人尊重等基本需要。它是人们生理上、精神上等产生的一种无明确指向性的满足欲，即人的需要没有对某个产品做出确定的指向。例如：饥饿了需要食物，并没有指向具体是米饭、面包还是蛋糕；生病了需要药品和治疗，并没有指向具体是中药还是西药，是处方药还是非处方药，更没有指向某个具体品牌的药品，同时没有指向是通过大型医院、社区诊所治疗还是通过自我购买非处方药治疗。

2. 欲望是指想得到实现基本需要的具体满足物的愿望

当需要具有指向性时，消费者的需要希望通过具体某类产品或某个品牌产品来满足时，需要就变成了欲望(want)。例如：当医药工作者发现消费者在市场上寻找家用医药箱时，从医药营销角度会认为这个人需要的是什么呢？从一般视角看，这个人需要的似乎是家用医药箱，但从医药市场营销的视角看，这个人需要的并不是家用医药箱，而是要整理家里的医药产品，他是为满足整理需要购买家用医药箱的。这两种认识的区别在于：如果认为消费者需要的是家用医药箱，医药企业就只会提供更多更好的家用医药箱，这样不能使医药企业具备区别于其他企业的优势；如果认为消费者需要的是整理医药产品，那么医药企业就会设计出一种比家用医药箱更经济、更实用、更时尚、更节省空间的整理医药产品的解决方案，而不是仅仅通过家用医药箱来解决消费者整理医药产品的本来需要。这种解决方案更能深入人心，博得消费者的喜爱。

3. 需求是指有能力购买并且愿意购买某个具体产品的欲望

对于医药企业而言，有购买能力的欲望才是有意义的。这是因为，当欲望没有购买能力的支撑时是永远不可能实现的，只能成为人们心中的一个想法而已，或者说是人们的愿望而已。消费者有购买能力去满足自己对医药产品的欲望，却不愿意付诸行动，或者不愿意去购买某类产品，就无法构成医药产品的需求(demand)。

综上所述,医药消费者的需求构成了医药市场,对于医药企业而言,企业营销活动的中心既不是需要也不是欲望,而是医药需求。医药需求具备三个要素,即有能力购买、愿意购买和欲望。

(二)产品与商品

医药市场营销是通过医药产品满足医药消费者的需求来实现的,对于产品的理解需要将其区别于物品和商品。

物品是指世间万物具有物质性的事物,如空气、树木、信息、技术等。

产品是指任何能满足人类需要或欲望的东西,它凝结了人类的劳动,但并没有进行交换,准确地说是准备交换的商品,但还没有成为商品,是待售品,如制药厂生产出来的放在库房里存放的药品。空气不能称为产品,因为它没有凝结人类的一般劳动,但如果空气被加工成氧气就成为了医药产品。

商品是指为交换而生产的对他人或社会有用的劳动产品。产品只有在进行交换时才能成为商品,否则只能是待售产品或使用物品。例如,消费者在药店购买药品时,当消费者在柜台上面将付过款项的票据交给药店店员,店员同时将药品递交给消费者,这一瞬间的交换过程中,药品才能被称为"商品"。否则,在交换过程之前药品只能称为"在意思上是商品的药品"(意为等待销售的产品),在交换过程结束后药品只能成为消费者的个人使用物品。所以,商品这一概念从营销学和商品学的理解上是只有在交换这一瞬间过程中才能成为商品,否则只能是医药企业的产品或消费者的物品。

(三)价值、效用与满意

价值,其概念本身不同的学科有着不同的解释,对其本质的深入讨论也一直是学术界的焦点。从市场营销角度诠释价值概念,依据菲利普·科特勒对价值的解释,他认为价值(value)就是顾客所得到和所付出之比,其概念的核心理解是顾客在得到和付出之间进行权衡和比较,所谓顾客角度理解的产品物有所值就是得到与付出之比相对较大。

效用是消费者对产品满足其需求的整体能力的评价,具备一定的主观性。换言之,同样的商品当以同样的方式、同样的价格出售给不同的消费者时,消费者对其评价是不同的。效用受消费者的需求状态、未被满足程度等因素影响。例如,同样一块面包,对于非常饥饿的人来说效用较大,对于低程度饥饿的人来说效用较前一个人小;同一个人在他饥饿时面对两个完全一样的面包时,第一块面包对他的效用要比第二块面包的效用大,因为当他在消费第二块面包时饥饿感相对较小。总之,同样的医药产品对于不同的消费者其效用不同;同样的消费者在消费同样的医药产品时,消费时的需求状态不同产品的效用也不同。经济学中有消费者效用递减规律理论,即随着消费者的需求逐渐被满足,单位产品对消费者的效用是逐渐减少的。

满意是消费者在消费产品时其意愿得到满足,符合其心愿。这是一种难以精确衡量的消费者心理感受,具有一定"模糊性"。从它概念本身理解,显然满意与三个因素相关,即感知的效用、付出的代价和消费预期。人们以适当的代价获得适当效用的情况,当这种感知的效用状态与他们消费前的预期比较相一致或者较高时,他们就会满意;当这种感知的效用状态与他们消费前的预期比较较低时,他们就会不满意。只有在交易中感到满意的顾客才能成为企业的忠实顾客。而顾客满意的程度是一个难以衡量的数值,市场营销中,用顾客让渡价值来衡量顾客满意度,这部分内容将在本项目的任务二详细讲述。

（四）交换与交易

1. 交换是指通过提供自己的东西作为回报,从他人处取得所需之物的行为

在一个人想要获取他所需的东西时,可以通过自行生产、抢夺、乞讨、交换四种方式来实现。交换作为从他人处取得物品的方式之一最能够体现经济行为。交换的完成需要具备以下五个条件。

（1）交换的完成至少需要两方,也可以是多方之间进行交换。

（2）交换各方都拥有对方认为有价值的东西。

（3）交换各方可以沟通信息和递送物品。

（4）交换各方都有权利自由决定接受或拒绝对方的物品。

（5）交换各方认为交易是适当的或称心如意的。

2. 交易是由交换各方间的交换价值所构成的

每一次交换结束后,都会使参与交换的各方因为交换行为获得某种交换价值,各方获取的交换价值共同构成交易。交换与交易的本质区别是交换过程,交易是交换的结果;交换是动作,交易是事物。交易通常包括货币交易、物物交易、以服务易服务等形式。

任务二 认知企业经营观念

企业经营观念是指企业进行经营决策、组织和开展经营活动的基本指导思想,即在处理企业、顾客和社会三者利益方面所持的态度和思想,是营销工作的灵魂所在。企业经营观念对企业的经营活动具有指导性意义,它是企业一切活动的一贯性思维。企业虽然只是社会组织的一种形态,但它与人一样是有灵魂的,是有思想的,是对某类事物具有一定思考模式的。换言之,企业经营观念更多地反映出企业经营决策者们对待事物的思考和态度。各种组织无一不是在某种观念的指导下从事其经营活动的。

从企业这一组织形态存在于人类社会时,企业在日常经营过程中,并不是从一开始就持有以市场为导向的思想组织生产活动,也就是说市场营销学是在企业经历了漫长的发展历程后,在20世纪初才步入人们的视野。需要注意的是,不能笼统地将企业经营中所持有的经营思想都认为属于市场营销观念范畴,实际上,即使是今天,许多企业的经营观念仍然具备传统企业经营观念特征。诚然,市场营销观念本身也并不是完美无缺的,也有一定的局限性,所以,现代企业经营观念不仅包括市场营销观念,还包括在市场营销观念基础上根据时代特征加以改进的其他企业经营观念。时代没有停止发展的脚步,学科理论会紧紧跟随其发展的步伐进行不断地创新。

企业经营观念分为传统企业经营观念和现代企业经营观念,这种分类并不是从时间的角度,而是根据企业经营活动的基本指导思想的属性特征加以区分。

一、认知传统企业经营观念

传统企业经营观念包括生产观念、产品观念和推销观念。它们之所以成为传统企业经营观念是因为企业在经营过程中没有以市场为导向,即没有以买方意向组织企业生产活动,而是以卖方意向作为企业经营的思想和导向。传统企业经营观念产生的经济背景是卖方市场。卖方市场是指在买方与卖方的每次交易过程中,交易能否成功取决于卖方而不是买方。这种情况下,企业考虑的当然是自己(卖方)的想法,而非交易对方(买方)的想法。

(一)生产观念

生产观念是指企业致力于提高生产效率和分销效率,认为消费者主要对产品可以方便买到和价格低廉感兴趣。这种观念产生于20世纪20年代。生产导向型企业将经营中心放置在如何更方便地让消费者以低价购买到产品。这种最古老的观念指导卖者行为会使企业无视人的不同性格和忽视需求的差别性。

生产观念主要是企业认为"我生产什么,就卖什么"。企业经营的主要任务是改进生产技术、提高生产效率、降低成本、快速分销产品、快速销售。这种观念产生的背景是卖方市场,认为消费者消费什么、消费多少、如何消费等都是由企业决定的。当今社会,部分企业的经营观念仍是生产观念。例如,一些软件生产商,他们认为只有研发出某种软件,顾客才会使用到这种软件,殊不知,这种想法已经使顾客产生了不满情绪。在没有其他解决方案下,顾客不得已选购了该公司的产品,但如果有替代产品,顾客则会毫不犹豫地转向其他企业的产品。

(二)产品观念

产品观念认为消费者最喜欢高质量、多功能和具有某些创新特色的产品。这种观念产生于20世纪30年代。企业的经营者通过不断地科研创新,会研发出品质更趋完美的产品。而实际上,消费者可能只是欣赏和喜欢这种产品,但是有可能不愿意花高价购买该产品,或者花较少的钱就可以解决自己的需求,或者这种产品的高品质根本就不是消费者需要的。例如,企业通过研发和创新,发明一个可以从10楼或更高楼层扔下去也完好无损的椅子,但试问,有谁会有从高楼上往下扔椅子的需求呢?这并不是消费者想要的椅子。他们最可能的说法如下:这个椅子做得真是无可挑剔,可惜我并不需要。

产品观念是企业将研发和营销过程颠倒了,或者说它没有从根本上理解营销的精髓,而是将营销等同于销售了。产品观念认为企业要先生产产品再进行销售,营销的精髓是企业要先充分了解消费者需求再组织企业研发。产品观念无视顾客的需求,只是一味地追求高科技、高品质等因素。营销则认为企业的产品研发要在市场调研基础上,根据顾客的需求,为顾客设计出需求解决方案,企业研发必须邀请顾客的参与来完成。持有产品观念的企业总会认为为顾客提供一种非常适当的产品是企业的重心,却不知它其实是在完全按照自己想法进行经营,没有考虑到消费者的感受。

(三)推销观念

推销观念认为如果让顾客自行选择,他们不会足量购买某一组织的产品,因此,企业必须主动推销和积极促销。这种观念产生于20世纪20年代末至20世纪50年代,是在西方国家从卖方市场向买方市场的过渡阶段。1929—1933年的西方世界经济危机正是处于这个时期,这期间通货膨胀和经济停滞是两个主要社会现象,资本家有大量的产品销售不出去,企业被迫重视采用广告术和推销术去销售产品。

推销观念被大量用于推销那些非渴求商品,例如保险、墓地等。企业将经营中心致力于寻找潜在顾客,通过强有力的劝说和推销技巧说服消费者接受其产品。这种观念的本质是企业没有倾听消费者的想法,一相情愿地认为产品是消费者所需要的,企业只是促进其购买而已。而真正优秀的被消费者认可的营销活动是,只将产品出售给那些需要的消费者,而不劝说那些不需要或不适当的消费者购买。

二、认知现代企业经营观念

现代企业经营观念包括市场营销观念、社会市场营销观念。它们之所以成为现代企业经营观念是因为企业在经营过程中以市场为导向,企业的一切活动都是围绕消费者开展的,思考问题的角度也是从消费者出发。现代企业经营观念产生的经济背景是买方市场。买方市场是指在买方与卖方的每次交易过程中,交易能否成功取决于买方而不是卖方。

(一)市场营销观念

市场营销观念认为实现组织目标的关键在于正确确定目标消费者群体的需求和欲望,并且比竞争对手更有效、更有利地传送目标消费者所期望满足的东西。其核心原则是在20世纪50年代中期基本定型。

市场营销观念的三个要素是以顾客为导向、整合营销和注重效果。

1. 以顾客为导向

以顾客为导向是指企业的一切经营活动受到消费者需求的引导,从市场出发,协调所有影响消费需求的企业活动,包括企业的研发和生产等。如果说推销是由内向外的顺序,营销则是由外向内的顺序。企业对于顾客需求的解决思路直接影响其能否成为消费者的引导者,使企业在激烈的竞争中优于竞争对手而获取更多的竞争优势。营销用响应营销、预知营销与创造营销将企业市场营销的经营思路进行了进一步细分。响应营销是寻找已经存在的需求并通过各种技术方式满足它;预知营销是走在顾客需求前,对顾客的需求有个预判;创造营销是发现和解决顾客并没有提出但未来会反应强烈的需求,企业将消费者还没有询问甚至没有想到的产品推向市场,而这种产品正好是消费者真正想要拥有的。

知识链接

具有儿童特色的日本处方药店

日本医药实行分业经营以来,患者可以拿着从医生那里开出的院外处方到处方药店进行调配。位于日本东京都西东京市的田无儿童处方药店,为前来治疗的儿童患者提供具有儿童特色的深受欢迎的录像和游戏室。董事长兼药师伊集院一成先生介绍说:孩子生病时,手持处方到处方药店,需要一定的时间等待药品调配好,孩子会因此烦躁不安,从而影响到接待室的大人;针对这一情况,我们开设了专门的儿童处方药店。该药店在一楼的接待室设置了配备有积木、卡通动画录像、画册等儿童游戏场地和供婴儿使用的睡台。该药店设计了母亲专用洗手间和儿童专用洗手间。母亲专用洗手间中设有专门更换尿布的案台,儿童专用洗手间安装了可爱的儿童镜和色彩丰富的便器。药店同时开通了委托配送业务,药师将调配好的药品送到患者住宅,为手持过多儿童物品或赶时间的母亲解决了问题。

2. 整合营销

整合营销这一概念是由菲利普·科特勒创新提出的。其基本指导思想如下：企业要实现某一个营销目标，不仅是在营销部门完成，而且是需要各级部门通力协作，与外部相关组织协调共同完成。主要内容如下。

（1）营销部门内部各机构人员密切配合，相互协调，共同完成企业营销工作。

（2）企业内部各部门各机构人员密切配合，相互协调，共同完成企业营销工作。

（3）企业与外部相关机构或个人进行有效沟通，研究共同发展问题。

当一家医疗机构希望吸引更多的患者来就诊，从整合营销的角度需要从以下方面展开协同工作。

① 医院的人事部门聘请优秀的、有经验的执业医师为患者提供医疗服务，并同时制定配套的人才培养机制提高医师的积极性和医术水平。

② 医院的采购部要采购先进的医疗设备提高检测能力，采购性价比高的医疗耗材设备和药品降低患者的治疗成本。

③ 医院的物业聘请管理水平高的管理者和负责任的员工，为医师和患者提供舒适的环境。

④ 医院与政府部门协调提供更好的医疗政策，如将更多的药品品种加入到医保范围内。

⑤ 医院的科研机构全力支持和协调医疗工作者的科研工作，为其提供信息咨询和技术支持。

⑥ 医院营销部门的广告策划和品牌塑造科学、合理、适用。

总之，整合营销就是指各个部门，包括企业的内部和企业的外部共同协同完成企业营销任务，完成企业生产经营活动。

3. 注重效果

注重效果是指市场营销的结果能够使参与买卖过程的双方都能够满意，即注重企业效益与顾客满意协调发展。卖方（企业）的满意是通过利润或长久的企业利益体现，买方的满意从营销学角度是用顾客让渡价值来衡量。企业层面的满意不做过多讲述，重点对顾客层面的满意进行详细评述。

顾客让渡价值理论是由菲利普·科特勒创新提出的，在经济学和管理学等其他相关学科中，主要是在市场营销学中出现，其是市场营销学的标志性理论。

顾客让渡价值（customer delivered value）是用来衡量顾客满意度的，顾客让渡价值越大顾客越满意。顾客让渡价值是由顾客总价值（又称总顾客价值，total customer value）和顾客总成本（又称总顾客成本，total customer cost）间的差额形成的。顾客总价值是指顾客从企业方获得的产品中得到的全部利益；顾客总成本是指顾客在获得产品时付出的全部利益。顾客总价值包括产品、服务、人员和形象等价值，顾客总成本包括用于购买产品所耗费的货币、时间、体力和精力等成本。顾客让渡价值可以用下面的公式表示：

顾客让渡价值 = 顾客总价值 − 顾客总成本
= （产品 + 服务 + 人员 + 形象）−（货币 + 时间 + 体力 + 精力）

顾客总价值中，产品是消费者从企业处获得的物品，包括实物、信息和技术等；服务是消费者在消费产品时企业提供的技术指导、消费咨询等；人员是消费者在购买产品时，企业方面表现出的企业员工的知识水平、业务能力、工作效率等综合素质和能力;形象是产品在社会公众中的总体形象所产生的价值,如品牌形象、市场定位、市场地位等方面。

顾客总成本中,货币是消费者购买产品所付出的货币代价;时间是消费者购买产品时处于等待状态所付出的代价;体力是消费者为购买到产品所耗费的体力;精力是消费者在购买、使用产品及享有企业提供的售后服务时耗费的精神和精力。

（二）社会市场营销观念

社会市场营销观念是指企业在进行市场营销活动中,兼顾消费者、企业、社会三者利益,强调社会长远利益,认为企业要符合消费者自身和整个社会的长远利益,要正确处理消费者需求、企业利润和社会整体利益之间的矛盾,统筹兼顾,求得三者之间的平衡与协调。

社会市场营销观念是在市场营销观念基础上,探索买卖双方外的第三方,即社会在企业经营过程中的作用和地位,以及社会因素对企业营销活动的影响。而市场营销观念只是考虑到买方和卖方二者之间的关系,没有考虑到第三方（社会）的利益。例如,有些制药企业,尤其是西药制药企业,在药品营销过程中既满足了买方治疗疾病的需求,又满足了企业自身发展的需求,但如果对药品生产过程中所产生的化学废料不能及时、妥善处理,就会对周围环境造成污染,第三方（社会）会为买卖行为付出代价。

社会市场营销观念要求企业在营销活动中考虑社会和道德问题,要平衡与评判企业利润、消费者需求和公共利益三者的关系。而企业在考虑社会利益的时候正是在为自身的企业长久利益打算。从本质上说,企业利润是短期的考量,社会利益是企业长久利益的考量。损害了社会利益,迟早是要被社会所淘汰的,不利于企业长远利益的发展;促进了社会利益,正是为企业自己谋得了长远发展的基础,赢得了公众的信任,具有可持续发展特性。

▎知识链接▎

优势市场营销观念

现代企业经营观念除了市场营销观念和社会市场营销观念之外,还有在二者基础上的以买方为背景的其他观念,其中比较有代表性的是优势市场营销观念。

优势市场营销观念又叫生态市场营销观念,认为企业的生产经营活动应在企业的资源限度内最大限度地满足顾客需求。它的核心思想是企业要做自己最擅长的业务,并将资源集中配置在企业具有竞争优势的地方,从而发挥出其他企业无法复制的独特的竞争优势,否则从资源配置角度,企业的资源就没有实现最大程度的经济性,即属于某种程度的资源浪费。

任务三　了解市场营销的产生和发展

19世纪末至20世纪初,随着资本主义向垄断资本主义过渡,资本主义商品经济迅速发展。资本主义社会的基本矛盾日益尖锐化,市场上的商品日益增多,劳动者有致富能力的需求则相对缩小,商品销售困难,资本主义企业不得不日益关心产品的销路。一些资产阶级经济学家为了迎合资本家垄断市场、追求更多利润的需求,开始着手研究市场销售问题。

市场营销学经历了从传统市场营销学向现代市场营销学的演变,至今,市场营销学已经与管理学、企业管理学相结合,同经济学、行为科学、人类学、心理学、哲学、数学等学科相结合成为应用性边缘管理学科,所以,从本质上来说,市场营销学应属于管理范畴。

市场营销学产生于美国,并在西方世界以及全世界广泛流传,本部分对营销学的产生与发展主要从西方市场营销学的产生与发展的视角讲述,重点讲述美国市场营销学的演变历程。美国市场营销学经历了初创阶段、应用阶段、重大变革阶段、扩展阶段四个阶段。

一、初创阶段

19世纪末至20世纪20年代,是市场营销学的初创阶段。早在19世纪,美国学者已经发表了一些分别论述推销、广告、产品设计、品牌、包装业务、定价、实体分配等内容的论著。但是,一直到20世纪初期,美国学者才将上述问题综合起来,建立市场营销学。

(一)初创阶段背景

1. 工业生产急剧发展

西方资本主义国家经过第二次工业革命后,即经济生产中实行机器化大生产以来,企业的生产力迅速提高,生产规模急剧扩大,城市经济迅猛发展。越来越多的产品被生产出来,加上竞争日趋激烈,企业面临着销售和分销的难题,社会经济形态逐渐形成了供过于求的态势。

2. 产品分销和促销方式发生变化

随着产品被大量生产出来,在美国企业实务界,广告在企业销售中被广泛运用,同时连锁商店、邮购商店应运而生。企业为了快速分销产品,更多采取薄利多销的销售方式。

3. 管理学等传统理论面临挑战

管理学、经济学等经济类学科的鼻祖学科,已经不能为企业的经营提供强有力的理论支撑。有许多在企业实务界中出现的现象无法用传统经济、管理理论解释,急需一门新兴学科为之出谋划策,指导经营决策。

(二)初创阶段表现

(1) 1902—1903年,美国密执安大学、加州大学和伊利诺伊大学三所大学的经济系开设了分销学课程,以后相继在宾夕法尼亚大学、匹茨堡大学、威斯康星大学开设了类似课程。那时,这些大学开设的并不完全是市场营销学课程,也没有开设市场营销专业,而是开设了与市场营销课程密切相关,最能体现市场营销特征的分销学课程,这是因为,市场营销相关理论在那个时期并没有被理论界和实务界清晰地认识。

(2) 1912年,哈佛大学郝杰·特齐教授的教材《Marketing》问世,主要论述销售渠道和广告问题。这本书的问世,被视为是市场营销作为一门独立学科出现的里程碑。从此,市场营销一词被广泛应用和研究。

(3) 研究特点。由于历史的局限性,这一阶段的市场营销理论同企业经营观念相适应,即仍然是建立在以生产观念为导向的,并以传统经济学理论为依据。主要研究重心是推销术和广告术,现代市场营销理论、概念和原则还没有出现;研究活动局限于大学课堂和教授的书房,并没有得到社会和企业实务界的重视。

二、应用阶段

从20世纪20年代至第二次世界大战结束，是市场营销学的应用阶段。这一阶段的划分源于其特定的历史背景，即第一次世界大战（1914年8月—1918年11月）。市场营销学在第一次世界大战结束后到第二次世界大战结束后经历了其自身第二阶段的演变历程。

（一）应用阶段背景

（1）由于第一次世界大战席卷欧、亚、非三大洲，波及世界上75%的人口，所以，世界各国在第一次世界大战结束前后的经济状况发生了根本性变化，其中包括美国。美国的消费经济结构在第一次世界大战后的十几年间发生了明显变化。美国的国民收入迅速提高，生活水平也随之提高，成为世界上消费水平最高的国家，并其在国际中的地位也显著提高。

（2）1929—1933年，资本主义世界爆发了严重的经济危机。经济出现滞涨，即经济停滞和通货膨胀十分严重，经济出现大萧条和大萎缩，大量劳动力失业，购买力急剧下降。工厂的商品销售困难，堆积如山，企业纷纷倒闭，市场问题空前尖锐。危机对资本主义社会打击很大。人们开始思考经济、管理等深层次的理论研究，市场营销学广泛受到企业主和学者们的重视。

（二）应用阶段表现

（1）理论研究并没有脱离产品推销这一个狭窄的概念，研究重点在于广告术和推销术，并且仅限于流通领域，但是企业界采用的推销方法有所变化。

（2）理论界和实务界在企业经营观念方面开始了新的探索，市场营销研究开始重视销售渠道。

（3）以市场营销的职能研究为重点。美国市场营销教师协会定义委员会在1934年提出了营销职能是商品化、购买、销售、标准化、风险管理、集中、融资、运输及管理、储存。1942年，克拉克出版的《市场营销学原理》中，将上述功能归结为交换功能、实体分配功能、辅助功能等，并提出销售是创造需求，这正是市场营销的雏形。

（4）市场营销在企业中广泛使用。在这一阶段中，市场营销学受到社会公众的重视，企业在经营过程中相继应用市场营销学理论。市场营销理论在指导日常的生产、销售活动中，理论本身也得到了不断地改进、创新，逐渐建立了市场营销学理论体系。

（5）市场营销相关研究团体逐渐建立起来。1926年，美国将其在1915年成立的全美广告协会改组为全美市场营销学和广告学教师协会。1931年，美国市场营销协会成立。1937年，将上述两个组织合并，成立单一的美国市场营销协会（AMA），成为市场营销发展历史上的一个里程碑。

三、重大变革阶段

第二次世界大战结束后至20世纪60年代末，市场营销学的现代理论体系形成。这一阶段是市场营销理论日趋形成完整体系，并被工商企业大量运用的发展繁荣阶段。它的发展与世界的政治经济发展密切相关，基于第二次世界大战后世界各国的经济重建的大背景下，市场营销学从美国向世界传播开来，为各国的经济发展提供重要参考。

(一) 重大变革阶段背景

(1) 第二次世界大战后世界各国的经济发展状况。欧洲各国作为第二次世界大战的主要参战国和主要战场,战后面临着最主要的任务就是积极恢复经济发展及向经济发展迅速的美国学习,开始在企业界运用市场营销理论以加速经济发展。美国膨胀的军事工业迅速转向民用生产,第二次世界大战期间美国是全球战争武器的主要供应国,其军事工业十分庞大,战争结束后使得这些军工产业面临着经营转型,急需寻找新的企业出路,市场营销理论正好迎合了企业的需求并同时在实践中得到不断完善。社会主义国家纷纷成立和殖民地国家相继独立,这些新建立的亚非国家与欧美国家一样急需战后重建,这也导致了资本主义世界市场相对狭小,加上新产品、新品种不断涌现,资产阶级必须在有限的市场内完成产品销售问题,市场营销理论需要突破传统理念,从而可以更有效地为企业服务。

(2) 第三次科技革命迅速发展。它以原子能、电子计算机、空间技术和生物工程的发明和应用为标志,使人类由工业社会进入信息社会。它引起生产力各要素的变革,促进劳动生产率显著提高,生产力高速发展,同时大大加快了科学技术转化为生产力的速度,引起各国经济布局和世界经济结构的变化,并使管理发展为现代化的科学,市场营销学理论在这期间发生了重大的变化。

(3) 资本主义社会资本家实现"三高"(高工资、高福利、高消费)的结果。20世纪30年代的经济大危机使资本主义政府汲取了经验教训,向就业者推行了一套"三高"的社会经济政策,以刺激和提高居民的购买力,促进就业,加速消费,促进经济发展。

(二) 重大变革阶段表现

(1) 提出以消费者需求为中心的观念。这一阶段,资本主义社会的消费者购买商品的热情日益增加,市场竞争越来越激烈,企业产品设计更多地参考了消费者的需求,企业经营在消费者的需求框架下开展,买方市场逐渐形成,市场营销理论在此时与原有传统市场营销之间出现了重大突破,形成了"以消费者需求为中心"的现代市场营销理念,并提出了许多重要的概念。市场营销理论也打破了只是在产品流通、销售和广告中使用的观念,其理念思想向产品研发领域、生产领域、消费领域和服务领域等伸展,形成了完整的现代市场营销理论体系。

(2) 吸收了其他相关学科的研究成果。市场营销学在发展过程中,与消费经济学、心理学、行为科学、社会学、统计学等学科相结合,发展成为一门新兴的综合性应用学科。

(3) 市场营销学在世界范围内广泛传播。市场营销先后在日本、西欧等资本主义社会广泛使用和流传,指导各国的战后重建和经济发展,其中以日本为代表。日本在充分吸收美国发源的市场营销学理论基础上,结合日本本土特征,进行了一定程度的创新。有些营销理论虽然是从美国传播开来的,但却在日本得到进一步的完善和有效运用,以至于美国企业也向日本企业学习这些改进后的营销理论,这为日本在后期成为世界重要的经济体打下了基础。市场营销理论在资本主义社会得到充分运用后,在社会主义国家,诸如东欧、苏联等国家也被广泛传播,并被世界各国所接受,市场营销学在这一阶段走向成熟。

四、扩展阶段

20世纪70年代至今,是市场营销理论得到多层次、多角度、全方位发展的阶段,营销理念取得突破性进展,并提出了一些营销学科所特有的创新性理论。

(一)扩展阶段背景

1. 环境破坏、资源浪费严重

企业在生产过程中以自身利益为重的经营理念使环境在经济发展中付出了高昂代价,即使企业持有的是市场营销观念,这也是为了在满足消费者需求的基础上获得企业长久的利益保持,没有充分考虑在买方与卖方之外的第三方,即社会的利益。而这种经营理念却损害了公众利益,影响了企业的社会形象和口碑,也不利于企业的市场营销。社会营销、绿色营销和宏观营销等问题引起了人们的关注。

2. 消费者主义运动兴起

消费者运动强调消费者应被适当并正确地告知产品信息和受到安全保护,反对不公平、误导性市场交易,认为消费者应当获得八项消费者权利,即维持生命所需基本物质供应的权利、安全不受伤害的权利、了解事实真相的权利、选择的权利、求偿的权利、意见被尊重的权利、清洁的生活环境的权利、享有对称的消费资讯与适当的消费教育的权利。

3. 国际贸易竞争激化

国际贸易中的保护贸易理论使企业在进入国际市场时面临难题,有些国家,如美国为了保护本国的贸易,实行高额关税、政府限制等贸易壁垒,限制商品进口。市场营销理论界针对这种贸易现状,在原有营销理论 4P 营销组合基础上又创新提出了 6P 营销组合理论来为企业经营提供策略参考,6P 营销组合理论在后面会详细讲述。

4. 第三产业兴起

第三产业是指除第一产业和第二产业以外的其他各行业,即服务业。市场营销理论是在第一产业、第二产业基础上产生并发展的,原有的营销理论已经不能为企业经营提供帮助,市场营销理论急需进行创新。营销理论在此期间根据第三产业特点不断提出新的观点和新的思想,并逐渐形成了一套行之有效的理论体系,服务营销、关系营销等词汇不断涌现。

(二)扩展阶段表现

这一阶段的市场营销学主要表现在理论创新上,不断有新的营销理论被学者们提出,如社会营销、整合营销、事件营销等,这些在本章前半部分已经讲述,这里按照理论出现的时间顺序讲述其他营销理论。

(1)绿色营销(green marketing),是由英国威尔斯大学肯·毕提教授提出的,他倡导消费需求的绿化,注重地球生态环境的保护和可持续发展战略,使企业的经营能够与外部经济社会协调发展,如倡导绿色食品、环保住宅、节能型电器等产品的生产和消费。

(2)大市场营销(mega marketing),是由营销之父菲利普·科特勒提出的,针对具有贸易保护倾向的市场,为了打开市场紧闭的大门,在传统市场营销组合 4P 理论基础上加上权利(power)和公共关系(public relations),即 6P 营销组合理论,该理论通过与政府接触来改变政策,使其允许产品进入该市场;通过公共关系策略提升企业和品牌形象,打动消费者。

(3)服务营销(service marketing)。服务作为企业提供消费者的产品类型之一,成为企业经济新的增长点。企业通过向顾客提供形式多样的服务、开辟服务业务、向服务业转型等方式创造竞争优势。服务营销就是针对无形服务开展的营销活动。例如，处于微利时代的医药行业中药房提供差别性服务，银行提供个性化金融服务等。在传统营销组合 4P 理论基础上还要包括人（people）、过程（process）及有形展示（physical evidence），服务营销为 7P 营销组合理论。

（4）关系营销（relationship marketing），是由营销学家巴巴拉·杰克逊提出的，认为企业要建立、维持和促进与其他个人和组织之间的良好关系，主要是与消费者、供应商、企业内部员工、分销商、竞争者、政府、金融机构、其他公众等保持密切关系。关系营销注重关系各方的利益，要与各方保持双向沟通、合作、亲密的双赢关系及多赢关系，并对关系进行跟踪、控制和管理。

（5）网络营销（internet marketing）是企业以互联网为核心平台，利用各种网络技术手段实现企业营销目标的一种营销方式。互联网拥有比传统信息传播模式更广泛和快速等特点，信息更新实时，受众群体人数众多，时空具有交互性、整合性。现今社会，通过手机上网、在线聊天、微博互动等方式，人们获取大量信息，而获取信息最快、最多的渠道就是互联网，网络营销将随着人类科技的发展逐渐成为企业营销的主要力量。

（6）全球营销（global marketing）是由莱维特提出的，是指企业通过全球性布局与协调，在全球范围内开展市场营销活动，并实现企业经营的一体化，以获取全球性竞争优势。全球营销倡导在经济全球化趋势下，根据世界经济的产业全球化、市场全球化、顾客全球化和竞争全球化等特征，针对不同国家的营销环境，灵活设定营销目标和营销策略，提升企业在全世界的形象和地位。

（7）知识营销（knowledge marketing）是指向大众传播新的科学技术，使消费者萌发对新产品需求的一种学习型营销，实现企业的市场营销目标。具体形式是开展科普讲座、赠送科学书籍、举办知识竞赛等，以传播知识在人们生活中的作用。例如，上海交大昂立公司通过"送你一把金钥匙"科普活动，宣传科学健康的理念，引导人们对生物科技产品的消费，使微生态试剂市场从零需求发展到近百亿元。

（8）体验营销（experience marketing），企业认为消费者在消费前、消费中和消费后的体验才是实现消费者购买行为的关键。体验营销通过看、听、用、参与的过程，充分刺激和调动消费者的感官、情感、思考、行动、关联等感性因素和理性因素，通过消费体验，传递产品优势。体验营销的具体形式包括感官式营销、情感式营销、思考式营销、行动式营销和关联式营销。体验营销在我国的旅游产品、农业、电子产品、医疗服务等方面均被企业界所使用。

（9）DTC 营销与 DFC 营销，DTC 营销与 DFC 营销在医药营销领域中使用较为广泛。DTC 营销（direct to marketing），是指直接面对消费者，以终端为目标进行信息传播活动的营销模式，对于医药市场而言，患者、患者亲朋、医疗机构服务人员等都属于终端消费者。DFC 营销（direct from marketing），从二者的英文释义上可以看出不同点在于信息的方向性不同，DFC 营销是与 DTC 营销对应的市场研究方式，是指企业直接向终端用户收集信息（如消费者偏好、需求、反应等信息）的营销模式。对于医药市场而言，终端是指药品的最终使用者。

知识链接

直复营销(direct marketing)

直复营销是指企业以盈利为目标,通过个性化的沟通媒介向目标市场成员发布产品信息,以期望对方直接回应的一种营销模式,主要形式有直接邮寄营销、目录营销、电话营销、电视营销、直接反应印刷媒介、直接反应广播媒介和网上购物等。其中,直接反应印刷媒介是指在报纸、杂志等印刷媒介上鼓励目标顾客通过电话或回函订购产品,以达到销售和提供服务的目标。直接反应广播媒介是指通过广播电台的媒体形式,寻求顾客并进行销售互动活动。

任务四 市场营销组合理论的发展

一、4Ps 理论

企业在运用市场营销策略指导企业行为时,受到许多因素的影响,包括产品的研发、设计、生产和包装,品牌设计,价格的制定与调整,中间商的确定,产品的物流,广告宣传,人员培训,销售,营业推广,公共关系等。这些因素相互影响,企业需要围绕营销目标统筹安排并使之有机组合,从而成功营销。

市场营销组合概念最早由尼尔·鲍顿(Neil Borden)提出,他认为企业营销组合涉及对调研分析、产品、定价、渠道、人员销售、广告、包装、销售点展示、服务、物流等十二个因素的组合。后来,又有一些营销学者在尼尔·鲍顿的研究基础上,对营销策略提出过不同的组合方式,其中比较有代表并为各学者广泛认同的是,1960年美国市场营销学家杰罗姆·麦卡锡将各种因素归结为四个主要方面的组合,即产品(product)、价格(price)、地点(place)和促销(promotion),简称4Ps,后来被称为传统市场营销组合理论,是市场营销的四大基石,也是现今市场营销教科书的主要模式。

产品策略(product strategy)是指企业向目标消费者群体提供能够满足消费者需求的产品来实现企业的营销目标。产品包括有形产品和无形产品。企业需要针对产品的质量、数量、品牌、品种、规格、式样、花色、包装、特点、商标以及各种附加产品等因素进行组合和运用。

定价策略(pricing strategy)是指企业对产品价格的制定和变动等采取营销策略来实现营销目标,具体通过定价方法、定价策略和价格调整策略来体现。其中主要包括成本导向定价法、需求导向定价法、竞争导向定价法三种方法及新产品定价策略、地理定价策略、心理定价策略、折扣折让定价策略、产品组合定价策略、产品价格的高价和低价调整策略等内容。

分销策略(placing strategy)是指企业需要决策产品向消费者流通过程中所涉及的所有环节和方式,构建产品的流通渠道网络来实现营销目标。其中包括渠道类型的确定、中间商、渠道设计与管理、物流、网点设置等因素的组合和运用。

促销策略(promotion strategy)是指企业以利用各种信息传播手段刺激消费者引起消

费者购买欲望的促进活动。其中包括有关广告、人员推销、营业推广、公共关系等促销方式的选择及促销设计和管理等的组合和运用。

二、4Cs 理论

4Ps 理论在市场频繁变化的情况下受到挑战,4Cs 理论应运而生。它是在 1990 年由美国学者罗伯特·劳特朋教授提出的,是 4Ps 理论的转换,即产品(production)转换成顾客(consumer)、价格(price)转换成本(cost)、渠道(place)转换成方便(convenience)、促销(promotion)转换成沟通(communication),这种转换是在顾客满意思想下发生的。

顾客策略(consumer strategy),强调企业要从顾客需求和利益出发组织生产过程,研发出满足顾客需求的产品和服务。注重顾客需求及以此为基础产生的客户价值(customer value)。从本质上来说,顾客策略就是指导企业产品的产生与改变要以顾客需求为前提,使市场成为生产过程的起点而不是终点,让企业忘掉产品,倡导顾客第一的营销原则,以顾客至上、为顾客服务为己任。

成本策略(cost strategy),要求企业应该考虑顾客在实现其自身需求时需要付出的成本,而不是考虑企业的利润目标等因素。成本策略引导企业在进行产品定价时,要充分理解消费者购买该产品的愿意支付价格,而不是以生产的成本、利润等指标来指导企业定价。而消费者的支付不仅仅包括货币的支付,还包括时间、体力和精力的消耗,以及购买风险。

方便策略(convenience strategy)是指倡导企业减少流通环节,降低流通成本,让利于顾客的渠道策略思想。企业的渠道策略思路不是从企业角度出发,而是从顾客角度出发,方便顾客购买、提高分销效率等。例如:将超市建成仓储式,通过对库房、物流的有效管理,实行零库存计划,将库房改造成超市进行产品销售;解决顾客的停车难问题,为顾客提供停车便利;解决顾客交通问题,为顾客提供购物班车;药房在经营时为解决女性照顾孩子的问题,提供婴儿车、婴儿餐椅、婴儿喂养室等。

沟通策略(communication strategy),强调忘掉促销和注重双向沟通,认为企业不能单方面向顾客传递信息,需要与顾客间进行双向交流,鼓励顾客向企业咨询信息并为企业的经营献计献策。由于促销的本质是单向营销信息的灌输,没有得到顾客方面的信息反馈就不清楚促销的效果如何,就会迷失企业的经营方向。例如,企业可以提供消费者免费服务电话,聆听顾客的想法和意见,与那些有抱怨的消费者及时沟通。

> **知识链接**
>
> **新 4Cs 理论的内涵**
>
> 在美国学者罗伯特·劳特朋提出 4Cs 理论基础上,随着互联网技术的发展,4Cs 理论进一步演变为新 4Cs 理论,即联结(connection)、沟通(communication)、商务(commerce)、合作(co-operation)。4Cs 理论是在满足企业利润需求下更注重顾客需求,新 4Cs 理论中提倡整合营销的力量,在满足顾客需求前提下实现企业利润最大化,并且利用网络营销在分销产品和传递产品信息方面的快捷、方便,将企业与顾客紧密联结在一起,注重信息交流与沟通,实现顾客的满意。

三、4Rs 理论

以顾客战略为核心的 4Cs 理论,由于其过分强调顾客的重要性,使得企业在经营过程中受制于顾客层面的限制,具有一定局限性。因为当顾客需求存在资源浪费等有悖于社会原则时,企业显然不能仍然遵循顾客战略。例如高尔夫球运动就与现今的节约型社会背景相违背。鉴于此,2001 年,美国的整合营销传播理论的鼻祖唐·E.舒尔茨提出了关联(relevancy)、反应(reaction)、关系(relationship)和回报(return)的 4Rs 理论,是以关系营销理论为核心,区别于传统营销组合理论的关系解释,重点是建立顾客忠诚,对企业与顾客之间的关系进行了更有效的诠释。

关联策略(relevancy strategy),外部环境的变化引起消费者需求的动态变化,企业要与消费者之间建立动态联系,以形成互助、互求、互需的关系,通过这种关联机制将消费者与企业紧密联系在一起,形成联动效应,是建立、发展和保持与顾客之间长期关系的核心理念和内容。

反应策略(reaction strategy),现今社会的科技发展使得互联网技术不断进步,消费者每天面对大量变化的信息,其购买倾向、购买行为也瞬息变化,企业必须建立应对机制而不滞后于快速发展的消费趋势。企业需要与消费者之间建立关联关系,进一步设置快速反应机制,提高企业经营的反应速度和回应力。

关系策略(relation strategy),注重与顾客之间建立双边、多边的友好合作关系,将交易型关系向关系型关系转变,将企业中心放置在与消费者建立长期、稳定、互动的关系上,从而拥有稳定、忠诚的消费群,把企业利益层面的思考转向企业与顾客共同利益的保持上。

回报策略(return strategy),顾客对企业产品的青睐来源于从企业中获取的顾客价值,这是企业可以为顾客提供的中心利益,也是与顾客保持关系的源泉、基础和动力。同时,顾客的忠诚给企业带来了利润和利益的长久实现。

四、4Vs 理论

20 世纪 80 年代后期,由于高科技企业、高技术产品与服务的发展,消费者的消费方式和消费理念不断发展。基于这个背景,国内学者吴金明等综合性地提出了营销组合 4Vs 理论,即差异化(variation)、功能化(versatility)、附加价值化(value)、共鸣(vibration)。该理论注重企业核心竞争力的研究和提升,建议企业在知识经济时代,将培育、保持和提高核心竞争力作为企业营销活动和经营活动的重心和起点,是一种新型营销理念。如果说 4Cs 理论注重的是顾客因素,4Rs 理论注重的是关系因素,那么 4Vs 理论则注重的是竞争因素,并使竞争因素在所选择进入的细分市场中完整发挥其功效。

差异化(variation)是指企业在产品、服务、分销、定位等实现与竞争对手之间的差异性,使企业在市场竞争中区别于其他企业,被消费者有效识别和认知,并且能够被目标消费群体所偏爱。企业差异化主要体现在产品差异化、市场差异化和形象差异化三个方面。

功能化(versatility)是指以产品的核心功能为基础,提供不同的产品组合系列,满足不同顾客的消费习惯和购买需求。其思想核心是要求企业在经营过程中实现和保持企业的核心竞争能力,并且使其在市场中表现为唯一性,不被其他竞争企业所模仿。功能化认为企业要形成产品核心功能的竞争优势,以此为基础发展产品的延伸功能和附加功能等,运用产品的功能组合的不可复制性来获取目标市场顾客的忠诚。

附加价值化(value)，企业产品价值除了其核心价值外，还包括品牌、技术、文化、服务、营销等形成的附加价值，即在产品价值构成中包含核心价值和附加价值，附加价值的比重呈现不断上升趋势。企业在营销组合策略中对附加价值的设计和提高保证了企业核心竞争力的提升。

共鸣(vibration)是指企业为顾客提供产品和服务并具备最大价值创新特征时，顾客能够体验到这种企业的创新价值，并且这种体验与企业最初设想的一致，即所谓的价值共鸣。共鸣强调企业的创新能力的改进与顾客重视的价值紧密联系，认为顾客价值包括使用价值、服务价值、人文价值和形象价值等顾客整体价值的最大化。共鸣要求企业以顾客价值为企业经营导向，倡导企业要稳定地、持久地为顾客提供价值创造。

小 结

本模块要求学生对市场营销学、医药市场营销有个整体的认识，要理解市场营销学所涉及的范围不仅是商品，还包括事件、地点、财产权和组织；介绍了企业经营观念分为传统企业经营观念和现代企业经营观念，其中涉及营销学较有学科特色的营销知识和技能；鉴于医药市场营销源于市场营销学，介绍了市场营销学的产生与发展历程，使学生能够了解市场营销学发展过程中的经济、政治背景；将市场营销组合理论知识引入到对市场营销学的认识中，学生通过对 4Ps 理论、4Cs 理论、4Rs 理论、4Vs 理论的讲述，认识到营销过程中的营销组合不是固定不变的，是要结合外部营销环境进行不断创新和改进的。

能力检测

一、单选题

1. 市场营销学的研究中心是满足（　　）。
   A. 消费者需要　　　B. 消费者需求　　　C. 消费者欲望　　　D. 顾客需要
2. 同样的商品以同样的方式、同样的价格出售给不同的消费者时，消费者对其评价是不同的，这属于（　　）。
   A. 价值　　　　　　B. 效用　　　　　　C. 满意　　　　　　D. 交换
3. 企业致力于提高生产效率和分销效率，认为消费者主要对产品可以买到和价格低廉感兴趣，这属于（　　）。
   A. 生产观念　　　　B. 产品观念　　　　C. 推销观念　　　　D. 市场营销观念
4. 整合营销是在（　　）下提出的。
   A. 社会市场营销观念　　　　　　　　　B. 产品观念
   C. 推销观念　　　　　　　　　　　　　D. 市场营销观念
5. 顾客让渡价值越大，顾客越（　　）。
   A. 满意　　　　　　　　　　　　　　　B. 不满意
   C. 无法确定顾客满意度　　　　　　　　D. 上述三项都不对

二、多选题

1. 市场营销学所涉及的范围包括（　　）。

A. 创意　　　　B. 商品　　　　C. 服务　　　　D. 经历　　　　E. 事件
2. 顾客让渡价值理论中,顾客总价值包括(　　)。
A. 产品　　　　B. 服务　　　　C. 人员　　　　D. 形象　　　　E. 体力
3. 市场营销的产生与发展包括哪些阶段?(　　)
A. 初创阶段　　　　　　　　B. 应用阶段　　　　　　　　C. 重大变革阶段
D. 扩展阶段　　　　　　　　E. 理论发展阶段
4. 4Cs 理论包括(　　)。
A. 产品策略　　B. 顾客策略　　C. 成本策略　　D. 方便策略　　E. 沟通策略
5. 4Vs 理论包括(　　)。
A. 差异化　　　B. 功能化　　　C. 附加价值化　D. 共鸣　　　　E. 回报

三、简答题

1. 请用 200 字以内的篇幅阐述你对医药市场营销的理解。
2. 请举例说明你在医药产品消费过程中或亲身经历某个消费事件时,卖方企业的经营观念属于哪种类型?请简述分析过程。
3. 你如何评价 4Ps 理论、4Cs 理论、4Rs 理论、4Vs 理论四种市场营销组合策略?它们之间的关系如何?

四、案例分析

哈药股份被环保部门罚 123 万导致股价暴跌

2011 年 6 月 10 日,据央视记者报道,哈药集团制药总厂附近的何家沟地区,厂内产生的废水直接顺着河流排放,河水已被染为黄色,激起触目惊心的黑色浪花,河水所散发出的刺鼻恶臭在两公里外的高校皆可闻到。据央视报道,哈药集团制药总厂排放的臭气体的主要成分是硫化氢。空气检测结果发现,硫化氢气体超标 1150 倍,并且其水污染物排放超过国家规定极限值的 10 倍以上。

2011 年 8 月 8 日,全景网报道,哈药股份周一晚间公告称因哈药集团制药总厂及哈药集团制药总厂制剂厂环保违规,日前收到黑龙江省环保厅和哈尔滨市环保局下达的"行政处罚决定书",并被合计罚款 123 万元。

2011 年 8 月 9 日凌晨,证券时报刊发了"哈药集团股份有限公司关于环保事项的公告"。公告称:近日,公司所属分公司哈药集团制药总厂和哈药集团制药总厂制剂厂分别收到黑龙江省环保厅和哈尔滨市环保局下达的"行政处罚决定书"。上述处罚系省、市环保部门对公司近期环保违规事项的最终处罚决定,哈药集团旗下的公司将及时履行上述处罚决定、认真进行整改。

哈药集团制药总厂 7-ACA 节能改造等项目未经验收即投入使用,被罚款 105 万元。哈药集团制药总厂的废气排放超标、制剂厂危险废物储存场所未设置标识及擅自焚烧垃圾,被罚款 18 万元。

据《中国慈善家》报道的数据——哈尔滨市政府 2009 年的财政收入显示,国有资本的财政收入达 14.46 亿元。而 2007 年哈药集团股份有限公司年报显示,哈药集团股份有限公司 35% 的股权由国家持有,那么根据 2009 年哈药集团股份有限公司的利润总数计算,在其 67 亿元的营业利润中,当年政府可分红的利润就有 23 亿之多,外加企业的税收收入,对于当地政府来说,这无疑是一笔不小的收入。

《每日经济新闻》调查发现:早在两年前,哈药集团制药总厂环境污染问题被曝光时,其搬迁计划就列入了讨论之中。据当时《人民日报》报道,据估算,哈药集团的搬迁成本在 80 亿元至 100 亿元之间。

案例讨论:

1. 此案例提示医药企业在经营过程中,除了应有市场营销观念外,还应有哪些企业经营观念?
2. 此案例涉及医药市场营销学中的事件营销和公共关系等内容,请讨论哈药集团股份有限公司应如何应对?

任务五 实战训练

网络营销——网站营销中的企业经营理念设计

实训目的:

(1) 互联网作为医药企业和医药产品信息传播的重要途径,在营销中举足轻重,要求学生掌握网站营销中企业经营理念设计的方法和技巧。

(2) 要求学生能够依据医药企业和医药产品特点,在具体医药营销目标下,设计医药网站中的企业经营理念。

实训内容: 为某一医药企业网站的某个医药产品设计企业经营理念内容。

实训步骤:

(1) 学生以实训小组为单位,查找医药企业网站,了解不同医药企业网站的信息特点,选择其中一家医药企业的某个医药产品为策划对象。

(2) 通过对该网站信息的收集,以及其他媒体关于该公司的报道,分析该医药企业现有的企业经营理念。

(3) 提出医药企业经营理念的网站设计改进(或补充)方案。

实训提示: 以实训小组为单位,集合团队的力量,通过互联网搜索技术、收集资料,团队讨论、分析、提出网站设计改进(或补充)方案。

实训思考: 该医药企业现有的企业经营理念是否科学、合理?是否需要增加或强化某类企业经营理念,以应对快速发展的消费者需求?

实训体会: 通过实训,了解到医药企业的经营理念是如何确定的及如何改进?

实训作业: 设计医药企业经营理念的网站改进(或补充)方案。

实训考核的内容和标准

查找医药企业网站	某家医药企业网站分析	企业经营理念的改进(或补充)方案
20 分	40 分	40 分

(刘 徽)

项目二　医药市场概述

学习目标
　　掌握：医药市场特点。
　　熟悉：医药市场概念。
　　了解：医药市场现状。
能力目标
　　熟练掌握医药市场特点。
　　能根据其特点为医药企业选择合适的市场。

任务一　掌握医药市场特点

市场是市场经济的范畴，是社会分工和商品生产的产物。哪里有商品生产，哪里就有市场。随着商品经济的发展，市场也会不断变化。由于医药商品的特殊性，这里所讲的医药市场按市场营销学的观点，就是指对医药产品有需求和有购买能力的客户或用户，是现实客户和潜在客户的总和。

医药市场主要有以下特点。

一、医药市场需求弹性较大

医药市场交易的品种繁多，既有中药又有西药，既有国产药又有进口药，品种、规格、质量、价格非常复杂。同一品种，可能同时有多家制药企业生产，药品的通用名称相同，商品名不同，有的品种在功能上可以相互替代等，这些因素决定了医药市场的需求弹性较大，即药品价格的变化对该药的需求变化影响较大。

二、医药市场需求有多样化和差异性

从药品需求者的消费习惯来看，由于消费者之间存在民族、居住地区、受教育程度、用药习惯等明显差异，因而医药市场的购买差异大，消费层次多。同时，随着社会生产力的提高和国际化倾向的日益增强，医药市场的流动性不断加强，药品需求结构总是不断地在动

态发展中融合、变化。

三、医药市场被动消费现象突出

购药者不一定是药品使用者，大多数购药者又没有药品品种、产地等选择权利，因此医药市场一般不是主动消费而是被动消费。

四、医药市场专业性强

药品作为特殊的商品，关系到人民群众的身体健康。医药市场具有较强的专业性，例如，我国政府规定麻醉药品不准在市场上交易，其他药品在中药材专业市场上不准交易等，因此，药品交易受到一定的限制和制约。

五、医药市场竞争激烈

一方面，由于药品种类繁多、药源充足（少数品种例外），需求者选择的余地较大，因而竞争激烈。这就促使其对药品的质量、功效、价格等指标要进行认真比较。另一方面，随着科学技术的不断进步，新的产品不断涌现，有些消费者不可能全面、及时地了解新药品的特性，消费行为常受广告和其他信息的影响。

六、医药市场销售时间受到限制

从药品交易的规模和方式看，成交数量可多可少，市场层次可高可低，药品采购者往往不是最后消费者。同时，药品都有明确的有效期规定，在此时限内，药品必须被消费完，否则一律报废。这促使医药企业必须尽快地把自己的产品销售出去，否则将遭受经济损失。

> **知识链接**
>
> 全国人大常委会副主任、中国工程院院士桑国卫在第五届中国生物产业大会上表示，随着医改的深入进行、医疗保障体系的扩大、医保报销目录的修订、国家基本药物名录的发布以及社区卫生服务的发展，我国的医药卫生市场将越来越大，中国很快将超越日本，成为全球仅次于美国的第二大药品市场。到2020年，我国OTC市场规模将位居全球第一。在"十一五"时期，国家给重大新药创新下拨66亿元，基本上健全了国家的药物创新体系，新药品种超额完成，水平明显提高，一批研发平台建设取得重要的进展，突破了一批关键技术。现在有16个一类新药获得证书，有24个品种在申报，有近500个比较有希望的新药正在进行研究。而到了"十二五"时期，我国将投入400亿巨资。在此态势下，"十二五"期间，我国的创新药物研发进程将会明显加速。值得关注的是，桑国卫院士还解读了"十二五"国家重大新药创制科技专项政策的总体思路的"三个突出"。第一，"十二五"时期要突出战略性新兴产业，我国的生物医药产业实现以每年26%的速度增加；第二，要突出自主创新；第三，要突出我国的核心竞争力，突破关键技术、培育大型企业。

任务二　了解医药市场现状

随着国家经济持续发展,国民收入上升,加上人口老龄化的发展趋势,国家对民生、健康与新药创新研发投入增加等社会因素都加速了医药市场消费需求的增长,同时,医疗改革对创新药物研发和医药市场发展也起着重大的推进作用,这些举措将使药品这一特殊的消费品市场充满活力。与此同时,随着全球经济发展以及需求增速的总体放慢,药品消费需求也呈现增长趋缓的态势。医药市场按药品分类管理要求可分为处方药市场和非处方药市场;按药品产品种类可分为中药材、化学合成药、生物技术药等市场;按照顾客购买目的或用途的不同,医药市场可分为组织市场和消费者市场。当前医药市场呈现出以下几个特征。

一、药品营销规范化

随着社会医疗制度的改革,药品生产、经营企业应加强营销队伍的建设,摒弃不正当的竞争手段。在目前的医药市场上普遍存在药品费用的所有者并不直接支配和使用其费用的现象,药品销售活动中有多个起作用的环节,其中有些关键环节并不必对药品费用的相关问题负责,易于出现高费用治疗、患者利益居次、收受回扣等最终损害消费者和费用支付方利益的现象。政府近年来也采取了一定的措施,遏制这一现象的发展。

另外,由于药品是一种特殊的商品,在向医生和患者提供药品之后,为了使这些药品得到有效、正确的使用,生产商有责任提供全面的售后服务,向医护人员、药师提供关于药品使用方面的专业知识。

二、药品价格将持续大幅度下降

近期几次统一的药品降价政策已彰显初象。随着药品价格的下调,势必会挤压中、小型医药企业药品销售所依赖的中间环节,从而使产品销量和利润均受到影响。据不完全统计,我国目前有将近60万医药自由人和个人代理商,医药销售依靠的中间环节均由利益链维系,当药价不再虚高、产品毛利润整体水平下降时,这些环节的利益将受到影响,脆弱的销售链必将断裂。

> **知识链接**
>
> 中国从2009年8月正式启动国家基本药物制度,并公布《国家基本药物目录》,包括化学药品、中成药共307个品种,政府对这些药品的生产供应、采购配送、支付报销、质量监管等环节实施有效管理,目前国家基本药物制度已经初步建立,基本药物价格比国家基本药物制度建立前平均下降了25%。
>
> 国家发展和改革委员会发出通知,决定从2011年3月28日起降低部分主要用于治疗感染和心血管疾病的抗生素和循环系统类药品最高零售价格,共涉及162个品种,近1300个剂型规格。调整后的价格比现行规定价格平均降低21%,预计每年可减轻群众负担近100亿元。

三、行业竞争将趋于规范

药品招标采购将会更加集中、统一、透明、公开、公正,具有成本价格优势、产品领先优势或品牌优势的企业将会获得较大竞争优势,而没有上述优势仅靠关系制胜的现象将很少,此类企业必将被市场淘汰。

四、药品零售市场尤其是OTC市场迅速发展

简述处方药和非处方药的含义及其特点。处方药市场的影响因素有哪些?

随着国家医疗体制改革的逐步到位,各地公费医疗用药报销范围的不断完善,药品零售以其资金周转快、效益好、税收优、无赊销拖欠、经营灵活、可适应不同层次消费需求等特点,进入持续快速发展的辉煌时期。

五、产品更新速度加快

国家进一步鼓励、推动医药领域的自主创新与技术跟进,新药和科技含量高的药品将占据市场制高点,产品更新速度加快,中、小型医药企业生产的普药销售将异常艰难。

六、企业的竞争趋向于核心竞争能力的竞争

无论大、中、小型医药企业均势如何,只有具有特点的企业才有可能获得生存与更大的发展,这些特点具体表现在产品创新、营销创新、管理创新、低成本和价格优势等方面。

七、医药商业企业将具有更大的话语权

医院药房托管的形式将被更广泛地采用、医药分离的力度将进一步加大,医药商业企业对于医药工业企业将具有更大的话语权。

八、用于提高民众生活质量和身体素质的健康食品市场容量将进一步增大

随着人民收入水平和生活水平的提高,特别是新农村的建设,人们对礼品和健康食品的购买、消费意识将有一定的提高。

九、农村市场将成为新的竞争焦点

随着医疗改革的开展和深入,合作医疗的推广,广大百姓特别是农村百姓的看病问题将得到有效解决,人们有病即诊、注重健康的意识将有所提高,医药市场的容量也会有很大的增加。单前期农村合作医疗的基金就将有320多亿元的投入,再加上城市平价医院的兴起和国家医疗保险目录产品的不断完善,原有的医药潜在消费需求将变成实际的购买行为。

知识链接

据有关部门统计,中国医药卫生资源的80%在城市,城市中80%的资源在大城市。占全国人口近70%的农村人口用药水平较低。20世纪90年代初,农村人口人均用药仅为城镇人口的九分之一或八分之一。造成这种巨大差异的原因,一是医药卫生资源分布不均;二是城乡经济发展水平不同步,农民仍使用价格低廉的老品种;三是医疗保障制度没有覆盖到农村人口。这表明中国农村是一个潜在的药品市场,农村药品市场将成为医药行业新的开发热点。

十、医药商业物流企业与医药工业企业的联合进一步加深

大型医药商业物流企业与大型医药工业企业的联合正进一步加深,对市场的垄断与覆盖将加大。中、小型医药工业企业与大型医药商业物流企业的合作更加不对等。当前行业原有的渠道模式也正发生变化。采用现代化的市场通行的交易方式,最终建立"统一开放、竞争有序、宏观调控、管理科学"的社会主义医药流通新体制。

小 结

医药市场的特点:医药市场需求弹性大,医药市场需求有多样化和差异性,医药市场被动消费现象严重,医药市场专业性强,医药市场竞争激烈,医药市场销售时间受到限制。医药市场现状:药品营销规范化,药品价格将持续大幅度下降,行业竞争将趋于规范,药品零售市场尤其是OTC市场迅速发展,产品更新速度加快,企业的竞争趋向于核心竞争能力的竞争,医药商业企业将具有更大的话语权,用于提高民众生活质量和身体素质的健康食品市场容量将进一步增大,农村市场将成为新的竞争焦点,医药商业物流企业与医药工业企业的联合进一步加深等。

能力检测

一、单选题

1. 有关医药市场的现状,下列说法不正确的是(　　)。
A. 药品营销规范化　　　　　　　　B. 行业竞争趋于规范
C. 药品价格将继续上涨　　　　　　D. OTC市场发展迅速
2. 下列不属于医药市场特征的是(　　)。
A. 专业性强　　B. 市场分散　　C. 被动消费突出　　D. 关联性

二、多选题

1. 医药市场的特征是(　　)。
A. 需求弹性较大　　　　　　B. 多样性　　　　　　C. 差异性
D. 专业性　　　　　　　　　E. 竞争激烈
2. 医药市场按药品分类管理要求可分为(　　)。

A. 化学医药市场   B. 处方药市场   C. 非处方药市场
D. 生物医药市场   E. 中成药市场

三、简答题

医药市场的特点有哪些？

四、案例分析

新医疗改革背景下药品营销思路

在新医疗改革的背景下，对医药商业企业影响最大的三项政策分别是基本药物制度、药品价格形成机制和药品集中招标采购制度。而医药企业即将受到的影响主要体现在市场容量扩大、新型市场出现、购销模式优化、基层市场兴起、资源配置集中、创新方向明确六个方面。

如何跟上改革的步伐，分享改革的成果，面对新一轮挑战？这要求医药企业适当调整营销战略，将产品准确定位，积极开拓市场。在新一轮的市场竞争中，抢占市场份额。

1. 培育企业的核心营销能力

核心营销能力的培养需要有良好的营销队伍、通畅的销售渠道、稳定的销售终端及后续产品的跟进。企业研发了新药且市场前景很好，但如果缺乏精良的销售队伍，要想在市场上取得成功仍然是不可能的。建设销售队伍是企业所有竞争决策得以最终落实的前提和基础，建立专业、高效的销售队伍是医药企业保持竞争力的重要举措。

良好的销售终端能够大幅度增加企业产品的销售量，销售终端维护的好坏直接关系到企业产品销售的好坏。虽然企业产品不是最好的，但如果企业有一个好的销售终端那么其销量一般是比较高的，这有利于企业的发展。

2. 拓展营销区域，进军农村市场

医药市场也将向多元化发展，基层医药市场得以兴起，原来以城市医院为主要市场的格局将发生变化，市场重心将加快速度向基层社区卫生机构、农村市场扩散。

医疗改革后从产品流向看，农村正成为重要消费市场。但是由于农村地广人稀，致使流通成本加大。可启动区域市场联动机制，各企业应发挥在本地的优势，联合发展。在品种上，互相依靠，相互调剂，配送服务上相互支持，既竞争又合作，以期获得更高的效率和较低的流通成本，来改善利润状况。

3. 贴近百姓生活，进行基层社区推广

企业协助社区建立社区居民健康档案；利用会议营销，协助社区医院专业化培训管理；药企通过社区推广活动的开展，以面对面的接触方式，容易沟通与消费者之间的感情，强化口碑宣传的效果，使产品深入人心；争取纳入政府规划并加强与综合医院的合作。在医疗体制改革、医疗保障制度全面改革的背景下，医药企业要生存和发展，必须顺应国家大力发展社区卫生服务的趋势，并向社区卫生服务转型。社区卫生服务可以改善卫生资源的配置效率和技术效率，解决卫生服务的供需不平衡问题。同时，社区卫生服务也是国家卫生部门医疗改革的新生事物，要解决医药企业对社区卫生服务机构的服务和发展问题，必须真正树立起以顾客为中心的观念，围绕这一观念，按照市场规律进行经营和管理。

4. 力塑良好的品牌形象，占领OTC市场

随着科学技术的发展和交流，产品质量上的差距会越来越小，并且药品的成分含量也基本相同，药品经营企业之间的竞争将是文化的竞争。品牌是企业文化传播的最重要载

体,企业文化最终体现到品牌的形象和内涵上,品牌营销时代已经到来,品牌形象越来越成为影响消费者购买行为的重要因素。塑造良好的品牌形象是极为重要的,也是最迫切的。医药分开是关系民生健康的大事,不但是与国际接轨的需要,也是根治以药养医弊端的有效手段。医药分开政策不仅让百姓受惠,而且会改变百姓的医药消费习惯。在新医疗改革政策下,竞争走向理性,价格更趋明朗。谁占领OTC,谁得天下!药店的管理及营销模式优劣将决定零售药店在行业激烈的竞争环境下能否脱颖而出。

商企合作,药店直供的趋势越来越成气候,加强与拥有市场营销资源最丰富的品牌产品的企业合作,争取品牌产品在品牌药房的销售,实行强强联合。

案例讨论:
1. 本案例体现了医药市场的哪些特点?
2. 试分析本案例中医药市场的现状及其对医药市场未来发展趋势的影响。

(任守忠)

模块二
医药市场分析技术
Yiyao Shichang Fenxi Jishu

项目三　医药市场营销环境分析

学习目标

掌握：医药宏观市场营销环境和医药微观市场营销环境的内容。

熟悉：医药市场营销环境的含义。

了解：医药市场营销环境的特点及医药市场营销环境对企业市场营销活动的影响。

能力目标

熟练掌握医药市场营销环境的分析方法。

能采用SWOT分析法对医药企业所处的市场环境进行分析。

案例引导

2001年《财富》杂志中，中美史克被评为中国最受赞赏的外资企业之一，该公司的拳头产品之一是康泰克，在国内抗感冒药市场曾具有极高的知名度，年销售额在6亿人民币左右。近年来，医疗改革政策环境这一重要外部营销环境的变化，导致中美史克经历了一次严重危机。

事情起源于美国一项研究结果，研究表明PPA即苯丙醇胺有增加患出血性中风的危险。研究结果使得美国FDA于2000年11月6日发出公告，要求美国生产厂商主动停止销售含PPA的产品。十日之后，中国SFDA也发布了《关于暂停使用和销售含苯丙醇胺药品制剂的通知》，并以中国红头文件的形式发至中国各大媒体。在15种被暂停使用和销售的含PPA的药品里，中美天津史克制药的康泰克和康得两种产品名列其中。该通告使得康泰克销售急剧下降，中美史克为此蒙受的直接损失达6亿多元人民币。同时，竞争者三九制药、海王药业看到市场的变化后纷纷上马不含PPA成分的感冒药项目，中美史克多面受敌，加之媒体争相报道，经销商纷纷来电，康泰克多年来在消费者心目中的优秀品牌地位陷入危机之中。康泰克因PPA事件而遭受重大挫折。

于是，中美史克委托中国环球公关公司，迅速采取措施应对此次危机，主要包括项目调查、制定、实施和评估四阶段。通过实施危机处理方案，中美史克有效控制并处理了由PPA事件引发的重大危机，保护了品牌，更为重返感冒药市场奠定了良好的舆论基础。在PPA事件289天后，中美史克公司将新康泰克产品推向市场，一周内仅在广东便获得高达40万盒的订单。

任务一　医药市场营销环境分析概述

医药市场营销环境是指影响企业营销活动的一切内、外因素和条件的总和,是医药企业赖以生存和发展的基础。医药市场的营销环境不是固定不变的,是随着国家经济政策和法律法规调整而不断变化的,这种不断变化在给医药企业创造新的市场机会的同时,也给医药企业带来某种威胁。因此,医药企业在进行营销活动时,必须分析和研究企业所面临的市场营销环境,针对医药市场营销环境的现状与发展制定有效的医药市场营销战略,利用环境条件实现企业的医药市场营销目标。

> **知识链接**
>
> 企业开展营销既受自身条件的制约,也受外部条件的制约。关注并研究企业营销环境的变化,把握环境变化的趋势,识别由于环境变化而造成的机会和威胁,是营销人员的主要职责之一。同时,在营销过程中,企业也必须根据环境的变化,制定并不断调整营销策略,扬长避短,确保在竞争中立于不败之地。

一、医药市场营销环境的概念及其特点

(一)医药市场营销环境的概念

医药市场营销环境是企业市场营销活动的组成部分。美国著名营销学家菲利普·科特勒认为,市场营销环境是指影响企业的市场营销活动的不可控制的参与者和影响力。具体来说,医药市场营销环境就是指在营销活动之外,影响企业的营销管理能力,影响其能否卓有成效地发展和维持与目标顾客交易及关系的外在参与者和影响力。

综上所述,医药市场营销环境是指影响和制约医药企业进行市场营销活动、实现其营销目标的各种因素和客观条件的总和,是医药企业赖以生存的内、外部条件。

(二)医药市场营销环境的特点

影响和制约医药营销的内部和外部环境因素很多,亦十分复杂多变,不同的环境因素对营销活动影响程度也不同,即使相同的环境因素对不同的企业所产生的影响也不全相同。因此,企业在策划营销活动及其过程中必须把握营销环境变化的规律,认识其特点。医药营销环境的特点主要表现在以下几个方面。

1. 客观性

医药市场营销环境是不以企业和营销者意志为转移而客观存在的,有着自己的运行规律和发展趋势。因此,医药企业只要从事医药市场营销活动,就要面对着各种各样的环境条件,并且受到这些环境因素的影响和制约。特别是医药宏观市场营销环境,往往不是一个或几个企业、组织就能控制或按照自身的要求和意愿随意改变的,医药企业必须清晰认识并主动适应这些医药宏观市场营销环境的变化,才能准确制定并不断地调整市场营销策略,随时迎接医药企业面临的各种环境的挑战。相反,如果医药企业不能积极主动适应医

药市场营销环境变化或主观臆断医药市场营销环境及其发展趋势,必然会导致营销决策的盲目与失误,造成营销活动的失败。实践证明,善于适应环境的企业就能生存和发展,不能适应环境的企业就会被淘汰。

2. 复杂性

外界环境因素对医药市场营销活动的影响不是单一的,往往在同一阶段,多方面的因素相互交织在一起,同时作用于医药企业,形成多元的影响因素。环境影响的复杂性表现在影响医药企业营销活动的诸多外界环境因素中,各种因素的影响作用不同,影响方式也有差异,有些是直接的,有些是间接的,但是总有一个或几个影响因素发挥主要作用。即使是同一个外界环境因素,作用于不同地点,或者同一地点的不同医药企业,也存在着很大的差异。此外,各种影响因素之间相互依存、相互影响、相互制约,一种因素的变化会导致其他因素的变化,从而形成新的医药市场营销环境。例如,医药价格不但受市场供求关系的影响,还受到国家价格政策、国家医疗保险制度、科技水平及社会文化等多因素的影响。

3. 变化性

医药市场营销环境是医药企业营销活动的基础和条件,但这并不意味着营销环境是不变化的、静止的。相反,它始终处于不断变化过程中,且这种变化是随时随地和永无止境的。医药市场营销环境是随着国家医药政策的不断调整、医药生产技术和生产工艺的不断改进、医药市场竞争格局的不断转变、消费者购药知识的不断提高等多因素变化而变化的。

改革开放30多年以来,我国市场营销环境已经有了很大的变化。过去国家产业政策的重点是放在重工业上,现在已明显向农业和轻工业倾斜,今后还会不断加强对服务性行业的投入,这种产业结构的变化对医药企业的营销活动带来了很大的影响。我国消费者的消费倾向正在从追求物质的数量,向追求物质的质量及个性化转变,消费者的消费心理也趋于成熟,这无疑对医药企业的营销行为产生最直接的影响。因此,医药企业的营销活动必须适应环境的变化,不断地调整和修正自己的营销策略,才能求得生存并不断发展壮大。

4. 不可控制性与企业能动性

医药市场营销环境变化,特别是医药宏观市场营销环境变化,是医药单个企业无法控制的。例如,国家政治、法律制度、人口增长及一些社会文化习俗等,医药企业不能改变这些医药市场营销环境。这种医药市场营销环境的不可控性,对于医药企业有不同的影响,而且,由于环境的变化,有些因素在今天是可控因素,但是明天则可能变为不可控因素。各个环境因素之间经常存在着矛盾关系。例如,医药消费者对低价医药的兴趣与热情,可能在客观上导致某些医药企业认为无利可图而停止生产,产生供求紧张的矛盾,从而迫使企业不得不做进一步的权衡,谋求新的发展。对于这种医药市场营销环境的不可控制性,企业只能通过发挥自身的能动性,调整营销策略、进行科学预测或联合多个企业等方式,冲破环境的制约或改变某些环境来取得成功。

5. 差异性

不同的国家和不同的地区之间,医药宏观市场营销环境存在明显差异,例如医药政策、医药生产技术水平等方面的不同。而不同的医药企业,医药微观市场营销环境也不相同,例如医药生产的原料供应商、医药分销模式、医药终端市场布局等方面的不同。医药市场营销环境的差异,使得企业为适应不同的环境及其变化,需要采用具有针对性的市场营销策略,市场营销活动受到的影响也有很大的差异。例如:国家通过对医药原料的几次大范围调查,对西药的生产成本有了进一步地了解;对于中药,由于涉及农产品、动物、矿物资源,成本波动较大,加上国家对中药的扶持,在政策上有些模糊的定价以及在医药降价管理方面仍预留一定的空间。这些医药市场营销环境对某些医药企业来说是机会,而对另一些企业来说是威胁。

6. 相关性

医药市场营销环境不是孤立地受某一个或某几个环境因素的影响,而是受一系列相关因素的影响。例如,药材的价格,不但受市场供求关系影响,还受气候(自然环境)、科学技术及税收政策等多种因素的影响。这些因素之间相互联系、相互制约、相互影响,其中一个因素的变化,会引起其他多个因素相互变化,形成新的医药市场营销环境。这些影响有些可以评估预测,有些则难以做出判断。由于医药市场环境的关联性,营销人员不能单从一个环境因素考虑,而要从多个环境因素综合考虑企业的市场营销活动,才能全面地分析医药市场营销环境因素对企业的影响。

二、医药市场营销环境的分析方法及意义

(一) 医药市场营销环境分析方法

由于市场环境变化的复杂性和多样性使多种因素交织在一起,难以对各种指标进行量化,因此,医药市场环境分析一般采用定性分析的方法。宏观环境与微观环境的分析方法会有所不同。常用的分析方法有专家分析法、SWOT分析法、任务环境分析法及组织内部环境分析法。

1. 专家分析方法

专家分析方法主要是采用专家咨询、座谈会等方法,向有关医药市场营销专家进行相应的咨询和调查,从而得到正确的结论。专家分析方法能否有效的前提是对有关专家的界定和选择,以及专家对所研究问题的了解程度和相关资料掌握的多少等。常用的方法有个别专家询问调查、专家会议法、类推法和德尔菲等方法。

2. SWOT分析法

(1) SWOT分析法的含义　SWOT分析法又称为态势分析法,SWOT四个英文字母代表意义如下:优势(strengths)、劣势(weaknesses)、机会(opportunities)、威胁(threats)。这种分析方法是由旧金山大学的管理学教授韦里克于20世纪80年代初提出来的,是一种能够较客观而准确地分析和研究一个企业现实情况(即企业本身的竞争优势、劣势、机会和威胁)的方法。它实际上是对企业内、外部条件各方面内容进行综合和概括,进而分析组织的优势、劣势、面临的机会和威胁的一种方法。因此,SWOT分析法,对于清楚地确定公司的资源优势和缺陷、了解公司所面临的机会和威胁、制定公司未来的发展战略和分析竞争对手情况有着至关重要的意义。在战略分析中,SWOT分析法是最常用的方法之一。

(2) SWOT分析法实施步骤:

① 分析环境因素运用各种调查研究方法,分析出医药企业所面临的各种环境因素,即外部环境因素和内部能力因素。从整体上看,SWOT可以分为两部分:第一部分为SW,主要用来分析内部能力;第二部分为OT,主要用来分析外部环境。利用这种方法可以从中找出对自己有利的、值得发扬的因素及对自己不利的、要避开的因素,发现存在的问题,找出

解决办法,并明确以后的发展方向。外部环境因素包括机会因素和威胁因素,它们是外部环境对企业发展直接有影响的、有利的和不利的因素,属于客观因素;内部能力因素包括优势因素和劣势因素,它们是企业在其发展中自身存在的积极和消极因素,属主观因素,在调查分析这些因素时,不仅要考虑到历史与现状,而且更要考虑到未来发展的问题。

② 构造 SWOT 矩阵。将调查得出的各种因素根据轻重缓急或影响程度等排序方式,构造 SWOT 矩阵。在此过程中,将那些对企业发展有直接的、重要的、大量的、迫切的、久远的影响因素优先排列出来,而将那些间接的、次要的、少许的、不急的、短暂的影响因素排列在后面。

③ 制订行动计划。在完成环境因素分析和 SWOT 矩阵的构造后,便可以制定出相应的行动计划。制订计划的基本思路:发挥优势因素,克服劣势因素,利用机会因素,化解威胁因素,考虑过去,立足当前,着眼未来。运用系统分析的综合分析方法,将排列与考虑的各种环境因素相互匹配起来加以组合,得出一系列企业未来发展的可选择对策。

以上的分析都是相对而言的,因为随着医药市场营销环境的改变,企业所面临的机会和威胁都可能在不断地发生变化,今天的机会有可能成为明天的威胁,今天的威胁也可能成为明天的机会。在企业的努力下,也可使那些对他人而言是威胁的因素,转变为对自己有利的机会。这一切的变数全要依靠企业充分重视医药市场营销环境的研究分析工作,并及时相应调整营销策略,使医药市场营销环境向有利于企业生存、发展的方向变化,使之成为企业发展的动力。

3. 任务环境分析

任务环境分析采用了迈克尔·波特在《竞争战略》书中提出的行业结构分析模型——"五力"模型,作为企业环境分析的判断与决策依据。

"五力"是指行业现有的竞争状况、替代产品或服务的威胁、新进入者的威胁、供应商的议价能力、客户的议价能力五部分。具体内容如下。

(1) 竞争状况包括行业的集中程度、相关产品的差异性、剩余生产能力、行业退出障碍、产品成本、规模经济,以及固定成本与可变成本之间的比率等。

(2) 替代产品或服务的威胁包括买方对替代产品的态度、替代产品的性价比等。

(3) 新进入者的威胁包括规模经济、资本需求、绝对成本优势、产品差异、分销渠道、政府政策和法律、应对竞争的策略等。

(4) 供应商的议价能力和客户的议价能力包括买卖双方规模的相对大小和集中度、购买者信息的完全程度、产品差异化的程度、纵向一体化的程度等。

4. 组织内部环境分析

组织内部环境分析主要是分析企业各种组织内资源的拥有状况和利用能力,包括组织资源分析、组织能力分析、组织文化分析。

(1) 组织资源分析　组织资源分析主要用于从全局的观点考察企业资源量与质的结构和分配及组合等方面的合理程度,包括对人力资源、财务资源、物理资源、技术资源、市场资源与环境资源利用的评价。

(2) 组织能力分析　组织能力分析是对企业的竞争能力和解决各种难题能力的评定,企业内部综合能力的积累是解释企业获得超额收益和持续保持竞争优势的关键因素。其主要评价项目如下:组织基本能力评估,包括评估资源能力、生产能力、营销能力、科研与开发能力;企业价值链分析,用以评价企业将原材料加工至成品,到达最终客户的过程中,所有增加价值的步骤构成的一系列组织活动的能力。

(3) 组织文化分析　其主要内容如下:分析组织文化的内涵、组织文化的结构层次和组织文化的七个维度的构成和特征。这七个维度分别是创新与风险承受能力、稳定性、进取性、团队导向、员工导向、成果导向、关注细节。

(二) 分析医药市场营销环境的意义

企业经营兴衰成败的关键,在于企业能否适应不断变化着的市场营销环境。目前,企业外部环境的变化速度远远超过企业内部因素的变化速度。因此,医药企业的生存和发展,越来越取决于其适应外界环境变化的能力。对医药企业而言,分析医药市场营销环境,尤其是外部环境就显得尤为重要了。

1. 通过对医药市场营销环境分析,可以发现市场机会,避免环境威胁

外界环境变化有时会给某些企业带来一些新的发展机会,有时也可能给企业带来威胁,企业通过分析外界环境,就能够寻找到这些新的发展机会,从而为企业所用,或能够及时发现环境威胁,从而采取适当措施避开环境威胁或将环境对企业威胁降低到最低程度。如果企业面对威胁没有适当的应变措施,就会导致某个品牌、某个产品甚至整个企业的衰退或被淘汰。因此,企业的营销管理人员应善于制订应变计划,在市场经济条件下,机会和威胁往往同时存在。管理者的任务就在于发现机会,抓住机会,克服威胁,以有效的策略迎接市场挑战。

2. 分析医药市场营销环境是企业市场营销活动的基础

任何企业的市场营销活动都是在环境综合作用下的产物,各种环境因素都会直接或间接地影响企业的营销活动,左右着企业取得经济效益和社会效益的能力。企业在任何时候都不可能脱离环境开展营销活动,只能遵循环境变化的规律,认真调查和分析各种可见的或潜在的医药市场营销环境。把握市场机会的前提,源于对市场环境变化的正确分析和判断。

3. 分析医药市场营销环境是制定医药市场营销战略和策略的客观依据

由于医药产品独有的特殊性,医药企业在经营过程中,一定会受到比其他生产一般产品的企业更多的环境制约,只有在充分考虑各种制约因素与其他关联因素之后,才有可能制定出合理的企业发展战略和营销策略。在认真分析并掌握营销环境、医药市场供求关系和竞争态势的变化之后,才能发现和把握医药市场机会,选择正确的目标市场,生产和经营适销对路的医药产品。

三、医药市场营销环境的类型分析

医药市场营销环境(图3-1)的影响因素广泛又复杂,不同的因素对营销活动各个方面的影响和制约也不尽相同,根据影响力和制约力的不同,主要分为宏观环境和微观环境两大类。

(一) 医药宏观市场营销环境

所谓医药宏观市场营销环境是指那些宏观层面上对医药市场营销活动产生间接影响、大范围影响的社会约束力量,主要包括人口环境、经济环境、自然环境、政治法律环境、科学技术环境以及社会文化环境等多方面因素,宏观市场营销环境是影响企业生存和发展的各种外部条件。

（二）医药微观市场营销环境

所谓医药微观市场营销环境是指与医药企业紧密相连，直接影响其营销能力的各种力量和因素，包括医药企业的供应商、医药企业本身、营销中介、顾客、竞争对手企业、公众等。微观市场营销环境体现了宏观市场营销环境因素在某一领域里的综合作用，对于企业现在和未来的经营管理活动产生直接影响。

医药宏观市场营销环境主要是以间接方式影响和制约医药企业的市场营销活动，而医药微观市场营销环境则是直接影响和制约医药企业的市场营销活动。医药微观市场营销环境受制于医药宏观市场营销环境，医药宏观市场营销环境通过医药微观市场营销环境对医药企业发挥作用。因此，二者又分别被称为间接营销环境和直接营销环境，两者之间并非并列关系，而是主从关系，即直接营销环境受制于间接营销环境。

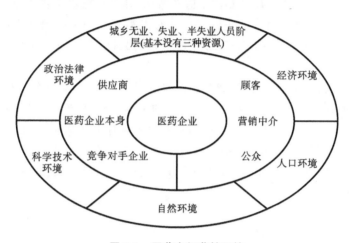

图 3-1　医药市场营销环境

 任务二　分析医药宏观市场营销环境

一、政治法律环境

政治法律环境主要是指特定的社会中制约和影响企业营销活动的政府方针、政策、法律法规及公众团体等方面的总和，企业的经营活动和长远发展都受其影响和制约。政治调节着企业营销活动的方向；法律则为企业规定商贸活动行为准则。在医药市场营销活动中，营销者必须遵守法律对业务活动的规定并与各种特殊利益集团和平共处。

政治环境包括政治制度、政党和政党制度、国家的方针政策、政治气氛等。医药企业应该采用的策略如下。

（1）预见政府可能的医药政策，提早做出应对准备；尽力影响政府的决策，主动争取政府的优惠政策。

（2）根据国家政策导向调整企业的经营战略；把握政策带来的发展机遇，谋求政策和企业的共同发展。

(3) 把握有利时机,分析现行政策,拓展市场,回避不利因素,减少损失。

法律环境是指与市场营销有关的法律、条例、标准、惯例和法令等。法律是评判企业营销活动的准则。只有依法进行各种营销活动,才能受到国家法律的有效保护。因此,企业不管是在本国还是在其他国家开展市场营销活动,都必须了解并遵守所在国家或政府颁布的有关经营、贸易、投资等方面的法律、法规。法律环境与政治环境有着密切的联系,法律通常是政治决策的产物,为政治服务。

我国在改革开放以来,为了适应经济发展和对外开放的需要,陆续制定和修订了诸多法律和法规,如《中华人民共和国药品管理法》、《中华人民共和国反不正当竞争法》、《中华人民共和国广告法》、《中华人民共和国专利法》、《中华人民共和国商标法》、《中华人民共和国消费者权益保护法》、《中华人民共和国产品质量法》、《中华人民共和国食品卫生法》、《中华人民共和国价格法》、《中华人民共和国中医药条例》等一系列法律和法规,进一步完善了我国的经济立法,保障了经济活动的正常运行。对于医药生产企业和商业企业来说,相关法律、法规还有《中华人民共和国医药管理法实施条例》、《医药注册管理办法》、《进口医药管理办法》等。

医药企业的法律意识是法律观、法律感和法律思想的总称,是医药企业对法律制度的认识和评价。企业的法律意识,最终都会转化为一定的法律行为,并产生结果。因此,每个医药企业都必须面对法律环境,特别是医药企业的法人代表要有法制精神,运用具体的法律知识依法治理企业。法律对医药企业的保护和制约不是孤立存在的,而是相辅相成的,一方面,企业要遵纪守法树立良好的企业形象;另一方面,企业也要积极地促进法律体系的建设和完善。

二、人口环境

人口环境是指人口的规模、密度、地理分布、年龄、性别、家庭、民族类别、职业等方面。人口是构成市场的第一要素,因为医药市场是由具有购买欲望与购买能力的人所构成的。人口环境的变化,将对市场规模产生重要的影响,并直接影响企业的市场营销活动和企业的经营管理。因此,医药企业必须重视对人口环境的研究,密切关注人口特征及其发展动向,并及时调整营销策略以适应环境的变化。

(一) 人口规模和增长速度

一般来说,一个国家或地区人口规模的大小和增长速度的快慢,基本上反映着这个国家或地区市场规模的大小及购买潜力。因此,企业在决定投资方向和投资规模时,一定要考虑所进入市场人口数量的多少及人口增长速度的快慢。

我国是世界上人口最多的发展中国家,而人口多、资源相对不足、环境承载能力较弱是我国现阶段的基本国情。人口问题是我国在社会主义初级阶段长期面临的问题,也是关系我国经济、社会发展的关键因素。在发病率和收入一定的条件下,人口数量的多少,决定了医药市场容量的大小。我国人口众多且增长速度快,这预示着中国的医药市场有极大的发展潜力,尤其是对基本生活必需品和基础教育的需求量很大,这为企业提供了很好的发展机会。同时也造成了人均资源紧张、环境污染严重等问题,这又不利于企业的发展。

因此,一个医药企业判断一个国家或地区市场规模的时候,首先应从该国家或地区的人口数量进行分析,在发病率一定的条件下,人口愈多,则患某种疾病的人数就愈多,该市场的规模就越大。反之,人口愈少,则医药市场的规模就越小。

> **知识链接**
>
> 世界人口正呈现出爆炸性的增长趋势。自20世纪60年代以来,每年以1.8%的速度增长。目前,全世界的人口已经接近65亿人,但是全球人口分布并不均匀,一半以上的居民都集中在中国、印度、美国、印度尼西亚、巴西和巴基斯坦这6个国家,总数达33亿。
>
> 国家统计局测算数据表明,截至2007年底,中国总人口数达到13.21亿,约占同期世界总人口的20%。虽然中国已经进入了低生育率国家行列,但由于人口增长的惯性作用,当前和今后10年,中国人口仍将以年均800万~1000万的速度增长。按照目前总的生育率为1.8%进行预测,2020年中国人口总量将达到14.6亿。人口总量高峰将出现在2033年前后,达15亿左右,人口环境问题日趋严重。

(二)人口结构

人口结构分为人口自然结构和人口社会结构。人口自然结构包括人口的年龄结构、性别结构等,人口社会结构包括人口的教育结构、家庭结构、收入结构、职业结构、阶层结构和民族结构等多种因素。人口构成状况一方面影响着购买对象和购买力大小,另一方面影响着消费档次和购买行为。因此,企业在制定营销策略时,必须研究和分析人口的构成状况。

1. 年龄结构

人口的年龄结构直接关系到各类商品的市场需求量及企业目标市场的选择。不同年龄的消费者对商品的需求不同,如儿童市场对药品的需求,主要集中在上呼吸道感染、发热、消化不良、腹泻等,对保健食品的需求则集中在增进食欲、增强体质、促进身体的生长发育以及改善智力等方面,包括化积消食、补钙、补铁、补充各种微量元素等。而中老年市场对药品的需求主要集中在心脑血管系统疾病相关药物,对保健食品的需求集中在抗衰老、益寿延年等方面。

> **知识链接**
>
> 我国于2000年已经步入了老龄化社会。我国老年人占人口比重,将在2020年达到12%左右。如果今后的新生人口仍如近几年那样大幅度减少,那么,老龄化水平的增速就会相应加快,我国社会将会步入快速老龄化阶段。据预测,到2015年,我国60岁以上的人口将超过2亿,约占人口的14%;到2025年,60岁以上的人口将达到2.8亿,占总人口的18.4%。这将使老年人的医药市场需求呈现高峰,如保健用品、营养用品、老年人生活用品等。2005年,我国老年人口已达1.32亿人,占总人口的10%,中国也很快会成为老龄化国家,老年人口增加将直接刺激药品销售量上升,这为医药企业提供了很好的发展机会。因此,努力开发满足老年人治疗和保健所需要的药品,是医药企业发展的一个重要良好的机会。

2. 家庭结构

家庭作为购买、消费的基本单位，直接影响着家庭消费量和购买量及家庭用品的结构等。目前，世界上普遍呈现家庭规模缩小的趋势，越是经济发达的地区，家庭规模就越小。欧美的家庭规模基本上户均3人左右，亚非拉等发展中国家户均5人左右。在我国，由于出生率下降和家庭观念的变化，当前我国家庭越来越趋于小型化。1990年平均家庭人口为4人，1995年降为3.7人，1998年为3.63人。家庭数量的剧增必然引起对炊具、家具、家用电器和住房等需求的迅速增长。

造成家庭构成变小的主要原因是科学技术的发展，提高了人们抗拒自然灾害和应付社会变化的能力，小家庭的力量已经能够抵御自然和社会的压力，人们不再愿意像以往那样，为了生存必须依靠大家庭而不得不将部分的权利交给大家庭支配，四代同堂现象已经不多见，三位一体的小家庭则是比较普通，并逐步由城市向乡镇发展。此外，还有一些不容忽视的现象，晚婚、子女减少、离婚率增多、职业妇女增多、非家庭住户的兴起等，其中，还出现了一种单身女子经济现象。

3. 性别结构

男女性别不同，对医药市场的需求也有着明显的差别。不同的性别有着不同的生理特点，也就产生了某种性别所特有的疾病及需求，例如，在保健食品市场，男性需要壮阳类的保健食品，而女性则更需要健美（减肥、美容）类的保健食品。据调查，0～62岁年龄组内，男性对医药市场的需求略大于女性，其中37～53岁的年龄组内，男性对医药市场的需求约大于女性10%，但到73岁以上，女性对医药市场的需求约多于男性20%。这反映到市场上就会出现男性用品市场和女性用品市场。例如，在我国市场上，妇女主要购买自己的用品、杂货、衣服等物品，而男性则主要购买大件物品等。

（三）人口分布

人口分布是指人口在不同地区的密集程度。由于自然地理条件及经济发展程度等方面因素的影响，人口分布会是不均匀的。人口分布不均匀直接影响着各个地区市场需求量的大小及购买对象和需求结构。

> **知识链接**
>
> 从我国情况来看，人口主要集中在东南沿海一带，约占人口的94%，而占国土面积70%的大西北，人口仅占6%左右，东部人口密度是西部的8.8倍，而且人口密度逐渐由东南向西北递减。另外，中国还是有着典型的二元社会结构的国家，农村人口比重过大，人口城市化只有37%左右，远远低于发达国家。城市的人口又比较集中，尤其是大城市人口密度很大。
>
> 在我国上海、北京、重庆等几个城市的人口超过1000万人，而农村人口则相对分散。

伴随经济的活跃和发展，区域流动性也越来越大，随着人口的流动必然引起购买力的转移，从而引起各个地区的市场需求量发生变化。在发达国家，除了国家之间、地区之间、城市之间的人口流动外，还有一个突出的现象就是城市向农村的人口流动。而在我国却恰恰相反，人口的流动主要体现在农村向城市或厂矿地区流动，内地人口向沿海经济开发地区流动。另外，经商、观光旅游、学习等使人口流动加速。对人口流入较多的地方而言，一方面，由于劳动力增多,就业问题凸显,加剧了行业竞争;另一方面,人口增多也使当地基本需求量增加,消费结构也发生一定的变化,继而给当地企业带来较多的市场份额和营销机会。

三、经济环境

经济环境一般是指影响企业市场营销方式与规模的经济因素,如消费者收入、支出状况、经济状况及国家经济政策等。其中经济状况包括经济要素的性质、水平、结构、变动趋势等多方面的内容,涉及国家、社会、市场及自然等多个领域。国家经济政策是指国家履行经济管理职能,调控国家经济水平、结构,实施国家经济发展战略的指导方针。企业能否盈利在很大程度上取决于所在国家的经济状况和经济实力。总体宏观经济环境决定了企业发展的程度。经济不景气会影响企业产品或服务的需求,而有利的经济条件则会给企业提供扩展的机会。经济环境的特点及其变化必然会影响企业活动的方向、内容及方式的选择。

（一）收入与支出状况

1. 收入状况

市场消费需求是指消费者有支付能力的需求。消费者仅仅有消费欲望,并不能创造市场。既有消费欲望,又有购买能力,才具有现实意义,才能创造市场消费需求。因为,只有既想买又买得起,才能产生购买行为。

在研究收入对消费需求的影响时,常使用如下指标。

（1）人均国内生产总值（GDP）:一个国家或地区,所有常住单位在一年内,按人口平均所生产的全部货物和服务的价值,超过同期投入的全部非固定资产货物和服务价值的差额。GDP总额反映了全国市场的总容量和总规模。而人均GDP则从总体上影响和决定了消费结构和消费水平。我国于2004年开始人均国民收入超过1000美元,从低收入国家进入中低收入国家行列。许多国家的发展进程表明,这是经济、社会结构发生深刻变化的重要阶段,居民生活水平将不断提高,社会需求更趋多样化,消费结构加快升级,人们更加追求生活内容的丰富、生活质量的提高及生活环境的改善。

> **知识链接**
>
> 统计数据显示,2004年,第一产业增加值20744亿元,增加6.3%;第二产业增加值72387亿元,增加11.1%;第三产业增加值43384亿元,增加8.3%。另外,城乡居民收入增长较快。全年城镇居民人均可支配收入9422元,比2003年实际增长7.7%;农民人均纯收入达到2936元,实际增长6.8%,是1997年以来增长最快的一年。我国2005年的GDP总额为182321亿元,按2005年对美元的平均汇率计算,折合为22257亿美元,居世界第4位,而人均GDP仅为1700美元左右,处于较低水平。

（2）个人收入:消费者个人的工资、红利、租金、退休金、馈赠等各种来源所得到的全部经济收入。各地区居民收入总额可用来衡量当地消费市场的容量,人均收入多少反映购买力水平的高低。企业营销人员应该对这个指标特别感兴趣,因为它是影响消费者购买能力、消费水平和消费支出模式的一个重要因素。

知识链接

根据我国统计部门的数据，不同时期的城镇居民和农村居民家庭平均每人全年收入情况见表 3-1。

表 3-1 城镇居民和农村居民家庭平均每人全年收入情况

年份 项目	1995	2000	2001	2005	2006
城镇居民家庭平均每人全年收入(元)	4288.1	6316.8	6907.1	10493	11759
农村居民家庭平均每人全年总收入(元)	2337.9	3146.2	3306.9	—	—
农村居民家庭平均每人全年纯收入(元)	1577.7	2253.4	2466.4	3255	3587

(3) 个人可支配收入：个人可支配收入又叫可支配的个人收入，是指个人收入扣除由消费者个人直接缴纳的各种税款和其他应交政府的非商业性开支后，个人消费和储蓄的那部分收入。个人可支配收入主要用以作为消费支出或储蓄的部分，它决定了消费者的购买力和支出的规模，用于购买生活必需品和其他方面的固定开支。

(4) 个人可任意支配的收入：个人可任意支配的收入又叫可任意支配的个人收入，是指在个人可支配收入中减去消费者用于购买个人或家庭的生活必需品的固定支出所剩下的那部分个人收入。个人可任意支配的收入所引起的需求弹性大，是消费者需求变化中非常活跃的因素。

知识链接

货币收入是指用每个时期的实际美元数量度量的消费者的收入。除了工资薪酬货币收入外，还包括福利薪酬之外的货币收入。

实际收入是指调查户家庭全部实际的现金收入。但不包括借贷收入，如提取银行存款、向亲友借入款、收回借出款以及其他各种暂收款。实际收入与货币收入成正比，与居民生活费用价格成反比。

2. 支出

消费者支出通常包括消费支出模式和消费结构。随着消费者收入的变化，消费支出模式和消费结构也会发生相应变化。

在研究一个国家或地区的总体消费模式时，往往用恩格尔系数来评价。1853 年至 1880 年间，德国统计学家恩斯特·恩格尔根据对欧洲一些国家工人家庭收支预算的研究，发现收入的变化和各种支出变化之间的规律性，即一个家庭收入越少，其支出用于购买食物的比例就越大；一个国家越穷，居民的平均收入中用来购买食物的费用所占比例就越大；随着家庭收入的增加，家庭收入中或家庭支出中用来购买食物的支出比例将会下降，这种规律称为恩格尔定律。

恩格尔系数(%)＝食物支出总额/家庭或个人消费支出总额×100%

目前，恩格尔系数一般用来衡量一个国家和地区的居民生活的贫富程度。根据联合国制定的标准,恩格尔系数在60%以上为绝对贫困,50%～59%为温饱,20%～49%为小康,20%以下为非常富裕。统计数据表明,我国城镇居民的恩格尔系数1996年为50%,2006年为35.8%,10年下降了14.2%;同期,农村居民的恩格尔系数则由58.6%下降到43%,10年下降了15.6%。

恩格尔定律的运用,可以使我们获得一些有价值的启示:①当收入达到一定层次,人们的平均食物消费水平达到一定高度时,收入的进一步增加才不再对食物支出发生重要影响。而在食物消费水平较低时,伴随着收入的增加,一定会出现食物支出比例增长,甚至大幅度增长的趋势。②生活水平达到了一定高度时,尽管用于购买食品的支出比例会下降,食品类绝对支出数量却在增加。这是因为随着生活节奏的加快,为了降低时间成本,人们选择方便食品(方便面)、速食食品(快餐)、出外就餐等增多,使购买食物的开支增长很快。③人们的欲望是无止境的,总是会随着生活水平的提高,产生一些新层次的需求,这就要求生产厂家必须根据消费者需求的变化,生产出满足人们需要的新产品。具备这种特点的行业就是朝阳产业,能够得到高额垄断利润。而原来那些得到高额垄断利润的产业在竞争加剧、利润下跌后,又变为传统产业。

研究表明,消费支出模式和消费结构不仅与消费收入有关,而且还受以下因素影响:家庭生命周期所处的阶段,家庭所处的地址与消费产品生产和供应状况,城市化水平,商品化水平,劳动社会化水平,食物价格指数与消费价格指数变动是否一致等。

3. 储蓄与信贷

(1) 储蓄。该指标反映一个国家、地区或家庭的储蓄状况,通常有三个指标,即储蓄额、储蓄率和储蓄增长率。储蓄额是消费者储蓄的绝对数量,反映一定时期的储蓄水平;储蓄率指储蓄额占消费者收入的比例;储蓄增长率则反映某一时期(通常为一年)的储蓄增长速度。通过这三个指标,可以分析一定时期消费与储蓄、消费者收入与支出的变化趋势。市场营销策划者应了解影响消费者储蓄的各种因素,以便分析与判断消费者需求、消费支出和消费水平的变化。

消费者收入水平高低是决定储蓄数量的首要因素。只有当收入超过一定的支出水平时,个人才有能力进行储蓄。随着收入的增长,储蓄会有所上升,达到一定程度后,趋于稳定。如果物价上涨超过或接近储蓄存款利率的增长,货币贬值将会刺激消费,抑制储蓄,从而形成所谓的"储蓄存款出笼",导致市场的需求迅速增加。如果市场上出现商品短缺,或产品质量不能满足消费者的需求,则出现两种可能的情况:一种是把钱储存起来,储币待购,持币选购,力求购买到适合自己需要的产品;另一种是强制替代,用相关产品代替自己初始希望购买的产品。后一种情况下,尽管商品短缺,产品不佳,但并未导致储蓄的增加。

储蓄目的性往往影响消费模式、消费偏好、消费内容和消费发展方向。消费者的储蓄动机一般包括储备、储币待购、获利增收、崇尚节俭、安全保险、经济约束、便于理财、社会习惯等。

(2) 信贷。消费者个人信贷是指消费者凭信用先取得大额商品的使用权,然后按期归还贷款,即消费者预先支出未来的收入提前消费。消费者信贷使消费者可用贷款先取得商品使用权,再按约定期限还款,能够直接创造新的购买力。消费者信贷的规模与期限在一定程度上影响着某一时期内现实购买力的大小,也影响着提供信贷的商品的销售量。消费者贷款的偿还形式有两类,即分期付款和一次性偿还。分期付款是个人信贷的主要形式,一般有汽车分期付款、高档消费品与奢侈品分期付款、住宅分期付款、信用卡信贷等。

（二）经济发展状况

企业的市场营销活动要受到一个国家或地区经济发展状况的制约，在经济全球化的环境下，国际经济形势也是企业市场营销活动的重要影响因素之一。

1. 经济发展阶段

经济发展阶段的高低，直接影响企业市场营销活动。经济发展阶段高的国家和地区，主要投资于较大的、精密自动化程度高的、性能好的生产设备；在重视产品基本功能的同时，比较强调款式、性能及特色；大量进行广告宣传及营销推广活动，非价格竞争优势；分销途径复杂且广泛，制造商、批发商与零售商的职能逐渐独立，连锁商店的网店增加。美国经济学家华尔特·惠特曼·罗斯托 1960 年在其著名的《经济成长阶段》一书中，提出了经济增长阶段理论，首次将各国经济增长过程概括为五个阶段：①传统社会阶段；②起飞创造前提条件的阶段；③起飞阶段；④走向成熟阶段；⑤大量消费阶段。凡属于前三个阶段的国家称为发展中国家，处于后两个阶段的国家称为发达国家。

目前，我国国民经济发展所面临的主要矛盾是结构性矛盾，核心是加速第三产业发展，加速农业生产方式变革。在这一过程中，城市消费需求与产业结构需要升级，以便为新进入城市的人口提供就业空间和需求空间。但是我们必须看到，目前我国经济的增长方式还相当粗放，煤、电、油等的供应也比较紧张，资源约束表现得相当突出。

2. 经济增长与消费

经济学者的研究成果表明，各国经济增长的不同阶段，消费、储蓄、投资与经济增长的关系是不同的。

(1) 农业社会阶段：生产力水平较低，社会总产出的主要部分用于满足人们的基本生活需要。消费在国民收入中占较大的比例，消费率较高，而储蓄率相对较少，投资在国民收入中占较小的比例。就经济增长来看，由于缺乏生产性投资对经济增长的推动作用，因而经济增长缓慢。

(2) 经济起飞阶段：消费在国民收入中所占的比例较低，消费率有所下降。进入 21 世纪，我国经济发展过程中的阶段性特征，呈现出的市场需求特征是国民收入用于储蓄较多，储蓄率上升较快。其主要因素如下：①经济起飞过程（包括起飞前的准备和起飞进入持续增长阶段）中经济的高速增长，需要大量的投资支持，对高储蓄率提出了要求。②产业结构改进的一个显著特点是第二产业比重上升，第一产业比重大幅度下降。③经济起飞过程中所需的资金，源于本国内部的积累，同时大量吸引外资获得。但利用外资需要付出高昂代价，而且也有一个限度问题。因此，政府为促进本国经济实现起飞，会通过各种政策来限制消费的过快增长，鼓励人们增加储蓄，增加国内资金来源，从而促进国民收入中消费份额的下降，储蓄份额的上升。④经济起飞阶段，消费品工业尚不发达，低收入阶段形成的消费习惯滞后于国民收入的增长，一定程度上制约了消费的过快增长。当然，对一些发展中国家而言，由于发达国家消费方式的示范作用，也会出现消费早熟的情况。

(3) 经济增长进入到高收入阶段：消费在国民收入中所占的份额比较大，消费率比较高。其主要因素如下：①高收入阶段，生产力水平的极大增高，大量新兴消费品不断涌现，会使边际消费倾向（MPC）增高。②经济增长会有所降低，投资增长率也会降低。③由于消费者对高额消费和生活质量的追求,使产业结构发生较大的变化,第三产业在GDP中所占比重大幅度上升,技术密集型产业成为主导产业,而以资本密集型为主的第二产业比重下降,从而使投资在国民收入中的份额有所下降。

3. 经济形势

就国际经济形势而言,进入21世纪,经济全球化不断深入,已成为影响一国内部和国与国关系的重要因素。经济全球化使国与国之间的关系越来越密切,相互依存度增加,同时,经济全球化也加剧了发展不平衡,一些国家内部的贫富差距、发达国家与发展中国家经济鸿沟进一步扩大。一部分发展中国家被边缘化,国际竞争力越来越弱,影响国内稳定。在经济全球化背景下,国际经济摩擦增多,国际贸易保护主义抬头,全球性、跨国性的问题较为突出,国与国之间竞争加剧。就国内经济形势来讲,我国从2006—2010年,GDP年均增长11.2%以上,人均GDP年均增长9.8%。经济的高速发展极大地增强了中国的综合国力,显著地改善了人们生活。同时,国内经济生活中存在的一些问题和难题,如经济发展不平衡、贫富差距扩大、产业结构不尽合理、就业问题压力很大等。所有这些国际、国内经济形势,各地区乃至全球的经济繁荣与萧条,对企业市场营销都有重要的影响。

四、科学技术环境

科学技术环境是指医药企业所处的社会环境中的技术要素及与该要素直接相关的各种社会现象的集合。科学技术是第一生产力,科技的发展对经济发展有巨大的影响,不仅直接影响企业内部的生产和经营,还同时与其他环境因素相互依赖、相互作用,给企业市场营销活动带来有利或不利的影响。

科学技术是一把双刃剑,在给人类创造奇迹的同时,也会带来创造性的毁灭力量。科学技术是影响企业市场营销的重要因素,给企业带来十分深远的冲击和影响。一个新技术的问世会产生若干新兴产业或行业,为企业的发展创造新的机会,但是也会给某些行业造成毁灭性的打击,从而给企业生存带来巨大的威胁。例如,移动电话的问世打击了寻呼机产业,数码相机的出现对胶卷业影响很大等。新技术的出现会改变人们的生活方式、价值观念、传统习惯等。例如,节育药的研制成功,使家庭的规模变小,更多的已婚妇女就业,家庭经济状况随之好转,从而影响了零售商业结构、消费者观念和购物习惯。新技术革命也有利于企业改善经营管理,提高企业的管理效率。因此,企业应当密切关注技术环境的变化,适时调整营销策略,使之适应这些变化。对于营销者而言,应该考虑技术变化的步伐、创新的机会、研究与开发预算、因技术变化引起政府政策的变化等。

科学技术对医药企业市场营销的影响主要体现在以下四方面。

1. 科学技术的发展对企业经济活动的影响

当代,生产率水平的提高主要依靠设备的技术开发,包括原有设备的革新、改装、设计和研制效率更高的现代化设备,创造新的生产工艺、新的生产流程。同时,技术开发也扩大和增加了劳动对象的利用广度和深度,不断创造新的原材料和能源。这些不可避免地影响到企业的管理程序和市场营销活动。科学技术既为市场营销提供了科学理论和方法,又为市场营销提供了物质手段。例如,计算机及自动化技术的飞速发展使得医药企业可以进行药品自动化生产,在营销方面利用互联网进行电子商务交易,在物流方面采用供应链管理,这些都提高了企业效率并节约了成本。

2. 科学技术的发展对企业营销决策的影响

科学技术的发展,使得产品更新换代速度加快,产品的市场寿命缩短,从而造就了一些新的行业、新的市场,同时又使一些旧的行业与市场走向衰落。例如,基因工程使基因药品成为时尚,却对传统制药业造成了一定威胁。此外,电子商务和物流配送将成为企业未来的主要营销方式,药品生产企业和流通企业之间的原有关系发生重大变化,制药企业与医院的直通车模式日益明显。科学技术的进步可以改变人们的生活方式、消费模式和消费需求结构,因而对消费者行为具有重要影响。科学技术的发展和应用对行业和市场分布、消费者行为的这种影响最终会对组织的营销决策产生重要影响。

3. 科学技术的发展对提高营销效率的影响

首先,科学技术的发展,为企业提高营销效率提供了物质条件。例如,新的交通运输工具的发明或旧的交通运输工具的技术改进,使运输的效率大大提高。其次,科学技术的发展,可使促销措施更有效。例如,广播、电视、传真技术等现代信息传媒的发展,可使企业的商品和劳务信息及时准确地传送到全国乃至世界各地,这将大大有利于本国和世界各国消费者了解这方面的信息,并起到刺激消费、促进销售的作用。最后,现代计算技术和手段的发明运用,可使企业及时对消费者的消费需求及动向进行有效的了解,从而使企业营销活动更加切合消费者需求的实际情况。

4. 科学技术的发展对药品消费习惯的影响

随着电视、计算机、互联网等科技的发展,人们能够了解更多药品相关知识。同时,新的交通工具的出现及便捷的物流配送,这些都对消费者的购买行为、购买习惯、购买效率等产生影响。

我国在"十一五"期间,加快了医药企业的技术进步和加大了技术创新的投入,设立"创新药物和中药现代化"重大科研专项。重点加强新药研究开发体系的建设和创新药物的研制。在国家的积极引导下,我国医药企业每年投入的研发经费由2001年的16.2亿元增加到2005年的43.4亿元,表明我国医药企业在技术进步和技术创新方面取得了一定的成绩。但是我国医药企业与国外大型跨国医药集团相比还存在很大差距。

五、自然环境

自然环境是指影响企业市场营销活动的自然因素,它包括自然资源因素、地形因素、气候因素、地理位置因素等内容,这些因素都会不同程度地影响企业的营销活动,有时这种影响甚至对企业的生存和发展起决定作用。因此,企业在开展营销活动时,应不断地分析和认识自然地理环境变化的趋势,根据不同的环境情况来设计、生产和销售产品,才能避免由自然地理环境带来的威胁,最大限度利用环境变化可能带来的市场营销机会。

(一)自然资源

自然资源一般分为三类,一类是相对来说取之不尽、用之不竭的资源,又称为无限资源,如阳光、空气等;第二类是有限但能够再生的资源,如粮食、木材等;最后一类是有限且不能够再生的资源,如石油、煤炭等。

自然资源是进行商品生产和实现经济繁荣的基础,它和人类社会的经济活动息息相关。自然资源状况是企业选址、采购原材料(如原材料的取得是否方便)等决策的重要条件。特别是中药制药企业,中药资源的获取对企业来说至关重要。例如,中药企业设置在中药种植基地附近一般会降低原材料价格及运输成本等,这样在其他方面类似的情况下,选择在基地附近建厂,其产品价格方面就具有竞争优势,这会给企业营销带来好处。同时,随着工业化和城镇化的进程加快,自然环境破坏、污染等已成为非常严重的问题,直接影响到药品原材料的供应、质量及药品成本等。因此,针对严重的污染问题,世界各个国家(包括我国)、地区政府都采取了一系列措施,对环境污染问题进行控制。这样会限制某些行业的发展,比如某些医疗器械生产厂家被责令停产。但是也为企业创造了两种营销机会:一是治理污染的技术和设备;二是不破坏生态环境的新的生产技术和包装方法。与此同时,政府对自然资源管理的干涉逐步增多。例如:许多国家都成立了环境保护组织,对破坏环境的行为进行制止;许多新的关于环境保护的法律法规得以通过,对破坏环境的单位和个人进行制裁。面对着原材料数量的日益短缺、能源成本急剧上升、环境污染不断加剧、政府对自然资源管理的干涉日渐增多等问题,医药企业应该有所准备。

知识链接

我国环境污染日趋严重,在许多地区已经严重影响到人民身体健康、自然生态平衡和长远生产发展,从而引起了政府和社会公众的高度关注,治理环境污染的呼声日益高涨,政府的干预措施不断加强,并且环保立法也开始出台。1960年以来,二氧化碳的排放量剧增,已远远超出生物圈的再吸收能力,全球有一半的城市人口生活在二氧化碳超标的大气环境中,有10亿多人生活在烟尘或粉尘超标的环境中,而联合国的一份研究报告也指出,全世界1/5以上的人口面临"中高度到高度缺水的压力",如果从现在起不能更有效地使用淡水资源和有效地控制污染,到2025年时全球将有1/3的人口受到"中高度到高度缺水的压力",报告还指出,缺水问题将严重制约21世纪的经济和社会发展,并可能导致国家间的冲突。

我国的空气和水等资源的状况不容乐观。1998年世界卫生组织根据对全球主要城市的大气质量进行监测评价所确定的十大污染城市中,我国就有8个,而据原国家环境保护总局提供的资料,在全球空气污染最严重的50个城市中,我国占了31个。同时,我国不少地区严重缺水,缺水城市已达300多个。据检测,我国78条主要河流中有54条受到污染,其中14条受到严重污染。1993年,全国118个大中城市的水质监测数据表明,64%的城市地下水受到严重污染,33%的城市地下水受到轻度污染,只有3%的城市地下水未受到污染。

(二)地理环境

地理环境是指一个国家或地区的地形、地貌、地理位置和气候等环境因素。企业在开展市场营销时,必须考虑地理环境因素对市场营销活动的影响。

1. 地理位置

地理位置的优劣直接影响着当地经济发展的水平。例如,企业所在地或企业的目标市场是否是该国家和地区的经济、政治、文化中心。我国东部地区拥有全国1/2的人口、1/3的耕地,其企业创造的工业产值占全国的70%,而中西部不少省市地区财源稀少,有的甚至要依靠中央补贴过日子。造成我国东部、西部经济明显差别的原因很多,其中一个最直接的原因就是地理位置的差异。我国沿海沿江的东部地区由于交通便利、信息灵通,其经济发展水平往往高于中西部地区。从医药营销角度看,在我国农村地区,肠道传染病、微量营养素缺乏病、地方病和寄生虫病等疾病较多见,对价格低廉的相关药品需求量较大。

2. 地形

企业所在区域的地形会影响企业的产品适应性、销售量、运输情况等方面。如从经营成本上考虑,平原地区道路平坦,运输费用比较低,而山区丘陵地带道路崎岖,运费自然就高。在产品适应性方面,例如,我国四川、湖南、湖北等地区属于盆地地形,气流难以散开,常年闷热潮湿,空气湿度大,故常年生活在山区的人易患关节炎等疾病,治疗这类疾病的药品销量较好。针对这种疾病的药品及医疗服务就有了较大的营销机会。在产品销售量方面,地形的不同会使人口的集中和流动情况不同。高原地区的人口稀少,产品销售难度相对高。以上这些因素要求企业权衡利弊,做出最利于企业的决策。

3. 气候

气候条件作为自然环境的重要组成部分,直接受地形因素的影响,并且也常常影响产品在市场上的供求状况。在地球上,低纬度地区气温高,当地居民发育较早,身材比较矮小;高纬度地区气温低,当地居民发育较迟,身材比较高大。在空气新鲜的环境中,空气中的氧气充足,能改善血液循环,促进新陈代谢;阳光中的红外线穿透力较强,使人体组织内部的血管扩张,并能刺激机体造血功能,使血液中红细胞和维生素 D 增加,这些均有利于人体发育,使得生活在新鲜空气中的孩子身体发育良好。

就药品来说,自然环境和健康状况有着密切的联系。在开拓市场时,需要及时调整产品的设计和制作工艺,使产品与当地气候的特征相适应,创造一个有利的营销环境。另外,在药品市场营销中,季节的变换也是不可忽视的一个影响因素。在一年四季中,不同的季节有各自的疾病流行规律,给企业提供了不同品种药品的营销机会。

六、社会文化环境

社会文化环境包括一个国家或地区的社会性质、价值观、风俗习惯、审美观、宗教信仰、教育水平等各个方面,是医药企业环境的重要组成部分。文化对所有营销参与者的影响是多层次、全方位、渗透性的。它不仅影响企业营销组合,而且影响消费心理、消费习惯等,这些影响多半是通过间接的、潜移默化的方式来进行的。从某种意义上说,一定时间、空间的社会文化状态,决定着这一特定时空条件下的医药企业经营行为。社会文化环境是医药企业所面临的一种最为复杂的外界环境,因为它不像其他环境那样显而易见,但却又无时无刻不在影响着人们的购买行为和方式。因此,营销者必须了解人们对待自己、他人、组织、社会、自然和宇宙的观点,以制造符合社会核心和价值的产品。

1. 价值观念

价值观念是指人们在长期社会生活中形成的对事物的普遍态度和看法,如生活准则、处世态度等。价值观念是社会文化环境的核心,价值观念的不同,消费者的生活态度、购买动机和购买行为等都有很大差异。

2. 风俗习惯

风俗习惯是指人们在一定社会物质条件下,长期形成的风尚、礼节、习俗、惯例和行为规范等的总和,主要体现在人们的饮食、服饰、居住、婚丧、节日、行为方式和生活习惯等方面。

目标市场的风俗习惯深刻地影响着企业的营销策略。

3. 审美观

审美观通常是指人们对某种事物好坏、美丑、善恶等的评价,由于宗教、阶层的不同,往往有不同的审美标准、审美意识和审美习惯。审美观不是一成不变的,而是随着时代发展而发展的。一般来说,审美观的变化具有一定的规律性和时代性,企业在开展营销活动中,应认真对待和研究公众审美观的变化,以便能够开发出符合人们审美情趣的产品。

4. 宗教信仰

世界各国聚居着各种宗教信仰者,宗教信仰也是影响人们消费行为的重要因素之一,有时甚至影响力更大。例如,佛教、基督教和伊斯兰教为世界三大宗教,影响广泛,教徒分布世界各地,不同宗教的教徒均有其特殊的消费习惯。各宗教有各自重要的节日及其活动,如基督教有圣诞节、复活节、万圣节和感恩节四大节日。各宗教也有许多清规戒律,例如:伊斯兰教徒不吃猪肉,在斋月里日出之后、日落之前不能吃喝;印度教徒不吃牛肉,等级观念、家庭观念以及因循守旧的观念根深蒂固;佛教的核心思想与追求富贵、成就的思想相对立;伊斯兰教国家禁用女性人体作商品广告和包装图案,禁用六角星图案,因六角星是以色列国旗图案等。所以说不同的宗教信仰有不同的文化倾向和戒律,从而影响人们认识事物的方式、价值观念和行为准则,影响着人们的消费行为,带来特殊的市场需求,与医药企业的营销活动有密切的关系。

5. 教育水平

一方面,教育水平高,人们更容易接受医疗服务、药品、保健品等,这会给企业带来机遇;另一方面,由于教育使人们自我保护、自我预防意识增强,这会降低对卫生服务等的需求。

任务三 分析医药微观市场营销环境

微观市场营观环境既受制于宏观市场营销环境,又与企业营销形成协作、竞争、服务、监督的关系,直接影响与制约企业的营销能力。微观市场营销环境是指那些与企业有双向运作关系的个体、集团和组织,在一定程度上,企业可以对其进行控制或施加影响,包括企业内部环境、供应商、营销中介、顾客、竞争对手和公众等。依据 M.J. 埃策尔等人合著的《新时代的市场营销》(第13版)的分类方法,微观市场营销环境还可以分为外部微观市场营销环境和内部微观市场营销环境,因为只有企业内部微观市场营销环境才是企业可以控制的,其他的微观市场营销环境虽然对企业有直接的影响,或许甚至是相互关联的价值链、供应链或产品链的一个组成部分,但是,毕竟也具有不可控制性。

一、医药企业内部微观市场营销环境

面对相同的外部微观市场营销环境,不同医药企业的营销活动所取得的效果往往并不一样,这是因为它们有着不同的内部微观市场营销环境因素。包括企业内部各部门的设置及其协调、员工的综合素质、管理者的管理能力、企业经营理念与企业文化等,这些均是影响企业市场营销的企业内部微观市场营销环境因素。

首先,医药企业内部微观市场营销环境包括企业内人员、企业管理、资金状况和厂房设

备等。在内部微观市场营销各环境要素中,企业内人员是企业营销策略的确定者与执行者,是企业最重要的资源;企业管理水平的高低、规章制度的优劣决定着企业营销机制的工作效率;资金状况与厂房设备等条件是医药企业进行一切营销活动的物质基础,这些物质条件的状况决定了企业营销活动的规模。

其次,医药企业内部微观市场营销环境的另一个要素是企业的组织结构,它是指企业营销部门与企业其他部门之间在组织结构上的相互关系。营销部门在整个企业组织中地位重要性的高低,影响到营销活动能否顺利进行。

此外,医药企业文化是近年来日益受到重视的企业内部微观市场营销环境要素。所谓企业文化,是指企业的管理人员与职工共同拥有的一系列思想观念和企业的管理风貌,包括价值标准、经营哲学、管理制度、思想教育、行为准则及企业形象等。医药企业文化在调动企业员工的积极性、发挥员工的主动创造力、提高企业的凝聚力等方面有重要的作用。企业的管理者必须整合所有资源,各部门的人员齐心协力,相互配合,有效地集中并利用所有财力、物力,才有可能实现共同的企业营销目标。

因此,市场营销部门在制订营销计划时,应该与公司的其他部门密切合作,征求这些部门的意见,取得这些部门的密切配合,才能收到预期的效果。正如市场学家克里斯丁·格朗鲁斯所说:市场营销部门与组织内的其他部门相隔绝,会给其他部门的人员带来灾难性的心理影响,对企业建立和发展市场导向十分不利;这样一种组织形式可能会导致其他部门的人失去对顾客的兴趣。

二、供应商

供应商是指向企业及其竞争者提供生产产品和服务所需资源的企业或个人,包括原材料、设备、能源、劳务、资金等。医药企业只有依靠这些资源作为保障,才能正常运转,保证向市场提供商品。因此,供应商是影响医药微观市场营销环境的重要因素之一。

社会生产活动的需要,形成了企业与供应商之间的紧密联系。供应商对企业营销活动主要有以下影响。

(一)供货稳定性与及时性

原材料、零部件、能源及机器设备等货源的保证,是企业营销活动得以顺利进行的前提。在供货紧张时,供应商的供货情况更加起着决定性作用。例如,医药生产企业必须有原材料的供应和人力、设备、能源等其他生产要素的来源,才能使企业的生产活动正常开展。供应量不足、供应短缺,会影响企业如期交货。从短期来看,损失了销售额;从长期来看,则损害企业的信誉。因此,医药企业对供应商的影响力要有足够的认识,尽可能与供货人保持密切的联系,及时了解和掌握供货人的变化和动态,使货源的供应在数量上、时间上和连续性上能得到切实的保证,同时,可以开拓更多的供货渠道,甚至采取一体化发展战略,兼并或收购供应者的企业。

(二)供货价格变动

供应商对企业营销业务有实质性的影响,其所供应的原材料的价格将直接影响产品的成本、价格和利润。如果供应商提高原材料价格,生产企业将被迫提高成品价格,从而影响企业的销量和利润,医药企业应注意原材料的价格现状及趋势。

（三）供货质量水平

供货质量包括两个方面：一是供应商所提供商品本身的质量，如果提供的货物质量不高，肯定会影响企业所生产的产品质量；另一方面，供货的质量还包括各种售前和售后服务水平。

针对上述影响，企业在寻找和选择供应商时，应特别注意两点：首先，医药企业在寻找和选择供应商时，应特别注意供应商的资信状况，应该选择那些能够提供品质优良、价格合理、交货及时、有良好信用、在质量和效率方面都信得过的供应商，并与之建立长期、稳定的合作关系，保证医药企业生产资源供应的稳定性。其次，医药企业必须使自己的供应商多样化，采取优胜劣汰制度。医药企业如果过分依赖一家或少数几家供应商，受到供应变化的影响和打击的可能性就大。为了减少其对企业的影响和制约，企业就要尽可能多地联系供货人，向多个供应商采购，尽量注意避免过于依靠单一的供应商。

三、营销中介

营销中介是指协助本企业促销、销售和配送其产品给终端的企业或个人，包括中间商、实体分配公司、营销服务机构和财务中间机构。营销中介是医药市场营销活动中不可缺少的环节，只有在它们的协助下，才能使营销活动顺利进行。

（一）实体分销

实体分销又称物流公司，是指具有协助生产商储存货物并将其运送至目的地的仓储物流公司。实体分销主要包括包装、仓储、运输、装卸、搬运、库存控制和订单处理等要素，其基本职能是调节生产与消费之间的矛盾，弥合产销时空上的背离，提供商品的时间效用和空间效用，适时、适量和适地地把商品供给消费者。将储运工作交给专业公司完成，生产商本身可以不必自建配送中心和异地配送地点，集中精力做好自身的强项，降低经营成本。一般情况下，医药企业建立自己的销售网络，委托中间商销售产品时，企业与中间商都可以利用储运公司储存并保管要运送到下一站的货物。医药生产企业通过权衡成本、速度和安全等因素，来选择成本-效益最佳的货运方式。目前我国各地都在建立大型的现代化医药物流中心，国家在政策和资金层面给予了很大的支持，这些现代化物流企业在提高社会效益、经济效益和提供优质服务方面又增进了一大步。

（二）中间商

中间商是指协助医药企业寻找顾客或直接与顾客交易的商业性企业。中间商分为两类：代理中间商和买卖中间商。代理中间商包括代理商、经纪人和生产商代表等。他们专门介绍客户或与客户磋商交易合同，但并不拥有商品所有权。买卖中间商又称经销中间商，主要有批发商、零售商和其他再售商。他们购买商品，拥有商品所有权，再售商品。中间商对企业产品从生产领域流向消费领域具有极其重要的影响。中间商由于是与目标顾客直接打交道，因而其销售效率、服务质量就直接影响到企业的产品销售。

目前，医药中间商多是大规模的中间商组织，这些组织有足够的力量要求医药企业接受其条件。只有中间商认同企业的产品，认为企业的产品具有市场推广价值，并具备良好市场发展潜力，能够给他带来长期的丰厚利润，中间商才会分配相对较多的资源给药品生产企业，大力推进企业产品的市场销售，给药品生产企业以市场支持，企业的产品在终端市场的销售状况才会比较乐观。中间商是连接生产企业和终端用户的桥梁,其实力和能力对药品生产企业来说具有战略性意义。医药企业为了争取"货架空间",往往要花很大工夫。于是为了减少成本,我国的药品生产商开始逐渐取消大批发商和代理商,尝试利用自身实力和网络在全国各地自建营销渠道,通过收购、合作,主要采取"加盟＋直销"模式,完成了零售连锁药店的大量铺设工作,零售业成为企业主要的利润来源之一。

(三) 医药市场营销服务机构

医药市场营销服务机构主要是指为厂商提供营销服务的各种机构,如营销调研公司、广告公司、传播媒介公司和医药市场营销咨询公司等,范围相对比较广泛。医药市场营销服务机构帮助医药生产企业推广和促销其产品到恰当的市场,调查产品的市场份额与消费者的消费心理,进行新产品上市策划以及营销等方面的人员培训。现在大多数医药企业都要借助这些服务机构来开展营销活动。但是必须注意,医药企业在选择这些服务机构时,必须对他们所提供的服务、质量、创造力等方面进行评估,并定期考核其业绩,以促进其提高创造能力、质量和服务水平,及时替换那些不具有预期服务水平和效果的机构,这样才能提高经济效益。因此,本地市场营销服务机构的水平和能力直接影响到企业在市场上的形象以及市场信息收集的准确性,对企业营销策略制定的正确性有着深刻的影响。

(四) 财务中间机构

财务中间机构主要包括银行、信托、保险等金融机构,它们是协助厂商融资或保障货物购销储运风险的机构。财务中间机构不直接从事商业活动,但对医药企业的日常生产经营起着至关重要的作用。例如,任何企业的经营不可能全部依靠自有资金,必然需要和银行合作,进行资金的融通及加快企业的资金周转速度。银行提供给企业的资金融通政策以及银行提供给企业的金融服务水平直接影响到企业的资金状况和业务效率。因此,企业必须与重要的财务中间机构建立良好的关系。

四、竞争者

竞争是商品经济的基本特性,只要存在着商品生产和商品交换,就必然存在着竞争。企业不能独占市场,它们都会面对形形色色的竞争对手。在竞争性的市场上,除了来自本行业的竞争外,还有来自代用品生产者、潜在加入者、原材料供应者和购买者等多种力量的竞争。从市场竞争的角度看,可把医药企业的竞争者分为欲望竞争者、种类竞争者、形式竞争者和品牌竞争者。

1. 欲望竞争者

欲望竞争者是指提供不同产品以满足不同需求的竞争者。消费者在同一时刻的欲望是多方面的,但很难同时满足,这就出现了不同需求,即不同产品的竞争。例如,生产药品的厂商可以将生产医疗器械、卫生材料等满足不同需求的厂商作为自己的竞争者,因此,如何使顾客首先购买药品、更多地消费药品是这种竞争的实质所在。

2. 种类竞争者

种类竞争者是指提供能够满足同一种需要的不同产品的竞争者,是消费者在决定需求的类型之后出现的次一级竞争,也称平行竞争。例如,退热的药品,可以是中药也可以是西药,中药退热药和西药退热药就属于种类竞争者。

3. 产品形式竞争

产品形式竞争是指生产同种产品但不同规格、型号、式样的竞争者。例如,选择西药产品来退热时,针剂、片剂、胶囊剂三种不同剂型的西药产品之间属于形式竞争者。

4. 品牌竞争者

品牌竞争者是指生产相似产品,并且规格、型号、式样也相似的竞争者,如不同公司生产的同种剂型的西药退热药产品之间属于品牌竞争者。

医药企业在目标市场进行营销活动过程中,不可避免地会遇到竞争对手的挑战。竞争者的营销战略以及营销活动的变化,会直接影响到企业的营销。表现最为明显的是竞争对手的价格、广告宣传、促销手段的变化,新产品的开发、售前售后服务的加强等,都将直接对企业造成威胁。因此,医药企业必须加强对竞争者的研究分析,了解对本企业形成威胁的主要竞争对手,并做出相应的对策,才能在顾客心目中强有力地确定其所提供产品的地位,以获取战略优势。主要的分析方法包括以下几种。

(一)行业吸引力评价

任何医药企业都将面临的问题是对特定动态市场的投资决策。这在很大程度上取决于对该行业的吸引力与市场竞争的性质和强度两者之间进行评价,分析机会与风险。

(二)识别竞争者

识别竞争者似乎是一项简单的工作,然而,医药企业实际的和潜在的竞争者范围是广泛的。一个企业更可能被新出现的对手或新技术打败,而不是当前的竞争者。为了使竞争者的识别更加具体化,可以从行业的观点和市场发展的观点来辨认竞争者。

(三)辨别竞争者的战略

医药企业最直接的竞争者是那些为相同的目标市场推行相同战略的组织。首先,企业需要辨别与它竞争的那个经济组织。其次,医药企业必须关注相关的群体。因为,顾客无法直接看出它们的供应品有多少差异,群体相互之间可能有所交叉。再者,各个组别可能都想扩大自己的市场细分范围,特别是在规模和实力相当以及在定位产品之间流动障碍较小的时候更是如此。

(四)判定竞争者的目标

在识别主要竞争者及其战略后,还应当分析每个竞争者在市场上追求的目标是什么,其推动力的内涵是什么。多数竞争者都力图使利润最大化,但各个企业对于长期与短期利润的重视程度依然有所不同。此外,有些企业是围绕满足建立企业目标利润指标,而不是最大化。只要这些目标能够达到,它们便感到满足了。同时,每一个竞争者都有其目标组合,例如企业目前的获利可能性、市场份额增长、现金流量、技术领先和服务领先等,了解竞争者的加权目标组合,可以更加明确竞争者的目标。

(五)评估竞争者优势与劣势

各种竞争者能否执行他们的战略和达到其目标,这取决于每个竞争者的资源和能力。医药企业需要评估每个竞争者的优势与劣势。在方法上,可以收集每个竞争者业务上最新的资料,包括销售量、市场份额、毛利、投资报酬率、现金流量、新投资、设备的利用等,当然有些信息的收集是相当困难的。如果发现竞争者是在按照一个严重错误的模式经营,就可以超过它了。

(六)评估竞争者反应模式

依据竞争者的目标、优势、劣势,还不足以解释其可能采取的行动和对策,如削价、加强促销或推出新产品等企业举动。因为,各个竞争者都有一定的经营哲学、内在文化和起主导作用的信念。医药企业需要深入了解竞争者的心理状态以预见竞争者可能做出的反应。

医药企业在注重对竞争者分析的同时,还应在顾客导向和竞争者导向之间取得平衡。如果花太多的时间和精力跟踪竞争者,企业就会偏离以顾客为中心的初衷。以竞争者为导向,从积极方面来看,医药企业拟定了一个奋斗者的方向,训练其市场人员保持警惕,注意自己的弱点和竞争者的劣势。它不是执行一项始终如一的顾客导向战略,而是根据其竞争者行动来确定自己的行动,结果导致没有向着预先确定的方向努力。因此,以顾客为中心的医药企业能更好地辨别新机会和建立具有长远意义的战略方案。医药企业应当通过观察顾客需求的演变,在资源和目标允许的情况下,决定何种顾客群和何种新出现的需求才是最重要的服务对象。

五、顾客

顾客就是企业的目标市场,是企业服务的对象,也是企业营销活动的出发点和归宿。企业一切活动都应以满足顾客的需求为中心,因此,顾客是医药企业营销活动中最重要的环境因素。为了便于深入研究各类市场的特点,国内市场按购买动机可以分为五种类型,即消费者市场、生产者市场、中间商市场、政府市场和非营利组织市场。

(一)消费者市场

消费者市场是指为满足个人或家庭需要而购买商品和服务的市场。由于药品的特殊性,导致消费者在购药时,利益聚焦在产品对其健康的益处,因而更注重功效和品牌,并且需求弹性相对较小。

(二)生产者市场

生产者市场是指为赚取利润或达到其他目的而购买商品和服务来生产其他产品和服务的市场。

(三)中间商市场

中间商市场是指为利润而购买商品和服务以转售的市场。由于医药的特殊性,各国对医药经销商的运作、资格等往往都有比较多的限制条件。

(四)政府市场

政府市场是指为提供公共服务或将商品与服务转给需要的人而购买商品和服务的政府和非营利机构。

(五)非营利组织市场

非营利组织市场是指为了维持正常运作和履行职能而购买药品和服务的各类非营利组织所构成的市场。

上述每一种市场都有其独特的顾客群。而这些市场上顾客不断变化着的各种需求,要求医药企业以不同的服务方式提供不同的产品或服务,从而制约着企业营销决策的制订和服务能力的提升。因此,企业要认真研究自己的顾客群,研究其类别、需求特点、购买动机等,使企业的营销活动能针对顾客的需求,符合顾客的愿望。

六、公众

公众是指对企业实现其目标的能力有实际或潜在利害关系和影响力的任何团体和个人。企业所面临的公众主要有以下几种。

(一)金融公众

金融公众是指那些影响企业融资能力的金融机构,如银行、投资企业、证券企业、保险企业等。企业可以通过发布真实而客观的年度财务报告,回答关于财务问题的询问,稳健地运用资金,在融资公众中树立信誉。

(二)媒介公众

媒介公众是指那些联系企业和外界的大众媒介,包括报纸、杂志、电视台、电台等,企业必须与媒体建立友善的关系,争取有更多更好的有利于本企业发展的新闻、特写及社论。

(三)政府

政府是指负责监控企业的业务、经营活动的政府机构和企业的主管部门,如工商、物价、环保、财税、海关、食品药品监督管理局、卫生检疫等部门。企业的发展战略与营销计划必须和政府的发展计划、产业政策、法律法规保持一致。

(四)社团公众

社团公众是指有权指责企业经营活动破坏环境质量、企业生产的产品损害消费者利益、企业经营的产品不符合民族需求特点的团体组织,包括消费者协会、保护环境团体等。

(五)地方公众

地方公众主要是指企业周围的居民和团体组织,他们对企业的态度会影响企业的营销活动。企业必须保持与当地公众的良好关系,积极支持地方的重大活动,为地方的发展贡献力量,争取地方公众理解和支持企业的营销活动。

(六)一般公众

一般公众是指没有购买企业产品,却深刻地影响消费者对企业及其产品看法的个人。

(七)内部公众

内部公众是指企业内部全体员工,包括领导(董事长)、经理、管理人员、职工等,处理好内部公众关系是搞好外部公众关系的前提。

公众对医药企业的生存和发展具有巨大的影响,公众可能有增强医药企业实现其目标的能力,也可能有妨碍医药企业实现其目标的能力。所以,医药企业必须采取积极、适当的措施,主动处理好同公众的关系,树立企业的良好形象,保障市场营销活动的顺利开展。

小 结

本章主要介绍了医药市场营销环境分析、医药宏观市场营销环境和医药微观市场营销环境等内容。

医药市场营销环境
- 医药市场营销环境分析
  - 概念
  - 特点
  - 分析方法及意义
  - 类型分析
- 医药宏观市场营销环境
  - 政治法律环境
  - 人口环境
  - 经济环境
  - 科学技术环境
  - 自然环境
  - 社会文化环境
- 医药微观市场营销环境
  - 医药企业内部微观市场营销环境
  - 供应商
  - 营销中介
  - 竞争者
  - 顾客
  - 公众

能力检测

一、单选题

1. 在经济发展水平比较低的地区，消费者往往更注重产品的（   ）。
   A. 品牌　　　　　B. 价格　　　　　C. 服务　　　　　D. 质量
2. 与企业紧密相连，直接影响企业营销能力的各种参与者，被称为（   ）。
   A. 营销环境　　　　　　　　　　B. 宏观市场营销环境
   C. 微观市场营销环境　　　　　　D. 营销组合
3. 营销中间商是指协助本企业促销、销售和配送其产品给终端的企业或个人，不包括（   ）。
   A. 中间商　　　B. 实体分配公司　　　C. 营销服务机构　　　D. 财务中介机构
4. （   ）就是企业的目标市场，是企业服务的对象，也是营销活动的出发点和归宿。
   A. 产品　　　　　B. 效益　　　　　C. 利润　　　　　D. 顾客

二、多选题

1. 市场营销环境的特征是（   ）。
   A. 客观性　　　B. 差异性　　　C. 多变性　　　D. 稳定性　　　E. 相关性
2. 市场营销环境（   ）。

A. 是企业能够控制的因素　　　　　　B. 是企业不可控制的因素
　　C. 可能形成机会也可能造成威胁　　　D. 是可以了解和预测的
　　E. 通过企业的营销努力是可以在一定程度上去影响的
　3. 微观市场营销环境指与企业紧密相连,直接影响企业营销能力的各种参与者,包括（　　）。
　　A. 企业本身　　　　　B. 市场营销渠道企业　　　　C. 顾客
　　D. 竞争者　　　　　　E. 社会公众
　4. 宏观市场营销环境是指影响微观市场营销环境的一系列巨大的社会力量,主要是人口、（　　）等因素。
　　A. 经济　　　　B. 政治法律　　C. 科学技术　　D. 社会文化　　E. 自然生态
　5. 营销中间商包括（　　）。
　　A. 中间商　　　　　　B. 物流公司　　　　　　　　C. 营销服务机构
　　D. 供应商　　　　　　E. 财务中介机构

三、简答题

1. 简述医药市场营销环境的特征。
2. 简述企业市场营销环境分析的意义。
3. 简述医药市场营销环境的构成。

四、案例分析

　　从1994年开始,三精制药与许多老国有企业一样,许多问题逐渐暴露出来:产品老化、产品单一、思想僵化、管理体制落后、渠道短缺、销路不畅等。现任哈药集团股份有限公司总经理兼哈药集团三精制药有限公司总经理姜林奎就是在这种情况下走马上任的。随之,一系列的改革措施相继出台了。三精制药确立了主推新产品的营销策略,并在众多产品中选出了SZ、SK和葡萄糖酸钙口服液等三个新产品。经过分析发现,葡萄糖酸钙口服液不仅销量最高,且是企业自20世纪50年代成立以来第一个由自己的科研人员研制成功的国家级新药。自1991年5月正式投产以来,在没有固定销售计划的情况下,销售收入一直保持在每年2000万元左右,已成为哈尔滨地区各大医院治疗儿童缺钙症的首选药品。另外,市场调查结果表明:消费者普遍认为葡萄糖酸钙口服液口感好,儿童容易接受,81.5%的消费者认为该产品定价尚可接受。

　　经过调查,惊奇地发现:①大多数消费者认为补钙产品都是保健品。②消费者普遍知道补钙对儿童尤为重要,但不知道如何选择。③家庭用药及保健品的主要消费者和购买者是24~45岁的女性。④药店店员和消费者认为缺少真正适合儿童的补钙药。⑤大多数消费者认为孩子不愿吃补钙药主要是口感的问题。⑥70%的药店店员认为他们可以影响购买者的选择。⑦消费者能说出一些补钙药品的名字,但不能描述其特点。可见,消费者已对补钙有了一定的认识;婴幼儿及儿童缺钙患者人群较大,但没有适合的补钙药物;消费者只知道缺钙对身体有害,但在用药上比较盲目。由于饮食结构的变化,儿童缺钙的普遍存在的,的确在困扰视子如命的家长们。而葡萄糖酸钙口服液正是针对儿童补钙专门研制的。另外,从消费者对钙产品的不熟悉可以看出,补钙产品缺少差异性。尤其是钙产品生产厂家,并没有重视自身产品和竞争产品存在着的差异,一味跟风,使得钙剂市场产品需求线不够清晰。因此,三精制药认为葡萄糖酸钙口服液应打出产品的差异性,划定出适销对路的消费群体。

经过反复论证,最终,葡萄糖酸钙口服液被定为主打产品。

产品面向谁?

计划经济时期,三精制药的销售渠道是国有的三级批发网络,主要销售对象就是批发商。但1996年,在政府多个医疗改革政策相继出台后,在药厂、批发商、零售商、医院、消费者这五大销售环节中,批发商和医院受医疗改革冲击较大,零售药店和消费者两个销售环节比较稳定。因此,葡萄糖酸钙口服液的市场推广应直接面向消费者,以消费者拉动零售商、医院和批发商。

用什么模式推广?

如何才能让消费者了解葡萄糖酸钙口服液呢?1998年初,经过多次研究探讨,在公司内部形成了赞同以三株公司的渠道营销模式和哈慈集团的广告营销模式为样板的两大阵营。这两大集团产品的营销方式在当时都是极为成功的案例。三株制药的渠道营销模式在当时被追捧为三株神话,而哈慈五行针以广告拉动销售的成功模式使哈慈品牌和五行针的产品知名度短时间内就提高到95%以上,其创造性的媒体策略和新颖的广告形式发挥了巨大的作用。

面对哈慈集团的成功,同处一个城市的三精制药亲眼目睹了广告所带来的丰厚的回报。姜林奎和他的营销副总王建波认为广告营销虽然风险很大,但可以迅速扩大知名度,且操作简单,易于掌控。经过一个多月的研讨,三精制药产品攻略研讨会最终确定方案:用广告拉动需求,将注意消费者转变为消费者请注意。

产品怎么卖?

第一步:确定宣传推广的切入点。第二步:选择广告投放媒体。第三步:用促销配合媒体宣传,以药店作为销售主渠道,把店内服务作为重点,进行宣传,参加并开展多种形式的促销活动,设置产品咨询电话,设立专项邮购负责人。

截至1998年末,葡萄糖酸钙口服液销售回款达到4500万元,本年度卫视台的广告投入累计900万元,投入产出比为1:5。截至2002年末,三精制药在全国拥有2000余家产品分销商,年均销售回款13.8亿元。1998年到2002年企业产值59亿元、销售收入37亿元、利税总额7.6亿元,比1994年同比分别增长8.7倍、5.2倍、7.5倍。

案例讨论:

本案例中涉及的医药市场营销环境有哪些?试用SWOT分析法分析其优势与劣势。

任务四 实 战 训 练

实训一 分析某医药企业的市场营销环境

实训目的: 使学生掌握对医药企业所处的营销环境的分析方法,并提出面对营销机会和威胁时应采取的应对措施。

实训内容: 运用SWOT分析法分析医药企业在市场营销环境中所面临的机会和威胁、

优势与劣势,并为医药企业提出应对策略,整理为报告书。

实训步骤:

(1) 教师前一次课提前布置本实训任务。

(2) 学生课后按要求查找资料,集体讨论、分析。

(3) 教师按照规定时间考核学生完成情况。

① 课堂时间教师随机抽取1~3名学生在讲台上陈述自己的观点。

② 课后要求每位同学上交书面分析观点。

(4) 学生课堂陈述后,教师针对完成情况做口头评价;学生的书面观点由教师做出评语。

实训提示: 以实地调查研究为主,配合在图书馆、网络查找背景资料,得出相关资料结论,集体讨论、分析。

实训思考: 该医药企业是否开展了市场营销环境分析?其分析方法和应对措施是否正确?

实训体会: 通过实训,进一步认识医药市场营销环境是医药企业赖以生存的基础,对于威胁与机会的判断必须客观、准确,这对于医药企业营销战略的制定和决策非常重要。

实训报告: 市场营销环境分析报告。

实训考核的内容和标准:

医药企业所处的市场营销环境分析正确,资料充分	医药企业的营销机会与环境威胁分析正确,资料充分	实训报告认真、具体
40分	40分	20分

实训二 分析我国感冒药的市场营销环境

实训目的: 提高学生对医药市场营销环境的调查和分析能力。

实训内容: 分析目前我国感冒药的市场营销环境,并整理为报告书。

实训步骤:

(1) 教师前一次课提前布置本实训任务。

(2) 学生课后按要求查找资料,集体讨论、分析。

(3) 教师按照规定时间考核学生完成情况。

① 课堂时间教师随机抽取1~3名学生在讲台上陈述自己的观点。

② 课后要求每位同学上交书面分析观点。

(4) 学生课堂陈述后,教师针对完成情况作口头评价;学生的书面观点由教师写出评语。

实训提示: 以实地调查研究为主,配合在图书馆、网络查找背景资料,得出相关资料结论,集体讨论、分析。

实训思考: 分析营销环境因素的变化对感冒药生产企业可能造成的影响、可能受到的威胁及可以利用的机会。

实训体会:通过实训,进一步认识市场营销环境对企业的生存和发展极为重要,因此,要准确分析市场营销环境因素的变化对企业造成的影响。

实训报告:感冒药市场营销环境分析报告。

实训考核的内容和标准:详见附录 A。

(任守忠)

项目四　医药消费者市场购买行为分析

学习目标

　　掌握：医药消费者市场的概念和特点，医药消费行为决策过程。
　　熟悉：影响医药消费者行为的因素和行为类型。
　　了解：医药消费者的一般需求特征及其形成规律，医药市场上的市场失灵与信息失衡。

能力目标

　　预测消费行为的未来趋势和潜在的需求动向。
　　能为医药市场营销工作制定科学合理的市场营销策略。

任务一　医药消费者市场特点

　　医药消费者市场是指个人或家庭为了满足其预防和治疗疾病、维护健康等生活需要，而购买医药产品及相关服务所形成的市场。由于只有消费者市场才是医药的最终归属，所以它是医药营销的主要对象，是一切医药市场的基础，是最终起决定作用的医药市场。医药是特殊的商品，随着消费者购买力的不断提高，整体文化素质的提升和自我保健意识的增强，人们越来越追求健康优质的生活，这些不仅从总量上扩大了医药市场的规模，而且对医药产品和服务的品种、规格、质量及疗效等都提出了更高更新的要求。这无疑在给广大医药企业带来了商机的同时又提出了新的挑战。只有动态地分析研究医药消费者市场的需求特点，才能有助于企业在医药经营中采取有针对性的营销策略，提高市场竞争力，才能更好地满足消费者需求，契合市场需要以实现企业销售目标。医药消费者市场具有以下特点。

一、医药产品的特殊性

　　医药产品是用于预防、诊断、治疗人的疾病，有目的地调节人体的生理机能并规定有适应证或者功能主治、用法用量的物质，包括中药材、中药饮片、中成药、化学原料药及其制剂、抗生素、生化药品、生物药品、放射性药品、血清、疫苗、血液制品和诊断药品等。医药产品是特殊的商品,它具有普通商品的一般属性——使用价值和价值,同时又具有特殊性。它的特殊性主要表现在以下几方面。

1. 生命关联性

药品是预防、诊断、治疗疾病的专用品,疾病危及人们的健康和生命,对人们来说生存是根本,是一切的保障。药品正是通过调节人体的生理功能,达到治愈疾病、维持人们生命和健康的作用。而药物滥用或用药不当常会有损于健康,甚至危及生命。药品与其他消费品相比较,其根本区别在于药品是与人们的生命密切相关的物质,这是药品的首要特性。

2. 监督严格性

国家依法对药品及与药品有关的事项进行监督管理,药品监督管理的主体是国家、省、市、县等各级政府机构设置的药品监督管理部门。药品的质量要求必须符合国家质量标准,并由国家的药品检验部门实行药品的抽查检验。

3. 社会公共性

人的生老病死是自然规律,追求健康、提升生命质量、保证人类的繁衍是人类原始的本能,药品作为维护健康、延长生命的必要用品而受到国家、社会和公众的普遍重视,药品的相关信息(效果、不良反应和价格等),不论是健康人还是患者都尤为关注。

药品关系着社会的发展和人类的繁衍,是关系国计民生的大事。国家为保证在发生灾情、疫情等特殊情况下的药品供应,需要不断调控和完善药品储备。

4. 公共福利性

医药行业担负着为人类健康服务的社会职责,具有社会福利性质。为了保证人民群众能买得起药,用得起药,国家对基本医疗保险药品等影响广泛的药物实行政府定价,并依法建立国家基本药物制度。

药品防治疾病的天然属性要求制药企业必须以社会需求为己任,不能单纯追求经济利益,即使是微利或无利润的产品,在公众或国家需求的时候也要安排生产销售。

5. 监管规范性

为保证药品质量,国家对药品实行规范化管理,对药品的生产经营企业实行前置管理,必须有许可证方能经营,在药品的研制、生产、流通使用过程中推行 GLP、GCP、GMP、GSP 等质量管理规范,对新药产品实行科学审批,对上市药品实行再评价和不良反应监控。

医药产品是与人民的生命健康息息相关的商品,不同的药品有不同的适应证及用法用量,只有使用得当,才能维护人们的生命与健康。

> **知识链接**
>
> **医药产品的分类**
>
> 我国医药产品可谓门类齐全、品种繁多,其技术、生产、销售、消费特点各不相同。对医药产品实行正确的分类,可以简化市场营销的研究工作,帮助医药企业针对自己所生产和经营的产品类别,正确掌握其生产经营上的特征、特点,从而有效地选择销售渠道,确定适宜的价格策略和促销措施,制定最佳的市场营销的组合。同时,有利于提高医药企业经营管理、改善服务水平。下面结合医药企业市场营销活动,介绍一些常用的分类方法。

> 按药品来源和性状可分为如下几种：中药材、中药饮片、中成药；化学原料药及其制剂；抗生素类；生化药品；血清疫苗、血液制品；放射性药品等。
>
> 按我国传统习惯，按药物作用部位和作用机理可分为作用于中枢神经系统、传入传出神经系统、心血管系统、呼吸系统、消化系统、泌尿系统、生殖系统、血液系统、内分泌系统、免疫系统的药物和抗微生物、抗寄生虫药及诊断用药等。
>
> 按通常的药理学分类方法可分为西药和中药两类。
>
> 按药品特殊性可分为普通药品和特殊管理的药品（如麻醉药品、精神药品、医用毒性药品、放射性药品等）。
>
> 按我国药品管理制度可分为如下几种：处方药和非处方药；国家基本药物和《基本医疗保险药品目录》药品。

二、医药信息的失衡性

伴随着社会深度分工带来高效的生产效率和高度的社会文明，信息失衡的现象也愈发严重。信息不对称理论的出现并不久远，但它却以惊人的速度渗透到社会、经济等各个角落。医药领域由于高度的专业性和技术性，使得信息不对称表现尤为突出。

医药服务是知识密集型行业，医学是一个成熟而封闭的知识体系。医生作为医药消费者的代理人、委托人，具有丰富的医学知识，经过了一定时间的严格训练和培养，为患者服务。医药消费者大部分不具备医疗和医药产品方面的专业知识，一般无法对药品的品质、数量、适应证、禁忌证等进行自主决策，而医药产品在使用过程中又需要相对较多的医药方面的专业知识，这更加剧了医药信息的垄断。卖方的垄断权利诱使医疗方通过侵蚀消费者的利益而谋求自身经济利益最大化，使医药消费者失去主动权，身陷被动处境。因此，以信息优势为基础的医药代理消费在其具体行为特征上会呈现出许多与普通消费者行为所不同的特点。

三、医药需求的被动性

除了仅有的占少部分比例的纯保健品是以保健为目的的医药消费外，绝大部分的医药消费是由于无法忍受的伤病或痛苦。许多医药消费者在非健康状态尤其是疾病状态使身体无法承受时，不得已才到医疗机构就诊。尽管健康理念已深入人心，保健意识日趋增强，但是随着深入分析这部分消费者会发现：其中大多数已经处于明显的亚健康状态，身体的不适依然是促使其消费的驱动力；即便是对于身体状态非常良好的消费者而言，推动其消费的原因依然是可以想象到的病痛。

可见，医药消费的产生通常都不是医药消费者主观情愿的。另外，医药消费者在医药产品和服务方面自主选择性也非常有限。医疗服务人员拥有绝对主动地位，医药消费者处于被动地位，具有需求的被动性。

四、医药需求不确定性

在医药消费活动中，由于医药消费者的生物因素（如种族差异、性别差异、年龄差异、生理病理状况差异等）不同，导致对医药产品的需求具有不确定性。同一患者在不同时期所患同一疾病,或者同一疾病的不同患者,在临床症状、生理病理状况等方面由于生活环境、心理状况、健康程度等都会有所不同,这就使疾病的具体表现和程度非常复杂,进而造成了医药消费需求不确定,故很难预测具体的患病时间、疾病的类型、严重程度、医药需求的类型、数量。

五、费用支出的多元性

在医药消费过程中,药品的使用权和选择权是分离的。医生有为患者选择药品的权利,但他自己并不消费;患者有使用药品的权利,但自身却无权选择药品。每个人在一生中都有可能遇到难以预测的、突发性的重大疾病,个体及其家庭往往难以在短时间内以现期收入支付高额的医药费用。对于此类具有高不确定性、高风险性的医药消费,需要通过消费信用(如医疗保险)来解决支付问题。随着医疗制度改革的深入,越来越多的人能够享受到医疗保险或者合作医疗带来的信用消费。因此,实际中的医疗费用多是由政府、社会保险基金、保险公司和个人共同支付的。

医药消费的多源性支付,或通过政府投入带来收入在医药服务方面的再分配,或通过医疗保险达到风险转移、损失共担的目的,实质上都是将一部分人的收入间接的转移给医药消费者。由于医药消费者不再按照实际的医药费用进行支付,改变了医药消费者的消费行为及医药产品和服务供给者的提供行为,最终带来了医药需求数量、质量和费用等方面相应的变化。

假若你身体不适去医院,你有何感受?

六、消费情绪的低落性

老百姓中流传着这样的说法:没什么,别没钱;有什么,别有病。据了解,很多人都对医院有莫名的厌恶情绪,甚至有人认为自己无法忍受医院消毒液的味道。心理学认为,当个体感到自己不能主动进行选择,而要被动接受时,则极易出现低落的情绪状态。消费者行为学的研究表明消费过程短暂的心理状态会对购买行为产生影响,人们往往倾向于在高兴或悲伤时补偿自己,这恰恰是医药企业应该予以重视的。

任务二 影响医药消费者购买行为的因素

医药产品是一种特殊的商品,具有很强的时效性和针对性。药品的特殊性决定了医药消费者购买行为的特殊性:既具有普通消费者市场共性的一面,又具有其作为特殊消费品独特的一面。医药消费者的购买行为是指医药消费者为了实现治疗疾病、维护健康的目的,获得、使用和处置医疗卫生服务、药品和相关产品的消费活动。

分析和研究影响消费者购买行为的因素,是医药企业开展生产经营活动、做出正确的营销决策、提升企业竞争力的基本依据。然而,在实际营销过程中,真正了解和把握消费者的购买行为是非常困难的,购买者因性别、年龄、职业、受教育程度、经济状况、生活习惯等方面的不同,在药品采购上会做出不同的行为结果,即使是单纯的个人也会因时间、环境的变化而导致消费发生变化,所以影响消费者购买行为的因素是多方面的。

普通的消费者行为学相关书籍中,往往会用大量笔墨来讲解消费者购买行为的影响因素,其原因如下:营销人员非常迫切地希望能够预测到消费者最终的购买行为是否会发生。而这种预测的关键点在于必须了解消费者购买行为的直接影响因素、间接影响因素、显性影响因素、潜在影响因素等。分析这些影响因素不仅有利于把握消费者购买行为的发生概率,而且有利于营销者进行市场细分和产品定位。影响消费者购买行为的因素不是唯一确定的,而是多种多样、复杂多变的,可以分为环境影响因素、情境影响因素和个人影响因素等。

一、环境影响因素

环境影响因素体现的是独立于个体以外的,影响个体消费者、决策单位及营销者的那些因素,包括文化因素、亚文化因素和社会因素。

(一) 文化因素

文化因素是指决定和影响消费者需求和购买行为的最基本的因素。文化因素属于宏观环境因素之一,包括知识、信仰、艺术、道德、法律、风俗习惯等。它是一个综合的概念,几乎包括了影响个体行为与思想过程的每一事物。它也是一种习惯行为,不包括遗传性或本能性行为与反应。因人类绝大多数行为均是由学习而获得,所以,文化确实广泛影响着人类的行为。每个人都生活在一定的文化氛围中,并深受这一文化所含价值观念、行为准则和风俗习惯的影响。这一影响也延伸到了他们的消费需求和购买行为,影响着他们对医药产品的评价和选择,而这些又都顺延影响到了消费者的消费指向和购买行为。例如,我国消费者受传统中医药文化的影响,普遍认为中药的毒副作用小、疗效全面,可以从根本上治疗疾病,在预防和保健方面也作用显著,在一些慢性病的治疗方面会比西药更为有效。当前我国医药企业在推广藏药、苗药的过程中注意了文化的因素,这是一种可喜的现象。同样,要想使中药走向世界,也当先推广中医药文化。

(二) 亚文化因素

亚文化(subculture)又称小文化、集体文化或副文化,是指某一文化群体所属次级群体的成员所共有的独特信念、价值观和生活习惯等,与主文化相对应的那些非主流的、局部的文化现象。一种亚文化不仅包含着与主文化相通的价值与观念,也有属于自己的独特的价值与观念体系,而这些价值观是散布在种种主文化之间的。

亚文化通过其特有的价值观、风俗习惯、象征符号和行为等因素影响着秉持者的消费行为,当然医药消费行为也不例外。

1. 民族亚文化

我国有 56 个民族,各个民族在生存发展的历史长河中,都有自己的医药需求和医药创造,形成了独特的民族传统医药学,同时也养成了各个民族所独有的用药习惯。目前,在我国 55 个少数民族中,有 30 多个民族的传统医药得到了系统的发掘和整理,其中尤以藏医学、蒙医学、维吾尔医学、傣医学及壮、苗、瑶等民族医药学得到了较好的继承和发扬。这些民族传统医药学之所以能够一直保存至今,原因就在于其具有稳定且确切疗效的良方,并拥有忠诚使用者和支持者群体。

每个民族的传统医药学在治病机理及用药特点上都各有特点,这与其形成、发展和所处的地理环境、生产和生活方式有着密切的联系。例如,至今已有1300多年历史的藏医学,它所医治的病种大多是高原性的常见病、多发病,所使用的药物也大多是青藏高原所产的植物、动物和矿物。

但是,各民族传统医药在具体的治疗和运用方式上又存在着许多共同之处。首先是药材加工通常简单易行。例如,布依族用药多是新鲜药,无需进行加工炮制。即使需要加工其工艺也较为简单,需长期保存的一般用阴干、炕干或晒干的办法,有效成分不是水溶性或仅仅溶于水的用酒浸泡或用食用油浸泡。其次是药材的获取往往通过自采自用的形式。例如,分布在内蒙古、辽宁、新疆等地的蒙医学,即是蒙古族人民与大自然和疾病作斗争,借鉴其他民族的经验而发展形成的一门科学,是蒙古族人民智慧的结晶。它有完整而独特的理论体系、传统的炮制技术、确切的疗效、自采自用的形式。

尽管民族医药学在其所属的地区有着坚实的群众基础,而且近年来,因为民族医药学内在的科学性,尤其是对于某些疾病和疑难杂症的独特疗效,使得许多并非当地所属民族的患者及家属也将期望的目光投向了该领域,以求寻找生存的一线希望,以致不少大城市出现藏药热或蒙药热。

> **知识链接**
>
> ### 我国的民族医药学
>
> 保护发展民族传统医药学:国家大力培养少数民族医药学人才,在西藏、内蒙古、新疆等地相继成立了藏医、蒙医、维吾尔医高等院校,已培养民族医药学人员2531人。其中西藏藏医学院建立近十年来,共培养各类藏医药学人才500多人。目前,全国共有民族医院127所,其中藏医院52所,蒙医院41所,维吾尔医院26所,其他民族医院8所。国家积极扶持对少数民族医药学的开发和应用。1992年,国家确定了蒙药、藏药、维吾尔药的制剂中心,将传统医药与现代研制技术相结合,已经生产了十几种剂型、上百种藏药、蒙药、维吾尔药品种。
>
> ——摘自《中国的少数民族政策及其实践(2002年版)》白皮书第五部分"保护和发展少数民族文化"
>
> 在我国民族医药学中,苗医药学体系的完整性仅次于汉医。苗药主要分布在苗族聚居的苗岭山脉、乌蒙山脉、武夷山脉等地区,苗医一般都是专病专方,对于疑难病、慢性病、老年病有特效。诞生于雪域高原的藏医学,天生就有得天独厚的资本,在心血管系统、神经系统、免疫系统、消化系统、妇科等疾病方面疗效显著。维吾尔医药学理论古老而神秘,主要包括气质、体液、器官等三大学说,是我国民族医药学中最具混血儿气质的一个。维吾尔医药学对于防治肿瘤、皮肤病、糖尿病、心血管疾病有着独特效果。蒙医学是本民族医药学与汉医、藏医、古印度医学融合而成的,蒙药不仅数量多、范围广,而且早已渗入到日常饮食生活中。蒙古族有着悠久的食疗传统,食疗是蒙医的传统疗法之一,比如有超过七百年历史的酸马奶疗法。

2. 地域亚文化

中国地域辽阔,国土面积大,因此,地区之间的差异非常明显,居住在不同的地理区域的人群由于不同地区居民的体质特征和疾病谱不同,医药消费需求也有所不同。地方病顾名思义,就是某种疾病只在特定的地理区域发生,究其原因是因为这些疾病的发生与该地区的特定自然环境有着密切关系。不同地理区域居民的经济收入状况、生活环境不同,也会造成医药消费购买行为和决策有所不同。据中国医药商业协会的统计数据,目前我国城市人均医疗保健支出与农村人均医疗保健支出比例约为4∶1,城市人均药品消费与农村人均药品消费比例约为7∶1。

3. 社会等级亚文化

社会等级是指在社会中地位、财富、受教育水平、财产和价值观上互不相同的相对比较稳定的阶层。所有的社会都维持着一种等级结构,每个居民都将被划分到各个阶层中。在社会阶层研究中,地位常被看做是每个社会阶层的相对等级。不同社会阶层的人,其生活方式、价值观念、消费结构都有很大的差别。因此,他们的购买行为也不同。因为社会活动通常发生在同等级内,而不是跨等级的。因此,可把社会成员分成若干社会阶层。

营销人员应该注意到存在于各个社会阶层成员之间的共同价值、态度和行为,能够区分出能够被描述的面向消费者态度的社会阶层,关注特殊的产品并检验社会阶层对实际消费的影响。

根据当代中国社会阶层结构研究报告的观点,以职业分类为基础,以组织资源、经济资源和文化资源的占有状况为标准划分当代中国阶层结构的基本形态,它是由十大社会阶层和五大社会地位等级组成(图4-1)。

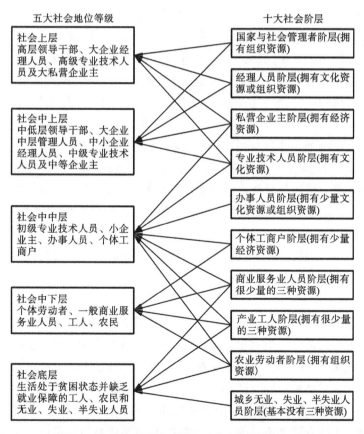

图4-1 当代中国社会阶层结构的基本形态示意图

经常用于划分社会地位等级的变量中,家庭收入决定了居民的经济承受能力,医药支付方式和制度;职业身份可能会涉及居民的基本生活方式,各种相关职业病的患病率;受教育程度则会影响居民对于医药知识的掌握程度。然而,这些都会在医药消费者行为上造成重要的影响。例如,目前城市中的白领群体,通常收入稳定,具有较高学历,工作环境多为配有空调设施的办公室。但是,由于长期维持坐姿,缺乏运动,加上应酬,饮食习惯不良,因此极易导致肥胖症、脂肪肝和高血脂等疾病。另外,工作时间长、工作压力大、睡眠不足、工作环境压抑等因素,也会让白领们有健忘、精力不集中、失眠、浑身酸痛、无力、颈肩僵硬、头晕眼花、经常感冒等众多亚健康的典型特征。

4. 宗教亚文化

不同的宗教群体也表现出不同的亚文化特征,在信仰、生活方式和习俗、审美观和价值观及禁忌等方面存在着区别,进而导致需求和购买行为的差异。

(三)社会因素

由于人的群居本性,自从有了人类,人类社会也就产生了。在人们每天的日常生活中,都不可避免和各种各样的人打交道。一旦完全脱离社会,生存都极为困难,甚至是不可能完成的事情。社会因素是消费者购买行为的重要影响因素,包括相关群体、家庭、角色与地位等。

1. 相关群体

相关群体是指能够影响医药消费者购买行为的个人或集体,或者是指直接或间接影响消费者购买行为并与之相互作用的群体。它有三种基本形式,即主要群体、次要群体和崇拜群体。主要群体是指接触频繁并面对面地直接受到影响的非正式群体,如家庭、朋友、邻居与同事等;次要群体是指接触较少却间接受其影响的正式群体,如宗教、职业和贸易协会等;崇拜群体是指具有共同兴趣爱好的非正式群体,如电影明星、体育明星的崇拜者和追随者等。相关群体会影响个人的态度和自我概念,还会产生某种趋于一致的压力。一个人的行为会受到许多群体的、多方面的影响。购买不同的产品和挑选不同的品牌受相关群体的影响程度也是不同的。医药是受他人影响程度最深的消费品,医药消费的影响者主要包括医生、执业药师、药店店员、亲友、病友等。另外,药品广告的影响也不容忽视,如江中健胃消食片、优卡丹等医药广告就让人记忆犹新。医药企业一般不应放过任何影响者,在遵循医药道德的前提下,可以对这些影响者做有针对性的工作,重视医药广告的名人效应,建立顾客满意度体系等。

2. 家庭

家庭是社会的细胞,对个人的影响最大。人们的价值观、审美观、爱好和习惯,多数都是在家庭的影响下形成的。家庭强烈地影响着家庭成员的人生态度、自我观念及购买行为。家庭成员在血缘上、经济上、生活上存在着密不可分的联系,每个成员的购买行为都直接或间接地受到其他成员的影响。药品的购买行为有时是复杂多变的,购买者非消费者,消费者非决策者,决策者非购买者。一个家庭药品的购买行为主要受父母的影响,因为父母相对较有经验。家庭有很多不同的类型。其中,最简单的类型就是已婚夫妇——丈夫和妻子。这种情况通常有两种形成原因:还没有孩子的新婚夫妇,或者是已经把孩子抚养成人的老年夫妇。扩展家庭包括核心家庭及其他亲属,如丈夫或妻子的父母等。另外,由于离婚、分居、非婚姻的生育,单亲家庭的数目正在迅速增长,单亲家庭包括父亲或母亲和至少一个孩子。

家庭这个因素,之所以会被关注,原因在于其在社会化力量中所承担的重要角色。

3. 角色与地位

角色是指一个人在不同场合中的身份。每个人一生中都会参与许多群体如家庭、社会和各种组织机构,一个人在不同群体中的位置由其角色和地位来决定,而一个人在各种群体中的角色和地位则会直接影响着他的购买行为,同时也会对他人产生深刻的影响。如一位五十岁的中年男子,在家庭既是父亲又是儿子,既是女婿又是丈夫,对单位来说是政府职员。角色的不同,在某种程度上会影响人的购买行为,决定着他人的购买意向。

二、情境影响因素

情境影响是指所有那些依赖于时间和地点且与个人或刺激物属性无关,但对消费者现时的行为具有显著和系统影响的因素。情境因素包括周围的物质因素、社会因素、时间、购买任务和消费者先前的状态。购买任务通常是指消费者具体的购买理由或目的,对于消费者行为而言深入探讨的意义不大。消费者先前的状态是指消费者带入消费情境中的暂时性的情绪或状态,它主要通过两种方式影响消费者。首先,它可能会导致消费者对问题的认识;其次,先前状态会通过改变消费者的情感来影响其行为。这节内容主要讨论情境因素中物质环境、社会环境和时间的影响。

(一) 物质环境

物质环境是指构成消费者情境的有形物质因素,常指围绕消费者周围的物理与空间方面的具体环境。物质环境对消费者的情绪、感受具有重要影响。医疗单位的地理位置和拥挤程度及店堂布局都会影响到医药消费者的心理感知,进而影响他们的行为。特别需要说明的是药房适当的陈列技巧能够对消费者的购买产生合理诱导。

1. 地理位置

对于医院而言,交通便利是首先必须考虑的因素。因为交通便利一是有利于患者在最短的时间内到达,提高就诊的可及性,通常患者在前往医院的过程中,大多都处于病痛的折磨中,及时就诊就能尽快解除病痛的折磨;二是避免拥挤,提高工作效率。

对于药店而言,选择交通便利的店铺不仅意味着货物流通的便捷和成本的减少,更意味着可主动招揽广大的潜在客源。同时,交通便利的店铺本身就是一个固定的广告,能让被动型的医药消费者在第一时间想到,这就是一种成功。

2. 店堂的布置

店堂生动化是目前国内外各大医药零售经营企业普遍重视的一种营销推广手段,对医院零售企业建立稳固的卖场链、巩固品牌基础、提升药品销售都是至关重要的。所谓店堂生动化就是指通过有效的药店环境规划、氛围营造、药品陈列等手段使品牌药店所售药品在末端通路——销售点,能够更加吸引消费者光临,刺激消费者的购买欲望,最终促成消费者购买,实现整体销售的迅速提升。

一般来说，门店形象包括店面形象、店铺布局、购物环境三大方面。店面形象不仅表现在店招、柜台设计、色彩选择等方面，还有更重要的如清洁、整齐等方面。良好的店面形象能够有效吸引顾客的关注，创造顾客对药店的第一好感，增强顾客对药店的信任。如图4-2所示为北京某药店门口，凸显其百年老店的悠久历史。有效合理的店铺布局能够恰当地展示商品，帮助消费者全方位地感受商品信息，增加顾客对商品的印象，并形成潜在的消费需求。舒适的购物环境不仅能为顾客提供商品价值之外的附加价值，还能较好地留住顾客，对顾客消费产生直接的促进作用。对连锁药店来说，终端店面的形象，还从侧面反映着整个企业的形象和文化，统一、良好的店面布局，能够赋予商品特定的品牌文化与形象内涵，并加深消费者对品牌的印象与信赖，从而提高商品的附加值，使企业获得更高的利润，增强门店的竞争力。

图4-2　北京某药店门口

图4-3　某小药店的店内布局

（1）按顾客习惯布置货架间的主副通道：全面有效地展示商品，巧妙地使顾客在店内滞留时间相对延长，是药店行销的关键所在。所以，在进行门店的店堂设计时，首先应当考虑到如何最大化地展示商品，特别是主推品种。要使商品形成对顾客心理与视线的双重包围，通过视觉提醒、陈列强调、反复提示等展示技巧，促使顾客对有需要的商品形成充分的注意，从而完成购买过程。

一般来说，顾客习惯的浏览路线即是店内的主通道。例如，许多大型店铺常为环形或井字形，小型店铺则为"L"形或倒"Y"字形，如图4-3所示。其中，主推品种、热销品种及流行品种应摆放在主通道的货架上，以便顾客容易看到、取到。至于副通道，则一般由主通道所引导，用于布置其他品类及普通商品，如处方药柜、中药饮片柜等需要由店员提供拿取服务的品种，一般都会布置在副通道上。当然也有不按此布置的，如有些药店就将中药饮片柜布置在进门的显著位置。所以，具体的展示方案一般应参照店铺自身的需求及空间特点决定，不能强求一致。

（2）恰当用光突出品牌形象及产品特性：光线对于药店内商品的陈列来说，其重要性可想而知。尤其对于面积比较大、最深比较长的门店的陈列，光线的作用已不仅仅是单纯地照亮物体、满足顾客的视觉需要，而更应该是创造空间、渲染气氛、追求完美视觉形象的重要工具。自然光会随着一天中时间的流转而产生变化。采用开架式销售的药店应特别注意，如果货架布置是背光的，那么在早晨和傍晚这两个时间段里该处就会很暗，顾客会看不清价格签等。所以，在进行店堂布局设计时，应当先进行初步的采光调查，使光线能够随着太阳的运转对店门附近、店堂前沿进行不同时段的扫描，达到对顾客的吸引作用。其次是要巧妙地设计利用好人工照明。相对于自然光，人工照明可以达到恒久不变的照射效果，在药品大卖场和一些需要特别突出的专柜可以适当运用。例如，北京同仁堂的专柜，因其色彩选择是暗深红色，如果没有人工照明的衬托，就很难在店堂里给人眼前一亮的感觉。所以，其一般都会运用射灯及其他人工照明。总体而言，药店内的照明应使店堂及专柜富有个性化与艺术气息，通过各种光线的交叉性照射，消除视觉死角，保证陈列的最佳效果，从而较好地展示品牌的特色与产品的魅力。

（3）巧借色彩和标识渲染店堂独特氛围：现在很多城市都取消了药店开店的间距限制，所以在一些比较好的商圈和繁华的商业街道，药店扎堆的现象非常普遍。如果门店在形象设计和布局方面没有特色的话，那么门店的经营特点和品牌特色就会大打折扣。可喜的是国内不少知名连锁药店在这方面为单体药店做出了榜样：走进任何一个城市中任何一个药店扎堆的商圈，稍微注意药店的顾客基本上可以不用抬头看店就能知道自己进入的是老百姓大药房还是大参林连锁的门店，抑或是益丰的门店、海王星辰的门店，如图4-4所示，因为这些药店都已形成了各自独特的店面形象和店内气氛。这些独具特色的后面形象和店内气氛已经成为连锁品牌不可分割的一部分。

(a)

(b)

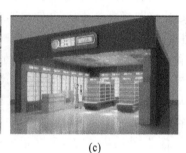
(c)

图 4-4　某连锁健康药房

（二）社会环境

在这里，社会环境指的不是整个社会范围内影响消费者的政治、经济和文化环境，而是指可能对消费者具体行为产生直接影响的其他人或参照群体。一般来说医生的代理消费作用、店员的推荐作用，以及购买陪伴者的建议作用都会影响医药消费者的行为。

1. 医生的代理消费

从某个角度来看，医患关系是一种广义的委托代理关系，患者是委托人，医生是代理消费者。这本身是社会深度分工的结果，体现出社会的进步。医疗服务从业人员必须经过一段时间的严格训练和培养，才能为患者服务，并且在具体的诊断、治疗过程中，往往需要根据医生自身医学知识的积累、自己和前人的临床经验对疾病进行判断，选择对应的合理的治疗方案。

然而，正是因为医疗服务的专业性和技术性等特点，使得医药消费中存在着信息的不对称问题，处于信息优势的医疗服务供给者可能为了自身的经济利益，做出损害处于信息劣势的患者的权益，从而降低医疗服务质量，造成医患关系紧张。同时，医疗服务信息不对称的存在，使医务人员可凭借自己对医疗知识的垄断及患者对生命的高度关注的心理，牟取暴利。最终，公众在卫生和健康方面的花费所占GDP的比重越来越高，导致整个国民经济中卫生资源配置效率的低下。

为了改善这种情况,有些学者建议加强政府管制,如建立医疗服务信息公示制度、提高医疗系统的信息透明度、对医疗服务价格严格管制等。同时,确保公平自由的市场机制,赋予患者在同一级医院中自由选择的权利;建立公立和私立医疗服务市场竞争机制;建立医院内部市场竞争机制等。当然,也有学者认为应当改革以药养医的现行体制,实行医药分家;或是建立全科医生体系,以确保患者的利益不受侵害。

总之,医生作为患者进行医药消费时的代理消费者,对患者的消费购买选择、产品评价都会产生具有决定性的影响作用。

2. 药店店员的推荐

与一般消费品不同,药品的使用要有一定的专业知识。与普通消费者相比,药品零售终端的销售人员大多受过系统的专业培训,掌握一定的药品使用常识,同时他们与消费者的接触最直接,在很大程度上起到了引导消费者正确用药的作用。调查结果显示,广州、深圳、成都等七城市中约有70%的消费者在实际购药过程会在很大程度上受到销售人员导购行为的影响。

消费者走进药店购买药品时主要存在以下几种状况:①只能够描述自己的病症,并不知道应该购买哪些药品;②知道购买哪类药品,但对具体品牌并没有太多考虑;③明确地知道自己要购买的药品种类及品牌。对消费者购买决策过程调查分析研究表明,以上三类消费者会在不同程度上受到药店店员导购行为的影响。即使是进店时已经明确自己欲购药品种类及品牌的消费者仍有一定比例会受到店员影响而改变自己已决定的品牌。综合以上几种情况,70%的消费者的最终购买过程会受到药店店员的影响,购买药店店员向他们推荐的品牌。

总之,药店店员的推荐在很大程度上影响着消费者的购买行为。

3. 陪伴者的建议

患者生理上遭受病痛的煎熬,甚至无法自由行动,同时心理上也承受着巨大的压力,在这样的双重折磨下,迫切需要家人、亲戚或朋友的陪同,以期得到生活上的照顾和精神上的安慰。从是否接受治疗、进行就诊,到选用何种治疗方式、何种药品,陪伴者的建议都是患者的重要参考。尤其对于危重患者而言,患者家属常代替患者成为消费行为的决策者。

除了参谋和决策者的身份以外,患者的陪同人员还是潜在的医药消费者,陪伴过程中的经历和体会也将影响到陪伴者本身对医药产品和服务的评价,进而影响未来的消费选择倾向和向他人提供建议时的态度取向。目前,医院对患者家属或其他陪同人员的服务还有待进一步改善。

(三)时间

时间是指情境发生时,消费者可支配时间的充裕程度,它也可以指活动或事件发生的时机。这里主要是指影响消费者行为的时间因素。时间在很大程度上影响消费者的行为。有限的购买时间会导致消费者考虑的备选产品数量和品牌减少,这也是导致品牌忠诚尤其是全国性品牌忠诚的形成原因。时间因素可以从三个方面理解:①在一天的不同时间或一年的不同月份,消费者会对所需的产品提出不同的要求;②消费者对时间重要性的看法,这在很大程度上影响他们对那些能节约时间的产品需求和购买;③时间的压力,也就是对药物治疗效果、时效的要求。

三、个人影响因素

消费者的购买行为也受其他个人特性的影响,特别是病情因素、生活方式、经济状况、职业和年龄、性别及受教育程度等的影响。

(一)病情因素

随着社会的进步和经济的快速发展,健康的观念日益深入人心,人们摒弃了"身体没有疾病就是健康"的传统认识;提出了新的健康概念,其中包括三个方面,即身体健康、心理健康和社会适应能力良好。健康不仅是指没有疾病和衰弱现象,更是身体、心理和社会应能力的完全良好状态。人类生活的环境越来越恶化,空气污染、水污染、食物污染等层出不穷,大量的毒物在威胁着我们的生命健康。此外,现代人们生活习惯的改变,社会竞争带来的巨大压力等,都会导致五花八门的现代疾病,致使80%以上的人群处于亚健康状态,其中43%是中老年人。特别值得一提的是心脑血管疾病已成为45~60岁之间人群的健康杀手。人们对健康的重要性有了新的认识。

人体产生了疾病,影响了身体,就产生了消费。消费者的病情因素,是影响购买行为的决定性因素。消费者患的是单一疾病,还是较复杂的疾病,病情的轻、重、缓、急,直接决定购买者购买药品的品种和数量。假若消费者的病情较轻、较缓,如感冒,购买的药品相对单一,数量也较少;假若消费者罹患较复杂的病或伴随疾病综合征,购买药品的种类和数量就较多。对于处于亚健康状态的人群,则以购买保健品为主,这类人群并不急于购买,而更多的是倾向于咨询医生或保健医生,像维生素类、强身健体类、改善生活质量类等保健品的药品,购买较多,有时在消费支出上大大超过了家庭的经济承受能力。

(二)生活方式

生活方式是指人们在生活中所表现的爱好、兴趣、观念及参加的活动等。生活方式疾病主要是由不良的饮食习惯、精神紧张、吸烟酗酒及减少运动等不健康的生活方式造成的。据世界卫生组织的专家指出,因生活方式不良导致的疾病如高血压、心脏病、癌症、脑卒中和呼吸道疾病等导致死亡的人数,在发达国家占总死亡人数的70%~80%,在不发达国家中也占40%~50%。在我国死亡率居前几位的疾病中,有44%以上的患病人群是由不良生活生活方式和行为方式所致的,如表4-1所示。生活方式疾病的患病率城市高于农村,男性高于女性。

表 4-1 8种发病率最高的生活方式疾病

可致病名称	不良生活方式
高血压	吃过的盐过多,吃得过于油腻,生活节奏快
冠心病	失眠、熬夜、生活节奏快
脑卒中	吃物脂肪及动物内脏过多
高脂血症	吃动物脂肪过多,吃得多,运动少
糖尿病	饮食糖粉过多,糖尿病有遗传
脂肪肝	过度饮酒,食物中有过多的残留农药
肥胖	吃得多,运动少,常吃含有生长激素类的食品
乳腺疾病	压力大,精神紧张,不能控制不良情绪

目前,人群疾病谱和死亡谱已发生了很大变化,疾病的病因按生活方式、行为因素、人类生物学因素、环境因素、保健服务因素等方面划分,生活方式和行为因素几乎占50%,生活方式对于医药消费者行为的影响主要是通过改变疾病谱而表现出来的。

(三) 经济状况

经济因素是仅次于病情因素的另一个重要因素。

一方面,经济状况不同的消费者自然对消费的药品会量力而行,经济状况好,其消费水平就高,能买得起价格高的药品,容易做出购买决策;反之,经济状况则会制约购买者的购买行为。一旦药品支出超过了家庭的承受能力,尽管事关自己的健康,来自低收入家庭的消费者也没有能力购买他们想要的医药,也就是说经济状况直接决定消费者的购买能力。消费者的经济状况包括个人和家庭收入的高低、收入的稳定性、有无储蓄和不动产及有无借贷能力等,这些方面的差异必然影响消费者的购买能力。

另一方面,药品的价格因素也影响消费者的购买行为。目前国内生产同一类药品的企业很多,同一类药品,价格差异很大如三九感冒灵、新康泰克、板蓝根等对治疗感冒都有效,但市场价格却不一样。这就要求医药企业在制订药品价格时,除了考虑药品价格与质量相符外,还必须考虑药品的定价是否能为消费者所接受。有的医药企业药品价格与药品质量之间的关系处理得比较好,看似质价相符,但如果不能被消费者所接受,仍然不可能取得营销上的成功。不同的市场,同一种药品的价格不可能是相同的,经济状况较差的消费者,在药品质量无明显优劣的情况下,往往看重的更是药品的价格,消费者只买对的,不买贵的。

(四) 职业

个人的医药消费模式受职业的影响也是极为明显的。一般来说,同种职业的人往往有类似的医药需求,而不同职业的人会有不同的需求和兴趣。例如,教师购买治疗咽喉疾患的药品较多,而井下作业的矿工购买治疗风湿性疾患的药品比较多。

(五) 年龄、性别

不同年龄层、不同性别的消费者,无论是在生理上还是在心理上都有明显的差异,这就导致了他们对医药产品和服务的消费需求不同,从而导致在购买方式和购买行为上有很大的差异。例如,年轻人一般对时尚品如减肥、健美、增高等产品兴趣浓厚,而且在购买上往往也缺乏充分的考虑,盲目性强,容易受企业各种营销宣传的影响;老年人一般身体健康状况较差,对治疗老年性疾病类的药品需求较大,对延年益寿、增强体质等保健品比较感兴趣,购买方面也不容易受营销刺激的影响,有较强的分析判断能力,在认真比较后才作出购买决策。

(六) 受教育程度

消费者受教育程度不同,所表现出的价值观、生活方式、思维方式和生活目标都是不相同的。受过高等教育的与只受过初级教育的消费者相比,他们的消费心理就差别很大。例如,受教育程度较高的消费者,对文化方面的需求较大,购买商品的理性程度较高,审美程度强,购买决策过程较全面,更善于利用非商业性来源的信息。受教育程度的高低不像其他因素那样显而易见,但却又无时无刻不在影响消费者的购买行为和方式。

四、其他因素

（一）社会保障因素

近几年，我国政府大力推行城乡医疗保障制度，截止到 2011 年 8 月底，我国大陆的基本医疗保障制度已覆盖到 12.5 亿人口，成为世界上参与人数最多的医疗保障体系。现阶段我国的医疗保障体系包括城镇职工基本医疗保险、城镇居民基本医疗保险、新型农村合作医疗、医疗救助托底、公务员补助、企业补充保险、特殊人群医疗保险、商业保险等。

据统计，2010 年我国大陆的卫生总费用为 19600 亿元，占 GDP 的 5.2%，政府把更多的疾病治疗纳入到医保体系中，将更多药品划归医保药物目录中，惠及千家万户，使广大患者特别是中、低收入家庭的患者，看得起病、吃得起药。因此，医药消费从这一角度被分为自费消费和医保消费，是否能够"为公家所报销"成为更多消费者选择医药产品的重要因素。

> **知识链接**
>
> **我国的基本医疗保障体系**
>
> 我国的基本医疗保障体系由城镇职工基本医疗保险、城镇居民基本医疗保险、新型农村合作医疗和城乡医疗救助制度共同构成。
>
> 城镇职工基本医疗保险制度，覆盖城镇所有用人单位，包括企业、机关、事业单位、社会团体、民办非企业单位及其职工。城镇居民基本医疗保险，解决城镇非从业居民的医疗保障问题，覆盖城镇中不属于城镇职工基本医疗保险参保范围的学生（包括大学生）、少年儿童和其他非从业城镇居民。新型农村合作医疗，所有农村居民都可以家庭为单位自愿参加，是以政府资助为主、针对农村居民的一项基本医疗保险制度。城乡医疗救助体系，是我国多层次医疗保障体系的兜底层次，包括城市医疗救助制度和农村医疗救助制度，由政府财政提供资金，主要是为无力进入基本医疗保险体系以及进入后个人无力承担自付费用的城乡贫困人口提供帮助。

（二）媒体因素

俗话说：有病乱投医。患者患病后常常急于打针吃药，想尽一切办法使疾病好得快点，对于平时不太关心的有关药品的信息、广告等宣传也热心起来，特别是电视上出现的与自己病情有关的广告更会特别留意。

现阶段，我国经济发展迅速，市场竞争激烈，各医药企业纷纷加大广告投入，利用电视广告这个大众媒体对消费者进行狂轰滥炸，以提高产品的知名度，扩大影响力。据一项调查显示，大多数消费者在购买感冒药、止泻药时受广告的影响较深。像新康泰克、泻痢停等人人皆知。好的广告创意、精美的广告制作、高的播放频率是提高产品知名度的有效方法。出色的广告，可以引起消费者的购买兴趣，可见广告对人们的影响是不可忽视的，广告可以影响消费者的最终购买决定。

（三）企业因素

我国现阶段经济快速发展，每年 GDP 都是以 10% 以上的速度增长。各个医药企业都有自己的企业文化，科研创品牌、节能保环境、生产降成本、销售增效益。企业要想成功，欲在激烈的市场竞争中处于不败的地位,就要有自己的知名品牌,做到"人无我有、人有我精",不断创新发展,创造出企业自己独特的文化。品牌的文化越丰富,与人们的活动、思想、情感越关联,就越能存之久远,也越有魅力,才能使消费者对产品产生偏爱,并加以识别、消费。

"酒香不怕巷子深"的观念已经不能适应现代市场经济的发展。医药企业鱼龙混杂、大小不一,治疗同种症状的药品有多种,同种通用名不同商品名的药品很多,同种成分不同剂型的药品也很多,通用名相同包装规格、价格不同的药品依然有多种。这些让医药消费者眼花缭乱,辨别不清,无所适从。一个好企业要有好品牌,一个好品牌,首先,要有一个好名称,做到好听、易懂、难忘;其次,要做好宣传,加大各种媒体广告的投入,提高品牌的美誉度,利用企业的自身形象,不断地与消费者互动沟通,确实增强消费者的满意度和忠诚度;再次,采取有效的营销策略,医药企业的品牌必须有准确、清晰且和同类产品有着差异的品牌核心价值,企业必须长期、持续的坚持该产品在市场中的品牌定位,也就是让企业的每次营销活动、每次广告投入都能提升企业品牌,都能向消费者传送品牌的核心价值。

医药企业一旦创立一个成功的品牌,就会大大提高其产品的市场占有率,与之相应的,企业也会获得好的经济效益。图4-5所示为我国最大的医药企业——中国医药集团的品牌群。

图4-5 中国医药集团的品牌群

任务三 分析医药消费者购买行为类型

根据消费者的购买介入程度和产品品牌差异程度区分出的复杂程度不同的四种购买行为类型,见表4-2。

表4-2 消费者购买行为类型

比较项目		消费者购买介入程度	
		高	低
产品品牌差异程度	大	复杂型	寻求变化型
	小	寻求平衡型	习惯型

一、决策观点

决策观点是指在 20 世纪 70 年代早期,研究者集中于"消费者是理性决策人"这一观点上。根据决策观点,消费者首先意识到某个问题的存在,然后在一种理性的解决问题的过程中完成一系列步骤,购买由此产生。这些步骤包括问题的确认、搜寻、方案评估、选择以及获得后的评估。这种方法植根于认知心理学和经济学。

以感冒药的消费为例,决策观点将注意力集中在消费者决定购买哪种感冒药进行治疗时所遵循的步骤。首先,患者通常会在出现哪些症状以及这些症状的痛楚到达何种程度时,确认自己对感冒药的需求;然后,患者通过哪些途径了解关于感冒药的信息,直接前往药店咨询药师,或是直接向周围的朋友打听,或是向药品营销人员咨询,或是通过媒体上的广告获悉,或是前往医院询问医生等等;接下来,他们会根据自己的症状表现、严重程度,以及各种患者认为应该考虑的因素进行挑选;最后,在购买了某种医药产品之后,依据自身切实的体会经验对医药产品进行评价。这是最常见,也是最容易理解的情形。

传统的决策观点强调消费者购买行为的理性信息处理过程。根据这种方法,消费者按直线方式进行决策过程的各个阶段,信息处理的水平较高。我们将个体对获取、消费和处理商品、服务或创意的重要性或兴趣的感知程度定义为消费者介入。依据介入水平的高低不同,可以将决策观点分为:高介入层次和低介入层次。高介入层次,首先产生信念,然后是情感,最后是行为;低介入层次,首先产生信念,然后便是行为,最后才是情感。

二、体验观点

研究发现,人们有时购买商品和服务的目的是为了有趣、制造奇迹或者获得情感。购买行为按体验观点分类可分为冲动型购买和寻求多样型购买。在过程中,消费者的购买往往建立在"我觉得它怎么样"的体验之上,并不是严格按照理性的过程来进行购买的。体验观点的根源在于冲动心理学和社会学、人类学领域,支持体验观点的研究人员经常使用说明研究法。

有相当比例的减肥药的使用人群,实际上并不是肥胖症的患者。服用了减肥药后能够在短期内迅速达到瘦身的效果,制造奇迹的愿望才是促使其购买的心理动因。和决策观点相比,体验观点认为消费者不仅是思想者,还是感觉者,也就是说,他们消费很多医药产品是为了获得产品所带来某种知觉、感觉、想象和心情。体验观点中,问题的识别是由情感所驱动的,然后搜集基于情感的解决方案,进行备选方案的情感比较,最后是购买的评价。

按照体验观点所描述的效用层次,即信念、态度和行为所形成的顺序,购买是开始于一个很强的情感回应,接着在这种强烈的情感驱动下就产生了行为,最后形成信念来证实和解释行为。

三、行为影响观点

当强大的外因驱使消费者不需要首先对医药产品产生强烈的情感或想法就去购买时,

行为影响就产生了。在这种情况下消费者不必经过理智的购买决策过程或依靠某种情感来购买医药产品或服务。相反,这些购买行为起源于受外因直接影响的行为,比如促销手段、文化规范、自然环境或经济压力。

2009年甲型H1N1流感流行期间,很多医药消费者之所以会购买板蓝根等并非专治甲流特效药的原因,就是看到药店里有大量人群在排队购买的场面后受其影响。行为影响观点认为,消费者首先经历由刺激引起的问题识别过程,然后是通过学习反应而实现的搜集信息、选择购买,然后是进行自我感知过程的购买后评价。

按照行为影响观点所描述出的效用层次,可以简称为行为影响层次,是来自周围环境的强烈的力量促使消费者进行行动而事先并没有形成任何对购买对象的感觉或情感。行为是直接受影响形成的,而没有任何信念或态度的介入。当周围环境或者外部因素直接诱发了行为,效用层次就是从行为的形成开始的。至于在该层次中感情或者信念形成的先后次序,并没有清楚的答案。

任务四 医药消费者购买决策过程分析

医药消费者的消费行为是由内外因素影响过程和消费者心理活动影响过程的双重影响构成的。内外因素共同作用,首先影响人的生活方式和基本价值观,如果这时出现生理上的异常,就产生医药服务与产品的需要,这种需要通过决策过程而最终变成需求。

消费者的购买决策是一个动态发展的过程,一般可将其分为五个阶段,即识别问题、搜集信息、备选方案评价、选择、购买后评价(图4-6)。这是一种典型的购买决策过程。其中识别问题、搜集信息、备选方案评价归为购买前过程;购买后评价属购买后过程。这样,消费者的购买过程就由购前、购买和购后三个过程的五个阶段组成。下文分别就这五个阶段进行分析。

图4-6 购买行为的决策阶段

一、识别问题

识别问题是整个购买过程的起点。消费者的识别可能由内部刺激引起,如疾病带来的身体不适会引起购买药品的需要,也可能由外部刺激所引起。发现识别需要有一个认识的过程,有些问题容易识别如消费者疾病发作,身体产生不适的症状。有些问题是需要别人帮助或提示才能实现的,如消费者潜在的身体不适或需要经过检查体检才能发现等。

(一) 突发性疾病

这种情况发病急,无法预料,需要立即解决,并且没有规律,消费者对药品的需求不具备预见性,只有突发后才会想到。医药企业作为药品的供应者,应担负起应尽的社会责任,满足医药消费者的突发需求。

（二）慢性疾病

慢性疾病医药消费者对他们所需药品的品名、价格等一般较熟悉，他们十分重视药品的安全，在药品的品种和数量的选择上都很慎重。但是大部分消费者不具备医疗和医药方面的专业知识，一般需花费较多时间考虑、识别，医药企业除做到保证产品质量、有稳定的货源、价格合理外，还需特别关注消费者的心理，加强沟通，做好OTC药品的广告宣传，提高消费者识别药品、发现药品的认识。

（三）医药消费者未识别的问题，且客观存在

消费者本身已经潜在存在某种疾病，但由于一些原因并没引起足够注意，消费者就没有识别到这个问题。针对这类消费者，医药企业可以通过提高消费者的健康意识，免费为消费者体检，帮助消费者识别对药品的需求。同时，医药企业加强自己产品的广告宣传，通过促销、公关等营销手段提高产品的知名度。使消费者的识别能力达到需求的层次。

二、收集信息

消费者一旦认识到药品的需求，便会着手进行有关信息的收集。所谓收集信息通俗地讲就是寻找和分析与满足需求有关的医药和医药服务的资料。

消费者一般会通过以下几种途径去获取其所需要的信息。

1. 个人来源

这包括从亲朋好友、邻居、熟人、同事等处得到的医药信息。

2. 商业来源

这包括从医院、诊所、零售药店、药品包装、说明书以及医药产品推销员等处得到的医药信息。

3. 大众来源

这包括大众传播媒体的有关介绍、科普教育、药品展览、义诊服务等。

4. 经验来源

这包括已有的健康保健知识、以前的用药经验、比较与判断等。

每一种信息来源因病情不同和药品种类的不同，在影响消费者购买决定时发挥的作用也是不同的。一般而言，商业和大众来源的信息起宣传和告知的作用，个体和经验来源的信息发挥权衡和抉择的作用。医生在消费者用药方面有绝对的权威和指挥权，零售药店和广告宣传对OTC市场的影响较大。

三、备选方案评价

在消费者最终做出自己的选择之前，会有一个复杂的过程：首先，明确挑选医药产品和品牌时所遵循的评价标准，并且确定每项标准的重要程度；然后，基于所确定的评价标准对每一个备选产品进行评价，得出决策的参考排序；这一切都结束后，才是消费者的购买行为。

医药消费者需对已经获得的药品信息进行比较、评价、判断和选择后，才能最后作出购买什么（品牌）、购买多少（数量）的决定。比较评价是一个复杂的过程，在OTC药品市场上，除了消费者本身因素如病情、经济条件、知识水平、身体状态等，影响判断选择的因素还有以下几方面。

1. 药品方面

药品方面影响医药消费者判断和选择的内容有药品质量、品牌形象、适应证、药品的疗效、价格、毒副作用、广告宣传等;对药品的选择主要是看其是否能快速解除痛苦,以及安全性、稳定性、可靠性、副作用和价格等方面。

2. 服务方面

药品零售网点的数量、所处位置、零售药店的形象、知名度、店堂布置、POP 广告、销售人员的服务态度和质量等也会影响消费者对药品的选择。

3. 政策制度方面

消费者在医院看病时除由医生影响用药的品种和数量外,国家或地区的医药保险目录也直接影响了消费者用药的品种和数量。这也是影响医药消费者购买的重要因素,决定医药消费者对药品的挑选。

四、选择

对备选方案进行评价之后,消费者决策过程的下一个步骤是在备选方案中做出选择,这种选择不仅发生在不同品牌的同类医药产品之间,甚至发生在更大的范围内。例如,为了治疗某种疾病,患者可能要在治疗专用的药品、医疗器械、食疗方式、理疗方式,甚至是健身运动中进行选择。

医药消费者经过上述几方面的权衡比较后,才能最后作出购买决定并发生购买行为。购买决定的确定和购买行为的最后发生,除了消费者自己的判断选择外,还受其他因素的影响。

1. 他人态度

这是影响购买决定与实际购买的因素之一,消费者行为受很多因素影响,他人的影响是决不能忽视的。这些人包括家庭成员、直接相关群体、医生、药品零售人员等,如果他们的否定态度强烈且与该消费者的关系愈密切,那么消费者的购买意向就愈低或直接取消购买决定和购买行为。

2. 风险因素

风险因素也称未知因素,是指消费者的预期与实际之间可能存在的差异。消费者仅有购买意向并不能导致实际购买,购买行为是购买意向与未知因素相互作用的结果。这些风险因素是消费者在购买前竭力想得到证实或解决的,如财务风险、功能风险、生理风险、社会风险、服务风险等。医药商品营销人员应该了解那些有可能使消费者改变购买决定与行为的因素,并提供降低风险的资料和进行购买帮助的尝试。这样就可能促使消费者作出最终的购买决策。

五、购买后评价

消费者经历了做出决策的四个阶段,即问题识别、搜集信息、备选方案评价和选择后,还有一个阶段就是购买后评价。购买后评价指的是对货物、服务、体验及观点的消费、选择后评价和处理。市场营销学非常重视消费者的购买后评价,因为消费者的购买后评价具有巨大的反馈作用,关系到这个产品在市场上的命运。西方许多企业信奉一句名言:最好的广告是满意的顾客。判断消费者的购后行为有三种理论。

(一)预期满意理论

预期满意理论是指消费者对产品的满意程度,取决于预期希望得到实现的程度。产品符合消费者的期望,购买后就会比较满意;反之,期望距现实距离越远,消费者的不满就越大。因此,医药企业对药品的广告宣传要实事求是,不能夸大其词,否则消费者的期望不能实现,就会产生强烈的不满,进而影响产品和企业的信誉。

(二)认识差距理论

认识差距理论是指消费者购买商品后都会有程度不同的不满意感。原因是任何产品总有其优点和缺点,消费者购买后往往较多地看到产品的缺点。而别的同类产品越是有吸引力,对所购产品的不满意感就越大。医药企业除了要向消费者提供货真价实的一流产品外,还要采取积极措施,消除顾客认识上差距和不满意感。

(三)实际差距理论

药品使用后的实际效果受很多具体因素的影响。前面我们已经做过分析,药效既受药品本身影响又受患者个体的制约,它不可能与理论上或统计上的有效率完全一致。医药企业市场营销人员的任务是指导消费者(有时甚至是专业医生)合理正确地评估药效,从而帮助其合理用药。

消费者购买后的评价模式如图4-7所示。

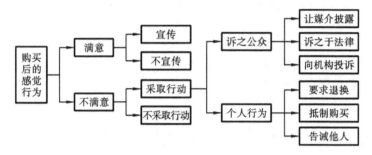

图4-7 消费者购买后的评价模式

小 结

医药消费者市场的特点有医药产品的特殊性、医药信息的失衡性、医药需求的被动性、医药需求的不确定性、费用支出的多元性和消费情绪的低落性。影响医药消费者购买行为的要素主要包括环境影响因素、情境影响因素、个人影响因素和其他影响因素的影响等,这些相关因素都为如何有效地赢得消费者和为消费者服务提供了线索,为营销策略提供了依据。医药消费者购买决策过程主要包括识别问题、搜集信息、备选方案评价、选择和购买后评价五个阶段,了解不同阶段的特点可有助于我们采取不同的营销策略。

能力检测

一、名称解释

医药消费者市场　　医药消费者购买行为　　相关群体　　亚文化

二、单选题

1. 下列有关医药消费者市场说法不正确的是(　　)。
   A. 是医药市场的基础,是最终起决定作用的市场
   B. 大部分消费者都可以对药品的品种、数量和方式进行自主决策
   C. 属于非专业购买,购买决策较为简单
   D. 具有急迫性、安全性、较强的非自主性的特点
2. 消费者的一个完整购买过程是从哪一步开始的?(　　)
   A. 识别问题　　B. 收集信息　　C. 方案评价　　D. 选择　　E. 购买后评价
3. 消费者不可能在真空里做出自己的购买决策,其购买决策在很大程度上受环境、情绪、个人等因素的影响。其中,角色和地位属于(　　)。
   A. 环境因素　　B. 情绪因素　　C. 个人因素　　D. 其他因素
4. 对消费者的购买行为具有最广泛、最深远影响的因素是(　　)。
   A. 文化因素　　B. 社会因素　　C. 个人因素　　D. 其他因素
5. 购买决策过程为(　　)。
   A. 识别问题→收集信息→选择→购买后评价→备选方案评价
   B. 收集信息→识别问题→选择→购买后评价→备选方案评价
   C. 识别问题→收集信息→购买后评价→选择→备选方案评价
   D. 识别问题→收集信息→选择→备选方案评价→购买后评价

三、简答题

1. 影响医药消费者购买行为的因素有哪些?
2. 医药消费者购买决策过程分为哪几个阶段?
3. 医药消费者市场有哪些特点?

任务五　实战训练

感冒药市场购买行为分析

感冒药作为 OTC 药品的重要组成部分,是我国医药产品推广品牌营销中最成功的范例。随着一系列医药政策的出台,OTC 药品市场越来越规范,医药零售市场竞争将进入一个崭新的时期。面对新的机遇与挑战,众多的生产、经营企业都要适时调整产品研发、市场开拓、营销组合、经营管理等各方面的战略。在这种背景下,我们对感冒药的市场现状及消费者购买行为进行简要分析。

据中国非处方药协会的统计显示,在我国自我诊疗比例较高的常见病中,感冒占 89.6%,高出第二位 30 个百分点。这意味着众多的感冒药的目标消费者不再去医院治疗,而是到药店自行买药。城镇居民在 OTC 药品的消费上,感冒药占到 85%,远远超过排名第二的抗菌药 55% 的比例,这种现象在全球普遍存在。现阶段,在我国药品零售市场中,感冒药的销售额约占药品零售额的 15%,与止痛药、肠胃药、皮肤病药、五官科用药一起占据了我国 OTC 药品的主流。

我国感冒药市场规模究竟有多大?目前全国 6000 多加只要企业中,起码有 20% 在做

感冒药,市面上感冒药品种高达百种以上,有专家为其市场容量算了一笔账:我国每年约有75%的人至少患一次感冒,也就是说,每年有近10亿人至少需用一次感冒药。按每年平均用药25~30元推算,治疗感冒的药物,至少每年有250亿~300亿元的市场空间。

虽然近几年来感冒药市场的竞争格局已经趋于稳定,但随着默克、惠氏等国际制药巨头进入中国的OTC药品市场,我国感冒药市场又展开了一场新的群雄割据战。在这场割据战中,终端仍是最关键的因素,所以市场竞争的焦点集中在感冒药市场的终端——零售药店。

目前,处于中价位的感冒药(12元左右)占感冒药市场销售量的33%、销售额的64%,低价位的感冒药(10元左右)占感冒药市场销售量的62%、销售额的28%。因此,从销售量上来看,低价位的感冒药仍占主导地位,价格成为吸引大部分消费者做出决策的重要依据。

此外,店面的促销一直是终端工作重要的一环,店员的推荐、卖场的陈列在促使消费者做出最终购买决策上比广告更有影响力。因此,搞促销活动也成为各医药企业争夺消费者的重要竞争手段。目前,在消费者心中知名度较高的前10位感冒药依次是新康泰克、白加黑、三九感冒灵、康必得、感冒通、感康、泰诺、快克、板蓝根、维C银翘片。

通过调查发现,多种因素影响消费者对感冒药品种的购买决定。其中,药品的包装情况、消费者的年龄、企业的促销活动、广告宣传等成为影响消费者购买的最主要因素。

感冒药为家庭常备药,消费者更愿意购买小剂量、保质期长、易保存的产品。因此,医药企业应根据消费者的需求专门生产小剂量、保质期长、易存放包装的产品,并在包装图案和颜色上与原有的包装形成系列化。

西药起效快,服用方便,便于携带,因此较易受生活节奏快、注重速度和效率的青年人的喜爱;中老年人更相信中成药的毒副作用小、疗效独特、治标又治本。因此,中老年人倾向于购买药价低于10元的中成药,而青年人则受药品广告的影响较大。

感冒疾病具有典型的季节性,一般多发于冬、春两季。目前,市场上感冒类药品品牌繁多,消费者可选择的余地很大。医药企业可以根据季节,不定期地推出多项优惠政策,让现实消费者享受最直接的让利。

在激烈的市场竞争中,各医药企业纷纷加大广告投入,利用广告对消费者进行狂轰滥炸,提高品牌知名度,从而最终影响消费者的购买决策。广告对人们的影响是不言而喻的。据一项调查显示,大多数消费者在购买感冒药时易受广告宣传的影响。好的广告创意、精美的广告制作、高播放频率是提高品牌知名度的有效方法,但通过促销在促使消费者购买方面发挥的作用更大。广告仅仅使得消费者知道了产品,出色的广告甚至可以引起消费者的购买兴趣,但是店员推荐、卖场陈列在促使消费者做出最终购买决策上显然更有影响力。企业如果想仅仅凭借大量的广告投入便获得大量的市场份额,将会变得越来越困难。OTC市场的竞争,不仅仅是产品与广告的竞争,谁对消费者研究得透,谁更注重消费,谁就能取得竞争优势。

试完成:

1. 运用医药消费者购买动机和医药消费者购买行为的影响因素的有关知识,结合上述案例分析医药产品的消费需求。

2. 分析医药消费者购买习惯和影响消费者购买行为的因素,指出目标消费人群和医药产品的营销策略。

(黄 颖)

项目五　医药组织市场购买行为分析

学习目标

掌握：医药产业的购买行为及影响医药组织购买的主要因素。

熟悉：医药组织市场的特征和医院购买的影响因素。

了解：医药组织市场的概念、类型及在线采购。

能力目标

熟练掌握医药组织购买中心及主要影响因素。

能够对某医药组织或医院的购买行为及影响的因素进行分析。

案例引导

根据政府发布的《建立和规范政府办基层医疗卫生机构基本药物采购机制的指导意见》，从2011年4月1日起，各省不得采购未入药品电子监管网及未使用基本药物信息条形码统一标识的企业供应的基本药物。同时提出，自2011年4月1日起，各省的基本药物采购电子交易平台上线运行。而基本药物网上采购是医药电子商务产业的一部分，后者是一个刚兴起的、由政府主导的产业。由于政策的推动，医药电子商务产业有望迎来拐点。而在这个崭新的产业中，部分企业已开始布局。

有关专业机构预测，2010年我国的药品市场规模达7556亿元，同比增长22%。按照基本药物占比20%测算，2010年的基本药物采购规模达1511亿元。以传统医药企业返点3%（1%～5%取中间值）计算，返点收益高达45亿元。换句话说，如果基本药物采购全部搬上电子商务平台，理论上，该平台可有45亿元年收入。在基本药物之外，医保药物市场的采购规模更大，按照占比80%来算，医保药物的采购规模将高达6045亿元。

另外，该专业机构预测，2011年我国医药市场规模将在2010年基础上增长24%。国联证券行业研究员郝杰介绍说：到2012年，医药电子商务产业的市场规模将达178亿元；从2009年、2010年这两年的情况来看，该产业的总规模已经达到100亿元左右，未来5年的增幅有望达到30%，属于高成长性企业。

据有关数据显示，现阶段，北京、安徽、河南、贵州等省市都在推进医药采购平台建设。以北京为例，截至2011年1月31日，该市167家医疗机构通过交易系统采购药品，共计采购9858种药品,发送订单289423笔,85家配送企业响应订单,日均采购金额达9356万元。

任务一 认识医药组织市场

按照购买者购买医药商品的目的和用途不同,医药商品市场可以分为医药消费者市场和医药组织市场两大类。医药消费者市场与医药组织市场是相互联系、相互影响的。医药消费者市场是医药组织市场的起点,医药组织市场的发育水平和完善程度反过来影响和制约着医药消费者市场的发展。

基础知识

企业、政府部门、社会团体等各类组织都会产生大量购买行为,成为医药企业产品销售市场的重要组成部分。有些企业的产品是某种原材料、生产设备或办公用品,购买者是有关企业、政府部门和社会团体;有些企业虽然生产最终消费品,但是不直接卖给消费者,而是有中间商转卖出去,其产品的直接购买者是商业部门;而有些企业的产品既可以作为消费品为消费者所购买,又可以作为组织用品为各类组织所购买。因此,组织市场的购买者是企业重要的营销对象,企业应当充分了解他们的特点和购买行为,为制定正确的营销决策提供依据。

一、医药组织市场概述

(一)概念

医药组织市场是指医药企业和单位为了生产、销售医药商品或提供医疗服务,以及政府部门和非营利性组织为履行职责而购买产品和服务所构成的市场。简言之,医药组织市场就是以某种正规组织为购买单位的购买者所构成的市场,与消费者市场相对应。就卖主而言,消费者市场是个人市场,医药组织市场是法人市场。

(二)医药组织市场类型

按购买主体不同,医药组织市场分为医药产业市场、医药中间商市场、政府市场和非营利组织市场。

1. 医药产业市场

医药产业市场是指购买医药产品、医药中间体、原辅材料和服务用于进一步加工制造其医药产品或服务,并用以销售或租赁来获取利润的企业和个人所组成的市场。医药产品生产企业既可以购买原材料或半成品进行生产,也可以购买医药制成品进行生产。

我国医药产业市场发展迅猛,市场规模正在不断扩大。医药产业与生命、健康、生活质量等密切相关,是正在快速成长和发展的产业。医药产品的需求弹性较小,医药产业与宏观经济的相关度较低,在经济萧条时期也能保持较快的增长速度。化学制药是我国医药产业的支柱,但目前主要以仿制非专利药为主。在化学原料药方面,我国由于生产规模大、成本低而具有国际竞争力,是世界上化学原料药主要出口国之一,但我国的药物制剂技术开发研究不够,制剂水平偏低,许多制剂产品剂型少、质量稳定性不高。目前我国医药生产所用的辅助材料品种规格偏少,质量也不稳定,药用制造机械、包装材料的发展也较落后。

2. 医药中间商市场

医药中间商市场是指购买医药产品直接用于转卖或租赁以获取利润的企业、机构和个人,包括各种医药批发商和零售商、各级各类医院和医疗诊所等。

医药批发商和零售商介于医药生产企业和医药消费者之间,专门从事医药流通活动。患者是医药产品直接的、最终的消费者。但是,医院和医生是医药产品的中转站,也就是间接医药产品消费者,我国80%以上的医药产品都要通过医生处方开给患者。医药产品毕竟是用来治病救人的,并且医药产品知识的专业性较强,并不是一种普及性知识,没有医生的处方,消费者不能买到处方药。

3. 政府市场

政府市场是指为了执行政府职能而购买药品和服务的各级政府及其下属部门,即是使用财政性资金采购药品或服务的国家机关、事业单位或者其他社会组织。政府机构既可以向医药中间商购买,也可以向医疗机构购买,必要时也可从医药生产企业进行直接调货,以应对紧急情况。政府财政部门是政府采购的主管部门,负责管理和监督政府采购活动。政府机构购买受政府财政约束,受社会公众监督,具有公开性,一般实行招标采购。对于一般的医药企业来说,政府机构市场不是营销重点。政府市场是潜力极大的采购市场,是非营利组织市场的主要组成部分。

4. 非营利组织市场

非营利组织市场是指为了维持正常运作和履行职能而购买药品和服务的各类非营利组织所构成的市场。我国通常把非营利组织称为机关团体、事业单位,如红十字会、慈善机构、救助机构等。它们既不同于企业,也不同于政府机构,他们具有稳定的组织形式和固定的成员,独立运作,发挥特定社会功能,以推进社会公益而不以营利为宗旨,也是医药产品和服务的购买者。

二、医药组织市场特点

(一)市场需求方面

1. 购买者数量少,但购买数量大

一方面,医药组织市场上购买者的数量远比医药消费者的数量少得多,组织市场营销人员比医药消费者市场营销人员接触的消费者要少得多。我国现有药品生产和销售企业一万多家,但与我国由13亿人口组成的潜在药品消费者市场相比,其数量还是显得微不足道。另一方面,医药组织市场购买目的是为了生产和销售,生产的规模效应和销售所面对的广大市场范围决定了医药组织市场的购买规模较大。药品市场上所有药品都要经过组织市场才能形成销售,每个购买者购买药品的数量远比消费者市场大得多。正因为购买的数量大,因而单次购买批量大,购买次数少,可享受价格优惠待遇。

2. 购买者地理位置相对集中

购买者所处地理位置与国家的经济政策、经济布局、经济条件、自然资源、投资环境等因素密切相关。组织市场购买者往往集中在一定的地理区域,从而导致这些区域的采购量占据整个市场的很大比重。例如,我国医药企业密集的地区以东部沿海经济发达的地区为主,如江苏、浙江、天津、山东、广东等。大型医药商业企业、零售企业和大型医院都集中在大中城市里。

3. 购买者的需求具有派生性,但需求弹性小

派生需求也称衍生需求,医药组织市场的需求是从医药消费者对医药最终产品和服务的需求中派生出来的。医药组织市场购买者的需求最终取决于医药商品市场对最终产品的需求。因此,医药组织市场的需求由消费品需求派生出来,并且随着消费需求的变化而变化。例如消费者对感冒药的需求引起药厂对感冒药原材料的需求,带动引起有关企业和部门对下一级产品的需求。派生需求往往是多层次的,形成一环扣一环的链条,消费者需求是这个链条的起点,是原生需求,是医药组织市场需求的动力和源泉。

另外,由于医药组织市场需求的派生性,决定了医药组织市场的变动总是滞后于医药消费者市场的需求变动。而由于医药商品的特殊性,医药消费者市场的需求弹性比其他消费品的弹性小,所以,医药组织市场对产品和服务的需求总量受价格变动的影响较小。一般规律是在需求链条上距离消费者越远的产品,其价格的波动越大,需求的弹性越小。医药组织市场的需求在短期内弹性小,因为企业不可能临时改变产品的原材料和生产方式。

4. 需求波动性大

医药组织市场的波动幅度大于消费者市场需求的波动幅度,一些新企业和新设备尤其如此。如果消费品需求增加,为了生产出满足此追加需求的产品,工厂的设备和原材料会以更大的比例增长,经济学家把这种现象称为加速原理。

(二)购买单位方面

(1)影响购买的人较多。与消费者市场相比,影响组织市场购买决策的人较多。医药组织市场的购买决策受较多机构和个人的影响。大多数企业和医院有正式的采购组织,即采购中心,重要的购买决策一般要由技术专家和高级管理人员共同做出,审批程序复杂、审查严谨。这就要求营销人员也具备良好的专业素质,掌握相应的营销技巧。

(2)专业人员购买。与医药消费者市场不同,医药组织市场购买的理性程度极高,面对的采购人员都是专业人士,具有丰富的专业知识,对所要采购产品的性能、质量、规格和技术要求了如指掌,不像医药消费者市场有比较多的冲动购买。医药组织市场对营销人员的要求极高,既要具备医学、药学专业知识,又要具备必需的市场营销知识。供应商必须向他们提供详细的技术资料和相关服务。

(3)购买具有连续性,业务关系相对稳定。由于医药组织购买技术性强、产品替代性差、质量要求严且为了保证生产和销售,需求具有连续性和稳定性。因此,组织购买经常需要从供应厂家直接购买,并且一旦合作成功,其关系会长久维持下去。

三、医药组织的购买类型

医药组织的购买类型可以分为以下三种。

(一)新购

新购指医药生产企业第一次购买某种医药产品和服务。由于对所购产品不甚了解,缺乏购买经验,因此,新购是医药组织购买中最复杂、成本或风险也相对较大的一种购买类型。为了保证购买的质量,降低购买的风险,这就要求医药组织在采购之前收集最广泛的信息以做出购买决策。同时,这种购买也为所有潜在的供应商提供了平等竞争的机会。

(二)直接重购

直接重购指医药组织购买者直接向选定的供应商订购过去采购过的同类药品。需要重复购买产品时,采购方通常选择熟悉并满意的供应商,持续采购,而且一般不变更购买方式和订货条款,甚至建立自动订货系统。直接重购对原有供应商和新的供应商的影响有很大不同。对原有供应商来说,他们应当努力保证产品和服务的质量,并尽量简化买、卖手续,争取稳定供应关系。对新的供应商来说,他们几乎没有什么机会。当然,可以通过提供一些新产品或消除不满意来争取下一次获取订单的机会,也可以通过接受小订单来打开业务。

(三)修正重购

购买方为了更好地完成采购任务,部分调整采购方案,如改变所需采购产品的规格、型号、价格等,或重新选择新的供应商。当医药产业市场的购买决策者认为选择替代品能带来很大的益处时,往往发生修正重购。与直接重购相比,修正重购对原供应商带来了压力,同时却给新供应商提供了机会。修正重购对原有供应商提出了更高的要求,供应商需要做好市场调查和预测,根据医药组织市场需求的变化,努力提高产品的质量、降低成本,不断开发新产品,从而迎合需求的变化。对新的供应商而言,修正重购则意味着一个获得新业务的机会,需认真对待。

四、医药组织的采购中心

购买类型不同,购买决策的参与者也不同。直接重购时,采购部门负责人起决定作用;新购时,企业高层领导起决定作用。在确定产品的性能、质量、规格、服务等标准时,技术人员起决定作用;而在供应商选择方面,采购人员起决定作用。这说明在新购的情况下,供应商应当把产品信息传递给买方的技术人员和高层领导,在买方选择供应商的阶段当把产品信息传递给采购部门负责人。

生产者的采购决策组织称为采购中心,指围绕同一目的而直接或间接参与采购决策并共同承担决策风险的所有个人和群体。采购中心通常由来自不同部门和执行不同职能的人员构成。采购中心的成员在购买决策中常常扮演着以下七种角色中的一种或几种。

1. 倡议者

倡议者即提出购买要求的人,他们可能是使用者,也可能是其他人。一般是根据生产过程的需要和产品技术标准,最先提供购买药品生产资料的一些技术专家。他们对采购产品的数量和质量的认识最为直观。通常由他们根据医药生产企业销售部门反映的需求信息,结合企业医药商品生产计划提出采购的要求。

2. 影响者

影响者指在企业内部和外部直接或间接影响购买决策的人员,其看法或建议对最终购买决定有相当大的影响。例如,医药生产企业的技术部门、质检部门和财务部门的负责采购评价的相关人员,在购买决策中,对采购产品的技术、质量和价格进行评价,为决策者提出决策依据。

3. 决策者

决策者指有权决定买与不买，决定采购医药商品的价格、规格、数量、品种及供货商的人员。决策者通常是医药生产企业的生产部门、技术部门、质检部门、财务部门、采购部门的负责人。

4. 批准者

批准者指有权批准决策者或购买者所购买方案的人员，通常是医药生产企业的总经理、副总经理或高级主管。他们综合考虑生产部门、质检部门、技术部门、财务部门和采购部门报送来的信息后，最终审批是否采购。

5. 采购者

采购者是指实际完成采购任务的人员。医药生产企业的采购部门是医药产品采购活动的直接执行部门，它在供应商和本企业之间起着桥梁作用。采购者通常负责寻找供应商信息，与供应商进行业务磋商，并完成采购任务。

6. 使用者

使用者是企业实际使用所购买某种产业药品或服务的一些工程技术人员和生产第一线的工人。他们是企业购销计划的来源者，也是对购买药品的主要评价者。

7. 信息控制者

信息控制者是指企业内部或外部能够控制信息流向采购中心成员的人员。

在实际采购工作中，这些人员的组成或担当的角色经常会变动。企业在分析产业市场购买决策的参与者时，一方面，应注意各种不同角色在购买决策过程中的作用，以便有的放矢地按一定的程序分别进行营销活动；另一方面，也必须注意到某些商品的购买决策中的角色错位，这样才能找到准确的营销对象，提高营销活动的效果。

知识链接

B2B 在线采购将成为电子商务应用的主要方式之一。根据相关报道，2004 年全球 B2B 电子商务的总值达到 7.3 万亿美元左右，其中亚太区的市场总值从 1999 年的 92 亿美元骤增至 9958 亿美元，这期间主要的 B2B 交易发生在企业的供应链方面；预计在 2005—2006 年内，全球将有 10% 的原料采购通过在线采购的方式进行。同时，IDC 的调查显示，到 2006 年国内通过在线采购平台成交的金额将达到 350 亿美元。

因此，在网络经济时代，企业的采购方式正快速向电子采购的方向转变，在线采购将逐步取代人工采购，成为国内外企业主要的采购方式。对大型或特大型企业来说，企业将投入更多的资金完善 ERP 管理，加强 buy-side systems 买方系统或 sell-side systems 卖方系统的开发和建设；对中、小企业来说，交易平台仍将在一定时期内成为企业实现在线采购的主要途径，但是，随着国内电子商务活动的普及和深化，信息化建设在中、小企业中的广泛应用，中、小企业对营销自身在线采购系统的需求将日益增长。因为，一方面，随着企业生产规模的扩大和采购频繁度的增加，中、小企业支付给交易平台的佣金自然会增多，采购费用自然会也增加；另一方面，对生产型、加工型中、小企业来说，企业既要维系现有供应商，又要增强生产、采购以及与供应商之间的信息实时共享，这些是交易平台满足不了的，迫使中、小企业必须建立自己的 EPR 系统和在线采购系统。

> 当前,我国医药产品市场的流通环节较为复杂,医院及药店的采购成本较高,一定程度上提高了零售药品价格。Internet 的应用对传统的医疗卫生产品的供销产生巨大的推动作用,B2B 在线采购不但可以极大地拓展医疗卫生产品的供应渠道,而且通过网上竞价可以大幅度降低采购价格。目前,国内部分大、中城市的医院和医药销售部门已经采用在线采购的方式进行产品采购。

五、医药组织市场新近出现的采购方式——在线采购

(一)概念

在线采购又称网上采购,是 B2B(商家-商家)电子商务的一种交易方式,具体是指用户以 Internet 为平台,通过采购商的买方交易系统或供应商的卖方交易系统,或者第三方的交易平台完成采购行为的一种交易方式。

(二)在线采购的分类

在线采购一般分为招标采购、竞价采购、谈判采购和直接采购等。这里主要介绍招标采购和竞价采购。

招标采购又分为公开招标采购和邀请招标采购。公开招标采购是指采购单位在网上公开发布招标公告,邀请非确定的供应商参加网上投标的采购方式。邀请招标采购是指采购单位发送投标邀请书,邀请五个以上特定的供应商参加网上投标的采购方式。

竞价采购又称逆向拍卖采购,是把招标采购和网上竞价相结合的一种采购方式,它通过供应商在线降价竞争,使采购商获得一个最优惠的价格,大幅度降低采购成本。目前,网上竞价采购广泛运用于工业品采购、政府采购及全球采购等领域,如沃尔玛、家乐福、IBM、微软等知名跨国企业都运用网上竞价进行全球采购。

针对不同的采购对象,采购商可以选用不同的采购方式:办公用品等间接生产材料的采购一般选用竞价或直接采购;战略资源、重要的直接生产材料的采购一般选用招标或谈判采购;采购量较小的维修、服务资料的采购一般选用直接采购;技术性较复杂、非标准型产品或采购金额较大的材料一般选用招标或谈判采购。

(三)在线采购的优点

与传统采购方式相比,在线采购具有以下优点:增加选择范围;缩短采购时间;得到一个最优惠的价格,降低采购成本;增加交易的透明度,减少暗箱操作的可能性;为企业提供零库存的可能等。研究表明,在线采购可以降低 70% 的采购费用,降低 5%~15% 的产品成本。大幅度降低采购成本是推动企业采用在线采购方式的核心动力。

当前,我国医药产品市场的流通环节较为复杂,医院及药店的采购成本较高,一定程度上提高了零售医药价格。Internet 的应用对传统医疗卫生产品的供、销产生巨大的推动作用,B2B 在线采购不但可以极大地拓展医疗卫生产品的供应渠道,而且通过网上竞价可以大幅度降低采购价格。目前,国内部分大、中城市的医院和医药销售部门已经采用在线采购的方式进行产品采购。医药产品的在线采购有着广阔的发展前景。

（四）在线采购的商业模式

B2B 在线采购主要有三种商业运营模式，分别为 sell-side systems 供应商卖方系统，buy-side systems 采购商买方系统和第三方交易平台/门户。

1. sell-side systems 卖方系统

sell-side systems 是一个或多个供应商建立的电子商务系统，它通常与供应商的内网相连，与 CRM 对接，促进公司产品的网络推广和销售。sell-side systems 的优点是访问容易，可以接触较多的采购商，大量节约销售费用，缺点是采购商难以跟踪和控制采购开支。例如，思科公司产品有 85% 是用于互联网的网络设备，每天通过思科卖方平台销售的产品超过 4000 万美元，每年至少节约 8 亿美元的营销成本，全天 24 小时，世界范围内的购买者都可以登录思科网站的网络产品市场区域进行在线采购。

2. buy-side systems 买方系统

buy-side systems 是由一个或多个企业联合建立的电子商务系统，目的是把市场的权力和价值转向买方。buy-side systems 通常与企业的内网相连，与 ERP 对接。在国外，跨国公司一般都拥有自己的一套在线采购系统，例如，通用电气（GE）的全球供应商网络，通用汽车、福特汽车和戴姆勒-克莱斯勒汽车公司联合组建的全球汽车零配件供应商网络；在国内，部分大型企业集团也建立了自己的采购平台，例如，万科集团联合 20 多家国内开发商建立的联动电子商务，进行建筑材料的集中竞价采购。此外，除大型企业建立的买方系统外，各级地方政府部门也建立起政府采购网站，主要面向办公用品的在线招标或竞价采购。

3. 第三方交易平台/门户

在 Internet 上主要有两类门户，即垂直门户（vertical portals）和水平门户（horizontal portals）。垂直门户是经营某个行业产品的网上市场，如钢材、化工、能源等，主要吸引本行业中的买主。例如，中国粮食贸易网和中国饲料在线是农粮领域的垂直门户；中电网是以电子元器件产品的在线采购和网上拍卖为核心业务的中文电子元器件垂直门户网站；亚商在线是办公用品采购专业门户。水平门户则集中多行业的产品，供不同行业的买主采购。在国外，Ariba 和 Free Markets 是水平门户的代表，国内有新浪 Sina、雅虎 Yahoo 等综合性门户网站开通的采购频道等。第三方交易平台/门户又可细分为采购代理、联盟采购和中介市场。

（五）在线采购的好处

在线采购是一种企业和供应商双赢的新型采购模式。

1. 企业可以在以下几个方面获利

第一，整个采购流程合理有序。过去企业采购人员只注重结果，通常是把订单交给那些能满足质量要求和按时交货的供应商就算完事。他们可能会向太多的供应商采购，而实际上并不需要那么多；类似的物料也常被分散在大量的供应商中采购，分散采购数量会使企业支付更高的单位成本，此外采购业务的总成本也因要维护大量的供应商而比需要的更高。在线采购过程通常有企业的制造工程师参加，他们负责审评图纸并按相似的特征或流程分类物料。这样，候选供应商能投标合并了特征的相似物料，从而降低成本，改进质量特性。

第二，在线采购公司对整个采购过程通常实行一条龙服务，从联系确定供应商，到确定采购时间，最后完成采购竞价，一直全线跟踪服务。

第三，在线采购流程要求企业评估其他有能力的供应商，在过去的采购业务中这些新的供应商可能根本不被考虑。

第四,在线采购把价格谈判的时间从几个月压缩到几个小时,减少了商业环境剧烈变化对价格影响的可能性。

最后,在线采购导致了市场价格这个信息对不精于成本分析的企业来说是不可知的。

2. 在线采购对供应商的好处

第一,公平竞争排除了原有供应商的一些优势,参加竞争的供应商有同等的机会赢得订单。

第二,扩大后的市场偏向有竞争能力的供应商,也就是说,合格的供应商将来也会被邀请参加他们当前的顾客所发起的在线采购,另外他们也有更多机会赢得来自新顾客的业务;供应商因此能增加销售和扩大顾客范围,并减少了与此相关的销售和市场开销。

第三,参加在线采购的供应商能看到市场价格并验证自身的竞争能力,这是非常有竞争价值的信息。

第四,中标的供应商赢得的是已经按零件或流程系列组织好的物料订单,这使供应商能集中其核心能力进行生产。

第五,在线采购流程通常可产生多年的长期协议,这类合同对获得资本贷款是非常有用的,尤其是对一些小型企业。

(六)在线采购市场

20世纪90年代末以来,随着网络技术的高速发展,网上采购工程迅速发展起来。一方面,政府大力推动信息化进程和电子政务的应用,提倡政府采购通过互联网公开进行;另一方面,企业尝试到互联网应用带来的效率增加和成本的极大降低,纷纷建立网站或涉足在线交易活动,成为推动电子商务活动发展的主导力量,其中以中小企业为主体的在线采购较为活跃。在西方国家,互联网应用技术较为先进,互联网经济较为发达,在线采购无论在大型公司,还是中小型企业都得到了广泛应用。

> **知识链接**
>
> **中小企业是全世界电子商务的未来**
>
> 据最新公布的"电子商务发展'十一'五规划"(2007年6月)的统计数据显示,2005年全国企业网上采购商品和服务总额达16889亿元,占采购总额的比重约为8.5%。阿里巴巴B2B企业会员的调查显示,2006年网络销售额占企业总销售额的平均比重为16.62%。网络交易不仅体现于企业的应用,更普遍地应用于电子商务对网民生活的渗透率。2006年,网购总额已达312亿元,增长16倍,同时该比重增长0.41%;到2007年上半年,网购总额占全国消费品销售总额比重快速增加到0.6%,网购渐成趋势,预计今年该比重极有可能突破1%的分界点,出现质的飞跃。有关专家预测,中国目前拥有网民超过了1.6亿人,这对电子商务市场,将会是一个前所未有的商机。譬如网上采购市场将会成为中小企业的生存和发展的稳固平台。
>
> Goldman Sachs的一份调查显示,企业通过互联网进行采购的贸易总额由1999年的约200亿美元上升到2005年的约4600亿美元,猛增23倍。还有研究表明,已有50%以上的商业机构通过在线的方式完成采购。可以看到,通过互联网采购已经成为企业或政府采购的主流形式。

六、影响医药组织购买的主要因素

医药组织市场的购买行为与医药消费者市场购买行为截然不同。例如,个人医药消费者经常会因受到众多非技术性的干扰和影响而改变需要,如来自医生和药店店员的建议等,但医药组织市场则不然。医药组织购买行为的动机比较单纯,表面的目的是为了生产或经营的连续,降低生产经营成本,但根本的目的还是为了获得经济利益。当然绝不是说经济因素是影响其行为的唯一因素,环境因素、社会因素、心理因素等都会对组织购买行为产生影响。

医药组织市场的影响因素按其影响范围可分为四类:环境因素、组织内部因素、人际关系因素及购买参与者个人因素(图5-1)。

图 5-1　影响医药组织购买行为的主要因素示意图

(一)环境因素

环境因素是指影响医药组织市场购买者生产、经营的外部环境因素,它包括政治法律、医药科技、市场竞争、经济、人口、社会文化等。在正常情况下,这些外部因素既可以为他们提供市场机会,也可能制造障碍,它直接制约着医药组织购买者的购买内容、市场规模,规范着他们的生产、经营行为,并用经济的、行政的、法律的、舆论的等手段对他们的市场行为做出公平的评判与选择,只有适者才能生存。因为医药的特殊性,国家的监督管理非常严格,如药事法规就对医院进药环节制定有明确而具体的要求。

由于医药企业生产者、经营者与组织购买者存在着一荣俱荣、一损俱损的相生相克的依存关系,所以营销人员必须密切注意这些环境因素的发展变化,对于可能对组织购买者的购买方向和力度有影响的因素尽快做出正确的判断,并及时调整营销策略,力求将问题转变成机会。

(二)组织因素

组织因素是指医药组织市场购买者内部状况对购买行为的影响。组织市场购买者本身也都是按照国家有关法律要求组建而成的生产、经营企业或机构,就其采购工作而言,它的经营目标、采购政策、业务程序、机构设置、采购制度等都一应俱全。医药组织的这些内部因素会直接影响其采购决策和购买行为,例如,采购过程的组织、采购材料的价格和质量要求等,都会受企业目标、企业政策和企业组织机构的影响。

企业营销人员与这些组织客户打交道时,也必须对这些内容进行充分的了解,如医院的进药程序、药事管理委员会的构成、参与采购工作的所有人员及对供货时间、产品质量、付款时限的具体规定等,从而规范自我的营销行为并尽量与这些具体的要求相吻合。

（三）人际因素

人际因素是指组织市场购买者内部的人事关系等，这些也可能影响其采购活动。在这些组织内部，由于参与购买过程的部门和人员较多，所承担的角色和作用各不相同。他们相互之间的关系和影响程度，经常是市场营销人员费尽心机想了解的内容，但往往也是最难掌握的东西。因为变化太大，且没有太多的规律性，例如，组织与组织不一样，每一个人的影响程度会随他所处的环境条件（如心情、职位、需要等）的变化而变化。对于这些人际因素切不可盲目猜测，而是要深入了解、仔细辨析。市场营销学者提醒营销人员：寻找并满足决策者的需要，这也是营销成功的关键要素之一。

（四）个人因素

医药组织市场购买经常被认为是理智的行为，如医院采购医药。但当供应医药的质量、疗效、价格、服务等相类似时，医院采购人员的个人因素就会产生较大的作用。这些因素通常指采购人员的年龄、收入、教育程度、职位、性格、兴趣爱好及职业道德、敬业程度、与医药代表的关系等。这些因素会影响到决策人员对供应商的评价，从而影响组织的购买决策和购买行为。人是感情动物，在其决策过程中不可能不掺入感情色彩。所以，医药企业营销工作不仅要在医药质量、价格、服务等硬件上下工夫，也要在与采购人员经常沟通、建立良好稳固的私人关系等软件上做文章。这也验证了医药销售人员"不谈业务先谈感情"这个推销规律的重要性。

任务二　分析医药产业的购买行为

一、医药产业购买的概念

医药产业购买是指医药生产企业购买医药产品以供进一步加工、制造，然后销售给其他顾客，并从中获取利益的行为。

购买对象包括生产装置、原辅材料和中间体及零部件、附属设备和消耗品、服务。

1. 生产装置

生产装置包括医药生产企业的主要生产设备、厂房建筑和价值昂贵的装备，如发酵反应器、动态提取设备、生产线、包装成套设备等。这类产品大都价格昂贵、技术性能要求高，对采购方的生产效率及产品质量至关重要。生产装置的采购是采购企业的一项重大决策，往往多人参与采购，过程复杂且相当程序化。

2. 原辅材料和中间体及零部件

化学制药工业属精细化工，有有机合成、无机合成、生物合成及物理处理等工艺。其中合成又分为全合成、半合成两种方法。

在实际生产过程中，有的原材料并不参加某一化学反应过程，而只是为化学反应创造条件，例如溶媒和触媒等，有利于真正参加化学反应的原料和别的原料发生反应，或是起到促进和加速化学反应的作用。还有一些起到保护反应过程良好条件的作用，如直接控制反应液的温度的材料，二氧化碳吸收热量变成气体溢出，它并不参加反应，只起到保护产品不受高温破坏的作用。

这些产品大多有规定的标准、等级和规格,企业需要定时、定点重复采购。采购方对供应商的供应时间、供货能力、价格、数量、折扣及运输距离等比较关注。

3. 附属设备和消耗品

附属设备主要是一些价值较低,在医药生产过程中不起关键作用的设备,如运输工具、办公设备等,这些产品在采购时一般会有规格、标准方面的要求,采购行为比较简单。消耗品是那些单价低、消耗快、需要经常购买的产品,如办公用品、清洁用品、润滑油等,通常这些产品属常规购买,购买决策过程简单。

4. 服务

在很多情况下,服务与实体产品一起被购买,如维修服务、广告、运输、人员培训、市场调研、审计及各项咨询等。服务产品的无形特征使得服务销售和采购比较复杂。服务质量是服务采购中非常重要的因素,它不仅表现为技术质量,还表现为职能质量。因此,对医药服务的提供者来说,要从多方面构建服务质量体系。

二、医药产业的购买过程分析

医药生产企业的购买是按照一定程序来进行的,这些程序比较复杂,涉及许多部门,完整的采购过程分为八个阶段,但是具体过程依不同的购买类型而定,直接重构和修正重构可能跳过某些阶段,新购则会完整地经历各个阶段。

1. 提出需求

任何企业在发展中都会不断产生新的需求。需求的产生可以由内部和外部刺激引起。内部刺激,例如,公司决定推出一种新产品,因而需要新设备和各种材料,以便生产该产品。又如,一台机器报废,需要更新或需要的新零部件的采购不尽如人意,公司转而寻找另一家供应商。外部刺激,例如,采购人员参观展销会、浏览广告、接到某一能提供价廉物美产品的销售代表的电话等。因此,更多地了解医药产业市场的发展趋势,可以使营销人员对产业市场的需求有更好的了解,从而也更有机会获得订单。此外,加强推销和宣传也不失为一种激发潜在需求的好办法。

2. 确定需求

通过价值分析确定所需的医药产品和服务的种类和数量。如果是简单的重复采购,这个过程很简单。如果是复杂的新购项目,购买者需要和技术人员、操作人员甚至高层管理者共同确定项目的总特征,包括可靠性、耐用性、价格及其他属性。供应商应设法向采购者介绍产品特性,协助他们确定需求。

3. 明确产品规格

为了说明所购医药产品的品种、性能、规格、特征、数量、质量和服务,相关人员应写出详细的技术说明书,作为采购人员的采购依据。在需求确定以后,采购组织要着手制订开发项目的技术规格说明书。一般来说,公司将委派产品价值分析工程组投入这个项目的工作。价值分析的目的是降低成本。通过价值分析,确定能否对它进行重新设计或实行标准化,从而将生产成本降到最低。随后,专业人员将确定最佳产品的特征并确定详细的说明书,作为采购人员的采购依据。对医药产业市场的营销人员来说这是一个非常关键的阶段,认识这些购买影响者并认清他们之间的相互关系和重要程度是最好的竞争优势。此外，供应商也可以将价值分析作为工具，帮助寻找新客户。

4. 寻找供应商

医药产业市场采购人员通常根据产品技术说明书的要求和其他资料寻找最佳的供应商。为了找到最佳的供货商，采购者需要设法认识最适宜的卖主，如查找交易指南、进行计算机搜索、打电话要其他公司推荐、观看贸易广告和参加展览会等。如今，越来越多的公司通过国际互联网来寻找供应商。为此，供应商应充分重视工商企业名录和计算机网络系统，为自己入选采购商名单打下基础，如制订一个强有力的广告和促销方案、在市场上建立良好信誉、确定谁是寻找供应商的买主等。

5. 征求供应建议书

医药产业市场购买者向合格的供应商发函，请他们提交供应建议书。对于复杂、贵重产品的新购，采购方往往要求每一位潜在供应商提出详细的书面建议，经选择淘汰后，请初选合格的供应商提出正式的供应建议书。为了提高自己的入选概率，医药产业市场的营销人员必须熟悉供应建议书的书写要点和提交程序。提交的文件不能只是包含技术内容，还要能使采购方产生购买信心。

6. 选择供应商

医药产品采购中心的人员对供应商提供的有关资料进行具体分析和评价，最后确定供应商。评价内容主要包括供应商产品的质量、规格、价格、信誉、服务、交货能力、地理位置等属性，各属性的重要性随着购买类型的不同而不同。采购人员在不同情况下，对上述条件的重视程度会有所不同。

采购中心将向有意愿的供应商规定某些属性并指出它们之间的重要性；同时针对这些属性对供应商加以评分，找出最具吸引力的供应商。各不同属性的相对重要性随购买情况类型的差异而有所不同。

过去，为了保证充分的供应和获得优惠的价格，很多公司乐意多选择一些供应商，现在，由于供应链理论和技术的推广，使这种情况发生了变化。许多公司都在大量缩减供应商的数量，并期望他们选中的供应商在产品开发阶段就能和自己密切配合、共同工作。作为供应商，必须了解这一变化，更充分地做好准备。

7. 签订合约

在供应商选好以后，购买方开始讨论并签订最后的订单。签订合约是指医药产业市场购买者根据所购产品的技术说明书、订购数量、交货时间、退货办法、产品担保书等内容与供应商签订最后的订单。签订合约有长期有效采购合同和定期购买订单。为了设备的维护修理或操作，采购者常常签订一揽子合同。通过签订一揽子合同能建立一种长期关系，可以节约订货洽谈的时间和金钱，还可以减少采购者的订货成本和仓储成本。

8. 绩效评价

医药产业市场购买者对各个供应商的供货状况进行检查，通过询问使用者，按照一定的标准对供应商的履约情况进行评估，以决定维持、修正还是中止供货关系。供应商需要关注采购者的评估标准，以保证自己能让客户满意。有关研究表明，产业供应商对于消费者意见或投诉的处理速度至关重要。迅速处理、解决问题和纠正错误会提高获得新订单的概率；如果反应迟缓，则会降低消费者的满意度。

> **知识链接**
>
> **王某的销售经历**
>
> 王某从某药科大学毕业后进入一家医药设备公司担任销售工作,他工作非常努力,四处奔波,但是收效并不理想。您能从他的推销过程中找出原因吗?
>
> (1)王某获悉某医院需要设备,就找该医院采购部的主任详细介绍产品,经常请他们共同吃饭和娱乐,双方关系相当融洽,采购部经理和相关人员也答应购买,却总是一拖再拖,不见付诸行动。王某灰心,却不知原因何在。
>
> (2)王某去一家小医院推销一种受到很多大医院用户欢迎的高级医疗设备,可是说破嘴皮,对方依然不为所动。
>
> 原因分析:
>
> (1)许多产品的购买决策者是医生,采购部门的职责只是根据医生的购买决策购买产品,他们只是购买者而非决策者。
>
> (2)该医院资金有限,只能购买普通设备。王某推销的高级医疗设备价格过高,因为没有事先了解该医院的规模而碰壁。

三、医药产业市场营销的关键——关系营销

所谓关系营销,是把营销活动看成是一个企业与消费者、供应商、分销商、竞争者、政府机构及其他公众发生互动作用的过程,其核心是建立和发展与这些公众的良好关系。

(一)关系营销的本质特征

1. 双向沟通

在关系营销中,沟通应该是双向而非单向的。只有广泛的信息交流和信息共享,才可能使企业赢得各个利益相关者的支持与合作。

2. 合作

一般而言,关系有两种基本状态,即对立和合作。只有通过合作才能实现协同,因此合作是双赢的基础。

3. 双赢

双赢即关系营销旨在通过合作增加关系各方的利益,而不是通过损害其中一方或多方的利益来增加其他各方的利益。

4. 亲密

关系能否得到稳定和发展,情感因素也起着重要作用。因此关系营销不只是要实现物质利益的互惠,还必须让参与各方能从关系中获得情感需求的满足。

5. 控制

关系营销要求建立专门的部门,用以跟踪顾客、分销商、供应商及营销系统中其他参与者的态度,由此了解关系的动态变化,及时采取措施消除关系中的不稳定因素和不利于各方利益共同增长的因素。

此外,通过有效的信息反馈,也有利于企业及时改进产品和服务,更好地满足市场的需求。

（二）关系营销的基本模式

1. 关系营销的中心——顾客忠诚

在关系营销中,怎样才能获得顾客忠诚呢?发现正当需求→满足需求并保证顾客满意→营造顾客忠诚,构成了关系营销中的三部曲。①企业要分析顾客需求、顾客需求满足与否的衡量标准是顾客满意程度,满意的顾客会对企业带来有形的好处(如重复购买该企业产品)和无形的好处(如宣传企业形象)。有营销学者提出了导致顾客全面满意的九个因素及其相互间的关系:欲望、感知绩效、期望、欲望一致、期望一致、属性满意、信息满意;欲望和感知绩效生成欲望一致,期望和感知绩效生成期望一致,然后生成属性满意和信息满意,最后导致全面满意。②从该模式中可以看出,期望和欲望与感知绩效的差异程度是产生满意感的来源,所以,企业可采取下面的方法来取得顾客满意:提供满意的产品和服务;提供附加利益;提供信息通道。③顾客维系:市场竞争的实质是争夺顾客资源,维系原有顾客,减少顾客的流失,这要比争取新顾客更为有效。维系顾客不仅仅需要维持顾客的满意程度,还必须分析顾客产生满意程度感的最终原因,从而有针对性地采取措施来维系顾客。

2. 关系营销的构成——梯度推进

贝瑞和帕拉苏拉曼归纳了三种建立顾客价值的方法。一级关系营销(频繁市场营销或频率营销):维持关系的重要手段是利用价格刺激对目标公众增加财务利益。二级关系营销:在建立关系方面优于价格刺激,增加社会利益,同时也附加财务利益,主要形式是建立顾客组织,包括顾客档案,正式的、非正式的俱乐部以及顾客协会等。三级关系营销:增加结构纽带,同时附加财务利益和社会利益。与客户建立结构性关系,这种关系对相关客户有价值,但不能通过其他来源得到,可以降低客户转向竞争者的机会成本,同时也将增加客户脱离竞争者而转向本企业的收益。

3. 关系营销的模式——作用方程

企业不仅面临着同行业竞争对手的威胁,而且在外部环境中还有潜在进入者和替代品的威胁,以及供应商和顾客的讨价还价的较量。企业营销的最终目标是使本企业在产业内部处于最佳状态,能够抗击或改变这五种作用力。作用力是指决策的权利和行为的力量。双方的影响能力可用下列三个作用方程表示:营销方的作用力小于被营销方的作用力。营销方的作用力等于被营销方的作用力,"营销方的作用力"大于"被营销方的作用力"。引起作用力不等的原因是市场结构状态的不同和占有信息量的不对称。在竞争中,营销作用力强的一方起着主导作用,当双方力量势均力敌时,往往采取谈判方式来影响、改变关系双方作用力的大小,从而使交易得以顺利进行。

（三）关系营销的原则

关系营销的实质是在市场营销中与各关系方建立长期稳定的相互依存的营销关系,以求彼此协调发展,因而必须遵循以下原则。

1. 主动沟通原则

在关系营销中,各关系方都应主动与其他关系方接触和联系,相互沟通信息,了解情况,形成制度或以合同形式定期或不定期碰头,相互交流各关系方需求变化情况,主动为关系方服务或为关系方解决困难和问题,增强伙伴合作关系。

2. 承诺信任原则

在关系营销中各关系方相互之间都应做出一系列书面或口头承诺,并以自己的行为履行诺言,才能赢得关系方的信任。承诺的实质是一种自信的表现,履行承诺就是将誓言变成行动,是维护和尊重关系方利益的体现,也是获得关系方信任的关键,是公司(企业)与关系方保持融洽伙伴关系的基础。

3. 互惠原则

在与关系方交往过程中,必须做到满足关系方的经济利益,并通过在公平、公正、公开的条件下进行成熟、高质量的产品或价值交换使各关系方都能得到实惠。

(四)关系营销实施步骤

1. 筛选合作伙伴

企业首先从所有的客户中筛选出值得和必须建立关系的合作伙伴,并进一步确认要建立关系营销的重要客户。选择重要客户的原则不仅仅是目前的盈利能力,而且包括未来的发展前景。企业可以首先选择 5 个或 10 个最大的客户进行关系营销,其他客户的业务有意外增长者也可入选。

2. 指派关系经理

对筛选出的合作伙伴指派关系经理专人负责,这是建立关系营销的关键。企业要为每个重要客户选派干练的关系经理,每个关系经理一般只管理一家或少数几家客户,并派一名总经理管理关系经理。关系经理对客户负责,是有关客户所有信息的汇集点,是公司为客户服务的动员者,对服务客户的销售人员应当进行关系营销的训练。总经理负责制定关系经理的工作职责、评价标准、资源支持,以提高关系经理的工作质量和工作效率。

3. 制订工作计划

为了能够经常地与关系对象进行联络和沟通,企业必须分别制订长期的和年度的工作计划。计划中要确定关系经理职责,明确他们的报告关系、目标、责任和评价标准。每个关系经理也必须制订长期和年度的客户关系管理计划,年度计划要确定目标、策略、具体行动方案和所需要的资源等。

4. 了解关系变化

企业要通过建立专门的部门,用以跟踪顾客、分销商、供应商及营销系统中其他参与者的态度,由此了解关系的动态变化。同时,企业通过客户关系的信息反馈和追踪,测定他们的长期需求,密切关注合作伙伴的变化,了解他们的兴趣。企业在此基础上,一方面要调整和改善关系营销策略,进一步巩固相互依赖的伙伴关系;另一方面要及时采取措施,消除关系中的不稳定因素和有利于关系各方利益共同增长的因素。此外,通过有效的信息反馈,企业将会改进产品和服务,更好地满足市场的需求。

(五)关系营销的具体措施

1. 关系营销的组织设计

为了对内协调部门之间、员工之间的关系,对外向公众发布消息、处理意见等,通过有效的关系营销活动,使得企业目标能顺利实现,企业必须根据正规性原则、适应性原则、针对性原则、整体性原则、协调性原则和效益性原则建立企业关系管理机构。该机构除协调内、外部关系外,还将担负着收集信息资料、参与企业的决策规划的责任。

2. 关系营销的资源配置

面对顾客、变革和外部竞争,企业的全体人员必须通过有效的资源配置和利用,同心协力地实现企业的经营目标。企业资源配置主要包括人力资源和信息资源。

人力资源配置主要是通过部门间的人员转化、内部提升和跨业务单元的论坛和会议等进行。信息资源共享方式主要是:利用电脑网络、制定政策或提供帮助削减信息超载、建立知识库或回复网络及组建虚拟小组。

3. 关系营销的效率提升

与外部企业建立合作关系,必然会与之分享某些利益,增强对手的实力,另一方面,企业各部门之间也存在着不同利益,这两方面形成了关系协调的障碍。具体的原因包括:利益不对称、担心失去自主权和控制权、片面的激励体系、担心分权。

关系各方环境的差异会影响关系的建立以及双方的交流。跨文化间的人们在交流时,必须克服文化所带来的障碍。对于具有不同企业文化的企业来说,文化的整合,对于双方能否真正协调运作有重要的影响。关系营销是在传统营销的基础上,融合多个社会学科的思想而发展起来的,吸收了系统论、协同学、传播学等思想。关系营销学认为,对于一个现代企业来说,除了要处理好企业内部关系,还要有可能与其他企业结成联盟,企业营销过程的核心是建立并发展与消费者、供应商、分销商、竞争者、政府机构及其他公众的良好关系。无论在哪一个市场上,关系营销都具有很重要的作用,甚至成为企业市场营销活动成败的关键。所以,关系营销日益受到企业的关注和重视。

(六) 实现关系营销的主要途径

实现关系营销有许多不同的途径。不同行业、不同规模的公司可以根据公司自身的资源、所处市场的竞争状况、销售团队成员的风格等特点选择不同的途径。这些方法归结起来,可以总结为如下几个内容。

1. 向客户提供附加的经济利益

向经常使用和购买本公司产品或服务的客户提供额外的利益,如中国移动通信公司向其手机用户提供的用户积分奖励计划就是典型例子。

2. 向客户提供附加的社会利益

营销人员在工作中要不断地增强对客户所应承担的社会责任。例如,对消费者的选择表示赞赏,向消费者提出使用更好的产品或服务的建议,不回避产品使用中可能出现的问题,勇于承担责任并通过有效的方法解决等。

3. 建立公司与客户之间的结构性纽带

可以通过向客户提供更多的服务来建立结构性的关系纽带。例如,在流通行业,厂商可以帮助其销售网络中的成员特别是一些较小的成员提高其管理水平,合理地确定其进货时间和存货水平,改善商品的陈列或者向销售网络中的成员提供有关市场的研究报告等信息。

4. 强化品质、服务与价格策略

品质、质量等是建立营销关系的基础。自然推行关系营销的途径也少不了从品质、服务及价格等营销组合方面入手。销售人员一定要加强产品的服务性工作,搞好产品的售前、售中与售后服务,不断提高公司的服务水平。另外,就是要制定合理的价格水平。"互惠互利"是公司进行关系营销的核心,只有这样客户的利益才能得到保证,客户才能成为公司的忠实的顾客,公司的关系营销才能真正发挥作用。

（七）关系营销中的关系类别

通常情况下,作为一个公司的销售人员,他必须接触大量的客户,然而按照 80∶20 原则,销售人员手中的大多数客户可能都不是很重要的,因此销售人员就需要对不同的客户建立不同的关系。只有这样,才能分清主次、抓住重点,才能出色地完成销售任务。

首先,对客户进行划分。客户价值越大,客户的等级就应该越高,就越应该引起销售人员及公司的重视。其次,建立客户关系,通常情况下,客户关系可以分为如下几个不同的水平。

1. 基本关系

基本关系是指销售人员只是简单地向客户销售产品,在产品销售后不再与客户保持接触。

2. 反应关系

反应关系是指销售人员在销售产品的同时,还积极鼓励客户在购买产品或使用产品以后,如果发现问题或不满时及时向公司反映。

3. 可靠关系

可靠关系是指销售人员在产品售后不久,就通过各种方式了解产品是否能达到客户的预期要求,收集客户有关改进产品的建议及对产品的特殊要求,把得到的信息及时反馈给公司,以便今后不断地改进产品。

4. 伙伴关系

伙伴关系是指销售人员与客户持续地合作,使客户能更有效地使用其资金或帮助客户更好地使用产品,按照客户的要求来设计新的产品。

在营销实践中,不同公司因产品和市场的不同,可以分别建立不同层次的营销关系。销售人员可以根据客户数量的不同、产品边际利润的不同等因素,选择建立并维持不同层次的营销关系。

（八）关系营销与交易营销的区别

交易营销的主要内容是"4PS",而关系营销则突破了"4PS"的框架,把企业的营销活动扩展到一个更广、更深的领域。两者的区别主要表现在以下几个方面。

（1）交易营销的核心是交易,企业通过诱使对方发生交易活动而从中获利;关系营销的核心是关系,企业通过建立双方良好的合作关系而从中获利。

（2）交易营销把其视野局限于目标市场上,即各种顾客群;关系营销所涉及的范围则广得多,包括顾客、供应商、分销商、竞争对手、银行、政府及内部员工等。

（3）交易营销围绕着如何获得顾客;关系营销更强调保持顾客。

（4）交易营销不太强调顾客服务;关系营销高度强调顾客服务。

（5）交易营销是有限的顾客参与和适度的顾客联系;关系营销却强调高度的顾客参与和紧密的顾客联系。

营销案例

IBM借网球赛试水

对Reimer Thedens而言,他的任务就是绞尽脑汁,帮助客户找到与其直接对话的办法。"关系既是商业广告互补品,又是商业广告的替代品。"2月底,Thedens在上海接受记者采访时说。

理解关系的概念可能很简单。30年前,刚从贝塔斯曼跳槽到奥美时,Thedens在德国法兰克福的办公室里负责替客户寄邮件,也就是俗称的直邮,将产品信息直接递送到单个手里,主要目的是帮助客户避免大规模广告造成的浪费。如果撇开创意,单从关系的功能来看,关系也许就像白开水一样索然无味,这点跟谈论没有创意的广告并无二致。但富有创意的关系方案却令人兴奋。

2001年7月,Thedens领导下的团队协助IBM为温布尔登网球赛创建官方网站,并首次在网站上推出了IBM的实时比分系统。该系统通过Java程序将个人电脑与球场的数百个摄像头连接,使用户在电脑桌面上获得一个虚拟座位来随时了解比分情况,甚至观看比赛场景。

当时全球有450万用户了这一Java程序,决赛时打开了IBM实时比分系统的观众超过23万人。"这相当于我们帮助IBM邮送了至少450万份产品体验。"Thedens笑着说,IBM这个关系事件也是从业以来最令他激动的项目之一。

"尽管在体验这方面我们做得很棒,但显然关系不仅仅是设计一个网站,让上去浏览这么简单。"Thedens说,"事实上,一套完整的关系方案至少包含关系和数据策略、互动渠道平台和知识中心三个部分的内容,好的创意全部源自于此。"

创意源泉

关系和数据策略意味着首先必须明确关系的目的,即需要和何种客户建立何种关系。

"在IBM的例子中,我们关系的重点在于和全球范围内对IBM技术可能产生兴趣的高级经理建立业务往来关系。"Thedens说。

Thedens认为,观看网球的观众本来就是知识层次较高的细分群体;另外,高级经理们没有太多的时间看电视,而网络和笔记本电脑已经成为了他们工作的标准配件,无论他们在办公室也好,在外出差也好,都可以很方便地通过网络看自己喜欢的体育节目。综合这些考虑,高级经理们是最可能使用该Java程序观看球赛的群体,看了球赛后,他们也是最易于与IBM技术产生共鸣的群体。

"这个认识决定了我们在该项目中关系的创意,也直接影响我们到底想通过什么平台来和观众互动。"Thedens说。

接下来的问题,是利用和观众已经发生的互动,来构建有效的数据库系统。

在IBM的例子中,奥美首先设立了一个取得顾客相关数据的方案,在实时比分系统的Java程序窗口关闭时他们会让对此技术感兴趣的用户填一张表格,注明职位和联系方式,并声称将进一步提供产品更为详细的资料或派销售人员登门拜访。用户信息到达并存储在数据库后,奥美还要帮助IBM进行仔细分析,"因为根据我们的经验,往往30%用户会对公司贡献60%~70%的价值,因而帮助客户分别出核心价值用户是非常必要的。"Thedens说。通过有创意的互动获得用户的初始信息后,关系人员就可根据数据库得到的核心价值用户名录,通过各种沟通方式与这些潜在客户持续互动,最终实现企业的客户价值。这开辟了新的创意构思,从这个意义上说,关系从来不是一个短期的行动,而应当被公司视为一项长期的策略。

任务三　分析医院的购买行为

> **知识链接**
>
> 在我国,由于医院在药品使用方面的特殊地位及医药卫生体制的现状,目前约80%的药品是通过医院这个终端销售给最终消费者(患者)的。因此对于医药产品生产企业、批发企业而言,研究医院的购买行为和医生的处方行为及其影响因素,并采取相应的营销对策,具有十分重要的意义。
>
> 根据有关规定,医院药品的采购,由药剂科统一管理,其他科室不得自购、自制、自销药品(放射性药品除外),采购的药品以医院基本用药目录为依据,不得购销与医疗无关的其他商品,不得购销不符合本医院诊疗和服务范围的药品。为保证药品质量,必须从依法取得药品生产、批发资格的企业采购药品,严禁从其他渠道采购药品。

医疗机构市场是指医疗机构购买医药商品为消费者提供医疗服务而形成的市场。根据我国的医药法规规定,生产企业不能直接将医药商品送往医疗机构。所以,医疗机构只能从医药生产企业自己注册的销售公司或从医药中间商那里购买医药商品。医疗机构购进医药商品的目的是为消费者提供医疗服务。

医疗机构市场、医药生产者市场和医药中间商市场最大的不同在于:医疗机构直接承担着治病救人的实际工作,它更关注医药商品的质量、疗效和副作用,所以无论是哪种购买类型,医药商品的质量与疗效都是被放在第一位的。

一、影响医院购买的因素分析

医院购买行为的特点有稳定、专业性强、参与人员多。但相对于医药产业购买而言,医院对于药品的购买行为比较简单,其影响因素也不那么复杂。

(一)医院的采购中心

医院的采购中心与其他组织一样,主要有使用者、影响者、决策者、采购者和批准者等角色,研究分析购买过程中每一个参与者及其担当的不同角色,有助于医药企业在营销过程中采用正确促销策略,这对于专门做医院推广工作的医药(厂家)代表而言就显得尤为重要。

1. 使用者

使用者是指实际使用某种药品的人员,主要是指临床医生。在医药企业的营销工作中,作为使用者的临床医师非常重要,不仅仅因为他们是采购中心的成员,而且药品进入医院以后,销售量的提高往往也是由其所决定或者影响的。所以,医药代表的工作重点往往就是他们。

2. 影响者

影响者主要是指临床有关科室主任,他们通常对新特药品进行审查把关,协助采购工作正常进行。

3. 决策者

决策者是指有权决定药品数量、规格、品种、价格及供货单位的人,往往是医院院长或业务院长、药剂科主任等人,他们在药品购进的环节中非常重要。

4. 采购者

采购者是指实际完成采购任务的人员,一般为药库的有关人员。

5. 批准者

批准者是指那些有权批准采购方案的人员,一般为医院药事委员会成员。

当然,在实际采购过程中这些成员的角色经常会变动,不同医院的情况也可能不同,而且采购常规药品和新特药品的情况又有很大区别。常规药品的采购,主要由决策者决定、采购者实施;而新特药品的采购,所有成员均发挥作用。

(二) 医院购买的影响因素

影响医疗机构购买的因素包括宏观环境因素和微观环境因素。

1. 宏观环境因素

宏观环境因素包括政治、法律、经济、医药科技、人口、社会文化等。宏观环境因素对医疗机构是一种硬约束,医疗机构无法改变它,只能顺应它。因为药品的特殊性,国家的监督管理非常严格,如药事法规对医院进药环节制定有明确而具体的要求,再如医院进药受该药品是否为医保药品、是否为中标品种等影响非常大。所以营销人员必须密切注意这些环境因素的发展变化,对这些影响因素可能对组织购买者的作用方向和力度做出正确的判断,并及时调整营销策略,力求将问题转变成机会。

2. 微观环境因素

相对于宏观环境因素来说,微观环境因素是影响医疗机构购买的具体因素。在相同的宏观环境下,医疗机构购买只考虑微观环境因素。微观环境因素包括以下几个方面。

(1) 供应企业因素。医疗机构采购和中间商采购一样对供应企业的规模、信用、产量、技术水平和提供产品的质量、价格等都比较重视。但不同之处在于,医疗机构采购更注重疗效,对广告和促销的敏感度相对较低。因为医疗机构在提供医疗服务时,消费者对医生的指导是十分重视的,几乎是"唯方是从",所以供应企业营销人员在与医疗机构相关人员进行业务磋商中,更要注重对实际质量和疗效的介绍。另外,价格也是一个重要的因素。

(2) 竞争因素。对于医疗机构市场来说,如果供应企业之间的竞争越是激烈,那么采购同一药品的回旋余地就越大,而采购条件就越有利于医疗机构。反之,对于一些特效药品和专利药品的采购,医疗机构的选择空间就很小。

为了争取消费者,医疗机构之间也有竞争。为了不在竞争中失败,医疗机构总是很关注对新的效果更好的医药商品,以提高医疗机构的专业水平,提高声誉。如果医疗机构之间的竞争激烈,那么一些新的效果更好、质量更高的医药商品供货商的利润空间就很大。

究竟市场形势有利于供货商还是有利于医疗机构,这取决于买卖双方的竞争态势。

(3)医疗机构组织因素。这包括医疗机构的组织结构、采购程序、采购目标、采购制度等。不同的组织结构下,部门的作用有所不同,采购决策的相关部门的作用也有所不同。作为供应企业必须明确目标医疗机构的具体情况,才能有的放矢。

(4)医疗机构人际关系因素。由于参与购买过程的部门和人员较多,所承担的角色和作用各不相同,他们相互之间的关系和影响程度,直接影响到采购决策的最后结果。对于这些人际因素切不可盲目猜测,而是要深入了解,仔细辨析。因此,寻找并满足决策者的需要,是营销成功的关键要素之一。

(5)医疗机构人员因素。医疗机构参与购买的相关人员的职务地位、业务水平、个性特征、心理因素、文化水平等直接影响着他们对医药商品的态度。一般职务地位较高和业务水平较高的人员,对决策的影响力也较大。如果相关人员对某一种医药商品极其厌恶,就会或轻或重地影响购买决策。因此医药生产企业或经营企业的营销人员必须对相关人员的个人信息有所了解。这些个人信息包括姓名、性别、年龄、学历、籍贯、爱好、性格、人际关系、家庭情况、业务水平、工作习惯等。只有了解相关人员,才能在营销业务活动中,趋利避害,最大限度内得到相关人员对拟采购商品的认可,使商品顺利进入医疗机构市场。

> **知识链接**
>
> **医药分家**
>
> 医药分家是指医院不再承担供药责任,只承担提供医疗服务的责任,而提供药品的责任则由医药企业承担,给予患者更大的购药选择权。这是继集中招标购买方式后,又一种新的购买方式,目前仍然在试验和探索阶段。

二、医院的购买方式

按医疗机构参与购买活动的权限不同,医院的购买方式可以分为以下几种。

(一)自主购买

自主购买指医疗机构的采购活动完全由医疗机构单独完成,医疗机构拥有一套自己的采购程序与制度。

(二)集中招标购买

我国从2000年开始进行了药品集中招标采购试点工作,而且经过发展后,药品集中招标的范围不断扩大。我国的最新文件又规定进入医院的药品80%以上要进行药品集中招标采购,今后将会增加到100%。今后,越来越多的医疗机构将采用集中招标的方式进行采购。

(三)麻醉药品、第一类精神药品的采购

麻醉药品和第一类精神药品属于国家管制的特殊药品,根据《麻醉药品和精神药品管理条例》,麻醉药品、精神药品实行定点生产、定点经营制度;另外,医疗机构需要使用麻醉药品和第一类精神药品的,应当经所在地区的市级人民政府卫生主管部门批准,取得"麻醉药品、第一类精神药品购用印鉴卡"。医疗机构应当凭相关印鉴卡向本省、自治区、直辖市行政区域内的定点批发企业购买麻药品、第一类精神药品。

(四) 新特药品的采购

医院新特药品是指不属于医院基本药品目录品种范围内的,虽然国家已有生产或进口,但本院临床使用极少或国内上市不久,临床使用经验不多,或本院尚无使用先例或虽有先例但使用经验不足以推广于临床的药品及制剂。

▌营销案例▐

据报道,2010年南昌市在2009年33家非营利性医疗机构参加全省网上药品招标采购的基础上,将全市6个县区的24所乡镇中心卫生院的基本药物全部纳入网上集中采购,同时增加的还有8家国有企事业单位的职工医院。至今,南昌市参加全省网上药品招标采购的医疗机构达到65家,网上药品采购执行率100%。全市医疗机构采购非基本药物2.51亿元,与发改委指导价相比,让利1.15亿元;采购基本药物1191万元,让利638万元。为保证网上药品集中采购工作的顺利进行,南昌市及各县(区)均成立了药品招标采购领导小组和监督小组,网上药品集中采购得以全面实施。

据了解,从2008年12月江西省首次开展全省网上药品集中招标采购工作以来,截至2010年7月31日,全省网上采购药品成交金额77.14亿元,让利金额43.63亿元;基本药物采购成交金额为2810万元,与发改委零售指导价2310万元相比让利幅度更大,减轻了群众医药费用负担。

小 结

本章主要讲述了医药组织市场、医药产业购买行为、医院的购买行为等内容。

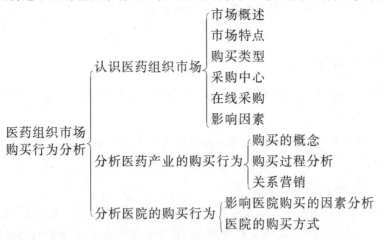

能力检测

一、单选题

1. 组织市场包括(　　)。
   A. 生产者市场　　　　　　　　B. 中间商市场
   C. 非盈利组织市场和政府市场　　D. 以上均是

2. 生产者初次购买某种产品或服务称为(　　)。

A. 新购 B. 修正重构 C. 重构 D. 直接重构
3. 影响生产者购买决策的基础性因素是（　　）。
A. 产品质量 B. 价格 C. 服务 D. 以上均是
4. 政府采购的目的是（　　）。
A. 盈利 B. 满足生活需要
C. 维护国家安全和公众利益 D. 以上都是
5. 非营利性组织的采购人员只能按照规定的条件购买（　　）。
A. 有较大自由 B. 缺乏自主性 C. 受控制少 D. 可以任意选购

二、多选题

1. 组织市场主要有以下特点（　　）。
A. 购买者较少 B. 购买量大 C. 需求无波动性
D. 采购者地理位置较分散 E. 情感型购买
2. 影响医药组织购买决策的因素包括（　　）。
A. 环境因素 B. 组织因素 C. 家庭因素 D. 人际因素 E. 个人因素
3. 医药组织的购买类型包括（　　）。
A. 直接重购 B. 最佳供应商选择 C. 修正重购
D. 新购 E. 以上全是
4. 医药组织的购买中心是由（　　）等人员组成。
A. 使用者 B. 影响者 C. 采购者 D. 决定者 E. 信息控制者
5. 下列特点中，不属于组织市场所特有的是（　　）。
A. 派生需求 B. 需求弹性小 C. 不稳定性 D. 广泛性 E. 分散性

三、简答题

1. 简述医药组织市场的特点。
2. 影响医药组织购买行为的因素有哪些？
3. 药品组织市场购买行为的参与者有哪些？

四、案例分析

同仁堂的绝妙采购法

河北省安国县的庙会是全国有名的药材集散市场。每年冬、春两季，各地药农云集于此。北京同仁堂的药材采购员在采购中使用了一连串的技巧，并善于积极反馈信息，所购的药材往往比较便宜。他们一到安国县，并不急于透露自己需要采购什么，而是先注意收集有关信息。他们开始只是少量购进一点比较短缺的药材，以套出一些信息。例如，本来需要购进 500 kg 黄连，他们开始却只买进 50 kg 上等货，而且故意付高价。"价高招商客"，外地的药商、药农闻讯，便纷纷将黄连运到安国县。这时同仁堂的采购员却不问津黄连。而是对市场上其他滞销但又必须购买的药材大量买进，等其他药材生意做得差不多时，再突然返回来采购黄连，而此时黄连由于大量涌进市场，已形成滞销之势。各地来的药商为了避免徒劳往返，多耗运输费用，或者怕卖不出去亏本，都愿意低价出售。经过这一涨一落，同仁堂就大量收购市场上各种滞销的药材。药商们吃了亏，影响到第二年药农的积极性，自然就会减少产量。同仁堂的采购员们又能够预测到明年的情况。这样一来，这些减产的药材第二年又会因大幅度减产而价格暴涨，而这时同仁堂的库存早已备足。

案例讨论：
1. 同仁堂为何能以比较便宜的价格买到药材？
2. 同仁堂是如何巧妙地利用市场信息的？

 ## 任务四　实　战　训　练

分析某医院的购买行为

实训目的：使学生掌握医院购买行为分析及营销策略的制订。

实训内容：学会对医院购买行为进行分析，并能提出针对性的营销措施。

实训步骤：

（1）教师前一次课布置本实训任务。

（2）学生课后按要求查找资料，集体讨论、分析。

（3）教师于所要求时间考核学生完成情况。

① 课堂时间教师随机抽取1～3名学生在讲台上陈述自己的观点。

② 课后要求每位同学给出书面观点。

（4）学生课堂陈述后，教师针对完成情况做口头评价；学生书面观点教师做书面评语。

实训提示：以实地调查研究为主配合在图书馆、网络查找背景资料相结合得出相关资料，集体讨论、分析。

实训思考：影响医院购买的因素有哪些？制定的营销对策是否正确？

实训体会：通过实训，进一步认识和分析医院购买行为是医药企业制定医院市场营销策略的关键。

实训报告：医院购买行为分析报告。

实训考核的内容和标准：详见附录 A。

（任守忠）

项目六　医药市场调研技术

学习目标

掌握：医药市场调查的内容、方法。
熟悉：医药市场调查的步骤。
了解：医药市场营销信息的收集方法。

能力目标

学会撰写医药市场调查报告。
能为医药企业制订出切实可行的营销战略和正确有效的营销计划。

任务一　医药市场调查的内容和方法

医药市场调查就是根据预测、决策的需要，运用科学的手段和方法，有目的、有计划、系统地搜集、记录、整理和分析研究与医药企业市场营销活动相关的信息，并提供各种市场调查数据资料和各种市场分析研究结果报告，为企业经营决策提供依据的活动。市场调查的内容一般包括产品的动态信息、市场动态信息、消费者需求信息、竞争者信息、销售绩效信息及宏观环境动态信息等。

一、医药市场调查的内容

医药企业的市场调查包括一切与医药企业营销活动有关的经济、社会、文化、政策法规以及医生和患者用药需求、用药习惯等内容。具体来说，医药市场调查的内容可以概括为以下几方面。

（一）医药市场环境因素调查

市场环境调查又称宏观市场调查，即对企业所处的市场营销环境进行调查，包括与医药企业营销活动有关的经济环境、政治环境、社会文化环境、自然地理环境和科技环境等环境因素的调查。图6-1为美国市场营销协会（AMA）发布的影响市场环境的因素。

图 6-1 影响市场环境的因素

1. 经济环境的调查

经济环境是指医药企业所面临的社会经济条件及其运行状况和发展趋势,主要包括国家宏观经济和各项财政、金融政策。我国的国民生产总值与国民收入状况影响着本国药品消费者的药品购买力和药品消费支出模式。市场经济条件下医药企业在市场经营中,除了有限的自有资金外,很大部分资金需通过银行贷款筹集,国家通过改变利率和贷款条件会在很大程度上影响医药企业的经营。

2. 政治环境的调查

外部政治环境对医药市场有直接的影响,是进行医药市场调查时必须认真分析和了解的内容。政治环境是指企业外部的政治形势和状况,分为国内政治形势和国际政治形势两部分。国内政治形势的调查,主要是分析研究党和政府的各项路线、方针、政策的制定和调整及其对市场、对企业产生的影响。这主要包括搜集当前药品价格政策法规、金融政策法规、税收政策法规、利率、货币政策和经济体制以及流通体制变化等资料。如调查医药政策、广告政策、城管政策执行情况,为广告宣传和开发医院做准备。国际政治形势的调查,主要是分析研究相关国家的社会性质和政策体制,了解其政局的稳定情况。

3. 社会文化环境的调查

文化是在特定的社会发展历史过程中形成的。人们在其成长过程中自觉或不自觉地接受了其所处环境给予的基本信仰、价值观和行为规范。而且,随着社会经济的发展,人们的信仰、观念和行为也在发生着改变。这些信仰和观念不同程度地支配和影响着消费者的购买特点和购买习惯。例如,亚洲市场与欧美市场存在着较大的文化背景差异,这些文化差异决定了不同的市场购买特点。

因此,医药营销者要研究企业已经进入或准备进入市场的文化特点,包括当地民众的基本信仰、价值观念、审美观念、消费习俗、心理特征等,同时,还要研究它们的发展变化趋势。根据不同地区市场或同一时期的文化发展特点,以及由此所决定的市场消费特点来决定企业在当地的经营战略与策略。图 6-2 为位于青海省西宁市的中国藏医药文化博物馆——目前世界上唯一的展示藏医药文化内容的综合性博物馆。

图 6-2　中国藏医药文化博物馆

4. 自然地理环境的调查

当代企业经营的自然环境面临着两大基本难题：一是自然资源短缺；二是自然环境被污染。一方面，水、石油、煤炭、金属矿藏等自然资源日益减少，给企业经营的原材料供给和生产成本的控制带来威胁；另一方面，一些企业的生产活动不可避免地破坏自然环境，日益严重的自然环境的污染，严重危害着人类的生存与健康。

医药企业作为化工企业的一种，在树立环保意识和社会责任感的同时，也应注意研究来自自然环境影响方面的资料。其内容包括：企业生产的产品原材料、燃料、动力等方面的供给状况，产品生产成本及其替代品成本的调研，具有潜在开发价值的新材料和原材料的新来源，了解当地各级政府和各种社会团体对环境保护的法律规定与要求，研究社会公众希望企业做出何种承诺方可维护企业的环保形象。企业应避免重蹈 2011 年 6 月哈尔滨制药总厂废气超标排放而陷入的负面处境。

5. 科技环境的调查

科学技术是社会生产力中最重要的构成要素，科学技术的进步推动着人类社会的发展。这些技术革命与技术进步为企业经营者创造了市场机会，也形成了潜在威胁。特别是作为医药企业在一个新产品、新技术开始蓬勃发展的同时，也意味着一些旧产品和旧技术正在走向衰落。因此，企业经营者要密切注意并了解社会科技环境的变化，及时掌握科技发展的时代脉搏。

调查与本企业生产的医药产品有关的科技现状和发展趋势为的是让新的科学技术能够给企业经营带来新的商机和新的盈利增长点；预测一项新的科学技术能够引起哪些新产品和新产业的出现，将会导致哪些产品与产业的衰退；如何使企业不断地处于产品与产业的升级滚动发展之中。具体内容有：世界科学技术现状和发展趋势；国内同行业科学技术状况和发展趋势；本企业所需要的设备、原材料的生产和科技发展状况及其发展趋势；本企业的科研方向，发展什么样的新产品，什么质量水平的产品。

（二）竞争环境的调查

竞争环境是企业生存与发展的外部环境，直接影响着企业的获利能力，对企业的发展至关重要。竞争环境的变化不断产生威胁，同时也不断产生机会。对医药企业来说，如何检测竞争环境的变化，规避威胁，抓住机会就成为休戚相关的重大问题。美国学者波特认为影响行业竞争结构及竞争强度的主要因素包括：行业内现有企业、潜在的进入者、替代品制造商、供应商和顾客（产品购买者），这五种因素也正是需要医药企业进行详尽调查的。

目前,在中国加快融入国际经济的背景下,中国医药企业的竞争环境出现了新的情况,行业结构、竞争格局、消费者需求、技术发展等都发生了急剧的变化,不确定性增强。因此,任何医药企业都必须时刻关注竞争环境的变化,唯此才能趋利避害,在市场竞争中立于不败之地。

> **知识链接**
>
> **加入WTO对我国医药企业的影响**
>
> 国际贸易专家认为,中国入世后,医药流通领域所受冲击最大。主要表现为:①入世后药品价格短期内走低,将继续降低医药流通企业的盈利率;②入世后医药流通企业的上线供应商呈现出集中化趋势;③入世后医药流通企业的合作伙伴和竞争伙伴同时增加。究其原因:一是我国医药流通领域开放时间较晚,市场经济资源配置的作用还不明显;二是相关配套的法律法规还不完善,市场竞争秩序混乱;三是作为医药流通企业上线供应商——制药企业入世后受到的严重冲击将破坏二者固有的供销网络;四是医药流通企业竞争实力不强,集团优势还不明显。

(三)消费者购买动机的调查

随着社会购买力的增长,人们生活水平的提高,医药消费观念日益呈现出情感化、个性化和多样化的特征,进行消费者购买动机的调查对医药企业而言显得更为重要。消费者的购买动机分为三种类型:理智动机、感情动机、偏爱动机。具体地说,消费者购买动机的调查包括对消费者的购买习惯、购买行为、购买方式和品牌偏好等方面的调查。

(四)医药市场需求调查

从市场营销的观念来看,消费者的需求和欲望是企业营销活动的中心和出发点。因此,医药市场需求的调查,也就成为医药市场调查的核心内容。调查的内容包括:医药产品总体需求的变化及某种产品的市场需求情况、用户数量分布的调查、本企业产品的销售量和市场占有率、本行业或同类产品的销售量、经济水平的调查、消费结构的调查及医药替代品的调查等。

(五)竞争对手的调查

市场是企业的竞争场,产品的销售量是企业竞争的"晴雨表",正所谓"知己知彼,百战不殆",只有了解竞争对手的状况,企业才能制定出积极的竞争战略,在市场竞争中争取主动。竞争状况的调查主要包括:竞争对手的数量和规模、竞争产品的特色、成本和市场占有率、竞争产品的销售渠道、竞争产品价格、竞争企业的生产效率和成本费用、竞争企业的优势和劣势、竞争企业的市场营销组合策略、潜在竞争对手出现的可能性等。

(六)市场营销组合因素调查

市场营销组合因素调查主要包括产品调查、价格调查、分销渠道调查和促销组合调查。

1. 产品调查

产品或服务是市场营销组合中最基本的工具。它是一个企业向市场提供和传递价值最基本的载体和关键因素,也是其他营销调研的基础。调查的内容包括:顾客产品概念的研究、产品生产能力调查、产品设计及功能和用途调查、产品和产品组合、产品生命周期、产品形态及包装、老产品的改进、新产品的开发、销售服务等。

2. 价格调查

价格是市场营销组合要素中最敏感、最活跃的要素，也是市场竞争的一个重要手段。向市场提供和传递的医药产品与服务应该"卖个什么价"，市场营销人员必须要经过慎重的调查与分析，主要包括：市场供求情况及其变化趋势、影响价格变化的各种因素、产品需求价格弹性、竞争者品牌及替代品的价格、新产品定价策略等。

3. 分销渠道调查

渠道是指协助药品企业将其产品与服务顺利地传递给目标顾客的一系列相互联系的中介组织机构（见图 6-3）。分销，也被称为产品所有权流通，是指从生产到消费的转移过程中，产品在不同的所有者之间的转移。根据中间环节的多少，产品的分销分为零级渠道、一级渠道、二级渠道和多级渠道（见图 6-4）。调查的内容包括：医药产品自身特点要求、医药产品实体的转移、分销渠道现状、对各类中间商（包括批发商、零售商、代理商）的销售情况、用户和消费者对各类中间商的评价及希望、顾客的渠道习惯及渠道创新潜在机会、可供选择的中间商的类型及中间商数目、仓库地址选择、运输工具安排等。

图 6-3 一个虚拟企业产品的流通渠道

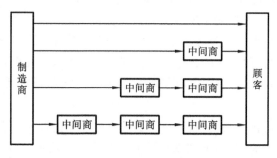

图 6-4 产品分销渠道

4. 促销组合调查

销售促进是一种同目标顾客沟通和传播产品与服务信息，以促进目标顾客实现购买，达成企业市场交易的市场营销基本策略。销售促进的基本功能主要依靠四种基本的沟通手段来完成：广告、人员推销、公共宣传和直接营销。促销组合调查基本是围绕这五大沟通与传播工具进行的，包括：沟通与传播对象研究、目标顾客消费心理与行为习惯调查、媒体偏好及公共宣传调查、广告的调查、人员推销的调查、促销促进研究、各种公共关系研究、直接营销与网上营销等。

二、医药市场调查的方法

市场调查方法选择的合理与否，会直接影响调查结果，因此，合理选用调查方法是市场调查工作的重要一环。医药市场的调查方法很多，医药企业可根据不同的调查目的和要求选择使用不同的方法，也可把不同的方法结合使用，取长补短，互相补充验证，取得准确可靠的信息资料。常用的市场调查方法有以下几种。

(一)询问法

询问法是调查人员使用提问的方式向被调查者了解情况、收集信息的方法。此法是将拟定的调查事项以口头或书面的形式,通过会面、问卷、电话或因特网,向被调查者提出问题,从对方的回答中获得资料的调查方法。询问法是市场调研最常用的方法,也是获取原始资料的主要方法。这种方法具有直接、具体、灵活等特点。具体来说又分为以下几种。

1. 邮寄调查法

邮寄调查法又称通讯调查法,是指调查人员把事先设计好的调查问卷或表格寄给被调查者,请他们按要求填好后再寄回的方法。使用该方法要特别注意调研问卷的设计。优点:①调研的空间范围大,可以不受调研者地区的限制,只要是通邮的地方都可以被选定为调研的对象地区;②调研方法的成本低、样本量大;③被调研者有充裕的时间来考虑、回答;④可以避免面谈中受到调研人员倾向语言诱导的影响。缺点:这种调查方法的成本低、样本量大,但是调查结果的回收率低——一般只有5%~20%的问卷能收回,时间往往拖延较长,只限于较简单的问题,不易获得用户的购买动机。

2. 电话访问调查法

电话访问调查法是由调查人员根据抽样要求,通过电话访问方式向被调查者提出询问,以获取信息资料的一种方法,也是市场调查者获取市场情报的一种简单、快捷的方法,如图6-5所示。它可以在较短的时间内迅速地与被调查者进行接触,成本较低,并能以统一格式进行询问,所收集的资料便于统一处理。但其只能对有电话的用户进行询问,受通话时间限制,调查问题少,无法收集深层的信息。有时由于调查的问题不能引起被调查者的兴趣和注意,不能取得被调查者的合作。电话调查应注意以下几点:①向被调查者问好;②介绍公司和公司产品;③给对方留出时间回答;④谢谢对方接听电话。

3. 面谈调查法

面谈调查法又称直接访问法,是指调查人员按事先准备的调查问卷或提纲当面询问被调查者以获取资料或信息的方法,如图6-6所示。面谈调查法的交谈方式,可以采取个人访问,也可以采取集体交谈;可以安排一次面谈,也可以进行多次面谈。面谈具有直接性和灵活性的特点,能够根据被调查者的具体情况进行深入的询问,从而获得较多的第一手资料。这种调查方法的优点:调查结果的回收率高,收集资料全面,资料真实性强,是最常见的调查法。但它也有费用高,组织工作量大,调查结果受调查人员个人理解的影响大的缺点。由于面谈调查的局限性,在实践中,只有需要通过深入面谈才能了解到消费者的需求,或者调查询问的内容多而复杂时,才较适于采取面试调研的形式。

图6-5 电话访问调查法

图6-6 面谈调查法

4. 留置问卷调查法

留置问卷调查法是由调查人员将调查问卷、调查问卷表当面交给被调查者,说明填写要求,并留下问卷,让被调查者自行填写,再由调查人员定期收回的一种市场调查方法。优点:①调查问卷回收率高,被调查者可以当面了解填写问卷的要求,避免由于误解调查内容而产生的误差;②采用该方法调查,被调查者的意见可以不受调查人员看法的影响,填写问卷的时间较充裕,便于思考回忆。缺点:①调查地域范围有限;②调查费用较高;③不利于对调查人员进行有效的监督。总之,这种调查方法的优、缺点介于面谈调查和邮寄调查之间。

5. 网络访问调查法

随着计算机网络的普及,网络访问在市场调查中占据越来越重要的角色。网络访问是将问卷直接传到网络上,由应答者直接在线回答问题的调查形式。这种访问法具有快速、成本低、样本容量大、空间限制小等优点,已被越来越多的调查者所采用。当然,因为网上填问卷是完全自由的,使得调查对象难以控制,且填写问卷者的身份也难以确认,在一定程度上降低了问卷的可信度。

(二) 观察法

调查人员直接或通过仪器在现场观察和记录被调查者的行为、反应或感受,获取所需信息、资料的方法。例如,某药店想了解一周客流的变化情况,可以安排调查人员在药店的入口处和停车场观察不同时间顾客人数变化情况;想了解顾客进入药店后的行进方向,就可以在店内天花板上安装摄像机,记录顾客行进路线。优点:由于调查人员不直接向调查对象提问和正面接触,被调查对象并不意识到自己正接受调查,顾客的言行不受外界因素的影响,行为比较自然、客观,其表现出来的反应和感受比较真实。缺点:调查结果是一些表面的可直接观测的现象,无法说明引起行为的内在原因,更不能说明购买动机和意向。观察法又分为直接观察法、亲身经历法、行为记录法等。

1. 直接观察法

直接观察法指由调查人员直接对调查对象的行为、反应或感受进行观察,记录被调查对象的全部活动。例如,调查消费者对品牌、商标的爱好与反应,调查人员可直接到零售药店柜台前观察购买者的选购行为。这种方法有一定的局限性,有时会被调查者觉察,引起误会。

2. 亲身经历法

亲身经历法指调查人员亲自参与某种活动以收集有关资料。如某药品生产企业要了解他的代理商或经销商服务态度的好坏,就可以派人直接到他们那里去购买药品,但应注意的是所派调查人员不能暴露自己的身份。亲身经历法收集的资料,一般是真实可靠的。

3. 行为记录法

在调查现场安装收录、摄像及其他监听、监视仪器设备,使得调查人员不必亲临现场,即可对被调查者的行为、态度,进行观察、记录和统计。这种方法真实而自然。如在店内天花板上安装摄像机,观察顾客购买医药商品的过程,借以了解消费者对品牌、商标的爱好与反应。

(三) 实验法

实验法起源于自然科学的实践法,它是指在给定的实验条件下,在一定的市场范围内观察经济现象中自变量与因变量之间的变动关系,并做出相应的分析判断,为预测和决策提供依据。实验法在市场调查中应用范围很广,比如医药产品在改良包装、价格、广告、陈列方法等因素时,都可应用这种方法。

例如,某药厂欲对其OTC产品是否需要改良包装进行实验。方法是第一、第二星期把新包装的产品给甲、乙两药店出售,把原包装的产品给丙、丁药店销售。第三、第四星期互相调换,甲、乙药店销售原包装产品,丙、丁药店销售新包装产品。如果实验结果新包装产品的销售量比老包装产品销售量增加许多,那么企业应该考虑换新包装,以扩大销售量。

实验调查法的优点主要表现在两个方面:一是比较灵活,可以有控制、有选择地分析某些市场变量之间是否存在着因果关系,以及这种因果关系之间的互相影响程度,这是因果性调研的最理想方法;二是比较科学,它通过实地考察实验,获得调查对象的静态和动态资料,不受调查人员主观偏见的影响,在整理分析过程中,还要运用一些数理统计方法进行处理,使取得的市场信息资料更为可靠与精确。实验调查法的缺点也很明显:一是用实验法获取调查资料时间较长,调查成本比较高;二是不易选择出社会经济因素类似的实验市场,市场环境干扰因素多,因而使实验法获得的结果不可能很准确。

(四)抽样调查法

在大量的实地市场调查活动中,由于受各种条件的限制,市场调查人员不可能对每一个需要了解的调查对象都进行调查,所以大多数的市场调查都是抽样调查,即从调查对象总体中选取具有代表性的部分个体或样本进行调查,并根据样本的调查结果去推断总体的一种调查方法。抽样调查中样本的选取对调查结果有重要的影响。在医药商品抽样调查中,样本可以是某个品种的一部分,也可以是某些品种的一个或多个。这种方法的特点是可以在比较短的时间内,用较少的费用和人力,获得比较准确的资料,简便易行,是目前医药市场调查中采用最多的调查方法。根据抽样原则的不同,抽样调查可以分为随机抽样方法和非随机抽样方法两大类。

1. 随机抽样方法

随机抽样按照随机原则进行抽样,即调查总体中每一个个体被抽到的可能性都是一样的,是一种客观的抽样方法。抽取样本的随机性是保证抽样过程与结果科学性的一个重要前提。随机抽样方法主要有以下几种。

1)简单随机抽样

简单随机抽样又称单纯随机抽样,它是最基本的随机抽样方法,这种抽样方法在抽样之前,对总体不进行任何分组、排列等处理,完全按照随机原则从总体中抽取样本进行分析。这种方法简单易行,但它的不足在于在总体很大的情况下使用,编号工作很繁重。

2)等距随机抽样

等距随机抽样是先将总体各单位按某一标志排顺,并编上序号,然后用总体单位数除以样本单位数求得抽样间隔,并在第一个抽样间隔内随机抽取一个单位作为组成样本的单位,最后按计算的抽样距离作等距抽样,直到满N个单位为止。这种抽样方法能使样本在总体中的分布比较均匀,特别适用于同质性较高的总体的抽样。

3)分层随机抽样

分层随机抽样是先将总体按一定标志分成各类型,再根据各类单位数占总体单位数的比重,确定从各类型中抽取样本的数量,最后按照单纯随机抽样的原则从各类型中抽取样本的各单位,并最终组成调研总体的样本。这种抽样方法适用于总体单位数较大,且内部类别明显的市场现象的调研。分层抽样又分为等比例分层抽样和非等比例分层抽样。

4) 整群随机抽样

整群随机抽样是将总体按一定标准划分成群或集体,以群或集体为单位按随机的原则从总体中抽取若干群或集体,作为总体的样本,并对抽中的各群中每一个单位都进行实际调查。优点是样本单位比较集中,调查工作比较方便,可节省人力、物力和时间。缺点是样本分布不均匀,样本的代表性较差。因此,与其他抽样方法相比,整群随机抽样在小范围内无实际意义,其抽样误差大,对总体的代表性差。

2. 非随机抽样方法

非随机抽样是结合市场调研实践的需要,对随机抽样的基本原理和方法进行改良的一种市场调查方式。在特定调研条件的限定下,非随机抽样对样本产生过程中的随机性要求并不十分严格,相反市场调查人员可以根据对市场调研主体分布特点的主观判断来抽取样本。常用的非随机抽样方法主要有以下几种。

1) 任意抽样

任意抽样也称为便利抽样,这是以便利为基础的一种抽样方法。街头访问是这种抽样最普遍的应用。这种抽样方法偏差很大,结果极不可靠。一般仅用于准备性调查,在正式调查阶段很少应用。

2) 判断抽样

判断抽样是根据要求依据样本设计者的主观判断进行抽样的一种方法,它要求设计者对母体有关特征有相当的了解。在利用判断抽样、选取样本时,应避免抽取"极端"类型,而是应选择"普通型"或"平均型"的个体作为样本,以增加样本的代表性。

3) 配额抽样

配额抽样与分层抽样法类似,要先把总体按特征分类,根据每一类的大小规定样本的配额,然后由调查人员在每一类中进行非随机的抽样。这种方法比较简单,又可以保证各类样本的比例,比任意抽样和判断抽样样本的代表性都强,因此在实际调查中应用较多。

三、医药市场调查的特点

(一) 目的性

医药市场调研要求调查人员既需要市场营销调研方面的通用知识,更要具备医药方面的专业知识作为支撑。这是因为医药市场调研具有很强的专业性、目的性。医药市场调查为的是了解竞争对手,最大限度地利用自身的有利因素并避开不利因素,争取以最小的投入在竞争中取胜,为医药企业的营销决策服务,保证决策的科学、可行并最终帮助营销活动取得成功。

(二) 时效性

医药市场调研对时效性要求也很高,如销售率、价格等动态营销信息以及所特有的医药科学技术的调研,一旦时间发生变化,动态营销信息也会发生改变。只有反映特定时间内的信息和状况,在特定的时期内才是有效的。

(三) 广泛性

医药市场调查既包括很充实的内容,如药品市场环境信息、市场需求信息、竞争对手信息、药品政策法规信息以及相关药品信息等;又可采用很灵活的方法,如发放调查问卷、观察监控视频以及亲身经历等;还能通过很丰富的途径,如查阅文献、现场调查、电话访问等。

(四)针对性

医药市场调查在营销的不同阶段的内容不同,实施调查需要具体问题具体分析。调查项目分不同阶段,各个阶段的侧重点也不一样。一个调研项目可以只花几百元,也可以花费上万元;可以在两三天内完成,也可以长达数月;可以通过复杂的留置问卷调查,也可以采取简单的观察调查法;可以只提供小范围的一点点数据,也可以给出覆盖大范围的大量信息。

任务二 医药市场调查的步骤

一、医药市场调查步骤概述

为保证医药市场调查结果的准确性,市场调查必须有计划、有组织、按一定的程序进行。市场调查的程序,归纳起来,一般分为五个步骤,如图6-7所示。

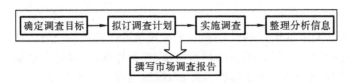

图6-7 市场调查的五个步骤

(一)确定调查目标

确定调查目标是医药市场调查的第一步,也是至关重要的一步。通过确定调查目标,可以明确为什么要调查、调查什么问题、具体要求是什么、收集哪些资料、调查结果有什么用途等。以后的整个调查过程,都要围绕这个目标而展开。如某医药企业在经营过程中,出现销售额持续大幅度下降现象,需要分析发现产生问题的原因究竟是产品的疗效不好、货源不足、还是经营商品结构不合理;是服务质量下降,还是消费者购买力发生转移;是企业资金不足,周转缓慢,还是企业促销不利;或是国家政策调整? 所以医药企业应该先进行初步调查,初步情况分析,找出市场的主要问题,然后制订计划。这一阶段的调查包括初步情况分析和非正式调研两项内容。

1. 初步情况分析

调查人员收集企业内部、外部有关情报资料,进行初步分析,有助于初步掌握和发现各影响因素之间的相互关系,探索问题之所在。初步情况分析的资料收集不必过于详细,只需重点收集对所要研究分析的问题有参考价值的资料即可。

2. 非正式调研

非正式调研也称试探性调研。假设调查人员根据初步情况分析,推测近几个月来销售量下降的原因是价格太高。但这种认识是否正确? 调查人员可以进行非正式调研,向本企业内部有关人员(如销售经理、医药代表)、精通本问题的专家和人员(如代理商)以及个别有代表性的医生和患者，主动征求意见，听取他们对这个问题的看法和意见。经过初步情况分析和非正式调研，使调研的问题进一步明朗化，缩小调研范围，便于调查人员确定调查的主题。

（二）拟订调查计划

1. 选择资料收集的方法

市场营销信息的来源大体上可分为两大类：第一手资料和第二手资料。第一手资料是指通过调查人员本人直接实地调查所获得的原始资料，比如通过实地采访、与医生和患者交谈、参加医药产品的交易会等活动。第一手资料具有很强的针对性、时效性，并且生动、可靠、直观。

第二手资料是指通过他人搜集并整理的现成资料，一般是通过文献检索和委托咨询获取的。收集第二手资料简便、快捷、节省时间、调查成本低。缺点是资料适用性不强，与调查的目的有相当差距，不能很好地说明问题，必须对资料内容进行进一步分析。第二手资料有错误的可能，而错误的市场信息会在制定市场营销战略与策略时产生错误，给企业经营带来不可挽回的损失。所以市场调查人员在引用第二手资料前，必须对资料进行严格的审查和评估，认真评估其真实性与可靠性。审查评估的标准有三个：公正性、有效性和可靠性。一般来说，从以下渠道获得的第二手资料较为可靠：①政府权威机构的定期出版物，如政府部门的各种统计年鉴、统计报告、调查报告等；②医药行业协会的报告和定期公开出版物；③企业内部的资料；④专业的市场咨询公司的研究报告。一般企业进行市场调查活动时，往往把收集的第二手资料与第一手资料结合起来，尽量使用第二手资料，以节约时间和成本。

2. 选择调研方法

医药市场调查的方法主要有观察法、询问法和实验法等。选用的方法是否得当，对调查结果有较大的影响。这几种方法各有利弊，在前面一项目模块中已作介绍，此处不赘述。

3. 制订调查方案

选择调查方法后，下一步是制订具体的调查方案。调查方案就是确定设计调查问卷和抽样方法。调查问卷的设计及抽样技术下一节另述。

4. 确定调查预算

调查预算是调查活动的资金安排。为保证调查的顺利进行和实施，做好合理的预算安排是必要的。调查预算按可能支出的项目逐一列表估算，主要项目有：①第二手资料收集费用；②第一手资料调查费用，包括材料制作费用、宣传费用、雇用调查人员的费用等；③资料加工整理费用；④其他费用，为防止意外情况发生，预算应留有一定的余地和弹性。

5. 部署调研人员，设计调查进度

首先组织调查人员的培训，帮助他们达到所需的能力水平；其次将调查工作明细化，明确各调查人员的工作职责，明确人员间的相互协调配合方法；安排调查进度，制订详细的进度时间表。

（三）实施调查

这是市场调查实质性的工作阶段，主要有两方面的内容。

1. 收集第二手资料

由于收集第一手资料花费较大,为节约成本,调查通常采取通过各种渠道收集内部和外部的第二手资料的做法,然后对资料进行整理、评估、处理和加工,总结制作出调查所需的直接材料。

2. 收集第一手资料

第一手资料是指通过调查人员本人直接实地调研所获得的原始资料。调查人员按调查计划中确定的调查对象、调查方法进行实地调查,收集第一手资料。现场实地调查工作的好坏,直接影响调查结果的准确性。调查人员应具备一定的医药市场研究知识和工作经验,了解医药企业的基本情况,最好具备市场营销学、统计学和医药企业生产技术方面的专业知识;性格外向,乐观开朗,善于与陌生人相处;工作认真,有克服困难的信心和勇气。

(四)整理分析信息

这一个步骤是将调查收集到的零散杂乱的资料和数据进行编辑整理,剔除因抽样设计误差、问卷内容不合理、被调查者的回答前后矛盾等因素造成的错误,保证资料的系统、完整和真实可靠;将整理后的资料分类编号,便于归档查找和利用。如果采用电子计算机处理,分类编号尤为重要。对调查的资料进行统计计算,绘制统计图表,并加以系统分析;在此基础上找出原因,得出调查结论,提出改进建议或措施供领导决策时参考。

> **知识链接**
>
> **统计学重要公式**
>
> 1. 样本平均数　$\overline{X} = \dfrac{\sum X}{n}$
>
> 2. 总体平均数　$\mu = \dfrac{\sum\limits^{n} X}{N}$
>
> 3. 四分位差　$Q_D = IQR = Q_U - Q_L$
>
> 4. 方差
>
>   (1) 总体方差　$\sigma^2 = \dfrac{\sum (X_i - \mu)^2}{N}$
>
>   (2) 样本方差　$S^2 = \dfrac{\sum (X_i - \mu)^2}{n - 1}$
>
> 5. 标准差
>
>   (1) 总体标准差　$\sigma = \sqrt{\sigma^2}$
>
>   (2) 样本标准差　$S = \sqrt{S^2}$
>
> 6. 变异系数
>
>   总体:　$CV = \left(\dfrac{\sigma}{\mu}\right) \times 100\% = \left(\dfrac{标准差}{平均数}\right) \times 100\%$
>
>   样本:　$CV = \left(\dfrac{S}{\overline{X}}\right) \times 100\%$

（五）撰写市场调查报告

调查报告是通过文字的表达形式对调研成果的总结。它反映了调查的内容、质量，决定了调研结果的有效程度。撰写调查报告时，应注意报告内容要紧扣调查主题，突出重点，并力求客观扼要；报告文字要简练，观点要明确，分析要透彻，尽可能使用图表说明——便于医药企业决策者在最短时间内对整个报告有一个概括的了解。

提出报告后，调查人员还应追踪了解调查报告是否已被采纳，采纳的程度和实际效果如何，以便总结调查工作的经验教训，进一步提高医药市场调查的水平。

市场调查的这四个阶段的若干步骤是必需的，但有时这几个步骤并不是简单、机械地排列，有的步骤可简可繁，甚至步骤间有交叉、有跳跃，在从事实际市场调查活动中，要注意这一点。

设计医药市场调查问卷的基本要求有哪些？

二、设计医药市场调查问卷

医药市场调查问卷的设计是市场调查的一个重要环节。因为调查主要就是通过调查问卷完成对样本的访问、资料的收集工作。医药市场调查问卷要从所要了解的情况出发，明确反映调查目的，问题要具体，重点要突出；问卷要尽可能促使被调查者愿意合作，协助完成调查达成目的；问卷要能正确记录和反映被调查者回答的问题，提供正确的信息；问卷的设计还要有利于资料的整理、加工。

因此，问卷的设计者不仅要懂得市场营销学的基本原理和方法，还要具备社会学、心理学及相关专业知识等。总之，调查表的设计，是一项细致复杂的工作，既具有技术性，又富有艺术性。设计的好坏，不但直接影响调查的结果，还影响到调查资料分析整理的效率。

（一）设计医药调查问卷的基本要求

1. 重点突出

（1）提出的问题能反映调查目的：重点突出，简单明了，切忌模棱两可，并避免列入无价值或无关紧要的问题，以免冲淡调查内容的主题，影响调查的结果。

（2）准确客观、目的性强：提出的问题应能反映调查的目的，突出这方面的重点；所提的每一个问题都应是对弄清调查目的的问题和解决存在的问题所必需的；切忌将无关的问题列入。

2. 讲究提问方式

（1）提问的方式应能激发被调查者的兴趣，使之乐于回答。

（2）提问方式要客观，不能主观性太强、诱导受访者。

（3）应极力避免提出难以启齿的问题或难以回答的问题，要注意被调查者的身份、文化水平。如不应使用医药行业术语、专业术语而使人难以理解，不能有过多的内容而使人无从着手，不能提出调查对象原有生活经历以外的问题，不能涉及私生活方面的问题。

（4）如果要做较深入的调研，应该避免立即引入复杂的问题，使人感到厌烦；必须由远及近、由浅到深，分层次逐步启发。

(5) 考虑方便被调查者回答,语句要自然、温和、易懂,问题不宜过多或过于分散,表格设计要简明。

(6) 注意问卷的艺术性,避免枯燥和急躁。这主要指提问内容要有趣,不要提出与调查对象无关或不感兴趣的问题,同时应留意被调查者回答问题时的心理或社会影响。

3. 其他要求

(1) 提出的问题难度不能超过被调查者的知识水平,尽量避免使用医药行业专业术语、药品化学名称。

(2) 问题的设计要便于事后的统计和整理。

(3) 调查表应明确说明调查目的、要求和回答方式等有关注意事项。

总之,调查问卷的设计要求可归纳为必要性、可行性、准确性、客观性和艺术性。

(二) 设计调查问卷的步骤

1. 事前准备

在设计问卷时,调查者首先要考虑的就是为达到调查的目的、检验调查的假设所需要的信息、方法,从而在问卷中提出一些必要的问题。事前准备主要包括确定所需材料、确定调查所需方式和分析所用方法。

2. 问卷设计

问卷设计是设计问卷步骤的核心。主要包括提问项目设计、回答项目设计、问题顺序设计、版面格式设计等。

3. 事后检查

事后检查包括模拟实验、问卷修正和问卷完成工作。

(三) 问卷设计的原则

问卷调查是目前医药市场调查业中所广泛采用的调查方式,即由调查机构根据调查目的设计各类调查问卷,然后采取抽样的方式(随机抽样或整群抽样)确定调查样本,通过调查员对样本的访问,完成事先设计的调查项目,最后由统计分析得出调查结果。它严格遵循的是概率与统计原理,因而问卷调查方式具有较强的科学性,同时也有很强的操作性。采用这一方式时能对调查结果产生影响的因素,除了样本选择、调查员素质、统计手段等外,问卷设计水平是其中的一个前提性条件。而问卷设计的好坏很大程度上又与设计原则有关。

1. 合理性

合理性指的是问卷必须紧密与调查主题相关。违背了这样一点,再漂亮或精美的问卷都是无益的。所谓问卷体现调查主题其实质是在问卷设计之初要找出与"调查主题相关的要素"。

如:调查某保健品用户的消费感受——这里并没有一个现成的选择要素法则。但从问题出发,特别是结合医药行业经验与市场营销商业知识,要素是能够被寻找出来的:一是使用者(可认定为购买者),包括她(他)的基本情况(自然状况如性别、年龄、体质等)、使用保健品的情况(是否使用过该保健品、使用周期、使用保健品的日常习惯等);二是购买力和购买欲,包括她(他)的社会状况(收入水平、受教育程度、职业等)、保健品消费特点(品牌、包装、价位、产品渠道等)以及使用该保健品的效果、评价(问题应具有一定的多样性,但又需限制在某个范围内,如①价格、②使用效果、③心理满足等);三是产品本身,包括对包装与商标的评价、广告等促销手段的影响力及与市场上同类保健产品的横向比较等。应该说,具有这样几个要素对于调查主题的结果是有直接帮助的,被访问者也相对容易了解调查员的意图,从而予以配合。

2. 一般性

一般性即问题的设置是否具有普遍意义。应该说,这是问卷设计的一个基本要求,但我们仍然能够在问卷中发现常带有一定知识性的错误。这一错误不仅不利于调查成果的整理分析,而且会使调查委托方轻视调查者的水平,从而产生负面影响。

如设计一个"居民医药广告接受度"的调查——问题:你通常选择哪一种广告媒体?答案:a. 报纸;b. 电视;c. 杂志;d. 广播;e. 其他。而如果答案是另一种形式:a. 报纸;b. 车票;c. 电视;d. 墙幕广告;e. 气球;f. 大巴士;g. 广告衫;h. ……如果我们的统计指标没有要求那么细(或根本没必要),那么就犯了一个"特殊性"的错误,从而导致某些问题的回答实际上是对调查无益的。

在一般性的问卷技巧中,还需要注意不能犯问题内容上的错误。

如问题:"你所熟知的医药厂家?"的答案:a. 哈药六厂;b. 西安杨森;c. 三九医药;d. 吴太感康;e. 仁和药业。其中"d. 吴太感康"的设置是错误的,应该避免。

3. 逻辑性

问卷的设计要有整体感,这种整体感即问题与问题之间要具有逻辑性,独立的问题本身也不能出现逻辑上的谬误。要努力使问卷成为一个相对完善的小系统。

如问题:(1)你通常每月了解几份保健/养生信息?

答案:a. 不阅读;b. 1 份;c. 2 份;d. 3 份以上。

(2)你通常用多长时间了解保健/养生信息?

答案:a. 5 min 以内;b. 10 min 以内;c. 0.5 h 左右;d. 0.5 h 以上。

(3)你经常通过哪些渠道了解保健/养生信息?

答案:a. 报纸;b. 电台;c. 电视台;d. 网络;e. 杂志;f. 书籍……

这几个问题中,由于问题设置紧密相关,因而能够获得比较完整的信息。调查对象也会感到问题集中、提问有章法。相反,假如问题是发散的、带有意识流痕迹的,问卷就会给人以随意性而不是严谨性的感觉。那么,将市场调查作为经营决策的医药企业决策者就会对调查失去信心。

因此,逻辑性的要求是与问卷的条理性、程序性分不开的。已经看到,在一个综合性的问卷中,调查者宜将差异较大的问卷分块设置,从而保证了每个"分块"的问题之间都密切相关。

4. 明确性

所谓明确性,是指问题设置的规范性。这一原则具体是指命题要准确,提问要清晰明确、便于回答;被访问者要能够对问题做出明确的回答等。

如:上文问题中"5 min"、"10 min"、"0.5 h"等设计即是十分明确的。统计后会告诉我们:用时极短(浏览)的概率为多少;用时一般(粗阅)的概率为多少;用时较长(详阅)的概率为多少。反之,答案若设置为 10~60 分,或者 1 h 以内等,则不仅不明确、难以说明问题,而且令被访问者也很难作答。

再则,问卷中常有"是"或"否"一类的是非式命题。如问题:您的婚姻状况? 答案:a. 已婚;b. 未婚,显而易见,此题还有第三种答案(离婚/丧偶/分居)。

如按照以上方式设置则不可避免地会发生选择上的困难和有效信息的流失,其症结即在于问卷违背了"明确性"原则。

5. 非诱导性

不成功的记者经常会在采访中使用诱导性的问题。这种提问方式如果不是刻意地要得出某种结论而甘愿放弃客观性的原则,就是彻头彻尾地缺乏职业素质。在问卷调查中,因为有充分的时间提前做准备,这种错误已大大地减少了。但这一原则之所以成为必要,是在于高度竞争的市场对调查业的发展提出了更高的要求。非诱导性指的是问题要设置在中立位置、不参与提示或主观臆断,完全将被访问者的独立性与客观性摆在问卷操作的限制条件位置上。

如问题:你认为这种保健品对你的吸引力在哪里? 答案:a. 品牌;b. 宣传;c. 效果;d. 包装;e. 价格;f. ……这种设置是客观的。若换一种答案设置:a. 知名的品牌;b. 强力的宣传;c. 满意的效果;d. 精美的包装;f. 合理的价格……这样一种设置则具有诱导和提示性,从而在不自觉中掩盖了事物的真实性。

6. 便于整理、分析

成功的医药问卷设计除了考虑到紧密结合调查主题与方便信息收集外,还要考虑到调查结果的容易得出和调查结果的说服力。这就需要考虑到问卷在调查后的整理与分析工作。

首先,要求调查指标是能够累加和便于累加的;其次,指标的累计与相对数的计算是有意义的;最后,能够通过数据清楚明了地说明所要调查的问题。只有这样,调查工作才能收到预期的效果。

(四)调查问卷的提问形式

1. 封闭式提问法

封闭式提问法是事先设计好对问题的答案,被调查人员只能从中选择答案。这种提问方式便于统计,但答案的伸缩性较小,略显呆板。封闭式问题的形式主要有以下几种。

(1)是非题。被调查者对所提问题采用"是"或"否"、"有"或"无"、"大"或"小"、"喜欢"或"不喜欢"、"同意"或"不同意"来回答。例如:您服用过三九感冒灵吗? □是 □否。这种提问方式简单明了,便于统计,但不能反映被调查者意见的程度差别,使中立者的意见偏向一方,影响调研的真实性。

(2)多项选择题。即一个问题可以选择两个或两个以上的答案,特别适宜于购买动机的调查。例如:您服用脑白金的主要原因是:□增加食欲 □延缓衰老 □增加抵抗力 □改善睡眠 □朋友推荐 □其他。多项选择题要注意应列出所有可能的答案,但又不至于过多、过于分散,要抓住被调查者感兴趣的主要问题。

(3)顺序题。由被调查者根据自己的观点和看法,对所列出的事项排列出先后顺序。例如:您选择妇科药时,请对下列因素重视程度作出评价,从高到低,在□中填上1、2、3序号:□治疗效果好 □价格合理 □使用或服用方便 □厂家信誉好 □包装好

(4)评判题。要求被调查者表明对某个问题的态度,一般应用于对同质问题的程度研

究。例如:您认为新康泰克的价格如何? □偏高 □略高 □适中 □偏低 □太低

2. 开放式提问法

开放式提问允许被调查者用自己的话来回答问题。在一份调查表中,开放式命题不宜过多。因为开放式问题回答的难度大,也不易统计。开放式提问可使被调查者不受任何限制地回答问题,因而易于获得有价值的信息。如:您认为药品价格居高不下的原因是什么?您认为大多数保健品生命周期短的主要原因是什么?

(五)设计调查问卷应注意的事项

调查问卷是由被调查者填写的,我们应该根据他们的心理设身处地考虑。问卷设计在问题的排列、询问语气、措辞等方面要注意下列问题。

(1)激发填写者的兴趣。首先要争取填表者的合作和热心,使他们认真填写。

(2)问题精炼。问卷上所列问题应该都是必要的,可要可不要的问题不应列入。

(3)难度适当。问题应是被调查者有能力回答的,力求避免被调查者不了解或难以答复的问题。注意问题的数量,回答全部问题所用时间最多不超过半小时。

(4)问题含义确切。要明确问题的界限与范围,问句的字义(词义)要清楚,避免文字理解上的误差,以免影响调查结果。例如,"您每月的医药开支是多少?"这个问题的界限不清楚,"医药开支"指的是购买药品开支,还是包括一切其他医药类的开支,应加以注明。

(5)避免使用引导性的问题或暗示性的问题。例如,"您感冒常用小柴胡吗?"这样的问句容易将答案引向具体产品,造成偏差,应改为"您感冒常用什么药?"

(6)注意问题排列顺序。首先在问卷上应有说明词,说明调查人员代表的单位、调查目的或意图、问卷的填写及回收方法,以及感谢合作等内容。主要调查的问题可安排在问卷中间部分,这是调查的核心。被调查者的收入、年龄、职业、单位等背景材料,一般可排在最后。

(7)问卷方便统计。调查问卷的回答和统计数据要易于整理,应考虑采用计算机整理分析调查表,以节省人力和时间,保证时效。

三、撰写市场调查报告

调查报告是市场调查成果的集中表现,是对市场调查所研究问题最集中的总结和分析。撰写调查报告时,内容要紧扣调查主题,突出重点,并力求客观扼要;文字要简练,观点明确,分析透彻,有针对性和说服力,重点突出信息的分析结果,避免罗列事实;尽可能使用图表说明,便于企业决策者在最短时间内对整个报告有一个总体的了解。其中概括地评价调查过程,总结成果,提出对策、思路与建议,以及需要进一步调查研究的问题,这些均是撰写市场调查报告的核心内容。市场调查报告的格式一般分为五个部分:标题、引言、正文、结论、附录。

(一)标题

市场调查报告的标题即报告的题目,应概括全文的基本内容,做到准确、简洁、醒目。常见的有以下几种。

1. 单行标题

单行标题要直接写明调查对象或直接把主要内容概括地叙述出来。单行标题一般由调查对象（或范围）、调查内容、文种构成，如北京市幼儿常用药品市场调查。

2. 双行标题

由正、副两行标题构成，正标题反映报告的主题，副标题表明调查的对象及内容等，如感冒与最受消费者青睐的感冒药——全国感冒治疗药物市场调查。

（二）引言

引言需要用简明扼要的文字向阅读者简单地介绍整个市场调查基本方案，如调查的目标、范围、时间、地点及所采用的调查方式、方法，市场调查人员的个人资料和调查的意见等。

（三）正文

正文是市场调查报告的重点和主体，应全面地论述市场调查全过程，从提出问题、分析问题到得出结论。既要说明市场调研的结论，更要列出全部有关市场调查结果的论据，同时也应清楚说明市场调查、分析过程中所采用的科学方法。正文应包括三个方面的内容。

1. 基本情况

基本情况是指医药市场调查的一些背景情况。如被调查者的姓名、性别、年龄、家庭人口、收入、文化程度、职业等，这些项目可根据调查目的不同有所取舍。

2. 分析结论

对调查所收集的材料进行科学的分析，从分析中得出结论性意见。

3. 措施与建议

根据调查结论，提出相应的措施与建议。详细介绍调查报告的主要内容，说明事物的真相，即市场动态、市场特点、本企业要解决的问题、调查结果及调查结果对企业经营活动影响的分析、提出的建议等。总之，主体部分要有情况、有分析、有建议，材料翔实、观点明确、重点突出、层次清晰。注意，调查者的建议一般应是积极的，即采取哪些措施能够获得市场成功，有时也可以说明不应该做什么，但这样的消极建议应尽量简短。

（四）结论

这是全文的结束部分，是分析问题、得出结论、解决问题的必然结果。一般写有前言的市场调查报告，要有结尾与前言互相照应，综述全文重要观点。

（五）附录

附录对调查报告起注释作用，包括引文出处、样本设计、抽样误差的计算、详细繁杂的各类统计图及对理解调查活动过程和提高调查报告质量有帮助的调查问卷、访问须知、调查资料等。调查过程中产生的附带性资料信息也可在整理后放在附录中。

小 结

医药市场调查以科学的方法系统地设计、收集、分析和报告与医药企业所面临的具体营销情况相关联的数据和信息，为企业制订市场营销战略提供参考依据。做好市场调查工作,对于医药企业制订营销决策、提高经济效益有着非常重要的作用。

在医药市场调查时,主要通过询问法、观察法、实验法和抽样调查法等方法,来调查医药市场环境因素、消费者购买动机、医药市场需求、竞争对手和市场营销组合因素等内容。

医药市场调查是一项十分复杂的工作,要顺利完成调查计划,必须有计划、有组织、有步骤地进行。一般而言,医药市场调查主要有五个步骤:确定调查目标、拟订调查计划、实施调查、整理分析信息、撰写市场调查报告。

能力检测

一、名词解释
医药市场调查　　调查问卷　　实验法　　询问法　　观察法

二、单选题
1. 对消费者购买行为与购买习惯情况的调查属于(　　)。
   A. 医药市场需求调查　　　　　　B. 消费者需求调查
   C. 市场营销组合因素调查　　　　D. 促销组合调查
2. 一个国家或地区的经济结构、国民收入、消费结构、消费水平、经济增长走势等属于宏观医药市场环境调查中涉及的(　　)内容。
   A. 政治　　　　B. 经济　　　　C. 社会文化　　　　D. 科技环境
3. 对消费者购买行为与购买习惯情况的调查属于(　　)。
   A. 医药市场需求调查　　　　　　B. 市场营销组合调查
   C. 促销组合调查　　　　　　　　D. 消费者需求调查
4. 询问法包括见面访谈法、不见面访谈法和(　　)。
   A. 亲自经历法　　B. 行为记录法　　C. 填写问卷调查法　　D. 直接观察法
5. 调查结果处理阶段包括整理分析资料、撰写调查报告和(　　)三项内容。
   A. 确定调查预算　　　　　　　　B. 部署调查人员
   C. 安排调查进度　　　　　　　　D. 跟踪调查效果
6. (　　)是调查问卷最基本、最主要的组成部分。
   A. 调查项目的内容　　　　　　　B. 被调查者的基本情况
   C. 填表说明　　　　　　　　　　D. 设置编码

三、判断题(对的在括号内画"√",错的在括号内画"×"。)
1. 药品往往有等级之分,所谓一等品、二等品、等外品等,甚至残次品亦可削价销售。
(　　)
2. "是药三分毒"是指药品质量的重要性。(　　)

四、简答题
1. 可以通过哪些渠道获得较为可靠的二手资料?
2. 医药市场调查的方法有哪些?
3. 设计市场调查问卷应注意哪些问题?
4. 市场调查的程序包括哪些步骤?

五、案例分析

冬凌草含片的市场调查

一、调查方案设计

调查方案的优劣是决定调查质量的关键因素,制订调查方案主要应考虑以下几个因素:调查目的、调查精度要求、调查人员素质、被调查对象素质及合作程度、调查费用、调查范围。

（一）确定调查项目

调查项目类型很多,具体项目有大有小,根据发达国家的经验,绝大多数医药市场调研项目从属于以下五个类型:医药企业销售市场调查、医药企业及行业发展前景调查、医药企业产品及竞争品调查、医药广告方式及广告效果调查和医药企业社会责任调查。其中,最常见的调查项目包括:市场特性调查、市场潜量调查、市场份额调查、业务发展趋势调查、短期销售预测、长期需求预测、价格预测、竞争品技术特性调查等。

调查内容确定为:①咽喉类含片总体市场容量、容差;②咽喉类含片总体市场需求特点及变化趋势;③冬凌草含片郑州市场销售状况及市场地位;④竞争品及竞争对手营销策略;⑤冬凌草含片营销组合策略及相应措施的运作效果;⑥问题点与机会点;⑦附带宣传冬凌草含片。

可见本次调查综合性较强,并要做到客观调查与主观宣传巧妙契合,在矛盾中达到统一。

（二）人员组织

大规模的市场调查需要大量的高素质的调查人员去具体执行,绝大多数医药企业、广告公司、调查机构、咨询机构都难以组织起一支这样的队伍,我们在本次调查中,充分发挥高校强大的智力人才和学生优势,一线调查人员由某高校市场营销专业 60 名三年级学生担任,利用四周实习时间展开调查工作。"先培训,后上岗",高质量地完成调查任务是评定实习成绩的唯一依据。二线指导分析人员既是咨询公司的员工又是学生的专业任课教师,身兼指导学生实习和为企业提供咨询服务的双重任务。事后证明,这种方式效果非常好,尤其是大学生从事调查工作,兴趣高昂、态度认真、素质良好,能创造性地开展工作,容易取得被调查者的信任和合作,人工费用亦少。一、二线人员配合默契。

（三）信息收集途径

信息收集分两个步骤。

（1）案头调查。主要收集统计信息,属于"二手资料",包括企业内部和外部两类来源。企业内部统计信息主要通过某医药集团销售科、驻郑州办事处两个途径;企业外部统计信息主要通过有关报纸杂志、统计机构及工商行政管理机构、医药管理部门等途径获取（但这类信息存在着可获得性低,时效性和准确性差等方面的问题）,及各类商业性营销调研公司的调研报告等。

（2）原始信息收集。主要通过调查人员上门获取"第一手资料",通常采取实地观察、座谈访问、问卷调查和现场试验四种方法。本次调查确定采用实地观察、问卷、交谈三部曲连续协同进行的方式。实地观察法如观察各零售药店咽喉类含片销售实况,收集探索性原始信息。问卷法则坚持即时填表法,一者避免延期填表可能造成的低回收率缺憾,二者可双向质疑、答疑,提高可信度、准确度,主要用于收集描述性原始信息。交谈法则主要用于了解深层次的探索性问题,其范围和深度均超过调查问卷本身。上述三部曲可归纳为"一看(观察)、二填(填调查问卷)、三谈(深层交谈)"。

(四)调查对象及抽样方案

考虑到冬凌草含片是一种保健药品,与一般商品不同,其消费行为除取决于消费者个人外,还受到医院和医生、消费者所在单位医疗保健制度的影响。再则,医药经销单位是重要的中间流通环节。此外,含片的主要消费者是嗓音工作者,如果只是简单地调查消费者是很难达到调查目的的。因此,我们将调查对象确定为以下几类:消费者、医院(药房、相关科别医生)、医药经销单位(药品批发机构、零售药店)、学校、企业、行政单位、其他事业单位。其调查目的及侧重点各不相同。其中医药经销单位和医院采用全数调查方式;消费者调查采用配额抽样,即先对总体按区分组,然后由调查人员从各组中任意抽取一定数量的样本;学校、企业、行政单位、其他事业单位则采用根据单位名录簿查随机数表随机抽取,抽样比不等的方式。

(五)调查问卷设计

问卷设计的基本要求是:覆盖面能满足预期调查目标的数据要求,语句亲切、简洁、明了、逻辑性强、有对象针对性、导向客观。问卷共4种,其中消费者1种、医院1种、医药经销单位1种,其他调查对象1种。消费者问卷尽量采用封闭式提问,医院及医药经销单位问卷可适当增加开放式提问。主观宣传内容放在最后一条,调查人员应要求填表人按先后顺序填写,以免产生先入之见影响调查结果的客观公正。为使问卷调查取得预期效果,问卷初步设计好后需经过一组调查试用,试用结果满意再正式发放和使用。

二、市场及营销组合分析

(一)咽喉类药品整体市场容量及容差分析

长期以来,我国在健喉护嗓方面的辅疗及保健药品主要是润喉片,随着人们生活水平的提高,消费观念和健康理念的转变,含片市场规模迅速增大,发展前景广阔。除以原有的治疗为目的的消费者群之外,以单纯保健为目的的消费者群迅速扩大,重口感、"吃着玩"的消费者群正在发展壮大。从年龄结构上来看,儿童消费者群正在形成。自从"江中草珊瑚含片"投放市场并获得成功以来,各类含片竞相推出,市场竞争异常激烈,"含片大战"一触即发。目前市场容差(容量差值)还不小,有的药店反映今年含片好销,消费者在众多的含片面前,也变得越来越挑剔了,草珊瑚含片独领风骚的时代已经过去,消费者的需求更加多样化、复杂化,各类含片的市场地位将重新调整。同时,由于含片中有些使用卫药健字许可证,市场进入门槛远低于卫药准字类药品,预计需求量将迅速达到饱和状态。新一轮竞争将是质量、品种、口感、产品形象的竞争。影响含片市场扩张的主要因素有两个:一是目前实行公费医疗的单位,健字类产品难以报销,很多部门的医务室都不进这类含片,尽管含片含着舒服,使用方便,副作用少,适于长期服用,但国民自费买药吃的意识尚不浓,使含片失去了很大一片市场,随着自费医疗比例的提高,含片市场有较大的潜力;二是目前不少含片疗效较差,偏重口感,很难起到真正治病(尤其是急性病)的作用,已引起服用者的怀疑,近年我国营养保健品(如各类口服液)市场由火爆至萧条的教训,亦应引起含片生产厂家的注意。

(二)冬凌草含片竞争产品分析

目前冬凌草含片面临两类竞争产品:一是各类含片,如草珊瑚、西瓜霜、健民咽喉片、黄氏响声丸、四季润喉片、甜凉喉片、清凉薄荷片、回音必含片、紫胆舒喉片、金鸣片、金嗓子喉宝、青橄榄，均为外地产品。其中大多有卫药准字证，冬凌草含片则是卫药健字证，在公费药品市场上较为不利；二是以冬凌草为原料的系列药品，如冬凌草、冬凌草口服液、冬凌草糖浆，均为本地产品。第二类竞争者往往容易被忽略，尽管它们是内服药，但无疑具有替代性。生产冬凌草片的厂家在郑州、平顶山、辉县都有，冬凌草片含中药剂量大，起主治作用，而含片实际上仅起辅助治疗作用，这是对冬凌草含片不利的一面。但这些厂家实力较弱，知名度不高，使用领域有差异，市场面不如含片广，使用及携带不如含片方便。

第一类竞争产品对冬凌草含片构成了直接的威胁。目前郑州市场上，草珊瑚含片是市场主导者，其市场占有率最高，市场支配能力最强。江中草珊瑚含片入市时间早，广告促销效果好，其中"阿凡提"的广告词"江中草珊瑚含片治疗咽喉炎确实雅克西"可以说是妇孺皆知。江中制药厂用七八年的时间，花费近亿元树立了企业和产品形象，在很多消费者心目中"草珊瑚含片"几乎成了口含片的代名词，消费者自觉、不自觉地会把它作为参照物来和其他口含片比较。但草珊瑚含片已进入产品成熟期阶段，销售增长已呈停滞乃至负增长趋势，其疗效优势也不明显，郑州并不是其重点区域市场。其他能构成直接威胁的竞争产品包括"西瓜霜"、"健民咽喉片"。其中"西瓜霜"目前销量居第二位，其口感、润喉效果、包装均较好，受到妇女儿童的喜爱。"健民咽喉片"的最大优势是企业形象宣传优势，但武汉健民咽喉片并不是"武汉健民"的主导产品。此外，"四季润喉片"价格优势较明显，在工矿企业，低收入消费者中有一定的市场。

"冬凌草含片"目前绝对市场占有率居第二位，但相对市场占有率（即冬凌草含片绝对市场占有率与市场主导者草珊瑚含片的绝对市场占有率之比）较低，估计在15％左右。然而，其市场增长率远高于同类产品，随着济药集团产品定型的完成，宣传力度的加大，CI战略的导入，营销策略的完善，再加上主场作战的便利，冬凌草含片在郑州市场的地位将得到提高。

（三）冬凌草含片营销组合分析

（1）产品分析。目前，市场上新老药片、新老包装并存（老产品尚未卖完），人们对冬凌草含片的评价大多是基于老产品的。

① 疗效：调查结果显示，各方普遍认为冬凌草含片药剂含量高，疗效好，副作用小，优于同类产品。

② 口感：老冬凌草含片味太苦，中药味太浓，粗糊，含化不尽，有残渣，小孩不愿吃。新冬凌草含片在同类产品中稍偏苦，但已有较大的改进，并已逐步被消费者所接受，对口感的需求差异性较大，中老年人及以治疗为主的消费者认为"苦口良药利于病"，便认同麻、凉、苦味，太甜反而被认为无疗效。而儿童及以保健或习惯性含服为目的的消费者则喜欢甜一点，味道特别一点，希望从中获得一种口感享受。故经销商建议再甜一点，以吸引儿童、妇女、青年消费者。

③ 药片外观：含片颜色灰暗，有斑点，不光滑，不能给人一种清新、亮丽、洁净、细腻、精工制作的感觉，比同类产品差。

④ 包装：包装太"土"，旧包装颜色杂，色彩选择不当，新包装不鲜艳、不醒目，纸盒硬度不够，有建议加封条和防伪标志，以显示档次。经销商普遍反映新包装不如旧包装，但又说不出什么原因，这和医院组差异较大，医生认为新包装给人一种简明、清新、洁净的感觉，比

老包装好。目前,新老包装并存。药店希望不改变包装,因一些消费者买冬凌草含片时要老包装的,有的发现包装不一样,药片颜色也有差异,还怀疑是假的。因此,经销商较之医生对包装更敏感,他们希望产品定型一步到位,改来改去,给人一种缺乏自信、本身有缺陷的感觉,对老消费者有影响。个别经销单位反映更换包装引起销量下降。可见,对新包装需要有一个适应过程,厂家更换包装应配合必要的宣传、说明,尽量缩短新旧包装并存的时间,使消费者尽快适应新包装。

对包装容量,建议在48片为主的基础上,推出小容量包装(如24片装)。一者适合儿童使用;二者在产品知名度尚不高(对消费者而言)的情况下,可满足试用者的购买需要;三者可"转移定价",给人一种便宜感,并填补2~3元的价格空隙。此外,经销商还建议包装上只注明次服量,不注明日服量,以便个人取舍,避免限制消费。为适应礼品消费市场的需要,还可以设计具有重复用途的多盒外包装。

可见,该产品的强力支撑点是疗效,主要问题是产品形象尚不统一,外在质量有待提高。

(2) 价格分析。冬凌草含片出厂价为2.35元/盒,正常零售价为3.85元/盒(参与调查的药店中:最高价4.20元/盒,最低3.60元/盒)。按正常零售价计算,中间差价达1.50元/盒,与同类药品比较,出厂价最低,零售价相差无几,渠道差价最大,批发商得利较高。

我们认为,厂家目前采取的价格策略是适当的。第一,药品是一种特殊商品,需求的价格弹性比较小,即需求量变动的比率小于价格变动的比率。因此,低价并不一定能够促销;第二,冬凌草含片零售价定位在与草珊瑚含片相近略低的区间,显示了其产品的竞争能力。产品的档次,厂家的信心,如果不明显低于草珊瑚含片,则会不战自败。消费者普遍存在的质量价格比较心理,会使人产生一种冬凌草含片远不如草珊瑚含片的感觉,进而降低其竞争优势;第三,厂家让利给中间商,有利于调动中间商的积极性,这在厂家财力不足、难以在大众媒体中展开宣传攻势的情况下,是有效的方法;第四,渠道差价较大,这给厂家今后减少中间环节,缩短产、销距离,让利于零售商乃至消费者提供了较大的操作余地。现行价格承受能力较差的工业企业及部分学校的内部医疗部门,由于经费紧张,他们对价格较敏感,甚至干脆不进货。

(3) 渠道分析。冬凌草含片目前采用多级批发的线路进入消费者手中,渠道较长、较宽,渠道成本较高,但其分配不尽合理,花费在协助中间商促销上的成本太低(如宣传招贴、标牌、产品说明书等)。中间商不愿意在这方面花费代价,以后应有计划地将一部分渠道成本转移到促销上,厂家可统一安排、管理,也可给经销商广告、陈列津贴,但要监督使用。

渠道Ⅰ的中间环节太多,有的经过四级批发才到消费者手中,中间差价未充分发挥其应有的促销作用,厂家今后的重点宜开辟Ⅱ、Ⅲ、Ⅳ分销渠道作为主渠道Ⅰ的补充。为此,要加强人员推销,选拔培训优秀推销人员或聘请销售顾问、直销员。通过渠道Ⅱ,与大零售商建立直接的协作关系;通过渠道Ⅲ,打入集团消费;通过渠道Ⅳ,反馈信息,"火力侦察",并使之成为其他零售药店的参照标准。

目前在渠道上的问题主要包括:渠道控制力不强,与渠道成员有效沟通不足,渠道结构不尽合理,对渠道成员的激励手段单一。

(4) 促销分析。冬凌草含片在郑州市场占有天时、地利、人和等有利条件,但促销活动并没有达到预期效果,有待加大力度。

① 广告效果:经销商普遍反映冬凌草含片广告力度不够,远不及草珊瑚含片、西瓜霜、健民咽喉片,尤其是草珊瑚含片广告做得好,大人小孩耳熟能详。冬凌草含片广告效果较好的媒体是"郑州晚报",因晚报在郑州阅读面广,读者阅读时精力集中,设计形式灵活,成本相对电视广告低,今后应继续采用。凯丽所做的电视广告效果较差,连续时间短,广告设计艺术性差,给人印象不深。河南电视台的收视率在郑州较低(远低于郑州以外地区),也影响了其效果。经销单位被调查对象对上述广告的知晓率高于普通公众。此外,车辆、路牌广告,POP广告亟待开发。

② 公共活动:济药集团1995年"教师节万盒冬凌草大赠送"活动取得了一定效果,从而提高了企业及产品的知名度,而对赞助医科大学、中医学院科研基金的知晓率却很低,主要原因是这种活动不是大众性的。虽然难以起到短期促销作用,但将产生长远影响,有利于树立一个"科技先导"型企业的良好形象。

③ 营业推广:冬凌草含片开展的营销推广活动极少,现行效果较好的是发特优卡。对一些特殊而重要的公众发放特优卡,既是一种营业推广活动,更是一种公益活动。持卡人会产生一种受惠及受尊重心理,并可能影响其周围人,进而促进销售。但据13家指定特优商店反馈的信息,实际上持卡购买者较少,原因可能是发放规模有限,发放针对性不强,指定药店选点不合理,持卡人购买不便,指定药店合作不够等,不少人把它当做纪念品压在玻璃板下。特优卡未限量购买,也降低了持卡人对卡的心理效用。此外,在卡的设计上,由于印制较精美,附有日历,卡本身具有使用价值,不少特优卡并未发挥优惠购物功能。

案例讨论:
1. 评价冬凌草含片市场调查方案。
2. 根据本案例资料,设计一份市场调查问卷,撰写一份市场调查报告。

任务三 实 战 训 练

实训一 设计医药市场营销调查问卷

实训目的:通过实训,使学生掌握问卷设计的技巧,学会设计医药市场营销调查问卷。

实训内容:

实训背景材料1:过去治疗感冒的药品价格一般只有两三元钱,而现在治疗感冒的药品一般都要十几元,是过去药品价格的几倍。以12粒装的感冒药为例,除了"康必得"每盒4元、"快克"每盒7元,"999感冒灵"每盒10元等价格较低外,其他药品价格都在12元上下,这对于目前经济还不太富裕的大多数中国老百姓,尤其是广大农民患者来说,不能不说是一个不小的经济负担。

实训要求:某药业股份有限公司决定对感冒类药品的市场价格进行一次实地市场调查,拟采用设计调查问卷方法进行,请根据调查对象医生和患者分别设计两份调查问卷。

实训步骤:

(1) 教师安排任务。

(2) 学生分组设计一份调查问卷,分不同调查对象开展问卷设计工作。
(3) 班级交流。
(4) 教师点评。
(5) 学生修改并完成问卷设计。

实训考核内容和标准(100 分):
(1) 问卷构成完成(15 分)。
(2) 问卷内容符合要求(25 分)。
(3) 问题形式符合要求(10 分)。
(4) 问题排列的顺序符合要求(10 分)。
(5) 提出的问题符合要求(20 分)。
(6) 提问符合要求(10 分)。
(7) 问卷长短符合要求(10 分)。

实训二 信息资料的处理

实训目的: 通过实训,使学生学会进行信息的识别、传递和利用信息、利用各种方法查找资料。

实训内容:

实训背景资料 2:在整个医药产品中,治疗感冒的药物是重中之重,扮演着举足轻重的角色,因为感冒是一种多发性疾病,市场对感冒药物的需求量极大。据统计,我国每年约有 75%的人至少有一次感冒,也就是说每年至少有近 10 亿人至少需用一次感冒药物,按每次平均用药 25~30 元推算,则意味着治疗感冒的药物至少每年有 250 亿~300 亿元的市场空间。某医药企业需要了解全国治疗感冒药物的市场状况,以及医生和患者对治疗感冒药物的选择意向和综合评价,分析影响治疗感冒药物市场发展的相关因素。请用二手资料调查法,开展一次治疗感冒药物的市场调查。

信息资料来源可参考:国际互联网、在线数据库、电子媒体、政府统计资料、市场调查报告、新闻出版物、企业名录、公司报表。

实训步骤:
(1) 教师安排一定的调查目标,给定题目如《全球医药界进入 IT 时代》。
(2) 学生分组讨论调查方案。
(3) 学生动手收集有关资料。
(4) 对资料进行初步的筛选。
(5) 写出实训报告。

实训考核内容和标准(100 分):
(1) 资料收集方法的选用(10 分)。
(2) 信息识别、可用的程度(20 分)。
(3) 信息的真实程度(20 分)。
(4) 信息加工、处理等(30 分)。
(5) 收集的信息全面性、系统性(20 分)。

实训三　医药市场调查

实训目的：设计市场调查方案；运用主要市场调查方法进行调查；撰写市场调查报告。

实训内容：

实训背景资料3：医药企业是关系国计民生的行业，随着我国市场经济建立和完善，医药市场竞争更加激烈。资料表明：每年城镇居民在OTC消费上，感冒药占85%。据业内人士预测，目前我国OTC市场约有近200亿元的容量，而感冒药的年销售额在20亿～100亿元，显然这是一个让制药生产企业趋之若鹜的市场。

实训要求：假如你是某制药企业的一名市场部经理，请组织在本地区的零售药店、医院药房，对本企业生产的治疗感冒的新产品"感康"进行一次市场调查活动。

第一步：进行消费者调查

(1) 调查目的了解"感康"目标市场的容量；了解目标市场在哪里。

(2) 调查内容及方法设计。

调查对象："感康"所有适用人群。

调查内容：

了解调查对象本身对感冒药的认知程度及现实态度；

了解调查对象对"感康"这一新药的认知及认可程度；

了解调查对象对市场上治疗感冒的药品的认知及需求状况；

了解调查对象对市场上治疗感冒的药品的适用及购买状况(是否会购买、购买动机、购买药品的名称、购买频率)；

了解适用人群对其适用产品的意见和态度；

了解调查对象背景资料(包括年龄、性别、职业、收入等个人特征)。

调查方法：问卷访问。

抽样设计：随机抽样。

第二步：进行销售终端的调查。

(1) 调查对象：终端销售人员。

(2) 调查方法扫街式入店访问。

(3) 实施区域本地区。

(4) 调查内容市场占有率调查、营业员认知及推荐状况调查。

实训步骤：

(1) 拟定调查方案，设计调查问卷。

(2) 填写下列市场调查计划表(表6-1)。

(3) 实施调查。

(4) 分析、整理资料。

(5) 撰写市场调查报告。

表 6-1 市场调查计划表

调查目的				
调查区域				
调查对象				
调查日期				
行　　程	时间	活动项目	调查对象	备注
准备事项				
经费预估				
批示				

批示：　　　　　　　　审核：　　　　　　　　制表：

实训考核的内容和标准(100 分)：
(1) 调查方案的内容齐全、撰写简明扼要，调查问卷设计符合要求(20 分)。
(2) 计划书(表)根据实际情况对各项目进行具体分配，填报内容、条理完整(10 分)。
(3) 调查前的准备工作到位(10 分)。
(4) 实施调查阶段安排具体、科学，工作人员工作态度端正、认真(30 分)。
(5) 调查资料分析整理工作认真、细致(10 分)。
(6) 市场调查报告的撰写符合要求(20 分)。

（黄　颖）

模块三

医药营销市场选择技术

项目七　医药企业市场战略规划

学习目标

　　掌握：医药企业总体战略规划的内容。
　　熟悉：医药企业市场营销战略管理的任务。
　　了解：医药企业市场营销战略管理过程。

能力目标

　　会制订医药企业战略计划，用"BCG"、"GF"法分析企业业务构成情况。
　　能提出相应战略，对医药企业市场营销战略进行管理。

案例引导

　　1993年3月8日第一批"太太口服液"上市，当时中国的保健品市场，特别是女性口服液还比较少，消费者对保健品的认识还停留在简单的蜂王浆、青春宝等一般性产品上。因此，太太药业定位于需要治疗黄褐斑、气血虚，月收入1 500元以上的年轻女性，这部分人群是女性保健品的消费主力。由于抓住了这部分人群，产品一上市就占领了女性保健品领导品牌的地位。在此基础上，太太药业又推出了"静心口服液"，针对40岁以上、有更年期症状的女性，适当的产品定位加上适当的营销手段，使该产品上市头一年回款就达7 200万元，2001年即达1.7亿，成为继"太太口服液"后的又一拳头产品，从而奠定了太太女性保健品的领导地位。1997年太太药业斥资2.8亿元收购名列深圳制药业第三位的海滨制药厂，这标志着太太药业正式从保健业转向医药业。这一收购被业内称为当时中国医药行业最大的收购案。2000年太太药业的意可贴上市，宣告了太太药业正式进军医药OTC市场。口腔溃疡占口腔疾病门诊病例的10%～15%，市场较大，但缺少全国性的知名品牌。太太药业针对这一市场推出的意可贴产品虽然是个小品牌，却有惊人的表现，上市仅9个月就实现销售回款3 000多万元，并迅速成为该行业的领导品牌。2001年6月8日，深圳太太药业股份有限公司在上海证交所挂牌上市，融资17亿元。有了资金来源后，2002年4月，太太药业完成了两大战略扩张行为。

　　(1) 2002年4月3日，太太药业宣告收购健康药业中国有限公司100%的股权及购买鹰牌注册商标所有权。鹰牌商标至今有30年的历史，涉及药材、健康产品等多个门类，是香港十大品牌之一，借助鹰牌在亚洲的品牌声誉来铺设太太药业的"亚洲之行"，并为未来的"世界之行"建立前哨站。

(2) 2002年4月,太太药业通过收购丽珠药业股份成为丽珠药业的第一大股东。此次收购惊心动魄、险象环生,吸引了包括医药行业人士、经济学专家、营销专家、证券市场A股和B股投资者等众多眼球,各类媒体纷纷关注报道,为太太药业赚足了眼球,最终太太药业成功成就了其"中药、西药、保健品三位一体"的发展战略。丽珠药业在医药行业的优势显而易见,其拳头产品"丽珠得乐"占当时市场份额的40%,多年的发展已形成了化学制剂、中药、生化药、生物制药以及半合成原料药五大板块,并有极为广泛的新药储备和良好的研发能力,对太太药业意欲在医药市场大展拳脚极为有利。从市场销售能力来看,太太药业在保健品及OTC方面较为成功,而丽珠药业在处方药的门诊市场及住院市场极为有利,这种优势互补将对企业品牌的提升产生强大的促进作用。基于企业的发展战略及产品结构的重新布局,从2003年12月11日起,太太药业更名为健康元药业。

任务一 企业战略

企业战略规划是指依据企业外部环境和自身条件的状况及其变化来制定和实施战略,并根据对实施过程与结果的评价和反馈来调整、制定新战略的过程。"思路"决定"出路","战略"决定"方向",医药企业只有不断研发、创新规划企业市场战略,才能够保持企业持续发展和收益增长。医药企业能否在愈加开放、竞争愈加激烈的市场上求得生存和发展,很大程度上取决于企业的营销活动能否适应外部的环境变化,而联结企业与环境的是企业的战略规划。医药企业市场战略是以未来为先导,将其主要目标、方针、策略和行动方向构成一个协调的整体结构和总体行动方案,并以战略规划的形式体现。一个规范的企业战略应具有长远性、全局性、指导性、抗争性、客观性、可调整性和广泛性等特征。企业战略规划是企业战略的重要组成部分。

一、企业战略的理解与特征

(一) 企业战略的理解

战略一词来源于希腊语Strategos,其含义是"将军指挥军队的艺术"。而战略一词与企业经营联系在一起并得到广泛应用的时间并不长,最初出现在巴纳德(C. I. Bernad)的名著《经理的职能》一书中,但该词并未得到广泛的运用。企业战略一词自1965年美国经济学家安索夫(H. I. Ansoff)著《企业战略论》一书问世后才广泛运用,也是从那时起,"战略"一词还广泛应用于社会、经济、教育和科技等领域。目前对什么是企业战略有各种不同的见解,综合国内外的各种解释,可归纳为以下三种。

1. 目标战略学派

该学派的主要代表人物有安德鲁(K. R. Andrens)、钱德勒(A. D. Chandler)和魁因(J. B. Quinn)等。目标战略学派将企业战略理解为:企业战略所要解决的问题是企业的长期目的和目标。

2. 竞争战略学派

该学派的主要代表人物是迈克尔·波特(Michael Potter)。波特将企业战略理解为:

企业战略的关键是确立企业的竞争优势。他在《竞争优势》一书中,用一章的篇幅讨论"市场信号"的问题,而发出市场信号实际上是一种竞争战略,竞争战略就是"公司为之奋斗的一些终点与公司为达到目标而寻求的途径的结合物"。

3. 资源配置学派

该学派的主要代表人物有安索夫(H. I. Ansoff)、申德尔(D. E. Shendle)和霍夫(C. W. Hofer)等。他们认为企业战略的核心是资源配置。通过合理的资源配置,使企业的资源配置与环境要求相适应,并指导和解决企业发展中的一切重要问题。

从广义角度讲,企业战略可以理解为:在内外环境变化和激烈竞争的市场经济条件下,对企业发展的宗旨和使命、企业的经营领域和发展目标,以及实现发展目标的保障措施等做出的具有全局性、根本性和长远性的总体谋划。企业战略是对企业各种战略的统称,其中既包括竞争战略,也包括营销战略、发展战略、品牌战略、融资战略、技术开发战略、人才开发战略、资源开发战略,等等。企业战略是层出不穷的,例如信息化就是一个全新的战略。企业战略虽然有多种,但基本属性是相同的,都是对企业的谋略,都是对企业整体性、长期性、基本性问题的计谋。例如:企业竞争战略是对企业竞争的谋略,是对企业竞争整体性、长期性、基本性问题的计谋;企业营销战略是对企业营销的谋略,是对企业营销整体性、长期性、基本性问题的计谋;企业技术开发战略、企业人才战略等,以此类推,都是一样的。各种企业战略有同有异,相同的是基本属性,不同的是谋划问题的层次与角度。总之,无论哪个方面的计谋,只要涉及企业整体性、长期性、基本性问题,就属于企业战略的范畴。

(二) 企业战略的特征

企业战略是设立远景目标并对实现目标的轨迹进行的总体性、指导性谋划,属宏观管理范畴,具有指导性、全局性、长远性、竞争性、系统性、风险性六大主要特征。

1. 指导性

企业战略确定了企业的经营方向、远景目标,明确了企业的经营方针和行动指南,并筹划了实现目标的发展轨迹及指导性的措施、对策,在企业经营管理活动中有着导向作用。

2. 全局性

企业战略立足于未来,通过对国际或国家的政治、经济、文化及行业等经营环境的深入分析,结合自身资源,站在系统管理高度,对企业的远景发展轨迹进行了全面的规划。

3. 长远性

"今天的努力是为明天的收获","人无远虑、必有近忧"。首先,兼顾短期利益,企业战略着眼于长期生存和长远发展的思考,确立远景目标,并谋划实现远景目标的发展轨迹及宏观管理的措施、对策。其次,围绕远景目标,企业战略必须经历一个持续、长远的奋斗过程,除根据市场变化进行必要的调整外,制定的战略通常不能朝令夕改,要具有长效的稳定性。

4. 竞争性

竞争是市场经济不可回避的现实,也正是因为有了竞争才确立了"战略"在经营管理中的主导地位。面对竞争,企业战略需要进行内外环境分析,明确自身的资源优势,通过设计合适的经营模式,形成特色经营,增强企业的竞争性和战斗力,推动企业长远、健康的发展。

5. 系统性

立足长远发展,企业战略确立远景目标,并围绕这个远景目标设立阶段目标及各阶段目标实现的经营策略,以构成一个环环相扣的战略目标体系;同时,根据组织关系,企业战略须由决策层战略、事业单位战略、职能部门战略三个层级构成一体。决策层战略是企业总体的指导性战略,决定企业经营方针、投资规模、经营方向和远景目标等战略要素,是战略的核心。本书讲解的企业战略主要属于决策层战略。事业单位战略是企业独立核算经营单位或相对独立的经营单位,遵照决策层的战略指导思想,通过竞争环境分析,侧重市场与产品,对自身生存和发展轨迹进行的长远谋划。职能部门战略是企业各职能部门,遵照决策层的战略指导思想,结合事业单位战略,侧重分工协作,对本部门的长远目标、资源调配等战略支持保障体系进行的总体性谋划,例如:策划部战略、采购部战略等。

6. 风险性

企业做出任何一项决策都存在风险,战略决策也不例外。市场研究深入,行业发展趋势预测准确,设立的远景目标客观,各战略阶段人、财、物等资源调配得当,战略形态选择科学,制定的战略就能引导企业准确有效地进行各项业务的经营决策与行动,从而把握先机、增强竞争优势,使得企业价值最大化;反之,仅凭个人主观判断市场,设立目标超过现实或对行业的发展趋势预测偏差,制定的战略就会产生管理误导,缺乏全面而客观的定性、定量分析,可能会给企业带来破产的风险。

二、企业战略的层次结构

企业战略可以划分为三个层次:总体战略(公司战略)、业务单位(竞争)战略和职能战略。一般而言,在竞争领域的三个层面上,公司战略指导并影响业务战略,业务战略则统领和整合职能战略,具体内容见表7-1。

表7-1 企业战略三个层次结构的具体内容

	含义	主要内容	制定人员
总体战略(公司战略)	针对企业整体的,由最高管理层制定的、用于指导企业一切行为的纲领	规定企业的使命和目标,定义企业的价值;关注全部商业机遇,决定主要的业务范围和发展方向;确定需要获取的资源和形成的能力,在不同业务之间分配资源;确定各种业务之间的配合,保证企业总体的优化;确定公司的组织结构,保证业务层战略符合股东财富最大化的要求	总体战略是由公司最高管理层制定的战略(目前越来越突出公司董事会在战略制定中的作用,总经理更多的在于执行)
业务单位战略(竞争战略)	是在总体战略指导下,一个业务单位进行竞争的战略	决定一个特定市场的产品如何创造价值,包括决定与竞争对手产品的区分、现代化程度、新产品推出和老产品退出、是否成为技术先导企业、如何向顾客传达信息等。具体作用:开发或调整适应战略的资源和能力;同时也为制定战略奠定基础和条件	业务单位战略由业务单位负责人制定,它应当与总体战略保持一致,支持总体战略的实现
职能战略	指以贯彻、实施和支持总体战略与业务单位战略而在企业特定职能管理领域内制定的战略	包括人力资源战略、财务战略、信息战略和技术战略等	职能战略由职能管理的负责人领导制定,应与总体战略和业务单位战略保持一致

(一)总体战略

总体战略是指公司层面的战略,故也称为公司战略。它是指针对企业整体的、由最高管理层制定的、用于指导企业一切行为的纲领。公司战略是由公司层管理者制定的战略。公司层管理者包括公司总经理、其他高层管理者、董事会,以及有关的专业人员。公司董事会是公司战略的设计者,承担总体战略成效的终极责任。

(二)业务单位战略

业务单位战略关注的是在特定市场、行业或产品中的竞争力。在大型和分散化企业中,首席执行官很难适当控制所有部门,需要设立战略业务单元,赋予战略业务部门在公司整体战略指导下做出相应决策的权力,包括对特定产品、市场和客户等做出决策。业务单位战略在总体战略指导下进行,也称为竞争战略。

对于大型的医药企业或医药集团,某一领域的战略表现为某一战略事业单位(事业部或分公司)的战略;在中小型医药企业表现为某一类甚至某一产品的经营战略。

业务单位战略由业务单位负责人制定,它应当与总体战略保持一致,支持总体战略的实现。此外,高级管理人员制定公司战略,以平衡公司各业务组合,公司战略涵盖了公司整体范围。竞争战略是由战略业务单位层次决定的,包括如何实现竞争优势,如何提高企业盈利能力和扩大市场份额,确定相关产品范围、价格、促销手段和市场营销渠道等。

(三)职能战略

职能战略是为贯彻、实施和支持总体战略与业务单位战略而在企业特定职能管理领域内制定的战略,包括人力资源战略、财务战略、信息战略和技术战略等。

职能战略由职能管理的负责领导制定,应与总体战略和业务单位战略保持一致。职能战略在促进公司战略成功方面具有关键作用。由于各部门可能只关注自己的目标和行为,从而引起利益冲突降低整个公司业绩。如市场部门致力于创新产品推广市场;生产部门更希望产品线能长期稳定运行。公司战略作用是确保各部门和职能之间协调运转、减少冲突、整合各部门的工作。不同的战略层次对应于不同的管理层次,见图7-1。

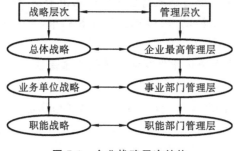

图7-1 企业战略层次结构

> **知识链接**
>
> 战略的层次与战略的级别是不同的概念。战略的级别划分对应着系统的子系统的划分,就是说子系统的战略比母系统的战略级别要低。因此一般要求前者要服从于后者。战略的层次则是相对于同一系统而言的。层次是同一战略的层次。一个战略也可以划分为许多部分,每个部分表现为不同形态的战略。虽然彼此间在层次上有高低之分,但是在级别上都是一样的,影响的都是同一个系统,而不是另外一个或者其他的部分。

三、医药市场营销战略的概念、地位和作用

(一) 医药市场营销战略的概念

1. 战略

战略是确定企业长远发展目标,并指出实现长远目标的策略和途径。战略确定的目标,必须与企业的宗旨和使命相吻合。战略是一种思想,一种思维方法,也是一种分析工具和一种较长远的整体规划。

2. 市场营销战略

基于企业既定的战略目标,在向市场转化过程中必须要关注"客户"需求的确定、市场机会的分析、自身优势的分析、自身劣势的分析、市场竞争因素的考虑、可能存在的问题预测、团队的培养和提升等综合因素,最终确定出增长型、防御型、扭转型、综合型的市场营销战略,以作为指导企业将既定的战略向市场转化的方向和准则。

3. 医药市场营销战略

医药市场营销战略是指医药企业在市场营销活动中,在通过对营销内外部环境客观分析研究的基础上,对企业未来营销工作的总体规划与安排,是实现规划所应采取的行动。

(二) 医药市场营销战略的地位和作用

医药市场营销战略是医药企业经营战略中的重要组成部分,它在医药企业总体战略指导下生成,又为医药企业总体战略的实现发挥重要作用。一个市场营销战略贯穿在医药企业的各级层次上。在最高层次上,市场营销战略关系到的是整个企业,即选择活动组合和品牌策略的双重方面,主要是从若干年的远景角度出发确定企业所希望的活动组合。在这个层次上,市场营销战略连同财务策略、产业策略以及人力资源策略,对所谓的企业"综合策略"作出了根本的贡献。在较低的等级层次上,一个市场营销战略可以关系到同一企业的一个系列产品,如宝洁公司销售的所有品牌的洗发水、洗衣粉。在最低的等级层次上,也是最具操作性的层次上,一个市场营销战略也可以应用于个别产品。制定医药企业营销战略,从总体上对企业的市场营销活动进行规划、指导和约束,对于现代医药企业来讲,具有如下重要的作用。

1. 医药企业营销战略是医药企业生存和发展的根本保证

医药企业能否在激烈竞争的市场上求得长期的生存和发展,在很大的程度上取决于企业的经营活动是否能适应外部环境的变化。企业营销战略确定了企业经营活动的方向、中心、重点和发展模式,以及结合企业的资源情况,去适应环境的变化,是企业在竞争中求生存、求发展的关键。

2. 医药企业营销战略使企业的市场经营活动有整体的规划和统一的安排

通过营销战略的总体规划,才能实现营销活动要求的企业活动目标一体化。也就是说,企业营销战略使企业的各部门、各环节都能按一个统一的目标来运行,得到一个协调性的运转机制,才会为企业的经营活动的有效性提供相应的保证。

3. 医药企业营销战略提高了企业对资源利用的效率

医药企业营销战略计划本身就是从诸多的可以达到既定目标的行动方案中选择一个对于企业来说最好的方案。因此,凡是合理和正确的并得到了正确执行的战略计划,就能

够保证企业的资源得到最有效的配置和最充分的利用。

4. 医药企业营销战略增强了企业活动的稳定性

由于医药企业外部环境的不断变化,企业经营战术活动也需不断地相应变化和调整,任何调整都不应是盲目或仓促被动的。因此,只有在企业营销战略计划的规定下,企业才能主动地、有预见地、方向明确地按照营销环境的变化来调整自己的战术活动,主动适应环境变化,减少营销活动的盲目性,处变不惊,使企业始终能够在多变的环境中向着既定的、可行的目标稳步前进。

5. 医药企业营销战略是企业参加市场竞争的有力武器

在激烈的市场竞争中,医药企业与竞争对手的竞争,不仅是医药企业现有实力的较量,而且是经营企业的人的智慧或才能的较量。如同在军事上存在着无数的以少胜多、以弱胜强的例子一样,医药企业在市场竞争中主要还是同竞争对手比谋略。要想在市场竞争中取得胜利,首先必须要有正确的、高人一等的或能出奇制胜的战略谋划。因为市场竞争和军事上的敌我较量的原理是相通的,竞争双方的实力固然重要,但并不是决定性的因素,决定性的因素是具有更高谋略和智慧的人。所以制订正确的并得到有效贯彻的战略计划,才能使企业在竞争中取得预期的成功。

6. 医药企业营销战略是企业职工参与管理的重要途径

从管理原理来说,管理必须强调统一意志、统一指挥。但是,管理工作同时也应该最大限度鼓励被管理者的创造性和积极性。在具体的管理工作中,对于全局性的谋划,对于战略的制定,需要集思广益。从而使企业人员上下同心,明确奋斗目标。因此,在战略计划工作中,吸引广大职工参与,不仅体现管理的民主性,也便于管理者吸取群众的智慧,使企业的所有职工都能明确企业的发展远景和奋斗目标,增强企业职工对企业的向心力和凝聚力。

任务二　医药企业战略计划过程

医药企业战略计划过程是指医药企业的最高管理层通过制定企业的任务、目标、业务组合计划和新业务计划,在企业的目标和资源(或能力)与迅速变化的经营环境之间发展和保持一种切实可行的战略适应的管理过程。换言之,医药企业战略计划过程是医药企业及其各业务单位为生存和发展而制定长期总战略所采取的一系列重大步骤。

所谓医药企业任务,是指在一段较长时期内,医药企业将从事何种活动,为哪些市场服务等。它涉及医药企业的经营范围及医药企业在整个社会分工中的地位,并把本企业和其他类型的企业区别开来。

在目标管理制度下,医药企业任务必须转化为各个管理层次的具体目标。最常见的目标有利润、销售增长率、市场占有率、风险分担、创新等。企业目标应具备层次化、数量化、现实性和协调一致性等条件。

医药企业明确了任务、目标后,下一步就是要检查目前所经营的业务项目和确定每项业务的具体内容,即确定建立、维持、收缩和淘汰哪些业务。

将医药企业现有各业务单位所制定的业务投资组合计划汇总,便可得出企业的预期销售额和利润额。但是,预期销售额和利润额通常低于企业最高管理层希望达到的水平,为弥补这一差额,就需要制定一个获得新增业务的计划。医药企业可以通过三条途径弥补这一差额:一是在医药企业现有的业务领域内寻找未来发展机会,即密集增长;二是建立或收买与目前医药企业业务有关的业务,即一体化增长;三是增加与医药企业目前业务无关的但富有吸引力的业务,即多样化增长。

一、规定企业任务

(一)规定企业任务要考虑的因素

企业任务应回答这个问题:本企业的业务是什么?最高管理层明确规定适当的任务,并向全体工作人员讲清楚,可以提高士气,调动全体工作人员的积极性。而且,企业的任务是一只"无形的手",它指引全体工作人员都朝着一个方向前进,使全体工作人员同心协力地工作。企业在规定企业的任务时,可向股东、顾客、经销商等有关方面广泛征求意见,并且要考虑下列主要因素:企业过去历史的突出特征;企业的业主和最高管理层的意图;企业周围环境的发展变化;企业的市场威胁和机会;企业的资源情况;企业的特有能力。

(二)任务报告书

为了指引全体工作人员都朝着一个方向前进,企业的最高管理层要写出一个正式的任务报告书。而一个有效的任务报告书应具备如下条件。

1. 市场导向

企业的任务或目的应回答本企业的业务存在什么问题,那么,在任务报告书中如何表述企业经营的业务范围呢?

在西方国家,过去表述的传统方式是以所生产的产品来表述,如"本企业制造化妆品";或以所从事的技术来表示,如"本企业是化学工业企业"。企业在市场营销观念的指导下,要通过千方百计满足目标顾客的需求来扩大销售,取得利润,实现企业的目标,因此,企业的最高管理层需要写一个市场导向的任务报告书。这就是说,企业的最高管理层在任务中要按照其目标顾客的需求来规定和表述企业任务,如"本化妆品企业的任务是满足美容需求"。

2. 切实可行

任务报告书中要根据企业资源的特性来规定和表述其业务范围,不要把其业务范围规定得太窄或者太宽,也不要说得太笼统,因为这样都是不切合实际的,也是不能实行的,而且会使企业的工作人员感到方向不明。

例如:世界上最大的旅馆企业——美国的假日饭店,过去曾经把它的业务范围规定得太宽,原来规定为"旅馆业务",后来扩大为"旅行业务"。那时假日饭店为了执行这种任务,曾购买了一家大型公共汽车公司和一家轮船公司。但是,假日饭店又没有能力经营管理好这些企业,最后不得不放弃这些业务。

3. 富鼓动性

例如:一家真空吸尘器生产企业可以这样规定其任务:"本企业的任务是提供物美价廉的真空吸尘器,创造清洁卫生的环境,保证人民的身体健康。"这样就可以使全体工作人员感到其工作有利于提高社会福利并很重要,因而就能提高士气,鼓励全体工作人员为实现企业的任务而奋斗。

4. 具体明确

企业最高管理层在任务报告书中要规定明确的方向和指导路线,以缩小各个工作人员自由处理的范围。

例如:在任务报告书中要明确规定有关工作人员如何对待资源供应者、顾客、经销商和竞争者,使全体工作人员在处理一些重大问题上有一个统一的准则可以遵循。

二、确定企业目标

企业目标是指企业未来一段时期内所要达到的一系列具体目标的总称。企业作为一个社会经济组织,它的目标是多元化的,既有经济目标,又有非经济目标;既有定性目标,又有定量目标。概括而言,主要包括:①市场目标,如市场占有率;②利润目标,如利润率、投资回报率;③技术目标,如新产品开发;④人力资源目标,如人力资源的获得、对个人能力的挖掘和发展;⑤职工积极性目标,如对职工的激励、报酬;⑥社会责任目标,如公司在社会中的形象和贡献;等等。不管是什么样的目标,都应当明确、可靠、重点突出,经过努力可以实现。为此,企业制定的目标必须符合下列要求。

(一) 层次化

一个企业(尤其是大型企业)通常有许多目标,但是,这些目标的重要性不一样,应当按照各种目标的重要性来排列,显示出哪些是主要的,哪些是派生的。这样,就可以加强目标管理,确保企业任务和目标实现。

(二) 数量化

假设某电话企业的主要目标之一是"到第二年年底该企业的投资收益率提高到8%",这就是以数量来表示企业的目标。这样,企业的最高管理层就便于管理计划、执行和控制过程。

(三) 现实性

这就是说,企业的最高管理层不能根据其主观愿望来规定目标水平,而应当根据对市场机会和资源条件的调查研究和分析来规定适当的目标水平。这样规定的目标水平才能实现。

(四) 协调一致性

有些企业的最高管理层提出的各种目标往往是相互矛盾的,例如:最大限度地增加销售额和利润。

实际上,企业不可能既最大限度地增加销售额,同时又最大限度地增加利润。因为企业可能通过降低价格、提高产品质量、加强广告促销等途径来增加销售额,但是,当这些市场营销措施超过了一定限度,利润就可能减少。所以,种种目标必须是一致的,否则,就会失去指导作用。

三、安排业务组合

(一) 医药企业战略业务单位划分

现代企业的业务呈现多元化特征,将这些业务按照一定的方式进行划分是企业管理者制定企业整体战略的基础性工作。企业中每一个独立的业务范围就是企业的一个"战略业务单位(strategic business units,缩写 SBU)"。一个战略业务单位应该具有以下特征:①它是单独的业务或一组相关的业务;②可制订自身的业务发展计划,并能独立实施;③可以单独考核业务活动和绩效;④它有自己的竞争对手;⑤它有专职的经理负责制订战略计划,并掌握一定的资源,通过计划的实施来为企业创造利润。

(二)医药企业战略业务单位评价

企业在划分业务单位后,需要对各个业务单位当前的发展趋势进行分析,以决定所要采取的战略。具体的分析方法有波士顿矩阵法、通用电气公司法,下面分别进行说明。

1. 波士顿公司的成长-份额矩阵

波士顿矩阵(Boston matrix),又称波士顿矩阵咨询集团法、四象限分析法,是由美国波士顿咨询集团公司在 20 世纪 60 年代提出来的,管理学上简称为"BCG"法(图 7-2)。下面我们从四个方面来分析该矩阵。

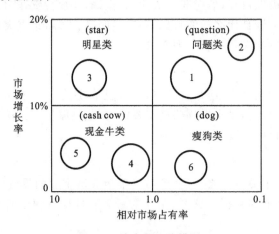

图 7-2 波士顿矩阵模型

(1)模型构建的第一步:取"市场增长率"为矩阵的纵坐标,表示企业的各战略业务单位所在市场的年销售增长率,即产品的年销售增长速度。习惯上以 10% 为界限分为高、低两个部分,10% 以上为高增长率,10% 以下为低增长率。当然,在不同的地区,不同的行业,面对不同的市场情况,可以取 20%、30% 等作为高低增长率的界限,以保证能准确反映本行业的增长率水平。

(2)模型构建的第二步:取"相对市场占有率"为矩阵的横坐标,表示企业各战略业务单位的市场占有率与该市场上最大的竞争者的市场占有率之比。为准确理解相对市场占有率,我们首先应该弄清楚绝对市场占有率,即企业某业务在所处行业中占有的比重,那么,相对市场占有率的考察对象就是本企业业务单位的市场份额与市场最大竞争者的市场份额的关系,我们用公式来表示相对市场占有率,就是:

相对市场占有率=本企业业务单位的市场占有率/最大竞争对手的市场占有率

坐标系中,习惯用 1.0 将相对市场占有率分为高、低两部分。如果相对市场占有率为 1.0,则说明本企业的市场份额与最大竞争对手的市场份额一致;相对市场占有率为 10,则说明本企业的市场份额为最大竞争对手市场份额的 10 倍;相对市场占有率为 0.1,则说明本企业的市场份额为最大竞争对手市场份额的 1/10。

(3) 用圆圈来表示企业的各个战略业务单位:圆圈的位置由战略业务单位所在市场增长率和它的相对市场占有率的情况来决定,而圆圈的大小则由战略业务单位的销售额来决定。

(4) 矩阵图分析:根据"BCG"矩阵图中坐标系的高低指标分为以下四个象限。

第一象限:"问题(question)类"业务。该类业务具有高增长率和低的相对市场占有率的特征,如图 7-2 中,战略业务单位 1 和 2 都属于此类业务。企业中大多数业务都是从问题类开始,即企业力图进入一个已有市场领先者占据的快速成长的市场。该类业务存在的理由是:一是市场需求增长较快,但企业在该战略业务单位上的投资较少,导致其市场份额少,行业地位较低;二是企业在该业务上,相对竞争者而言,不具有竞争优势,虽然进行了部分投资,但行业地位没有大的改变,无法成为市场领导者。

第二象限:"明星(star)类"业务。该类业务当前经营情况比较好,处于市场领先地位,战略业务单位 3 就属于此类业务。这类业务所处行业的销售增长较快,同时,目前本企业在该业务上优势比较明显。快速成长的行业往往会吸引更多的投资者加入,使市场主体进一步增多,市场竞争进一步加剧,谁会成为最终的市场领导者将变得很不确定。因此此时相对市场占有率高,只能说明目前的暂时状况,若想维持这种领先地位,企业应该在该业务上追加投资,使优势能够得到保持甚至进一步提高市场占有率。所以,"明星类"业务并不是一个现金创造者,而是一个资金消耗者。

第三象限:"现金牛(cash cow)类"业务。该类业务具有高的相对市场占有率和低的市场增长率,战略业务单位 4 和 5 属于此类业务。该类业务处于市场领先的地位,同时,业务所处的行业已较为成熟。由于市场销售增长慢,市场前景不被看好,新进入者较少,竞争趋于平淡,所以,企业在该业务上不会追加太多的投资。同时,企业在该业务范围内处于领导地位,拥有较多的市场份额,产生利润。将该类业务称为"现金牛",即是指该业务单位能给企业带来大量的现金。如果企业的该类业务过少或者是现金牛过"瘦",则说明企业的业务投资组合不够健康。因为,企业发展其他业务需要大量资金投入,而该类业务是企业资金来源的主要提供者。

第四象限:"瘦狗(dog)类"业务。该类业务具有双低的特点,即低的相对市场占有率和低的市场增长率,战略业务单位 6 就属于此类业务。"瘦狗类"业务是进入市场衰退期的业务。因此,"瘦狗类"会占用企业大量的资金,但又不会产生任何的利润,需要决策者下决心放弃该类业务。一个企业,如果"瘦狗类"业务太多,说明企业的业务投资组合不健康。

利用"BCG"矩阵,企业通过计算分析,将所有战略业务组合在图中一一标示出来,就会清楚本企业战略业务组合是否合理,以及需要做出怎样的战略调整。

科尔尼咨询公司曾对 BCG 矩阵进行评价,认为其有一定的局限性。BCG 矩阵仅仅假设公司的业务发展依靠的是内部融资,而外部融资、举债等筹措资金方式并不在 BCG 的考虑之中。另一方面,BCG 还假设这些业务是独立的,但是许多公司的业务是紧密联系在一起的。例如,如果"现金牛"类业务和"瘦狗"类业务是互补的业务组合,若放弃"瘦狗"类业务,那么"现金牛"类业务也会受到影响。其实还有很多文章对 BCG 矩阵作了很多的评价,这里可以列举一部分:关于卖出"瘦狗"业务的前提是瘦狗类业务单元可以卖出,但面临全行业亏损的时候,谁会来接手;BCG 并不是一个利润极大化的方式;相对市场占有率与利润率的关系并不非常固定;BCG 并不重视综合效应,实行 BCG 方式时要进行 SBU(策略事业部)重组,这要遭到许多组织的阻力;并没有告诉厂商如何去找新的投资机会。

为了克服 BCG 矩阵的缺点,科尔尼的王成老师在《追求客户份额》和《让客户多作贡献》两文中提出了用客户份额来取代市场份额,能有效地解决 BCG 矩阵方法中没有把所有业务联系起来考虑的问题。例如经营酒店和公园,活期存款和定期存款、信贷、抵押等业务的关系,当业务是属于同一个客户的时候往往是具有相关性的。这也许是一个很好的方法,只是如果不是通过统计行业中各厂商的销售量而是统计客户数似乎是一般市场调查难以做到的。

最后,对于市场占有率,波特的著作在分析日本企业时就已说过,规模不是形成竞争优势的充分条件,差异化才是。BCG 的背后假设是"成本领先战略",当企业在各项业务上都准备采用(或正在实施)成本领先战略时,可以考虑采用 BCG,但是如果企业准备在某些业务上采用差别化战略,那么就不能采用 BCG 了。规模的确能降低一定的成本,但那是在成熟的市场运作环境中成立,在我国物流和营销模式并不发达、成熟的情况下,往往做好物流和营销模式创新可以比生产创新降低更多的成本。

2. 通用电气公司多因素业务组合矩阵

美国通用电气公司(General Electric Company)的方法是采用"多因素业务组合矩阵法(multi factor portfolio matrix approach)",简称为"GE"法,这是企业分析业务组合的又一种方法。"GE"法是通用电气公司在波士顿咨询法的基础上加以改进而提出的,该方法克服了"BCG"法参考因素单一的缺点。"GE"法如图 7-3 所示。

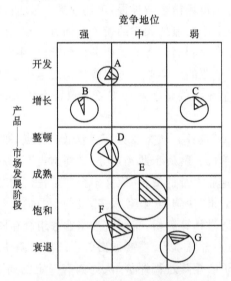

图 7-3　多因素业务组合矩阵法

在多因素组合矩阵中,按"行业吸引力"和企业"业务能力"大小将企业的产品分类。图 7-3 中标出了该公司的 7 项产品项目,以圆圈的大小表示这些产品的整体市场规模,其中阴影部分代表公司产品的绝对市场份额。行业吸引力包括:市场规模、年市场成长率、历史毛利率、竞争密集程度、技术要求、通货膨胀、能源要求、环境影响、社会、政治、法律。业务能力包括:市场份额、份额成长、产品质量、品牌知名度、分销网、促销效率、生产能力、生产效率、单位成本、物资供应、开发研究实绩、管理人员。

如产品项目 A 所在市场为中等规模,其市场份额为 25%。为确定行业吸引力和企业业务能力的大小,通过上述的分析,将"GE"矩阵分为 9 个区间,以及各战略业务单位所处的位置。我们通过从矩阵的左下角到右上角画对角线,将矩阵分为三个部分,我们会发现处于对角线上方的业务就是企业最强的业务单位(图 7-3 左上角);处于对角线线上的为中等业务(图 7-3 的中间);而处于对角线下方的业务为最弱的业务(图 7-3 右下角)。

应用时应该注意如下问题。①评价指标尽量定量化。对于每项评价指标尽量定量化,没法定量化的要划分量级,对每个量级的得分进行统一规定。②不同业务之间每个评价指标的权重可以不同。由于每一项战略业务单元所处的生命周期不同,每一项业务的特点也不同,企业关注每项业务的侧重点也不同,比如对于成长型的业务,企业可能更关注该业务的增长潜力和发展速度,对于成熟型的业务,企业可能更关注市场总量和盈利能力。因此,评价指标权重的标准,必须根据每一项业务的特点进行确定。不同业务单元之间,企业竞争力评价指标的权重也不相同,因为对于不同的战略业务单元,企业所处的市场地位不同,企业关注和追求的目标也不相同,所以评价指标的权重也不同。

(三)医药企业业务的战略构成

通过"BCG"法或"GE"法的分析,我们清楚企业的各个战略业务单位目前的发展状态。那么,对于处于不同发展状态的业务单位应该有什么样的发展战略呢?可供选择的战略主要有以下四种。

1. 发展策略

目的是提高产品的市场占有率,有时甚至不惜放弃短期收入来达到这一目的,因为增加市场占有率需要足够的投资和时间才能奏效。这种策略特别适用于 A 类产品。

2. 维持策略

目的在于保持产品的地位,维持现有的市场占有率。在产品生命周期中处于成熟期的产品,大多数采用这一策略。维持策略特别适用于有大量资金支持的 C 类产品。

3. 收缩策略

目的在于追求产品的远期收入,不考虑长期影响,这就是为了短期内增加投资收益率而牺牲长期利益的做法。有些处境不佳的 C 类产品前景暗淡,却又需要从它身上获得更多的现金收入,企业往往被迫采取这种策略。

4. 放弃策略

目的是售出产品不再生产,把资源用于其他产品。这种策略适用于没有发展前途的 D 类产品和 A 类产品。

四、制订新业务计划

企业的最高管理层制订了业务组合计划之后,还应对未来的业务发展方向做出战略规划,即制订企业的新业务计划或增长战略。企业发展新业务的方法有密集化增长、一体化增长、多元化增长三种。

（一）密集化增长

1. 条件

如果企业尚未完全开发潜伏在现有产品和现有市场中的机会，现有产品和现有市场还有发展潜力时，则可以采取密集化增长战略。

2. 形式

（1）市场渗透（market penetration）：提高现有产品投入到现有市场的力度，以提高现有产品在现有市场的销售量。企业通过加强市场营销，如加大促销工作的力度、增加销售渠道、降低产品售价等，努力增加产品在现有市场上占有的份额。企业可以采取的措施主要有三类：① 鼓励现有消费者更多地购买；② 争取竞争者的消费者；③ 设法吸引新消费者。

> **课堂互动**
>
> 请思考企业可以采用哪些方法鼓励现有消费者更多地购买企业的现有产品？

（2）市场开发（market development）：企业将现有产品投放到新市场中去。企业尽力为产品寻找新的市场，满足新市场对产品的需求。企业可采取的措施主要有三种：① 寻找目标市场的潜在消费者，如企业将宣传口号变为"××胃药，常备良药"；② 寻找新的分销渠道；③ 扩大销售区域范围。

（3）产品开发（product development）：在现有市场中推广新产品。企业向现有市场提供改进产品或新产品，以吸引消费者，增加销量。例如，天津中美史克制药公司在原有的市场上推出了"新康泰克"产品，使"PPA（苯丙醇胺）事件"得到很好的化解，巩固了自己的市场地位。

> **知识链接**
>
> 策略管理之父安索夫博士于1975年提出安索夫矩阵。以产品和市场作为两大基本面向，区别出四种产品/市场组合和相对应的营销策略，是应用最广泛的营销分析工具之一。其核心步骤：首先考虑在现有市场上，现有的产品是否还能得到更多的市场份额（市场渗透战略）；其次考虑是否能为其现有产品开发一些新市场（市场开发战略）；再次考虑是否能为其现有市场发展若干有潜在利益的新产品（产品开发战略）；最后考虑是否能够利用自己在产品、技术、市场等方面的优势，根据物资流动方向，采用使企业不断向纵深发展的一体化战略。

（二）一体化增长

1. 概念

一体化增长战略是指企业利用社会化生产链中的直接关系来扩大经营范围和经营规模，在供产、产销方面实行纵向或横向联合的战略（图7-4）。

2. 形式

（1）后向一体化（backward integration），即生产制造企业通过收购或兼并策略来控制一个或几个原材料供应商。

(2) 水平一体化(horizontal integration)，即企业拥有或控制同行业的竞争企业，实现企业规模化生产或增加产品种类，达到强强联合的目的。

(3) 前向一体化(forward integration)，即生产制造企业控制商业销售企业，控制销售渠道。

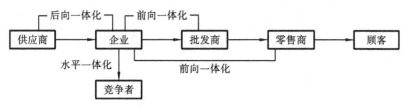

图 7-4　一体化增长战略

知识链接

制药企业的一体化战略

现代企业往往通过兼并策略来实现一体化。例如：太太药业收购健康药业和丽珠集团，施行大医药发展战略。收购健康药业，拓宽了该公司在保健食品市场的经营领域，而丽珠集团在消化道用药和抗感染用药上有一定优势，并具有较完善的处方药销售渠道。这与"太太药业"较为成熟的OTC渠道形成有效互补。

(三) 多元化增长

1. 概念

多元化增长(diversification strategy)，又叫多角化增长，是指企业尽量增加产品种类，跨行业生产经营多种产品和业务，扩大企业的生产范围和市场范围，使企业的特长充分发挥，使企业的人力、物力、财务等资源得到充分利用，从而提高经营效益。

2. 形式

不同形式的多元化的运作核心不同，主要形式有以下几种。

(1) 同心多元化。以原有技术为多元化运作核心。即企业利用原有的技术、特长、经验等发展新产品，增加产品种类，从同一圆心向外扩大业务经营范围。

(2) 水平多元化。以原有市场为多元化运作的核心。即企业利用原有市场，采用不同的技术来发展新产品，增加产品种类。例如：原来生产化肥的企业又投资农药项目。水平多元化的特点是原产品与新产品的基本用途不同，但存在较强的市场关联性，可以利用原来的渠道销售新产品。

(3) 集团多元化。以原有企业集团为多元化运作的核心。即大企业通过收购、兼并其他行业的企业，或者在其他行业投资，把业务扩展到其他行业中去，新产品、新业务与企业的现有产品、技术、市场毫无关系。也就是说，企业既不以原有技术也不以原有市场为依托，向技术和市场完全不同的产品或者劳务项目发展。

知识链接

罗氏公司的多元经营

豪夫迈·罗氏公司在国际健康事业领域中居领先地位,是一家以科研开发为基础的跨国公司,总部位于瑞士巴塞尔。罗氏公司始创于1896年,经过百年发展,业务已遍布世界170多个国家,共拥有近70 000名员工。罗氏公司的业务范围主要涉及药品、医疗诊断、维生素和精细化工等领域。罗氏公司还在一些重要的医学领域(如神经系统疾病、病毒学、传染病学、肿瘤学、心血管疾病、炎症免疫、皮肤病学、新陈代谢紊乱及骨科疾病等)从事研究、开发和产品销售。

综上所述,企业可以从三个方向、九个角度开发新业务,表7-2对企业新业务的发展方法进行了整理、概括。

表7-2 企业发展新业务的方法

密集化增长	一体化增长	多元化增长
市场渗透	后向一体化	同心多元化
市场开发	水平一体化	水平多元化
产品开发	前向一体化	集团多元化

任务三 医药企业市场营销战略管理过程

知识链接

现代营销已发展到以关系导向和竞争导向并重的阶段。这一阶段营销侧重于全员性、整体性和长期性。因此,现代营销管理已具有战略管理的性质。现有的关于营销战略管理的理论,主要来自西方。其中,美国著名营销学者菲利普·科特勒作出了突出贡献。中国两千多年前的孙武,所著《孙子兵法》与其说是兵家"圣经",不如说是战略管理理论方面的杰作。这种战略管理理论与西方的营销战略管理理论相比,有其独到之处。因此,如将《孙子兵法》和西方营销战略管理理论进行嫁接和融合,定会大大丰富和完善营销战略管理理论。这样的营销战略管理理论,会更好地指导营销实践。

一、医药企业市场营销战略管理的任务

医药企业市场营销战略管理的任务一般包括以下几个方面的关键内容。

(一)完成企业使命

企业的使命是企业存在于社会动态环境中所完成的特定任务。公司使命表达的是有关公司存在价值和意义之类的一些基本的、根本性的问题。美国著名的管理学家德鲁克认为明确企业的使命最重要的是表明企业是干什么的？将要干什么？应该干什么？要回答这三个问题需要明确：谁是我们的消费者？我们的消费者购买的到底是什么？我们能为消费者提供什么价值？我们应当进入什么市场？什么市场是最有发展前途的市场？我们未来的业务是什么？

(二)实现企业目标

企业目标是企业在未来一定时期内所要达到的一系列具体目标的总称。企业使命必须转化成各个管理层次和部门的具体目标。最常见的目标有盈利、销售增长、市场份额扩大、风险分散以及创新等。为了便于采用，组织目标应具备层次化、数量化、现实性和协调性等条件。

(三)规划企业业务组合战略

企业战略必须明确建立、扩大、维持、收缩和淘汰哪些业务。规划企业业务组合的一个有用步骤是识别和区分企业的战略业务单位，并对所有战略业务单位的盈利潜力进行评价。一般来说，战略业务单位应满足以下诸条件：它是一项业务或几项相关业务的集合；它有一个明确的任务；它有自己的竞争对手；它有一个专门负责的经理；它由一个或多个计划单位和职能单位组成；它能够从战略计划中获得利益；它能够独立于其他业务单位自主地制订计划。至于战略业务单位的评价方法，比较著名的有波士顿咨询企业的成长-份额矩阵，以及通用电气公司的多因素业务经营组合矩阵。

(四)拓展新业务战略

一个公司不仅要管理好现有业务，而且还要考虑通过发展新业务，实现公司的成长。有三种成长战略可供公司选择。详见任务二，即企业战略计划过程中企业发展新业务的具体方法。

二、医药企业市场营销战略管理过程

与医药企业市场营销战略相关的计划、组织、协调、控制等各项工作，可以统称为医药企业市场营销战略管理。医药企业市场营销战略管理是一个动态的连续过程，如图7-5所示。

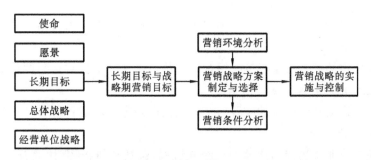

图7-5　医药企业市场营销战略管理过程

（一）医药企业市场营销战略的制定

医药企业营销部门需要在分析评价营销环境、自身条件和总体战略等要求的基础上，提出适合于企业未来经营发展需要的市场营销战略方案。主要解决的问题有如下几点。

（1）分析医药企业外部营销环境，包括企业面临的经济、政治、法律、社会文化、人口、技术、自然环境、产业发展、消费者需求与偏好等因素，进而识别企业的外部营销机会和威胁。

（2）分析医药企业内部营销条件，包括企业营销部门的决策权限、可以调动的人财物资源、已有的营销渠道、企业现有产品与服务竞争力、其他职能部门对营销部门的支持程度等因素，进而确认企业开展营销活动的内部优势与劣势。

（3）第一步提出为实现营销目标可供选择的不同的医药市场营销战略方案。第二步评估战略备选方案。评估备选方案通常使用两个标准：一是考虑选择的战略是否发挥了企业的优势，克服劣势，是否利用了机会，将威胁削弱到最低程度；二是考虑选择的战略能否被企业利益相关者所接受。需要指出的是，实际上并不存在最佳的选择标准，管理层和利益相关团体的价值观和期望在很大程度上影响着战略的选择。此外，对战略的评估最终还要落实到战略收益、风险和可行性分析的财务指标上。第三步是选择战略，即最终的战略决策，确定准备实施的战略。如果采用多个指标对多个战略方案的评价结果不一致时，最终的战略选择可以考虑以下几种方法。

① 根据企业目标选择战略：企业目标是企业使命的具体体现，因而，选择对实现企业目标最有利的战略方案。

② 聘请外部机构：聘请外部咨询专家进行战略选择工作，利用专家们广博和丰富的经验，能够提供较客观的看法。

③ 提交上级管理部门审批：对于中下层机构的战略方案，提交上级管理部门能够使最终选择方案更加符合企业整体战略目标。

（二）医药企业市场营销战略的实施

战略实施就是将战略转化为行动，主要涉及以下一些问题：如何在企业内部各部门和各层次间分配及使用现有的资源；为了实现企业目标，还需要获得哪些外部资源以及如何使用；为了实现既定的战略目标，需要对组织结构做哪些调整；如何处理可能出现的利益再分配与企业文化的适应问题；如何进行企业文化管理，以保证企业战略的成功实施等。医药企业市场营销战略实施中需要解决的主要问题包括以下几项。

（1）医药企业市场营销工作年度目标的确定。企业应根据市场营销战略的要求，具体确定未来年度的营销工作计划。

（2）医药企业市场营销政策与策略组合的选择。企业应根据营销年度计划，提出未来一年实现年度工作计划的各项活动措施。

（3）医药企业市场营销资源的配置。企业应根据确定的年度目标和各项政策，对可以控制的营销资源进行分配。

（4）各项医药企业市场营销活动的组织与协调，包括具体指挥、协调开展营销活动时出现的营销部门内部、营销部门与外部环境、营销部门与其他部门之间的关系。

(5) 医药企业市场营销战略实施效果的衡量。企业应根据计划要求,对照实际执行结果,检查任务完成情况和任务完成的效果。

(6) 医药企业市场营销战略实施过程中的偏差纠正。企业应对市场营销活动过程中出现的各种偏差进行矫正,确保营销计划的顺利执行。

(7) 医药企业市场营销战略的调整。在内外条件发生重要变化时,企业应适时对市场营销战略做出调整和修正。

(三) 医药企业市场营销战略的评价

战略调整就是根据企业情况的发展变化,即参照实际的经营事实、变化的经营环境、新的思维和新的机会,及时对所制定的战略进行调整,以保证战略对企业经营管理进行指导的有效性。包括调整公司的战略展望、公司的长期发展方向、公司的目标体系、公司的战略以及公司战略的执行等内容。

企业战略管理的实践表明,战略制定固然重要,战略实施同样重要。一个良好的战略仅仅是战略成功的前提,有效的企业战略实施才是企业战略目标顺利实现的保证。另一方面,如果企业没有能完善地制定出合适的战略,但是在战略实施中,能够克服原有战略的不足之处,那也有可能最终导致战略的完善与成功。当然,如果对于一个不完善的战略选择,在实施中又不能将其扭转到正确的轨道上,就只有失败的结果。

小 结

(1) 医药企业战略是医药企业为实现长期各种发展目标而设定的全局性的行动纲领。根据企业组织结构可分为总体战略、业务战略和职能战略,各层级战略都有自己的特点和要求。医药企业战略具有全局性、长期性和相对稳定性、适应性等特征。

(2) 医药企业的总体战略规程程序为:确定任务、确定企业目标、分析战略业务单位并分配资源,选择发展战略。医药企业可运用"BCG"法或"GE"法分析业务单位,对不同产品业务可选择或发展、或维持、或收割、或放弃的战略。医药企业根据自身实力,选择三种不同的成长战略:密集化战略、一体化战略和多元化战略。

(3) 医药企业市场营销战略管理过程是指医药企业市场营销战略的制定,包括分析医药企业内外部营销环境,提出为实现营销目标可供选择的不同的医药市场营销战略方案,评估战略备选方案,选择战略;医药企业市场营销战略的实施与控制;医药企业市场营销战略的评价。

能力检测

一、名词解释

企业战略   医药市场营销战略   医药企业战略计划过程   多元化战略

二、单选题

1. 波士顿矩阵是指用(   )指标对战略业务单位加以分类和评价的。

A. 市场增长率-相对市场占有率　　　　B. 市场增长率-销售增长率
C. 市场增长率-绝对市场占有率　　　　D. 市场增长率-投资收益率

2. 高市场增长率和高相对市场占有率的战略业务单位为(　　)单位。
　A. 现金牛类　　　B. 明星类　　　C. 瘦狗类　　　D. 问题类

3. 海尔公司由生产冰箱进入生产空调,属于(　　)。
　A. 水平多元化　　B. 后向一体化　　C. 水平一体化　　D. 同心多元化

4. 假设"欧莱雅"化妆品公司兼并了"美宝莲"化妆品公司,这属于(　　)。
　A. 前向一体化　　B. 后向一体化　　C. 同心多元化　　D. 水平一体化

5. 某食品生产厂投资建立了自己的原料生产基地,这种业务增长方式属于(　　)。
　A. 前向一体化　　B. 后向一体化　　C. 水平一体化　　D. 水平多元化

6. 山东"三联"的主营业务是家电销售,今年来将触角伸向餐饮、房地产、旅游等业务,这种多元化增长方式属于(　　)。
　A. 集团多元化　　B. 同心多元化　　C. 水平多元化　　D. 关联多元化

7. 一家企业对其外部环境和内部环境进行了分析,得出的结论是外部环境将以威胁为主,企业在各个竞争对手中占有较强的优势,你认为该企业可以选择的战略有(　　)。
　A. 多元化　　　B. 水平一体化　　C. 后向一体化　　D. 转向

8. 日本索尼公司于1989年以54亿美元的价格买下了美国哥伦比亚和三星两家电影公司,此时实施的战略是(　　)。
　A. 水平一体化战略　　　　　　　B. 密集化战略
　C. 多元化战略　　　　　　　　　D. 成本领先战略

9. 一般来说,一个现代化企业的企业战略的三个层次是(　　)、业务单位战略、职能战略。
　A. 公司战略　　B. 事业部战略　　C. 人员战略　　D. 产品战略

10. 实行多元化战略的优点有(　　)。
　A. 分散企业资源　　　　　　　B. 缩小管理难度
　C. 减少运作费用　　　　　　　D. 拓宽企业经营范围

三、填空题

1. 通用电器公司法用业务力量和_____两个变量对战略业务单位进行分类和评价。
2. 企业战略规划过程的步骤包括:_____、_____、_____、_____。
3. 企业战略的特征:_____、_____、_____、_____、_____。
4. 医药企业战略的管理过程包括:_____、_____、_____。
5. 企业战略的层次结构:_____、_____、_____。

四、简答题

1. 什么是企业战略?医药企业战略具有哪些基本特征?
2. 怎样理解企业的战略计划?战略计划过程有哪几个重要的步骤?
3. 请分别对"成长"与"份额"矩阵中的四类战略业务加以说明?对这四类战略业务单位应分别采取何种投资决策?
4. 什么是后向一体化、前向一体化和水平一体化?举例说明如何运用这几个增长战略?

五、案例分析

三九集团与多角化经营

企业的多角化经营既是企业资产重组的重要手段,同时也是降低单一业务风险、回避业务萎缩和获得整体规模优势的重要途径。多角化经营能否成功在很大程度上将取决于企业能否把握环境的变化,正确选择相关业务,将资源进行有效的组合。三九集团作为中国百强企业中的著名企业集团,拥有涉及药业、食品加工业、酒业、现代农业、旅游服务业、包装印刷业、房地产开发业和汽车工业等产业的 200 多家全资、控股、参股企业,在它的多角化经营的过程中有很多的经验教训值得我们借鉴。三九集团的多角化经营可以分成三个阶段。

一、"多角化"探索

1989 年,当时的中药产品的科技含量和投资开工厂的成本不高,中药行业的进入壁垒很低。为了规避风险,当时的南方制药厂决定要发展多种经营,既要以一业为主,也要有东边不亮西边亮的准备,因此决定走出药品的范围,实施多角化经营。管理者认为多角化的经营既可以有效地分散经营风险,又可以通过输出三九的品牌、管理机制和销售等无形核心竞争能力得到最大限度的发挥。同时,集团通过涉足各个产业最快地获得最新发展资讯,可以在最短时间内发现和介入新的经济增长点。

(1) 进入包装印刷业。这种垂直多角化经营既稳定了药品包装的供货渠道,保证了质量的稳定性。同时,由于在深圳高档次印刷厂的缺乏,建立印刷厂也可以满足周边地区的客户对高质量印刷的需求。正是基于以上的考虑,南方制药厂投资 500 万人民币,香港越秀公司投资 100 万美元合资筹建了九星印刷厂。到 1996 年为止,其社会订单总量已占其产品总量的 67%,创利润 2000 万元。

(2) 进入西药行业。1980—1994 年,西药的生产量以每年 16% 的速度增长,而中药的生产量每年的增长速度是 10%,西药的总产值占到了药品行业总产值的 79%。西药巨大的市场容量和发展速度使三九集团投资兴建了深圳九新药业有限公司。1997 年,公司的销售额达到了 23 亿元,上缴利税 3 780 万元。

(3) 进入房地产及汽车贸易市场。邓小平南方讲话后,房地产开发和汽车贸易变得风风火火。南方药厂将原厂后勤部改为房地产部,后又注册了三九物业公司、三九房地产开发公司和三家以汽车贸易为主的汽车公司。

(4) 进入酒店业。两年内三九集团在各地建立连锁酒店达到 18 家,采取相同的吊牌和经营模式经营。

二、"多角化"快速发展

1994 年在"三九胃泰"被国家列为自费药后,南方制药厂的生存出现危机,也直接威胁到集团的生存,原因是三九集团 90% 的利润来自南方制药厂。三九集团制定了把单纯的产业型企业发展成为多种产业并举的综合性产业,把一个核心企业发展到两个核心企业,把单纯的产业型企业发展成为产业与金融相结合的高级组合型企业的新的集团发展战略。把南方制药厂和三九汽车工业作为核心企业,把利润在 1 亿元以上的 35 个企业作为支柱企业,并发展利润在 500 万元以上的骨干企业一个。这期间,运用资本运营手段进入了汽车、农业、大食品、旅游业。到1997年6月,共兼并企业41家,集团总资产也达到97亿元。

在这快速发展的过程中,多角化经营中的一些问题也暴露了出来。

(1) 由于受国民经济大环境的制约,酒店业的客源锐减,同时租赁费用过高,管理水平也未能跟上酒店的扩张速度,所以,酒店只能在无钱可赚或亏损的情况下运营。

(2) 1995年国家实行适度从紧的货币政策,宏观经济发展放慢,直接导致三九的房地产专案陷入困境。同时,汽车市场开始降温,价格逐步回落,三九汽车公司的业务也转向低潮。业内人士认为,造成三九房地产现状的原因除了对国民经济的发展把握不准之外,专案投资的随意化和法律纠纷也是主要的原因。

(3) 农业公司由于扩张过快,兼并的程式和手续不完备,导致对被兼并企业缺乏实际控制能力,致使有的企业最终退出了三九集团。

(4) 地方保护主义者和企业联手弄虚作假,把业主的高额负债隐藏起来,以达到被兼并的目的。

三、"多角化"的调整

面对在多角化发展中出现的问题,有人提出,多角化经营使集团本来就无固定来源的有限资金被迫分散使用,降低了资金的使用效率;三九集团给人的形象是医药行业,在其他领域发展不一定能充分发挥作用,甚至有品牌稀释的风险;同时,集团的有关领导对非药业行业陌生,增加了经营中的不确定性;另外,国内的人口平均医药消费量较发达国家有十倍以上的差距,这说明医药行业本身仍然有很大的发展潜力,花很大力气在不熟悉的领域进行探索,不如集中力量做好自己的主业。

最终,三九集团及时调整了战略思路,从资产扩张为重点向效益扩张为重点转变,重新调整了多角化方向,多角化经营的目标集中在相关多角化。集团的工作重点调整为大力发展主营业等,原则上停止了非药业企业的兼并。集团先后撤销了三九旅游公司、三九农业公司和三九汽车公司。其产业发展战略也调整为以医药为核心,包括保健品、大食品、医疗器械、文化等产业在内的生命健康产业。从此,三九集团走上了良好的发展轨道。

在三九集团多角化经营过程中,有很多成功和失败的教训值得思考。

(1) 在经营战略选择的过程中,应该有"先做买,再做大"的思想。盲目进行多角化扩张,在资金、技术和管理各方面跟不上的情况下,新业务反而会成为企业的包袱,甚至会产生多米诺骨牌似的连锁反应而危及企业的生存。

(2) 企业有两种成长方式:规模成长和多角化成长。实施多角化经营要具备四个条件:资金、人才、技术和管理。一般而言,对于实力一般的中小企业来说,除非现有产品市场已经饱和,需求下降,或竞争对手太强而难以维持销量,否则不要盲目进行"多角化"。

(3) 在从事新的业务之前,一定要对新业务进行内外环境的分析,特别要注意到国家的产业政策、宏观经济环境、竞争态势和未来业务前景分析,决策要慎重。本案例中,正是由于在1992—1994年期间在酒店业和旅游业上的盲目扩张,导致了当经济政策调整时,酒店业经营发生困难。

(4) 进行多角化经营,尤其是进入陌生领域时,要考虑现有的资源和新的业务是否匹配,是否拥有资金、人才、管理等方面的积累。不但要考虑多角化经营在协同作用、分担风险、获得规模优势、利用闲置资源等方面的优点,还要充分预计经受风险以及由于企业资源分散产生的机会成本。

（5）选择多角化经营时应该首要考虑相关多角化,这样做有利于原有业务核心能力的传递并充分利用协同作用,由此成功的机会也大。三九集团正是在生命健康产业和印刷业取得了成功,而在房地产、汽车等领域遭遇了失败。

（6）在新业务的整合过程中,应该充分利用现有业务的核心能力。三九集团长期以来在中药行业形成的品牌优势、销售优势和管理机制优势是整合新业务的基础。

（7）从中国企业的多角化经营实践来看,多角化的效果并不理想。据有关调查数据显示,在净资产收益排名的前100名中,97家公司的利润以主营业务为主。净资产收益率高于30%的公司利润都是以主营业务营为主,126家以非主营业务为主的公司有三家的收益率高于20%。这些都说明多角化经营虽然可以在一定程度上改善主营业务的不足,增加盈利能力,但是对整个公司的利润贡献不大。

案例讨论：
1. 分析本案例,三九集团在企业战略规划上体现出何种特征？
2. 三九集团多角化经营的实质是什么？有何利弊？
3. 企业制定战略应考虑哪些因素？制定战略包括哪些步骤？
4. 结合当前企业经营实际,分析本案例传达的经验和启示。
5. 现今的三九集团经营现状如何？

任务四　实　战　训　练

实训一　为某医药企业制订市场营销战略规划

实训目的：使学生掌握如何制订医药企业市场营销战略的计划,学会对医药企业市场营销战略进行管理。

实训内容：以前面所学的市场营销环境分析为基础,对本组所创建的新企业做出以下战略策划。
（1）创建新企业及要达到预期战略目标所需要的资源条件。
（2）企业战略的计划过程并说明理由。
（3）企业市场营销战略的管理过程及依据。

实训要求：
（1）通过各种途径了解创建新企业需要的基本条件,了解政府为鼓励大学生创业所制定的各项优惠政策；
（2）企业战略的计划过程、企业市场营销战略的管理过程,即要符合营销管理理论的基本要求,更鼓励同学大胆创新,力求别具特色；
（3）上述决策应有市场调查资料、市场竞争环境分析作为支撑；
（4）每组将决策内容制作成课件,进行10 min左右的班级交流,同时提交一份小组讨论、人员分工、工作计划及实施的过程性记录和总结。

时间安排:实践环节安排课堂时间6课时,其中3课时集中调研,3课时课堂汇报。

活动组织:任课教师安排实践项目。学生分为5组,每组8~10人;每组指定一人为联系人;每个项目每次确定一人为组长。

人员分工:教师负责实践项目的设计,制定实践项目总体实施细则。过程要求、过程监督、组织交流、评分标准、实践总结;联系人负责与任课(指导)教师联系,传达布置的实践任务要求,反映本组实践环节问题,小组联系人保持不变;组长是本次实践项目的总负责人,对本次实践活动提出总体方案,召集本组成员进行商讨,针对本次实践项目进行小组成员分工和组织协调,负责本项目的交流汇报,负责及时提交相关文档材料,负责对本组成员在本次实践环节的评分,组长可根据实践项目工作量提名副组长一人,组长由成员轮流担任以保证大多数同学都能在本次实践环节得到组织、协调等方面的锻炼。

实训提示:以实地调查研究为主配合图书馆、网络查找的背景材料,并互相结合得出相关资料,集体讨论、分析。

实训考核的内容和标准:见附录A。

实训二　选择合适的行业创业

实训目的: 使学生掌握如何运用所学的营销战略的知识来规划企业的市场营销战略。

实训内容:

(1) 在自己所处的县市进行创业:如药品、服装、房地产、餐饮、零售等,每组选择一个作为要进入的行业,最好不要重复。原因在于这几个行业内企业较多,调查容易,资料易收集。对该行业的基本背景资料(如行业规模、发展历史、盈利及竞争状况等)做一个整体阐述;

(2) 对所选择的行业进行创建××公司作一个简要的概述;

(3) 运用自己所学的知识,对所选择的行业面临的机会和风险进行归纳和总结;

(4) 结合行业中的典型企业,利用消费者市场、营销战略知识对本小组所准备的公司的市场战略进行规划,并说明理由。

实训要求:

(1) 鼓励同学们有计划、有组织地到企业和消费者中进行调查获得第一手资料。

(2) 形成一篇简单的创业企划书,其内容包括所选择的行业的发展背景介绍,尤其是市场规模、发展前景;选择在该行业中进行创业的原因分析;创建新企业的基本经营战略。用word文档打印后上交,字数不少于3 000,同时制作PPT供汇报交流时使用。每小组委派一人汇报,其余几组每组至少就汇报组的汇报提出一个问题进行交流,并给予打分。

(3) 提交一份小组讨论、人员分工、工作计划及实施过程的记录和总结。

时间安排:实践环节安排课堂时间6课时,其中3课时集中调研,3课时课堂汇报。

活动组织:任课教师安排实践项目。学生分为5组,每组8~10人;每组指定一人为联系人;每个项目每次确定一人为组长。

人员分工:教师负责实践项目的设计,制定实践项目总体实施细则。过程要求、过程监督、组织交流、评分标准、实践总结;联系人负责与任课(指导)教师联系,传达布置的实践任务要求,反映本组实践环节问题,小组联系人保持不变;组长是本次实践项目的总负责人,对本次实践活动提出总体方案,召集本组成员进行商讨,针对本次实践项目进行小组成员分工和组织协调,负责本项目的交流汇报,负责及时提交相关文档材料,负责对本组成员在本次实践环节的评分,组长可根据实践项目工作量提名副组长一人,组长由成员轮流担任以保证大多数同学都能在本次实践环节得到组织、协调等方面的锻炼。

实训提示:行业性市场资料可以通过网络、查阅论文等途径获得,但要经过自己的整理分析。

实训考核的内容和标准:见附录 A。

(郑美娟)

项目八　医药目标市场营销技术

知识目标

掌握：医药目标市场的5种选择模式和3种营销策略。

熟悉：医药市场细分的变量。

了解：医药市场定位的方法。

能力目标

熟练掌握进行医药市场细分的方法。

采用合适的医药市场细分因素对某医药市场消费者进行细分的能力。

能为医药企业选择合适的医药目标市场。

【案例引导】

咽喉用药是继胃药、感冒药后百姓消费最多的药品种类之一。在咽喉药市场上，广西"金嗓子"(13亿人口、13亿个嗓子)以6亿元的年销售收入和30%的市场份额稳居龙头老大的位置。紧随其后的是西瓜霜含片及喷剂、江中草珊瑚，各占13%和6%。其他产品如华素片、黄氏响声丸、健民咽喉片、咽利爽滴丸等产品的年销售收入不足1亿元，靠部分优势市场占得每年4 000万～8 000万元的份额。虽然它们无法与前三强中的任何一个抗衡，但却共同占据了过半的市场份额。

消费者购买利咽产品的目的是解决咽喉不适，但在做进一步分析时可发现，咽喉不适的人群，其产品购买目的大致可分为两种：一种是非疾病式，如烟酒过度和用嗓过度等，一般症状较轻，可选择药品，也可选择食品或保健食品，因此，他们倾向于购买保健型的咽喉药；另一种是疾病式的，如感冒、咽喉炎所引起的咽喉不适，这种情况一般症状较重，消费者多选用治疗型的药品。各大制药企业正是利用这种消费者需求的差异，纷纷推出咽喉类产品。后起之秀在进入市场时多采用细分市场的方式，来瓜分老三甲没有渗透的领域。最典型的是亿利甘草良咽，它通过翔实的市场调查，准确地切入到一个全新的烟民市场，并以其特有的营销策略——针对"吸烟引起的喉部不适"，曾一度进入同类产品的前5名；桂龙药业的慢严舒宁则是从疗效方面切入，依靠大规模的广告投放带来了市场份额的不断攀升；华素片经过对产品内涵的进一步提炼和包装改进后，明确提出"可以消炎的口含片"，立即引起了消费者的共鸣，取得了不错的销售效果。

从某种意义上讲，人口的总量就是药品的整体市场，每个人都有可能成为药品消费者。然而药品消费者人数众多，他们的需求又各不相同。如感冒作为一种常见性和多发性疾病，几乎每个人都会成为感冒药市场中的消费者。不同的消费者感冒症状不同、收入不同、受教育程度不同等差异都会导致其对感冒药需求不尽相同。因此，医药企业必须在确定药品营销前了解药品消费者需求之间的差异，并对药品消费者进行区分，把整个市场细分为若干不同的购买群体；然后选择其中符合本企业要求，并能为之有效服务的消费者作为目标市场；最后确定自己的药品在消费者心目中的位置，就是市场定位。这一过程就是目标市场营销。

"不要试图向所有的顾客提供产品和服务"是营销的重要准则之一。医药企业为了利用有限资源，发挥企业优势，实行医药市场目标营销战略（图8-1）：市场细分、选择目标细分市场与市场定位三步骤，简称为STP营销战略。

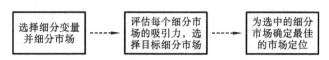

图 8-1　市场目标营销战略

任务一　医药市场细分

一、医药市场细分的含义、理论基础

处在买方市场形势下，就是要确定和满足顾客需求，以顾客为中心。而不同消费者的支付能力、消费心理和消费行为等不同，使得他们有不同的消费需求。如果能识别消费者具有类似的需求，就可以将整个市场划分为若干个子市场。

医药市场细分，就是按照疾病种类、医药购买者的欲望和需求、购买习惯和行为等因素的相似性及差异性，把药品市场划分成若干个子市场的过程。分属于同一药品细分市场的消费者，欲望和需求相似；分属于不同细分市场的消费者，对同一产品的需求和欲望是不同的。

> **知识链接**
>
> 根据市场细分的程度不同，将市场细分为四个层次：细分营销；补缺营销（如女性保健品中的美容养颜与减肥细分市场）；本地化营销（本地顾客差异大的需求）；个别化营销（每个人独特的需求）。

医药市场细分的理论基础之一就是"消费者需求的异质性与同质性"的存在。

1. 消费者需求的异质性（或多元化）

消费者对大部分产品的需求是多元化的，是具有不同的要求的。这种消费需求的异质性是市场细分的内在依据。由于需求的千差万别和不断发展变化,即顾客需要、欲望和购买行为呈现异质性。如药品市场中,有的消费者习惯用中药,而有的习惯用西药。

2. 消费者需求的同质性

受地理、人文环境的影响和民族文化传统的熏陶,人们在生活习惯、需求爱好等方面表现出一定的相似性,使不同消费者形成相似的消费群体,也就构成了具有一定个性特点的细分市场。如日常生活中的普通食盐市场、药品中的某些原料药市场、流感患者对感冒药的需求市场等。

在医药产品的广告宣传中,往往给人以"包治百病"的宣传,恰恰是没有对药品市场进行深入研究和细分,没有找准目标市场的表现。随着科技的进步、社会消费水平的提高以及价值观念的改变,一些同质市场也存在向异质市场转化。因此,市场细分的实质是求大同、存小异,针对消费者不同需求,开发新品种、新剂型,更好地开拓医药市场。

二、医药市场细分的作用

消费者之间的购买动机和行为的差异性,市场竞争的日益激化,致使医药企业必须进行市场细分,这样有助于企业开展工作。

1. 有利于医药生产和经营企业发现市场机会、开拓新市场

通过市场细分,可以对每一个医药细分市场的购买潜力、满足程度、竞争情况等进行分析对比,了解不同消费群体的需求情况,发现没有满足或充分满足的消费需求,开发多种药品规格、价格、剂型等产品更新换代的主动权,开拓新市场,取得市场优势地位。中小型医药生产和经营企业适合通过市场细分,发现被大型企业所忽视且没有满足或没有充分满足的消费需求,以便在激烈的市场竞争中占有一席之地。

2. 有利于医药生产和经营企业制定适当的市场营销策略

通过市场细分,可以深入了解每一个细分市场中的消费者的需求及所追求的利益,可以有针对性地开发产品,形成准确的产品概念,将这种概念通过各种营销手段传递给消费者,以区别于竞争者。

为制定适当的药品营销策略可通过对消费者的需求、购买行为、购买习惯、顾客满意度、同行的竞争情况等的细分,更好地了解消费者愿意付出的价格、获取药品的渠道(习惯在药店还是医院)、不同的促销手段对消费者购买的影响等,以作为企业制定各种营销策略的依据。

3. 有利于企业合理分配资源

通过药品市场细分,可能使企业扬长避短,将有限的资源集中用在目标市场上,以取得最好的经济和社会效益。

4. 有利于企业更好地满足消费者的用药需求

通过医药市场细分,企业才能更准确地了解不同细分市场中消费者的用药需求,并有针对性地去满足。当市场中越来越多的企业进行市场细分时,产品就会更加多样化,消费者的需求就会得到更好的满足。

三、医药市场细分的变量

消费者需求的差异性是进行医药市场细分的依据,又叫市场细分的标准或变量。消费者市场与生产者市场的需求因素不同,市场细分的变量也不尽相同。

(一) 消费者市场的细分变量

消费者市场的细分变量主要有地理变量(表 8-1)、人口变量、心理变量和行为变量等。消费者的社会经济地位、生理特征、健康意识、药品知识、心理等不同,对药品的信赖、品牌偏好、追求的利益、广告感受度、价格的承受能力、对分销渠道的信任度等也不同。这些都可以作为消费者市场的细分变量。

1. 地理因素细分

一方水土养一方人,由于地域环境、自然气候、文化传统、风俗习惯和经济发展水平等因素,处在同一地理环境下的消费者的需求与偏好往往具有相似性,如购买行为、习惯等。处于不同地域,人的体质、饮食习惯不同,流行病不同,疾病的差异性较大。

(1) 地理位置:我国地域广阔,生活在东、南、西、北的消费者对药品的需求有很大的差异。如华东、华中地区经济发展水平较高,消费者保健意识强,对保健品的需求较高;城市居民对保健滋补品、新特药、进口药的需求多,农村市场药品消费者受教育程度、收入较低,购买药品时更关注药品价格,也更容易受他人的影响。目前全国农村市场除发达地区外,从用药总量、用药数量、用药品种、用药档次、单位药价、新药普及率等都是呈递减的方式发展。

(2) 气候条件:气候环境和生活方式等是导致心脑血管疾病、肿瘤成为我国高发病的原因之一。心脑血管类药、抗肿瘤药和抗生素是医药企业开发和生产经营的重点。我国北方寒冷干燥,呼吸系统疾病多,呼吸系统用药需求高,南方温暖潮湿,真菌性疾病发生率高,皮肤病用药需求旺盛。高原、平原、森林与盆地居民,生活方式不同发病特点也不同。一些传染病、地方病及突发病与气候密切相关,作为医药企业应了解这些特点,只有营销对路的药品,才能充分满足相关消费者的需求。

‖ 营销案例 ‖

红桃 K 生血剂主打农村市场

红桃 K 集团生产的红桃 K 生血剂的年销售额达十几亿元,有 70% 的份额在农村市场。

公司根据消费者市场地理区域细分,对农村市场进行了深入的调查研究,了解到农村存在着较高比例的贫血人口,对生血剂有着巨大的潜在需求,对产品疗效要求更为迫切,能快速见效的产品容易占领农村市场。而红桃 K 正是符合这一要求的生血剂。因此公司决定把农村市场作为目标市场,并设计了一整套营销策略。

农村消费者的求廉心理更强,公司制定了合适的价格:30 元左右的单价是消费者认可的,同时,红桃 K 含义吉利,有补血增寿的寓意,符合农村消费者的认知心理,从而使红桃 K 在农村消费者心目中建立了一种特殊的亲切感,提高了知名度和传播度。

表 8-1　地理变量细分标准

标　　准	细 分 变 量
地理区域	东、南、西、北
行政区	省、市、地、县等
城市规模	特大城市、大城市、中等城市、小城市
气候	南方、北方等
人口密度	城市、郊区、乡村、边远地区等
地形	山区、平原、高原、草原等

2. 人口因素细分

药品的特殊性,医药市场细分的人口因素包括消费者的特征和医生的特征,消费者在购买和使用时,十分关注医生、药师等专业人士的建议。人口变量包括消费者的年龄、性别、收入、家庭生命周期、职业、社会阶层、文化程度、民族、宗教信仰、国籍等(表 8-2)。

表 8-2　人口变量细分标准

标准	细 分 变 量
年龄	婴幼儿、学龄前儿童、学龄儿童、少年、青年、中年、老年等
性别	男、女
收入	低收入者、中等收入者、高收入者等
家庭生命周期	年轻单身、已婚无小孩、小孩 6 岁以下、年长夫妻还没独立的成年子女、年长夫妻子女离家独立、单身老人独居等
职业	职员、教师、科研人员、文艺工作者、企业管理人员、工人、学生、失业者等
受教育程度	高中程度、大学程度、研究生程度及以上等
宗教	佛教、基督教、道教、伊斯兰教等
医患关系	处方医生、药剂师等
医疗保险	有医疗保险、无医疗保险

(1) 年龄:不同年龄消费者有不同的需求特点,就形成了各具特色的医药市场,如老年医药市场、成人医药市场、青少年医药市场、儿童医药市场和婴幼儿医药市场等。不同年龄段疾病发生情况有很大差异,如高血压、骨质疏松在中老年人中多发。不同年龄消费者的社会经历、价值观不同,对药品选择差异性也很大,老年人购买药品时在意价格、以方便为主选条件,他们有充裕时间反复研究;年轻人具有时尚、对价格不敏感、易受广告影响的冲动型购买特点。

(2) 性别:男性和女性的生理特点和社会角色不同,对于医药产品的需求以及购买行为也有着明显的差异。如减肥、美容保健类产品是针对女性消费者的需求设计的,如曲美减肥茶、太太口服液、中华乌鸡精、朵尔胶囊等。

(3) 收入:消费者的收入直接决定需求与购买力,使他们在用药结构、用药习惯上表现出较大的差异性。高收入消费者购买药物时,较多考虑疗效及毒副作用等,对新特药和保健品的需求较高;低收入消费者用药水平较低,选用药时对价格敏感。

(4) 家庭生命周期:一个家庭从产生到子女独立发展过程就是家庭生命周期。分为 7 个阶段:未婚阶段、新婚阶段、满巢阶段Ⅰ、满巢阶段Ⅱ、满巢阶段Ⅲ、空巢阶段Ⅰ、空巢阶段Ⅱ。

(5) 职业：职业的不同，对药品的需求与习惯有很大差异。从事唱歌、教师职业的消费者对咽喉类药需求较高；学生、白领和长期使用计算机的消费者，对眼科用药、腰颈椎病药品的需求高等。

(6) 受教育程度：消费者受教育程度不同，价值观、文化素养、知识水平不同，对药品种类的选择和购买行为不同。受教育程度越高，越获取药品知识能力越强，自我保健意识也较强，理性购买程度越高，重视药品的长期疗效和不良反应等；受教育程度低的消费者，购买行为易受他人和广告的影响。

不同家庭生命周期，对药品的需求也不同，如满巢阶段Ⅰ时孩子还小，对儿童用药如高质量的钙片、维生素等儿童用药和保健品的需求较强；满巢阶段Ⅲ时孩子到了高中阶段，学习压力大，家长会更多地为孩子选择益脑、提高记忆力的保健品等；空巢阶段Ⅱ是退休和孤寡老人时期，老年性疾病和慢性疾病增多，收入减少，对慢性疾病如高血压、糖尿病和保健品等用药需求旺盛。

(7) 医患关系：现一般OTC的细分以消费者为中心，处方药的细分注意医生发挥的作用。由于药品知识的专业性强，消费者在购买和使用时，会十分关注专业人士（如医生、药剂师等）的意见。医生处方中的OTC药品对患者以后自己选择OTC用药有着重大影响。所以，对OTC药品的市场细分应考虑医生的因素。

(8) 患者医疗保障：随着我国医疗体制改革，医疗保险制度逐步完善，患者医疗保障将会对药品市场结构需求产生较大影响。

3. 心理因素细分

心理因素细分如表8-3所示。

(1) 生活方式：消费者特定生活习惯和方式，影响其欲望与需求，如25～40岁白领女性对减肥、美容养颜产品的需求较强。

(2) 购买者及处方者的个性：它是一个人的心理倾向和特征，会使其对所处环境做出相应的和持续的反应。个性通过自信、自主、支配、顺从、保守、适应等性格特征表现出来，不同个性的消费者对药品的质量、疗效、价格等追求是不同的。例如：保守者对新药的接受程度低；外向型的人对新药更喜欢。

(3) 购买动机：购买药品和保健品的动机有多种，如治疗、保健或馈赠等，如脑白金主打馈赠市场。

(4) 态度：一个人对某些事物或观念长期持有的好与坏的认识上的评价、情感上的感受和行动的倾向。踏实者倾向方便实用的药物治疗；寻求权威者喜欢找有权威的医生或医院进行治疗；怀疑论者很少使用药物，对药物治疗效果也持怀疑态度；抑郁者对身体极度关注，稍有症状就找医生或自行购药。

表8-3 心理变量细分标准

标　准	细　分　变　量
生活方式	时尚新奇、艰苦朴素、刺激冒险、稳定安逸、知识型、名人型等
个性	内向型或外向型、理智型或冲动型、积极型或保守型、独立型或依赖型等
购买动机	治疗、保健、自用、馈赠
态度	踏实者、寻求权威者、怀疑论者、抑郁者

4. 购买行为因素细分

购买行为因素是指消费者购买行为习惯相关的一系列变量。行为变量能更直接地反映消费者的需求差异,成为市场细分的最佳标准(表8-4)。

(1)患者和处方者的使用频率:春秋季节感冒等呼吸道疾病多发,此时大量做广告,以促进感冒药的销售。

(2)购买的决策权:在处方药的购买和使用上,处方医生才是真正的决策者;对于OTC,除了医生会影响购买者的行为外,药店的营销人员也是很重要的影响者。

(3)消费者和处方者的品牌偏爱度:品牌在OTC药品中的影响是很大的。如对于OTC药品来讲,有些消费者注重药品的品牌、价值、企业声誉等因素,购买药品时主要看是否是名牌药品、是否是进口药品、是否是名贵的新药,而不考虑药价。如购买感冒药时,就会想到新康泰克、白加黑、泰诺等。因此,医药企业在宣传药品功效的同时突出企业形象,通过各种促销提升企业和药品的品牌形象,最大限度地取得消费者的品牌认同,培养消费者的品牌偏好。有的购买者和处方者经常变换品牌,也有的则在较长时期内专注于某一个或少数几个品牌。对有品牌偏爱者推广新药是很困难的。

(4)购买渠道:根据患者取药的渠道,可以分为医院购买、药店购买及OTC网上购买等。

(5)利益消费者追求利益是互不相同的,如有的购买者追求经济实惠、有的追求使用剂型的方便性。感冒患者有的是为了缓解症状的,如泰诺;有的是为了提高免疫力的,如VC银翘片。

表8-4 购买行为变量细分标准

标 准	细 分 变 量
购买渠道	医院购买、药店购买、OTC网上购买
使用频率	少量使用、中量使用、大量使用
购买决策权	处方医生、药剂师、药店营销人员等
利益	经济型、方便型、实用型等
品牌忠诚度	坚定的忠诚者、中度的忠诚者、转移型忠诚者、经常转换者

课堂互动

"新康泰克"是根据什么因素进行市场细分的?

5. 患者病程因素细分

(1)疾病症状:根据药品自身的治疗优势,重点瞄准一个或几个症状作为细分市场。

知识链接

感冒属于常见病,一般属于轻症,由于该病表现为较多的不适症状,比如头痛、发热、流鼻涕、咳嗽、嗜睡等。治疗感冒与缓解症状对患者都很重要。如"白加黑"是为解决头痛、白天嗜睡症状;"百服宁"是为解决发热,"新康泰克"是为解决鼻塞、流涕、打喷嚏;"芬必得"是为解决关节疾病等。

(2) 疗程细分：疾病的治疗模式有彻底治疗、维持不发展再治愈、控制并发症及生命体征等。根据疾病的治疗过程进行细分，并运用病理和药理理论，将疾病过程分为若干个阶段，根据药品本身的治疗优势和药理指标，找准该药品在整个疗程中哪个阶段有优势，或选择有吸引力的疗程阶段，或改变既有疗程治疗模式，选择合适的目标市场进行定位和诉求。

(3) 用药地位细分：一般医生用多种药进行组合来治疗某种疾病，就会有主药和辅药之分，药物的药理作用有对病因治疗和对症治疗。所以，根据药物在治疗过程中所处的作用及功效特点进行细分。

> **知识链接**
>
> 中药六味地黄丸在补肾、治腰痛基础上，还在疾病治疗中有辅助功效。"仲景"六味地黄丸运用了用药地位的细分，从消费者的心理需求出发，把自身定位为"辅药第一品牌"，突出自身对多种疾病治疗中的辅助功效，成功地区分了自己和市场上300多家企业生产的同质化六味地黄丸，取得了较好的市场效果。

（二）生产者市场的细分变量

生产者市场与中间商、政府市场一样，都是组织市场，属于集团性购买，与消费者市场有很大区别。

1. 最终用户的要求

这是最通用的变量。生产者市场的购买活动是为了不同的生产需要或为了出售，满足最终用户的需求。同一类产品最终用户往往有不同的要求，追求不同的利益，从而对产品提出不同的质量标准和使用要求。如最终用户的直接要求就是一个细分市场。在美国，每年有2 850亿美元的医药市场，根据市场运作模式和适用的法规不同，可将其细分为专利药市场、通用名（仿制药）市场和非处方药市场三大类。由于各细分市场运行规律不同，其对原料药供应的要求也各自不同。

2. 用户规模

这是市场细分的重要变量。用户的经营规模决定了其购买力大小，一些大用户，数量虽少，但其生产和经营规模大，购买的数量和金额就多。小的用户数量多，分散面广，购买数量和金额有限。企业应针对大、小用户的特点，采取不同的营销战略。在掌握规模的基础上，可对用户进行A、B、C分类。A类为规模大、市场占有率高、销售面广的用户，这类用户购买力强，是企业销售产品的重要目标，必须采取相应的营销战略，以便建立和保持长期稳定的购销关系；B类为规模中等的用户，企业要争取尽可能多的这类用户成为自己的目标顾客，有必要派出销售人员访问联络、沟通信息和感情；C类用户一般经营规模小、资金薄弱，对这类用户可通过加强促销以取得联系。

3. 用户的地理位置

按用户的地理位置来细分市场，可使企业把一个地区的目标用户作为一个整体考虑。企业的促销和广告宣传针对性强，可以节约促销费用和广告成本，节省推销人员往返于不同用户之间的时间，还可有效地规划运输路线，从而节约运输费用和提高效益。

4. 用户的行业特点

我国零售药品销售结构与医院用药结构差异较大，大多高价进口、合资企业生产的药品主要通过医院药房消耗。按行业特点细分市场,使得目标市场更加集中,容易分析研究市场的变化,及时掌握市场动态,有助于节省企业的研制和开发支出以及促销宣传费用。

四、医药市场细分的方法

1. 单一变量细分法

根据消费者需求的某一因素进行市场细分,如年龄或职业。如"红桃K"根据地理位置将补血产品市场分为农村市场和城市市场。安利纽崔莱"营养套餐"将消费者细分为儿童、老人、男士和女士四类消费人群,制订出了四个营养食品组合。

2. 多个变量综合细分法

依据消费者需求的两种或两种以上的因素进行市场细分。如高血压用药市场,按年龄可分为青年高血压市场、中年高血压市场和老年高血压市场;按病性程度分为轻度、中度、重度高血压市场。

3. 系列变量细分法

根据消费者需求的诸多因素,采取两种或两种以上的变量对医药市场按顺序进行细分。这种方法可使目标市场更加明确而具体,有利于企业更好地制定相应的市场营销策略。

请对"太太口服液"按性别、收入和年龄因素,用系列变量法进行市场细分。

任务二 选择医药目标市场

市场细分的目的是有效选择并进入目标市场。市场细分是目标市场选择的基础和前提,选择目标市场是市场细分的目的。为了提高医药企业的经营效果,企业必须细分市场,根据自己的任务目标、资源、特长等,决定进入哪个或哪些细分市场,为哪个或哪些细分市场服务。

目标市场是企业在市场细分的基础上,依据企业资源和经营条件所选定的、准备以相应的产品或服务去满足其需要的一个或几个细分市场。企业的一切营销活动都是围绕目标市场展开的,而选择目标市场需要在评估医药细分市场的基础上进行。

一、评估医药细分市场

由于企业资源的有限性,在评估各个细分市场时,企业必须考虑:细分市场的吸引力、企业的目标和企业内外部环境。

1. 细分市场的吸引力

(1) 细分市场的规模与成长性是定量预测的方法,如市场占有率分析、销售增长率分析、成本利润核算等。

(2) 细分市场的盈利性。若有适当规模和成长率的市场缺乏盈利性同样不能成为目标市场。

2. 企业的目标

对细分市场的投资是否符合企业的长远发展目标,是否有利于医药企业总体经营目标的实现。

3. 企业的内外部环境

内部环境主要是衡量企业的自身力量(人力、物力、财力等)是否能满足细分市场的需求,是否有竞争优势。外部环境主要有政法环境、技术环境、人口环境、经济环境、自然环境和社会文化环境等。

二、目标市场范围的选择策略

企业对不同的细分市场评估后,要选择目标市场。选择的策略有 5 种模式,其中 M 代表市场、P 代表产品(图 8-2)。

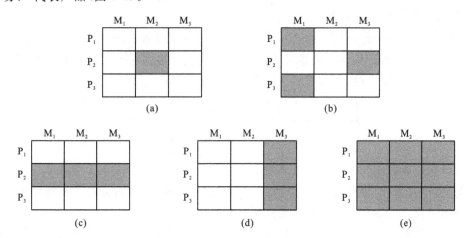

图 8-2 进入目标市场的模式

1. 产品-市场专业化

医药企业只选择一个细分市场,提供一类产品。该模式可以使医药企业更加了解目标市场的需求,使企业集中资源,在一个细分市场上获得较高的市场占有率,进行专业化的市场营销。但风险较大,一旦这一细分市场不景气或有强大的竞争者出现,就会陷入困境(图 8-2(a))。

2. 选择专业化

医药企业有选择地进入几个不同的细分市场,为不同的顾客群提供不同类型的产品。其最大的优点是能够分散市场风险,一个细分市场的失败不会影响到企业的整体利益。但要求企业有较强的资源及营销能力,避免盲目扩大的毛病,以免分散企业的资源(图 8-2(b))。

3. 产品专业化

医药企业集中生产一种产品,向各类顾客销售这种产品。此优点是医药企业专注某一种或某一类产品的生产,有利于形成和发展生产和技术上的优势,在该领域树立形象。但当该领域被一种全新的技术与产品所替代时,企业将面临巨大的冲击(图 8-2(c))。

4. 市场专业化

医药企业专门经营满足某一顾客群体需要的各种产品。这种模式是企业专门为特定的顾客群体服务,可与这一群体建立长期稳定的关系,并树立良好的形象,并有效地分散经营风险。但是如果这类顾客的需求下降时,企业的销售就会下降(图8-2(d))。

5. 市场全面化

医药企业生产多种产品去满足各种顾客群体的需要。只有实力雄厚的大型企业才能选用这种模式(图8-2(e))。

三、满足医药目标市场的策略

在选定目标市场的基础上,医药企业可以对不同目标市场制定相应的营销策略:无差异化市场营销策略、差异化市场营销策略和集中化市场营销策略。

1. 无差异化市场营销策略

采用无差异化市场营销策略的企业是把市场看作一个整体,将整个市场作为自己的目标市场,不考虑消费者对某种产品需求的差别,认为医药市场顾客的需求是相同的,营销方法也相同,所以只提供一种产品,采用一种市场营销组合策略(图8-3)。

市场营销组合策略 ---------→ 整体市场

图8-3 无差异化市场营销策略

无差异化市场营销是生产观念的体现,优势有二。一是降低成本,以单一品种去满足整体市场,生产批量化、标准化,生产、储运等成本较低;不细分市场,节约了市场调研、广告宣传等促销费用。二是可以使消费者建立超级品牌的印象。

随着社会进步加快,消费者的需求不断在改变,健康保健意识不断增强,对医药产品的疗效、稳定性、服用方便性等的要求更高。消费者需求的多样化、个性化正在扩大。当同一市场中几家医药企业都采用无差异化市场营销策略时,企业竞争就会非常激烈;或者当其他企业提供有针对性的产品时,企业就会在竞争中失败。

无差异化策略主要适用于具有广泛需求、企业能大量生产和销售的产品。医药企业中原料药营销可以采用这一策略。

请讨论海王"连锁药店"经营策略是什么?早期的可口可乐的市场营销策略是什么?当时为何是成功的?现在的情况又是什么?

2. 差异化市场营销策略

医药企业以几个细分市场为目标市场,针对每个细分市场生产不同的医药产品,采取不同的市场营销组合策略,以满足不同细分市场的不同需求。这种策略的医药企业一般都具有多品种、小批量、多规格、多渠道、多种价格和多种广告形式的营销组合。如药物制剂中有复方制剂、缓释剂、控缓剂、透皮给药等途径的多种需求。如"阿司匹林"的不同剂型和规格(图8-4)。

差异化策略的优点如下:一是有针对性的产品和市场营销组合,可以更好地满足消费

图 8-4　差异化市场营销策略

者的需求,同时有利于企业扩大销售总量,提高市场占有率;二是可以降低企业的经营风险,一个市场的失败不会威胁到整个企业的利益;三是有特色的产品和营销组合策略可以提高企业的竞争力;四是一个企业在多个细分市场取得良好的效益后,可以提升企业的知名度,有利于企业对新产品的推广。

差异化市场营销策略的缺点是成本较高。企业生产品种多、批量小,单位成本高;市场调研与新产品开发、存货成本也提高;多样化的营销策略使渠道、广告成本上升。

采用这一策略的企业要求有较雄厚的实力,有较强的技术水平、新产品开发及管理水平。

3. 集中化市场营销策略

企业集中所有力量,以一个或少数几个性质相似的细分市场作为目标市场,提供高度专业化的产品,以求在较小的市场范围内拥有较大的市场占有率(图 8-5)。

企业可以充分利用有限资源,占领那些被其他企业所忽略的市场,避开激烈的市场竞争;专业化的生产和销售可以使某特定的市场需求得到最大限度的满足,并在特定的领域建立企业和产品的高知名度。

图 8-5　集中化市场营销策略

集中化策略风险较高。一旦这个市场消费者的需求发生变化,或有强大的竞争者介入等都可能使企业经营陷入困境。

中小型医药企业规模小、实力弱,可以选择集中化市场营销策略,如进入农村市场和专业特色品种市场,以提高药品营销中的竞争力。

四、影响目标市场营销策略选择的因素

1. 企业实力

企业实力主要是企业的人力、物力、财力及管理能力等综合反映。如果医药企业实力雄厚,生产能力和技术能力较强、资源丰富,可以根据自身的情况和经营目标考虑选择无差异化策略或集中化策略;我国医药企业整体观念水平较落后,难以与国外大型医药企业相抗衡,主要采用集中性营销策略,重点开发一些新剂型和国际紧缺品种,建立自己的相对品种优势。

2. 产品自身特点

对于同质化药品,其质量、剂型、规格、疗效无差异,那么竞争就主要集中在价格和服务上,如原料药、中药材等,只要价格适宜,消费者通常有别的要求,企业可以采用无差异化市

场营销策略。

对异质化药品,如剂型、品种、配方等对疗效影响较大,特别是滋补类药品其成分、配方、含量差别较大,价格也有显著差别,消费者往往对药品的质量、价格、规格、包装等要进行反复比较,然后决定是否购买;同时生产者竞争面广,竞争形式较复杂。为了应对竞争,企业宜采用差异化策略或集中化策略。

3. 市场差异性

如果细分市场上消费者的需求在一定时期内较接近,且对企业的市场营销组合刺激的反应相似,显示出市场的类似性,企业承包可采用无差异化营销策略;如果市场上消费者的需求差异较大,则采用差异化或集中化市场营销策略。

4. 产品生命周期

产品生命周期包括导入期、成长期、成熟期和衰退期。处在不同的市场生命周期阶段,产品的竞争、销售等情况是不同的。处于导入期的药品,由于同类竞争品不多,企业的营销重点是启发和建立消费者的偏好,挖掘市场对产品的基本需求,宜采用无差异化市场营销策略或针对某一特定的细分市场实行集中化市场营销策略;当产品进入成长期和成熟期,市场竞争非常激烈,为使本企业的产品区别于竞争者,确立自己的竞争优势,应采用差异化策略或集中化策略。当产品进入衰退期时,市场需求量逐渐减少,企业不宜进行大规模生产,更不能将资源再分散于多个市场份额小的细分市场,宜采用集中化策略。

5. 市场供求趋势

当产品在一定时期内供不应求时,消费者没有选择的余地,不考虑需求的差异性,就可采用无差异化策略以降低成本;当供大于求时,消费者的需求出现多样化,采用差异化策略或集中化策略。

6. 竞争对手的市场营销策略

企业采用任何市场营销策略,需要视竞争对手的策略而定,要与竞争对手有所差异,如果竞争对手实力较强并实行的是无差异化市场营销策略,企业宜选用差异化策略或集中化策略,以区别于竞争对手。

企业要不断通过市场调查和预测,分析这些因素的变化趋势,扬长避短,把握时机,采用适当的策略,争取利益最大化。

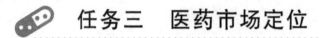

任务三 医药市场定位

医药企业一旦选定了目标市场,并确定了目标市场策略,也就明确了自己所服务的对象及所要面对的竞争对手。如何在众多的竞争对手中突出企业和医药产品的个性和特色,在消费者心目中树立良好印象,在竞争中处于有利的位置,是每一个医药企业都要思考的问题。

一、认识医药市场定位

市场定位是企业根据目标市场同类产品的竞争情况,针对顾客对该类产品某些特征或属性的重视程度,为本企业产品塑造强有力的、与众不同的鲜明个性,并将其传递给顾客,求得顾客认同。

医药市场定位是依据竞争者现有的药品在市场上所处的位置和购买者与医生对药品特性的重视程度，塑造本企业药品与众不同的个性，并将这种个性传达给购买者和医生，以确定本企业药品在市场中的位置。

医药市场定位的核心是要塑造本企业药品与竞争者相区别的个性，也就是使本企业的药品"差异化"，可以是药品本身的差异，如药品的剂型、配方、疗效、给药途径等；也可以是服务、价格、渠道、形象上的差异化。如某些药品免费送货上门、中药的免费煎药等。

知识链接

"血尔"补血剂的定位策略

"红桃K"凭借"补血快"，在消费者心目中有着"见效快"的口碑，但效果去得也快，功效不够持久。经过市场调查发现了"红桃K"的不足，香港康富来公司2000年开发了"血尔"口服液，并明智地调整了市场定位策略，提出"补血功效持久"的主张，切合消费者的新需求，形成"功效持久"的鲜明特色，抢占补血保健品中的新特性定位。

"血尔"品牌围绕"功效持久"的定位展开推广，突出产品具有"生血因子"与"强身因子"双重成分。一年时间，"血尔"在许多城市市场运作已超越"红桃K"，销量领先，成为领导品牌。

二、医药市场定位的步骤

1. 识别差异化

医药企业可以在产品、服务、员工、渠道和形象等方面实现差异化，为企业获得竞争优势。如医药产品的差异化可以是剂型、原材料、疗效、安全性、方便性、副作用等表现；服务的差异化可以是药学服务等表现；员工的差异化可以是专业能力、诚信等表现；渠道可以通过覆盖率、专业性等表现；形象差异化可以通过标识、颜色、标语、氛围、品牌设计等表现。

感冒药市场中与"白加黑"主要成分相似的品种很多，"白加黑"之所以能在感冒药脱颖而出，市场占有率高，主要在于其定位得当：一般感冒药缺点是服用后容易瞌睡，这对多数特别是特殊职业的人造成诸多不便，而"白天吃白片，不瞌睡；晚上吃黑片，睡得香"的宣传，正满足了消费者的需求，体现出企业对消费者细致入微的关心，创造出了异于同类的闪光亮点。

2. 选择差异化

医药企业最好选择那些优势大、符合企业长远发展、最具开发价值的竞争优势的差异化，由于顾客认知的有限性，一般不超过三种差异化，否则容易出现市场定位模糊的现象。如医药市场上有许多产品的宣传给人包治百病的印象，但人们不知道它到底能治何种病。

3. 传递差异化

确定了差异化，医药企业就要通过一系列宣传促销，将差异化（竞争优势）准确传递给潜在顾客，并在顾客心目中建立与该定位相一致的形象，让顾客从了解、知道、熟悉到喜欢、偏爱。促销上，处方药可使用学术推广、OTC大众传播等方式。如"脑白金"定位为礼品后，就一直突出自己是一种礼品，是一种能给人带来健康的礼品，并极力宣传"送礼更要送健康"的消费观念,从而彻底抢占了这一新兴市场,将竞争者远远甩在后面。

企业在运行或发展过程中,可能发现现有产品不适应市场环境,企业可考虑重新定位,以改变消费者原有的认识,争取有利的市场地位。

三、医药市场定位方法

1. 根据属性定位

就是根据医药产品的某个特色定位。如吉林修正药业的"放心药,良心药",河南宛西药业"药材好,药才好"。

2. 根据利益定位

医药产品给消费者带来的核心利益是健康,但同时也有附加利益——使用方便。如联邦制药开发出的免皮试青霉素"阿莫仙"口服胶囊,避免了小孩子在青霉素皮试和注射过程中的疼痛和哇哇大哭。

3. 根据使用者定位

针对特定的客户群使用的药品,如"巨能钙"就突出宣传为中老年人专用的药品。

4. 根据质量和价格定位

消费者一般相信"价高质优"、"价廉物美"的药品,如同仁堂将其中药定位于高价格、高质量;新盖中盖的定位宣传:含钙量高(质量),一天一片,一片顶五片。

5. 竞争定位

将医药产品定位于与竞争直接有关的属性或利益,暗示自己与竞争者的不同。如"海王银得菲"感冒药的定位诉求:治感冒,快。突出与其他感冒药的差异。

6. 根据医药产品的用途定位

以医药产品的适应证来突出自身的特色,不能以"包治百病"的面目出现,否则会让消费者有"包治百病并不能真正治病"的感觉。如"新康泰克"的定位宣传为缓解流泪、流鼻涕、打喷嚏三大感冒症状。

四、医药市场定位策略

定位策略也是一种竞争策略,市场中的现有医药产品在顾客心中都有一个位置,如"同仁堂"的百年老字号等,这些医药产品占据了同类药品中的首位,使得其他竞争者很难进入。竞争者一般会采用以下策略。

1. 迎头定位

迎头定位又叫对抗定位,就是在市场上与占据支配地位的竞争对手直接对抗,选择与其相同的市场位置,争取同样的目标顾客,使用相同的市场营销组合策略,以在消费者心目中占据明确的位置。如"兰美抒"挑战"达克宁",就是通过强有力的宣传迅速、有效地在目标对象中建立品牌知名度;"世纪新维他"挑战"21金维他",取得了维生素市场的较高占有率。

2. 避强定位

采取迂回方式,避免与目标市场上的竞争对手直接对抗,通过对市场和现有医药产品的认真分析研究,发现消费者实际需求中未能很好满足的部分,定位于市场的"空白点",开发和销售目前市场上没有的某种特色产品,开拓新的市场领域。如"吗丁啉"在胃药中,定位于"增强胃动力",以区别于其他治疗胃病的药物。

3. 重新定位

重新定位是指医药企业改变产品特色、改变目标顾客对其原有的印象,使顾客对产品新形象重新认识并认可。如红罐王老吉将定位从"药茶"变为"饮料",明确其是一种预防上火的功能饮料,改变了其类别属性,为王老吉从区域市场走向全国市场和挖掘潜在市场扫除了障碍。

课堂互动

"阿司匹林"除定位于解热镇痛的用途外,还具有防癌、抗癌和抗血栓形成的作用,并可预防心脑血管疾病。请分析:可采取哪些定位策略?

小 结

本项目主要讲述了医药市场细分、目标市场策略和市场定位策略等内容,学习基本思路:

要求在熟悉基本理念的基础上,树立营销策略管理理念,强化理论的实践应用技能的培养。重点掌握:市场细分的标准与方法;目标市场策略;市场定位策略。理解市场细分、目标市场、市场定位以及能熟练运用目标市场策略和市场定位策略。

能力检测

一、单选题

1. 按购买者的态度、购买动机进行细分属于(　　)。
   A. 地理细分　　　B. 心理细分　　　C. 人口细分　　　D. 行为细分
2. 医药企业生产不同的产品满足特定顾客群体的需要,是什么模式?(　　)
   A. 产品-市场专业化　　　　　B. 产品专业化
   C. 选择性专业化　　　　　　D. 市场专业化
3. 某药厂只生产抗微生物药,满足被微生物感染患者的需求。该目标市场模式属于(　　)。
   A. 市场集中化　　B. 产品专业化　　C. 市场专业化　　D. 选择专业化
4. 国庆节、中秋节等节日来临之时,许多商家都大做广告,以促销自己的产品,他们对市场细分的方法是(　　)。
   A. 地理细分　　　B. 人口细分　　　C. 心理细分　　　D. 行为细分
5. 西安杨森"采乐"的广告诉求一直是"头皮屑是由真菌引起的",引起销售一空的诉求特点是"要杜绝头皮屑就必须杀菌",其定位的根据就是(　　)。
   A. 产品定位　　　B. 竞争者定位　　C. 使用者定位　　D. 市场缝隙定位

二、多选题

1. 目标市场策略包括（　　）。
   A. 无差异策略　　　　B. 产品专业化策略　　　　C. 差异化策略
   D. 集中化策略　　　　E. 消费者分析策略

2. 医药产品市场定位的方法有（　　）。
   A. 使用者定位　　　　B. 利益定位　　　　C. 质量和价格定位
   D. 药品用途定位　　　E. 竞争定位

3. 医药产品市场细分的方法有（　　）。
   A. 单一变量细分法　　　　B. 系列变量细分法
   C. 心理因素细分法　　　　D. 多个变量综合细分法　　　　E. 空间变量细分法

4. 目标市场选择的模式有（　　）。
   A. 产品-市场专业化　　　B. 产品专业化　　　　C. 市场专业化
   D. 选择专业化　　　　　E. 完全覆盖市场

三、简答题

1. 联系医药企业营销实例，分析企业进行市场定位的步骤。
2. 医药企业在何种情况下使用对抗定位策略？

四、案例分析

1. "血尔"补血口服液定位"功效持久"，三年内成为行业领导品牌

香港康富来国际企业有限公司，是中国保健品市场的领先企业，它曾于1996年、1998年在国内先后推出康富来洋参含片及脑轻松健脑产品，均获较大成功。2000年，康富来看好国内的补血保健品市场，期望借助原有的营销网络，在此领域有所作为，使企业发展取得新的突破。

康富来选择了一个颇为不错的产品，不仅有着良好的补血效果，同时含有鸡精成分，具备补血与强身的双重功效，命名为"补血鸡精"。康富来期望，由于补血鸡精具有强身功能，比单纯补血的产品显然更胜一筹，应该能从庞大的市场当中，瓜分一定的份额。这很符合消费者的需求分析，因为补血的同时又能强身，显然是个不错的利益。在正式展开战略前，企业希望进行专业的评估。

从竞争角度看，"补血鸡精"并非是一个很好的定位概念。消费者确实有"补血"的需求，也有人需要"强身"，但在顾客选择上，补血自然是红桃K最好，鸡精也已有白兰氏等名牌，"补血鸡精"无论在哪一方面，都不是个好选择。进一步深入专业剖析，则"补血鸡精"的定位基点不确定。"补血鸡精"是个品类概念，若要成功，就意味着要在补血品中确立"鸡精"的新品类定位，或者在鸡精中确立"补血"的新特性定位。但几乎所有行得通的新概念，都是从更大的品类概念中细分、深化而来，两种产品"杂交"出来的新品种，常常只是听起来美妙，而非真正实用有效。

换个角度从研究竞争对手出发，则可以了解到，补血保健品虽然多如牛毛，但就全国市场而言，强势品牌只有红桃K。红桃K凭借"快效"的产品而崛起，享有"见效快"的声誉，作为领导品牌，地位十分牢靠。显然，康富来要立竿见影地瓜分到市场，主要会从红桃K囊中获得，应该针对领导者创造差异化定位。有目的地探究红桃K的特点，我们发现，红桃K强调了见效的迅速，却回避了功效的维持。而与"快效"相对立的功效持久，恰恰是康富来

产品的优点,因为它具有鸡精成分,产品富含"强身因子",能有效地巩固与维持升血效果。于是,康富来有机会选择"功效持久"特性作为自己的"决战地点",去创建属于自己的定位,与红桃K的"快效"定位相对立,抢占补血保健品市场。

自此,康富来补血鸡精围绕创建"功效持久"定位展开战略,产品也被冠以了全新的名字——血尔补血口服液。由于其定位本身考虑到源自产品特点,血尔新品牌将新的重点放在了广告上,在所有的电视与平面媒体中,均宣传产品具备"生血因子"与"强身因子"双重成分,补血功效持久。就连促销活动,它也宣扬"功效持久情更久",支持"持久"特点的定位建立。

一年时间,血尔在许多城市市场占有率超越红桃K,销量领先;就全国而言,它也很快成长为该领域的第二品牌。康富来企业认为,血尔是公司多个项目中运作最为顺利、成功的一个。随后血尔始终在补血保健品中坚持"功效持久"的定位,两年后一举超越红桃K,成为新的领导品牌。

案例讨论:
1. 血尔产品的定位策略是什么?
2. 血尔产品是如何细分市场的?

2. 珍视明的重新定位

2002年,珍视明滴眼液在眼药水市场中位于三甲之列,年销售额在亿元以上,品牌知名度达到40%以上,在学生消费者人群中有较高的市场占有率。但是,在消费者心目中,珍视明"很便宜"、"学生用的产品"、"低档"、"毕业后再也没买过"。眼药水市场近几年的迅速发展,白领阶层眼睛疲劳、干涩等症状骤然增加,白领成为眼药水消费人群中的重要组成部分。可见,如果珍视明不进行重新定位,就要更新丧失千载难逢的市场机会。珍视明面临重新定位的选择。

因此,珍视明聘请了营销咨询机构开展策划。调研结果表明,珍视明的使用者主要集中在初中、高中学生,而学生购买珍视明的用途是"消除视疲劳",而不是企业一直认为的"预防假性近视"。可见,珍视明原来诉求的重点存在严重偏差,虽然珍视明从功能上区别于其他眼药水品牌的地方就在于它具有国家药监局批准的"预防假性近视"疗效,但经市场调查发现,消费者并不完全接受这样的诉求。

更为严重的是,如果加大推广力度传播"预防假性近视",消费者必然认为珍视明就是预防假性近视的产品,后果就是将用于"假性近视首选药品"上,定位是很尖锐和准确的,但这个市场与巨大的干眼病市场相比太小了,而且,作为功效性产品,珍视明或其他任何产品都无法阻止假性近视转为真性近视。当你的功效无法支持你的定位时,你的定位只会将你引向泥潭。

因此,珍视明重新定位为"消除视疲劳",在稳固现有学生人群的基础上,大力向白领阶层延伸,抢夺高中档消费人群。为了配合新定位,采取了相应策略:在包装上,将原来的8 mL增加到15 mL,一方面为了满足在物价审批上的政策需要,另一方面给消费者一个提价的合理理由。包装盒上设计了一个占包装面积1/5的抽象的眼睛标识,并将其作为珍视明系列产品的差异化识别标志。在价格上,采取了跟随策略,紧紧盯着润洁,每一瓶的零售价在13.6元左右,在价格体系上,经销商的利润空间增大,并有足够的营业员促销费用。在渠道上,珍视明首先在上海建立办事处,由终端推广代表直接对药店进行促销,改变原来大流通的作业方式。

重新定位后,珍视明的销售额大幅提升。2003年12月,销售额比前一年同期增长了40%,并且保持强劲的增长势头。市场调研表明,珍视明的消费者人群中,大学生占了最大的比重,其次才是中学生,上班白领也开始使用珍视明,这一切,意味着珍视明的重新定位工程取得了初步成效。

案例讨论:珍视明重新定位的成功之处,并用SWOT法分析其优势与劣势。

3. 江中牌健胃消食片的飞跃

1997年,江中牌健胃消食片销量达1亿元,2002年销售达到3亿多元,2003年销售激增到近7亿元,2004年销量近8亿元,2005年销量超过8亿元。江中牌健胃消食片是怎样实现这一飞跃的?

行业环境调研分析

(1) 消化不良用药市场的行业集中度并不高。权威机构公布的各地统计数据中,一些没有品牌的"淘汰产品",如干酵母、乳酶生、多酶片、乳酸菌素片等销售数量惊人,如果去除排在前面的治疗"消化性溃疡"的"胃药"斯达舒等,其排名仅次于吗丁啉。

(2) 同时,各地市场普遍存在区域产品,其中用于治疗儿童消化不良的产品更是成千上万,助消化药市场中吗丁啉一枝独秀的竞争格局,表明至少还有第二品牌的空间。江中牌健胃消食片至少可以争取成为第二品牌,夺取"杂牌军"的市场。

(3) 消费者用药高低、需求未被满足。研究发现,消化不良市场的用药率较低,部分的消费者出现消化不良症状(肚子胀、不消化)时采取置之不理。其中,儿童市场用药率低的情况尤为突出。儿童消化不良的发病率高于其他人群,主要表现症状是挑食、厌食。同时,儿童正处在长身体阶段,家长担心消化不良会影响其生长发育,所以解决消化不良的需求更为迫切。然而,家长担心药品毒副作用会伤害儿童的身体健康,在用药选择上非常谨慎。因此,很多家长因为找不到合适的药,最终造成儿童市场发病率高,需求迫切,但用药率低的怪圈。因此,研究人员得出结论,消费者需求未能得到很好地满足,助消化药市场远未成熟,存在较大的空白市场。

竞争对手调研分析

吗丁啉:强势表象下的市场空白。

吗丁啉花大力气推广教育了多年,知名度极高而销量停滞不前。消费者的需求得不到很好地满足。

(1) 产品形态等强烈暗示,吗丁啉是一个治疗较严重病症的药品。吗丁啉从其品牌名、产品名、包装盒、白色药片等产品形态,都有非常明显的西药甚至处方药特征,加之主要由医生处方开出,这些信息均给消费者一种强烈暗示,这是一个治疗相对较为严重症状的药品,功效强,副作用也大,在不得不吃时才服用,不能经常吃。而调查数据显示:消费者认为消化不良是"常见的小毛病,没有什么影响"的超过50%,显然,对于消化不良这个小毛病,特别是饮食不当引发的消化不良,吗丁啉并非首选。

(2) 吗丁啉主动"舍弃"了大量的区域市场。由于国内药品销量80%在医院。大多数外资、合资药企从一开始就非常重视医院渠道的销售,一般都是通过医生开处方销售,来带动零售市场。与此相对应,吗丁啉在确定重点市场时,当地是否有完善密集的医院渠道就成了一个重要的衡量指标。同时,医药消费与健康意识、经济收入等密切相关,区域差异非常大。吗丁啉用于江苏、浙江、上海、广东、北京地区的广告投放费用,占到其投放总量的50%以上。而其他众多的省份,如江西等省市,吗丁啉的广告投入几乎为零。这种极度"聚焦"的做法,使得吗丁啉在中国的发展极不均衡,在江浙市场已趋成熟,消费者对吗丁啉耳熟能详;而在黑龙江、江西等被"舍弃"的地区,消费者对吗丁啉知之甚少。

(3)吗丁啉的"胃药"新身份,阻止消化不良消费者的选购。吗丁啉1990年以"消化不良药物"出售,广告诉求四大症状"上腹饱胀、餐后不适、腹胀、食欲不振",广告语为"消化不良,找吗丁啉帮忙";2001年,为了扩大销量,吗丁啉在广告中诉求的症状增加为"胃胀痛"、"胃胀"、"胃堵"、"恶心"、"消化不良",广告语改为"恢复胃动力,找吗丁啉帮忙";随着吗丁啉广告语改为"针对胃动力,帮忙胃健康",西安杨森开始在大众传媒上明确将吗丁啉定义成"胃药"。在西安杨森企业的医学专业人士看来,"胃病包含消化不良、胃炎、胃溃疡;胃药包含治疗消化不良和胃炎、胃溃疡的所有药物"。吗丁啉是个"胃药",这个身份从未改变,改变的仅仅是不断扩大使用用途。非常多的消费者第一次接触吗丁啉是因为"胃痛"、"胃酸"等症状,渐渐地,消费者的认知中逐步建立、加强了吗丁啉的"胃药"身份,而过往的"消化不良药物"的身份开始淡化。消费者将吗丁啉、期达舒及三九胃泰视为同一类产品,是用来治"胃病"的。

消费者的看法(认识)是:胃炎或胃溃疡才叫"胃病","消化不良"则是另一种"病"。"胃药"是用来治胃病的,即胃炎、胃溃疡,其表现症状主要是"胃酸、胃痛",当然也能解决部分"胃胀"。而"消化不良"则是平时饮食不当引发的,是一种常见小毛病,甚至不能算病,这个时候就要吃助消化药物来帮助消化,解决其"胃口不好"、"肚子胀"的问题。消费者认为吗丁啉是胃药,"消化不良"小问题吃吗丁啉简直就是乱弹琴。对消费者观念中的吗丁啉进行全面深入的研究后表明:消化不良用药市场存在大量空白——既有地域性空白市场,也有吗丁啉无法覆盖的"日常助消化"功能性需求市场空白。

市场定位

定位在"日常助消化用药",避开了与吗丁啉的直接竞争,向无从防御且市场容量巨大的消化酶、地方品牌夺取市场,同时也在地域上填补吗丁啉的空白市场,从而满足江中药业现实需要。

同时,江中牌健胃消食片的现有消费群集中在儿童与中老年,他们购买江中牌健胃消食片主要是用来解决日常生活中多发的"胃胀"、"食欲不振"症状。显然,定位在"日常助消化用药"完全吻合这些现有顾客的认识和需求,并能有效巩固江中牌健胃消食片原有的市场份额。由于"日常助消化用药"的定位,占据的是一个"空白市场",而且市场上并未出现以年龄划分的"专业品牌",全力开拓整个日常助消化药的品类市场,用一个产品覆盖所有的目标人群。

江中牌健胃消食片广告策略

江中牌健胃消食片定位在"日常助消化用药",江中牌健胃消食片制订了广告语"胃胀腹胀,不消化,用江中分健胃消食片"。传播上尽量凸显江中牌健胃消食片作为"日常用药、小药",广告风格则相对轻松、生活化,而不采用药品广告中常用的恐怖或权威认证式的诉求。江中牌健胃消食片选用一个和品牌定位的风格、形象趋于一致的艺员郭冬临,主要是看中他以往的作品中塑造的大多是健康、亲切、关爱他人、轻松幽默又不落于纯粹滑稽可笑的形象。而且当时郭冬临拍摄的广告片数量较小,消费者不易混淆。同时,郭冬临一人演绎了江中牌健胃消食片的"成人"、"儿童"两条广告片,避免消费者误认为是两个产品,从而加强两条间的关联。在针对成人消费者的电视广告中,穿浅绿衬衣的郭冬临,关怀地对着镜头询问"你肚子胀啦?",接着镜头拉远,他坐在椅子上,做出胃胀、腹胀的表情,"胃胀、腹胀、不消化,用江中健胃消食片"。定位广告直击消费者心智,从而快速引起消费者共鸣,使得众多的消费者消化不良,出现胃胀、腹胀的症状时,立即会想到江中健胃消食片来解决问题。

针对儿童的电视广告,其主要症状是"食欲不振",而不是成人的"胀"。依据儿童及家长的媒体收视习惯、儿童适用药品的不同,在儿童及家长收视较高的时段投放,直接提出家长的烦恼:孩子不喜欢吃饭。"哄也不吃,喂也不吃"是最真实的写照,从而引起家长的关注。最后告知解决之道:"孩子不吃饭,快用江中健胃消食片"。江中健胃消食片采用狂风暴雨式推广,迅速打入消费者心智。在2002年就投入了过亿元广告费用,为迅速抢占"日常助消化用药"的定位打下坚实基础,当年销售额就直线上升到了3亿多元,突破了江中健胃消食片年年销量不过2亿元的销售瓶颈。

案例讨论:
1. 江中健胃消食片是如何进行市场细分、选择目标市场和市场定位的?
2. 研究消费者的购买心理和购买行为对江中健胃消食片的定位策略有什么作用?

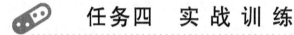

任务四 实战训练

实训一 为某医药产品进行市场细分

实训目的:使学生掌握选择合适的医药产品市场细分的因素和方法,对医药产品市场进行细分。

实训内容:请分别为感冒药、补血产品、降压药选择合适的市场细分的因素和方法。

实训步骤:
(1) 教师前一次课布置本实训任务。
(2) 学生课后按要求查找资料、集体讨论、分析。
(3) 教师于所要求时间考核学生完成情况。
① 课堂时间教师随机抽取1~3名学生在讲台上陈述自己的观点。
② 课后要求每位同学交上自己的观点。
(4) 学生课堂陈述后,教师针对完成情况作口头评价;学生书面观点由教师作书面评语。

实训提示:以实地调查研究为主配合在图书馆、网络查找背景资料得出相关资料,集体讨论、分析。

实训思考:现有的感冒药是否进行了市场细分?如进行其选择的细分因素是否合理?

实训体会:通过实训,进一步认识市场细分是药品市场营销的必然选择。市场细分是企业制定市场营销策略的前提条件。

实训报告:市场细分报告。

实训考核的内容和标准:见附录 A。

实训二　目标市场的确定

实训目的:使学生掌握如何细分市场,以及目标市场的确定。
实训内容:设定自己是某医药产品的市场经销经理,针对你所经营的药品,分析研究谁是你的客户,找准你的目标市场。
实训步骤:
(1) 将学生分成若干小组,每组 3～5 人。
(2) 教师前一次课布置本实训任务。
① 在市场调研与分析的基础上,对你所经营的医药产品进行市场细分。
② 选择目标市场,并描述你的当前客户。
年龄、性别、收入、文化水平、职业、家庭、民族、社会阶层、生活方式。
他们买什么:产品、服务、附加利益。
他们买多少:数量、金额。
他们每隔多长时间购买一次? 每天、每周、每月、随时、其他?
他们怎样买?
他们怎样了解你的企业? 网络、广告、报纸、广播、电视、口头、其他。
他想要你提供什么?
你的市场有多大? 按地区、按人口、按潜在客户分。
在各个市场上,你的市场份额是多少?
你想让市场对你的企业产生怎样的感受?
(3) 学生课后根据教师布置的任务查找资料,集体讨论、分析,形成书面报告。
(4) 教师于所要求时间考核学生完成情况:
① 课堂时间里每组选择一名学生在讲台上陈述自己的观点。
② 课后要求每位同学交上书面观点。
(5) 学生进行课堂陈述后,教师针对完成情况作口头评价;学生书面观点教师作书面评价。
实训提示:以实地调查研究为主,配合图书馆、网络查找背景材料并得出相关资料,集体讨论、分析。
实训思考:我们所熟悉的感冒药产品所选择的目标市场。
实训体会:通过实训,进一步认识目标市场的含义及选择目标市场。
实训报告:目标市场选择报告。
实训考核的内容和标准:见附录 A。

实训三　为医药产品进行定位

实训目的:使学生掌握如何为医药产品进行定位。
实训内容:根据实训二所选择的目标市场为你所经营的医药产品进行市场定位。
实训步骤:
(1) 教师前一次课布置实训任务。

(2) 将学生按 3~4 人分成若干个小组。
① 在市场调研与分析的基础上,了解目标市场的竞争者及其产品情况如何?
② 本企业有哪些优势和劣势?
③ 确定本企业产品的定位。
④ 让目标消费者知道、了解和熟悉企业的市场定位。
(3) 学生根据教师布置的任务查找资料,集体讨论、分析,形成书面报告。
(4) 教师必须考核学生完成情况。
① 课堂时间每组选一名学生在讲台上陈述自己的观点。
② 课后要每位同学交书面观点。
(5) 学生进行课堂陈述后,教师针对完成情况作口头评价;学生书面观点由教师作书面评语。

实训提示:以实地调查为主,配合图书馆、网络查找背景材料并得出相关资料,集体讨论、分析。

实训思考:我们所熟悉的感冒药产品的市场定位方向分别是什么?其市场定位对其市场营销有何影响?

实训体会:通过实训,进一步认识市场定位的步骤及方向。

实训报告:市场定位报告。

实训考核的内容和标准:见附录 A。

(周先云)

项目九　医药市场竞争性营销技术

学习目标

掌握：市场领导者、市场挑战者、市场追随者和市场利基者的定义及其各自在竞争性营销中采取的策略要点。

熟悉：正确识别竞争者并判定其战略目标、评估其实力和采取的竞争策略。

了解：竞争性营销策略的形式和原则。

能力目标

熟练识别竞争者并判定其战略目标、评估其实力。

能为不同医药企业制定合适的营销战略。

案例引导

福来的竞争策略

根据福来掌握的华源"世纪新维他"的市场现状、竞品动作以及现有资源,福来提出了整体的市场问题解决方案,即三大跟随战略:找回自己、避敌锋芒、终端发力。

首先,为产品挖掘一个核心卖点,找回自己。"世纪新维他"走的是跟随策略,在配方、原料、功效,甚至包装上都与"21金维他"相差无几。但在对手的强压下,随着消费者品牌意识提升,完全成为强者的影子、靠消费者无知来推动销售,已经无法生存。这时,必须得为自己品牌的持续发展预留一点空间,而只有一个核心的差异化的卖点才能支撑起这个空间。所以为"世纪新维他"挖掘一个核心卖点,以及系列支撑点,在跟随强者的同时,打出自己的特色和优势十分重要。

其次,转变渠道策略,避敌锋芒。在大中型城市A、B类渠道中,"世纪新维他"若要与"21金维他"较量,无异于以卵击石。并且在这些终端,因为"21金维他"的超级终端式操作,各种费用水涨船高,"世纪新维他"根本无力抗衡。按照"世纪新维他"现有的城、郊、镇、乡四个典型市场格局,大中型城市这个市场的A、B类渠道"世纪新维他"应尽可能不与"21金维他"发生正面冲撞,而应把主力渠道放在另外三类市场:大中型城市郊区、中小型城镇、发达乡村。根据调查发现,在这三类市场有广阔的发挥空间和惊人的消费潜力。根据这三类市场的不同特点,福来将为"世纪新维他"量身打造一套最有效的营销模式和多种促销活动。

最后,强化终端,提高拦截能力。在同质化程度极高的维生素市场,最终的竞争、最成熟的竞争就是品牌的竞争,但现在还处于发展阶段,很多消费者还没有较强的品牌观念,谁在终端上表现出色,谁就能成为最终的赢家,尤其是在上述三种类型的市场。福来为"世纪新维他"策划了一套标准的竞争策略,包括硬终端的规范建设、软终端的全面提升、专家式营业员的终端战术,保证"世纪新维他"能决胜终端,并逐步树立自己的品牌。

实战心得:只要深入市场,强化产品特色,在营销上进行创新,在中国蓬勃兴起的维生素市场上一定能占有一席之地!

任务一　医药企业竞争者分析

> **知识链接**
>
> 竞争是市场经济的基本特性。市场竞争所形成的优胜劣汰,是推动市场经济运行的强制力量,它迫使企业不断研究市场,开发新产品,改进生产技术,更新设备,降低运营成本,提高经营效率和管理水平,获取最佳效益并推动社会的进步。在发达的市场经济条件下,任何企业都处于竞争者的重重包围之中,竞争者的一举一动对企业的营销活动和效果具有决定性的影响。企业必须认真研究竞争者的优势和劣势、竞争者的战略和策略,明确自己在竞争中的地位,有的放矢地制定竞争战略,才能在激烈竞争中获得生存和发展。

一、识别竞争者

在现代市场经济条件下,任何一个企业都不可能总是处在风平浪静之中,它随时有可能会被竞争者击败。因此,企业在制定营销战略和策略时,就要深入地了解竞争者。

狭义的竞争者一般指那些与本企业提供的产品或服务类似,价格相似,并且有相同目标顾客的企业。广义来看,竞争者是指所有与本企业争夺同一目标顾客的企业,不仅包括现实竞争者,还包括潜在的竞争者。所以企业在识别竞争者的时候,不仅要看到现实的竞争者,还能够辨别出潜在的竞争者。公司应当有长远的眼光,从行业结构和业务范围的角度识别竞争者,从而有针对性地制定自己的发展战略。

(一)行业竞争观念

行业是一组提供一种或一类密切替代产品的相互竞争的公司群。密切替代产品指具有高度需求交叉弹性的产品。例如:同仁堂的六味地黄丸价格降低,会引起九芝堂的六味地黄丸需求减少;白云山的阿莫西林价格上升,会引起其他厂家的阿莫西林需求增加,两者互为密切替代产品。

> **知识链接**
>
> 经济学家认为,行业动态首先取决于需求与供给的基本状况,供求会影响行业结构,行业结构又影响行业的行为,如产品开发、定价和广告战略等,行业的行为决定着行业的绩效,如行业的效率、成长和就业。

决定行业结构的因素有很多,这里讨论六个主要因素。

1. 销售商数量及产品差异程度

按照销售商数量的多少和产品差异程度的大小,可以区分出四种不同类型的行业结构。

(1)完全垄断 完全垄断指在一定地理范围内某一行业只有一家公司供应产品或服务。完全垄断可能由规章法令、专利权、许可证、规模经济或其他因素造成。在西方国家,完全垄断可分为"政府垄断"和"私人垄断"两种。在私人垄断条件下,由于缺乏替代产品,追求最大利润的完全垄断者会抬高商品价格,少做或不做广告,并提供最低限度的服务。如果该行业内出现了替代品或紧急竞争危机,完全垄断者会改善产品和服务作为阻止新竞争者进入的障碍。

(2)寡头垄断 寡头垄断指某一行业内少数几家大公司提供的产品或服务占据绝大部分市场并相互竞争,可分为完全寡头垄断和不完全寡头垄断。

完全寡头垄断也称为无差别寡头垄断,指某一行业内少数几家大公司提供的产品或服务占据绝大部分市场并且顾客认为各公司产品没有差别,对不同品牌无特殊偏好。在完全寡头垄断条件下,寡头垄断企业变动商品价格,会引起竞争者的强烈反应。寡头企业之间的相互牵制导致每一企业只能按照行业的现行价格水平定价,不能随意变动,竞争的主要手段是改进管理、降低成本、增加服务。

不完全寡头垄断也称为差别寡头垄断,指某一行业内少数几家大公司提供的产品或服务占据绝大部分市场且顾客认为各公司的产品在质量、性能、款式或服务等方面存在差异,对某些品牌形成特殊偏好,其他品牌不能替代。顾客愿意以高于同类产品的价格购买自己所喜爱的品牌,寡头垄断企业对自己经营的受顾客喜爱的名牌产品具有垄断性,可以制定较高价格以增加盈利。竞争的焦点不是价格,而是在产品特色上寻求领先。

(3)完全竞争 完全竞争指某一行业内有许多卖主但相互之间的产品没有差别。完全竞争是经济学中一种理想的竞争模式,在现实生活中是不可能存在的。完全竞争中买卖双方只能按照供求关系确定的现行市场价格来买卖商品。企业竞争战略的焦点是降低成本、增加服务并争取通过产品开发扩大与竞争品牌的差别,或通过广告塑造产品形象,造成顾客的心理差别。

(4)垄断竞争 垄断竞争指某一行业内有许多卖主且相互之间的产品在质量、性能、款式和服务方面有差别,顾客对某些品牌有特殊偏好,不同的卖主以产品的差异性吸引顾客,开展竞争。企业竞争的焦点是扩大本企业品牌与竞争品牌的差异,突出特色,更好地满足目标市场需求以获得溢价。在垄断竞争条件下,垄断企业变动价格不会引起竞争者的强烈反应。应当注意,产品的差异性有些是客观存在的,易于用客观手段监测或直观感觉证实;有些则是购买者主观心理上存在的,不易用客观或主观方法加以检测。对于客观上不易造成差别的同质产品或不易用客观和主观手段检测的产品,企业可以运用有效的营销手段(如款式、商标、包装、价格和广告等)在购买者中形成本品牌与竞争品牌的心理差别,强化特色,获取竞争优势。现实的医药市场中很多产品属于垄断竞争,例如具有同样疗效的牛黄解毒片,就有几十家医药企业在生产。

2. 进入与流动障碍

一般而言,如果某个行业具有高度的利润吸引力,其他企业会设法进入。但是,进入一个行业会遇到许多障碍,比如说缺乏足够的资金,无专利和许可证,无场地,原料供应不充分,较难找到愿意合作的分销商,产品市场信誉不易建立等。其中一些障碍是行业本身固有的,而另外一些障碍是先期进入并已垄断市场的企业单独或联合设置的,以便维护其市场地位和利益。即使企业进入了某一行业,在它向更有吸引力的细分市场流动时,也会遇到流动障碍。各个行业的进入与流动障碍不同,例如进入中药口服剂(片剂、丸剂、口服液等)制造十分容易,进入中药注射剂制造则极其困难。如果某个行业的进入与流动障碍高,先期进入的企业就能获取高于正常水平的利润;若某个行业的进入与流动障碍低,其他企业就会纷纷进入,使该行业的平均利润率降低。

3. 退出与收缩障碍

如果某个行业利润水平低下甚至亏损,已进入的企业会主动退出,并将人力、物力和财力转向更有吸引力的行业。但是退出一个行业也会遇到退出障碍,主要有顾客、债权人或雇员、法律和道义上的义务等。由于存在退出与收缩障碍,许多企业在已经无利可图的时候,只要能够收回可变成本和部分收回固定成本,就会在一个行业内维持经营。

4. 纵向一体化

在许多行业中,实行前向一体化或后向一体化(二者统称为纵向一体化)有利于取得竞争优势。实现纵向一体化的企业可以降低成本、控制增值流,还能在各个细分市场中控制价格和成本,在税收最低处获取利润,使无法实现纵向一体化的企业处于劣势。其缺点是价值链中的部分环节缺少灵活性,维持成本比较高。

5. 成本结构

在每个行业里从事业务经营所需的成本及成本结构不同。公司应把注意力放在最大成本上,在不影响业务发展的前提下减少这些成本。

6. 全球经营

有些行业局限于地方经营;有些行业则适宜发展全球经营。在全球性行业从事业务经营,必须开展以全球为基础的竞争,以实现规模经济和使用最先进的技术。

(二)业务范围导向与竞争者识别

每个企业都要根据内部和外部条件确定自身业务范围,并随着实力的增加而扩大业务范围。企业每项业务包含四个方面的内容:①要服务的顾客群;②要迎合的顾客需求;③满足这些需求的技术;④运用这些技术生产出的产品。

企业在确定和扩大业务范围时都会自觉或不自觉地受一定导向的支配,导向不同,竞争者识别和竞争战略就不同。这些导向可以概括为五类,即产品导向、技术导向、需求导向、顾客导向、多元导向。

1. 产品导向

产品导向指购买本企业产品的顾客群和所要迎合的顾客需求是未定的,有待于寻找和发掘。在满足这些客户的需求时,企业要开发出满足需求的技术并能运用这些技术生产出相应的产品。对照企业业务的四项内容来说,产品导向指企业的产品是既定的,但是服务于哪些顾客群体,待满足的顾客需求和要运用的技术都是未定的。产品导向下的企业业务范围扩大是指市场扩大,即顾客增多和所要迎合的需求增多,而不是指产品种类或花色品种增多。

实行产品导向的企业仅把生产同一品种或规格产品的企业视为竞争对手。产品导向的使用条件是:市场产品供不应求,现有产品不愁销路;企业实力薄弱,无力从事产品更新。当原有产品供过于求而企业又无力开发新产品时,主要营销战略是市场渗透和市场开发。市场渗透是设法增加现有产品在现有市场的销售量,提高市场占有率;市场开发是寻找新的目标市场,用现有产品满足新市场的需求。

2. 技术导向

技术导向指将企业的业务范围限定为经营用现有设备或技术生产出来的产品。对照企业业务的 4 项内容看,技术导向指企业的生产技术类型是确定的,而用这种技术生产出何种产品、服务于哪些顾客群体、满足顾客的何种需求却是未定的,有待于根据市场变化去寻找和发掘。技术导向下的企业业务范围扩大,仅仅指运用现有设备和技术或对现有设备和技术加以改进而生产出新的花色品种。

技术导向把所有使用同一技术、生产同类产品的企业视为竞争对手。其适用条件是某具体品种已供过于求,但不同花色品种的同类产品仍然有良好前景。与技术导向相适应的营销战略是产品改革和一体化发展,即对产品的质量、样式、功能和用途加以改革,并利用原有技术生产与原产品处于同一领域的不同阶段的产品。

技术导向未把满足同一需要的其他大类产品的生产企业视为竞争对手,易于发生"竞争者近视症"。当满足同一需要的其他行业迅猛发展时,本行业产品就会被淘汰或严重供过于求,继续实行技术导向就难以维持企业生存。

3. 需求导向

需求导向指企业的业务范围确定为满足顾客的某一需求,并运用可能互不相关的多种技术生产出分属不同大类的产品去满足这一需求。对照业务范围的四项内容来看,需求导向指所迎合的需求是既定的,而满足这种需求的技术、产品和所要服务的顾客群体却随着技术的发展和市场的变化而变化。

根据需求导向确定业务范围时,应考虑市场需求和企业实力,避免过窄或过宽。过窄则市场太小,无利可图;过宽则力不能及。

需求导向指引下的企业把满足顾客同一需求的企业都视为竞争者,而不论它们采用何种技术,提供何种产品。适用条件是市场商品供过于求,企业具有强大的投资能力,运用多种不同技术的能力和经营促销各类产品的能力。如果企业受到自身实力的限制而无法按照需求导向确定业务范围,也要在需求导向指导下密切注视需求变化和来自其他行业的可能竞争者,在更高的视野上发现机会和避免危险。

需求导向的竞争战略是新产品开发,进入与现有产品和技术无关但满足顾客同一需求的行业。

4. 顾客导向

顾客导向指企业业务范围确定为满足某一群体的需要。对照企业业务的四项内容看，顾客导向指企业要服务的顾客群体是既定的，但此群体的需要有哪些，满足这些需要的技术和产品是什么，则要根据内部和外部条件加以确定。

业务范围扩大指的是发展与原顾客群体有关但与原有产品、技术和需要可能无关的新业务。

顾客导向的适用条件是企业在某类顾客群体中享有盛誉和销售网络等优势，并且能够把这些优势转移到企业的新增业务上。换句话说，该顾客群体出于对企业的信任和好感，乐于购买该企业增加经营的产品，但这些产品与原产品在生产技术上可能有关，也可能无关。同时，企业也能够利用原有的销售渠道促销新产品。

实行顾客导向的优点是能够充分利用企业在原顾客群体中的信誉、业务关系或渠道来销售其他类型产品，减少进入其他市场的障碍，增加企业销售额和利润总量。缺点是对企业的资金和运用多种技术的能力要求过高，并且企业还会面临一些风险，比如说新增业务如果未能获得顾客信任和满意，则会损害原有产品的声誉和销售。

5. 多元导向

多元导向指企业通过对各类产品市场需求趋势和获利状况的动态分析确定业务范围，新发展业务可能与原有产品、技术、需求和顾客群体都没有关系。其适用条件是企业有雄厚的实力、敏锐的市场洞察力和强大的跨行业经营能力。

多元导向的优点是可以最大限度地发掘和抓住市场机会，撇开原有产品、技术、需求和顾客群体对企业业务发展的束缚；缺点是新增业务若未能获得市场承认将损害原成名产品的声誉。

二、判定竞争者的战略和目标

（一）判定竞争者的战略

战略群体指在某特定行业内推行相同战略的一组公司。战略的差别表现在产品线、目标市场、产品档次、性能、技术水平、价格、服务、销售范围等方面。公司最直接的竞争者是那些处于同一行业同一战略群体的公司。区分战略群体有助于认识以下三个问题。

1. 不同战略群体的进入与流动障碍不同

例如，某企业在产品质量、声誉和纵向一体化方面缺乏优势，则进入低价格、中等成本的战略群体较为容易，而进入高价格、高质量、低成本的战略群体较为困难。

2. 同一战略群体内的竞争最为激烈

处于同一战略群体的公司在目标市场、产品类型、质量、功能、价格、分销渠道和促销战略等方面几乎无差别，任一企业的竞争战略都会受到其他企业的高度关注并在必要时做出强烈反应。

3. 不同战略群体之间存在现实或潜在的竞争

①不同战略群体的顾客会有交叉；②每个战略群体都试图扩大自己的市场，涉足其他战略群体的领地，在企业实力相当和流动障碍小的情况下尤其如此。

企业必须不断地观察竞争者的战略，随时修改自己的战略。在决定进入某一战略群体的时候,要详细了解自身条件。

(二)判定竞争者的目标

企业的最终目标是追逐利润。然而,每个企业对长期利润和短期利润的重视程度可能不同,对利润满意水平的看法也不同。有的企业追求利润最大化,不达最大,绝不罢休;有的企业会为自己制定一个目标,一旦利润达到这个目标,就不会再付出更多的努力。为达到最终目标,企业可选择的具体战略目标是多种多样的,如降低成本、提高市场占有率、提高技术水平、提供优质服务等。这些具体战略目标的选择是为了实现企业的最终目标。所以,企业要了解每个竞争者战略目标及其组合,从而判断他们对不同竞争行为的反应,并针对不同的竞争行为制定出不同的战略对策。

三、评估竞争者的实力和反应模式

1. 评估竞争者的优势与劣势

阿瑟·D.利特尔咨询公司把企业的目标市场的竞争地位分为如下六种。

(1)主宰型:这类企业控制着其他竞争者的行为,有广泛的战略选择余地。

(2)强壮型:这类企业可以采取不会危及其长期地位的独立行动,竞争者的行为很难撼动其长期地位。

(3)优势型:这类企业在特定战略中有较多的力量可以利用,有较多机会改善其战略地位。

(4)防守型:这类企业的经营状况令人满意,但它们在主宰性企业的控制下生存,改善其地位的机会很少。

(5)虚弱型:这类企业的经营状况不能令人满意,但仍然有改善的机会,不改变就会被迫退出市场。

(6)难以生存型:这类企业经营状况很差且没有改善的机会。

> **知识链接**
>
> **阿瑟·D.利特尔**
>
> 1886年,麻省理工学院的教授阿瑟·D.利特尔创建了"阿瑟·D.利特尔咨询公司",这是第一个具有现代意义的管理咨询公司。该公司最著名的贡献是:使用生命周期分析方法,运用生命周期组合矩阵将市场情况分为开发、生长、成熟和衰退阶段,并将竞争地位分为六种类型,以确定某一具体的战略相对于市场情况和竞争地位的适应性。目前,阿瑟·D.利特尔咨询公司仍是最有活力的管理咨询公司之一。

在评估竞争对手时,一般分为以下三步。

(1)收集信息:收集竞争者业务上最新的关键数据,主要有销售量、投资报酬率、现金流量、新投资、毛利、市场份额、心理份额、情感份额等。其中,心理份额指回答"举出这个行业中你首先想到的一家公司"这一问题时,提名竞争者的顾客在全部顾客中的比例。情感份额指回答"举出你最喜欢购买这类产品的一家公司"这一问题时,提名竞争者的顾客在全部顾客中的比例。收集信息的方法是向顾客、供应商和中间商调研得到第一手资料或者查找第二手资料。

(2) 分析评价:根据所得资料综合分析竞争者的优势与劣势,如表 9-1 所示。表中,5、4、3、2、1 分别表示优秀、良好、中等、较差和差。

表 9-1 竞争者优势与劣势分析

品 牌	顾客对竞争者的评价				
	顾客知晓度	产品质量	情感份额	技术服务	企业对象
A	5	5	4	2	3
B	4	4	5	5	5
C	2	3	2	1	2

表 9-1 中,企业要求顾客在五个属性上对三家主要竞争者作出评价。评价结果是:竞争者 A 的产品知名度和质量都是最好的,但是在技术服务和企业形象方面逊色一些,导致情感份额下降。竞争者 B 的产品知名度和质量都不及 A,但是在技术服务和企业形象方面优于 A,使情感份额达到最大。B 在技术服务和企业形象方面可以攻击 A,在许多方面都可以进攻 C。

(3) 定点超越:定点超越指找出竞争者在管理和营销方面的最好做法作为基准,然后加以模仿并进行改进,力争在这些方面超过竞争者。

定点超越步骤为:①确定定点超越项目;②确定衡量关键绩效的变量;③确定最佳级别的竞争者;④衡量最佳级别竞争者的绩效;⑤衡量公司绩效;⑥制订缩小差距的计划和行动;⑦执行和检测结果。

确定最佳级别竞争者的方法,主要是通过调查客户、供应商和分销商,请他们对本行业主要的企业加以排序,也可以请咨询公司对本行业各主要企业的业绩作出评价。企业定点超越应当集中在影响顾客满意度和企业成本的关键任务上。

2. 评估竞争者的反应模式

了解竞争者的经营哲学、内在文化、主导信念和心理状态可以预测它对各种竞争行为的反应。竞争中常见的反应类型有以下四种。

(1) 从容型竞争者:对某些特定的攻击行为没有迅速反应或强烈反应。可能原因是:认为顾客忠诚度高,不会转移购买;认为该攻击行为不会产生大的效果;它们的业务需要收割榨取;反应迟钝;缺乏做出反应所必需的资金条件等。

(2) 选择型竞争者:只对某些类型的攻击做出反应,而对其他类型的攻击无动于衷。比如,对降价行为做出针锋相对的回击,而对增加广告费用则不做反应。了解竞争者会在哪些方面做出反应有利于企业选择最为可行的攻击类型。

(3) 凶狠型竞争者:对所有的攻击行为都做出迅速而强烈的反应。这类竞争者意在警告其他企业最好停止任何攻击。

(4) 随机型竞争者:对竞争攻击的反应具有随机性,有无反应和反应强弱无法根据其以往的情况加以预测。许多小公司属于此类竞争者。

3. 竞争平衡的影响因素

竞争平衡状态指同行业竞争的激烈程度,即各企业是和平共处还是激烈争斗。如果是和平共处,则视为竞争的相对平衡;反之,视为相对不平衡。布鲁斯·亨德森认为,竞争平衡状态取决于影响竞争因素的多少。

(1) 如果竞争者的产品、经营条件几乎相同,竞争能力处于均势,竞争就是不平衡的,易于发生无休止的冲突。如果有一家公司首先降低了价格,竞争平衡就会被打破,价格战就会爆发。

(2) 如果决定竞争胜负的关键因素只有一个,就不易实现竞争平衡。产品成本的差异由规模效益、先进技术和其他因素造成。首先取得成本突破的公司会降价竞争,夺取其他公司的市场份额。在这些行业中,成本突破容易经常性地引发价格战。

(3) 如果决定竞争胜负的关键因素有多个,就比较容易实现竞争平衡。在这种情况下,各个竞争者都有自己的细分市场,在产品质量、性能、款式、档次、服务等方面都具有某些优势,并能与竞争者形成差异,从而吸引特定顾客,易于保持和平共处。

(4) 决定竞争胜负的关键因素越多,能够共存的竞争者数量就越多。决定竞争胜负的关键因素越少,能够共存的竞争者数量就越少。如果决定因素只有一个,那么能够共存的竞争者也不过两三个。

任何两个竞争者之间的市场份额之比为 2∶1 时,可能是平衡点。任一竞争者提高或降低市场份额可能既不实际也无利益,增加促销和分销成本会得不偿失。

四、确定攻击对象和回避对象

企业在详细分析了竞争者的优势、劣势和反应模式之后,就要决定自己的竞争策略是攻击或回避。企业要攻击或回避的竞争者有以下三类。

(一)强竞争者与弱竞争者

攻击弱竞争者可以节省时间和耗费的资金,达到事半功倍的效果。攻击强竞争者可以提高自己的竞争能力,更大幅度地扩大市场占有率和提高利润水平。

(二)近竞争者和远竞争者

多数公司重视同近竞争者对抗并力图摧毁对方,但是摧毁一个竞争者可能会招来另外一个更难对付的竞争者。

(三)好竞争者和坏竞争者

从另外一个角度来看,竞争者的存在对企业是必要的和有利的,如:好的竞争者可能增加市场总需求、分摊市场开发成本、有助于提高技术水平和生产效率等;坏竞争者则违反行业规则、企图靠花钱而不是靠努力去扩大市场份额、敢于冒大风险等,总之,他们打破了行业平衡。公司应支持好的竞争者,攻击坏的竞争者。

五、制定竞争性营销战略的形式与原则

分析完竞争者后,就要开始制定竞争性营销战略。医药企业的市场营销战略不是一成不变的,而是随着时间、地点、竞争者状况、自身条件和市场环境等因素的不同而变化。

(一)竞争性营销战略形式

1. 进攻型

进攻型指企业以进攻为基本点,争取市场竞争的主动权。表现为一个企业抓住市场机会,主动进攻,先发制人,不断采用新科技成果、新技术,推出新产品,使企业在某个领域处于领先地位,争取主动。

2. 防御型

这是一种较稳定的竞争战略,具有后发制人的作用。采取与竞争者大致相同的营销战略,力争在竞争中后来居上,占据有利位置。

3. 攻守兼备型

攻守兼备型指的是企业在有利条件下,采取进攻型战略;在不利条件下,采取防御战略,这是一种随机应变的竞争战略,是上面两种类型的结合使用。

4. 撤退型

撤退型也称紧缩战略,指由于市场环境变化,经济出现危机或出现更好的机会需战略转移时,采取退出市场战略。通常有三种类型:临时性撤退、转移性撤退和彻底性撤退。

(二)竞争性营销战略原则

医药企业在选择竞争性营销战略形式的时候,企业领导者必须要牢牢把握营销战略制定的原则,才有可能制定出有效的营销战略去适应不断变化的市场。

1. 创新制胜

创新制胜指企业根据市场需求不断开发出适销对路的新产品,以赢得市场竞争的胜利。现代社会的生产能力大于市场需求,众多企业为了维持生存,争先恐后地开发出很多的新品种投放市场,力图得到顾客青睐。顾客需求则随着收入增加和可挑选的商品增多而水涨船高,可谓日新月异,变化万千。

在这种情况下,创新就成为企业制胜的源泉,企业应当加强市场调查和预测,争取最先洞察消费需求的变化,领先研制出适合消费需求的新产品,掌握市场竞争的主动权。

> **知识链接**
>
> 六味地黄丸属于滋阴补肾的传统名方,自古以来,就有汤剂、蜜丸、口服液、浓缩丸、片剂多种剂型共存。市场上六味地黄丸产品有宛西仲景、北京同仁堂、江西汇肾、兰州佛慈、九芝堂等十几种,并且还有三株、雷氏、童涵春等多家实力颇大的医药企业进军六味地黄,市场可谓好不热闹!
>
> 而"软胶囊"则以独特剂型领衔业内高科技,比较容易与其他剂型区分。如果单从产品成分与基本功效,几乎无差别,但策划者可抓住"软胶囊"这一差异点,以高科技形象立足于业内,从吸收、高效、服用方便等角度展开宣传,完全区别于其他剂型,可谓六味地黄丸中的一枝独秀。

2. 优质制胜

优质制胜指企业向市场提供的产品在质量上应当优于竞争对手,以赢得市场竞争的胜利。质量是产品与服务的特色和品质的总和,决定着顾客需求的满足程度。同类产品在价格和其他销售条件相同时被顾客选中的概率越大,表明质量越好,反之则差。产品质量是企业竞争力的核心,企业应从自身利益和客观利益出发,千方百计地创优质产品,创名牌产品。

3. 廉价制胜

廉价制胜指企业的同类同档次产品应当比竞争对手的更便宜,以赢得市场竞争的胜利。市场需求是有支付能力的需求，在质量和其他条件相同或接近时，价格低廉的商品会受到顾客欢迎。企业应在保证产品质量的前提下提高生产效率，降低生产成本和营销成本，为低价竞争奠定基础。

4. 技术制胜

技术制胜指企业应致力于发展高新技术，实现技术领先，以赢得市场竞争的胜利。科学技术决定着企业的生产效率、产品成本、管理水平、经济效益和顾客需求的满足程度。现代科学技术的发展一日千里，谁落在后面，谁就将被市场淘汰。有能力的企业和有远见的企业家都不惜代价地研制或引进高新技术和先进设备，力争走在技术进步的前列，开发科技含量高、附加值高的新产品，以便在市场竞争中占领制高点。

5. 服务制胜

服务制胜指企业提供比竞争者更完善的售前、售中和售后服务，以赢得市场竞争的胜利。销售服务决定着产品的性能是否能够良好地发挥和顾客需求是否能够得到充分的满足。在其他条件相同时，谁能提供更周到的服务，谁就能赢得顾客。

6. 速度制胜

速度制胜指企业应当以比竞争对手更快的速度推出新产品和新的营销战略，抢先占领市场，赢得市场竞争的胜利。"时间就是金钱"，谁对市场需求的反应快，技术开发快，新产品投放快，谁就能在一段时间内形成独家供应的局面，集中吸纳顾客购买力，迅速扩大市场，不但能壮大实力，还能在顾客中形成先入为主的"正宗"、"正牌"形象。

7. 宣传制胜

宣传制胜指企业应当运用广告、公共关系、人员推销和销售促进等方式大力宣传企业和产品，提高知名度和美誉度，树立良好形象，以赢得市场竞争的胜利。

知识链接

小 快 克

在感冒药每年150亿～200亿元的市场份额中，儿童感冒药正茁壮成长，近几年已孕育出仁和"优卡丹"、太阳石"好娃娃"、哈药集团"护彤"以及亚洲制药"小快克"等明星品牌，任何一家企业如果能在市场中找到胜人一筹的营销策略，无疑都会使自己在激烈的竞争中拔得头筹。

国际预测，2011年中国互联网总用户数将达到6亿。与此同时，药品降价正一波未平，一波又起，企业迫切需要从节约成本中获得生机。

2010年岁末，亚洲制药把握营销契机，联手酷6网策划实施节日温暖营销——"小快克送祝福温暖过大年"。基于春节这个全体中国人聚焦的特殊时段，借助春晚对小快克品牌进行集中展示，通过挑选适合家庭用户口味的内容和广告形式，定制家与温暖的主题，让明星和普通民众共同表达自己的新年祝福，传播温情与关怀，对目标受众实施精准化营销。并通过网络留言和评论等形式与网友直接进行沟通互动，以达到刺激其消费的目的。

整个营销过程结束后，在22天时间内，小快克的平均点击率为0.14%，显示和唯一显示次数分别达3.67亿次和1.44亿次，并在业内完成了三个第一。

在同一目标市场中，各个企业所占有的市场份额不同，这就决定了它们在竞争中所处的地位不同。根据地位的不同，可将它们分为市场领导者（market leader）、市场挑战者（market challenger）、市场追随者（market follower）和市场利基者（market nicher）。按照企业各自在目标市场上的地位和扮演的不同角色，要求各企业制订不同的竞争战略。

市场领导者指那些在相关产品的市场上占有率最高的企业，是同行公认的主宰者；市场挑战者指在行业中占据第二位（即在市场领导者位次之后）、有能力对市场领导者发起挑战的企业；市场追随者指那些在产品、技术、价格、渠道和促销等大多数营销战略上模仿或跟随市场领导者的公司，它不向领导者发动进攻；市场利基者指为细分市场（或大公司不感兴趣的市场）提供产品或服务的规模较小的公司，即在大企业的夹缝中求得生存和发展。

任务二　医药企业的市场领导者战略

市场领导者指占有最大的市场份额，在价格变化、新产品开发、分销渠道建设和促销战略等方面对本行业其他公司起着领导作用的公司。一般来说，大多数行业都有一家企业被认为是市场领导者，它们的地位是在竞争中自然形成的，无论其他公司对它是否尊敬或赞赏，但必须承认它的这种统治地位，如云南白药、九芝堂、同仁堂等是中成药市场领导者。它们是市场竞争的先导者，也是其他企业挑战、效仿或回避的对象。市场领导者所具备的优势包括：消费者对品牌的忠诚度高，营销渠道的建立及其运行高效，营销经验的迅速积累等。

市场领导者如果没有获得法定的垄断地位，必然会面临竞争者的无情挑战，因此，必须对其他竞争者保持高度的警惕，并采取适当的战略，否则，就很可能丧失领先地位而降到第二位或第三位。市场主导者为了维护自己的优势，保住自己的领先地位，通常可采取三种战略：扩大市场需求总量、保护现有市场份额、扩大市场份额。

一、扩大市场需求总量

当一种产品的市场需求总量扩大时，得益最多的通常是处于领先地位的企业。如北京同仁堂和湖南九芝堂的六味地黄丸是国内滋阴补肾应用最广的产品，如果消费者增加对该类药品的需求，那么收益最大的就是北京同仁堂和湖南九芝堂医药公司，因为其市场占有率高。一般来说，扩大市场需求总量有以下三个途径：一是开发新用户；二是开辟新用途；三是增加使用量。

知识链接

"两手抓"策略扩大适用面

河南新谊医药集团的凯西莱是一个成熟的药品，新谊集团根据其特点，采用了加大药理、临床应用研究和多科室开发并举的"两手抓"策略，以保持市场的持续增长。从2000年至今，该集团与一些研究院所合作开展了300多项硫普罗宁的临床应用研究。大量的临床应用研究不仅使医生更清晰地了解了该药品的疗效，让医生增加了对产品的信心，也为进一步的学术营销奠定了基础。

> 对于新科室的开发,他们采用的是以大量的临床应用研究为支持,在巩固主力科室的同时,渗透相关科室的战术。通过多年的努力,在学术交流和临床研究的推动下,凯西莱(硫普罗宁)从最早应用的传染科、消化科已推展到精神科、肿瘤科等相关科室,充分发掘了该产品适用证广的优势,使其销售额近年来每年都保持30%以上的增长速度。

(一) 开发新用户

每类产品都有吸引新用户,增加用户数量的潜力。因为,可能有些购买者目前不知道此项产品,或因其价格不合理,或因其无法提供某种性能、型号而拒绝购买该产品。企业可以针对这些不同情况采取措施,解决潜在购买问题,将其转化为新的实际购买者。一个制造商可从三个方面找到新的用户。

1. 转变未使用者

转变未使用者意味着把那些潜在的顾客变为现实顾客,说服尚未使用者开始使用本行业产品。例如当香水还只为一部分女性使用时,一个香水企业可以说服那些不使用香水的女性也使用香水(市场渗透策略)。

2. 开发新的细分市场

"新的细分市场"是指该细分市场的顾客过去使用本行业产品,但是不使用其他细分市场的同类产品和品牌。如香水企业可说服男士使用香水(市场开发策略);美国强生公司婴儿洗发香波的扩大推销,是开发市场的一个成功范例。当美国出生率开始下降时,该公司制作了一部电视广告片向成年人推销婴儿洗发香波,取得了良好效果,使该品牌成为市场主导者。

3. 地理扩展战略

地理扩展战略是指寻找那些尚未使用本产品的地区,从而开发新的地理市场,如由城市向乡村的扩展,由国内向国际的扩展;在国内销售的香水可以向其他国家推销。

> **知识链接**
>
> 越来越多的国产中成药产品开始考虑走出去战略。根据医保商会统计,2010年,中国中成药出口的国家和地区高达143个。血脂康、复方丹参滴丸、东阿阿胶、云南白药、片仔癀、同仁堂系列产品等都在持续开发海外市场。其中,血脂康远销欧洲、东南亚以及中国台湾、香港等多个国家和地区,累积出口金额1000多万美元。其在新加坡的销售额以每年25%的幅度递增,连续多年获得当地最大的三家连锁药店Guardian、Unity、Watson最受欢迎及最畅销药品类。在新加坡、马来西亚等地,血脂康已经覆盖70%的药品零售终端。在新加坡所有红曲类的产品中血脂康的市场占有率为85%。

(二) 开辟新用途

开辟新用途指设法找出产品的新用法和新用途以增加销售,开辟新的用途,可扩大需求量并使产品销路久畅不衰。有关的研究证实,在很多情况下,不是企业发现产品的新用途,而是由顾客在使用中发现的。例如凡士林,最初问世时是用作一些简单机器的润滑油,但经过了一段时间的使用后,一些使用者发现了凡士林更多的用途,包括可用作药膏、润肤脂和发蜡等。所以说企业的主要任务是借助定期调查与询问,及时了解和推广这些发现。

(三)增加使用量

增加使用量也是扩大需求的一种重要手段,企业可以提高顾客使用产品的频率或增加产品的使用量。如钙片或维生素生产企业可以提示消费者,增加钙片或维生素的每次服用量。

二、保护现有市场份额

处于市场领先地位的企业在努力扩大市场总需求的同时,还必须时刻注意保护自己的现有业务,防备竞争者的入侵,保卫自己的市场阵地。例如,同仁堂要防备九芝堂,辉瑞要提防葛兰素史克等。这些挑战者都是很有实力的,主导者稍不注意就可能被取而代之。最好的防御方法是发动最有效的进攻,市场主导者任何时候也不能满足于现状,必须在产品的创新、服务水平的提高、分销渠道的畅通和降低成本等方面,真正处于该行业的领先地位,主导者还应该在不断提高服务质量的同时,抓住对手的弱点主动出击。即使不发动主动进攻,至少也要加强防御,堵塞漏洞,不给挑战者可乘之机。当然,市场领导者不可能防守所有的阵地,它就必须认真地探查哪些阵地应不惜代价严防死守,哪些阵地可以放弃而不会带来太大损失,将资源集中用于关键之处。

防御战略的目标是减少受攻击的可能性,或将进攻目标转移到危害较小的地方,并设法减弱进攻的强度。虽然任何攻击都可能造成利润上的损失,但防御者的措施如何,反应速度快慢,其后果就大不一样。有六种防御战略可供市场主导者选择。

1. 阵地防御

阵地防御指围绕企业目前的主要产品和业务建立牢固的防线,根据竞争者在产品、价格、渠道和促销方面可能采取的进攻战略,制定自己的预防性营销战略,并在竞争者发起进攻时坚守原有的产品和业务阵地。阵地防御是防御的基本形式,是静态的防御,在许多情况下是有效的、必要的,但是单纯依赖这种防御则是一种"市场营销近视症"。企业更重要的任务是技术更新、新产品开发和扩展业务领域。

2. 侧翼防御

明智的竞争者总是针对企业的弱点发起进攻的,侧翼防御是指企业在自己主阵地的侧翼建立辅助阵地以保卫自己的周边和前沿,并在必要时作为反攻基地。因此,市场领导者应特别注意其侧翼的薄弱环节,运用侧翼防御战略,保护企业的要害部位,不让竞争者从某一点找到"突破口"。

3. 以攻为守

处于市场领导者的公司可以采取一种更为积极的先发制人的防御战略。公司应正确地判断何时发起进攻效果最佳,以免贻误战机。有的公司在竞争对手的市场份额接近于某一水平而危及自己市场地位时发起进攻,有的公司在竞争对手推出新产品或推出重大促销活动前抢先发动进攻。公司先发制人的方式多种多样:可运用游击战、全面进攻,也可以持续性地打价格战,还可以开展心理战。这种以攻为守的策略出发点是:预防胜于治疗,防患于未然将收到事半功倍的效果。有时这种以攻为守是利用心理攻势阻止竞争者的进攻,而不发动实际攻击。不过,这种虚张声势的做法只能偶尔为之。

4. 反击防御

反击防御指当市场领导者遭到竞争者攻击时,不能只是被动应战,应主动反攻入侵者的主要市场阵地的反击措施。要注意选择反击的时机,可以迅速反击,也可以延迟反击。弄清竞争者发动攻击的意图、战略、效果和其薄弱环节后再实施反击,不打无把握之仗。反击战略主要有如下几种。①正面反击:与对手采取相同的竞争措施,迎击对方的正面进攻。如果对手开展大幅度降价和大规模促销等活动,市场领导者凭借雄厚的资金实力和卓著的品牌声誉以牙还牙地采取降价和促销活动可以有效地击退对手。②攻击侧翼:选择对手的薄弱环节加以攻击。如九芝堂公司的三黄片受到对手的削价竞争而损失了市场份额,但其六味地黄丸的质量和价格比竞争者占有更多的优势,于是对该药大幅度降价,使对手忙于应付六味地黄丸市场而撤销对其他中成药市场的进攻。③钳形攻势:同时实施正面攻击和侧翼攻击。比如,竞争者对三黄片削价竞销,则本公司不仅三黄片降价,六味地黄丸也降价,同时还推出其他中成药产品一起降价,从多条战线发动进攻。④退却反击:在竞争者发动进攻时我方先从市场退却,避免正面交锋的损失,待竞争者放松进攻或麻痹大意时再发动进攻,收复市场,以较小的代价取得较大的战果。⑤围魏救赵:在对方攻击我方主要市场区域时攻击对方的主要市场区域,迫使对方撤销进攻以保卫自己的大本营。

5. 机动防御

机动防御指市场领导者不仅要积极防御现有的市场,还要进一步扩展到一些有前途的领域,以作为将来防御和进攻的中心。市场扩展通过两种方式实现。

(1) **市场扩大化** 就是企业将其注意力从目前的产品转到有关该产品的基本需要上,并全面研究与开发有关该项需要的科学技术。例如,某公司把只生产片剂变成以生产片剂为主,同时兼营生产其他剂型的公司,这就意味着市场范围扩大了,不限于一种片剂,但是市场扩大化必须有一个适当的限度。

(2) **市场多样化** 即向无关的其他市场扩展,实行多角度经营。例如,一些医药公司可以经营多种药品。

6. 收缩防御

一些大企业有时发现无力再保住其所有的细分市场,企业资源已过于分散,因而竞争实力减弱,致使竞争者进一步吞食本企业的市场。在这种情况下,最好的行动莫过于采用缩减式防御(或称为战略性撤退),即企业主动从实力较弱或已失去竞争力的领域撤出,将力量集中于实力较强的领域。当企业无法坚守所有的市场领域,并且由于力量过于分散而降低资源效益的时候,可采取这种战略。其优点是在关键领域集中优势力量,增强竞争力。

三、扩大市场份额

市场主导者设法提高市场占有率,也是增加收益、保持领先地位的一个重要途径。市场占有率是与投资收益率有关的最重要的变量之一。市场占有率越高,投资收益率也越大。市场占有率高于40%的企业其平均投资收益率相当于市场占有率低于10%的企业的3倍。因此,许多企业在市场占有率上必须占据第一位或第二位,否则便撤出该市场。

> **知识链接**
>
> ### 学术提高占有率
>
> 我国心脑血管类中成药自2007年起复合增长率为21.94%,高于心脑血管总体用药市场及整个医院用药市场的年均复合增长率。自2004年问世以来,步长制药集团的丹红注射液一直保持着较高的年销售增长额,为了进一步提升其市场占有率,步长提出以学术理论为指导,坚持企业家品牌、企业品牌和产品品牌"三品合一"的营销思想,成功实现了丹红注射液的销量突破。步长创造了丹红注射液年销售额过27亿的奇迹,年增长率22.7%。

但是,也有些研究者对上述观点提出不同意见。对某些行业的研究发现,除了市场主导者以外,有些市场占有率低的企业,依靠物美价廉和专业化经营,也能获得很高的收益,只有那些规模不大不小的企业收益最低,因为它们既不能获得规模经济效益,也不能获得专业化竞争的优势,所以,切不可认为市场份额提高就一定会增加利润,实际上,企业在提高市场占有率同时还应考虑以下三个因素。

1. 反垄断法

为了保护自由竞争,防止出现市场垄断,许多国家的法律规定,当某一公司的市场份额超出某一限度时,就要强行地分解为若干个相互竞争的公司,如微软公司曾引起反垄断诉讼。因此,占据市场领导者地位的公司如果不想被分解,就要在自己的市场份额接近临界点时主动加以控制。

2. 经营成本

许多产品往往有这种现象:当市场份额持续增加而未超出某一限度的时候,企业利润会随着市场份额的提高而提高;当市场份额超过某一限度仍然继续增加时,经营成本的增加速度就大于利润的增加速度,企业利润会随着市场份额的提高而降低,主要原因是用于提高市场份额的费用增加,如果出现这种情况,则市场份额应保持在该限度以内,市场领导者的战略目标应是扩大市场份额而不是提高市场占有率。图9-1是一个假设的例子,说明当某产品的市场份额持续增长而未超出50%的时候,利润也同步提高,超出50%以后,利润将随着市场份额的增长而降低。因此,市场份额保持在50%时最佳。

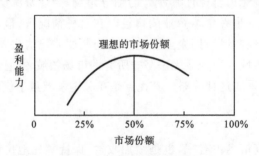

图 9-1 最佳市场份额的概念

3. 营销组合战略

如果企业实行了错误的营销组合战略,比如过分地降低商品价格,过高地支出公关费、广告费、渠道拓展费、销售员和营业员奖励费等促销费用,承诺过多的服务项目导致服务费大量增加等,则市场份额的提高反而会造成利润下降。只有在以下两种情况下提高市场份额才会赢得高利润:一是单位成本随着市场占有率的增加而减少;二是提供优质产品和收取超出提供较高质量产品所花费的溢价。美国管理学家克劳斯贝指出,质量是免费的,因为质量好的产品可减少废品损失和售后服务的开支,所以保持产品的高质量不会花费太多的成本。而且,高质量的产品会受到顾客的欢迎,使顾客愿意支付较高的价格。

任务三　医药企业的市场挑战者战略

市场挑战者指在行业中占据第二位及以后位次,有能力对市场领导者和其他竞争者采取攻击行动,希望夺取市场领导者地位的公司。处于次要地位的企业可采取两种战略。

(1) 争取市场主动地位,向竞争者挑战,即市场挑战者。例如医药市场集中度很高,2004 年销售超过 50 亿元的公司有 5 家,分别是国药控股、上海医药股份公司、湖北九州通、广州医药股份公司和安徽华源,这 5 家医药商业公司的销售总额能占据 22% 的市场份额。

(2) 安于次要地位,在"共处"的状态下求得尽可能多的收益,即市场跟随者。如果"挑战",首先必须根据自己的实力和环境提供的机会和风险,确定自己的战略目标和挑战对象,然后选择适当的进攻战略。

一、确定战略目标和挑战对象

战略目标同进攻对象直接相关,对不同的对象有不同的目标和战略。大多数市场挑战者的目标是增加自己的市场份额和利润,减少对手的市场份额。一般来说,挑战者可在下列三种情况中进行选择。

1. 攻击市场领导者

即找到市场领导者的弱点和失误,作为自己进攻的目标。这是一个既有高度风险又有潜在的高回报的战略。挑战者需仔细调查研究领先企业的弱点:有哪些未满足的需求,有哪些使顾客不满意的地方。找到市场领导者的弱点,就可作为自己进攻的目标。此外,还可开发出超过领先企业的新产品,以更好的产品来夺取市场的领先地位。

2. 攻击与自己实力相当者

挑战者对一些与自己势均力敌的企业,可选择其中经营不善而发生亏损者作为进攻对象,设法夺取其市场阵地。挑战者应当仔细调查该竞争者是否满足了消费者的需求,是否具有产品创新的能力等。当发现这些被攻击的企业的产品在这些方面有缺陷,就可作为攻击对象,设法夺取其市场。

3. 攻击地方性小企业

一些地方性小企业中经营不善、财务困难者,可夺取其顾客,甚至吞并这些小企业。这种情况在我国比较普遍,许多实力雄厚、管理有佳的外国独资和合资企业一进入我国市场,就击败了当地资金不足、管理混乱的弱小企业。

总之,战略目标取决于进攻对象,如果以主导者为进攻对象,其目标可能是夺取某些市场份额;如果以小企业为对象,其目标可能是将其逐出市场。但无论在何种情况下,如果要发动攻势,进行挑战,就必须遵守一条军事上的原则:每一项军事行动都必须指向一个明确的、肯定的和可能达到的目标。

二、选择挑战战略

在确定了战略目标和进攻对象之后,挑战者还需要考虑采取怎样的进攻战略。选择挑战战略应遵循"密集原则",即把优势兵力集中在关键时刻和地点以达到决定性的目的。有五种战略可供选择。

(一)正面进攻

正面进攻就是集中全力向对手的主要市场阵地发动进攻,即向对手的强项而不是弱项发起进攻。在这种情况下,进攻者必须在产品、广告、价格等主要方面大大超过对手,才有可能成功,否则不可采取这种进攻战略。正面进攻的胜负取决于双方力量的对比,即享有较大资源(人力、财力和物力)的一方将取得胜利。当进攻者比对手拥有更大的实力和持久力时才能采取这种战略。如果防守者具有某些防守优势,比如在某市场上有较高的声誉、广泛的销售网络、牢固的客户关系等,则实力原则不一定奏效,资源上略占优势的一方不一定取得胜利。

降低价格是一种有效的正面进攻战略。挑战者可以针对市场领导者的要价提出更低的售价来打击它,或者是通过巨额投入以实现更低的生产成本,从而以降低价格的手段向对手发动进攻。但是要发动价格战而又不损伤自己的元气就要求企业做到能够在提高质量的同时有效地降低成本,以保持原来的盈利水平;能够使顾客相信企业的产品具有较高的价值或继续有相应的价值感觉,使顾客认为本企业产品的质量的确是高于竞争者的;同时还要在"反倾销"立法所允许的范围内。

> **知识链接**
>
> **低价取胜,瓜分市场**
>
> 昂立1号已有10多年的品牌积累,在肠胃保健品市场上占有相当大的市场份额,其市场地位不可轻易动摇。而上海高博特则是一家老牌国有企业,其生产的高博特盐水也是调理肠胃的保健品,而从科技上远不如昂立1号。面对强劲对手,高博特盐水以低价进入市场,直逼昂立1号。在上海,凡有昂立1号的终端零售点,必有高博特盐水。这种低价跟进策略,使其在上海保住了相当的市场份额,与昂立1号共同筑建了上海肠胃保健品市场的壁垒。

(二)侧翼进攻

侧翼进攻是寻找和攻击对手的弱点。寻找对手弱点的主要方法是分析对手在各类产品和各个细分市场上的实力和绩效,把对手实力薄弱或绩效不佳或尚未覆盖而又有潜力的产品和市场作为攻击点和突破口。

(1)分析地理市场,选择对手忽略或绩效较差的产品和区域加以攻击。比如,一些大公司易于忽略中小城市和乡村,进攻者可在那里发展业务。

(2)分析其余各类细分市场,按照收入水平、年龄、性别、购买动机、产品用途和使用率等因素辨认细分市场并认真研究,选择对手尚未重视或尚未覆盖的细分市场作为攻占的目标。侧翼进攻使各公司的业务更加完整地覆盖了各细分市场,进攻者较易收到成效,并且避免了攻守双方为争夺同一市场而造成的两败俱伤的局面。侧翼进攻指出了营销目的就是发现需求并为之服务,成功概率高于正面进攻,特别对于那些资源相对少于对手的攻击者来说会更有借鉴意义。

（三）包围进攻

包围进攻是全方位同时向竞争对手发动进攻以夺取对手的市场。比如向市场提供竞争对手所能提供的一切产品和服务,并且更加质优价廉;同时配合大规模促销。当然,在使用该战略时要求进攻者应具备两个条件:①通过市场细分未能发现对手忽视或尚未覆盖的细分市场,补缺空档不存在,无法采用侧翼进攻;②与对手相比拥有绝对的资源优势,制定了周密可行的作战方案,相信全方位进攻能够摧毁对手的防线和抵抗意志,而不会陷入持久战的泥潭。

（四）迂回进攻

迂回进攻又称绕道进攻,指避开对手的现有业务领域和现有市场,进攻对手尚未涉足的业务领域和市场,以壮大自己实力的一种交战行为。这是最间接的进攻战略,主要有3种方法:①多元化地经营与竞争对手现有业务无关联的产品;②用现有产品进入新的地区市场;③用竞争对手尚未涉足的高新技术制造的产品取代现有产品。在高新技术领域实现技术飞跃是最有效的迂回进攻战略,可以避免单纯的模仿竞争者的产品和正面进攻造成的重大损失。

营销案例

百消丹挑战桂芝茯苓

中药行业里的"桂芝茯苓",是一个受国家政策保护的中药品种,在保护期内,无同类桂芝茯苓产品参与竞争,可谓具有绝无仅有的优势。但由于一直以来受传统临床销售的思维影响,该公司仅在医院市场上花大力气,而忽略了更具市场潜力的OTC市场,致使产品销量只维持在一个相对稳定的数额,而无法再高攀升。

桂芝茯苓的绝对优势,令同功能类的保健品百消丹望尘莫及,无法直接与之竞争。从功效上,百消丹只是药健字号的保健品,无法进医院通路与之角逐。百消丹瞄准了桂芝茯苓在OTC市场上的不足与空档,从专业保健品角度,开辟了另一条营销思路。加大营销宣传,开发更为广阔的保健市场,使市场基数无限放大,创造了相当于桂芝茯苓4倍多的市场销量。

（五）游击进攻

游击进攻是指向对手的有关领域发动小规模的、断断续续的进攻来骚扰对手,并逐渐削弱对手,使自己最终夺取永久性的市场领域的一种进攻方式。游击进攻主要方法是在某一局部市场上有选择地降价、开展密集促销活动、向对方采取相应的法律行动、抢走对方的主管等,主要作用是通过一连串的小攻击有效持久地骚扰对方、消耗对方、牵制对方、误导对方、打乱对方战略计划,瓦解对方士气,打乱对方的战略部署而使己方不冒太大的风险,从而占领市场。适用条件是对方的损耗将不成比例地大于己方。一般来说,游击进攻适用于规模较小、力量较弱的公司向较大的公司发起的,然而,一连串的游击进攻的成本也可能是昂贵的。而且,游击进攻更多的是战争的准备而不是战争本身,如果进攻者希望打败对手,他必须以较强大的进攻为后盾。

任务四 医药企业的市场追随者与市场利基者战略

一、市场追随者战略

市场追随者指那些在产品、技术、价格、渠道和促销等大多数营销战略上模仿或跟随市场领导者的公司。

(一) 市场追随者的优势

在很多情况下,做一个追随者比做挑战者更加有利:一是追随者可让市场领导者和挑战者承担新产品开发、信息收集和市场开发所需的大量经费,自己坐享其成,减少支出和风险;二是避免向市场领导者挑战可能带来的重大损失。许多居第二位及以后位次的公司往往选择追随而不是挑战。

市场跟随者与挑战者不同,它不向市场领导者发动进攻,而是跟随在市场领导者之后自觉地维持共处局面。这种共处状态在资本密集且产品同质的行业(如钢铁、化工等)中是很普遍的。在这些行业中产品差异性很小,但价格敏感度很高,随时都有可能发生价格竞争而导致两败俱伤。因此,这些行业中的企业通常会自觉地不互相争夺客户,不以短期的市场占有率为目标,而效法市场领导者为市场提供类似的产品,因而市场占有率相当稳定。

(二) 市场追随者战略

市场追随者虽然要维持与市场领导者的共处局面,但并不等于说市场追随者可以忽视战略。市场追随者也必须制定一条有利于自身发展而又不会引起市场竞争者报复的战略,以下是三种可供选择的追随战略。

1. 紧密跟随

紧密跟随指在各个细分市场和产品、价格、广告等营销组合战略方面模仿市场领导者,完全不进行任何创新的公司。由于他们是利用市场领导者的投资和营销组合策略去开拓市场,自己跟在后面分一杯羹,故被看做依赖市场领导者而生存的寄生者。有些紧密跟随者甚至发展成为"伪造者",专门制造赝品。国内外许多著名公司都受到赝品的困扰,应寻找行之有效的打击办法。如当山东东阿阿胶成为补血的中药名品后,朵朵红也借势推出自己的阿胶胶囊,小做广告即巧占市场;万基也不甘示弱,推出山东阿胶,不用投入广告,单就产品成分,也可分享阿胶的市场蛋糕,走红市场。

2. 距离跟随

这种跟随者是在基本方面,如目标市场、产品创新和分销渠道等方面都追随市场领导者,但与市场领导者在诸如包装和广告等方面保持一定的差异。市场领导者不注意到市场模仿者,市场模仿者也不进攻市场领导者。

3. 选择跟随

选择跟随指在某些方面紧跟市场领导者,在某些方面又自行其是的企业。他们先接受市场领导者的产品、服务和营销战略,然后有选择地改进他们,避免与市场领导者正面交锋,并选择其他市场销售产品。这种跟随者通过改进并在别的市场壮大实力后有可能成长为挑战者。

市场追随战略不冒风险,但也存在明显缺陷。研究表明,市场份额排第二、第三和以后位次的企业与第一位的企业在投资报酬率方面有较大的差距。

> **知识链接**
>
> 2001年上海演绎得最为精彩的要数神奇牦牛壮骨粉与彼阳牦牛壮骨粉的终端之争。彼阳广告投入频度高、力度大,在重量级的媒体频频亮相,其气势足以令其从补钙市场突出重围,可以说,彼阳不仅为自己打品牌,也为神奇牦牛壮骨粉做了概念广告,老百姓都意识到牦牛壮骨粉是补钙佳品。
>
> 神奇牦牛壮骨粉并不急于投广告,在上海仅有极少数公交车上有车帖,但它把握机会,在终端上加大自己的促销力度,如包装情调类似,并且偏大,终端陈列与彼阳并列,更显大气,还特别聘请促销员现场推荐,可以说大大挫伤了彼阳的锐气,而且争取了相当多的消费者。从投入产出比来看,神奇找到目标对象,以跟随者的形式挑战彼阳,确实是一种中小企业快速抢占市场的绝技。

二、市场利基者战略

(一) 市场利基者的含义

规模较小且大公司不感兴趣的细分市场称为利基市场,市场利基者指那些为规模较小的或大公司不感兴趣的细分市场提供专业化服务的公司。即在大企业的夹缝中求得生存和发展,这种有利的市场位置在西方称为"Niche(利基)"。

市场利基者的作用是拾遗补缺、见缝插针,虽然在整体市场上仅占很小的份额,但是比其他公司更充分地了解和满足某一细分市场的需求,能够通过提供高附加值而得到高利润和快速增长。由于利基市场有利可图,许多大中型公司也设立专门的业务部门或分公司进入这一市场。利基者盈利的主要原因是比其他大众化营销的公司更好地了解和满足了顾客需求,当大众化营销者取得高销量的时候,利基者取得了高毛利。

(二) 市场利基者的特征

利基市场不仅对于小企业有意义,而且对某些大企业中的较小业务部门也有意义,他们也常寻找一个或多个既安全又有利的利基市场。理想的利基市场具备以下特征。

(1) 具有一定的规模和购买力,能够盈利。
(2) 具备发展潜力。
(3) 强大的公司对这一市场一般不感兴趣。
(4) 本公司具备向这一市场提供优质产品和服务的资源和能力。
(5) 本公司在顾客中建立了良好的声誉,能够抵御竞争者入侵。

(三) 利基市场的类型

1. 自然利基市场

为了追求规模经济效应,很多大企业一般采用少品种、大批量的生产方式,这自然为中小企业留下了很多大企业难以涉及的"夹缝地带",这些"夹缝地带"即为自然利基市场。

2. 协作利基市场

对于生产复杂产品的大企业来说,不可能使每一道工序都达到规模经济性的要求。大企业为了谋求利润最大化或节约成本,避免"大而全"生产体制的弊端,而与外部企业进行协作,这种协作关系为中小企业提供了空间。

3. 专利利基市场

拥有专利发明的中小企业,可以运用知识产权来防止大企业染指自己的专利技术向自己的产品市场渗透,从而在法律制度的保护下形成有利于中小企业成长的专利利基市场。

4. 潜在利基市场

现实中,常有一些市场只得到局部满足或根本未得到充分满足或正在孕育即将形成的社会需求,这就构成了潜在的市场需求空间。

5. 替代利基市场

替代利基市场指那些竞争对手尚未准备充分、尚未适应、竞争力较弱的市场。消费者的需求没有得到很好地满足,这正是取而代之的市场机会。

(四) 市场利基者竞争战略选择

市场利基者竞争战略的关键是专业化市场营销,为取得利基,公司必须在市场、顾客、产品或营销等多方面实行专业化,其主要途径有以下几个方面。

1. 最终用户专业化

公司可以专门为某一类型的最终用户提供服务。例如航空食品公司专门为民航公司生产提供给飞机乘客的航空食品。

2. 垂直专业化

公司可以专门为处于生产与分销循环周期的某些垂直层次提供服务。

3. 顾客规模专业化

公司可以专门为某一规模(大、中、小)的顾客群服务。市场利基者专门为大公司不重视的小规模顾客群服务。

4. 特殊顾客专业化

公司可以专门向一个或几个大客户销售产品。许多公司只向一家大公司提供其全部产品。

5. 地理市场专业化

公司只在某一地点、地区或范围内经营业务。

6. 产品或产品线专业化

公司只经营某一种产品或某一类产品线。

7. 产品特色专业化

公司专门经营某一种类型的产品或者特色产品。例如,某书店专门经营"古旧"图书。

8. 客户订单专业化

公司专门按客户订单生产特制产品。

9. 质量-价格专业化

公司只在市场的底层或上层经营。例如,惠普公司在优质高价的微型电脑市场上经营。

10. 服务专业化

公司向大众提供一种或数种其他公司所没有的服务。如某家庭服务公司专门提供上门疏通管道服务。

11. 销售渠道专业化

公司只为某类销售渠道提供服务。

由于利基者多数是小企业,因此在进行选择时,企业通常要选择两种或两种以上的利基市场,以避免风险,增加生存机会。

(五)市场利基者的任务

市场利基者是弱小者,它面临的主要风险是当竞争者入侵或目标市场的消费习惯变化时有可能陷入绝境。因此,市场利基者的主要任务就是不断创造利基市场、扩大利基市场和保护利基市场。

1. 创造利基市场

首先要敏锐捕捉消费者的需求信息。营销的关键在正确确定目标顾客的需求和欲望,并且比竞争对手更有效、更有利地传送目标顾客所期望的产品或服务,这些产品或服务是满足消费者的需求或解决他们所面临问题的工具。

其次要善于寻找和利用竞争对手的弱点。所谓弱点是指竞争者在满足该领域消费者需求时所采取的手段和方法与消费者最高满意度之间存在差异,正是这一差异构成我们的市场机会。如果企业有能力比竞争对手提供更好的令消费者满意的产品或服务,即能够有力地打击竞争者的弱点,那么,该市场就可以成为我们的目标市场,这正是"避实就虚"思想在市场竞争战略上的应用。

2. 扩大利基市场

一旦成功地切入某个利基市场,就要开始致力于扩大市场份额。扩大利基市场份额有两种思路:一是扩大销售区域,让更多的消费者知道这个产品存在的好处;二是让消费者成为你的忠诚顾客,不断地消费你的产品或以老顾客带来新顾客。

3. 保护利基市场

当利基市场开始赚钱时,一定会引起强大的竞争对手的注意,对手会来抢夺利基市场的胜利果实,越来越多的大公司也会相应设立专门业务部门或分公司去服务这些利基市场。因此,要采取相应措施保护利基市场。

护利基者可以通过以下三个方面来保护其市场。

(1)树立差别优势。所谓"差别优势"有两个基本含义:一是"差别",即与竞争者不同的、有差异的地方,这突出强调了企业的个性,要求企业在产品质量、价格、服务、促销等一切竞争手段上选择较少的几项,开发具有特色的长期利基,是企业寻求竞争优势,构造竞争堡垒的基础;二是"优势",即不仅要与竞争者形成差别,而且还需要使这种差别成为竞争优势。这要求企业所选择的差别是有竞争价值且有资源能力可以实现的。差别是体现集中的方法,而优势是集中的目的。

(2) 以技术创新构筑竞争壁垒。以市场潜在需求为导向,针对目标市场的利益关注点的变化,将技术创新紧贴市场需求,在顾客最重视的方面寻找质量改进的突破口。

(3) 勇于向自己挑战。利基市场总是客观存在的,有些是竞争对手曾经涉足但因时机不成熟或培育市场的方法不对,对手无功而返;有些是因市场出现了新变化引发的新关注点。积极的进攻代替消极的防守,主动发现新的利基机会,并竭力去占领它。

小 结

本项目主要讲述了医药市场竞争者分析,医药市场领导者、挑战者、追随者和利基者的营销战略等内容。

医药市场竞争性营销
- 医药企业竞争性者分析
  - 判定竞争争的战略目标
  - 评估竞争者的实力和反应模式
  - 确定攻击对象和回避对象
  - 制定竞争性营销战略的形式和原则
- 医药市场领导战略
  - 扩大市场需求总量
  - 保护市场份额
  - 提高市场份额
- 医药市场挑战者战略
  - 确定战略目标和挑战对象
  - 选择挑战战略
- 医药市场追随者战略
  - 定义
  - 追随者战略选择
- 医药市场利基者战略
  - 定义
  - 利基者战略选择

能力检测

一、单选题

1. (　　)是竞争取胜的基本前提。
   A. 知己　　　　B. 知彼　　　　C. 竞争者分析　　　　D. 科学的竞争定位

2. 对于经营规模大、资本雄厚、技术设备精良、产品质量高、信誉好、竞争实力强的企业,在竞争性方法选择上,宜采用(　　)。
   A. 扬长避短法　　B. 避实就虚法　　C. 针锋相对法　　D. 后来居上法

3. "合理采用品牌策略,扩大市场占有率",是(　　)竞争策略。
   A. 市场主导者　　B. 市场挑战者　　C. 市场跟随者　　D. 市场利基者

4. 下列不属于市场领导者扩大需求策略的是(　　)。
   A. 不断发现新的购买者和使用者　　B. 不断开辟产品的新用途
   C. 设法使购买者增加产品的使用量　　D. 开发新产品

5. 一行业少数几家大公司提供的产品或服务占据绝大部分市场且顾客认为各公司的产品在质量、性能、服务等方面存在差别,对某些品牌形成特殊偏好。这属于(　　)。
　　A. 完全寡头垄断　　　　　　　　B. 不完全寡头垄断
　　C. 完全垄断　　　　　　　　　　D. 完全竞争

二、多选题

1. 理想的利基市场具备以下哪些特征?(　　)
　　A. 具有一定的规模和购买力,能够盈利　　B. 具备发展潜力
　　C. 强大的公司对这一市场不感兴趣
　　D. 本公司具备向这一市场提供优质服务的资源和能力
　　E. 本公司在顾客中建立了良好的声誉,能够抵御竞争者入侵

2. 占据着市场领导者地位的公司常常成为众矢之的。要击退其他公司的挑战,保持第一位的优势,必须从以下哪几个方面努力?(　　)
　　A. 扩大总需求　　　　B. 扩大总供给　　C. 保护现有市场份额
　　D. 扩大市场份额　　　E. 市场细分

3. 在完全竞争的行业结构中,企业竞争战略的焦点是(　　)。
　　A. 降低成本　　　　　B. 增加服务　　　C. 争取扩大与竞争品牌的差别
　　D. 市场细分　　　　　E. 市场定位

4. 在完全寡头垄断的行业结构中,企业之间竞争的主要手段是(　　)。
　　A. 改进管理　　　　　B. 降低成本　　　C. 增加服务
　　D. 增加产品特色　　　E. 提高价格

5. 市场领导者占有的市场份额最大,在市场总需求扩大时受益也最多。扩大总需求的途径是(　　)。
　　A. 开发产品的新用户　　B. 寻找产品的新用途　　C. 增加顾客使用量
　　D. 保护市场份额　　　　E. 扩大市场份额

三、简答题

1. 简述市场领导者扩大市场需求总量的途径。
2. 理想的利基市场具备哪些特征?
3. 市场挑战者可以选择的进攻战略有哪些?

四、案例分析

一直以来,娃哈哈和乐百氏在国内儿童饮料市场有着难以撼动的品牌地位和影响力,其强大的品牌效应已经令家长产生了习惯性的购买行为,这就使其他品牌很难有胜出机会。但是,北京蓝猫淘气饮品公司却坚信,这个领域并非牢不可破,只要有正确的策略就能成功地分割这一市场,而失败的公司是因为生产了没有差异化的产品。蓝猫淘气饮品公司决定从儿童入手,吸引儿童的注意力。

先有产品后有创意

当时蓝猫淘气饮品公司的产品中有6种不同口味的果汁和两种维生素水,如果把这些产品不经包装,一股脑儿推向市场不会有太好的效果,会很快淹没在众多品牌中。蓝猫淘气饮品公司发现,其实小孩子每天的心情是不同的,他们讨厌周一,周三时感到很疲劳,喜欢周末。于是就创造性地推出了果星期系列饮料。果星期系列饮料共有8种产品,分别对

应一周的每一天(考虑到周日孩子活动量大的特点,特在周日为孩子准备了两款饮料),并且每一款饮料分别由《蓝猫淘气3000问》中不同的卡通形象代言及演绎,并且根据各个卡通人物的不同特点,再结合儿童对一星期内每天微妙的心理变化,形成趣味盎然的"果心情日记"。

圣路可商务咨询公司首席顾问孙路弘认为:"果星期的主要创意是按照一周的不同日子来定义产品,而不是按照饮料产品本身来定义产品,这是一个突破。"

其实,将果星期系列饮料设计为每天喝不同的饮料的概念,还有一个很大的优势,因为这样就能让孩子有持续的消费行为,能很好地占据频道,以防止人们在消费饮料时通常的不忠诚行为。

交叉销售的变种

孙路弘指出,果星期的另一个主要创新就是交叉销售的创新。交叉销售其实是现在非常流行的一个销售理念。比如,如果你在某网站购买《执行》一书,在你准备缴费的时候,网站会提醒你说,80%购买了《执行》的读者都购买了《企业纲领》。在这个提示下,《企业纲领》被额外地销售了,这是交叉销售的概念。

果星期不过是交叉销售的一个变种,通过产品之间的相关性来诱导消费,消费者比其预期购买的要多。

当一些小孩子拿着果星期饮料去上学的时候,看到自己熟悉和喜爱的卡通形象,自然会影响和带动更多孩子的消费。

当然,即便有了如此多的创意和设计,也并不能保证果星期饮料的绝对胜出。对任何一种产品而言,只有让其具备体验的价值才更容易获得并保持领先地位。而让产品更具体验价值的最直接办法也许就是增加某些因素,以增强顾客与产品之间相互交流的感觉。北京蓝猫淘气饮品公司介绍说,以前我们的产品代言人只限于蓝猫,后来通过在孩子们中间调查发现,其实他们不仅仅喜欢蓝猫,像许多小女孩就最喜欢咖喱,这样我们就联想到从不同的口味与不同的卡通人物之间找落脚点,恰好《蓝猫淘气3000问》中有七个主角人物,如果让每一个卡通人物代言一种果汁,就能赋予果汁不同的意义,使果汁不仅仅是果汁。像狐狸代言葡萄就非常贴切,有一种吃不到葡萄说葡萄酸的感觉。

虽然《蓝猫淘气3000问》在1020家电视台先后播出,在孩子们中的"人缘"非常好,但许多经验表明,如果只把标志性人物简单地搬到产品身上,虽然容易获得成功,但这种成功通常不会太长久。蓝猫淘气饮品公司表示:"我们要赋予产品生命力和活力,让孩子们在喝蓝猫饮品的同时,体验到蓝猫的聪明、健康、幽默的感觉和蓝猫所带来的生命力和文化力。"

蓝猫淘气饮品公司表示,要让孩子们在喝饮料的过程中体验一种卡通形象所带来的文化,形成互动。于是它们在瓶身上设计了这样的小资料:每个卡通代言人的性格特点、性别、星座、生日、爱好、向往、幸运数字及幸运果和有关幸运果的小知识。

这一部分对于成年人而言也许并不在意,但这却是小孩子们非常喜欢的东西,因为他们在家观看《蓝猫淘气3000问》的时候,与蓝猫及其他卡通人物是有一定距离的,而这些印在瓶身上的资料最完整地赋予了蓝猫生命,让孩子们零距离地接触这些他们喜欢的卡通人物,去体验卡通片中的乐趣。

除此之外,蓝猫淘气饮品公司还利用媒体征集孩子们的"果星期心情",让他们把自己每天的心情描述成文字寄到公司,并定期从中评出优秀的心情日记刊登在媒体上。我们知道,儿童的参与意识是非常强的,尤其是当他们的作品刊登在媒体上时,有非常大的满足感。所有这些因素,都将支持儿童的持续性消费。

兼顾感性与理性

感性的创意有时并不能取得预期的市场回应,这往往是因为设计者过分自信地认为消费者会"跟着自己的感觉走",而忽略他们的理性思考。儿童消费品是家长来"埋单"的,而这两者的消费心理差异性很大。所以,这就要求任何诉求都要兼顾两者的需求。果星期系列饮料都是用三个字代表孩子的心情,非常形象并且容易记住。而8种之多的饮料的口味,是从孩子吸收营养的角度考虑。这是感性与理性的结合。因为现在人们通常喜欢喝橙汁和苹果汁,很难吸取其他水果中的营养元素,而父母其实是最关注儿童饮料的营养健康和安全的,所以这种多口味的饮料又非常讨巧于父母。

蓝猫淘气饮品公司认为,果星期策略是把不同的卡通人物、不同的营养元素、不同的水果汁、不同的颜色捆绑在一起,组合出不同的孩子的心情,非常富有童趣。这就使得孩子们在喝饮料时不仅消费饮料,更是在消费童趣和心情。

连续刺激并稳定消费者

许多孩子去吃麦当劳的主要目的是攒齐它的小人系列,"史努比"是其中的经典。一旦孩子有了一个,就要求攒齐。于是拉动了25次需求。"果星期的创意在这个基础上有创新,直接捆绑到产品上了。"孙路弘认为,同样的产品由于按照一周的日子来定义,扩大了产品线,将同一个产品衍生成了8个产品。这样一来,不需要企业额外投入研发就得到了以往普通产品的8倍的产品。

孙路弘将此定义为"软性差异化";所谓软性差异化与硬性差异化是对应的,硬性差异化特指那些在技术革新上下工夫,通过技术等硬件来领先的产品;而软性差异化是从服务、品牌等无形的地方入手。"这是营销中的软肋,不需要大笔的资金研发投入,只是需要加入足够的创意在整个营销过程中,在消费者头脑中创新,这是软性差异化的要点。"

案例讨论:

北京蓝猫淘气饮品公司在与娃哈哈和乐百氏竞争国内儿童饮料市场时,采取了哪些策略?

任务五 实 战 训 练

为某市场挑战者选择挑战战略

实训目的:使学生掌握了如何为医药企业的市场挑战者选择挑战战略。

实训内容:请写出为该市场挑战者选择的挑战战略及选择该战略的理由,并整理为报告书。

实训步骤:

(1) 教师前一次课布置本实训任务。

(2) 学生课后按要求查找资料,集体讨论、分析。

(3) 教师于所要求时间考核学生完成情况。

① 课堂时间教师随机抽取 1~3 名学生在讲台上陈述自己的观点。

② 课后要求每位同学交上自己的观点。

(4) 学生课堂陈述后,教师针对完成情况作口头评价;教师对学生书面观点做书面评语。

实训提示:以实地调查研究为主结合图书馆、网络查找背景资料,得出相关资料,集体讨论、分析。

实训思考:该市场挑战者是否确定了战略目标和要挑战的对象?其选择的挑战战略是否正确?

实训体会:通过实训,进一步掌握了市场挑战者如何确定战略目标和挑战对象以及如何选择最佳的挑战战略。

实训报告:竞争战略选择报告。

实训考核的内容和标准:见附录 A。

(任守忠)

项目十　OTC营销技术

学习目标

掌握：OTC的遴选原则和特点；OTC代表的概念。

熟悉：OTC代表的工作内容；OTC终端、类型、营销策略和促销方法。

了解：零售药店终端拜访的方法和程序；零售药店店员教育和推广会。

能力目标

理解OTC代表的工作目标、理念与要求，学会OTC代表的基本工作方法和技巧。

能分析OTC终端的现状、类型和营销特点，并运用其营销策略和促销方法。

案例引导

2008年8月，某医药代表应聘到长沙某制药公司，被分配到新疆工作。公司在市场上的主要品种是双黄连片和清开灵片，以双黄连为主，当时，双黄连的价格和其他厂家比处于上中游水平，由于对零售店有5角/盒的促销费，所以卖的一般，加上公司在新疆没有电视和报纸的广告投入，市场知名度偏低。在公司的库房里放着以前做的展板，因为工商查得严，多数商店都不愿摆放或根本不要，于是花了几千元的展板成了一堆废物，而公司针对市场销售再也没有采取其他促销活动。

9月中旬，公司提出销售任务，乌鲁木齐每月回现金15000元，相当于3000盒双黄连片，而8月份共回现金6000元，显然看来不多。但在当地，当时最好的一家零售店每周只卖20盒，像这样的零售店在乌鲁木齐也就3~4家，大多数零售店每周就2~5盒。任务摆在面前，压力则随之而来。

在以前的销售工作中，某医药代表总结出这样的结论：产品的销量是优秀的质量扛起来的、是良好的销售渠道流淌出来的、是媒体广告投入堆积起来的、是诱人的促销刺激起来的。既然公司没有资金做广告，那就只能在促销上做文章。而促销也需要资金，怎样才能花最少的钱甚至不花钱做促销活动，让广大消费者认识、了解、买到公司的产品并成为公司的朋友呢？正好，中秋节到了，中秋吃月饼是中国人的传统，于是决定送月饼！可是乌鲁木齐每人送一块得多少钱呀？最后决定送月饼卡。接着找到新疆最有名的月饼公司，谈好了7折优惠事宜。这样，老百姓买月饼时得到了实惠，于是开始印月饼卡，做宣传海报，在节前分发到了各个店。在宣传海报和月饼卡上标有公司的名称,产品的名称和性能。某医药代表把这次活动称为"××情"活动(××是公司名)。

这次活动使很多消费者认识了该公司,认识了产品,和公司的感情拉近了,提高了公司的形象和知名度,为以后的销售打下了良好的基础,同时也使各个店的店员对公司刮目相看,因为在当地,没有哪个公司这样做过,于是药店更加努力推荐公司的产品了。

这次活动做月饼卡和海报仅花了398元,却完全达到了预先以小做大的促销目的。

第二次打铁趁热,9—12月是双黄连片销售的淡季,而某医药代表还有15 000元的销售任务,于是其在十一过后,又策划了一个百日竞赛活动。

这次活动主要针对零售药店的店员,主题是"百日百店百盒"活动,即是在100天内100个店各卖掉100盒双黄连片,如果成功了,共10 000盒的销量,那15 000元任务就完成了,可是奖品怎么办呢?又成了××医药代表头疼的问题。有一天,他看见一家影楼开业,有很多女孩子想拍写真集,即想到药店内女店员肯定也喜欢拍。于是,接触了几家影楼,有愿意合作的,他们同意只收成本费,这样这些店员就可以花30多元钱拍100元的写真集,费用不高。于是××医药代表本着能给店员最大好处的想法,又联系了美容院,他们答应免费做美容。于是奖品设置如下:一等奖,双倍完成任务,50元摄影卡,免费美容;二等奖,完成任务,40元摄影卡,免费美容;三等奖,没完成任务,30元摄影卡,免费美容。这样一来,既满足了店员的要求,又达到了自己的目的,而且也提高了影楼和美容院的知名度,扩大其营业额,达到了互利合作的目的。

这次活动没花1分钱,因为卡是影楼出钱做的。

通过这两次活动,我们深感一线OTC人员的艰苦和重要性,也感到为了提高产品的销量,必须从长远着手,从一点一滴做起,培养客户群,巩固零售药店这个阵地,把握这几点,就一定能成功。

任务一　OTC概述

一、OTC的概念、分类、遴选原则和特点

(一) OTC的概念

非处方药简称OTC,为英文over The counter的缩写,表示某些药不需要医师处方,患者及其家属可直接购买使用,从而使轻微疾病与慢性疾病等能及时得到治愈或缓解。处方药一般作用较强烈,毒副作用明显,安全性相对较差,患者必须去医院,经医生明确诊断后,凭处方取药,并在医护人员的指导或监护下使用。如果说非处方药是常规武器,处方药就是大杀伤力武器,由于其威力太大,极易伤及无辜,必须加倍小心使用。家庭药箱内配备的药物多为非处方药,但家里有慢性病患者时,也可以有一些经医生认可的,需长期服用或在应急时自行使用的处方药。据统计,世界上约有40%的药物属于自我用药范围。非处方药制度在发达国家和部分发展中国家建立较早,长至四五十年,短的也有两三年时间,但在我国还刚刚开始实施。目前,日本的非处方药约有三千种,德国有两千六百多种,英国有九百余种,而美国则多达三十余万种。

非处方药来自何方？一般皆源于处方药,即通过较长时期(6～10 年)的全面考察,确认某些处方药具有安全性好、疗效确切、使用方便、副作用小、价格合理、质量稳定、易于储存等优点,即可由国家专门机构审批成为非处方药。同时,还要求药品的标签与说明书十分详尽,应印有批准文号、药品名称、主要成分、药理作用、适应证、用法用量与副反应、禁忌证、注意事项、生产日期、有效期、储存条件等。文字皆须通俗易懂,便于患者根据病情与掌握的医药知识作出自我判断,选购药物,然后按照说明书进行治疗。

(二) OTC 的分类

(1) 甲类非处方药:需在药师指导下购买和使用,甲类的 OTC 标识为红底白字(图 10-1)。

(2) 乙类非处方药:患者需仔细阅读药品使用说明书,并按照说明书使用,乙类的 OTC 标识为绿底白字(图 10-2)。

图 10-1　甲类非处方药　　　　　　　　图 10-2　乙类非处方药

甲、乙两类非处方药的区别源于对其安全性的评估,凡具有《药品经营企业许可证》的单位(要求配备执业药师),可以经营处方药与非处方药(包括甲、乙两类),经省级药品监督管理部门或其授权的药品监督管理部门批准的其他商业企业只能零售乙类非处方药。这样,乙类非处方药除可在药店出售外,还可在超市、宾馆、百货商店等处出售。当然,需要强调的是,这些普通商业企业需经相应药品监督管理部门批准方可销售乙类非处方药。同时零售乙类非处方药的商业企业必须配备专职的具有高中以上文化程度,经专业培训后,由省级药品监督管理部门或授权的药品监督管理部门考核合格并取得上岗证的人员,即必须配备执业药师。

(三) OTC 的遴选原则

非处方药的范围,从国外情况看,包括感冒药、镇痛药、止咳药、咽喉含片、助消化药、抗胃酸药与消炎药、维生素、驱肠虫药、滋补药、避孕药、通便药、外用药及护肤保健药等。

至于我国将哪几类药和哪些药定为非处方药,需由专门委员会,按照"应用安全、疗效确切、质量稳定、使用方便"的非处方药遴选原则,进行逐个评选,然后经权威药物管理部门审核,再分批颁布执行。

(四) OTC 的特点

非处方药既然是无须医生处方、患者自购自用的药品,那么它具有哪些特点呢？

1. 适用范围明确

其适用范围主要是常见的或时令性的轻微疾病,症状明显,患者容易自行判断,并能准确选购药品。

2. 应用安全

均为据现有资料与临床使用经验证实为安全性较大的药品,药性平和,只要按常规剂量使用,一般不会产生毒副反应。或有一般反应,但患者会自行察觉,并可忍受,且为暂时性的,待停药后,便可迅速自行消退。即使连续应用多日,也不会成瘾。更无潜在毒性,不会因药物在体内吸收多、排泄少而引起蓄积中毒反应。需要强调的是,任何药物均有副反应,只是程度不同而已。所谓非处方药安全性好,是相对而言的,绝不能随意购买和服用。

非处方药虽大多来自处方药,但它们在适应证、剂量等方面会有所不同,甚至同一种药品也可有处方药与非处方药之分。如在英国,布洛芬作处方药时,主要用于治疗类风湿性关节炎、脊椎炎、腱鞘炎等,最大剂量为每天 2400 mg,需长期服用。而作为非处方药时,它却主要用于治疗头痛、肌肉痛、痛经、高热等症状,最大剂量为每天 1200 mg,只能短期服用。

3. 疗效确切

药物作用的针对性强,适应证明确,易被患者掌握与接受。治疗期间不需要经常调整剂量,更无需特殊监测。在应用较长时间后,机体不会产生耐受性,即不会出现为维持疗效,药品剂量愈用愈大的现象。同时,用药后也不会掩盖其他疾病。

4. 质量可靠

药品的理化性质比较稳定,在一般储存条件下,较长时间(如 2 年以上)内不易变质。药品出售时应明确标出储存条件、有效期及生产批号,包装也应符合规定的要求。

5. 说明详尽

药品说明书及药品包装说明要力求详细、实事求是、准确无误,而且文字要深入浅出、通俗易懂,以利于操作。

6. 应用方便

以口服、外用、吸入等便于患者自行应用的剂型为主。若需分剂量服用,应简便明了,易于掌握。此外,药品价格要合理,易被患者接受。

至于那些药理作用强、用于治疗较重疾病、易引起毒副反应的药品,则仍限定为处方药,如抗癫痫药、抗精神病药、降血压药、治冠心病药、治感染性疾病的抗菌药等,以及经注射途径使用的各类药品,均不得在药房、药店或超市内销售,以防服用不当而中毒,危及人们的生命安全。

二、OTC 代表概述

OTC 代表是指受过医学或药学专门教育,具有一定临床理论知识及实际经验的医学或药学专业人员,经过医药市场营销知识及促销技能的培训,从事非处方药推广、宣传工作的市场促销人员。OTC 代表一般是 OTC 厂家派驻某一地区或销售点的厂家非处方药专业销售人员,也称为 OTC 销售代表。

(一) OTC 代表与医药代表的区别

1. 工作程序的区别

(1) OTC 代表营造终端营销的程式:疏通商业→商业要货→厂家发货→商家入货→商家营销疏通→分销商业疏通→终端沟通(药店、卫生院为主,医院为辅)→终端同意进货→商家营销配货→终端铺货、陈列→店员教育培训→市场促销→消费者购药→协调商家回款。

(2) 医药代表疏通医院临床的程式:药剂科主任→临床主任→主管院长→医院采购→仓库管理员→药房主任(组长)→药房工作人员→科室主任→临床医师→药房统计。

2. 具体工作的区别

从以上两个工作程式看,各个环节均要疏通,任何一个环节出了问题都会直接影响销量,但两者还是有区别的。OTC代表工作程式里的厂家发货和市场促销,都是OTC代表占主动,其他的则多是处于被动;而医药代表疏通医院临床的各个环节均是处于被动地位。所以从这点看做临床的难度要大些,再有就是OTC代表营造终端营销,做的主要是面的工作,而医药代表疏通医院临床,主要做的是点的工作,所以从工作的深度来看应该是做临床更深入些,因而也导致疏通医院临床缺少整体的广度。从工作量上看两者区别不大,但一个是在点上花的精力多,而另一个是在面上花的精力多,从某种程度来说,两者的关系就像"鱼和熊掌"。

综上所述,因为做临床在程式环节中均处于被动,所以要求医药代表韧性大、付出多、抗压强、方法多,而其他方面均旗鼓相当。从整体上看医药代表比OTC代表稍高千分之一的水平,因而两者收入的差别也在情理之中。

(二) OTC代表的岗位职责

(1) 建立、完善药店档案,进行药店级别划分和分类管理。

(2) 跑街,每天至少跑10~15家药店,进行常规理货,掌握产品的购销情况。

(3) 疏通进、供货渠道,保证公司产品在最短的时间内铺上目标药店的柜台,并达到公司要求的铺货率。

(4) 负责指定区域产品的推广、宣传工作。

(5) 终端陈列的维护,以达到公司要求的陈列标准。

(6) 管理临聘促销人员,并负责进行店员教育,培训产品知识。

(7) 按公司要求监管好销售责任区域内的产品价格,严禁窜货。

(8) 解决销售中的产品疑问,做好售后服务。

(9) 正确使用2∶8法则,制订重点终端的拜访计划。

(10) 积极组织并参与产品促销活动或公关活动。

(11) 及时、准确地完成各种报表。

(12) 了解竞争产品的情况,掌握竞争企业推销员的拜访和推销手段,并及时向上级主管反馈市场信息。

(三) OTC代表的工作目标、理念与要求

1. OTC代表的工作目标

OTC代表工作的最终目的是销售药品。为达到这个目的,要实现四大目标。

(1) 渠道管理目标。终端工作是长期的、连续的,同时又是艰苦的,它不仅需要大量的人力、物力、财力,而且需要企业建立一套行之有效的销售管理体系。

对付终端窜货的一个有效的手段就是进行渠道管理,而渠道管理的基础是终端管理。如果终端在服务与监管之下,服从管理,不会乱拿货,只从指定的经销商处拿货,也不会出现缺货或脱销,就说明你的渠道管理目标实现了。

(2) 销量管理目标。OTC代表要认真做好责任区域内的跑单工作,保证在其管理上的终端销量能达到公司规定的数量。如果是新开发的市场,销量应该是持续上升的。如果是成熟的市场,销量应该是稳定的,只会随季节而合理地波动。

(3) 理念认同目标。通过OTC代表的工作,使终端药店认同公司、当地经销商、OTC代表的市场操作理念,并要求认同企业的发展方向、认同企业的营销战略、认同企业的服务方式,使企业深得终端的信赖与支持,和终端的合作达到一种相互配合与促进的默契。

（4）第一推荐目标。经过 OTC 代表的良好培训，不但丰富了店员的药品知识，而且使其对药品产生"偏爱"，以达到对消费者第一推荐该药品的目标。

2. OTC 代表的工作理念

终端药店直接面对消费者，是药品变为消费品的一道龙门，也是医药企业实际销量的源头。OTC 代表要想使自己经营的药品越过龙门，变为现实的销量，必须树立正确的工作理念。

（1）内容上应销售与市场并重。销售与市场应该同时存在，只有有了稳固的市场，才会有长久的销售。OTC 代表不能单纯注重送货、结账等业务工作，不能把产品的销量作为自己唯一的目标，而应该兼做市场的开发、维护和体系网络建设，要帮助市场圈子里的客户做大、做强和共同发展，实现"做网络"与"做销售"双胜利，协调发展。倘若只注重销售而轻视市场，必将导致"有销售无市场"的局面，丧失销售的后劲和依托。

（2）载体上应大小产品并进。大产品也就是零售价（供货价）较高的品种，它在 OTC 代表销售业绩中占大部分的比例。批发企业经营的品种呈多元化格局，若 OTC 代表专挑大产品做，很容易让自己变为单个品种的专职代表，甚至陷入"在一棵树上吊死"的境地。相反，小产品就是零售价较低的品种，其优势为比较畅销，有助于形成快进快出的销售格局，可以减少积压和库存，有利于减少货款流失的风险。况且，我们并不能单纯地认为高价位的产品就是大产品，低价位的产品就是小产品，而应以经营该品种所能带来利润率大小为标准。因为零售价（供货价）高低并不一定与利润率大小成正比。

（3）方式上应刺激与管理并用。OTC 代表要视顾客为"上帝"，虔诚地满足他们的合理要求，如讨价还价、礼品配送等，同时，对客户的监控一刻也不能放松，也就是说，在把客户"当上帝一样敬"的同时，还要"当贼一样防"。防止客户"移情别恋"，例如，借自己的政策推销他人的产品，甚至一夜之间搬迁、倒闭等。政策激励像暴风骤雨，立竿见影，但去得也快；周到、及时、全方位的服务和管理犹如"春雨"，润物无声，能起到潜移默化的作用，来得慢，但持续时间长。OTC 代表应该"激励"和"管理"两手抓，且两手都要硬，才能相互呼应，相得益彰。

（4）环节上应中间与两头并举。终端工作有三个环节：①是企业供给终端的产品；②是与企业直接建立买卖关系的终端；③是与终端建立买卖关系的消费者。有些 OTC 代表只是抓住了中间环节，即与企业直接建立买卖关系的终端，却忽视了两头，即供给终端的药品和与终端建立买卖关系的消费者，从而使自己既不能全面地熟悉产品，系统地向客户推广、介绍；又不能建立典型的消费者档案资料，方便售后服务工作的开展，更无法赢得顾客对该产品（品牌）的忠诚和争取回头客。所以，OTC 代表应该抓住中间，兼顾两头，这样，才能创造更好的销售业绩。

（5）对象上应大户与小户并抓。何谓大客户（重点终端）？不是以终端整体的销售额、营业面积大小和店员人数多少为衡量标准的，而是以它与企业所发生的业务量占其整体业务量的比例大小，以及由这笔业绩带来的利润大小为衡量标准。一般来说，OTC 代表不能唯大是从，只看大客户的脸色行事，而应该灵活把握"抓大放小"的客户开发原则。这是因为，小客户也有其价值，有开发的必要性：首先，小客户可能发展成为大客户；其次，小客户可以弥补企业终端网络的空白；最后，小客户不一定业务小、利润少。因此，OTC 代表应明确"抓"不是唯一，"放"不是放弃。

3. OTC 代表的工作要求

（1）维护公司形象。"形象是企业的第二生命"，这里的企业自然包括医药企业（公司），因此,当企业出现生产经营问题,如产品问题、推广问题或渠道问题等时,OTC 代表不能和客户一起抱怨,不能讲公司的坏话,而应站在公司的角度向客户解释,力求妥善处理,实在解决不了的,应将终端的意见如实带回公司。作为 OTC 代表应时刻牢记,去药店拜访由你个人来完成,但这不是你的个人行为,你代表的是公司的行为,此时的"你"已不是过去的"你"了。

(2) 保持与公司上下级的良好关系。人际关系不是生产力,但在现实生活中,它具有类似于生产力的性质。OTC 代表必须建立并保持与周围人的良好关系,特别是与上级的关系,以诚待人,以心交人,以礼与人,尊敬上司,团结同事。

"金无足赤,人无完人",你的上级也是如此。但上级之所以能成为上级,一定有他的道理。他可能在专业方面比你强,可能在工作态度上比你好,可能在沟通技巧上比你高,最起码他和他上级的沟通比你的多或比你的好。如果你与上级发生了不可调和的矛盾,老板不会为了你,为了你心目中所谓"正义"和"公理"去牺牲你的上级,除非他犯了不可饶恕的错误,比如贪污等严重损害公司的利益或形象的事情。所以,OTC 代表要保持良好的心态,拥有宽广的胸怀,看到并不断虚心地学习上级的长处,对上级的问题视而不见,不然,受伤害的只能是你自己。

(3) 坚守信用。"君子一言,驷马难追"、"人而无信,不知其可"、"人无信不立"等古人的名言至今仍闪耀着智慧的火花和真理的光彩。OTC 代表天天和终端打交道,如果不了解事情的全部,或没有得到公司领导的承诺而随意给零售药店许诺,就会丧失信誉,而在零售店的眼中,你的信誉就是公司的信誉。等你下次再去拜访时,终端药店老板只需一句话就可以把你的信心打碎,如"上个月你答应给我们的承诺,怎么到这个月还不兑现?"、"上次你答应的促销礼品怎么迟迟不到,我们都等着呢,好一起把你的销量搞上去,你的货最近的销量下降比较快"等。这个时候,你将陷入非常被动的境地(合理、合法的承诺与赠给店员一些带有公司标记的小礼品是可以的,但以钱贿赂的做法,则不可取)。

(4) 不贬低竞争对手。有竞争才有压力,才有动力,不要把竞争看成坏事,不要把你和竞争对手的关系看成你死我活的较量,而是看谁活得更好。竞争对手的产品一定有他的优势,终端药店最清楚每个产品的优劣势,你可以把竞争对手的产品和服务与自己的类比,让终端去体会、去判断、去选择。所以,不但要对竞争对手的拙劣动作采取不理会的态度,相反尊敬竞争对手,学习其长处,而不要妄加评论。

(四) OTC 代表的工作内容

1. 药店拜访

详见本章任务三。

2. 药品的陈列

药品陈列是 POP 广告之一,是以药品为主题,利用药品的形状、色彩和性能,通过艺术造型和科学分类,来展示药品、突出重点、反映特色,以引起顾客的注意,提高对药品的了解、记忆和信赖程度,激发顾客的购买欲望。

一个成功的 OTC 代表,必须是一个优良的药品陈列员,给予你的经销商真正的一流服务。OTC 代表应把药品陈列包括在日常工作中,OTC 代表应利用每一个机会去提高销售的效率。OTC 代表有两个商品推销的常用手段,就是广告宣传和陈列。当你卖药给你的经销商时,在药品未卖出之前,他是不会得到任何利益的,当你能够为经销商赢得更多客户时,你就是帮助自己、经销商和公司。

你不能希望经销商和你一样对公司感兴趣,你的经销商有很多其他药品出售,他药店的药品有上百种、上千种,所以他不会对每种药品都照顾到。公司的广告媒介,无论是报纸、收音机、电视、室内广告、室外广告,这一切的宣传,都是一种有效的帮助。一个OTC代表如果不能尽其所能去利用公司的一切宣传措施,那他就会被同行超过。

为此,在药店只有设法将自己公司销售的药品以适当的形式(包括数量、价格、空间、组合方式等)陈列在适当的位置,才能最大限度的提高销量、提升品牌,因为现在患者购买行为随机性很大,这也是OTC市场区别于医院市场的最大特点。OTC代表要营造好销售终端,创造业绩,必须要做好所推销药品的生动化陈列工作。

(1) 抓住消费者的心理诉求,提高药品销量。

"知己知彼,百战不殆",从事药品经营必须研究消费者的消费心理,"对症下药",才能解决销售难题。所以说,终端药店的任何推广技术都要针对消费心理来进行,药品生动化陈列必须抓住消费者的心理诉求,施加影响力,使之向有利于购买的方向转化。

> **知识链接**
>
> 药品陈列的 12 原则
>
> ①符合 GSP 要求和店方分区、分类布局原则;②易见易取原则,即药品包装的正面面向顾客,每一类药品不能被其他药品挡住视线,为看清货架下层的药品,可采取倾斜或前进式陈列,最上层不宜陈列过高、不宜陈列太重和易碎药品;③货架陈列放满原则;④先进先出原则;⑤关联性原则,如感冒药常与清热解毒、抗炎或止咳药相邻;⑥同类药品垂直陈列原则,顾客挑选药品时视线上下移动较横向移动方便;⑦集中陈列原则,同种药品集中在一个地方;⑧POP 形式的药盒陈列尽量接近实物原则;⑨陈列生动化原则,美感→注意→购买欲望;⑩药品位置标志醒目原则,方便顾客寻找;⑪陈列的面越大、越好原则;⑫尽可能多方位、多角度陈列原则,货架、橱窗、灯箱、收银台、店方允许的其他堆放地点。

> **知识链接**
>
> POP 广告是许多广告形式中的一种,它是英文 point of purchase advertising 的缩写,意为"购买点广告",又称为售卖场所广告。POP 广告的概念有广义的和狭义的两种。
>
> 广义的 POP 广告的概念,是指凡是在商业空间、购买场所、零售商店的周围或内部以及在商品陈设的地方所设置的广告物,都属于 POP 广告,如商店的牌匾、店面的和橱窗,店外悬挂的充气广告、条幅,商店内部的装饰、陈设、招贴广告、服务指示,店内发放的广告刊物,进行的广告表演,以及广播、录像、电子广告牌广告等。
>
> 狭义的 POP 广告的概念,是指在购买场所和零售店内部设置的展销专柜以及在商品周围悬挂、摆放与陈设的可以促进商品销售的广告媒体。POP 广告的功能如下:①新产品告知的功能;②唤起消费者潜在购买意识的功能;③取代售货员的功能;④创造销售气氛的功能;⑤提升企业形象的功能。

消费心理学研究表明,一般消费者的消费心理可分为如下七个阶段:注意→产生兴趣→联想→产生欲望→作比较→产生确定的信心→作出购买决定。但在实际购买过程中,各个阶段持续的时间长短不同,并不一定完整清晰地全表现出来,如有的顾客可能一注意到某一药品品牌就决定购买,似乎不存在中间过程,实际上只是这些中间阶段持续时间过短而到了近乎被忽略的地步,但它仍然存在。消费者消费心理变化的七个阶段,对最后购买行为都有不同程度影响。如果我们对不同心理阶段施加有针对性的推动力,就会对最终购买结果产生影响,这就是终端药店普遍关注药店生动化陈列的主要功能:"注意—欲望"的阶段,展示效果大;"欲望—决定"的阶段,可期望陈列效果。通过对消费者的心理分析,在终端药店进行药品生动化陈列,可以从各方面刺激消费者的购买欲望,大大降低老顾客转换品牌的可能性,吸引新顾客迅速实现购买行为,巩固品牌基础,提高药品的销售量。

(2) 遵照药品陈列的12原则,营造药品陈列生动化的要素。

现代营销理论认为,购买者的方便程度,在很大程度上影响着产品的销量。所以,产品的摆放位置对销售起着重要作用。

第一,了解消费者的行为习惯和认知定势,占据最佳陈列位置。在介绍最佳陈列位置前,先让我们了解一下消费者在购买现场的行为习惯和认知定势。①90%的消费者不喜欢走很多路或回头路。②消费者不愿意俯身、踮脚、挺身等。③消费者不愿意去嘈杂、不清洁的地方或黑暗的角落。④消费者的视线喜欢平视,不喜欢仰视和俯视。⑤消费者直行时视线喜欢侧向右面。⑥消费者喜欢逛药店时左转,逆时针行走。⑦在药店,消费者的平均速度为每秒移动1 m,消费者的眼睛望东西如果小于1/3 s是不能留下印象的。

只有了解消费者的习惯,才能把适当的药品,以适当的标价,在适当的时间,陈列在适当的位置上,起到聚焦消费者的注意力、提高药品知名度、增加终端销售量的目的。

比较理想的陈列方式是开架自选购药,这种方式使得药店与消费者之间更具互动性和亲和力,使消费者能够更快地以更简单便捷的方式挑选自己所需的药品。在这里,最好的陈列位置就是消费者最容易拿到的位置,即消费者水平视线高度与肩膀高度之间的范围。一般以下一些位置为较好的陈列点。①店员习惯停留的位置,在其后方的背架视线与肩膀之间的高度位置及其前方的柜台小腿以上的高度(第一层)位置均为较好位置。②消费者进入药店,第一眼看到的位置,即药店正对门口位置。③各个方向:不阻挡消费者视线(主要为沿药店顺、逆时针行走时视线)位置。④光线充足的位置,在药店内主要是正对药店光源的位置。⑤同类药品的中间位置。⑥靠近柜台玻璃的药品较距离玻璃较远位置的药品容易受到注意。⑦非处方药采用自选形式的,以消费者较易拿取的位置为优。⑧著名品牌药品旁边位置。⑨消费者需要经过的交通要道。

选择陈列点时,除以上位置外,还应注意的是要根据药店药品类别布局而定,另外,要保持始终有一固定位置的药品陈列,方便消费者重复购买。

第二,尽量扩大并充分利用陈列空间。多一个陈列位就意味着多一些药品被售出的机会,所以,药品除了在正常的货架位置进行陈列销售之外,应力求寻找第二或第三陈列位。在开架自选药店,第二或第三陈列位较多,如走道边落地陈列、收银台旁陈列架陈列等。在传统药店,由于空间限制,第二陈列位一般在柜台面上。

第三,努力增加药品陈列面。陈列面是指面向消费者的药品的单侧外包装面,销售额可随着陈列面的增大而增加这是个不争的事实。通过对零售市场的调查表明,增加药品陈列面可以增加药品售出的机会。陈列面数分别为2、3、4、5倍时,销售量则相应增加5%、30%、60%、100%。因为药品陈列面越大,看到药品的人越多,药品被购买的概率就越大。

因此,OTC代表应努力增加药品在终端药店的陈列面。在陈列过程中,要注意成功的陈列面都具备以下特点:①包装面正面向外(确保消费者对品牌、品名、包装留下印象);②采用堆箱形式的陈列,增加稳固性(不易翻倒,确保安全);③多药品集中陈列;④至少三个陈列面(因为一个陈列面较易被品名价格标签挡住);⑤留有陈列面缺口(给人有热卖中的感觉)。

第四,陈列药品的所有规格。做到规格齐全,以便消费者根据实际需要选择,否则,消费者可能因找不到合适的规格而转向其他品牌。当然,如果陈列面积有限,OTC代表应建议陈列周转速度快的产品。

第五,保持陈列产品的价值。保持产品外观清洁,随时补充货源,及时更换损坏品、瑕疵品或到期品,如有滞销品,应想办法处理,不能任其蒙尘而有损品牌形象。总之,要保证陈列药品以最好的面貌(整齐、清洁、新鲜)出现在顾客面前,以维护品牌形象,刺激消费者的购买欲望。

第六,做好POP广告即购买现场广告。POP广告是在终端药店最直接地将广告信息传递给消费者的一种广告方式,若与良好的产品陈列相配合,可起到立即的提示和说服作用,故被人们称为"第二推销员"。

第七,采取人员导购。较大的制药企业一般都直接派出或与终端药店一起合作,在销售现场安排人员推销,这就是导购人员。导购人员是企业(产品)与消费者(终端)之间最直接的沟通桥梁,通过他们,企业可以获取来自市场一线的、第一手的有价值的资料,也可以向消费者直接传达有关企业及产品的信息,展示企业的品牌形象。因此,一个出色的导购人员其实是身兼数职,他既是销售促进者,又是企业形象的代言人,还是消费者的老师和朋友,对于提高企业产品的终端适应能力,促进终端销售,具有十分重要的影响。

第八,取得店员的配合和支持。在生动化陈列工作方面除了要取得经销商及药店经理的支持外,还需得到店员的配合。如果药品品牌及OTC代表能够取得店员的认同,生动化陈列工作也就会事半功倍。开展的店员工作主要包括以下三点(主要针对大店和大店店员进行的)。

① 陈列竞赛。主要是为了快速完成陈列,争取高的布货率和陈列条件,保持良好的关系。在前期要做好市场调研工作,掌握清晰完整的区域药店资料,然后进行分级,制订陈列竞赛计划、预算和合理的评比细则。

② 陈列津贴。陈列津贴和陈列竞赛一样,目的都是为了刺激大店和大店店员的陈列热情。

③ 与店员教育、联谊结合。目的是综合利用营销资源,取得最佳效果。主要是为了提升品牌在店员心中的地位及增进感情,使陈列工作顺畅进行。

为了确保陈列有效,OTC区域经理或OTC代表应通过报表检查、库存盘查及现场抽检进行陈列检验与评估。

3. 店内导购

(1) 导购员职责。

对于顾客的职责:为顾客提供服务和帮助顾客做出最佳选择。

对于企业的职责：陈列、销售；宣传、收集信息；对店员传递信息；填写报表等。

(2) 导购技巧。

第一，店内导购应做到准确识别顾客，分别采取对策。果断型顾客：察看准确，点拨到位，语言简练。优柔型顾客：有耐心，多角度反复予以说明。沉默型顾客：根据其举动判断需求，设计感兴趣的问话，要先问、多问、轻声慢语。心直口快型：以微笑相待，顺着顾客的话来应对，说话可快些，突出重点即可。

第二，当顾客走近货架时，要笑脸相迎并搭话。

第三，摸准顾客需求，先问清何病，再探究其诉求重点：①快速彻底治愈；②疗效显著且无副作用；③有疗效且价格便宜；④送礼。

第四，导购时应以己之长比人所短，增强说服力。

第五，顾客有一定购买意向时，直接问"要哪一种？多少？"

第六，当顾客犹豫不决时，建议先买一个疗程的量，待有效再说。

(五) OTC 代表的销售技巧

1. 购货折扣

购货折扣是指医药企业在一定期限内对终端药店购买特定产品或购买达到某一特定数量作出特殊的价格折让。这种促销方式适合于开拓新产品市场。

购货折扣的形式可分为三种，即数量折扣、现金折扣和实现定额目标折扣。

(1) 数量折扣：按终端药店购买数量的多少，分别给予不同比例的折扣。采购量愈大，折扣愈多。主要用于鼓励大量购买。

(2) 现金折扣：对当时或按约定日期付款的终端给予一定比例的折扣。主要用于鼓励提早付款，加快资金周转，减少呆账和利息损失。

(3) 实现定额目标折扣：一般用于半年或年末结算时，如果终端药店达到一个事先设定的目标，就给予一定的折扣。这种折扣主要用于鼓励终端定向购买，这种形式自然成为终端药店努力实现定额目标的有力动机。

购货折扣的注意事项如下。

(1) 折扣促销可能直接减少企业的利润，特别是当折扣的政策渐渐成为厂家之间的竞争手段之时，对企业的利润影响更大。对于任何一种药品，如果折扣后药品价格降了 5%，则需增加 33% 的销量才能维持原有利润水平，如果降价 10%，则需增加 100% 的销量。

(2) 促销活动结束后，销量可能有一个下降的过程，折扣只是短期的激励，既不能帮助终端药店，也不能帮助提高消费者对促销药品的忠诚度，它只能吸引对价格敏感的消费者，当促销活动结束时，这类消费者随时可能转移到更低价格的同类产品。

(3) 折扣的固定化，经常性的折扣易被终端作为利润列入常规收益，一旦如此，药店就会期待固定化的折扣。长此下去，便失去了预期的"鼓励"功能。所以，应明确折扣标准及时效性，避免经常化。

(4) 折扣的转让，最好让终端药店拿出一部分的折扣回馈给顾客。

此外，折扣是明给还是暗给必须遵守法律法规，千万别陷入商业贿赂的陷阱之中。

2. 神秘消费者活动

神秘消费者活动是指医药企业派出人员假扮消费者，对店员提问和咨询，以检验店员对药品的认识状况和推荐率的促销形式。

使用神秘消费者进行促销应注意五个问题。

(1) 神秘消费者即企业派出人员应对产品有较全面、较深入的了解,尤其要清楚本公司药品区别于竞争品牌的特性。

(2) 应该在活动前2～3周通知终端店员,尤其是目标店员,以促使其进入状态,提高企业销售药品的推荐率。

(3) 如果店员反应得当,对企业产品介绍恰当,推荐及时,应立即说明来意,并当场给予奖励,赠送礼品,礼品要精美实用。

(4) 同一药店不宜反复拜访,最多不超过3次,且间隔时间要长,以免店员失去兴趣和热情。

(5) 要及时总结、检查被推荐的原因及店员所推荐的是否是药品的卖点或特性,以便对企业的市场推广活动提供参考信息。

3. 小礼品激励

小礼品激励是指医药企业专门制作的带有企业标志的小礼品供OTC代表在拜访时发放,以带动企业产品销售的促销形式。

其注意事项是"千里送鹅毛,礼轻情义重",送礼品事"小",但对加强与终端店员的联络,加深其对代表和代表公司的药品的印象事"大"。所以,OTC代表分发小礼品时,要亲手交给店员,让他感受到你对他的关注,不要委托他人转交。

4. 销售积分竞赛

销售积分竞赛是指医药企业根据终端药店和店员售出药品积分多少给予不同等次奖励的一种促销方式。这种方式旨在鼓励药店参与促销的积极性,提高终端店员的推荐率。

采用这种方式时,通常可把促销药品用盒数作为统计单位来设置一定的分值。在竞赛中,看哪家药店的哪名店员推荐成功率高,销量大,积分多,从而评出不同等次的奖励;同时,可设出相应的总体销售奖,奖励店经理和柜组长,只要药店总体销售量达标,就应给予奖励。

使用销售积分竞赛促销应注意以下六个问题。

(1) 所选择药店在地理位置、营业面积等方面要相近,也就是对各个药店应相对公平,这样有利于提高活动效果。

(2) 竞赛前的准备、计划、评比办法及对所有参赛药店的解释、告知均要详细。

(3) 应与终端药店商定一个共同的销售量下限。这个下限应参考以往销售状况再加上适宜的增长比例,让终端药店意识到必须有一个额外的增长量。

(4) 必须建立详细、准确的客户档案。由于活动涉及诸多数据信息,并直接联系着奖励的发放,所以,一定要做好客户档案数据的管理。

(5) 兑奖要及时。每兑一次奖,积分归零,重新计算积分。

(6) 积分办法应明确,兑奖可灵活,同一终端店员在自愿的基础上,积分可合并计算。

5. 陈列竞赛

陈列竞赛是指通过研究药品陈列对人的冲动购买行为的影响,为提升药品的品牌形象和扩大药品销售而进行的药品摆放促销形式。陈列竞赛是医药企业和终端药店双方互利互惠,而不是企业主动、药店被动的促销活动。陈列的理想境界是生动化。

陈列竞赛的实际操作中应注意以下 8 个问题。

(1) 做好竞赛前期药店调研资料，收集了解活动举办地药店的分布、分级、营业情况及连锁店的多少和连锁店对陈列竞赛的态度。在调研的基础上，选定参加竞赛的终端药店，发放陈列竞赛邀请函，签好回执。

(2) 陈列竞赛计划和预算方案应尽可能详细，可操作性强，要达到即使不懂任何陈列竞赛的人根据计划就能操作的程度。活动计划应包括活动目的、活动时间、活动安排（包括准备期和实施期）、人员职责和考核方法、竞赛评比细则、评比方式、评比及奖励、费用预算等内容。

(3) OTC 代表应将竞赛评分标准等参赛事宜详尽地告知参赛药店，并积极参与并协助店员搞好陈列活动。

(4) 竞赛评委会应包括当地有影响的批发零售商、大区经理、当地销售主管、新闻媒体人员和企业人员，一般为 5~6 人。

(5) 为了保证陈列活动既能达到基本的陈列水准，又不能限制一些创意发挥，评分可设基本分和附加分，取两项之和为最后的评定标准，以鼓励终端药店最大限度的发挥，提高比赛效果。

(6) 保证竞赛的公平性和公正性。评分标准应公开，可采取销售主管抽查评分和评委会现场评分相结合的方式，并拍照存档备查。

(7) 颁奖一定要及时，以显示企业的良好信誉。

(8) 做好陈列竞赛效果评估。陈列竞赛的效果，主要应体现在销售量上，可设计专门表格来记录，如某药店某药品陈列竞赛前、中、后销量变化表。

促销活动是极富创造性的活动，每一种促销形式都需要在实践中不断发展、完善。OTC 代表应该在实际工作中，围绕企业的整体营销目标，灵活运用各种促销技巧，并且勇于创新，善于创新，争取取得理想的效果。

任务二　OTC 终端营销策略

一、OTC 终端概述

(一) OTC 终端的概念

OTC 终端是指 OTC 与消费者直接见面的地方，是实现 OTC 与货币交换的地方，是发生买卖关系、产生交易的地方。在销售通路各环节中，终端是企业决战销售的最后战场，是顾客、OTC、资金三项要素的联结点，是企业和消费者接触的最后枢纽。

终端已由原始的买卖结合处的商业终端发展演变为今天的营销终端。对 OTC 来说，终端在市场营销活动中主要指药店、医院等活动场所，功能上主要指销售、宣传、服务，在具体操作上主要指硬终端和软终端两方面。

(二) OTC 终端的重要性

(1) OTC 终端工作的开展可以展示企业文化及企业形象：良好的终端可以产生氛围推

销作用,向消费者传递商品信息,使消费者对产品及企业产生信任感、安全感,从而争取到大量购买者。

(2) OTC终端工作的开展可以为企业获得较大的利润空间:企业直接做终端可以减少中间渠道的费用支出及各利润分配,为企业赢得更大的利润。

(3) OTC终端工作的开展可以让企业摆脱中间环节的束缚:企业通过对终端的运作,可以加强对自己营销队伍的训练,减少对中间商的依赖和束缚。

(4) OTC终端工作的开展可以为企业新产品上市创造条件:企业自己运作终端,新产品上市时不仅可以快速到达终端,而且在良好的终端环境下可以快速提高产品的销量。

(三) OTC终端的类型

1. 场所分类法

(1) 各类型零售店是指各类由国家食品药品监督管理局批准、获得药品经营许可证、专门从事药品经营的各类型药品商店,主要包括连锁药店、平价药店、单体药店、挂靠药店、药品超市或卖场、仓储式药店等。此类药店数量多,竞争激烈,是OTC药品终端的主体。

(2) 医院、(妇幼)保健院、其他各类厂矿医院:通常指区县级地方医院和各类专科、大型厂矿医院。

(3) 个体诊所或社区医院门诊部。

(4) 商场及宾馆药柜。

(5) 企事业单位卫生室(院)。

(6) 计划生育系统用药市场。

(7) 疗养院等。

2. 功能分类法

OTC终端根据其功能可分为硬终端和软终端。

二、OTC硬终端

OTC硬终端是指一经实施,在一段时间内不会改变的设施,包括终端信息传播物的制作等。具体形式有路牌、车体、横幅、遮阳篷、灯箱、招贴、不干胶、海报、POP、台卡、宣传资料、包装袋、音像设备、展板、导购牌、价格表等。每一种形式的硬终端设施都有自身不同的特点,有不同的展示场所和不同的展示内容,各有优势和不足。

在具体操作实施中,应充分发挥各自特长,并坚持统一原则;坚持长期开展,有计划实施;坚持追求全方位、立体的视听包装,以便形成氛围。上述原则详述如下。

1. 统一的原则

首先,是形式的统一。在设计时至少要在一个地区形成统一,甚至一个省乃至全国的统一。不但每一种终端设施要形式统一,而且不同的终端设施也要协调统一,包括款式、规格、比例、色彩、图案、字体等。形式统一容易形成产品识别,也是品牌传播的基本要求。

其次,是宣传内容的统一。它不是指所有终端宣传内容必须完全一样,而是指各种终端所展示的内容不能相互矛盾,否则会造成消费者怀疑。例如产品在这个区域说主治头痛,而在另一个区域却大肆宣传主治胃病,这就会造成内容不统一,让人无所适从。一般宣传内容主要包括企业形象、产品品牌、成分、药理作用、服用方法、注意事项、效果等。

再次，是与环境的统一。硬终端的建设必须和当地习惯、当地具体环境、人文风情结合起来形成统一，充分展示产品的独特性。这就要求在设计和布置之前，要了解当地的自然状况，了解产品布置的终端场所。合理设计和布置，才能避免盲目操作。

最后，是管理布置的统一。在终端操作上统一管理，统一布置，易形成整体氛围。特别是同一种终端包装要统一布置，不同种包装要有计划的协调配合。在管理上，要有专人负责，对终端设施应及时更换（如破损、污损的条幅和招贴画等）、及时补充（如宣传单）和妥善保管（如音像设备、展板等）。

2. 追求全方位、立体的视听包装，形成氛围

在繁华街道设置醒目路牌，利用大街上游动的车身广告，药店外悬挂横幅，门上设遮阳篷或灯箱，门口有展板，内有招贴，室内天花板上挂有整齐的POP，柜台上有台卡及宣传资料，货架上有排列美观的产品，在合适的位置设置录音机或电视录像，这样可以多角度刺激消费者的购买欲，达到促销的目的。

3. 坚持长期开展，有计划实施

OTC硬终端工作是长期性的，所以要根据市场的实际阶段安排，有计划地加以实施。在市场启动初期，一般应着重宣传产品的机理、效果，使消费者了解产品的定位和诉求，可多做条幅、宣传资料、展示板、音像制品等；在市场快速增长期和成熟期，应注重品牌宣传，可利用路牌、车体等形式展示丰富的终端包装，使氛围越来越浓。

三、OTC软终端

与OTC硬终端相比，OTC软终端工作更加重要，难度更大。如果没有良好的OTC软终端，大部分OTC硬终端则难以实施，更不能发挥其作用。

OTC软终端是指针对零售场所从业人员以及消费者进行的各项工作。工作对象主要包括店经理或者店老板、柜台长或者组长、药剂师、营业员、坐堂大夫和目标消费者等。在医院还有医生、护士、药剂科领导、院长等。其中工作的关键是做好联络、沟通工作。软终端的具体工作要求如下。

1. 促销人员

促销人员一般要求为女性，招聘时可分为专职和兼职。通过促销工作，需要开展礼仪服务、导购服务；进行产品宣传，收集信息；进行市场调查和家访公关。所以企业选择促销人员时必须把好人员素质关，并严格培训，加强管理。尤其要强化动态过程控制，实行表格化、制度化管理。

2. 药店营业员

药店是最基本的销售单位，是OTC药品的流通主渠道，充分调动营业员的主动性和积极性，使其成为产品的隐性宣传员，可以增强宣传效果，加强信息反馈。与营业员之间可以有一定的物质利益关系，但最重要的是在融洽交流的基础上，利用适当的机会或创造一些机会加强感情交流。同时培训十分必要，方式可采用有奖征答、有奖阅读等形式，让营业员熟悉产品知识。

3. 医生

由于医生在患者心中的特殊地位使其成为药品企业争取的目标。于是医院工作成为医药营销中的一个重点。

与医生的情感沟通可借鉴对营业员的策略,但由于其专业知识、地位等方面差别较大,所以可通过专家讲座、座谈会、研讨会、推广会等形式,向其讲述产品知识,使之对产品有认同感。

OTC终端工作是一项复杂的系统工程,无论是OTC硬终端还是OTC软终端的操作,必须与市场的发展相适应,与其他宣传手段相呼应,结合产品特点,创造性地开展工作,形成产品营销的特色终端。

四、OTC终端营销策略的具体内容

(一) OTC药品市场现状

根据世界知名的非处方药调查公司NHC的最新统计,中国非处方药占到了全球市场份额的5.7%,仅次于北美、西欧和日本市场,成为全球第四大非处方药市场。中国2007年非处方药销售额已达73亿美元,并保持着11%左右的增长速度,远高于全球非处方药5.4%的平均增长率,增长率位居全球首位。截至2008年第二季度,我国近3年非处方药销售额平均增长率以及最新一年非处方药销售额增长率均居全球首位。预计到2017年,我国非处方药市场价值将超过163亿美元。

据IMS市场调研咨询公司统计:截至2008年第二季度,全球非处方药市场增长率首次超越制药市场的增长率;全球非处方药市场价值已超过850亿美元。拉丁美洲、东南亚、中国和中东欧等发展中地区已取代发达国家,成为推动全球非处方药销售额增长的主要力量。

在我国销售的所有非处方药中,维生素、矿物质及食品补充剂占总销售额的近四成,约为26亿美元;治疗咳嗽、感冒的药物及过敏药销售额为20亿美元,位居第二;消化类药物、皮肤科药物及解热镇痛药均跻身非处方药销售额的前5名。

中国非处方药协会副会长郭振宇表示,目前,中国非处方药销售额占全国医药市场总份额的10%~15%,这与一些发达国家非处方药销售额占全国医药市场30%~40%的比例还有很大差距,说明我国在非处方药方面还具有较大的发展空间。

而且,我国OTC药品的消费占国民生产总值(GDP)的比例远低于美国、日本、韩国等发达国家,市场空间巨大。而且随着我国经济发展水平的提高及消费者自我药疗和自我保健意识和水平的提高,OTC市场的发展潜力也将越来越大。

(二) OTC药品的营销特点

1. 消费者可自行直接购买

这一特点是非处方药与处方药的最根本区别。从OTC药品的定义可以看到,OTC药品的购买者能够对自己的病情有充分的了解和足够的判断,不需要经过医生的诊断即可直接到药店或药品超市购买。OTC药品多是片剂、丸剂、胶囊剂、颗粒剂、口服液等剂型,基本没有毒副作用和不良反应,安全性高,而且说明书内容通俗易懂,使用方便,因此消费者购买的自由度高,便于自行判断和购买。

2. 品牌效应显著

经消费者多年应用验证的大品牌早已深入民心,成为消费者购买的首选。百年老字号"同仁堂"、"世一堂"等商标,近年的"白加黑"、"安瑞克"、"达克宁"等商品名,以及哈药集

团、三九集团、天津天士力、河北神威等著名药品生产企业已成为药品质量好、疗效佳、百姓信赖的品牌。

3. 销售辅助活动多,市场活跃

OTC药品与处方药的另一大区别在于OTC药品可以在大众媒体做宣传,而处方药只能在专业刊物上进行宣传。OTC药品的各种宣传活动丰富多样、层出不穷。电视、报纸、广播、杂志、灯箱等广告宣传形式多样,同时还有各种促销活动。

4. 同类(同名)产品多,竞争激烈

药品中治疗同一种疾病的药品众多,而且有相同药品名称的药品也很多,如治疗咳嗽的药有贵州益佰的克咳胶囊、世一堂镇咳含片、密炼川贝糖浆等。具有相同名称的药品也很多,仅板蓝根颗粒(冲剂),国家批准允许生产的企业就有800多家。很多西药商品名称不同而药品名称基本相同,如安瑞克为布洛芬颗粒、易服芬为布洛芬口服液,主要成分相同而剂型不同,还有三精等厂家生产的布洛芬片等。

(三)OTC终端营销策略

随着药品分类管理制度的实施和国家对医药市场的整顿,我国药品市场的结构发生了巨大的变化,非处方药品市场出现了前所未有的激烈竞争形式,企业越来越重视OTC市场的终端营销策略。OTC终端营销常用的策略有以下几种。

1. 差异化营销策略

差异化营销策略是指产品在某方面或某一点上与同类产品产生显著性差异、在市场上能够迅速脱颖而出、使零售终端与消费者能快速识别和易于记住的特色优势。差异化营销策略既要使产品个性鲜明独特,同时又要不易被其他产品模仿。

一方面可以通过产品(包装、质量)与竞争对手形成强烈的个性差别,另一方面可以在营销手法上体现出与主要竞争对手的差异性,突显自己的个性色彩,以吸引消费者的购买欲望。

例如,哈药集团三精制药生产的葡萄糖酸钙口服液,采用蓝色玻璃瓶内包装,晶莹剔透,与普通无色玻璃瓶相比既美观又容易被终端、消费者接受和记住;同时因为三精蓝瓶包装申请了国家专利,其他企业和产品不得使用和模仿,在终端形成了独特的个性化优势。

2. 战略联盟营销策略

战略联盟营销策略是指两个或两个以上厂家或同一厂家的不同产品在零售终端优势互补,共同联手占领市场的策略。战略联盟营销策略可以通过多种形式实现。

(1)功效互补。六味地黄丸是尽人皆知的滋补肾阴药品,金匮肾气丸是滋补肾阳的良药,按一定比例搭配使用能够促进人体的阴阳平衡。

(2)中西药搭配。现在我国药品种类丰富,治疗同一种疾病可以使用不同的药物,既有中药,也有西药,可以根据患者的用药习惯和个体差异等因素进行选择。

(3)剂型搭配。OTC药品剂型包括片剂、颗粒剂、胶囊、滴丸、口服液等,可以根据患者年龄、病情、体质等选择不同剂型的药品。

(4)价格搭配。处于高、中、低不同价位的药品可以相互联合使用,以满足经济水平不同的消费使用。

(5)包装规格搭配。包装数量多少(每单位包装服用天数或次数多少)可以互补销售,以满足需求量不同的消费者。

3. 情感营销策略

情感营销策略是指在OTC业务员、药店营业员及消费者之间建立良好的沟通及情感联系,建立相互信赖关系,从而产生顾客忠诚。

第一,OTC业务员与药店营业员及消费者之间建立良性顺畅愉快的沟通,在药品售前和售中均做好各种服务活动,对药店营业员做好药品知识和医疗知识培训,使营业员对该药品及与该药品有关的医学知识有一定的了解。

第二,对消费者开展免费义诊活动,使消费者了解自己的病情、病因及治疗机理等,从而选择适当的药物进行治疗。

第三,药品是有一定有效期的商品,超过了使用期限会对患者产生毒副作用,因此对个别购买而未使用的消费者会产生一定的浪费,如果在每个城市设立一个近有效期未开封药品以旧换新的终端销售点,无疑会使产品在零售终端和消费者之间产生良好的口碑和信誉。

4. OTC终端定位营销策略

OTC终端类型多、数量大,企业很难以自身力量将所有终端做细做好,因此在做终端前企业首先要将自己的产品在终端进行定位,是以城市销售为中心还是以第三终端农村销售为中心,以药店为主或是以卫生院诊所为主,以大连锁药店为主或是以挂靠店为主或是以卫生院诊所为主,以大连锁药店为主还是以挂靠和单体药店为主,规模和营业额范围在多少的店最适合等,然后在对终端零售店的情况及周围消费者的特点综合分析的基础上对终端进行定位和组织结构设计。企业只有在做好OTC终端定位的基础上才能够把市场做细做好。

OTC终端常用的定位方法有以下几种。

(1) 产品定位法。根据产品的功效进行价格定位。感冒药、消炎药等生活中常用到的药品,无论大、中、小型药店,还是社区门诊及农村的终端都可以销售,而治疗肝病的药物更适合在乡村销售;价格较高的药品适合做大型零售终端,价格低廉的药品多在小型零售终端销售。

(2) 渠道定位法。企业直接自己做零售终端还是通过代理商间接做终端,企业直接将药品销售给药店还是通过中间批发商卖给药店,都会对企业的终端定位产生影响。

(3) 根据企业的品牌效应定位。大品牌企业进大型连锁药店比较容易,而不知名品牌相对较难。

(4) 企业对风险的抵抗能力。

(5) 根据竞争对手终端分布状况定位。

(6) 根据企业可投入终端开发及宣传活动的费用情况进行终端定位。

5. 专业化营销策略

随着经济水平的提高和社会分工的专业化,人们对专业化的要求和对专业知识了解的渴望不断提高,OTC药品营销在终端运作上应尽可能做到专业化。

(1) 终端营销人员专业化。企业对OTC业务员的培训、OTC业务员对药店营业员的产品讲解、营业员对消费者的产品知识介绍,都要进行专业的培训和讲解。

(2) 宣传专业化。企业终端的宣传活动、形象展示、POP、促销等均应体现专业化。

(3) 服务专业化。对消费者提供专业化的服务。

(4) 品牌经营专业化。一个成功的品牌不仅要在品牌建设、推广、延伸上体现专业化，而且在终端的品牌维护上更应该体现专业化，给消费者提供一个独一无二的企业品牌核心价值观。

(5) 终端管理专业化。终端信息收集、档案管理、客户拜访、产品陈列都要突出专业化的特点。

6. 品牌营销策略

菲利普·科特勒(Philip Kotler)对品牌的定义如下：一种名称、术语、标记、符号或设计，或是它们的组合运用，其目的是借以辨认某个销售者或某群销售者的产品或服务，并使之同竞争对手的产品和服务区分开来。品牌是一个企业素质、信誉和形象的集中体现，拥有构思恰当和管理有效的品牌，公司就能够建立起良好的声誉，这将大大提高消费者和用户的信心。品牌传达了"消费者对产品的信赖"这一核心思想。

拥有良好品牌形象的OTC药品代表的是品质高、疗效好、信得过，是消费者愿意购买的药品。因此，医药企业在给品牌恰当定位、系统规划、大力推广、有效延伸的基础上，应在终端做好品牌的精心维护和品牌忠诚度的培育。品牌的生命力在于发展，这是一个动态的过程，品牌的维护就是要采取一系列的行动顺应市场竞争的变化、消费者的心理，以高品质的产品和优质的服务满足消费者的需求，维护品牌的形象和消费者的忠诚。

任务三　零售药店终端拜访

一、零售药店的分配

（一）熟悉药店职员的岗位职责

药店职员一般包括药店经理、药店副经理、执业药师、柜组长、店员、库管、采购员、财务人员、质检员等，角色不同，职责各异，OTC代表必须做到心中有数。

(1) 药店经理：负责药店的全面工作，对药店的经营状况负责，是一店之主。

(2) 药店副经理：药店经理的直接助手，分管某一方面工作，如人事、仓储、营业、财务等。

(3) 执业药师：终端药店的执业药师主要负责为顾客提供用药咨询，指导顾客合理用药，同时，负责处方的审核与监督调配。

(4) 柜组长：负责某一种类药品销售工作，对销售量和利润负责，同时负责管理本组店员。柜组长对本组销售什么产品往往有十分重要的建议权甚至决定权。

(5) 店员：第一线的销售人员，直接负责接待消费者，承担销售、开票工作。

(6) 库管：盘查库存，管理进货品种，提出采购计划，负责药品的进、出库工作。

(7) 采购员：按库管采购计划或按药店经理、柜组长指示采购药品。

(8) 财务人员：收、付货款。

(9) 质检员：把握购进药品的质量关。

（二）目标药店的选择

目标药店的质量关系着OTC代表的工作业绩，OTC代表应该尽力选定高质量的目标药店。在选择时应该考虑自身的企业现状、不同的产品类别，不一定选最大、最好的终端药店，而应选最适合的。例如，普通药物类的工作重点是大、中、小型药店；感冒类、抗感染类药品应该注重中小型药店的终端销售；货值较高的尤其是保健品类的产品则应该注重大型药店的终端销售。终端药店选择的核心衡量要素是销售量，销售量包括两方面：一是该终端药店的整体销售量；二是本企业的产品在该终端药店的销售量的绝对值和相对值。终端药店的选择程序如下。

1. 终端药店的调查

应取得如下资料：①终端药店的整体销售量以及本企业产品在该终端药店的销售量；②终端药店中本企业产品供应的商业渠道；③连锁药店，从连锁药店的配送中心调查数据。

对终端药店应调查如下数据：①了解主要竞争对手，或者一些大型医药商业公司在当地所覆盖的终端药店；②了解产品经销商、分销商的覆盖能力及覆盖药店的销售数据；③了解行业人士对终端药店的评价和口碑，了解行业内的相关统计资料；④终端药店的实地了解，包括药店主管负责人及商业主管负责人的沟通机制、营业面积、营业员人数、地理位置、消费者人流量估算、周围社区状况及消费水平等。

2. 终端药店的评估

区域终端药店按销售量分类评估如下。

（1）A类店：本企业理想的终端目标药店，药店整体销售量大，本企业的产品在该店的销售量也大。首先要保证这些药店中本企业产品的100%覆盖率。一般城市这类药店占所有终端药店的10%~20%。

（2）B类店：本企业第二优先选择的终端目标药店，这类药店整体销售量大，消费者基础好，具有很大的提升空间。同时应实地调查研究本企业产品销售量小的真正原因，是本企业产品覆盖问题，还是同类竞争对手产品的销售抵制。一般城市这类药店占所有终端药店的20%~30%。

（3）C类店：本企业作为后备选择的终端药店，它的整体销售量小，而本企业的产品销售相对较好，说明产品销售量提升的空间小，一般不必花太多的工作精力在这些终端药店，工作力度可以考虑维持。一般城市这类药店占所有终端药店的30%~40%。

（4）D类店：本企业目前无法直接覆盖的，暂时可以放弃维护工作的终端药店。一般城市这类药店占所有终端药店的10%~20%。

3. 终端药店的调整

目标药店确定后，并不是一劳永逸的，通常按季度、半年度或年度进行的调整工作也要跟上。主要考虑终端药店的变化、连锁药店的扩张、销售量的变化和药店的搬迁、倒闭、开张及公司资源条件的变化等因素。

二、拜访路线的制订

OTC代表药店推广成功的关键是药店拜访，即跑街。跑街是OTC代表常用的一个名词，是指OTC代表需要每天沿街拜访各个药店，对产品进行推销。因此，跑街、拜访是

OTC代表的常规任务,也是其实现工作目标的基础。但要做好此项工作,必须事先制订好科学、合理的拜访路线。

(一) 制订拜访路线的原因

(1) 确保拜访到所有的客户。
(2) 确保对每位客户的拜访达到既定的频率。
(3) 节省时间。
(4) 让上司知道自己的行踪。
(5) 每月回顾和分析工作重点及工作量。

(二) 影响拜访路线制订的因素

拜访路线是为拜访服务的,所以,制订拜访路线应考虑药店的分级、各级药店的拜访频率、每天的总拜访店数及拜访行程的次序安排。

由于各个城市大小不同,终端药店的密度也不同,每个城市OTC代表的拜访线路、要求也不尽相同。一般把要拜访的目标药店分为A、B、C三级。例如,对于A级店,要求每周至少拜访1次;B级店,每2周1次;C级店,每4周1次,那么每个OTC代表总体就会负责80～120家药店。

(三) 制订拜访路线图

OTC代表负责的药店比较多,且要按一定频率全部拜访到,因此应该设计一条合理的拜访路线,否则,每天无目的、无确定路线地跑街,只能使人疲惫不堪,更谈不上效率了。

制订拜访路线最简便的方法是画图法。首先,将你所负责的区域画成一张示意图,用三种不同图形分别表示A、B、C三级药店,并把自己的住处也标注出来。

然后,以一个公交公司总经理的身份来安排这个城区的公交路线,每一个符号就是一个站点。假如你每月有20天拜访,那你就需要安排20条公交路线,这20条路线就代表着你每天的拜访路线。当然,你也可以少安排几条路线,利用重复路线来达到目标。在安排时,你必须考虑以下因素:①每条路线的起点和终点,均是你的住处;②按不同级别药店的拜访频率,确定通过各个站点的路线数量,例如,A级药店需每月拜访4次,那么,你就需要安排4条路线通过每个点,依此类推,则为2条、1条;③根据路程的具体情况和每一站所需时间,确定每条路线上的站点数量;④连接这20条路线,这就是你的拜访路线。

这样,你可以把以上信息填在表上,做出一个准确的拜访计划,你的拜访路线图就完成了。总之,只有结合药店的地理位置、大小及所需的拜访频率,充分利用现成的公交路线,才能合理设计拜访路线,每天进行有效的拜访。

三、拜访方法

1. 开门见山,直达来意

OTC代表一进店堂,就应将此次拜访的目的向对方说明,例如,向对方介绍自己是哪个药品生产厂家(代理商)的;是来谈铺货事宜,还是来查销量;需要药店提供哪些方面的配合和支持等,并表明你合作的诚意。

如果没有这一番道明来意的介绍,药店则很可能将OTC代表当成一名寻常的消费者,而百般周到的服务。当他们为推荐药品、介绍功效、提醒禁忌事项等大费口舌时,OTC代表如果突然来一句"我是某厂家的,不是来买药的",营业员则易产生一种强烈的被欺骗的感觉,马上就会产生反感情绪。这时,要想顺利开展下一步工作肯定就难了。

2. 突出自我,赢得注目

有这样一种情况,OTC代表多次踏入同一药店,却很少有人知道OTC代表是哪个厂家的,叫什么名字,在做哪些品种的业务。这就需要OTC代表想办法突出自己,引起药店的关注。

第一,不要吝啬名片。每次去药店时,给相关人员发一张名片。发名片时,可以出奇制胜。例如,将名片的反面朝上,先以经营的品种来吸引药店工作人员,因为药店真正关心的不是谁在与之交往,而是与之交往的人能带给什么样的盈利品种。将名片反复发放,直至药店工作人员记住你的名字和你正在做的品种为止。

第二,在发放产品目录或其他宣传资料时,应在一显眼处写出自己的姓名、联系电话,并以不同颜色的笔标出,还应对药店工作人员强调:只要您拨打这个电话,"这个人"随时都可以为您服务。

第三,以已操作成功的代理品种的名牌效应引起关注,如某药做得这么成功,就是我公司独家代理的。

第四,表现出与店堂经理等关键人物的关系非常之好,如当着营业员的面与经理称兄道弟、开玩笑等。一般来说,店员肯定不敢轻易得罪经理的好朋友。

3. 把握时机,融为一体

OTC代表踏入药店营销时,常常会碰到这样的情况,店员不耐烦、态度生硬地对OTC代表说:"我现在没空,正忙着呢!你下次再来吧。"

店员说这些话时,一般是两种情形:一是他正在接待其他顾客;二是他正在与其他同事聊某一热门话题。

当然,在第一种情形下,OTC代表必须耐心等待,并找准时机帮店员做点事情,例如,当消费者购买行为举棋不定、犹豫不决时,OTC代表可以在一旁帮店员推荐;在第二种情形下,OTC代表可以加入他们的谈话行列,以独到的见解,引起共鸣,或者是将OTC代表随身携带的小礼品送上。总之,OTC代表要表现得能与之融为一体、打成一片的姿态;要有无所不知、知无不尽的见识。

4. 明辨身份,找准对象

如果OTC代表多次拜访了同一家药店,却收效甚微,要进的货总是谈不妥,OTC代表就要反思是否找对人了。

这就是要处理好OTC代表平时所强调的"握手"与"拥抱"的关系,搞清谁是药店经理、柜长、财务主管、一般营业员、厂家促销员。不同事宜找不同职位(职务)的人。例如,要药店接收新品种,必须找经理;要结款,必须找财务主管;而要加大产品的推荐力度,最好是找一线的店员。

5. 宣传优势,诱之以利

商人重"利",这个"利"字,OTC代表可以简单地理解为"好处";若能给药店带来某一种好处,OTC代表一定能为药店所接受。

OTC代表必须有较强的介绍技巧,能将公司品种齐全、价格适中、服务周到、质量可靠、经营规范等能给药店带来暂时的或长远的利益全盘托出;让他感觉到与自己公司做生意,既放心又舒心。宣传时,OTC 代表可以采取 F(特色、卖点)、B(利益)、L(冲击、诱导)原则。

6. 重点突破,以点带面

药店员工在业务过程中一般都是统一口径、一致对外,这时 OTC 代表要想突破这一道"统一战线"较难。所以,OTC 代表必须找到一个重点突破对象。

例如,找一个年纪稍长在药店较有威信的人,根据他的喜好,开展相应的行动,与之建立"私交"。可以给他正在上学的孩子送一个书包,送一本复习试题资料,然后再用这个人在药店里的威信、口碑、推荐来感染说服药店里其他的人,以达到进药、收款、促销的目的。

7. 四勤一体,适时跟进

药店的拜访工作是一场持久战,很少有一次成功的,也不可能一蹴而就、一劳永逸,OTC 代表无需害怕失败,要发扬"四千精神",每天多跑一家药店,每家药店多去一次,每次多聊几句、多听几句、多看几眼,看产品的陈列包装,有无缺货现象,听取药店的要求、建议和市场的反馈信息;把后续工作做细做好,这与"刀不磨,要生锈"的道理是一样的。

四、拜访程序

(一)拜访前的准备

(1)重温每周工作计划表,确保每一个终端药店都拜访到,从而为整个拜访做好充分的准备,同时可以衡量访问的效果。

(2)准备所需要的拜访材料和销售工具,包括拜访所需的销售报表、产品资料、价目表、公司相关文件、促销计划书、宣传品、礼品等,以及拜访所需文具、POP 材料和工具。

(3)如有需要,致电终端药店的负责人,提前预约。

(4)每家药店拜访前准备,其实质是进入目标药店之前的再确认,包括回想拜访此药店的目标;回想药店经理和主要负责人的姓名和特点,设想需要沟通的方式;需要的拜访资料;整理自己的仪表等。

(二)拜访的工作步骤

1. 初次拜访的工作步骤

第一,要搜集信息,做好心理准备。尽量了解店长(财务主管)的个人资料,店员信息和药店的地址、规模、经营状况及其他公司的促销和对店员的激励;调整好心态,对刁难客户,保持和蔼和坚持的态度。

第二,明确拜访目的,制订初次拜访计划,做好拜访准备。拜访目的是让店长(员)接受、了解药店情况;初次拜访计划包括确定拜访路线、时间安排等;设计个人形象,准备推销工具;准备开场白;想全对方提到的问题,备好答案。

第三,拜访店员。要做到"开门见山,直述来意"。如可以这样开始拜访工作,"小姐(先生),您好!我是广东 A 药厂的营销代表,姓杨。"并很尊敬的递上名片。在沟通中,寻机将资料交给对方,并向对方简介药品的特点,交换电话。可以利用店员接待顾客的时间,对店面进行观察。结束拜访时,询问其上班时间、轮班店员情况,询问店长(财务主管)办公室所在。

第四,拜访店长(财务主管)。与拜访店员类似,只是应更恭敬。

第五，整理和总结初次拜访，为下轮拜访做准备。

2. 再次拜访的工作步骤

再次拜访的重点是推出促销计划，争取合作，一般应如下操作。

首先，设计促销方案。药品陈列和POP广告方案；对店员促销的激励方案；按比例提成。

其次，拜访店长。一般在办公室或店外都可以，详细介绍自己的促销方案。

最后，组织店员参加"某公司药品知识抢答赛"等活动。登门拜访店员，诚心邀请其参加活动；现场布置，备奖品，设计抢答赛内容；主持抢答赛，发放奖品，宣布促销奖励方案；必要时，请吃饭或娱乐。

3. 后续拜访

后续拜访之目的是落实促销奖励计划、保持沟通畅通。

后续拜访工作主要包括以下几个方面：①跟进药店订货及其他服务，尤其是新产品和促销期间的产品。这需要与负责此药店销售相对应的药品的负责店员或部门经理沟通并协助完成；②根据本次拜访中未能完成的工作以及出现的新情况，修正下一次的拜访目标或约定下次拜访时间；③分析当天的拜访成效，总结成功的经验和找出失败的原因，用以指导今后的拜访实践。

药店拜访，很少能一次成功，需坚持经常拜访，发扬"四千精神"，即"走千山万水、吃千辛万苦、说千言万语、想千方百计"；每次拜访做到"三多"，即"多聊几句、多听几句、多看几眼"。

4. 药店拜访时应做的常规检查工作

进入药店内，与相关人员打好招呼，然后进行店内常规检查。

（1）检查货架摆放情况。检查和记录本企业产品在此药店的铺货和摆柜情况，注意各个品种库存情况和摆柜产品陈列问题。检查重点推荐产品、新产品和促销产品的销售状况及出现的问题，思考改进措施。检查促销执行的各项条件是否满足，药店合作要求和态度，并将原来的拜访计划和实际拜访结果对照，调整自己的拜访内容，确保拜访能够真正解决问题，解决重要问题。

（2）检查本企业产品的陈列。观察货架陈列、特殊陈列、客流量情况、各类活动情况（如促销、大型文艺活动等），尤其是其中的陈列外观吸引人的程度。包括本企业产品的陈列、竞争对手陈列、销量好的保健品陈列。消费者对这些活动的反应。检查这些终端POP的宣传，如货架、招牌、立牌、喷绘、灯箱、吊旗、不干胶招贴等情况是帮助OTC代表销售产品及维护产品与企业在店内的形象，提升店员与消费者注意力的设施，特别需要及时检查与维护，确保资源的有效利用。

（3）价格检查。其主要内容如下：产品的价格是否在公司的价格变动幅度之中（检查分销商、直供批发商的出货价格以及终端零售价格）；顾客能否容易找到每种产品的价格标签（有无价格签、价格签更改或者价格签上有几个价格的情形）；现有产品是否满足不同包装单包价格梯度的要求及价格变动的幅度。应时刻关心本企业产品的价格、价格变动的原因。

（4）检查竞争产品。主要检查销售量占整个药店前几名的同类产品，竞争产品的相关陈列与宣传、促销活动等情况。

(5) 库存检查。每个规格是否有足够的货架库存(根据它的销售量,确定安全库存);有没有过期或者快过期产品(帮助经销商检查库存,临近有效期的药品先发)。

(6) 促销检查。其主要内容如下:应该出现的促销活动是否在店中出现;促销的产品是否在该店中被分销;促销的产品是否有足够的库存;促销产品是否有按照规定进行货架陈列,促销产品是否在要求的范围之内;促销产品的价格是否在要求的范围之内;促销的资源(如赠品、费用等)是否充足;促销人员是否按照要求来影响消费者,是否将促销信息传达给消费者。

5. 做好拜访记录

完成记录公司规定的各项销售数据及竞争产品的相关数据和活动。记录需要特别解决和答复上级领导的问题。一般记录数据包括铺货数据、摆柜陈列数据、新产品铺货数据、促销执行数据、库存数据、订单数据、竞争产品情况、待确认或目前不能完成的事项及终端药店提出的OTC代表不能马上解决的问题等。

6. 拜访注意事项

(1) 不讲公司的坏话。
(2) 不讲公司员工的坏话。
(3) 不讲竞争对手的坏话。
(4) 不要随意承诺。

任务四　零售药店店员教育

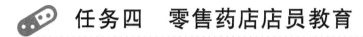

一、店员教育的含义及其必要性

1. 店员教育的含义

店员教育是指OTC代表将药品的相关信息传递给终端店员,丰富店员的产品知识,以达到在终端销售中增加自己产品推荐率的目的的一种教育培训活动。

2. 店员教育的必要性

药品是特殊商品,具有特定的功效、作用、适用范围和用法与用量。据有关数据表明,50%的消费者对之不了解,30%的消费者了解所需药品但对品牌缺乏了解,20%的消费者虽对品牌了解但忠诚度低,整体来说,近一半的消费者在购药时,可因店员的介绍而改变主意,因此,通过广告、促销等大众教育外,店员教育至关重要。店员教育的目的是增进店员对药品的了解和对品牌的认知,从而增加药品的推荐率。这就要求其直接经营者——药店店员熟悉并掌握这些药品基本知识,以便正确地解答消费者的疑问并能够准确地向消费者推荐。而值得OTC代表关注的是,我国目前乃至今后几年内,在终端药店,较少有医药方面的专业人员从事店员的工作,由于店员的专业背景,也就大大限定了他们对药品的了解程度以及融会贯通程度。事实上,店员对药品及药品宣传要点的认知也主要是通过OTC代表介绍得来的,所以,店员教育应该是OTC代表的核心任务之一。

店员教育也往往被认为是最能考验OTC代表综合能力和最有难度的工作。OTC代表要确保终端店员熟知自己产品的适用范围和竞争优势,并给其一个推荐理由;并通过自己富有情感化、个性化的工作,争取店员的主动推荐。

二、店员教育的内容和形式

1. 店员教育的内容

店员教育的目的是为了密切医药企业与终端药店的关系,使店员熟悉产品知识,以提高产品的店员推荐率,特别是第一推荐率。所以,店员教育的内容如下。

(1) 公司介绍。

(2) 相关的医药学知识。

(3) 产品介绍:包括产品最突出的卖点;产品与竞争品牌的比较优势,尤其是优于竞争品牌的特性和售后效益;产品的正确使用方法及注意事项;产品可能的副作用及解释;消费者可能问到的问题及回答等。

(4) 与药店服务有关的内容:包括怎样增强推荐的信服力?怎样进行产品陈列?怎样让进店的消费者都有消费等。

2. 店员教育的形式

店员教育的形式多种多样,有OTC代表在日常拜访中进行"一对一"或小规模店员教育会方式;有以一个城市或城区为单位,采取电影招待会、店员联谊会或店员答谢会的方式进行的店员集中教育;还有以有奖问答的方式逐店进行的店员教育。无论采取哪种形式,都要求做到场面活跃、气氛热烈、内容精练、重点突出,并分发小礼品,时间一般应控制在30 min之内。

另外,店员教育和联谊活动结合起来效果也会理想些,针对大店店员设立"店员俱乐部",定期进行培训和开展各类活动,如卡拉OK比赛、美容培训等,期间穿插产品知识教育,可起到事半功倍的效果。

三、店员教育的注意事项

根据区域市场情况灵活选用以下方式,尽量综合考虑,综合运用以求最佳效果。根据每个公司的实力和品种区域的不同来选择适合自己药品的店员教育形式,充分利用自己的营销资源状况。例如,天津中美史克及上海施贵宝等大型综合性OTC药品企业,他们可能倾向于组织施行一些大型的店员教育计划,而小型OTC药品企业则多选择一些区域市场的店员教育计划。对于目前OTC市场的店员教育,需强调注意事项如下。

1. 要经常创新

随着市场竞争的加剧,大家都在拼抢终端,如何解决OTC市场公共通道专一化的问题摆在每一个OTC营销经理的面前,唯有创新,方能不败。

例如,云南白药曾经执行了一个"神秘客人"的活动,店员集中教育后,由公司派人员到目标药店询问该产品的情况,如果该店员能够正确回答咨询,几天后就会收到该公司的一份小礼品,以此来刺激店员主动了解产品知识。

2. 制订店员教育计划

店员教育计划应纳入整个公司(或OTC部)营销计划中,并进行阶段性策略检查,不应孤立地看待店员教育,它应该是一个连续的营销行为,一环紧扣一环并紧密的嵌在营销计划之中,并和其他营销活动紧密结合。

由于 OTC 市场已经非常接近于一般日用品市场,乙类 OTC 药品又可以进入一般商场和超市,大部分零售药店已经实行自选购药,故其店员教育应多借鉴日化类商品的运作模式,这对于提高中国医药企业整体营销水平是大有好处的(中国医药行业较其他行业存在一个奇怪的现象,即从业人员素质很高,但营销水平很低)。

3. 尽量和公益活动结合起来

2000 年底至 2001 年底中美史克和中国非处方药物协会共同执行了一个名为"阳光教育计划"的活动,这是一个面向药店店员,主旨为帮助他们提高业务素质,迎接未来的 OTC 市场格局的公益活动,内容涉及常见病的诊断、非处方药药物品种及使用、相关法规及行业规范、柜台销售技巧、陈列理货及药店基本管理知识等,此项活动的实质是中美史克的店员教育计划的一部分,因为受训店员由中美史克数据库提供,主要知识又是其 OTC 药品所设范围(主要针对泰胃美和感冒药),结合面谈、考试等强化其产品品牌,既达到了教育店员的目的,又起到了很好的公关宣传效果,提升了品牌知名度和美誉度。

4. 把产品知识培训与销售技巧培训结合起来

把产品知识培训与销售技巧培训结合起来,能让药店经理感觉到值得参加这次培训活动,因为单纯的产品知识培训功利性太强。要让药店的营业员在忙碌之中抽出时间来认真参加一次培训,必须增加额外的价值。

5. 针对营业员的特点培训

店员教育一定要针对营业员的特点,在轻松快乐的气氛下进行,不能搞成老师讲课、学生听课的课堂式的培训,可在中间增加一些互动,比如对重点问题的抢答等(备有小礼物,包括笔记本、笔、小饰品等)。

6. 注意语言的运用

在产品知识的讲解中注意语言的运用,不能过于专业,语言应该活泼、通俗、简单、清晰,而且多用比喻,特别是与具体销售的场景结合起来,并启发营业员去思考,这样易于接受,也记忆深刻。

7. 借店员教育推销自己

借店员教育把负责终端业务的公司 OTC 代表隆重推出,加深印象,为后续工作打下基础。

8. 店员教育时间

掌握培训时间,不宜过长,最多不要超过 2 h。

9. 找准对象

店员教育对象首先从本地最大的连锁药店着手,该类连锁药店店面位置好、数量多、管理正规,对其他药店有着一定的影响力。

下面以小型药店店员教育为例介绍店员培训的实施过程。

四、小型药店店员教育

1. 背景

当发现自己的产品在某一药店的销量与该店所处的位置、药店规模和实力明显不符时,或自己的产品在品牌、陈列、宣传、价格等方面不逊色于竞争产品,而销量明显低于竞争产品时,原因往往在于终端推荐率,此时,应及时召开小规模店员教育会。

2. 时间

召开小规模店员教育会应事先征得药店经理和柜组长的同意,并与之商定会议的时间、地点和参加人员等。就会议时间来说,一般宜选择在两班店员交接班时。可约好接班的店员提前 20 min 到达,先对这一批店员进行培训,然后换另一班,这时要注意协调好两班的工作。

3. 地点

一般由药店经理或柜组长安排,通常在药店经理办公室或药店会议室。

4. 参加人员

包括药店经理、柜组长、目标店员等。

5. 程序

首先欢迎致谢,然后介绍药品知识,接着安排一些有奖抢答或趣味游戏等活动,以加深店员对所介绍的产品知识的印象,最后发放资料和纪念品,并请店员多推荐该产品。

五、店员教育后的回访

给店员教育培训后,OTC 代表还要作好跟进回访工作,再次加深店员对药品和其本人的印象,鼓励他们多推荐,也便于日后开展更深层次的推广活动。

任务五　零售药店推广会

零售药店推广会是指医药企业的产品获准进入或已经进入大、中型药店后,企业和药店联合召开的一种产品介绍会。其目的是通过向店主和店员介绍产品的药理研究、毒性实验、临床使用、功能主治等多方面的情况,增加店主和店员对产品的认识,以促进药店药品销量的增长。

一、选择零售药店推广会召开的时机

零售药店推广会一般是指医药企业充分利用商业客户的网络关系,以会议的方式,将产品导入零售药店或诊所或调往其他商业客户的一种方法,应选择恰当的主办时机。比较适合召开药店推广会的时机一般有如下几种。

(1) 开拓新的渠道。
(2) 处理库存货物。
(3) 与竞争药品抢占市场。
(4) 新药品上市。
(5) 季节产品旺季来临时。

二、零售药店推广会的类型

零售药店推广会一般应选择大中型城市,在当地市场投放广告以后,或者在大中型医院销售较好的情况下,通过零售药店推广会铺开市场。零售药店推广会的类型很多,一般

可根据会议规模、主办方式、会议方式等进行分类。

1. 按会议规模分

(1) 小型:针对县级城市范围内的零售药店,费用1万元以内。

(2) 中型:针对市级城市范围内的零售药店,费用2万元以内。

(3) 大型:针对省级城市范围内的零售药店,费用2万元以上。

2. 按主办方式分

(1) 独办式:特点是品牌宣传力度大,订货量大,但费用大。

(2) 联办式:特点是费用较少,但与会者较多,品牌宣传力度不大,订货量不大。

(3) 搭车式:特点为费用较少,但达不到品牌宣传效果,订货量也会很小。

3. 按会议方式分

(1) 集中式推广:将区域内的零售药店集中起来开会推广。

(2) 分散式推广:在一定的时间段,实施的促销政策由区域业务负责人带给零售药店,让零售药店按促销政策订货,享受规定的优惠政策。

三、零售药店推广会的会期

终端推广会的会期一般不宜过长,最多不要超过2 h。

四、零售药店推广会的邀请对象

促销推广会的邀请对象按进货量大小分为两类:一类是大型连锁药店、平价大卖场、药店超市;另一类是单体药店、社区药店。

五、零售药店推广会的促销方式

零售药店推广会召开的目的主要是增加店主、店员对产品的认识,促进药店药品销量的增长。为了促进零售药店增加药品的订货量,通常有如下几种促销方式:①有奖销售;②购货特别奖;③幸运抽奖;④当日购货最高奖等。

六、零售药店推广会运作程序

要确保零售药店推广会的顺利召开,达到主办目的,通常应与医药商业客户的经理协商,事先成立会务小组,确定会议类型,并根据会议类型确定所邀请的对象、选择会场、发出邀请函等。

1. 会议前期准备

(1) 做好零售药店推广会的策划,确定会议时间、类型、规模等,选择好会场,并确定邀请对象。

(2) 详细策划会议的程序、所需用品及注意事项等,准备好胶片、幻灯片或幻灯机、投影仪、广告礼品、样品、宣传资料、广告用品等。

(3) 成立会务组,相互协作,分工明细,权责到人。

(4) 做好市场调查,内容包括商业公司的资信、经理的经营思路,其分销网络的销售情况和服务功能、市场环境的调查,推广会效果调查等。

(5) 制订一套鼓励进货的让利政策或奖励政策,包括活动方式、赠品名称、奖励内容、产品价格等。

2. 零售药店推广会的实际操作

推广会要组织紧凑,秩序井然;在介绍产品和企业时,语言文字应简明扼要,通俗易懂;时间不要太长。推广会过程中要注意调动合作单位的积极性,包括它的各级人员的积极性。要特别尊重商业单位及其他的人员,如推广会注名时一定要将商业单位的名称一同注明,并可将其名称注在前面。推广会的流程一般包括以下几点。

(1) 对参会人员进行登记、建档,同时播放企业形象及产品知识介绍的录像。

(2) 业务人员接待与会代表,并和与会代表分组座谈。

(3) 会议主持人主持活动,按照事先设计的会议计划进行。

(4) 签订购货合同,发放促销物品。

(5) 会议结束发放纪念品。

七、零售药店推广会的注意事项

1. 抓好零售药店推广会的核心工作

零售药店推广会一般有三个核心工作。

(1) 第一个核心工作是做好会议活动目的的阐述、产品的推介及企业品牌形象传播。

(2) 第二个核心工作是针对不同类型的与会代表,安排不同的接待层次:VIP客户由老总、副总和办事处经理接洽商谈,争取更大的订单;问题客户或习惯用药客户,由主管和精干业务员接待、洽谈;一般客户由业务员做工作。

(3) 第三个核心工作是会议"主持人"把握节奏很重要;会议要始终做好现场接待、咨询、服务工作;及时散发意见调查表等表格,客观评价推广会效果;会议结束,将订单和签到表收好,落实会议目的。

2. 做好零售药店推广会的评估工作

推广会结束之后,工作并没有结束,还应做好零售药店推广会的评估工作。

(1) 参会人员评估:首先收集好参会人员的主要数据,包括邀请人数、签到表、就餐人数;其次,应认真分析参会人员(邀请没来的;中途离开的;未请自来的)。

(2) 产品的评估:通过收集整理订货单,统计订货数据;重点是分析产品,为什么有的产品没订单、有的产品订单量不大、应该如何改进后续工作,以提高定货量。

(3) 渠道的评估:通过整理签到表,统计到会人员情况。做好渠道分析工作:客户属于哪个区域、哪类客户、客户的订单与销售情况等。

总之,无论何种类型零售药店推广会,医药企业的营销人员都必须根据具体情况精心策划组织,只有这样,才能创造良好的业绩。

任务六 零售药店终端促销

广告宣传可拉动市场,但终端促销同样能创造需求。如今,越来越多的医药企业注意到了终端促销的作用,努力提高终端药店的铺货率和店内药品占有率。

终端促销就是整合终端所有的广告、促销、产品、渠道等资源,并利用这些资源在消费者不断思考、反复比较分析的购买过程中来影响消费者选购意向的手段和方式。通俗点来说就是"引、抢、围、逼",即引导消费者的思路、从竞争对手那里抢消费者、以更多的产品信息来对消费者心理进行包围式的诱导,来强化消费者的选购意向,用各种手段吸引并促成消费者迅速成交。

一、零售药店终端促销的内容

零售药店终端促销的内容包括终端观察和终端支援两个方面。

(一)终端观察

终端观察就是OTC代表通过对消费者、药店店员和竞争对手的观察,收集必要的信息,制定自己的营销对策。

观察的内容主要包括如下几点:消费者生活形态的变化及对其购买行为和药品选择的影响;消费者在店内的活动规律;终端药店店员对各品牌的态度、态度变化及推荐率;终端药店的场地条件、照明、路线规划、商品组合及服务态度等;竞争对手的终端促销活动及对终端药店和消费者的影响等。

(二)终端支援

终端支援包括店外支援和店内支援。

店外支援是指医药企业为提高终端药店的经营效率给药店店员提供的各种信息资料,如产品知识小册子、商圈动态资料等;经营上的知识,如促销计划、存货控制等;金钱上的激励,如销售奖金、业绩竞赛等。

店内支援包括药品陈列与展示,例如,进行特殊陈列、争取更大的陈列面和更好的陈列位置等,强化品牌在终端的展露度,使消费者易看、易拿;POP广告,如广告张贴与悬挂、背景音乐播放等,营造产品热销氛围;现场促销活动,如折扣(一般适合医药保健品)、咨询等,以刺激更多消费者的购买冲动。

二、零售药店终端促销的方法

1. 商品化工作

商品化工作是指在市场上,通过陈列与展示,把企业生产出来的"产品",转化为具有诱人魅力的"商品",让消费者易看、易选、易拿,并在吸引他们的注意力时,促使其购买,再将"商品"转化为"消费品"。简单地说就是实现产品、商品、消费品的"三品"转化。

医药企业的产品卖给零售药店后,OTC代表的责任就是如何协助药店再次卖出其企业的产品。商品化陈列就是吸引消费者、创造购买欲望的手段。医药企业生产出来的"产品",通过药店的陈列与展示,转化为具有附加价值及魅力的"商品",从而促进销售,最终变为"消费品"。

如何在较短的时间内将药品的功能与特点充分展示给消费者,吸引消费者层层深入了解产品呢?这就要根据药品自身的特点研究一些药品自身的促销技巧。生动化陈列是指药品在展台、POP的装饰下,巧妙摆放,从而充分显示出药品的形象、功能与卖点等特点。药品陈列包括两个重点:一是药品陈列展示化;二是陈列展示生动化。陈列应注意的问题详见任务一。

2. 终端促销广告

在媒体上大家经常会看到很多产品的促销广告,宣传其产品质量如何好或价格如何优惠等,就是终端促销广告,即利用电视、报纸等媒体在相应区域发布终端促销广告,将促销信息传输给更多的消费者。一方面,终端促销广告能充分起到先入为主效应,在消费者未到终端之前进行消费诱导和品牌灌输;另一方面,也能避开终端竞争激烈、信息庞杂、消费者容易迷失选购方向的缺点,更容易、更清晰地记住该品牌的相关信息。终端促销广告还能借媒体的辐射力在更广的范围内吸引更多的目标消费群。

做好终端促销广告,首先要考虑销售费用,其次是终端促销广告策划的有效性,再者就是充分与终端配合的问题,比如说把广告样报在终端柜台放一些,这样会把终端与柜台联结起来,对消费者起到双重强化的效果。或者是在报纸广告上注明"凭此样报可到某柜台领取礼品或参加某项活动"等内容,这样做就巧妙地使促销广告与终端"水乳交融"。

3. 源头促销

源头促销是指在目标消费群的生活区或工作区所进行产品宣传和促销活动,有营销专家称该方式为终端的进一步延伸,也有人称之为"后终端",因其更直接、最明了、更快捷、更有针对性,目前医药保健品类产品此招使用较多,效果也比较明显。

4. 店内促销

店内促销是指消费者从药店门口到柜台前的促销指引和宣传说服活动,这个过程是消费者登堂入室的过程,也是影响消费者的购买意向的重要阶段,因而店内促销也不可缺少。店内促销主要体现在药店的门口的形象广告牌、门口的促销活动、药店内的导购牌和广告牌等。大家经常会看到,在许多药店门口或者是门头等位置都会有很多相关药品的广告牌,有时还会挂巨幅,有时甚至连门前梯形台阶上也贴上厂家的广告,这些广告牌以醒目的形象给潜在消费者以强烈的视觉冲击,不过费用也比较高。

5. 人员促销

人员促销是一项最基本的终端促销方式,即通过促销员的认真观察、细心劝说来强化消费者的购买意向。作为厂家或商家都要重视促销员的培训,包括产品知识、促销技能和沟通技巧等,同时要制订合理的激励制度,经常加强与促销员的沟通,确保促销员良好的心理状态。

作为促销员本身,要学会"眼观六路、耳听八方",例如,从消费者进入药店同类产品柜台的时候,要远远观察消费者的反应,揣摩消费者的消费心理及对同类药品的反应,做到有的放矢;在消费者走近本公司药品柜台时,要尽量想办法让消费者多留些时间,不能让消费者轻易走掉,时间越多胜算的把握就越大,如果带有小孩的话,要备个小气球等小礼品送给小孩,如果有老人的话,准备凳子让他坐等,争取其好感;在介绍产品时要注意察言观色,根据消费者反应采取合适的促销技术。很多厂家或商家都有其系统的技巧,关键是如何培训一些店员成为自己企业的兼职促销员,指导其巧妙灵活运用。

6. POP 广告

随着经济发展,人民生活、消费水平的提高,人们对购物环境的要求也在不断提高,在销售终端,人们不仅希望买到称心如意的药品,而且希望终端环境舒适优雅、赏心悦目、富有情调,而 POP 广告正是满足了人们的这一需求。设计新颖、图案精美、色彩夺目、制作精良的 POP 广告能制造出良好的店内气氛,使消费者享受到购买时环境的舒适,影响其购买行为。

POP广告的促销作用是全方位的。对消费者来说，POP广告可以告知新产品上市的信息，传达药品内容，使消费者认知产品并记住其品牌和特性；告知消费者药品的使用方法；在消费者对该药品有所了解的情况下，POP广告可强化其购买动机，尽快完成购买行为；帮助消费者选择药品等。对终端药店来说，POP广告可以促使消费者产生购买冲动，提高终端销售量；营造轻松愉快的购买气氛；代替店员说明药品特性、使用方法等。对医药企业来说，POP广告可以传递新产品信息，诉求新产品的性能、价格，唤起消费者的购买欲，吸引消费者的注意力；突出产品优点。

一般终端药店的POP广告分为两大类：店外POP广告和店内POP广告。店外POP广告形式有招牌、橱窗广告、户外灯箱等；店内POP的形式较多，如购物袋、促销广告衫、吊旗、海报、不干胶招贴、陈列架、动态模型、充气物、宣传册、广告录像、仿实物模型、产品空盒陈列、展板、弹卡、立牌等。

终端的POP布置对产品的销售能起到较好的促进作用。终端布置要做到看得见：平看，海报、台牌、灯箱、电视播放宣传片；仰看，横幅、吊旗；俯瞰，产品陈列；以及摸得着（如资料架、展架、展台、样品等）、听得到（如促销员推荐、店员介绍、电视播放宣传片等）、带得走（如手提袋、单张宣传页、自印小报、促销小礼物等）。

这些POP的制作和布置要新颖、引人注目，要注意与药品和展柜的搭配，还要注意与竞争对手的差异化。POP平时维护也很重要，要对损坏的及时更换，也要根据不同的销售需要制作更换不同的内容。

7. 现场促销活动

如果柜台边经常人头攒动，人气较旺，那会有更多的消费者受到吸引与感染使人气更旺，成交率更高。如何营造良好的气氛并实现人气聚集呢？除了产品生动化陈列与演示、POP的充分应用外，还要从促销员着手，在销售现场开展促销活动是终端药店市场促销的重要内容。

想办法吸引消费者在柜台逗留尽可能多的时间，而不是一闪而过，能留住人，人气肯定会好；再有是策划一些调节气氛的小活动，主要形式有样品促销、礼品促销、折价促销、有奖知识问答、咨询等（必须与健康有关，但不宜赠送药品）。

8. 赢得药店员工的支持

经销商场对品牌的重视度是体现品牌销售推动力的重要方面，对药品的销售有直接且重要的影响，因此还要注意加强与药店客情的培养，取得所在药店有形或无形的支持，使药品在终端得到真正的主推。OTC代表要做好与药店人员的沟通与公关，不仅包括药店经理、主管、促销组长，甚至保安、杂工、清洁工、司机等，任何一个人员都不能忽视，有时他们的一句话会让我们在销售中省很多劲。通过客情培养，还能获得更多的上货优惠政策、更便宜的广告位等，为终端促销提供良好的人际环境。

如今，市场上同类药品很多，且新药品不断推出，药品的技术含量也越来越高，普通消费者已很难凭自己的知识和经验来判断药品的质量和效用，在购买终端，他们很自然地把店员当做医药专家。在顾客面对众多同类药品犹豫不决、无从选择的时候，店员的一两句评价或三言两语的简单提示，就可能对顾客的购买行为产生决定性的影响。

所以，医药企业应该树立终端店员就是企业"消费者第一"的观念，对店员进行药品知识培训，让他们了解、认可本企业及药品，获得对企业的好感，特别是了解本企业药品的优点,以便能准确、熟练地向消费者推荐。OTC代表也要树立"推销自我"的观念,努力在终端店员中塑造"可亲、可信、可交、可爱"的形象,加强与店员的交流、沟通,做到生意场上是"盟友",生意场下是"朋友"。

9. 联合促销

在竞争激烈的终端,如被孤立或围攻,无疑是极其危险的,联合具有相关利益的品牌同步联合促销,达成统一战线,以提高终端竞争力的促销方式就是联合促销。联合促销的常见形式有三种。

(1) 与非同类但有相关利益的品牌进行的联合促销。

(2) 与同类但不同档次的品牌进行的联合:比如高价位药品的A品牌与中价位药品的B品牌联合,对A品牌多次讲解,消费者仍因价格高而不感兴趣时,可顺带介绍一下B品牌,同样,有类似情况时,介绍B品牌可顺带讲解一下A品牌,两者联合,各取所需,销量常得以共同提高。

(3) 与同类同档次的竞争品牌联合。

小 结

随着国民健康与保健意识的提高,自我保健、自我药疗的逐步推广,中国的自我医疗用药也稳步扩大:中国2007年非处方药销售额已达73亿美元,并保持着11%左右的增长速度,增长率位居全球首位。预计到2017年,我国非处方药市场价值将超过163亿美元。全球的非处方药市场销售额也呈快速上升趋势:截至2008年第二季度,全球非处方药市场增长率首次超越制药市场的增长率;全球非处方药市场价值已超过850亿美元。

非处方药市场的快速发展,必然给医药企业和OTC代表更多的机会。但作为OTC代表,要抓住大好的发展机会,做好OTC营销,必须掌握OTC的基本知识,认同OTC代表应有的工作目标、理念与要求,熟悉工作内容,掌握OTC营销策略和促销方法。

能力检测

一、单选题

1. 非处方药的来源是(　　)。
   A. 新药　　　　B. 处方药　　　　C. 注射剂　　　　D. 片剂　　　　E. 胶囊

2. 患者需仔细阅读药品使用说明书,并按照说明书使用,其标识为绿底白字是(　　)。
   A. 乙类非处方药　　　　B. 甲类非处方药　　　　C. 所有非处方药
   D. 处方药　　　　E. 口服制剂

3. 超市、宾馆、百货商店等经省级药品监督管理部门或其授权的药品监督管理部门批准,无须配备执业药师,开设专柜即可销售的是(　　)。
   A. 口服药品　　　　B. 外用制剂　　　　C. 所有非处方药
   D. 乙类非处方药　　　　E. 甲类非处方药

4. 下列关于OTC药品的营销特点,错误的是(　　)。

A. 消费者可自行直接购买　　　B. 品牌效应不显著
C. 销售辅助活动多,市场活跃　　D. 同类(同名)产品多,竞争激烈
E. OTC 药品多是片剂、丸剂、胶囊剂、颗粒剂、口服液等剂型

5. 区域终端药店按销售量分类评估时,药店整体销售量大,消费者基础好,本企业药品具有很大的销售量提升空间的是(　　)。
A. E 类店　　　B. D 类店　　　C. C 类店　　　D. B 类店　　　E. A 类店

6. 店员教育是指 OTC 代表将(　　)传递给终端店员,丰富店员的药品知识,以期在终端销售中增加自己产品推荐率的一种教育培训活动。
A. 药品的药理作用　　　　B. 药品的优点　　　　C. 药品的相关信息
D. 药品的价值　　　　　　E. 药品的特点

7. 店内 POP 的形式较多,下列不属于店内 POP 的是(　　)。
A. 促销广告衫　B. 购物袋　　C. 动态模型　　D. 展板　　E. 招牌

二、多选题

1. 非处方药的遴选原则是(　　)。
A. 疗效确切　B. 使用方便　C. 质量稳定　D. 价格便宜　E. 应用安全

2. 下列与 OTC 代表的岗位职责相符的是(　　)。
A. 与医药代表相比较,OTC 代表的工作多是处于主动地位
B. 终端陈列的维护,以达到公司要求的陈列标准
C. 管理临聘促销人员,并负责进行店员教育
D. 疏通进、供货渠道,达到公司要求的铺货率
E. 跑街,每天至少跑 10~15 家药店

3. OTC 代表的三项最主要工作内容是(　　)。
A. 药品陈列　B. 药店拜访　C. 店员教育　D. 店内导购　E. 疏通渠道

4. 下列关于药品陈列的原则,正确的是(　　)。
A. 易见易取原则　　　　　　B. 非关联性原则
C. 同类药品平行陈列原则　　D. 货架陈列放满原则
E. 先进后出原则

5. OTC 终端常用的定位方法有(　　)。
A. 产品定位法　　　　　　　B. 渠道定位法
C. 根据企业的品牌效应定位　D. 根据企业对风险的抵抗能力
E. 根据竞争对手终端分布状况定位

6. 制订零售药店拜访路线的原因是(　　)。
A. 确保对每位客户的拜访达到既定的频率　　B. 节省费用
C. 让上司知道自己的行踪
D. 每月回顾和分析工作重点及工作量
E. 确保拜访到所有的客户

7. 零售药店推广会应选择恰当的主办时机,比较适合的时机有(　　)。
A. 处理库存货物　　　　　　B. 新药品上市
C. 与竞争药品抢占市场　　　D. 季节产品淡季来临时

E. 开拓新的渠道

三、简答题

1. 简述 OTC 的概念和内涵。
2. 请为某医药企业策划一个零售药店终端促销的营销方案。
3. 通过调查或查找文献资料,了解本地区 OTC 市场的现状后,你认为采用哪一种 OTC 终端营销策略更适合? 谈谈你的理由。

四、案例分析

从 2001 年开始,国内药店开始意识到了店面营销对销售业绩的影响,从而逐渐摆脱了之前灰头土脸、一本正经的老面孔,变得多样化、时尚化起来。那时候诞生的老百姓大药房、开心人大药房等就是店面营销的捷足先登者,它们非常重视门店内外的设计和布置,并通过门店的专门技巧和独特布置来营造销售氛围,最终使前往药店的顾客既能享受到愉悦轻松的购物环境,又能达到吸引其购买的目的。

然而,我们这里要讲的案例却不是上述两家药房,而是店面营销在走过 2 年的发展之路才诞生的昆山百佳惠大药房。尽管它既不是最早开始涉足店面营销的,也不是最晚一个将店面营销推陈出新的,甚至其多元化服务常常会将其店面营销的亮点和锋芒掩盖起来,但我们却无法否认,在店面营销方面,它是做得非常成功的。今天,昆山的出租车司机或许对朝阳西路 190 号这个地址感到茫然,但只要换种说法,告诉去百佳惠大药房朝阳店,他立刻就明白了。据了解,在昆山当地,百佳惠的知名度已经达到了 90% 以上。

于是,我们不禁要问:作为店面营销的后起之秀,百佳惠是如何拥有今天的辉煌的呢? 江苏昆山百佳惠大药房有限公司是一家以药品经营为主的混合型商业企业。在成立之初,就制定了多元化的经营策略,致力于打造"超市化药房"的混合型商业零售形态。所谓超市化药房:就是一种将传统药店和生活超市相结合,经营上以超市化模式为标准,质量上以药店 GSP 要求为标准,以药品为主导,以健康为纽带,使药品、器械与保健品、副食品、日用品、护理用品有机地结合在一起,实行开架式销售(处方药除外)、一站式购物、统一付款,从而满足顾客各种需求的经营场所。截止到 2009 年 7 月,它旗下已拥有了 28 家连锁的超市化大药房。

自成立以来,百佳惠一直秉承着"给顾客实惠,让百姓健康"的服务宗旨,不断引进和销售有助于提高市民健康的物美价廉的新品新药;同时,它还倾力支持对社会有益的活动和慈善事业,促进社区健康事业的发展,多年如一日忠实地实践着"百佳惠,惠百家"信条所赋予的社会责任。

案例讨论:

运用 OTC 营销理论分析案例,谈谈你对店面营销的认识。

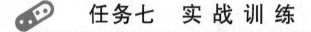

任务七　实战训练

实训一　零售药店拜访

实训目的:使学生了解药店拜访的重要意义,掌握药店拜访的步骤和技巧。

实训内容：请制订药店拜访的计划,设计药品促销方案,写出药店拜访总结报告。

实训步骤：

(1) 教师提前四周布置本实训任务。

(2) 教师把学生按学号分组,5~6人一组,两组为一对,互为对手,进行比赛,最终通过评分确定输赢。

(3) 学生课后按要求查找资料、集体讨论、分析,制订药店拜访的计划,设计药品促销方案,写出药店拜访总结报告。

(4) 教师要求学生在规定时间内完成,考核学生完成情况。

① 每组均需按要求提交调研阶段性报告：第2周星期一前,上交药店拜访计划(打印稿);第2周星期五前,上交药品促销方案(打印稿);第4周星期五前,上交药店拜访总结报告(打印稿);第5周星期三前,发送汇报PPT及上述文件(调查方案、问卷、报告)的电子版至教师邮箱。

② 实行组长责任制管理：公开组长的聘用方法,明确组长责任、权力和利益;胜任组长工作者,可在其课程总分上加5~10分。

③ 调查结果汇报的要求：必须制作PPT,全组成员一起上讲台,分工协作完成汇报(每个同学都必须参与)。

(5) 学生课堂汇报后,教师针对完成情况作口头评价;成绩评定：由10名组长组成评议组,去掉最高分和最低分,取其余7人的评分的平均值。

实训提示：以药店实地拜访为主,将在图书馆、网络查找的背景资料相结合得出相关资料,集体讨论、分析。

实训思考：现有的医药企业是否开展了有效的零售药店拜访？零售药店拜访有何意义？

实训体会：通过完成实训,进一步了解药店拜访的重要意义,掌握药店拜访的步骤和技巧。

实训报告：药店拜访计划、药品促销方案、药店拜访总结报告。

实训考核的内容和标准：详见附录A。

实训二 药品陈列

实训目的：使学生了解药品生动化陈列对销售的重要作用,掌握药品陈列的基本原则与方法。

实训内容：事先复习药品陈列的基本原则与方法,选择一家自选式和一家非自选传统式OTC药店,学生分批进行观摩学习,写出药店观摩报告。

实训步骤：

(1) 教师前一次课讲授药品陈列的基本原则与方法,布置本实训任务。

(2) 学生课后按要求查找药品生动化陈列的资料,集体讨论、分析。

(3) 教师于所要求时间考核学生完成情况。

① 课堂时间教师随机抽取1~3名学生在讲台上陈述自己的观摩心得和药品生动化陈列建议。

② 课后要求每位同学上交书面药店观摩报告。

(4) 学生课堂陈述后,教师针对完成情况作口头评价;学生书面观点教师做书面评语。

实训提示:以药店实地观摩为主,与在图书馆、网络查找的背景资料相结合得出相关资料,集体讨论、分析。

实训思考:现有的药店是否理解药品陈列的重要意义?现有的药店是否掌握药品生动化陈列的方法与技巧?

实训体会:通过实训,进一步认识到药品生动化陈列对销售的重要作用,掌握药品陈列的基本原则与方法,熟悉药品生动化陈列的技巧。

实训报告:药店观摩报告书。

实训考核的内容和标准:详见附录 A。

实训三 店内导购

实训目的:使学生了解店内导购对消费者购买行为的影响,熟悉导购相关知识,训练和提高店内导购技能。

实训内容:每组选择一个 OTC 药品,收集并熟悉该药相关资料,了解竞争品牌情况,先以闲客身份到药店近距离观摩导购,再扮演顾客到另一家药店体会导购技巧。在学校,每5～6人一组,互相扮演导购员和顾客,轮流"导购",组内其他同学进行评分,之后老师作点评。

实训步骤:

(1) 教师提前四周布置本实训任务。

(2) 教师把学生按学号分组,5～6人一组。

(3) 学生课后按要求查找资料,集体讨论、分析,熟悉该药相关资料,了解竞争品牌情况,写出该 OTC 药品导购计划书、店内导购总结报告。

(4) 教师要求学生在规定时间内完成,考核学生完成情况。

① 每组均需按要求提交调研阶段性报告:第 2 周星期一前,OTC 药品导购计划书(打印稿);第 4 周星期一前,选择药店观摩导购、扮演顾客体会导购技巧;第 5 周,在校内实训室进行模拟"店内导购";第 5 周星期五前,上交店内导购总结报告(打印稿)。

② 实行组长责任制管理:公开组长的聘用方法,明确组长责任、权力和利益;胜任组长工作者,可在其课程总分上加5～10分。

实训提示:以药店实地观摩、体会"店内导购"为主,实训室模拟导购必须人人过关。

实训思考:如何在不引起顾客反感的前提下,引导顾客购买"自己"导购的品牌药品?

实训体会:通过实训,进一步了解店内导购对消费者购买行为的影响,训练和提高店内导购技能。

实训报告:OTC 药品导购计划书、店内导购总结报告。

实训考核的内容和标准:详见附录 A。

(杨文豪)

项目十一 医疗服务市场营销技术

学习目标

掌握：医疗服务的市场营销技术。
熟悉：医疗服务的特点及其营销意义。
了解：医疗机构的分类。

能力目标

能应用市场营销技术为医疗机构做营销策划。
会分析医疗机构的营销现状。

案例引导

2011年10月28日下午，海南首个农垦医疗改革项目、红明农场和海南炎陆集团联手打造的"康疗庄园（医院）"项目签约仪式在海口举行。

为适应国家正在进行的新的医疗体制改革和海南农垦管理体制改革的需要，积极探索农场所属医院的改革发展道路，摆脱农场医院长期以来依赖农场经济补贴的被动局面，彻底改变农场医院目前存在的规模小、设备陈旧、人员多、竞争力不足等多种困难和问题，海南农垦总局制定了调整发展方向，引进国内大医院联合办医，结合海南国际旅游岛建设，重点发展康复疗养服务的策略。在这一背景下，海南炎陆集团赴红明农场医院实地考察，经多次接触达成了联合办医的投资方案。

据介绍，该项目位于红明农场内，在医院现状的基础上再扩大，占地近135亩。两期总投资3亿元，将兴建门诊大楼、康乐庄园、疗养院和老年养老公寓等。第一期工程投入4428万元，于2015年前完成一期工程。该项目合作投资发展旅游、度假型的康疗、养生项目，主要面向国内北方地区的客户，尤其是以东北、西北和华北等气候较为寒冷和城市发展过度、环境污染较严重地区的大中型城市的中老年客户，以中端客户为主，配以部分高端客户，每个客户入住的月消费额度在2500元左右。

红明农场场长邹存柏介绍，农垦系统正在推行体制改革，农场利用独特的区位优势和资源优势，谋划发展农场经济。"康疗庄园"项目是农场合作开发新项目、新产业的突破口，为农场今后开发新项目、发展新产业，实行独立运作，自我滚动发展积累经验，对培养人才也有重大意义。

海南省农垦总局发展计划处处长韩升畴介绍,农垦共有98家医疗机构,该项目是省农垦总局审批的第一个医疗改革项目,并将为海南农垦系统医疗改革提供新的观念和经验。

任务一　医疗服务营销的含义与医疗机构的分类

一、概述医疗服务营销的必要性

过去在计划经济体制下,医疗服务市场属"卖方市场",医疗单位主要由政府承办,几乎不存在什么竞争,医护人员常常是坐堂行医,其关注的重点是疾病而非就医者本人,治愈率是其主要参考指标,医务人员只要尽职就可得到社会的认可。而在市场经济体制下,医疗服务市场已经由"卖方市场"转为"买方市场",患者掌握着对医生、医院、医药的选择权。医疗单位必须以就医者的满意度作为评判服务态度和服务水平好坏的标准,注重"以人为本"的服务理念,医护人员不仅要尽职更要尽责、提供优质服务。与此同时,在医保、医改、医药的"三医联动"改革中,医疗机构还要面临投资渠道、产权结构、分配方式等多元化市场竞争。要参与竞争并在竞争中争得更多的市场份额,就必须按市场经济规律办事,树立竞争观念和营销观念,增强服务意识。

医院作为一个特殊的服务机构,其服务营销具有必然性。

(1) 医疗卫生服务也是国民经济的重要组成部分,其发展是保持社会稳定发展的基本要素之一,而医院承担着提高国民身体素质,改善群众生活质量的社会责任,服务营销是医院的职责。

(2) 2000年国务院办公厅转发了有关部委出台的《关于城镇医药卫生体制改革的指导意见》,实行医疗机构按非营利性与营利性分类管理,医院开始了市场化之旅,这为医院的服务营销提供了存在和发展的空间;

(3) 中国加入了WTO后,随着"洋医院"的增多及民营医院的发展,各类医院之间的竞争将日趋激烈,服务营销将决定医院竞争的胜负,成为医院的核心竞争力。

二、医疗服务营销含义

医疗服务的定义有广义与狭义之分。狭义的医疗服务仅限于诊疗的范围,是指医疗技术人员运用医学科学技术与人类疾病作斗争的过程。广义的医疗服务是指医疗服务机构对患者进行检查、诊断、治疗、康复和提供预防保健、接生、计划生育等方面的服务,以及与这些服务有关的提供药品、医用材料器具、救护车、病房住宿和伙食的业务。

一般来说,医疗服务是指医疗机构使用卫生资源向服务对象提供预防、诊疗、保健、康复、健康教育和健康咨询服务的过程及医疗机构在一定时间、地点条件下,通过药品、医疗器械、医疗用具、设备、场所等有形产品的综合运用,满足服务对象现实和潜在的健康需求。

实际上，疾病的预防、诊断、治疗、康复、预后等活动过程，是医院及医务人员以实物和非实物形式满足患者需要的一系列行为。它是医疗和服务的有机融合，具有两重性，包括疾病诊断、治疗等职业技术过程，也包含满足生理和心理需要的服务过程。

由医疗服务的定义可以看出，医疗服务由三个基本层次构成，分别是核心医疗服务、形式医疗服务和附加医疗服务。

（1）核心医疗服务：医疗服务中的诊疗，属最基本层次，包括患者需要的基本物质或服务。

（2）形式医疗服务：患者需要的医疗服务实体或外在质量，属第二个层次。

（3）附加医疗服务：医疗服务种种附加功能的总和，是患者需求的延伸部分。它能给患者带来更多的满足。附加医疗服务也是医院获得竞争优势的一个重要方面。

医疗服务营销（medical service marketing，其缩写为 MSM），是指医疗服务人员和医疗机构通过创造并同就医者（或相关组织）交换医疗服务和价值，用以满足人们健康需求和欲望的一种社会管理过程。

医疗服务市场是指有医疗服务需要和欲望、愿意并能通过交换来满足这种需要和希望的全部人群，即就医者。医院只有将就医者作为顾客，将医疗作为市场来看待，才谈得上医院营销问题。

针对医疗服务市场的营销是服务营销理论在医疗机构的运用与拓展。在医疗服务市场中，医疗服务是一种商品，它包含四个方面：支持型设备、辅助物品、显性服务和隐性服务。

医疗服务以优良的品质（即专业的人员、精良的器械和精湛的技术）、合理的价格（以市场调节为准则）、良好的服务（即售前和售后均将以人为本作为服务思想）构成了一个庞大完善的服务系统，是一个整体的产品概念。

要做好医疗服务这个商品的营销，必须明确目标市场，做好市场细分，根据市场的不同需要，提供不同的服务。各类医疗机构针对不同的目标客户群，提供不同的医疗服务。

三、医疗机构分类

医疗机构，是指依法定程序设立的从事疾病诊断、治疗活动的卫生机构的总称。这一概念的含义有两层：第一层，医疗机构是依法成立的卫生机构；第二层，医疗机构是从事疾病诊断、治疗活动的卫生机构。

我国的医疗机构是由一系列开展疾病诊断、治疗活动的卫生机构构成的。

（1）按照形式不同，医疗机构可以分为医院、卫生院，它们是我国医疗机构的主要形式。此外，还有疗养院、门诊部、诊所、卫生所（室）以及急救站等，共同构成了我国的医疗机构，主要包括如下几类。综合医院、中医医院、中西医结合医院、民族医医院、专科医院、康复医院；妇幼保健院；中心卫生院、乡（镇）卫生院、街道卫生院；疗养院；综合门诊部、专科门诊部、中医门诊部、中西医结合门诊部、民族医门诊部；诊所、中医诊所、民族医诊所、卫生所、医务室、卫生保健所、卫生站、村卫生室（所）；急救中心、急救站；临床检验中心；专科疾病防治院、专科疾病防治所、专科疾病防治站；护理院、护理站；其他诊疗机构。

（2）按照医院功能和任务不同将医疗机构划分为一、二、三级，各级医院又分为甲、乙、丙三等,其中三级医院增设特等,共分为三级十等。

①一级医院:直接向一定人口的社区提供预防、医疗、保健、康复服务的基层医院、卫生院,主要指农村乡、镇卫生和城市街道医院(病床数在100张以内,包括100张)。

②二级医院:向多个社区提供综合医疗卫生服务和承担一定教学、科研任务的地区性医院,主要指一般市、县医院及直辖市的区级医院,以及相当规模的工矿、企事业单位的职工医院(病床数为101~500张)。

③三级医院:向几个地区提供高水平专科性医疗卫生服务和执行高等教学、科研任务的区域性以上的医院,主要指全国、省、市直属的市级大医院及医学院校的附属医院(病床数在501张以上)。

企事业单位及集体、个体举办的医院的级别,可比照划定。

在卫生行政部门的规划与指导下,一、二、三级医院之间应建立与完善双向转诊制度和逐级技术指导关系。

(3) 按照是否以营利为主要目的,分为营利医疗机构、非营利医疗机构和半营利医疗机构。目前,医疗改制的焦点之一就是如何划分营利与非营利医疗机构。非营利性医疗机构是指为社会公众利益服务而设立和运营的医疗机构,不以营利为目的,其收入用于弥补医疗服务成本,实际运营中的收支结余只能用于自身的发展。营利性医疗机构是指医疗服务所得收益可用于投资者经济回报的医疗机构。政府不举办营利性医疗机构。政府举办的非营利性医疗机构主要提供基本医疗服务并完成政府交办的其他任务,其他非营利性医疗机构主要提供基本医疗服务,这两类非营利性医疗机构也可以提供少量的非基本医疗服务;营利性医疗机构根据市场需求自主确定医疗服务项目。当发生重大灾害、事故、疫情等特殊情况时,各类医疗机构均有义务执行政府指令性任务。政府举办的非营利性医疗机构享受同级政府给予的财政补助,其他非营利性医疗机构不享受政府财政补助。

(4) 按照政府参与程度不同,分为公立医疗机构与私立医疗机构。其中,私立医疗机构又包括民营医疗机构与外资医疗机构。目前,我国尚无外资独资医院,一般采取中外合资合作的医院经营方式,且必须保证中方资产占30%的比例。但随着全球化经济及医疗改革的进行,国内将逐步放宽比例限制。

四、我国医疗服务营销现状

中国现有人口13亿多,年医疗消费为3500亿元,只相当于国民生产总值的4%。在发达国家,如美国这一比例为14%,瑞典为9%,英国为5%,韩国、日本、中国香港等亚洲国家或地区为6%~8%。从人均医疗消费看,美国为4090美元,德国为2339美元,日本为1741美元,而中国仅有31美元,可见中国的医疗市场有很大的发展空间。有专家预测,随着人们生活水平的提高、工业化和城市化的发展、人口老龄化进程的加快,中国医疗市场可能会出现与20世纪70年代美国相类似的爆发式增长,医疗消费在GDP中所占比重也将很快提升至8%~10%。

> **知识链接**
>
> 国务院办公厅印发《医药卫生体制五项重点改革2011年度主要工作安排》(下文简称为《工作安排》),对医改"攻坚年"作出全面部署。
>
> 《工作安排》对于"加快推进基本医疗保障制度建设"、"初步建立国家基本药物制度"、"健全基层医疗卫生服务体系"、"促进基本公共卫生服务逐步均等化"、"积极稳妥地推进公立医院改革"这五项重点任务细化分解,确立十七个"主攻方向",并确定了相关负责部委。
>
> 职工基本医疗保险、城镇居民基本医疗保险参保人数达到4.4亿,参保率均提高到90%以上。新型农村合作医疗参合率继续稳定在90%以上。
>
> 政府对新农合和城镇居民医保补助标准均提高到每人每年200元,适当提高个人缴费标准。
>
> 在16个国家合作的公立医院改革试点城市和省级试点城市加快推进综合改革,鼓励在政事分开、管办分开、医药分开、营利和非营利分开等重点和难点问题上大胆探索。
>
> 《工作安排》亦对相关指标做出明确规定,并强调,各地区、各有关部门要切实加强领导,精心组织实施,强化督促检查,将医改实施情况纳入政绩考核,确保如期完成各项改革任务。

随着中国经济发展水平的提高,人们越来越重视自身的健康,医疗服务消费早已突破了"有病求医"的观念,医疗消费动机表现出多层次、多样化的特点,美容、整形、康复服务正在悄然升温,健康咨询、家庭保健等方面的潜在需求不断增长,以及保健品市场的一再升温、特需服务的产生等现象为医院开拓出了更多的市场。

医疗机构在面临着众多机遇的同时也同样面临着挑战。由于过去计划经济时期管理体制的存在,现今大多数医院面临着管理机构庞大、效率低、盈利能力下降的困境。再加上营销观念的落后、管理队伍职业化过低、市场竞争激烈等现状,医院面临着转变观念、面向市场、增强竞争力的重要任务。医疗服务营销主要问题表现在以下几方面。

(1) 服务观念落后。

现代营销观认为:医院营销的出发点是患者而不是医院;重点是患者所需要的医疗服务,而不是医院所能提供的医疗服务;目的是通过患者的满意获利,而不是通过增加患者数量获利。目前,大多数医院还是坐等患者上门求医,以医院为中心,而不是站在消费者即患者的角度为其提供相应的服务。很多医生甚至还不知道要将患者当做消费者来看待,要对患者耐心解释,而多半是对患者居高临下,颐指气使。

(2) 提供的服务存在趋同性。

服务的趋同性是指没有对服务市场进行细分,对各类病种和患者群体只提供一种服务。随着消费者消费需求的不断变化,有些患者虽然患同一种病,且病情相似,不同的消费者之间的需求还是存在很大差异的。例如,有的患者希望得到彻底根治,有的则希望控制一下症状,而医院只为他们提供同一种医疗服务,使患者无法选择。又如,有的患者希望住院条件好一些,护理全面一些,有的则希望在家里接受治疗,而有些医院却没有提供高档病房和家庭护理的服务。服务的趋同性大大降低了消费者的满意度,成为医院发展的主要障碍。

(3) 营销组织不健全。

医院市场化的过程也是其企业化的过程,而对于一个企业而言,构建完善的营销组织对企业的运作有很大帮助。医院内部缺乏企业策划、品质管理、危机公关等部门,这在很大程度上限制了医院服务营销的能力。

(4) 宣传力度不够。

在老百姓心目中,医院形象一直与收费高、服务态度差、医疗事故多的观念联系着,医院在转变消费者传统观念方面的宣传措施一直不够,以致患者对医院在心理上有一种潜在的抵触心理。如何转变消费者的观念、做好医院的自身宣传也是医院面临的一大难题。

> **知识链接**
>
> **上海某女子医院的市场细分与定位**
>
> 市场细分:收入较高的青年女性群体。
>
> 消费人群定位:第一目标群,居住于虹桥、徐汇、静安、长宁等区域的港澳台以及新加坡等海外在沪职业女性、太太阶层(包含外籍女性)及亚健康、病患群体;第二目标群,文化界、演艺界以及高收入白领女性群体及追求形体完美、亚健康、病患群体;第三目标群,时尚、追求美丽的青年女性群体。
>
> 形象定位:女性修养身心的温馨港湾。区别于一般医院的嘈杂环境,针对高品位女性的审美情趣进行装潢设计,高雅脱俗,细腻舒适,吸取心灵的疲倦与尘埃,感受家的温馨和亲切。置身其中不但能消除身体的疾患,更能消除心理的疾患,获得美丽、健康和自信,享受轻松、幸福的人生。
>
> 服务定位:周到体贴,提供享受式就医和"一对一"的治疗服务,专业医护人员细致的心理咨询服务,特设的"女子健康之舟"体验中心和女子健康会所,定期开展健康知识讲座,为女性提供心灵之细微的呵护,感受爱的真情,是一个真正让女性放松身心、修养身心的港湾。

任务二 分析医疗服务的特点及其营销的意义

一、服务业的共同特征

服务业一般是指农业、工业和建筑业以外的其他各行业,即国际通行的产业划分标准的第三产业,其发展水平是衡量生产社会化和经济市场化程度的重要标志。服务业按服务对象一般可分类为:一是生产性服务业,指交通运输、批发、信息传输、金融、租赁和商务服务、科研等,具有较高的人力资本和技术知识含量;二是生活(消费)性服务业,指零售、住餐、房地产、文体娱乐、居民服务等,属劳动密集型,与居民生活相关;三是公益性服务业,主要是卫生、教育、水利和公共管理组织等。

服务业生产的是服务产品,服务产品具有非实物性、不可储存性和生产与消费同时性等特征。服务是行为,是过程,它有如下几个方面的特点或者说不同于制造业的地方。

(1) 服务是无形产品,它无法储存,很难申请专利,定价也比较困难。

(2) 服务很难标准化,服务的提供及客户的满意程度依赖于雇员的行为,同时有许多不可控因素决定服务质量的好坏。

(3) 服务的消费过程即是服务的产生过程(同时性),客户参与其中,客户间相互影响,客户化程度高,无法实现大批量生产。

(4) 服务具有时效性,很难去同步或平衡服务的需求与自身的服务供给能力。需求多时,无法满足全部需求,不得不让部分客户等候;需求少时,服务供给能力过剩,造成浪费。服务是不能退货也不能转售的。

从其他市场经济国家的情况看,尽管卫生医疗是政府干预较多、公立机构占有较大比重的行业,但是,民营卫生医疗机构(私立卫生医疗机构)和盈利性医疗机构也普遍存在,有些企业直接投资卫生医疗服务业,也能有不错的投资回报。这说明,卫生医疗行业与其他产业仍具有一定的共性。

1. 无形性

首先,服务的很多元素是看不见、摸不着的,无形无质。其次,顾客在购买服务之前,往往不能肯定能得到什么样的服务。最后,顾客在接受服务之后,通常很难察觉或立即感到服务的利益,也难以对服务的质量作出客观的评价。

2. 差异性

服务的构成及其水平具有可变性,它依赖于谁提供服务以及何时、何地提供服务,无法像有形产品那样实现标准化,每次提供的服务带给顾客的效用、顾客感知的服务质量都可能存在差异。

3. 不可存储性

服务是不能存储的。服务的生产和分销必须与消费需求相匹配。医院要获得规模经济效益也要考虑多方面因素。例如,选址就很重要,要方便顾客,规模大小也应该以顾客需求为依据。

4. 广泛性

服务业面对的对象很广泛。医疗服务业的顾客更是如此,几乎所有的人都需要医疗服务。他们是来自各个国家、民族的顾客,各行各业,有着不同的文化层次与背景,有着不同的信念与价值观,在个性上具备多样化的特点。

二、医疗服务业的特点

医疗服务业在各国都被认为是非常特殊的行业或产业,除了具备服务业的共性外,还具有自己鲜明的特点,主要表现在以下几方面。

(1) 医疗服务具有两重性。一方面,医疗服务包括疾病诊疗的技术过程;另一方面,医疗服务又包括满足人类生理和心理需要的服务过程,是医疗与服务的有机融合。

(2) 医疗卫生服务业具有公益性。按照公认的道德准则,人人有权获得最基本的医疗服务以确保生存权的实现,即使无力支付必要的费用。在大多数国家,医疗卫生服务业都是政府参与性很强的领域。

(3) 医疗消费具有或然性。人生病才有医疗消费,这种概率是或然的。医疗消费的或然性虽然决定了医疗消费的非自愿性,但并不完全排除患者(或其亲属)的偏好对医疗需求的影响,所以,当医疗费用由患者自理时,医疗服务的需求是具有价格弹性的。即当价格不同时,患者可能作出治疗或不治疗、采用费用较高的方式治疗或费用较低的方式治疗的不同选择。

(4) 医疗服务具有信息不对称性。卖者(医生)具有明显的信息优势,在很大程度上可以代替买者(患者)作出消费决策,因而有可能诱导患者过度消费。

(5) 医疗服务的垄断性。第一,医疗行业是从业壁垒最高的行业之一,有技术的进入壁垒和政府与行业设置的进入壁垒。第二,医疗行业的服务差异性很高。不同医疗单位或医生提供的医疗服务往往具有不可替代性,使医疗服务单位具有较强的市场势力。第三,医疗单位的市场地位通常具有较强的区域性,即消费者一般愿意就近就医,因此可能导致医疗单位在一定区域内获得垄断性市场势力。

总之,医疗服务是一种特殊的服务产品,医疗服务具有如下主要特征,即医疗服务专业性强、医疗服务提供方主导、医疗服务接受方个性化高、医疗服务风险性高、医疗服务费用支付多源性。医疗服务与任何一种工业产品都有着本质上的区别。工业产品可以先在工厂里生产,然后拿到市场上去销售,产品的生产过程和营销过程可以完全分离。医疗服务产品的生产和消费却具有同时性,医院在提供医疗服务的同时,就医顾客也在享受医疗服务,而且这种服务具有不可逆性,即医疗产品一经"购买",如果存在质量问题,也不可能"退货"。由于这种特殊性的存在,加上医疗服务从业者营销知识的缺乏,有些人就认为医疗服务无法营销,甚至认为医院进行营销活动有些牵强附会,这其实是一种误区。

三、医疗服务营销的意义

对于国内目前的医疗市场来说,广大患者虽然"看病难"的问题已基本上得到了解决,但我国医疗机构的服务质量还较差,还不能从精神上给患者以安慰,使广大患者仅仅是看好病而已,很少提供其他的附加服务。因此,医院导入市场营销,不论对于满足广大群众对医疗服务的需求,还是对于促进医院的发展与进步都是十分重要的。

医疗服务营销的意义主要体现在以下几方面。

1. 有利于提高医院自身的竞争力,提升自身的综合实力

随着市场竞争的日益激烈,医疗服务已经成为竞争的焦点。医疗服务作为医疗机构的附加医疗形式,给消费者带来满足的同时也带来了精神的享受,进一步提高了医疗服务产品整体质量,在一定程度上扩大了医疗机构的市场占有率,并最终提高医疗机构的市场竞争力。

2. 有利于满足患者多元化的医疗消费需要

随着社会经济的发展和消费水平的不断提高,消费者对服务的要求也越来越高,尤其在医疗服务业,就医者已不仅仅要求满足其诊疗的需要,还需要精神上的满足。医疗机构若能满足就医者的多元化需要,必然能提高消费的满意度和忠诚度,从而使医疗机构取得更好的经济效益。

3. 有利于国内医疗服务业的发展和应对全球化时代的到来

随着知识化、信息化、网络化和全球化的不断深入及医改的不断推进,服务营销在医疗行业中的比重日益提高,服务对医疗行业的重要性与日俱增。服务经济的到来,必将推动医疗行业大力开展和广泛应用服务营销。

任务三　医疗服务的市场营销技术

医院作为关系着国民身体素质的关键部门,其发展过程中存在的问题及将来的发展趋势都备受关注。针对医院现存的诸多问题,迫切需要结合服务营销的理论,重新确立医院营销的新思路。

一、完美质量战略

医疗服务以优良的品质(即专业的人员、精良的器械和精湛的技术)、合理的价格(以市场调节为准则)、良好的服务(即售前和售后坚持以人为本的服务思想)构成了一个庞大完善的服务系统,是一个整体的产品概念。要做好医疗服务的营销,必须保证医疗服务这个产品的质量。

(一)基本知识

产品质量指产品的使用价值,即产品适合一定用途,能满足用户和消费者在生产上、工作上一定需要所具备的特性。产品质量特性则是指由产品使用目的所提出的各项要求,满足一定需要所具有的性质(包括性能、寿命、可靠性、安全性和经济性等五个方面)。

所谓的产品质量战略是企业为了设计和生产出消费者所需要的质量特性、达到消费者所要求的质量水平、满足其需要所作出的长远性谋划和方略。产品质量战略是企业战略体系中处于关键地位的职能战略,是企业总体战略的战略重点之一,对企业的生存和发展起着决定性作用。

(二)医院质量战略管理

医院质量体系(图 11-1)分为硬质量体系与软质量体系两大部分。医疗质量涉及医院工作的方方面面,大致分为内在质量、外在质量、核心质量和形象质量,包括医务人员质量、医疗技术质量、医疗产品质量、医院设备质量、领导决策质量、内外协同质量、医院营销质量和医院服务质量八个方面。

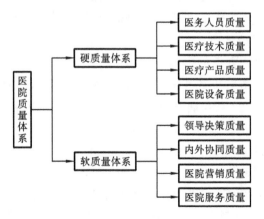

图 11-1　医院质量体系

医疗服务质量同患者的感受关系很大,取决于患者对服务的预期质量与体验质量之比。一般顾客感知的医疗服务质量有两个基本方面,即技术质量和功能质量。技术质量关注医疗服务的结果,构成医疗服务质量的关键;功能质量关注提供服务的方式,在技术同质的情况下,决定服务竞争优势的只能是功能质量。医疗机构可以利用质量差距模型进行服务质量的分析与设计,有针对性地开展医疗服务质量管理。

1. 对医院正确定位,保证医疗服务的技术先进性

如今全国的医疗机构有 6 万多家,消费者要区分不同医院所提供的医疗服务日益困难,医院应根据自身资源以及竞争对手状况,对自己正确定位,使医院的服务在消费者心目中相对于竞争者形成区别并优越于竞争者。

有些大型医院以综合型医院定位,在患者心目中牢牢占据权威者的地位;而有些中小型医院将患者市场细分后立足于某一病种领域,以专业领先的技术锁定了一部分患者,如各大眼科、传染病医院等;还有些医院专攻某类患者领域,如儿童医院、男性医院、妇科医院等。与大、中型医院相比,小型医院的竞争能力明显较弱,这些医院往往都选择大中型医院忽略了的市场,如专攻老烂脚、白塞综合征等疑难杂症,成气候的不少。杭州市第三人民医院的服务特色是所谓的"大专科、小综合"的组织方式,即这家综合医院重点突出该医院的优势部门——皮肤科,在全院范围内调配医护力量,扩编皮肤科的医务人员,同时增设激光皮肤色素性疾病治疗室,增加皮肤科住院病区的床位,并率先推出"一日"病房。这样的服务特色收到了显著的效益,使皮肤科业务收入占全院总收入的 48%。由此可见,经过对皮肤科的特色定位,该医院有效实现了与其他综合型医院的差别化,并带来了良好的效益,同时也提高了服务营销的效率。

2. 做好流程质量管理,流程的好坏关系到医疗质量与效率

流程质量管理就是在疾病诊疗程序的每个环节中进行质量管理,保证每项工作从始至终,从部分至整体都合乎质量要求。

3. 贴近患者,满足患者的心理需求

贴近患者并非时刻在患者身边,也并非刻意追求患者满意,而是使患者感到关怀和温暖。患者需要比一般人更多的关注,满足其心理需要,能提升患者的满意度。

4. 进一步开展特需医疗服务

特需医疗服务包括两个方面的内容,一方面是特需专家门诊,另一方面是特需病房。特需专家门诊的就医者一般解决疑难病症,较少考虑费用问题,他们更在意的是专家的技术水平、服务态度、就医环境。特需病房的患者除了要得到较好的诊疗,还想要舒适、清洁、方便、安静、愉快的环境。因此,特需病房应关注患者的心理需求,根据患者实际情况调整工作程序,改善病房环境,以满足其特需。

5. 做好关键时刻的管理

医疗服务关键时刻包括就医或不就医的时刻、进行价值评定时刻、决定再就医时刻、反馈关键时刻、坏消息的关键时刻、永远重复的关键时刻 6 种。其中最后一种指的是医疗工作者应对每天的重复工作都认真对待。

> **知识链接**
>
> 晕轮效应(the halo effect)，又称光环效应，属于心理学范畴。晕轮效应是指人们对他人的认知判断，首先是根据个人的好恶得出的，然后再从这个判断推论出认知对象的其他品质的现象。

二、品牌战略

品牌战略就是公司将品牌作为核心竞争力，以获取差别利润与价值的企业经营战略。品牌战略是市场经济中竞争的产物。战略的本质是塑造出企业的核心专长。20世纪90年代卫生保健的变化在于强调品牌塑造的重要性。由于质量和价格成为行业的驱动力，一个品牌意味着购买者会有更多的理由购买而不只是出于单一的价格原因。

（一）国内医院对品牌及品牌经营的误区

我国的大多医院是在计划经济的体制下建立和发展起来的，从医院行政部门到业务部门，从院长到普通员工都已经习惯了按部就班的工作，按序号排名次，按标准建设科室，按上级指示开展医疗活动。医院缺乏经营意识和品牌意识。随着市场经济时代的进一步推进及全球化经济时代的到来，医院不得不面对医疗市场的激烈竞争，因此也唤起了医院的品牌意识。但在对品牌的认识上仍存在误区，主要表现在以下几方面。

1. 没有特色品牌，靠行政市场排序

很多医院的命名大多采用地域名或冠之以"第一"、"第二"等序号便于计划管理，并未注重医院品牌特色的建立，没有得到社会的认可。各地排序都按照行政指示排序，有的已经名不符实。

2. 缺乏"名气"经营意识与品牌经营方法

医院在自身建设和发展中都会形成自己的名气、名医或特色。但是，医院没有这方面的经营意识，不主动维护名气，并不是有目的地去维护发扬光大，而是随波逐流，任其自生自灭。

在全球化经济中，我国的医院与国外合资医院相比，在资金、设备、引进人才和服务上都处于弱势。同时，国内医院品牌经营中也存在误区，主要表现在如下几点。①患者只需要医疗和优质服务来治疗疾病，不需要品牌。②品牌是与生俱来的，只要有技术作保证，不需要品牌经营。③只要医院有高质量的医疗技术就不必担心患者的满意度。这忽略了一个残酷的现实。虽然医院用高超的技术治愈了患者的身体，但却没让患者获得心理上的满意，结果，每个不满意的患者将会把自己的抱怨传播给其他人。④认为品牌是医疗广告的伪装术语，医院品牌经营是对职业道德的背叛。中国医疗服务市场已进入"买方时代"，消费者面临多样化的就医选择，因此，做好品牌经营，利于吸引消费者。

医院的品牌营销必须以就医消费者（患者）利益为导向，以保持医院的竞争力为核心，通过提供全方位、多层次的服务来赢得品牌，这才是医院品牌营销的真正意义所在。

（二）品牌战略基本内容

在创建品牌时，首先必须赢得品牌关注，然后是品牌偏好，最后是品牌忠诚。只有品牌忠诚才能转化为资产。所谓的品牌战略，包括品牌化决策、品牌模式选择、品牌识别界定、品牌延伸规划、品牌管理规划与品牌远景设立六个方面的内容。

品牌化决策,解决的是品牌的属性问题,如是选择制造商品牌还是经销商品牌,是自创品牌还是加盟品牌,在品牌创立之前就要解决好这个问题。不同的品牌经营策略,预示着企业不同的道路与命运,如选择"宜家"式产供销一体化,还是步"麦当劳"(McDonalds)的特许加盟之旅。总之,不同类别的品牌,在不同行业与企业所处的不同阶段有其特定的适应性。

品牌模式选择,解决的则是品牌的结构问题。是选择综合性的单一品牌还是多元化的多品牌,是联合品牌还是主副品牌,品牌模式虽无好与坏之分,但却有一定的行业适用性与时间性。如日本丰田汽车在进入美国的高档轿车市场时,没有继续使用"TOYOTA",而是另立一个完全崭新的独立品牌"凌志",这样做的目的是避免"TOYOTA"会给"凌志"带来低档次印象,而使其成为可以与"宝马"、"奔驰"相媲美的高档轿车品牌。

品牌识别界定,确立的是品牌的内涵,也就是企业希望消费者认同的品牌形象,它是品牌战略的重心。它从品牌的理念识别、行为识别与符号识别三个方面规范了品牌的思想、行为、外表等内外含义,其中包括以品牌的核心价值为中心的核心识别和以品牌承诺、品牌个性等元素组成的基本识别。如2000年海信的品牌战略规划,不仅明确了海信"创新科技,立信百年"的品牌核心价值,还提出了"创新就是生活"的品牌理念,立志塑造"新世纪挑战科技巅峰,致力于改善人们生活水平的科技先锋"的品牌形象,同时导入了全新的视觉识别系统。通过一系列以品牌的核心价值为统帅的营销传播,一改以往模糊混乱的品牌形象,以清晰的品牌识别一举成为家电行业首屈一指的"技术流"品牌。

品牌延伸规划,是对品牌未来发展领域的清晰界定。明确了未来品牌适合在哪些领域、行业发展与延伸,在降低延伸风险、规避品牌稀释的前提下,以谋求品牌价值的最大化。例如,海尔家电统一用"海尔"牌,就是品牌延伸的成功典范。

品牌管理规划,是从组织机构与管理机制上为品牌建设保驾护航,在上述规划的基础上为品牌的发展设立远景,并明确品牌发展各阶段的目标与衡量指标。企业做大和做强靠战略,"人无远虑,必有近忧",解决好战略问题是品牌发展的基本条件。

(三)医院的品牌营销策略

医院要取得良好的品牌效应,必须从意识观念上重视品牌建设,结合医疗服务的特点做好品牌营销策划,主要有以下几方面内容。

1. 消费者满意策略

通过医疗质量、服务和价值实现患者满意是现代医院营销所追求的目标,患者对医疗服务是否满意取决于患者实际感受到的医疗效果与期望的差异,使患者主观感受与客观医疗的综合反映。患者满意度的高低是患者光顾医院的主要因素,提高患者满意度是医院赢得市场、建立患者忠诚度的关键。

2. 医德形象塑造策略

医务人员的医德形象看起来是医务人员个人医德素质的外在标志,但实际上它与医院的信誉息息相关。优质的医疗服务在患者心目中树立了良好的医德形象,就会一传十、十传百,产生辐射效应,前去就医的患者就会增多。同时,良好的医德形象可以增强患者战胜疾病的信心,也可以扩大医院的社会知名度和美誉度,吸引更多的人前来就诊。医疗工作者实践的对象增多,经验也会增加,技术更为精湛,可为医院带来更多的经济效益,从而形成良性互动。

3. 广告策略

我国卫生主管部门对于医疗机构的广告有明确规定,医院做广告时不要违反规定。如果医院资金允许,也可作少量的报纸广告。在广告中注意使用明确的信息,信息要能体现医院所能提供的服务类型、深度、质量水平等,切忌发布虚假信息;同时要强调医疗服务能带来的利益;要慎重做出医疗承诺,只承诺能给患者提供的医疗服务项目,不能因为要说服潜在的消费者,提出让消费者产生过度期望而医院又无法兑现的承诺。最好提供有形线索,如通过电视新闻直播一些成功、难度高且具有代表意义的手术过程等。

4. 公共关系策略

现代社会处于信息时代,人们通过各种媒介和渠道了解事物。因此,医院营销人员可以利用现代媒介向公众传播关于医院的各类信息,让社会各界能更好更快地了解自己。

另外,医院还可以开展社会公益活动,如进行义诊宣传等。相关研究表明,14%的人认为义诊宣传是最能吸引他们的宣传方式。通过义诊,医院不仅能创造良好的社会效益,还能展现良好的医德医风,从而树立医院良好的品牌形象。

知识链接

外资瞄准上海的高端产妇医疗服务。上海和睦家医院是北京和睦家医院的连锁医院,是在美国纳斯达克上市的美中互利公司的下属医院,因出生"高价宝宝"闻名中国,特别是由于中国的明星们常常在和睦家生宝宝,使得医院形成了自己的口碑。上海和睦家医院当然也不例外,其实,妇女生产并不需要更高的技术和设备,和睦家医院的特点在于通过人性化设计的诊疗空间和服务,来赢得客户。丈夫可以陪着妻子"共同"生产,产后有法国配餐公司为产妇提供了营养丰富的餐点,并提供家庭烛光晚餐庆祝新成员的诞生。这样的温馨场面,在我国一般的医院是见不到的。当然,价格自然也是不菲的,一般的套餐在6万~10万元,我们计算了一下,加上前期的检查或者其他情况,就算超过20万元也不足为奇。不过,上海和睦家医院70%的患者是外籍人士,其中,妇产科、儿科的患者超过50%。80%以上的患者在这里采用国际商业保险的模式支付看病费用。同样利用上海世博会对国际高端医疗服务的需求,在上海世博会召开期间,上海和睦家医院和刚刚通过了国际医疗卫生机构认证联合委员会JCI认证的上海华山医院合作管理其华山医院东院(国际部),号称为"上海国际医院",这是上海首家民营外资医疗机构管理公立医院。成为上海首家也是唯一一家公立涉外国际医院。作为我国相对比较独立的外资医院,在我国经济高速增长中,于2010年底反被上海复星医药股份有限公司旗下的复星实业(香港)有限公司购入美中互利公司11.18%的股份,有望变得更加中国化,但其服务是不会变的。

在2010年12月,国务院《关于进一步鼓励和引导社会资本举办医疗机构意见的通知》一文中,将境外资本举办医疗机构调整为允许外商投资项目,允许境外医疗机构、企业和其他经济组织在我国境内与我国的医疗机构、企业和其他经济组织以合资或合作形式设立医疗机构,逐步取消对境外资本的股权比例限制。对具备条件的境外资本在我国境内设立独资医疗机构进行试点,逐步放开。随着我国新医改的深入,在国家尽可能满足老百姓基本医疗需求的同时,高端医疗需求将成为社会资本争抢的蛋糕,上海只是走前了一步。

三、营销组合战略

(一) 基本理论

营销组合这一概念是由美国哈佛大学教授尼尔·鲍顿(N. H. Borden)于 1964 年最早采用的,并确定了营销组合的 12 个要素。随后,理查德·克莱维持教授把营销组合要素归纳为产品、定价、推广、渠道,即营销 4P 组合(图 11-2)。

市场营销组合是制订企业营销战略的基础,做好市场营销组合工作可以保证企业从整体上满足消费者的需求。市场营销组合是企业对付竞争者强有力的手段,是合理分配企业营销预算费用的依据。

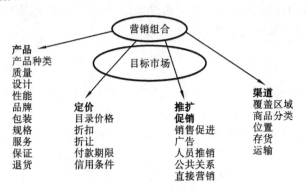

图 11-2 营销 4P 组合

(二) 营销组合应用的一般原则

为更好地发挥市场营销组合的上述作用,在具体运用时应遵循下列原则。

1. 目标性

营销组合首先要有目标性,即制订市场营销组合时,要有明确的目标市场,同时要求市场营销组合中的各个因素都围绕着这个目标市场进行最优组合。

2. 协调性

协调性是指协调市场营销组合中各个因素,使其有机地联系起来,同步配套地组合起来,以最佳的匹配状态,为实现整体营销目标服务,可根据要素的相互关联作用组合得当、和谐一致。

在组合方案中,也可以重点选择几个因素进行组合搭配,如产品质量和价格的关系直接关系到市场营销组合整体策略的优劣,将二者进行多方案选优,可以组成九种不同的组合策略方案,企业可据此进行知己知彼的分析,包括竞争对手组合策略分析和本企业资源、技术、设备等情况分析,切实推行价值工程,进而达到预期营销目标。

3. 经济性

经济性即组合的杠杆作用原则,主要考虑组合的要素对销售的促进作用,这是优化组合的特点。

当广告费用开始增加时,对销售影响不大,当广告费用增加到 a 点后,销售量增长很快,广告费用继续增加到 b 点后,销售量趋于一个常数。若要发挥广告宣传对销售量的杠杆作用,在组合中就应考虑销售量和广告费用的这种关系。在它们处于曲线 AB 段时,采用增加广告费用的组合,若它们的关系处于曲线 AB 段以外,就要考虑其他要素了。

4. 反馈性

从营销环境的变化到企业营销组合的变化,要依靠及时反馈市场信息。信息反馈及时,反馈效应好,就可随营销环境变化,及时重新对原市场营销组合进行反思和调整,进而确定新的适应市场和消费者需求的组合模式。

(三) 医疗服务市场营销要素

在运用服务营销组合时,必须结合医疗服务行业的特点,医疗服务市场营销要素包括产品、定价、分销、促销、人员、有形展示及过程七大要素。

1. 产品

服务产品所必须考虑的是提供服务的范围、服务质量和服务水准,同时还要注意的事项有品牌、保证以及售后服务等。服务产品中,这些要素的组合变化相当大,例如一家供应数样小菜的小餐厅和一家供应各色大餐的五星级大饭店的要素组合就存在着明显差异。

2. 定价

定价方面要考虑的因素包括价格水平、折扣、折让和佣金、付款方式和信用。在区别一种服务和另一种服务时,定价是一种识别方式,顾客可从一种服务的定价感受到其价值的高低。定价和质量之间的相互关系,也是服务定价的重要考虑因素。

3. 分销

提供服务者的所在地以及地缘的可达性在服务营销上都是重要因素。地缘的可达性不仅是指实物上的,还包括传导和接触的其他方式,所以分销渠道的形式以及其涵盖的地区范围都与服务可达性有密切关联。

4. 促销

促销包括广告、人员推销、销售促进或其他宣传方式的各种市场沟通方式及一些间接的沟通方式,如公关等。

以上四项是传统的营销组合要素。但是服务营销人员则有必要增添更多的要素,如有形展示及其过程。

5. 人员

在服务企业担任生产或操作性角色的人,在顾客看来其实就是服务产品的一部分,其贡献也和其他销售人员相同。大多数服务企业的特点是操作人员可能担任服务表现和服务销售的双重工作。因此,市场营销管理必须和作业管理者协调合作。企业工作人员的任务极为重要,尤其是那些经验"高度接触"的服务业的企业。所以,市场营销管理者还必须重视雇佣人员的筛选、训练、激励和控制。

此外,对某些服务业务而言,顾客和顾客之间的关系也应引起重视。因为,一位顾客对一项服务产品质量的认知,很可能是受到其他顾客的影响。在这种情况下,管理者应面对的问题是在顾客与顾客之间相互影响方面的质量控制。

6. 有形展示

有形展示会影响消费者和客户对一家服务企业的评价。有形展示包括的要素为实体环境(如装潢、颜色、陈设、声音等)及服务提供时所需要的装备实物(如汽车租赁公司所需要的汽车),还有其他的实体性线索,如航空公司所使用的标志或干洗店在洗好的衣物上加上的"包装"。

7. 过程

人的行为在服务企业很重要,而过程(即服务的递送过程)也同样重要。表情愉悦、专注和关切的工作人员,可以减轻顾客必须排队等待服务的不耐烦的感觉或者平息顾客在技术上出问题时的怨言或不满。整个体系的运作政策和程序方法的采用、服务供应中机械化程度、员工裁断权的适用范围、顾客参与服务操作过程的程度、咨询与服务的流动、定约与等候制度等,都是市场营销管理者要特别注意的事情。

(四)医疗服务营销组合战略

在医疗服务营销组合中,人员是比较特殊的一项,包括员工和患者两个方面。现代医学正从实验医学时代的"生物医学"模式向着整体医学时代的"生物—心理—社会医学"的模式转变,医疗服务也从"提供者导向"逐步向"服务对象导向"转变。促销在医疗服务营销中也很少存在。在进行营销组合战略时需要从以下几个方面开展。

1. 细化目标市场,提供多样化的医疗服务产品选择

根据医院的目标市场,在保证成本的前提下,尽可能为不同患者提供多元化的就医选择,可以在第二层次和第三层次的附加服务上来进行产品区分。高端的医疗服务有两个基本获益:一是可以满足高端客户的需求;二是能够为医院创造更多经济效益。

2. 在社区设立服务点,做好医院服务的分销

服务市场的分销具有一定的特殊性,医院的分销渠道属于提供某种服务场所进行服务的这一类分销渠道。大多数医院实行独家分销模式,即只有唯一的医院所在地提供医疗服务。为了把握更多的消费者,医院可以在各个居民区、工厂、学校附近设立社区服务站,并提供出诊服务,把医疗服务直接送到患者身边,进而吸引更多的患者来医院进行进一步的诊治。在国内,医院资源一般与医院的规模成正比,规模大的医院较多设立在人口密集的区域,能满足大多数就医者的就医需求。但是,由于城市建设、交通、地域等方面的限制,还有一部分消费者的就医需求不能满足,因而可以在社区设立服务点,与医院资源共享。

3. 加大公关宣传的力度,处理好公共关系

医院可建立专门的广告策划部门,为医院制作广告词,发放宣传资料、策划标志系统。为了扭转医院在消费者心目中的传统形象,医院应注重于新闻媒体的沟通,抓住正面新闻,引起公众关注,提高知名度;开展和参加社会公益活动,如赞助、捐款、免费咨询、义诊等活动,通过此类活动迅速树立医院在消费者心目中的良好形象;举办各类知识讲座,组织群众参观有关健康知识的展览,在提高群众健康意识的同时让其了解医院在某些病中治疗方面的专长。有条件的医院可进行手术过程的有形展示。此外,医院还应成立专门的危机公关部门以应付和处理各类突发事件,以维护医院的利益与声誉。

4. 重塑医疗服务观念,确保整个流程的就医满意度

医疗服务人员与就医者是面对面的高接触关系,就医者很容易受到医疗服务人员态度的影响,因而对医疗服务人员的态度和技术要求更高。医疗服务人员需要付出更多的努力才能得到就医者的认可。医疗服务人员不仅要技术精湛,还要有敬业精神。

四、成本领先战略

(一)现状分析

近年来,医院的发展有市场化和商业化的倾向,导致患者看病费用明显增加。"看病难、看病贵"已成为社会各界普遍关注的热点,对医院的管理提出了严峻挑战。从全国现代医院卫生经济管理会议可知,当前医院成本管理的现状呈现如下特点:门诊、临床科室基本上是亏损的,经营成果好的医院亏损科室占79%,经营成果差的医院亏损科室占94%;医院的生存主要依靠药品和检查,但医疗成本高。这种特点在客观上要求医院强化内部经营管理,建立优质、高效、低耗和集约化的科学管理模式。成本领先战略是一个较好的解决思路。

(二)成本领先的概念

成本领先战略是美国著名管理学家、哈佛大学商学研究院迈克尔·波特(Michael Porter)教授提出的竞争战略之一,在竞争中,尽管质量、服务以及其他方面也不容忽视,但贯穿于整个战略之中的是使成本低于竞争对手。近年来,由于医疗市场的竞争日趋激烈,许多中小医院都在分析自身优势劣势的基础上采用了成本领先战略。

成本领先战略(overall cost leadership)也称低成本战略。当成本领先的企业的价格相当于或低于其竞争厂商时,它的低成本地位就会转化为高收益。尽管一个成本领先的企业是依赖其成本上的领先地位来取得竞争优势的,而它要成为经济效益高于平均水平的超群者,则必须与其竞争厂商相比,在产品别具一格的基础上取得的价值相等或价值近似的有利地位。成本领先战略能否成功取决于企业日复一日地实际实施该战略的技能。成本领先战略的核心是建立持久的成本优势。只有为企业带来长久性竞争优势的成本削减战略才是成本领先战略。

(三)成本领先战略的风险

成本领先战略是企业获取竞争优势的战略之一,但在激烈的"价格战"面前,人们对成本领先的战略产生了怀疑。医疗服务中成本领先的风险主要有以下几点。

(1)风险一:成本领先战略容易使人联想到医用材料、药品费等成本的降低。

成本的降低使人首先联想到的就是医用材料、药品费用等成本的降低,但多数医用材料和药品费用等成本只是占地总成本的一部分,在我们重视降低医用材料、药品费用等成本的同时,我们还需要认真地审视一下医疗服务的整个成本链,这往往成为成本降低的重要步骤。如果医院基本上了解与竞争对手的成本差异,要想获得成本优势通常有两种主要方法:一种是在医院价值创造的每一个环节上实行有力的成本控制手段;另一种是重新构建新的成本更低的价值链,即可以用新的效力更高的方式来设计、分销医疗服务。

(2)风险二:成本领先战略与医学技术的进步创新之间的矛盾。

医疗机构需要重新购置医疗设备或掌握新技术所耗的资金可能会使原来的诊疗检查等费用提高,从而使成本领先战略夭折。但创新是一条永远不变的市场竞争法则,降低成本最有效的办法就是医疗技术创新。从行业来看,一场技术革新会大幅度降低成本,如青霉素的发明降低了成千上万感染患者的治疗成本。从单个的医院来看,医疗技术的创新和提高可以提高医疗质量、增加医疗服务的附加值,从而使医院获得优势,实现成本领先,还可以在员工中形成良好的学术氛围,在社会中提升医院的品牌,增加医院的知名度和美誉度。

(3) 风险三:在追求成本领先的过程中损害特色服务的保持和发展。

如果医院的某些服务在顾客面前表现为特色,那么在实行成本领先战略时就必须充分考虑到这一点。在某些时候,成本的降低可能会影响到特色服务的开展,名医、名科等都是医院的特色,要开发、保持和发展特色,必须每年都有一定的投入,如改善住院环境、增加高档设备、给优秀的员工提高待遇及人才梯队培训等。降低成本还是让某些专科服务保持特色,这时需深思熟虑。如果处理不好,就有可能造成被竞争对手赶上或关键人才被竞争对手挖走的问题,失去应有的特色。

(4) 风险四:成本领先战略易遭到竞争对手的模仿。

从国际竞争的角度看,我国相当多的中小医院在相当长一段时间内还只能在成本领域寻求优势,由于成本领先战略所实施的标准控制是有限的,且并没有技术难度和执行难度,因此,很容易被同类的医疗机构模仿。

有些医院还将成本领先战略与低盈利低价格的营销策略等同起来。所有这些导致一些医院不能很好地采用成本领先战略,无法在竞争中取得优势。这些都是值得注意的问题。

因此,要实施成本领先战略,必须在规避以上风险的基础上,审时度势地开展工作,实行标准成本控制,就是使医院步入"优质、高效、低耗"的道路,即通过标准成本的制订、成本差异的分析和成本差异的控制,从而实施成本领先战略,实现医院快速和健康发展。

(四) 成本领先战略的构成

标准成本控制制度是指围绕标准成本的相关指标(如技术指标、作业指标、计划值等)而设计的,将成本的前馈控制、核算功能及反馈控制有机结合而形成的一种成本控制系统。其主要内容包括成本标准的制订、成本差异揭示及分析、成本差异的控制三部分。

(1) 首先,建立标准成本控制制度。

降低患者的医疗费用,最重要的手段就是降低医疗成本。要控制医疗成本的问题,最有效的办法就是进行单病种控制。进行单病种控制最重要的手段就是明确诊断。医院依据标准成本来考核实际成本,把过去以考核医疗收入为主的核算模式变为以考核医疗成本为主的核算模式,在降低成本的同时,也降低了收费,从而有效地遏制"看病难、看病贵"的问题。

标准成本的首要问题便是制订成本中心,以衡量其绩效,分清各部门的责任。由于医疗服务的特殊性,在制订标准中,应实行门诊与住院分开、药品与医疗分开、单病种分开的原则,不同病种制订不同的标准。因此,制订标准是标准成本控制的关键环节。

(2) 其次,进行成本差异分析。

成本差异分为消耗差异(项目差异)和价格差异。

药品消耗差异 = 标准价格 × (实际药品消耗 − 标准药品消耗)　　(式1)

辅诊检查项目差异 = 实际检查项目 × 标准价格 − 标准检查项目 × 标准价格 (式2)

医疗服务项目差异 = 实际服务项目 × 标准价格 − 标准服务项目 × 标准价格 (式3)

价格差异 = 实际消耗 × (实际价格 − 标准价格)　　(式4)

应根据差异结果分析差异产生的原因,进而提出一些改进的措施。差异产生的原因包括两方面:一方面是因为标准不够准确造成的;另一方面是因为实际生产操作或管理产生的。需根据揭示情况具体处理。

(3)最后,实行标准成本控制制度,使成本管理与经济利益直接挂钩,提高了全员成本意识。对于变动成本,我们按单病种确定正常差异的合理范围进行监控;对于公共消耗成本,我们按科室确定正常差异的合理范围进行监控。实行标准成本控制制度,能够找到成本管理的根源,提高医院的管理水平,实行标准成本控制制度后,医生在对患者病情的诊断和治疗过程中,以专家制订的标准治疗方案予以指导,对实际检查、用药应以专家倡导单病种标准治疗方案的标准加以控制。

医院成本控制是医院经营管理的重要内容,对提高医院的核心竞争力具有重大意义。随着医疗体制的改革,成本控制在医院管理中将越来越重要。由于医院机构的特殊性及成本控制理论在医疗行业中发展较晚,而且不同地区、不同医院对医院成本控制实施程度不同。医院的成本控制在医院发展中也具有较强的现实意义。医院为公益单位,治病救人和救死扶伤为其根本宗旨,不仅要追求经济效益、降低成本,同时要保障服务质量,注重社会效益。因此,医院的成本控制之路不同于一般企业。

总之,无论实施哪一种营销战略,都必须要先对医疗服务市场与医疗机构进行前期调查,收集信息并分析,比较不同营销战略的优势与不足,根据具体情况选择适用的战略与方法,与此同时,做好跟踪调查,把握好医疗机构的发展方向,及时处理公关危机,维护好医院形象,扩大优势,提高知名度与美誉度,才能吸引更多的就医者,占有更广阔的市场。

小 结

(1)医疗服务指医疗服务机构对患者进行检查、诊断、治疗、康复和提供预防保健、接生、计划生育等方面的服务,以及与这些服务有关的提供药品、医用材料器具、救护车、病房住宿和伙食的业务。

(2)医疗服务营销是指医疗服务人员和医疗机构通过创造并同就医者(或相关组织)交换医疗服务和价值,用以满足人们健康需求和欲望的一种社会管理过程。

(3)医院和卫生院是我国医疗机构的主要形式。医院按功能和任务不同划分为一、二、三级,各级医院又分为甲、乙、丙三等,其中三级医院增设特等,共三级十等。按是否以营利为目的,分为营利医疗机构、非营利医疗机构和半营利医疗机构。

(4)医疗服务具有如下主要特征,即医疗服务专业性强、医疗服务提供方主导、医疗服务接受方个性化高、医疗服务风险性高、医疗服务费用支付多源性。

(5)医院质量体系分为硬质量体系与软质量体系两大部分,包括医院服务质量、医院营销质量、内外协同质量、领导决策质量、医院设备质量、医疗产品质量、医疗技术质量、医务人员质量八个方面。

(6)有针对性地开展医疗服务质量管理:对医院正确定位,保证医疗服务的技术先进性;做好流程质量管理;贴近患者,满足患者的心理需求;进一步开展特需医疗服务;做好关键时刻的管理。利用质量差距模型进行服务质量的分析与设计。

(7)医院的品牌营销策略主要有顾客满意策略、医德形象塑造策略、广告策略和公共关系策略等。

（8）在运用服务营销组合策略时，必须结合医疗服务行业的特点，医疗服务市场营销要素包括产品、定价、分销、促销、人员、有形展示及过程七大要素。

（9）成本领先战略是指企业通过加强内部成本的控制，在研究与开发、生产、销售服务和广告宣传等方面把成本降到最低限度，使企业在行业中处于领先地位。其主要内容包括成本标准的制订、成本差异揭示及分析、成本差异的控制三部分。

能力检测

一、单选题

1. 医疗服务指医疗服务机构对患者进行检查、诊断、治疗、康复和（   ）、接生、计划生育等方面的服务。
   A. 提供预防保健   B. 护理   C. 药品   D. 其他

2. 医疗业与其他服务也有一定的共性，包括（   ）、差异性、不可存储性、广泛性。
   A. 无形性   B. 适应性   C. 知识性   D. 娱乐性

3. 医院按功能、任务不同划分为一、二、三级，各级医院又分为甲、乙、丙三等，其中（   ）增设特等，共三级十等。
   A. 三级医院   B. 二级医院   C. 一级医院   D. 专科医院

4. 医院的品牌营销必须以（   ）的利益为导向，以保持医院的竞争力为核心，通过提供全方位、多层次的服务来赢得品牌，这是医院品牌营销的真正意义所在。
   A. 就医者（患者）   B. 员工   C. 医生   D. 护士

5. （   ）是医院赢得市场、建立患者忠诚度的关键。
   A. 提高患者满意度   B. 提高员工满意度
   C. 提高领导执行力   D. 提高医生权力

6. 标准成本控制管理通过（   ）、成本差异的分析和成本差异的控制，从而实施成本领先战略，实现医院快速、健康发展。
   A. 标准成本的制订   B. 差异化战略
   C. 降低原材料价格   D. 降低人力资本

二、多选题

1. 医疗服务具有如下主要特征，即（   ）、（   ）、（   ）、医疗服务风险性高、医疗服务费用支付多源性等。
   A. 医疗服务专业性强   B. 医疗服务提供方主导
   C. 医疗服务接受方个性化高   D. 医疗服务过程不确定

2. 医院质量体系分为硬质量体系与软质量体系两大部分，包括（   ）、医院营销质量、内外协同质量、（   ）、（   ）、（   ）和（   ）八个方面。
   A. 医院服务质量   B. 领导决策质量   C. 医院设备质量
   D. 医疗产品质量   E. 医疗技术质量   F. 医务人员质量

3. 医疗服务市场营销要素包括（   ）、（   ）、（   ）、（   ）、（   ）、（   ）及过程七大要素。
   A. 产品   B. 价格   C. 分销   D. 促销

E. 人员   F. 有形展示   G. 策略

4. 医院的品牌营销策略主要有:(　　)、(　　)、医德形象塑造策略、广告策略和公共关系策略。

A. 医德形象策略   B. 质量保证策略   C. 顾客满意策略   D. 成本领先策略

5. 所谓的品牌战略,包括(　　)、(　　)、(　　)、(　　)、品牌管理规划与品牌远景设立六个方面的内容。

A. 品牌化决策   B. 品牌模式选择   C. 品牌识别界定   D. 品牌延伸规划

三、简答题

1. 请为当地某三级综合医院量身策划一个营销方案。
2. 通过学习与比较,你更倾向于哪一种医疗服务营销策略?谈谈你的理由。

四、案例分析

牙科诊所隐身广州地标写字楼

在广州,有一家自称"只做高收入、高素质人群生意"的牙科诊所隐身于广州地标写字楼中信广场。在这家仅有 4 个独立诊室的小型牙科中心张贴的宣传资料上,6 名牙科医生大部分都专长于"牙齿美容"(修复科),只有一位医生是牙周病专家,这也在一个侧面上诠释了该牙科中心的顾客群定位——注重牙齿美容保健的高收入、高素质人群。

只为预约客户服务

若不是因为左边的墙壁上悬挂着某著名口腔保健品牌的海报,路人多会误以为这里只是中信广场诸多公司中的一家——前台小姐没有穿护士服装而是身着黑色制服,种类丰富的杂志在书报架上整齐排放,诊所中看不到拥挤的焦急候诊的患者。

前台小姐介绍说,该牙科中心只为经过预约的客户服务,因为"预约能有效避免排队,节省客户的时间"。当说明自己当日不需接受牙科治疗,只是想请医生就牙齿美白做例行检查时,前台小姐将记者带到了一间独立的诊室。在位于这间约 8 m^2 的诊室中央的躺椅坐下后,你会发现有一台液晶电视镶嵌于天花板内。"方便生活和工作忙碌的患者在接受治疗时,随时了解最新资讯"。医生身边身穿护士服的护士解释道。

收费昂贵但是客源不断

对于牙齿冷光漂白项目,该牙科诊室接诊医生的报价为 3000 元左右。而使用相近进货价的产品,广州某大学附属著名口腔医院该项目的报价仅为该价格的一半左右。

该牙科中心负责人颜先生表示,"我们的目标客户是高收入、高素质的人群",更何况在中信广场开诊所,"租金也应当算进成本"。

曾经留学德国的颜先生告诉记者,国外的写字楼中有许多牙科诊所,并不是什么新鲜事,但在广州,这样的"楼上牙科诊所"尚为新鲜事物。之所以选择在中信广场开诊所,主要是考虑到这里聚集了"高收入、高素质",同时"对生活品质有要求"的人群。"正是他们构成了我们的主要顾客群体,"他说,"暴发户可能很有钱,但他们不会对牙齿健康和美观有高要求。"

据这位负责人透露,该牙科中心的客户中,不乏银行行长、房地产商,以及外资跨国企业的员工和管理人员,也包括一些外籍人士和领事馆工作人员。"我们还和一些企业签订了长期合作协议,例如中信广场里面一家著名跨国电脑公司和我们还签订了协议,其员工享受公司福利来我们诊所看牙,可以作为员工福利报销。"他透露道,"我们定位高端,但我们的提供更尊重隐私,更有家庭亲切的就医氛围。"

案例讨论:运用营销理论分析案例,谈谈你对牙科诊所开进写字楼的认识。

任务四 实战训练

为某医院进行品牌战略营销策划

实训目的:使学生掌握为医院进行品牌战略营销策划的方法。

实训内容:请写出为该医院进行营销策划的方案,并整理为报告书。

实训步骤:

(1) 教师前一次课布置本实训任务。

(2) 学生课后按要求查找资料,集体讨论、分析。

(3) 教师于所要求时间考核学生完成情况。

① 课堂时间教师随机抽取 1~3 名学生在讲台上陈述自己的观点。

② 课后要求每位同学交上书面观点。

(4) 学生课堂陈述后,教师针对完成情况作口头评价;对学生的书面观点教师应做书面评语。

实训提示:以实地调查研究为主,与图书馆、网络查找背景资料相结合得出相关资料,集体讨论、分析。

实训思考:现有的医院是否开展了市场营销?其营销方案是否合理?

实训体会:通过实训,进一步认识市场营销是医疗机构改革的必然选择。

实训报告:医疗服务市场营销报告。

实训考核的内容和标准:详见附录 A。

(赵　洁)

模块四
医药营销组合技术
Yiyao Yingxiao Zuhe Jishu

项目十二　医药产品策略

学习内容

掌握：药品组合策略、包装策略、药品各生命周期特点和营销策略。

熟悉：药品组合的含义和品牌设计原则。

了解：药品开发新药的程序。

能力目标

熟练运用药品生命周期的原理分析各阶段的特点，并针对各个阶段的不同特点采取相应的营销策略以解决药品组合中遇到的问题。

熟练运用品牌传播的技能并进行简单的品牌设计与策划。

案例引导

三精葡萄糖酸钙——"蓝瓶的钙、好喝的钙"

哈药集团三精制药股份有限公司（以下简称三精制药），以拳头产品的市场突破带动"三精"品牌系列产品销量整体增长。

1. 层层选拔，三精制药挑出拳头产品

截止到1998年，三精制药拥有147个品种，206个规格的产品，分水剂、针剂、口服液等7大剂型。产品线很长，但知名品牌很少。经分析发现，葡萄糖酸钙口服液在这些产品中不仅销量最高，而且是哈尔滨地区各大医院治疗儿童缺钙的首选药品。另外，市场调查表明：消费者普遍认为葡萄糖酸钙口感好，儿童可以接受，81.5%的消费者认为该产品定价尚可接受。经过反复论证，最终，葡萄糖酸钙口服液被确定为主打产品。

2. 市场定位——锁定儿童补钙市场

三精制药对儿童补钙市场进行了周密调查，发现中国儿童的蛋白质、钙、锌、铁、维生素A、维生素B_2摄入量不足。其中95%以上的儿童膳食中钙的摄取量严重不足，与正常发育所需推荐摄入量相差一半左右。由于钙的摄入量不足，专家估计儿童轻型佝偻病的发病率在10%左右，总体上北方多于南方，冬天多于夏天。中国14岁以下儿童约有3.4亿人，大中型城市儿童补钙意识较强，但大部分三线城市和农村市场还处于起步阶段。可以预见，儿童补钙保健品市场在中国具有很大的发展潜力；同时，综合型补充儿童缺乏素类产品的市场前景也看好。

三精制药经过调查发现：消费者对补钙有了一定的认识，但是只知道缺钙对身体有害，在用药上还比较盲目；婴幼儿及儿童缺钙患者人群较大，但没有适合的补钙药物；由于消费者饮食结构的变化，儿童缺钙的问题普遍困扰着视子如命的家长们。而三精葡萄糖酸钙口服液正是针对儿童补钙市场研制的。

3. 确立产品诉求点

确定好三精葡萄糖酸钙口服液的目标市场后，下一步就是要确定产品宣传推广的切入点。企业通过调查发现，在医生和消费者眼中，对一个好的补钙产品应具备的标准是不同的，医生更关注的是吸收，消费者更看重的是产品的含钙量。但研究结果证明，补钙产品进入人体后其吸收程度才是评价钙产品优劣的关键。

葡萄糖酸钙口服液的目标使用者是婴幼儿，而吸收和安全对他们来说就应该是最重要的。由此，企业确立了产品宣传推广的市场切入点——引导消费者科学补钙，加强消费者的补钙意识。进一步将产品定位于"吸收好、安全可靠"来进行宣传。同时，树立消费者科学补钙的理念，强调葡萄糖酸钙口服液是针对儿童研制的，其水果味及含钙量都特别适合儿童服用。

4. 品牌建设

在葡萄糖酸钙口服液的市场推广过程中，三精制药的决策者们越来越注意到仅靠广告拉动产品的知名度是远远不够的，产品要想长盛不衰，要从根本上树立产品的品牌。三精制药的品牌建设分为两步：一是给品牌注入深刻的内涵，即用"产品精、技术精、服务精"，并利用多种形式对员工进行"三精"理念的渗透，形成以品牌为核心的企业文化；二是实施企业形象工程，使厂名、品牌、理念三者融为一体。

随着品牌建设工作的不断深入，三精葡萄糖酸钙口服液的市场知名度越来越高，但随之而来的是市场追随者，甚至仿冒者也越来越多。为了阻止竞争对手的进攻，三精制药进一步通过包装升级建立品质壁垒，提炼出"蓝瓶的钙，好喝的钙"卖点，将"蓝瓶"打造成一种品质的象征，深入人心的广告语表明"蓝瓶"已成为三精独有的品牌标志。在小企业因成本高昂而难以仿冒"蓝瓶"的同时，三精制药为"蓝瓶"申请了国家专利，让市场上的假冒产品无"瓶"可冒。"蓝瓶"是一个产品符号，它告诉消费者，凡是装在这个"蓝瓶"里的口服液，都是"特纯净的、特充足的、特好喝的钙"，是值得购买的好产品。通过将品牌的核心诉求浓缩为一个简单的符号，围绕这个符号建立传播系统、产品结构、品牌结构甚至企业发展战略，三精制药的品牌建设又踏上了一个更高的台阶。

任务一　医药产品整体概念和医药产品组合策略

医药产品策略是医药市场营销组合策略中的核心。在日趋激烈的市场竞争中，医药产品满足消费者的程度，关系到医药企业市场营销的成败。随着医药产品生命周期的发展变化，灵活调整市场营销方案并及时用新药代替老药，才能更好地满足市场的需要。

一、医药产品整体概念

从医学角度来看,医药产品是用于预防、治疗和诊断人的疾病,有目的地调节人的生理功能并规定有适应证或者功能主治、用法和用量的有形药品。

现代市场营销理论认为,医药产品是一个整体概念,由五个层次构成(图 12-1)。

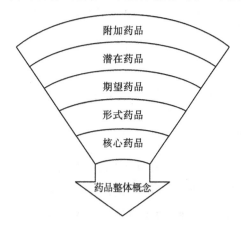

图 12-1　药品整体概念的五个层次

对于医药产品,药品整体概念是通过有形药品加无形服务体现的。

1. 核心药品

核心药品是医药产品核心概念中最基本和最主要的层次。它是消费者购买某种药品时所追求的基本效用和利益,是消费者需要的中心内容。药品的核心产品就是其治疗效果,若没有使用价值,包装再精致,形式再新颖,服务再周到,也没有存在价值,顾客也不会购买。例如,患者购买感冒药并不仅仅是为了得到实体药品,而是为了解除感冒后的不适症状,恢复身体健康。

2. 形式药品

形式药品也叫基础药品,是核心药品的载体,是医药企业向消费者提供的药品实体和服务的外在表现形式,在消费者选购时起着关键作用。在市场上表现为药品的质量水平、外观、式样、剂型、品牌和包装等。例如,科伦果维儿童果味素片,1000 mg/片,60 片/瓶,药片颜色为黄色,科伦品牌,保质期 2 年。随着消费水平的不断提高,对形式药品的剂型、质量、品牌、包装等的要求越来越高,影响着药品的销售和对药品的评价。医药市场营销时除着眼于消费者购买药品时的核心利益外,也要寻求核心利益得以实现的最佳形式,塑造形式药品。

3. 期望药品

期望药品是指消费者在购买药品时期望的属性和条件,如消费者对药品的期望是疗效好、毒副作用小、安全性高、服用方便等。期望药品往往能够为药品带来特色。

4. 潜在药品

潜在药品是该药品最终可能会实现的改进和变革,指出了现有药品可能的演变趋势和前景。例如,中药在未来由汤剂向胶囊剂、微丸剂、颗粒剂等方向发展,云南白药由粉剂可能会发展成贴剂等。

医药产品的整体概念体现了以消费者为中心的现代营销观念,医药企业应该在5个层次上设计医药产品,才能全面满足消费者的需求和欲望。

5. 附加药品

附加药品也叫延伸药品,是消费者购买药品时,附带获得的各种服务和利益,如药品说明书、用药咨询、用药指导、免费送货、质量保证、中药的煎药服务等。它能够给顾客带来更多的利益和更大的满足,随着消费者需求的复杂化和竞争的白热化,医药企业要赢得竞争优势,就应向消费者提供比竞争对手更多的附加利益。

请同学们以手中的药品包装为例,说出药品的各个概念层次。

二、医药产品组合策略

(一)医药产品组合、产(药)品线和产(药)品项目

医药产品组合:一个医药企业所生产或经营的全部药品线和药品项目的结构,即企业的业务经营范围。为了实现营销目标,满足目标市场的需求,必须设计一个优化的药品组合,这直接关系到医药企业业务量和盈利水平。

产(药)品线:由一组密切相关的药品项目构成的,属于药品组合中的某一药品大类。如功能类似、消费者类似、渠道类似、价格类似等。例如,马应龙药业集团的七大药品系列,包括妇科系列、止咳系列、治痔系列、皮肤系列、眼霜系列、代理系列和其他系列等7条药品线。其中,妇科系列有四硝唑栓、克霉唑栓等2个药品项目。

产(药)品项目:某医药企业生产的特定商标、种类和型号的药品。通俗地讲,是产品线中不同型号、规格、号码、价格、外观等的药品,也就是企业产品目录表上列出的第一个药品。例如,某药厂生产的抗感冒药0.48 g×12包的乐欣宝、10片/盒的泰咛,就是该企业的2个不同的产品项目。

(二)医药产品组合的宽度、深度、长度和关联度

医药产品组合有四个衡量变量,就是药品组合宽度、药品组合长度、药品组合深度和药品组合关联度。

1. 药品组合宽度(或广度)

药品组合宽度(或广度)是一个医药企业所生产经营的药品大类(药品线)有多少,其宽度反映了医药企业经济范围的宽广程度。如,某药厂有4条生产线:片剂、胶囊剂、冲剂和搽剂,药品组合宽度是4。增加宽度说明的是医药企业的产品组合的宽度更广,它反映了一个企业市场服务面的宽窄程度和承担风险的能力。

2. 药品组合长度

一个医药企业所有药品线中所包含的药品项目总和。增加药品线长度,可以使药品线更加丰富,吸引更多消费者购买本企业的药品。

3. 药品组合深度

药品组合深度是一条药品线中所具有的药品项目数量,也就是药品品牌中有多少品种和规格。如,马应龙皮肤系列有5个:龙珠软膏(5 g)、龙珠软膏(10 g)、龙珠软膏(15 g)、红

霉素软膏(10 g)、无极膏(10 g)等。深度越深,可以占领同类药品更多的细分市场,满足更多消费者的不同需求。

4. 药品组合关联度

各个药品线之间在最终用途、生产条件、销售渠道等其他方面的紧密程度。关联度越大,企业各药品线之间越具有一致性。例如,马应龙药业集团的产品在最终用途上都是为了防病治病,给人健康,生产条件相同,分销渠道主要是在各医药公司、零售药店和医院药房等,药品组合的关联度很强。

(三)医药产品组合策略

医药企业可针对存在的问题采取相应措施,对现有医药产品进行整顿,寻求和保持医药产品结构的最佳化。

1. 扩大医药产品组合策略

开拓药品组合的宽度和加强医药产品组合的深度,如海王集团由处方药经营发展到非处方药。

2. 缩减医药产品组合策略

当经济不景气、原材料与能源供应紧张、利润下降时,缩减医药产品线,将更多的资源投入到利润率较高的药品线上,以增加医药产品的获利能力。

3. 药品线延伸策略

医药企业超出现在范围可增加其药品线的长度。

(1)向下延伸:在原有的高档药品下面增加一些低档次药品。利用高档名牌药品的声誉,吸引购买力水平较低的消费者慕名购买此药品线中的低档廉价药品,扩大市场占有率和销售量,使竞争者无机可乘。

(2)向上延伸:原定位于低档药品的医药企业进入高档药品市场,增加高档药品。更多的消费者购买药品时追求的质量档次更高,企业的技术水平和营销能力也越来越高。

(3)双向延伸:原来生产中档药品的医药企业在占据市场优势后,决定朝药品线上下两个方向延伸,同时增加高档和低档药品,扩大经营范围,增强市场竞争力。

> **知识链接**
>
> **哈药集团的药品组合**
>
> 哈药集团有着较好的药品组合结构,这大大增加了其抗风险的能力。企业将处于不同生命周期的药品加以科学组合,例如,头孢噻肟钠、头孢唑啉钠、双黄连粉针、青霉素钠等市场占有率高的成熟药品属于现金牛类药品;严迪、盖中盖、泻痢停、葡萄糖酸钙、葡萄糖酸锌等投放市场时间不长,正在努力开拓市场的为明星类药品;正在研究开发的新药属于消耗类药品。对于明星类药品增加市场投入是必要的、明智的。当明星类变成现金牛类后,又会有新的药品进入明星序列。公司应始终维持一个很好的药品组合,不要过分依赖目前的明星药品。

4. 药品现代化策略

将现代化科学技术应用到生产过程中,对药品线进行现代化改造。例如,20年不变的武汉健民龙牡壮骨冲剂,针对消费者心理需求,一方面维护消费者对老品牌的忠诚度;另一方面开发出果味、无糖、纳米等新差异化的产品,把消费群从婴幼儿扩大到了儿童,从而开辟出了一个新的市场。

5. 药品差异化策略

通过市场调研,收集消费者需求信息和竞争对手药品信息,对企业药品在质量、用途、特点等重新定位,采取与竞争者明显不同特色的药品策略,增加药品新的功能、剂型、规格等,引起消费者的兴趣,以期增强企业的竞争优势,为企业创造更多的利益。

任务二　医药产品生命周期及营销策略

一、产品生命周期

产品生命周期是现代市场营销学的一个重要概念。产品在市场上不是经久不衰的,被消费者偏爱也并非永恒,由于科学技术的飞速发展,替代品不断涌现和竞争的原因,市场上现有产品会逐渐被淘汰。

二、医药产品生命周期概念

阿司匹林在临床上已运用了一百多年,至今依然充满活力,并不断发展,没有表现出任何衰退的迹象。为什么有的企业药品生命周期长,而有的短呢?

是否所有的药品都是按照产品生命周期的四个时期而进行下去呢?

医药产品生命周期是把一个药品的历史比做人的生命周期一样,要经历开发、导入、成长、成熟、衰退的阶段,而典型的医药产品生命周期包括四个阶段,即导入期、成长期、成熟期、衰退期(图 12-2)。

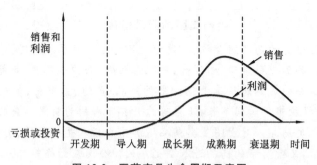

图 12-2　医药产品生命周期示意图

(1)导入期又叫引入期或介绍期,是药品首次正式上市后的最初销售时期。其销售缓慢,同时由于引进药品的费用太高,初期通常利润偏低或为负数,此时没有或只有极少的竞争者。

(2)成长期是药品转入批量生产和扩大市场销售额的时期。经过一段时间试销成功后,药品已有相当知名度,消费者逐渐接受该产品,销售快速增长,利润也显著增加。但由于市场及利润增长较快,会吸引更多的竞争者。

(3) 成熟期是药品进入大批量生产,市场已达饱和,处于竞争最激烈的时期。通常这一阶段比前两个阶段持续的时间更长,市场上的大多数药品均处在该阶段,因此管理层大部分精力是处理成熟期药品的问题。市场成长趋势减缓或饱和,利润到达顶点后逐渐走下坡路。由于市场竞争激烈,医药企业为保持药品地位需投入大量的营销费用。

(4) 衰退期是药品已经老化,进入到逐渐被市场淘汰的时期。药品销售量显著衰退,利润也大幅滑落。市场竞争越来越少,转入药品更新换代的时期。

典型的医药产品生命周期曲线是从药品的市场销售额和利润额的变化来进行分析判断的,反映的是药品的销售情况及获利能力在时间上的变化规律。在实际的营销中,应用药品生命周期理论更多的是分析药品品牌或品种。

事实上,在市场上还有许多药品没有按正常生命周期规律发展,还有其他的生命周期状况;有的一经上市就急速增长,直接进入成长期。例如,α-2b 干扰素受"非典"的影响,一进入市场就进入了成长期;治疗高血压的第一代 ACEI 类药"卡托普利(巯甲丙脯酸)"在国外已经走过成熟期,市场在萎缩,利润在减少,此时该公司的决策者决定将这一产品打入中国等未开发的市场,从而给了这一产品第二次生命。

随着市场竞争和科技的发展,多数产品的生命周期都呈现出不断缩短的趋势,医药企业只有加快开发和更新换代的速度,才能立于不败之地。

三、医药产品生命周期各阶段的特点

掌握不同时期的特点,对于医药企业有针对性地采取营销策略,具有一定的现实意义。

1. 导入期的特点

此期药品品种少,消费者对药品不了解,除少数追求新奇的消费者外,实际购买药品的人少;生产技术受到限制、性能还不够完善;药品销售量极为有限,制造成本高;价格决策难以确立,销售价格通常偏高,可能限制了购买,也可能难以收回成本;还没建立理想的营销渠道以及高效率的分配模式;生产者为了扩大销售,不得不投入大量的促销费用,对药品进行宣传推广;利润较小或亏损,医药企业承担的市场风险最大。竞争者尚处于观望状态,尚未加入。

2. 成长期的特点

此期为需求增长阶段,有越来越多的消费者对药品较为熟悉,开始接受并使用,分销渠道顺畅,需求量和销售量迅速增长,企业的销售额迅速上升;药品已经定型,生产工艺基本成熟,大批量生产能力形成,成本大幅度降低,利润迅速增加;竞争者看到有利可图,将纷纷进入市场参与竞争,使同类药品供给量增加,价格也就下降,威胁医药企业的市场地位,仿制品出现,市场竞争开始加剧。

3. 成熟期的特点

这是药品走入大批量生产并稳定地进入市场的销售阶段。随着购买药品的人数增多,销售量达到顶峰,虽可能仍有增长,但增长速度缓慢,随着市场需求逐渐饱和及减少,销售增长率呈现下降趋势;少数用户的兴趣开始转向其他药品和替代品;同时,药品普及率高且日趋标准化、生产量大、生产成本低、增长率降低、利润开始下降;行业内生产能力出现过

剩,市场竞争尤为激烈,药品价格降低,导致生产或经营同类药品的医药企业之间,不得不加大在药品质量、规格、颜色、包装或服务、广告上的投入,但到后期,有些能力不足的竞争者因无力与强大竞争者抗衡而退出。

4. 衰退期的特点

随着科技的发展、新药品的替代、消费者用药习惯的改变、竞争的加剧、疗效不佳、药品的副作用被发现、认知或重视等原因,药品的销售量和利润持续下降;药品在市场已经老化,不能适应市场需求,陷于被市场淘汰的境地;购买者是一些比较保守的人,更多的消费者已经转向购买新药品;更多的竞争者也因无利可图或药品滞销而退出市场。

四、医药产品生命周期各阶段的营销对策

（一）导入期的营销策略（同时间赛跑的游戏）

在医药产品导入期,由于消费者对药品十分陌生,医药企业的最紧迫任务就是以最快的速度将其药品推向市场,以便获得尽可能长的市场独占期。可以通过各种促销手段把药品引入市场,力争提高药品的市场知名度。①告诉医生和患者他们所不知道的新产品;②引导他们使用该产品;③快速建立销售通路进入医院及药店。例如,西安杨森公司的"多潘立酮(吗丁啉)"推出了"胃动力"。

企业营销重点主要集中在促销和价格方面,要突出一个"短"和"准"字。"短"即尽可能缩短导入期,使产品在短期内迅速进入并占领市场;"准"是看准市场机会,正确选择新药投入市场的时机,确定适宜的药品价格（图 12-3）。

图 12-3　导入期的营销策略

1. 快速掠取策略（高价高促销策略）

医药企业以高价格和高促销费用的方式推出新药,其形式如下:采取高价格的同时,配合大量的宣传推销活动,广泛宣传新药的优点,使消费者快速认识和了解该药品,把新药推入市场。把产品价格定得较高,可以树立高格调、高品位的产品形象,并能在每一单位销售额中获取最大的利润。成功实施这一策略,可以先声夺人,抢先占领市场,并希望在竞争还没有大量出现之前就能收回成本,尽可能获得利润。

这种策略的适用条件如下:市场有较大的需求潜力;目标市场求新心理强;企业面临潜在竞争者的威胁,需尽快培养品牌偏好,树立品牌形象。

2. 缓慢掠取策略（高价低促销策略）

医药企业以高价格和低促销费用相结合的方式推出新药。高价格的目的在于能够获取较高利润;低促销的方法可以减少销售成本,是最理想的策略。这种策略的适用条件如下:产品的市场规模和潜力有限,大多数潜在消费者已经了解或熟悉该药品,并愿意支付高价;药品的生产和经营必须有相当的难度和要求,普通医药企业无法参加竞争,竞争威胁不大。

3. 快速渗透策略(低价高促销策略)

医药企业以低价和高促销费用的方式推出新药品,可以使药品迅速进入市场,有效地限制竞争对手的出现,为企业带来巨大的市场占有率。这种策略的适用条件如下:市场规模大;消费者对该药品不太了解,且对药品价格很敏感(药品需求弹性大);潜在竞争较激烈,为了提高竞争力,必须尽可能压低售价;企业大批量销售可以降低单位成本,可望在大量销售的基础上,以薄利多销的形式迅速获得满意的盈利。

4. 缓慢渗透策略(低价低促销策略)

医药企业以低价格和低促销费用的方式推出新药。低促销费用可以降低成本,获得更多利润。低价格容易使消费者接受,有利于扩大销售量,提高市场占有率。这种策略的适用条件如下:市场容量大,药品适用面广;消费者对药品了解或已经了解,促销作用不明显;消费者对价格十分敏感,需求弹性大,低价格有显著扩大销售的作用;潜在竞争激烈,低价格可以提高竞争力。

(二)成长期的营销策略(大规模投入的密集轰炸)

这是药品生命周期中的黄金时期,医生和患者都已接受,同时仿制品也加入了竞争。医药企业的营销重点是保持并且扩大自己的市场份额,加强竞争地位,加速销售额的上升和适时调整营销策略。"如何使消费者偏爱自己的品牌",市场策略的重点是突出一个"好"字,重点是创名牌、提高偏爱度,促使潜在消费者在出现竞争性药品时更喜爱创新药品的企业产品,进一步改进和提高药品质量,加强品牌宣传,树立药品声誉和医药企业信誉。

1. 药品策略

改进药品质量,完善药品性能,提高自身的竞争实力。不断增加药品的新特色,例如,改进药品包装、规格等,开发新的剂型、增加新的用途,使该药品优于同类药品,增加消费者的利益和效用,争创名牌药品。如"双黄连口服液"由 100 mL 大瓶改为 10 mL 每支的小包装。

2. 价格策略

分析竞争者的价格策略,保持原价或略有降低,以保持药品的声誉和吸引更多的消费者购买。对于高价药品,可降低价格,以增加竞争力。如果是垄断性药品(申报了专利、具有自主知识产权),可以采用高价。一般竞争性药品可采用低价和销售让利招徕消费者。

3. 渠道策略

进一步开展市场细分,创造新的用户,如"尼莫地平输液"由原发性蛛网膜下腔出血的细分市场到外伤性蛛网膜下腔出血这一细分市场。进一步开拓市场,开辟新的分销渠道和销售网点,加强向市场渗透的能力,以利于扩大药品的销售面,如从医院处方药销售到药店的非处方药销售,史克公司的"西咪替丁(泰胃美)"就是成功案例。

你能说出有效开拓药品分销渠道更好的措施吗?

4. 促销策略

促销重点应从介绍药品的疗效转向树立企业和药品的形象,突出药品特色,使消费者建立品牌偏好;以说服消费者接受和购买该药品为中心,加强售后服务,强化消费者购买信心,如人员推广、学术推广会议等,说服医生开处方及患者主动购买。

(三)成熟期的营销策略(精耕细作的关系营销)

这个时期是企业获取利润的黄金阶段,也是竞争最为激烈的时期。医药企业应当采取进攻和防御并举的策略,市场策略突出一个"改"和"长"字。"改"对原有的药品市场和营销组合进行改进或调整;"长"是争取维持或扩大原有的市场份额,延长成熟期,巩固市场占有率,创造更大的利润。

1. 市场重新开发策略

开发新市场,寻求新用户,保持和扩大现在消费者的购买量,拓展渠道。例如,美国强生公司在战后生育高峰的一代人中,先后致力于婴儿用品、青年妇女用品、医药用品等,使销售量出现再循环。

(1) 通过努力寻找市场中未被开发的部分,开发药品的新用途,寻求新的细分市场。让非使用者转变为使用者,不断地说服医生和患者使用该药品。

(2) 通过宣传推广,进一步稳固现有客户的用药习惯,维持巩固同已有客户的关系,以增加现有消费者的购买量。

(3) 通过市场细分,努力进入新的细分市场,如地理、人口、用途的细分,采取差异性策略和防御性策略相结合,从广度和深度上开拓新市场。

(4) 药品重新定位。例如,"地奥心血康"在成熟期采用进入新的细分市场向心脏保健OTC药品方向进军,使1998年销售额比1997年同比又上了一个新台阶,成为一个销售10年而不衰的国产典型药品。

2. 医药产品调整策略

医药产品调整策略又叫"药品再推出",是以药品自身的调整来满足消费者的不同需要,吸引有不同需求的消费者,从而提高销量。医药产品整体概念中的任何一个层次的调整都可视为药品再推出。

(1) 质量调整:增加药品的功能性效果,如安全性、有效性、缓释性、控释性及口感等。如国外"青霉素"从需要做皮试到不需要做皮试,安全性更高;某药企推出的"双黄连口服液"改进后口感更好,儿童更易接受等。

(2) 新用途调整:增加药品的新特点,扩大药品的新适应证或新用途和新理论等,从而使这一成熟的老药品又以新面孔推向市场。例如,百年老药"阿司匹林"在解热镇痛市场饱和,市场份额被"非阿司匹林类解热镇痛药"抢占时,研究人员发现小剂量"阿司匹林"可以抑制血小板凝集,能用来预防冠心病和心肌梗死,从而成功地进入了这一新的细分市场。

(3) 剂型及包装调整:增加药品美感上的需求,如规格大小、包装、外观等,改进后增加疗效或使用方便性。如"硝苯地平"由普通片剂1日3~4次,到缓释剂1日2次,以及目前的控释片1日1次;阿斯特拉公司的"特布他林(博利康尼)"由片剂到喷雾剂;我国的中药由原来的汤剂到目前的胶囊剂、微丸剂;某风湿液由100 mL改为10 mL×6支礼品装。

3. 市场组合策略调整

通过变换营销组合中的变量,以稳定老顾客,吸引新顾客,达到恢复销售增长率的目的。主要包括:调整药品价格、扩大销售网点、加强促销等手段。

(1) 通过降低售价来加强竞争力。

(2) 改变广告方式以引起消费者的兴趣,采用多种促销方式,如大型展销等。
(3) 扩展销售渠道,改进服务方式或者货款结算方式等。

例如,西安杨森公司的"硝酸咪康唑乳膏"、中美史克公司的"康泰克",在中国成功建立了分销渠道、疏通和细分了渠道通路,在城市市场饱和后,在偏远的乡村市场也可以随处见到西安杨森、中美史克的药品,这是两家公司成功使用营销组合改进分销渠道策略的典范。还可以拓展渠道由国外到国内、由医院到药店、由第一终端到第三终端等。

(四) 衰退期的营销策略(适时退出海阔天空)

药品进入衰退期的原因很多,如科技的进步、新药品的替代、消费者用药习惯的改变、竞争的加剧、治疗效果不佳、药品的副作用被认知等,如复方降压片、土霉素等,销售量降低、利润降低。同时也要注意到,原来的药品可能还有其发展潜力,医药企业不能简单地加以放弃。要认真研究药品在市场中的真实地位,然后决定是继续经营还是放弃经营。

1. 维持策略

由于众多竞争者纷纷退出市场,经营者减少,处于有利地位的企业可暂不退出市场,医药企业保持药品传统特色,在目标市场、价格、渠道、促销等方面维持现状。例如宝洁公司就是因为在衰退期采取了维持策略而获取了较大的利益,因为这时市场上只有它一家公司在供货。

(1) 通过价值分析,降低药品成本,以利于进一步降低药品价格。
(2) 通过科学分析,增加药品功能,开辟新的用途。
(3) 加强市场调查研究,开拓新的市场,创造新的内容。

2. 集中策略

将资源集中使用在最有利的细分市场、最有效的销售渠道和最易销售的品种上,缩短战线,在最有利的市场赢得尽可能多的利润。

3. 榨取策略

降低销售费用,通过把广告费用削减为零、大幅减少推销人员等手段,增加眼前利润。这样做也可能会导致销售量迅速下降。

4. 撤退策略

当机立断,淘汰老药品,组织新药品进入市场,及时实现药品的更新换代。营销策略重点应抓好一个"转"字,即研制开发新药或转入新市场。

从药品生命周期各阶段的特点看出,成长期与成熟期是企业有利可图的阶段,而导入期与衰退期对企业来说有一定的风险性。企业的总体战略要求如下:缩短导入期,使药品尽可能快地为消费者所接受;延长成长期,使药品销售尽可能保持增长势头;维持成熟期,使药品尽量保持销售额,增加利润收入;推迟衰退期,使药品尽量延缓被市场淘汰出局。

任务三 医药产品品牌策略与商标策略

品牌是医药产品整体概念中的形式药品,一个好的品牌,是企业的无形资产,有利于消费者接受本企业的药品,扩大市场占有率,提升药品的价值。

一、品牌的含义、作用

1. 品牌的含义

品牌是一个复合名称,是一种名称、术语、标记、符号或设计,或是他们的组合应用,其目的是辨认某个销售者或某群销售者的药品或服务,并使之同竞争对手的药品或服务区别开来。

2. 品牌的构成要素

品牌是一个集合概念,主要由品牌名称、品牌标志和商标三个部分组成。

品牌名称是品牌中可以用语言称呼的部分,即可读部分,可以是词语、字母、数字或词组等的组合。如"三精"、"同仁堂"、"三九"、"雷允上"等。药品的品牌名称通常由药品商品名构成。

品牌标志是品牌中可以识别的但不能用语言称呼的部分,如符号、字体、图案或颜色构成。如河南宛西药业生产的仲景牌六味地黄丸标签上的张仲景头像;四川太极药业生产的急支糖浆的品牌标志是一个太极图案等。

商标是一个法律术语,通常有"注册"、"注册商标"或"R"等字样,如南方制药厂的"999"等都是注册商标。

3. 品牌的内涵

品牌实质上向消费者传递一种信息:药品的特性、利益和服务的一贯性的承诺,最佳品牌是质量的保证。品牌还是一个更复杂的象征,具有 6 个层次的内涵。

(1) 属性:该品牌区别于其他品牌药品的最本质的特性,如功能、质量、价格等,是品牌最基本的内涵。例如,"新盖中盖"意味着含钙量高,广告促销中着重宣传"一片顶五片","同仁堂"向消费者提供最重要的就是质量可靠的药品。

(2) 利益:消费者在购买药品时不仅是在购买属性,而且是在购买该品牌药品能帮助消费者解决问题而带来的实惠利益。所以,品牌属性需要转化成功能性或情感性的利益。例如,"新盖中盖"含量高的属性,给消费者带来服用方便,一天只需要服用一次的利益。"同仁堂"的"质量可靠、药材地道"的属性可转化为利于消费者尽快病愈,减少疾病带来的痛苦的利益。

(3) 价值:品牌体现了药品生产企业的某些价值感,是品牌向消费者承诺的功能性、情感性及自我表现的利益。品牌的价值需要企业通过长期不懈的努力,使其在消费者心目中建立起一定的价值,再通过企业与消费者之间保持稳固的联系加以体现。例如,"同仁堂"始终坚持传统的制药特色,将"炮制虽繁必不敢省人工,品味虽贵必不敢减物力"作为永久的训规,其药品以质量优良、疗效显著而闻名海内外。

(4) 文化:品牌还附着了特定的文化,是社会物质形态和精神形态的统一体。例如,"同仁堂"代表着中国传统中医药"同修仁德,济世养生"文化,有利于大众传播和接受。

(5) 个性:品牌还代表一定的个性。它是品牌的灵魂,是品牌与消费者沟通的心理基础。不同的品牌会使消费者产生不同的品牌个性联想。例如,"同仁堂"品牌会使消费者想到其古色古香的店堂、工人师傅仔细种植、选材和炮制,想到的就是同仁堂的严谨、负责的工作态度。

(6) 使用者:品牌暗示着购买者或使用者的类型。将消费者从心理、年龄、地位等区分开,有助于药品的市场细分和目标市场选择及定位。例如,"小儿健胃消食片"的购买者是年轻的母亲,使用者则是那些天真活泼的儿童。

4. 品牌的分类

(1) 按品牌使用的主体不同分类:可以分为制造商品牌、经销商品牌和服务商品牌。例如,"同仁堂"、"三九"、"诺华"等是制造商品牌;"老百姓"、"海王星辰"、"天天好"等是经销商品牌;"北京地坛医院"等是服务商品牌。

(2) 按品牌的生命周期长短不同分类:短期品牌如"三株"等保健品品牌;长期品牌如"同仁堂"等一些知名国药品牌。

(3) 按品牌辐射区域的不同分类:区域品牌、国内品牌、国际品牌和全球品牌。例如,哈药、石药等是国内知名医药品牌;罗氏、诺华、默克等是全球知名医药品牌。

5. 药品品牌的作用

品牌对企业的作用如下。

(1) 品牌有助于企业药品的销售:品牌一旦形成一定的知名度和美誉度后,企业就可利用品牌优势扩大市场,促成消费者品牌的忠诚度。

(2) 品牌有助于企业进行市场细分:品牌有自己独特的风格,企业可以向不同的细分市场推出不同品牌以适合消费者个性差异,更好地进行药品市场定位,更好地满足消费者。

(3) 品牌有助于企业稳定药品价格:很多消费者愿意为知名品牌多付出代价,使企业稳定销售量,减少经营风险。

(4) 品牌有助于企业抵御市场竞争风险:品牌是企业特有的一种资产。它可通过注册得到法律保护,抵御同行竞争。

(5) 品牌有助于企业新产品的开发:采用现有的知名品牌,利用其知名度和美誉度,推出新产品,可以节约成本开销。例如,某企业推出的消化系统用药,疗效很好,继而推出了皮肤科用药、感冒用药等。

品牌对消费者的作用如下。

(1) 品牌有助于消费者识别药品的来源:药品涉及人的生命安全,因此,药品的质量和来源极为重要。同一品牌的药品无形中都表现出同样的质量水平,维护了消费者利益。

(2) 品牌有助于消费者形成品牌偏好:消费者形成品牌偏好后,可减少消费者消费失调行为,从而使消费者获得一种满足。

(3) 品牌有助于消费者减少购买风险:消费者经过学习对品牌形成了经验和积累了一定的知识,减少了寻找购买信息的成本。在选择药品时,消费者通常会选择自己以前服用过的、效果好的药品。

二、药品品牌设计

(一) 药品品牌设计的要素

一个品牌从消费者角度来看,应做到使消费者能接受品牌的信息,将品牌根植于消费者心中。打造一个好的品牌,形成品牌差异化,体现品牌个性,就要注意到品牌设计中的各个要素。品牌设计的要素主要包括名称、标志、标语口号、象征符号、主题音乐、卡通形象、包装7大识别要素,每一要素都各具特征和功能。将品牌各要素加以整合、规划、综合设计,才可能产生1+1>2的效果,从而促进品牌传播和打造。

（二）药品品牌名称的设计

1. 药品品牌名称设计原则

（1）便于记忆：名字单纯、简洁明快,易于传播,如"泰诺"、"太太口服液"等；新颖,紧跟时代；响亮且易于上口,如"吗丁啉"、"邦迪"等。

（2）启发品牌联想：让消费者能从中得到企业或药品的愉快联想,产生品牌偏好,如"曲美"使人想到女性曲线之美。

（3）富于内涵：品牌名称立足于药品本身功能、效果、成分、用途,如"999胃泰"、"康必得"等。

（4）符合当地风俗：各地各民族的风俗习惯、语言、心理等有差异,应尊重当地的传统文化,不要触犯禁忌。

2. 药品品牌名称设计方法

（1）地名法：例如,"哈药集团",将具有特色的地名与企业产品联系起来。

（2）人名法：将名人、明星或企业首创人作为药品品牌,如"仲景牌六味地黄丸"。

（3）企业名称法：如三精药业、北京双鹤药业等。

（4）数字法：借用消费者对数字的联想效应,增强差异化识别效果,如三九药业的"999"品牌。

（5）目标客户法：如"太太口服液",使消费者见到品牌就知道是专为女性设计的口服液。

（6）功效法：如"泻痢停"使消费者能够通过品牌对药品功效产生认同。

（7）价值法：如武汉"健民"品牌突出了为民众健康服务的企业追求。

（8）形象法：利用动物、植物和自然景观来为品牌命名,如"葵花牌"胃康灵、"金鸡胶囊AOBO"等,使人产生联想并感到亲切,以提升品牌认知度。

课堂互动

请讨论"白加黑"品牌的设计方法与理念。

（三）药品品牌标志的设计

1. 药品品牌设计原则

品牌标志能够创造品牌认知、品牌联想和消费者的品牌偏好,影响消费者的品牌忠诚度。

意念准确；便于识别记忆；视觉美感,标志简洁、生动、准确；独特性；避免语言禁忌。

2. 药品品牌标志的设计方法

典型的品牌标志设计方法有文字型、图案型和图文结合型。

三、医药产品品牌策略

（一）品牌化策略

品牌化策略有两种：使用品牌和不使用品牌。由于药品的特殊性,大多数消费者需要医药产品品牌化,这是购买者获得药品信息的一个重要来源。大多数医药企业都使用品牌,只有少量的中药材、中药饮片没有品牌。

(二) 品牌归属策略

医药生产企业在决定为药品使用品牌后,要决定品牌归谁所有,谁来管理和负责。一般有三种选择。

(1) 生产者品牌:企业使用属于自己的品牌,如哈药集团的"三精"。

(2) 中间商品牌(经销商品牌):中间商向制造商大批购进药品,利用自己的品牌进入市场,如药品连锁销售巨头海王星辰有自己的品牌。

(3) 混合策略:生产企业对部分药品使用自己的品牌,而另一部分药品使用中间商品牌(一边自己创牌,一边搭经销商的便车进行贴牌,使品牌利益最大化)。

(三) 品牌名称策略

1. 统一品牌策略

企业生产的所有药品使用同一个品牌。三九药业生产的各种药品都采用"999"品牌,如"三九感冒"、"三九皮炎平"等。

使用统一品牌必须具备两个条件:一是已有的品牌具有一定的市场基础和品牌知名度;二是所有产品具有相同或者相近的质量水平,如生产人用药品和动物用药就不能使用统一品牌。

2. 个别品牌策略

医药企业对不同药品分别使用不同的品牌名称。如同仁堂十大名牌药中的安宫牛黄丸、同仁牛黄清心丸、愈风宁心片、同仁乌鸡白凤丸、同仁大活络丸、紫雪丹等。

个别品牌适合于产品线较多、关联度不强、生产技术差异性大的企业。

3. 企业名称与品牌名称结合策略

品牌名称前加上企业的名称。如江中制药有江中草珊瑚含片、江中健胃消食片、江中痔康片、江中博洛克等。

(四) 品牌战略策略

1. 品牌延伸策略

品牌的"果子效应":如同一棵树上摘下的一颗果子是甜的,即这棵树上的其他果子也是甜的,这就是利用企业已具有市场影响力的成功品牌来推出改良药品或新药品。如江西草珊瑚公司的"草珊瑚"品牌在口腔用药"草珊瑚含片"上创立名牌后,开发出咽喉用药"草珊瑚口腔喷雾剂"、"草珊瑚咽喉片"、牙痛用药"草珊瑚牙宁"、祛痘产品"草珊瑚痘必清"等。

2. 多品牌策略

同一种药品上设立两个或两个以上相互竞争的品牌,可以满足不同消费者的需求,占据较大的市场份额。如上海中美施贵宝的解热镇痛药有:百服宁、加合百服宁、儿童百服宁等。

3. 新品牌策略

企业原有品牌不适合新药品时,需要建立新的品牌。如"荣昌肛泰"与新药"甜梦"(增强机体免疫力的口服液)。

四、药品品牌传播

(一) 药品品牌的资产构成

品牌资产由品牌认知度、品牌知名度、品牌联想、品牌美誉度和品牌忠诚度构成,它们分别以各自的方式影响着品牌资产。品牌认知度、品牌知名度、品牌联想主要解决消费者如何认知品牌的问题,品牌美誉度和品牌忠诚度主要解决消费者心目中该品牌地位稳固程度的问题。

1. 品牌认知度

品牌认知度是消费者通过品牌来认知、了解和选择药品和服务的程度,在很大程度上影响着购买和选择,有助于构建和消费者高度互动的品牌。如感冒药市场,消费者会持续选择白加黑、泰诺、新康泰克等认知度高的品牌,其他小品牌由于缺乏品牌认知度,消费者很少选择。

2. 品牌知名度

品牌知名度是目标消费者对品牌名称和所属药品属性的知晓程度,熟悉的品牌会使消费者感到安全、放心,使人产生好感,选择的可能性大。营销实践表明,在同类药品中,知名度最高的品牌往往是市场上的领先品牌。

3. 品牌联想

消费者由该品牌名称所能联想到的一切事物,代表了消费者认知、识别、记忆某品牌的能力,有助于培养积极、肯定的品牌态度,影响消费心理。如"高钙片",会使消费者想到该产品含钙量高,能有效提高机体内钙的含量,强健骨骼。

4. 品牌美誉度

品牌美誉度是消费者对某品牌的好感与信息程度,它是消费者的心理感受,高品牌美誉度与产品的高品质、高质量是分不开的。好的品牌美誉度来自于消费者之间的口碑传播。

5. 品牌忠诚度

品牌忠诚度是消费者在购买决策过程中,对某个品牌偏爱的心理和行为反应。它有五种不同的忠诚度级别:无品牌忠诚者、习惯购买者、满意购买者、情感购买者和忠诚购买者。

企业可以通过人性化的满足消费者需求、为消费者提供物超所值的产品和服务以及与消费者全方位的有效沟通等,提高品牌忠诚度,赢得消费者的好感与信赖。

(二) 药品品牌传播的方式

"酒香也怕巷子深",成功品牌要宣传,要学会宣传,让产品走得更远;要学会做价值,让产品升值,让品牌定位在消费者的"心智上"。品牌传播时,注重与消费的思想、情感沟通,使产品铺在"消费者面前",更铺在"消费者心中"。

1. 广告传播

广告是提高品牌知名度、信任度、忠诚度,塑造品牌形象和个性的强有力的工具。告知目标消费者药品的功效、定位及与不同品牌间的差异,强化与消费者之间的联系,使药品定位在大众心上。如"康王"洗发水的广告语:"去头屑,药物才有效,药物去屑,就是康王。"

2. 公关传播

公关可塑造品牌知名度,树立美誉度,提升品牌的"赢"销力,化解危机。

3. 销售促进传播

主要促销工具有赠券、赠品、抽奖等。不能大量使用,否则会降低品牌忠诚度,增加消费者对价格的敏感。

4. 人际传播

主要是企业人员的讲解咨询、示范操作、服务等,使消费者了解和认识企业,并形成对企业的印象和评价。所以,必须提高企业有关人员的专业知识、沟通技巧、心理知识等。在处方药的品牌传播中,销售代表与医生之间的人际传播作用更为重要。

这四种方式可以单独使用,也可以联合一起使用。

五、医药产品的商标策略

医药企业在注册商标时,将商品名注册为商标,保护药品的知识产权。但有保护期限的限制,一旦保护期满,该成果就成为全社会的共同财富。注册商标的保护期为10年,商标权可以续展。

1. 有无商标策略

使用商标有助于对企业的产品宣传,帮助消费者识别本企业产品。

2. 统一商标与个别商标

统一商标策略,是指企业生产经营的药品均使用同一商标。个别商标策略,是指企业根据药品的不同情况而采用不同的商标。

3. 单一商标与多种商标策略

单一商标策略就是药品只使用一种商标,它的好处是成本费用低,便于管理。多种商标策略就是同一种药品使用两种以上的商标。企业采用多种商标策略的目的在于两种商标彼此比较,自我构成一种竞争态势,以吸引消费者注意。

4. 保留与创新商标策略

保留与创新商标策略又叫更换商标策略,包括:一是企业放弃原有商标,采用另一个全新的商标;二是在原有商标基础上做些改进,使其与原有商标在图案、符号、外观上很相似,形象上仍然相通。这样可以节约费用还可使企业保持原有商标在商场上的信誉。

任务四 医药产品包装策略

一、医药产品包装的含义与功能

(一)药品包装的含义

包装是医药产品策略中的重要组成部分和进行非价格竞争的重要手段。《中华人民共和国药品管理法》规定药品的包装分为内包装、中包装和外包装。内包装是盛装药品的直接容器,如盛装药品的瓶子、安瓿、铝箔、软膏剂的软管等,用于保护药品在生产、运输、储存及使用过程中的质量,并用于医疗使用;中包装,用来保护内包装、陈列商品以及促销,如软膏剂外的纸盒子,上面印有药品的商标、适应证、功能主治、生产厂家、生产日期、图案和色彩等;外包装的最外面一层是运输包装,上面有药品品名、规格、内装数量、批号、生产日期、出厂日期、有效期、每件重量、体积、生产单位、到站等信息,主要是在流通过程中保护药品、方便储存和搬运。

(二) 药品包装的功能

1. 保护药品

这是包装最基本的作用,药品在从生产、储存、运输和销售等流通过程中,有效的包装可以避免碰撞、防潮、防热、防冻、防挥发、防污染、防虫蛀、防变形和防泄漏等,保护药品的使用价值完好无损。

2. 促进销售和指导消费

好的包装,是一个"无声的推销员"。包装美观大方,具有吸引力,对消费者产生情感触动,激发消费者购买的欲望,63%的消费者是依据药品包装作出购买决定的。包装也是一种广告媒体,能传递药品的信息,默默地向消费者介绍药品主要成分、适应证、服用方法和服用量、储藏方法和注意事项等,引导消费者购买。

3. 方便药品流通

在医药物流非常发达的今天,有效合理的包装对于加快物流储运非常重要。

4. 增加医药产品的附加值

优良精美的包装和药品的内在质量一样,都有利于提高药品的市场竞争力,提高药品档次和价值,消费者愿意付出较高的价格来购买,超出的价格往往高于包装的附加成本。如:人参、鹿茸等名贵中药或一些高档保健品、节日送礼佳品等,更是需要通过包装,给人以美的享受,以满足交往送礼的需要。

二、医药产品的包装策略

1. 类似包装策略

主要是国际上的大型药厂、中外合资药厂等常用此包装策略。企业所有的药品,在包装外形、图案、颜色等都采用同一形式,便于消费者识别,促进各类药品的销售,扩大企业声誉。如瑞士罗氏制药公司的处方药的中包装大多数都是采用白色底深色字。对于刚上市的新药,较多采用类似包装策略,以更好、更快的取得消费者的信任,迅速打开市场。但是,要注意质量相同或相似的药品,不同包装价格相差悬殊。

2. 组合包装策略

组合包装策略又称捆绑式包装或系列包装,是两种或两种以上的药品放在一个包装中进行销售。如家庭常用急救箱、旅行常备药袋等。给消费者提供方便和扩大销量,但只适用于最常用的药品。

3. 再用包装策略

原包装的药品用完后,空的包装物可以移作别用。如止咳糖浆、蜂蜜等商品的容器用完后可以当茶杯,以增强药品的吸引力。

4. 附赠品包装策略

在包装上(或内)附赠实物或奖券,以吸引消费者购买。如冲剂药品袋内附赠药勺、杯子等。

5. 改变包装策略

包装随着市场需求的变化而改变。当某种药品销路不畅或长期没有改变时,可以改变包装设计、材料,使用新的包装。改变包装可以使消费者产生新鲜感,扩大药品销售;还有利于防伪,打击假冒伪劣药品。

6. 性别包装策略

依据药品的使用者的性别不同而设计不同的包装,女性药用包装应体现温馨、秀丽、典雅、新颖等风格;男性药用包装追求刚正、质朴、潇洒等风格。以满足不同性别消费者的需求,如"血尔"包装,针对女性心理,设计高档、优雅,宛如一位贵妇人,以满足都市女性的审美需求。

任务五　医药新产品开发策略

医药产品生命周期告诉我们,当老药品衰退时,必须由新药品代替,而且消费者需求总是不断变化的。科技发展迅速,开发新药品是医药企业不可忽视的一个发展策略。

一、医药新产品

新药的含义需要从法律和市场营销两个角度加以理解。法律界定的新药,在于不同类型药品的注册管理划定范围,营销角度的新药比法律角度的外延更加宽泛。

《中华人民共和国药品管理法》(2007年)第8条规定:新药申请是未曾在中国境内上市销售的药品的注册申请。对已上市药品改变剂型和给药途径、增新适应证的药品注册按新药申请程序申报。改变剂型但不改变给药途径以及增加新适应证的药品申报审批后不发新药证书(靶向制剂、缓释、控释制剂等特殊制剂除外)。

从营销角度来看,若与原产品相比,在功能或形态上得到改进,并能为消费者带来新的利益,就是新药。

二、医药新产品的类型

(一)从法律角度新药分类

依据《中华人民共和国药品管理法》及《药品注册管理办法》规定可将其分为两类。

1. 化学药品

(1) 未在国内上市销售的药品;通过合成或半合成的方法制得的原料药及其制剂;天然药物中提取或者通过发酵提取的新的有效单体及其制剂;用拆分或者合成等方法制得的已知药物中的光学异构体及其制剂;由已上市销售的多组分药物制备为较少组分的药物;新的复方制剂;已在国内上市销售的制剂增加国外均未批准的新适应证。

(2) 改变给药途径且尚未在国内外上市销售的制剂。

(3) 已在国外上市销售但尚未在国内上市销售的药品：已在国外上市销售的制剂及其原料药，和（或）改变该制剂的剂型，但不改变给药途径的制剂；已在国外上市销售的复方制剂，和（或）改变该制剂的剂型，但不改变给药途径的制剂；改变给药途径并已在国外上市销售的制剂；国内上市销售的制剂增加已在国外批准的新适应证。

(4) 改变已上市销售盐类药物的酸根、碱基（或金属元素），但不改变其药理作用的原料药及其制剂。

(5) 改变国内已上市销售药品的剂型，但不改变给药途径的制剂。

(6) 已有国有药品标准的原料药或制剂。

2. 新中药和天然药物

未在国内上市销售的从植物、动物、矿物等物质中提取的有效成分及其制剂；新发现的药材及其制剂；新的中药材代用品；药材新的药用部位及其制剂；未在国内上市销售的从植物、动物、矿物等物质中提取的有效部位及其制剂；未在国内上市销售的中药、天然药物复方制剂；改变国内已上市销售中药、天然药物给药途径的制剂；改变国内已上市销售中药、天然药物剂型的制剂；仿制药。

（二）从市场营销的角度新药分类

1. 全新药品

用新原理、新技术、新材料制成的前所未有的新药。这种新药开发难度很大，所需时间较长，需要大量的资金、先进的技术，市场风险也很大，绝大多数企业难以开发。

2. 换代新药品

在原有药品基础上，部分采用新材料、新技术，使原有药品性能有显著提高。例如，中美史克公司在原有的感冒药"康泰克"上，通过生产工艺，在原材料和配方上进行修改，开发出新感冒药"新康泰克"。

3. 改进新药品

在原有药品的口感、包装、品牌等上做一定的改进所生产出来的新药品。例如，河南太龙药业股份有限公司的"双黄连胶囊"，通过对口感的改进，更易被儿童接受。

4. 仿制新药品

医药企业合法地仿制国内外市场上已有的药品。

三、医药新产品开发模式

1. 新药开发的难度

开发新药的风险巨大，是高投入高产出的行业，其难度大、投资高、周期长、成功率低、利润高等。

2. 新药开发的模式

包括独立开发、技术引进、合作开发、外包和并购等形式。

四、医药新产品开发策略

（一）我国医药新产品开发策略

1. 加强社会资源的合理配置，提高新药研发效率

参与新药研发的各部门各司其职，各尽所能，特别是政府等监管部门，应发挥市场调节作用。

2. 加强新药立项调研

以市场需求为导向,对市场需求量大的药品种类,分析影响消费量的因素,考虑发病率与用药周期、复发率与治疗效果、疾病危害程度与药物预后。对那些发病率高、复发率高、对健康危害较大的疾病所需的有效治疗药物应优先发展。

3. 以药物经济理论做指导,对新药研发进行成本和效果分析

在治疗某一疾病的多种新药研究方案中,当其最终效果可能相同或相近时,在新药研发的最早阶段,应选择一种成本和效果比值最小的新药研究方案,以最经济的方式研发成本最低的新药。

4. 新药研发中的知识产权保护

在新药研发的全过程中,要充分利用医药知识产权,避免侵犯他人专利,保护自身的商业秘密不会受到损害。如药品结构、组方、工艺技术、临床前研究和临床研究资料等都要注意保护。

(二) 新药上市策略

新药开发中的科技含量在很大程度上决定新药未来的市场前景。但是,一个具有很高科技含量的新药,并不能保证一定获得经济上的成功,需要制定完整的新药入市策略。

1. 投放市场时机的选择

新药上市要选择最佳时机,最好是应季上市,这样可以在新药一上市就引起消费者的注意,一炮打响,争取最大销售量。需要考虑竞争对手的产品策略和可能采取的措施,以便抓住先机,争取在竞争中占据主动。还要考虑药品的特点,在药品上市之前或上市的同时,在医师中做好推荐工作。

2. 投放地点的选择

新药上市的地点选择要结合企业实力和市场条件等因素。市场条件包括消费者的购买欲望、市场容量和购买力等。就企业实力而言,中、小型企业或者实力较弱的企业适合采取局部突破的办法,即先选好一个局部市场推出新产品,迅速占领市场,站稳脚跟以后再向其他地区扩展。实力雄厚并且已经拥有强大的国际、国内市场营销网络的大企业,可以直接将新产品同时推向全国市场,甚至国际市场。

需要说明的是:新药研究开发的周期长,投入巨大,等到新药上市,企业对于该新药的专利期已经过去好几年,剩下的专利期已经变得非常有限。为了充分利用专利期内的垄断地位,企业通常应当尽快将新产品推向全国乃至国际市场。

3. 预期目标市场的选择

企业在推出新药的时候,应当以最佳的潜在消费群体为目标市场。企业的所有市场营销活动都应当以目标市场中的潜在消费群体为对象。

4. 导入市场策略的选择

企业要在新药投放市场之前,尽可能制订完善的营销推广计划,给营销组合中的各要素合理分配预算,并根据主次轻重,有计划、有步骤地安排各种营销活动。

小 结

(1) 医药产品整体概念有 5 个层次:核心药品、形式药品、期望药品、延伸药品和附加药品。它能清晰体现以消费者为中心的现代营销理念。

药品产品组合:包括药品组合的含义与药品组合的深度、广度、长度和关联度,为企业制订合理的医药产品结构,达到最大的医药产品销售效果。

(2) 医药产品生命周期是药品的市场寿命,在实际医药产品营销工作中,依据销售和各项指标判断医药产品生命周期各阶段的特点,并针对各阶段采取特点不同而营销策略各异的方针,对医药企业而言,把握医药产品各生命周期特点及相应的营销策略,寻找药品组合策略及最佳药品结构,探索新药研发的途径,是企业营销成功的基础。

(3) 医药产品品牌包括:医药产品品牌含义与种类、医药产品品牌设计、医药产品品牌策略和品牌传播策略和商标策略。对医药产品品牌理解并熟练运用医药产品品牌的设计,提高医药产品品牌分析与策划能力,从而保护药品在市场上的竞争力。

(4) 医药产品包装策略:包括药品包装设计要求与包装策略,有利于消费者购买药品时的选择和药品信息的传播。

(5) 医药产品开发策略,包括:新药的含义(从法律和市场营销角度理解);新药的种类;新药开发的特点与方式;新药开发策略和新药上市策略。减少新药的上市风险,正确指导医药企业的营销活动实践。

能力检测

一、单选题

1. 医药产品特色属于药品整体概念中的哪个部分?( )
    A. 核心药品   B. 附加药品   C. 形式药品   D. 延伸药品
2. 当药品处于( )周期时,市场竞争最为激烈。
    A. 导入期   B. 成长期   C. 成熟期   D. 衰退期
3. 儿童买补钙产品时赠送卡通拼图是( )包装策略。
    A. 性别包装策略   B. 再用包装策略
    C. 附赠品包装策略   D. 绿色包装策略
4. 在医药产品生命周期中,"好"策略是( )时期采用。
    A. 导入期   B. 成长期   C. 成熟期   D. 衰退期
5. "999"牌感冒灵颗粒、"999"泄停立爽、"999"瑙舒宁片等是采用医药产品品牌名称策略中的( )。
    A. 个别品牌策略   B. 统一品牌策略
    C. 企业名称与个别品牌并用策略   D. 新品牌策略

二、多选题

1. 医药产品品牌对消费者的作用( )。
    A. 品牌有助于消费者识别药品的来源   B. 品牌有助于消费者形成品牌偏好
    C. 品牌有助于消费者减少购买风险   D. 品牌有助于消费者形成品牌收藏
    E. 品牌有助于消费者增加财富
2. 武汉"健民"品牌突出了为消费者健康服务的企业追求,没有体现出的品牌名称设计( )。

A. 目标客户法   B. 人名法   C. 数字法
D. 地名法   E. 功效法

3. 下列属于制造商品牌的有(　　)。
A. "天天好"   B. "同仁堂"   C. "海王星辰"
D. "诺华"   E. "三九"

4. 下列关于医药产品生命周期与整体概念的说法,正确的有(　　)。
A. 医药产品的生命周期是药品的市场寿命,也就是使用寿命
B. 医药产品的生命周期与使用寿命无关
C. 医药产品的整体概念说明药品价值的大小是由消费者决定的
D. 医药产品的整体概念说明药品价值的大小与消费者无关
E. 典型的医药产品生命周期一般可分为导入期、成长期、成熟期与衰退期等四个阶段

三、简答题

1. 在医药产品生命周期中的成长期与成熟期各主要采取什么营销策略?
2. 医药产品品牌资产包括哪些?如何传播药品品牌?
3. 医药产品品牌在延伸时要注意什么?如果你在药品营销中,该如何做?

四、案例分析

血尔的包装与品牌传播

一、包装:尊贵就是销售

既然血尔设定的目标市场是城市的白领女性,它的包装自然要符合城市白领女性的审美观。围绕包装,血尔走了这样的创新之路。

(1) 将内包装设计为国际流行的 152 mL 的大瓶装型。形状气派,充实感强,让人感觉物有所值。

(2) 规格设置上分为:2 瓶普通装、3 瓶普通装、5 瓶礼盒装,以满足不同人群的消费需要。

(3) 外包装上,以红色作为主色调,花朵衬底,红白相间,特别注重突出 LOGO。整体包装遵照都市白领女性的审美取向,尊贵大方,豪华阔气,高档且富有内涵。另包装上有 3 个女性形象,产品的人群定位一览无余。包装上同时标注了"中国红十字会推荐产品"字样,有力地肯定了产品权威性。

在实际的销售过程中我们发现,血尔的包装对销售推动确实起了至关重要的作用。在展示上,血尔的终端生动化抢尽风头,百米外就可以清楚辨认血尔形象,这是资讯爆炸年代少有的销售型盛装。在销售拦截上,就是有诸多的消费者(尤其是礼品选购者),为血尔高档大气的包装所吸引,心甘情愿地加入血尔的消费大军。

从包装开始,经过几年的推广积累,如今,血尔的认知已不再局限为城市白领女性,更覆盖了所有的城市贫血群,甚至是广大的农村补血市场。

二、传播:整合就是效应

将目标人群定位为城市白领女性后,血尔的一切传播活动自然围绕着白领女性进行。初期,血尔选择电视媒体作为传播的主渠道,一路上攻城略地,所向披靡。其实要说血尔的广告频率,相对于保健品通常的市场启动方式,也不见得有多强大多密集,那他们制胜的法宝是什么呢?

血尔的信息传播对象分为两大类：一为都市白领女性，主要针对自用市场；二是都市白领女性的老公及家人，主要针对送礼市场。据此，血尔的媒体策略如下。

（1）媒体选择讲究针对性。以上海为例，血尔选择了上海电视台新闻综合频道、上海电视台电视剧频道、上海电视台生活时尚频道等主频道作为主要投放对象，这些媒体都是都市人收视习惯最为集中的频道。

（2）血尔拍摄制作了两个主题广告片："功能篇"及"美丽人生篇"（送礼片），轮番轰炸。功能片主要从产品的技术含量及机理着手，强调血尔是"生血因子PI与强身因子EAA相溶，实现了效果持久的补血技术突破"、"补血功效更持久"；"美丽人生篇"聘请了香港著名影星陶大宇作为形象代言，饶有趣味地演绎一段夫妻相识、拜会丈母娘、得子的情节广告。广告片递进式地强调"血尔补血功效持久→脸色红润我喜欢"，既紧扣功能又轻松地将产品带入流行平台。

两个广告片根据针对人群不同，安排在不同时段投放。如功能片主要针对女性，投放的时段主要选择电视剧及时尚节目中；送礼片主要针对男性，所以选择新闻类节目为主。

除了集中资源进行电视广告投放外，血尔还选择了一些女性杂志配合投放。如上海的《完全时尚手册》等，这些杂志具有：目标人群明确、印制精美、可展性强、费用相对较低等特点，是电视媒体很好的补充。

另外，血尔还编印了系列的宣传资料，包括正规出版的《血尔在中国》、精美的宣传单页等，从低空上整合信息效应。

我们注意到，在媒体资源应用上，血尔采用的策略是集中再集中；在传播信息上，实现内容与形象上的高度统一。4年来，没发现血尔在诉求上任何的动摇，也没有更多的不协调信息干扰市场，要问什么是"整合营销传播"，这就是最好的例证。

三、推广：专业就是突破

从时间推进来分，血尔的推广运动分为两个阶段：试点阶段和全面上市阶段。上市初期，血尔选择了沿海一些二类城市作为试点，总结了推广经验后，以华南、华东作为根据地，挺进全国。

经过试点推广后，血尔就摸索总结了一套行之有效的推广战术：

缘起	配合高空广告、终端的全面推进、立体造势	
对象	"经、孕、产、乳、手术前后"的贫血女性	
合作单位	中国红十字会	
方式	（1）联合各地红十字会及妇幼保健医院，以向住院的孕产妇免费赠送产品为由，将宣传做到医院，做到每个孕产病房中去	（2）联合各地红十字会及媒体，发起声势浩大的"预防贫血工程"，组织"血尔1000人大赠送"，将产品免费赠送给需要帮助的贫血者

续表

缘起	配合高空广告、终端的全面推进、立体造势	
效果	（1）赠送时安排新闻媒体跟踪炒作——在舆论上树立公益形象，打造品牌亲和力；由权威机构（红十字会、妇幼保健医院）出面赠送——增强产品可信度，赢得口碑传播；将产品介绍到每个孕产妇或家人手中——实现最为直接的"一对一营销"效应	（2）舆论造势，提高产品知名度和美誉度；掌握贫血患者资料，通过后期的跟踪营销，发展为长期客户

就是以这样一种专业的推广模式，血尔牢牢抓住了补血市场的末梢。我们发现，这个工作血尔一做就是4年。4年，他们从认识到熟悉，已经非常牢固地掌握了这些医院的客情。而每天都在更换的孕产人群则促使血尔工作人员可以永远将这项推广工作有效延续下去。

四、终端：细节就是制胜

可以说，户外的低端宣传是"红桃K"的长项，因而它有过辉煌的农村战绩。而卖场终端运作则是康富来公司的专长。多年保健品市场磨炼的结果，康富来有着一批经验极其丰富的终端队伍，有着一套极其灵活的终端运作机制。血尔上市伊始，一套规范的终端建设制度随即出炉。

（1）出样：上市初期一定要紧挨"红桃K"，借风点火；将康富来最好的陈列位置让给血尔；出样面不得低于5盒；中秋、春节等重大节日专门为血尔购买地堆、端架等重要陈列位置。

（2）POP：上市初期一定要在"红桃K"展示区出现"血尔"的宣传物料；灵活寻找（创造）各种宣传条件，如寄包柜、货架顶、收银处等一切可能达成宣传目的的区域，都应抢先开发。

（3）销售拦截：设立血尔的专门促销员，专门推荐血尔产品；旺季适时增加促销员人数。

（4）销售奖励：设立血尔的专门奖励机制，康富来促销员每卖一盒血尔产品即可获得额外的2元提成。

不难看出，康富来从细微处着手，凭借其深厚的功力，扎扎实实地守住了俗称"临门一脚"的终端战场。从城市终端开始，红桃K的消费者就是这样一个个被血尔收编归队的。

如果去探究血尔最终胜出的原因，其实很简单，那就是创新，名字的创新、定位的创新、包装的创新、广告的创新、推广方式的创新、终端的创新等，套用一个比较时兴的词汇，这就是血尔成功的"魔法石"。而红桃K在挣扎中落马的重要原因，也跟他的创新机制老化、创新能力滞后不无关系。摆脱保健品的短命宿命，我们还得大练内功，长时间保持我们的创新细胞高效运转才行。

案例讨论：

1. 分析血尔在传播品牌时用了哪些方式？
2. 分析血尔包装策略。

任务六 实战训练

实训一 医药产品整体概念的策划

实训目的: 组织学生了解参观市内相关医药企业某药品销售情况,收集相关资料,开展小组讨论,提出策划方案,为某医药企业撰写一份整体药品策划书。

实训内容: 请分别为感冒药、补血产品、降压药选择合适的市场细分的因素和方法。

实训步骤:

(1) 任务的布置。

整体药品讲授完毕后,要求学生分组,以小组为单位与市内相关医药企业联系,确定研究对象,实地考察调研,分组讨论,形成药品策划书。

(2) 资料的收集。

整体药品策划的目的是要使药品能够满足消费者的需求,要求策划者进行大量的市场调研。

(3) 资料的整理与分析。

通过收集的资料,对市场环境、医药企业状况进行分析,对整体药品的五个层次的有关资料进行归纳。

(4) 组织实地考察。

组织学生到医药企业进行实地考察,了解企业的发展目标、经营理念、企业文化与价值观;了解企业药品品牌建设和岗位对职工的要求、培训等。

(5) 集中讨论,形成创意。

本阶段是医药产品整体概念方案设计的准备阶段,各小组讨论,可以随意发挥自己的想象,开拓思路。

(6) 方案沟通、评议和整改。

医药产品整体概念提出后,要进行反复的交流和沟通,找出不合理的地方进行整改和调整,形成较合理的方案,完成药品整体概念的策划书。

实训考核的内容和标准: 见附录A。

实训二 医药产品包装策略

实训项目: 认识医药产品包装的营销功能。

实训目的: 使学生通过医药产品包装的色彩、文字和图案来展示、推广药品的技能。进而认识药品包装在4P中的地位及营销功能。

实训内容:

(1) 阐述国家有关法律规定对医药产品包装的有关条款及规定。

(2) 列举非处方药品的内包装盒(实物图片),针对药品包装盒进行讨论。

(3) 讨论分析某企业的系列药品包装盒来认识药品包装策略的实施。

实训步骤:
(1) 将学生分级若干个小组。
(2) 以小组为单位组织学生观看各种药品包装盒,识别包装盒上营销功能。
(3) 各组发表意见,阐述包装盒上色彩、文字和图案的"眼球效应"。
实训考核的内容和标准:见附录 A。

(周先云)

项目十三　药品价格策略

学习内容

　　掌握：价格构成的基本要素；医药商品定价的基本方法。
　　熟悉：影响医药商品定价的主要因素；医药商品定价的基本策略。
　　了解：医药商品定价的目标与程序；医药商品价格调整的依据及主要方法。

能力目标

　　学会医药商品定价的基本方法和技巧。
　　能够分析并理解影响医药商品定价的主要因素。

案例引导

　　橘子皮，即陈皮。罐头厂不生产中药，百货公司的食品部也不卖中药，但汕头某罐头厂在北京王府井百货大楼竟把橘子皮卖出了每斤33块钱的价格，这事谁听了都觉得有些"邪乎"。可你抽空到北京王府井百货大楼食品部看一看，就会发现这是真的：身价不凡的橘子皮，堂而皇之地躺在玻璃柜台上，每大盒内装15 g包装的10小盒橘子皮，售价10元，如此折算，每斤(500 g)售价高达33元之多。汕头这家罐头厂，原本生产橘子罐头。以前鲜橘装瓶后，橘子皮就被送进药材收购站，价格是几分钱1斤。近年来加工橘子罐头的多了，橘子皮几分钱1斤也卖不出去，于是就在橘子皮上打主意——难道橘子皮除了晾干后入中药做陈皮外，就没别的用途了吗？汕头某罐头厂组织人力开发研究其新的使用价值，终于开发出一种叫"珍珠陈皮"的小食品。药品开发出来了，要以什么样的价格将其投放市场呢？他们进行了市场分析评估。

　　(1) 这种小食品的"上帝"多为妇女和儿童，城市的女性和儿童多有吃小食品的习惯。

　　(2) 城市妇女既爱吃小食品又追求苗条、美容，惧怕肥胖，视吃小食品为一种时髦。

　　(3) 儿童喜欢吃小食品，家长也从不吝惜花钱，但又担心小孩过胖。

　　(4) 珍珠陈皮的配料采用橘皮、珍珠、二钛糖、食盐，经加工后味道很好，食后还有保持面部红润、身材苗条的功能，用袋装小包装，吃起来也很方便。

　　(5) 市场上当前很少有同类药品。

　　于是这种小食品采用高价策略进入了市场。1斤橘子皮卖33元钱，就是那些领新潮消费之先的年轻女士也称太贵。可是,当她们买过、尝过之后,不仅觉得好,还介绍给别人去买去尝;儿童们更是口不离手。于是33元钱1斤的橘子皮,真的成了"挡不住的诱惑",诱得求购者纷至沓来。亚运会期间,北京展览馆的亚运购物中心举办的商品展销,评定出的单项商品销售冠军,竟然就是这33元钱1斤的"橘子皮"——珍珠陈皮。

任务一　药品价格概述

在市场经济中,价格可以看作市场的晴雨表。在商品交换活动中价格始终是关键和核心。因此,价格对策是企业经营中的重大决策之一,也是营销组合中最活跃的因素。

一、药品价格的概念

药品价格就是药品价值的货币表现。价格是市场机制中最重要的一个机制,在市场经济的资源配置中起着基础性的作用。

药品价格的职能是指药品价格本身内在所具有的功能,从药品经济活动的实践来看,药品价格至少有以下几种职能:表价职能——表现药品价值的职能,是指用一定量的货币来表现药品价值量时的一种度量标记;调节职能——调节社会经济活动的职能,是指药品价格可以调节经济单位的收入以及生产、流通和消费;传递信息职能,是指药品价格作为一种信息载体能够反映、传递经济信息的一种功能。

在医药市场上,药品价格的作用是多方面的:对医药企业而言,药品价格将决定药品的销路和企业的利润;对医药消费者而言,药品价格在很大程度上决定或影响其购买行为发生与否;对于国家政府部门而言,药品价格则成为从总体上降低社会医药费负担、合理调控医药企业收入、杜绝药品营销中不正之风、促进医药行业健康发展的有力的宏观调节手段。在以等价交换为主的市场经营活动中,通常意义上价格始终是供求关系的核心,而且各种药品价格间还有诸如价格比较这样的密切联系。因此,药品价格的变化对于营销工作而言可以认为是牵一发而动全身的。

二、药品价格构成的基本要素

药品价格由生产成本、流通费用、国家税收和企业利润四个基本要素组成,即:

药品价格＝生产成本＋流通费用＋国家税收＋企业利润

1. 生产成本

生产成本是指生产一定数量的某种药品所耗费的物质资料的货币表现和支付给劳动者的工资。医药产品与其他任何商品一样,其成本是医药生产厂家制定其药品价格的底数。医药生产企业想要制定的价格,一般包括它的所有生产、分销和推销该产品的成本,以及对其所作的努力和承担的风险的一个公允的报酬。

> **知识链接**
>
> **药品生产成本的类型**
>
> (1) 固定成本(fixed cost)：生产经营过程中，不随企业产量变动而保持相对稳定的那部分成本，如机器、厂房、设备等。
>
> (2) 变动成本(variable cost)：随着业务量的变动而成正比例变动的成本，即支付在各种变动生产要素上的费用，如购买各种原材料、电费、工人工资等，变动成本随产量的变化而变化。
>
> (3) 总成本(total cost)：固定成本与变动成本之和，当产量为零时，总成本等于固定成本。
>
> (4) 边际成本(marginal cost)：在现有产品产量的基础上，增加一单位产出而引起的成本增量。
>
> (5) 机会成本(opportunity cost)：资源约束的情况下，企业为了从事某项经营活动而放弃另一些经营活动时，这些被放弃的经营活动所应取得的最高收益即为机会成本。

2. 流通费用

流通费用是指药品从生产领域到消费领域转移过程中所发生的劳动耗费的货币表现。

3. 国家税收

税金是国家通过税法的形式，按规定的税率进行征收而取得财政收入的主要方式。一般分为：价外税(如所得税)，不应包括在价格内；价内税，如增值税，可以包括在价格内。

4. 企业利润

企业利润是指商品价格与生产成本、流通费用与税金之间的差额。

三、药品价格的分类

药品从生产领域经过流通领域才能进入消费领域，在流通领域又要经过批发、零售等不同环节。药品经过每一个环节就是一次买卖，就要有一个价格，这样就形成了出厂价、批发价、零售价等药品价格形式。

1. 药品出厂价

药品出厂价(factory price)也称药品生产者价格，是药品生产企业向批发企业销售时的药品价格，由药品生产成本、税金加利润构成，它是批发企业的药品收购价格或称药品进价。药品出厂价是药品进入流通领域的第一道环节的价格，是制定药品批发价、零售价的基础，它既关系药品生产企业的经济利益，也决定了药品批发价、零售价的价格水平，又关系到药品经营单位、医疗单位和广大消费者的切身利益。因此正确确定药品出厂价，对于正确处理医药工商关系，促进生产发展，扩大药品流通和满足消费者需要都有重大意义。

2. 药品批发价

药品批发价(trade price)是药品批发企业向零售药店或医疗单位销售时的药品价格，由购进成本(即药品进价)加上进销差价构成。它处于药品生产价格之后、零售价格之前，属于一种中间价格。它一头联系生产，一头联系零售，在药品价格结构中起着"承上启下"

的作用。合理确定药品批发价格有助于稳定药品零售市场价格。

3. 药品零售价

药品零售价(retail price)是零售药店或医疗单位向消费者销售时的药品价格,由购进成本(即药品进价)加上批零差价构成。药品零售价是药品在流通领域中最后一道环节的价格。它体现着国家、药品经营者、广大消费者之间的经济关系,与人民大众利益息息相关。

4. 药品差价

药品差价(price difference)是由于药品的流通环节(购销环节)不同所形成的价格差额,包括进销(购销)差价、批零差价两种形式。

药品差价有差价额和差价率两种表现形式。差价额即同种药品不同价格形式之间的货币差额。差价率即差价额所占计算基价的百分比,简称为差率。其计算的一般公式为:

$$差价率 = 差价额/计算基价 \times 100\%$$

这里的计算基价可以是出厂价、批发价、零售价。如果用构成差价的两种价格中较低的价格作为计算基价,其形成的差价率称为加价率;如果用较高的那个药品价格作为计算基价,其差价率称为折扣率或倒扣率。在实际工作中,加价率一般称为顺加,倒扣率一般简称为倒扣。

(1) 药品进销差价 药品的进销差价又称为购销差价(differential between purchase and sale price),是指药品批发商在同一时段、同一市场购进和销售同一种药品的购进价格和销售价格之间的货币差额。

药品进销差价主要由批发商组织药品在流通过程中的合理流通费用和批发商应得的一定的利润构成。其计算公式是:

$$药品进销差价 = 药品批发价 - 药品出厂价$$

进销差价主要有以下两种应用。

① 由药品出厂价计算批发价:药品批发商根据国家规定的进销差率制订批发价。在这种定价方式中,批发价随着出厂价格的变动而变动,一般称为顺加定价法。计算公式为:

$$批发价 = 出厂价 \times (1 + 进销差率)$$

$$进销差率 = 进销差价/批发价 \times 100\%$$

② 由批发价倒算出厂价:由批发商或者国家制订出某种药品的批发价,然后倒扣一定比例的进销差价,最终形成出厂价。此时,出厂价随着批发价的变动而变动,一般称为销价倒推法、向后定价法。计算公式为:

$$出厂价 = 批发价 \times (1 - 进销差率)$$

$$进销差率 = 进销差价/批发价 \times 100\%$$

(2) 药品批零差价 药品批零差价(cost difference between wholesale and selling retail)是指药品批发价与零售价之间形成的货币差额。它的组成部分包括零售商的流通费用、合理利润及税金。

批零差价量的大小可用批零差价额和批零差价率两种形式来表示。批零差价额即药品批发价和零售价之间的差额;批零差价率则是批零差价额占批发价的百分比,也称为顺加批零差率。在已知药品批发价和国家规定批零差价率的情况下,零售商可以确定其零售价。计算公式为:

批零差价额＝药品零售价－药品批发价

批零差价率＝批零差价额/批发价×100％

不含税零售价＝批发价×(1＋批零差价率)

含税零售价格＝批发价×(1＋批零差价率)×(1＋增值税率)

四、药品合理定价的重要性

定价即价格的形成，是营销组合中唯一能产生收益的要素（其他要素均表现为成本）。合理的定价不仅可使企业顺利地收回投资，达到盈利目标，而且能为企业的其他活动提供必要的资金支持。然而，企业药品定价要受到许多因素的制约，不能随意而为，并且随着市场环境的不断变化，企业还需要适时地调整价格，以保持竞争优势和企业拥有的市场份额。

从理论上说，价格是商品价值的货币表现，以货币来表示的商品或服务的价值就称为该商品或服务的价格。一方面，价格的高低直接影响市场需求，影响药品在市场上的竞争地位和市场占有率，进而影响企业的销售收入和利润；另一方面，价格又是企业其他营销策略的函数，也是营销组合中最灵活的因素，须与营销组合的其他策略相辅相成地发挥作用。事实上，在很多时候，买卖双方一次交易能否达成，最终取决于对商品价格的认知能否取得共识。可见，价格是影响交易完成的主要因素。

在任何交易中，药品的提供者自然都希望以自身认为合适的价格出售药品，而买主也希望支付自身认为合理的价格。但双方对同一商品价格的认知却未必一致，由此导致交易失败的情况屡见不鲜。

卖方在制定商品价格时最关心的是补偿药品成本后仍有利可图。一般来说，药品的价格由生产该药品所正常消耗的各种资源、缴纳的税金和合理的利润构成；进入流通领域后，还要包括流通费用及流通环节所应缴纳的税金和利润。其中，生产成本加流通费用所得的药品成本是药品价格的下限，药品价格只有在药品成本之上，企业才有获利的可能。

另一方面，买主并不了解药品的成本，他们通常根据自己对某种药品需求欲望的强烈程度或对比与该药品在使用价值上具有替代作用的商品价值来理解该药品的价值，从而形成该顾客愿意支付的商品价格。例如，一位正准备高考的高中生的父母可能会乐于出较高的价格买一些价格较高的有助于提高记忆力、免疫力的药品，而另一些大学生的父母很可能会觉得这些药品不值这个价钱，如果售货员以同样的价格向他推销这些医药药品，结果很可能是"没有成交"。再如，从广州到长沙的高铁票价是330元，这个价格必然影响人们对从广州到长沙的飞机票价的认知。如果飞机票价大大高于330元，人们就可能会放弃飞机改乘高铁。

由此可见，消费者对商品的认知价格还具有以下两个特点：一是不同消费者对同一商品可能有不同的认知价格；二是对同一消费者而言，他对某商品价值的认知会随着竞争药品价格的不同而不同。

因此，从总体上来说，药品定价具有买卖双方双向决策的特征，企业不能仅凭自己的愿望而制定价格。

任务二 药品的价格管理政策

药品是一种特殊的商品。在药品零售市场上,大多数药品的使用和疗效不易为一般消费者所掌握,消费者的购药行为多数是由第三者(即医生)决定的,需按医生的处方到药房付款取药,因此药品的消费对于药品价格的约束力很弱,其价格管理也不是简单的执行市场经济的普通商品价格体制。世界上大多数国家,包括一些经济发达的西方国家,都对药品价格实行不同程度的管制。我国也不例外,医药市场实行的是国家宏观调控和市场调节相结合的药品价格管理制度:少部分关系国计民生的药品,国家政府规定其零售价格,相关生产企业必须严格执行,价格策略作用相对微弱;大多数药品由生产经营企业根据市场供求关系自主确定,遵循营销组合策略中价格因素的规律。

1996年以来,针对我国医药市场药品价格上涨过快、患者医药费用负担过重的情况,为加强药品的价格管理,深化药品价格改革,整顿药品市场的价格秩序,国家发展计划委员会陆续颁布了《药品价格管理暂行办法》、《药品价格管理暂行办法的补充通知》、《关于完善药品价格政策,改进药品价格管理的通知》、《关于列入政府定价药品不再公布出厂价和批发价的通知》、《国家计委关于印发改革药品价格管理的意见的通知》等一系列文件,对药品价格管理做了系统、全面的规定。

一、药品价格管理的范围、权限、形式

根据我国药品价格管理制度规定,我国医药市场上的国产、进口化学药品及生物制品、中成药和中药饮片、中药材、医院制剂、计划生育药具等列入国家药品价格监管范围,在我国境内的有关行政管理部门、从事药品生产经营活动的企事业单位及其他组织和个人,进行药品价格活动时,均须遵守药品价格管理的统一规定。考虑到我国地域广阔,地区差异较大,我国药品价格实行统一领导、分级管理的原则,即药品价格管理政策、作价办法和中央管理的药品价格,由国务院价格主管部门统一制定;省级及省级以下价格,主管部门要按照国家统一政策,对辖区内的药品价格进行管理、监督和检查。各业务主管部门在各自职责范围内协助价格主管部门管理药品价格。

根据国家宏观调控和市场调节相结合的原则,我国药品价格目前实行政府定价和市场调节两种形式。实行政府定价的药品,仅限于列入国家基本医疗保险药品目录的药品及其他生产经营具有垄断性的少量特殊药品,包括国家计划生产供应的精神药品、麻醉药品、预防免疫药品、计划生育药品等。政府定价以外的其他药品实行市场调节价格,由经营者根据市场供求关系自行定价。

二、药品生产过程的价格管理

对于药品生产过程,国家主要通过对药品生产企业的利润率和销售费用率的控制来实现政府的宏观调控作用,以控制销售价格中销售费用比重。国产药品的销售费用率和销售利润率,由国家根据各类药品创新程度的不同实行有差别的控制比率,以鼓励新药的研制与生产。

1. 药品生产企业销售费用的范围

按照《企业财务通则》、《企业会计准则》的有关规定,药品生产企业、经营企业药品销售费用的开支范围是:①推广促销费用,主要包括企业为推销药品进行的广告、宣传、技术推广等费用;②销售机构费用,主要包括销售人员的工资、奖金和福利,销售人员的培训、管理、差旅等费用;③市场费用,主要包括市场调研、市场管理等费用;④医学费用,主要包括药品注册、临床试验等费用;⑤发运费用,主要包括运输、运输保险、仓储等费用。

2. 药品生产企业利润率和费用率的规定

药品生产企业利润率是指销售利润占销售价格的比重;销售费用率是指销售费用占销售价格的比重(见表13-1)。

表 13-1 国产药品最高销售费用率和最高销售利润率表

药品类别	最高销售费用/(%)	最高销售利润/(%)
一类新药	30	45
二类新药	20	25
三类新药	18	18
四类新药	15	15
五类新药	12	12
普通药品	10	10

为促进企业技术进步,对下列四种情况的优质普通药品实行优质优价。

(1) 对已超过新药保护期的急救、解毒、抗癌、麻醉、精神、计划生育、地方病防治等特殊药品和具有独特疗效药品的销售利润率适当扩大。

(2) 对我国合资或独资企业生产的原研制药品,在引进先进技术、销售价格低于同种进口药品的前提下,销售利润率适当放宽。出口药品销售利润率不受限制。

(3) 对企业生产的政府定价药品其药品质量、安全性和临床疗效等明显优于其他企业同种药品的,根据定价权限,由国家计委或各地省级物价部门根据企业提出的申请,组织听证会公开审议后,实行单独定价,与其他企业生产的同种药品拉开差价。

(4) 对知名品牌的中成药与其他同类药品适当拉开差价。

三、药品流通中的价格管理

药品流通环节包括批发和零售企业(单位),批零价格的制定和调整,要符合有利于促进药品合理流通、减少流通环节、降低流通费用的原则,使经营者在弥补经营费用后能够获得合理利润。国家对药品流通环节主要通过对药品流通企业规定其商业差率来控制。

药品批发价格指批发企业向零售企业销售药品时的价格,由出厂价格(或口岸价)和进销差率计算的进销差价构成。进销差率是从出厂价到批发价的差价率。

药品零售价格指零售药店或医疗单位向消费者销售药品的价格,由批发价格和批零差价率计算的批零差价构成。批零差价率指从批发到零售的批零差价率。

为了促进药品流通企业提高效率,在制定价格时,把批发零售环节的商业差率合并为流通差价率。为完善医疗机构的用药结构,药品流通差价率实行差别差价率。

以药品正常包装量的价格为基础确定的差别差价率见表13-2。

表 13-2　药品流通差别差价率(差价额)表

按出厂(口岸)价顺加计算		按零售价倒扣计算	
含税出厂(口岸)价/元	流通差价率(额)	零售价/元	流通差价率(额)
0～5.00	50%	0～6.26	33%
5.01～6.25	2.50 元	7.51～8.75	2.50 元
6.25～10.00	40%	8.76～14.00	29%
10.01～12.50	4.00 元	14.01～16.50	4.00 元
12.51～50.00	32%	16.51～66.00	24%
50.01～57.14	16.00 元	66.01～73.14	16.00 元
57.15～100.00	28%	73.15～128.00	22%
100.01～112.00	28.00 元	128.01～140.00	28.00 元
112.01～500.00	25%	140.01～625.00	20%
500.01 以上	15%+50.00 元	625.01 以上	13%+43.50 元

四、政府定价范围和原则

1. 政府定价范围

少部分关系国计民生的药品,由政府统一定价。政府对药品定价由中央和省级两级管理,定价范围由定价目录确定。中央政府定价药品(中管药品)目录由国务院价格主管部门制定、修订;省级政府定价药品(省管药品)目录由省级价格主管部门制定、修订,报国务院价格主管部门备案。

列入中央政府定价目录的药品范围如下。

(1) 列入国家基本医疗保险药品目录中的甲类药品。

(2) 生产经营具有垄断性的药品。这类药品包括:①处在专利或行政保护期内的专利药品和一、二类新药;②按国家指令性计划生产供应的麻醉药品、视同麻醉药品管理的药品和一类精神药品;③按国家指令计划生产,由国家统一收购的避孕药具;④按国家指令计划生产供应的预防免疫药品。

列入各地省级政府定价的药品范围,主要是列入国家基本医疗保险药品目录中的乙类药品。

2. 政府定价原则

(1) 对国家基本医疗保险药品目录中的甲类药品和生产具有垄断性的专利药品及一、二类新药,由国家发展和改革委员会制定、公布零售价格,出厂价(或口岸价)和批发价由生产经营企业自主制定。

对麻醉药品及一类精神药品,由国家发展和改革委员会制定、公布出厂价格(或口岸价格),批发价和零售价由各地省级物价主管部门按照中央制定的流通环节价格办法制定,报国家发展和改革委员会备案。

对按国家指令计划生产供应,由国家统一收购的免疫、预防药品和避孕药具,由国家发展和改革委员会制定公布出厂价(或口岸价)。

（2）列入基本医疗保险药品目录中的甲类药品和具有垄断性专利药品及一、二类新药，政府规定的零售价为最高限价。医疗单位和社会零售药店可以在不突破政府规定的零售价的前提下降价。生产中央政府定价药品的企业主动要求降低零售价的，在国家统一降价前，经产地省物价部门批准后可以先行降低该企业药品的零售价格，并报国家发展和改革委员会备案。

按国家指令性计划生产供应的麻醉药品、一类精神药品和按国家指令性计划生产由政府统一收购的预防、免疫和避孕药具的政府定价一经确定后，各地各部门和药品生产经营企业（单位）必须严格执行。

（3）建立政府定价的药品定期调整价格的机制。对于市场供大于求的药品，要按照社会先进成本定价，以促进市场供求关系总量的平衡。对生产企业实际出厂价到政府规定的零售价之间的差率较大的药品，要及时降低其零售价格。

不同企业生产的由政府定价的药品，在其药品有效性及安全性明显优于或者治疗周期和治疗费用明显低于其他企业生产的同种药品时，可申请实行单独定价。需要单独定价的药品，由国家发展和改革委员会或省级价格主管部门聘请有关方面专家，及时主持召开听证会对药品价格进行公开审议，并根据评审意见制定药品价格经科学检验、专家论证后，实行单独定价。

五、经营者自主定价

大多数药品未列入政府定价目录，其由经营者按照国家规定的定价办法，根据市场供求情况，自主定价。

药品经营者根据公平、合法和诚实信用的原则制定药品价格。药品生产经营企业在销售药品的过程中，可以给予购买方折扣。销售方应在发票上填写折扣后的实际价格。医疗单位将折扣收入作为药品进销差价收入，应与药品批零差价收入合并计算。

任务三　影响医药商品定价的因素

药品价格是药品价值的货币表现，但是药品价格并不是简单地等于价值，而是在价值这个基准上，根据多方面因素波动。对于一般商品而言最主要的影响因素是市场供求关系：供大于求，其价格就有可能低于其价值；供不应求，其价格就有可能大大高于其价值。俗话说"物以稀为贵"，就是这个道理。

价格通常是影响药品销售的关键因素。企业的定价策略又是市场营销组合中最活跃的因素，带有强烈的竞争性和多因素的综合性。企业营销活动能否成功，在一定程度上取决于定价的合理性。企业的定价决策就是把药品定价与企业市场营销组合的其他因素巧妙地结合起来，定出最有利的药品价格，以实现企业目标。定价决策的全部奥妙，就是在一定的营销组合因素下，把企业营销药品的价格定得既能为消费者乐于接受，又能为企业带来较多的收益，充分发挥价格的杠杆作用，取得竞争优势。

一、内部因素

内部因素即药品成本包括制造成本、营销成本、储运成本等,它是价格构成中一项最基本、最主要的因素。成本是药品定价的最低限度,药品价格必须能够补偿药品生产、分销和促销的所有支出,并补偿企业为药品承担风险所付出的代价。企业利润是价格与成本的差额,因而企业必须了解成本的变动情况,尽可能去掉药品的过剩功能,节省一切不必要的消耗,降低成本,降低价格,从而扩大销售,增加盈利。

从企业药品成本与销售量的关系来看,成本构成及其表现形态一般包括以下几种。

(1) 固定成本　在既定生产经营规模范围内,不随着药品种类及数量的变化而变动的成本费用。如固定资产折旧、房租和地租、办公费用、管理层的薪金等,这些费用不论企业产量的多少都必须支出。但随着时间的推移和生产经营规模的扩大,这种成本也将发生变化,所以长期成本中没有固定成本。从长期看,一切成本都是变动成本。固定成本包括固定成本总额和单位固定成本。前者是指在一定范围内不随销量变化而变化的成本;后者指单位药品所包含的固定成本的平均分摊额,即固定成本总额与总销量之比,它随销量的增加而减少。

(2) 变动成本　随着药品种类及数量的变化而相应变动的成本费用,如原材料、员工的工资报酬及部分营销费用。在一定范围内,变动成本与药品销量成正比关系变化,即成本随药品销量增长而增加。变动成本包括变动成本总额和单位变动成本。变动成本总额是指单位变动成本与销量的乘积,单位变动成本是指单位药品所包含的变动成本平均分摊额,即变动成本总额与总销量之比。

(3) 总成本　总成本是固定成本和变动成本之和。当产量为零时,总成本等于未营业时发生的固定成本。

(4) 平均成本　平均成本是总成本与总销量之比,即单位药品的平均成本费用。企业获利的前提条件是价格不低于平均成本费用。

二、外部因素

1. 市场需求

企业有一种判断定价是否合理的通俗说法"摆得住,卖得出",即商品在柜台里能摆得住,不会被顾客一下子全部买走;同时也能卖得出去,不会积压。这个价格就是符合供求关系的合理价格。因此,企业给药品定价不但要考虑企业营销目标、生产成本、营销费用等因素,而且还必须考虑市场供求状况和需求弹性。

(1) 需求与供给的关系　一般情况下,市场价格以市场供给和需求的关系为转移,供求规律是一切商品经济的客观规律,即商品供过于求时价格下降,供不应求时价格上涨,这就是所谓市场经济"看不见的手"。在完全竞争的市场条件下,价格完全在供求规律的自发调节下形成,企业只能随行就市定价。在不完全竞争的市场条件下,企业才有选择定价方法和策略的必要和可能。

(2) 需求的收入弹性　需求的收入弹性是指因消费者收入变动而引起的需求的相应变动率。有些产品的需求收入弹性大,即消费者货币收入的增加导致该药品的需求量有更大幅度的增加,如高档食品、耐用消费品、娱乐支出等会出现这种情况;有些产品的需求收入弹性小,即消费者货币收入的增加导致该药品的需求量的增加幅度较小,生活必需品的情况就是如此;也有的产品的需求收入弹性是负值,即消费者货币收入的增加将导致该药品需求量下降,如某些低档食品、低档服装就有负的需求收入弹性。因为消费者收入增加后,对这类产品的需求量将减少,甚至不再购买这些低档产品,而转向高档产品。

(3) 需求的价格弹性　价格会影响市场需求。在正常情况下,市场需求会按照与价格相反的方向变动;需求的价格弹性,即药品价格变动对市场需求量的影响。不同药品的市场需求量对价格变动的反应程度不同,价格弹性大小不同。药品的需求弹性在理论上有完全无弹性、完全有弹性、缺乏弹性和富有弹性。在现实中,需求的价格弹性主要是缺乏弹性和富有弹性。

所谓富有弹性,是指顾客对价格变动有较高的敏感性,此时市场需求与价格成反比;缺乏弹性则相反。一般来说,缺乏弹性有如下情况:①药品无替代品或企业无竞争者;②购买者对价格不敏感;③购买者保守,且不努力寻找便宜的药品;④购买者认可并接受较高的价格。

(4) 需求的交叉弹性　在为药品大类定价时还必须考虑各药品项目之间相互影响的程度。药品大类中的某一个药品项目很可能是其他药品的替代品或互补品。所谓替代药品是指功能和用途基本相同,消费过程中可以互相替代的药品,如林可霉素和克林霉素。互补药品是指两种或两种以上功能互相依赖、需要配合使用的商品。一项药品的价格变动往往会影响其他药品项目销售量的变化,两者之间存在着需求的交叉价格弹性。交叉价格弹性可以是正值,也可以是负值。如为正值,则此两项药品为替代品,表明一旦 A 药品的价格上涨,则 B 药品的需求量必然增加,相反,如果交叉弹性为负值,则此两项药品为互补品,也就是说,当 A 药品价格上涨时,B 药品的需求量会下降。

所谓替代性需求关系,是指在购买者实际收入不变的情况下,某项药品价格的小幅度变动将会使其关联药品的需求量出现大幅度的变动;而互补性需求量关系,则是指在购买者实际收入不变的情况下,虽然某项药品价格发生大幅度变动,但其关联药品的需求量并不发生太大变化。

2. 同类药品竞争状况

药品价格的上限取决于药品的市场需求,下限取决于该药品的成本费用。在这个价格上限与下限的幅度内,企业能把药品价格定多高,则取决于竞争者同种药品的价格水平。

竞争因素对定价的影响主要表现为竞争价格对药品价格水平的约束。同类药品的竞争最直接表现为价格竞争。企业试图通过适当的价格和及时的价格调整来争取更多顾客,这就意味着其他同类企业将失去部分市场,或维持原市场份额要付出更多的营销努力。因而在竞争激烈的市场上,企业都会认真分析竞争对手的价格策略,密切关注其价格动向并及时做出反应。

3. 国家政策

由于药品的价格直接关系到人民的生活和国家的安定,所以各国政府都在不同程度上加强对物价的管理,控制物价总水平的波动幅度。目前,我国对绝大多数药品价格已经放开,但对关系国计民生的药品价格仍然进行监管。政府可以通过行政的、法律的、经济的手段对企业定价及对社会整体物价水平进行调节和控制,因此政府政策也是企业定价时必须考虑的因素。

> **知识链接**
>
> **市场与产品特点影响产品定价**
>
> - 消费者的购买频率：购买频率高的产品可以经常调整其价格；购买频率低的产品尽量保持价格稳定。
> - 产品标准化(差异)程度：标准化、差异性小的产品，价格可以经常变化；个性化、差异性大的产品，只能因市场变化而调整价格。
> - 产品生命周期阶段：新上市阶段可以定较高的价格；到了衰退阶段只能降低价格。
> - 产品的易腐性、易毁性：不易保存的产品价格不能维持不变。
> - 产品供应和需求的季节性：季节性强的产品变动空间较大。
> - 产品的流行性和威望性：流行产品的价格调整余地较大。
> - 经济景气状况：经济高增长期，人们对价格变化敏感性较低；经济低速增长、衰退期，人们对价格比较敏感。

4. 环境因素

企业定价时还必须考虑其他环境因素，如国内或国际的经济状况：经济是繁荣还是萧条，是通货膨胀还是需求不足，当前利息率是高是低等，这些情况都会影响定价策略，因为这些因素影响生产成本和顾客对药品价格和价值的理解。此外，政府的有关政策法令也是影响企业定价的一个重要因素。

任务四　药品定价目标与定价程序

一、药品定价目标

一般认为，医药企业定价目标似乎都是获取尽可能高的销售额和利润额，但这只是企业长远的整体目标，具体到某一时期为某一药品定价时，企业的目标是有差异的。

1. 利润导向目标

利润导向目标是将一种特定的利润水平作为一种目标。这种方法经常以一种销售百分比或投资百分比的形式出现。一家大的生产商可能瞄准15％的投资利润率，而便民超市或其他的食品杂货连锁店的目标可能是1％的销售利润率。

实现最大利润是企业的最大愿望，最大利润是指企业在一定时期内可能并准备实现的最大利润总额，而不是单位药品的最高价格。最高价格并不一定能获取最大利润。在一定时期内，企业综合考虑市场竞争、消费需求量、销售管理开支等因素后，以总收入减去总成本的最大差额为基点，确定单位药品的价格，以取得最大利润。

获取利润最大化的定价并不一定是高价格，低价也可能扩展了市场份额，并由此导致大量的销售额和利润。例如，在摄像机的价格很高时，仅有领先者和富裕的人购买它们；当生产商降低了价格,几乎每个人都购买了摄像机,从而利润增加了。

以利润最大化为定价目标必须要求企业的药品在市场上处于绝对有利的地位,但是这种目标不可能长期维持,必然会遭到多方抵制、竞争、对抗,甚至遭到政府的干预。

2. 销售导向目标

销售导向目标追求单位销售量、货币销售额或市场份额——没有指向利润的指标。

市场占有率是企业的销售量(额)占同行销售量(额)的百分比,是企业经营状况和企业药品竞争力的直接反映,它的高低对企业的生存和发展具有重要意义。一个企业只有在药品市场逐渐扩大和销售额逐渐增加的情况下,才有可能生存和发展。因此,保持或提高市场占有率是一个十分重要的目标。许多企业宁愿牺牲短期利润,以确保长期收益,即所谓"放长线,钓大鱼"。

有些管理者较多关注销售增长而非利润,认为销售增长会导致更多的利润。其实,当公司的成本增长高于销售增长时,这种想法是错误的,长期如此可能导致企业难以为继。现在,就有许多大公司已经倾向于利润而不过问销售增长情况。

3. 对等定价目标

满意其目前的市场份额和利润的经理,有时采用对等定价目标——不扰乱对方的价格目标。管理人员可能会说他们想稳定价格或应对竞争,甚至回避竞争。当总体市场不再发展、扩大时,这种不扰乱价格的想法最为普遍。保持稳定的价格可能阻碍了价格竞争和避免了对困难决策的需求。

一种对等定价目标,可能是集中于非价格竞争的进攻性的总体营销战略的一部分,营销集中在除价格外的一种或多种其他策略方面。饮料可口可乐通过坚持多年的非价格竞争,实现了非常有利的效益增长。

4. 保持最优质量目标

企业也可考虑药品质量领先这样的目标,并在生产和市场营销过程中始终贯彻药品质量最优化的指导思想。这就要求用高价格来弥补高质量和研究开发的高成本。在药品优质优价的同时,还应辅以相应的优质服务。

5. 维持生存目标

当企业由于经营管理不善,或由于市场竞争激烈、顾客需求偏好突然变化时,会造成药品销路不畅、大量积压、资金周转不灵,甚至濒临破产。这时,生存比利润更重要,企业应以维持生存作为主要目标。为了确保工厂继续开工和使其存货减少,企业必须制定较低的价格,并希望市场是价格敏感型的;只要定价能收回变动成本或部分固定成本,企业即可维持生存。有时为了避免更大损失,甚至可使售价低于成本。这种目标只能是企业面临困难时的短期目标,长期目标还是要获得发展,否则企业终将破产。

二、药品定价程序

由于影响企业定价的因素众多,而适当的药品定价又事关重大,因此,遵循一个科学的定价程序显得十分重要。

(1)确定定价目标　因为定价目标不同,商品价位高低和采用的定价方法就会有所不同。

(2)估算成本　不仅要考虑生产总成本,还要考虑流通总成本。大多数情况下,随着产量的上升,药品平均成本会相应下降,尤其是在固定成本比重较大时更是如此。如果新药品的目标是替代市场上现有的某种药品,则企业还需制定药品的"目标成本",以使新药品能符合"目标价格"的要求。

(3) 分析市场需求。

(4) 分析竞争对手的药品、成本和定价策略 如果说药品成本为企业定价确定了下限,市场需求为药品定价确定了上限,竞争对手的定价策略则是为企业树立了一个参考的标准,尤其是在为新药品制定价格时。

(5) 选择基本定价方法 成本导向、需求导向和竞争导向是制定商品基本价格的方法,它们各有其合理性和便利性,也各有其最适合的条件。现实中,三方面都要考虑,但具体操作起来只能用一种方法。

(6) 运用定价技巧和策略,确定最终价格。

(7) 随着外部环境因素和企业内部条件、战略和目标的变化以及药品生命周期的演变,适时调整药品价格。

任务五 医药商品定价方法

判断药品价格是否合理,标准是其价格既受消费者欢迎又使企业满意,且具有相当的竞争力。因此医药企业在确定药品价格时至少必须考虑三个主要因素:药品成本、市场需求和竞争。药品价格必须处于药品成本与消费者认知价值为两点所组成的线段之内:药品成本是价格的最低下限,如果价格低于成本则企业无利可图;消费者的认知价值(或心理预期价格)是价格的最高上限,如果实际价格高于消费者预期价格过多,则药品可能无人问津。医药企业的药品价格必须存在于这两者之间,并需充分考虑竞争因素。

定价方法的选择对药品价格的制定及市场拓展关系重大。医药企业选择的定价方法应包含这三个因素中的一个或一个以上,才能使药品价格合理并有弹性。医药企业可以采用的定价方法很多,主要分为三类,即成本导向、竞争导向和需求导向。

一、成本导向定价法

成本导向定价法,是一种以成本为中心的定价法,就是以成本作为定价的基础。这里所讲的成本,是指药品的总成本,包括固定成本和变动成本两部分。成本导向定价法中最常用的有完全成本加成定价法和目标收益率定价法这两种具体方法,其特点是简便、易用。

1. 完全成本加成定价法

这是成本导向定价法中应用最广泛的定价方法,这种方法主要基于对企业内部的考虑。所谓成本加成就是在单位成本上附加一定的加成金额(利润)作为企业盈利的定价方法。计算公式为:

药品零售价=单位药品成本×(1+加成率)

例如:某生产奥美拉唑胶囊的药厂,每盒成本为59元,其售价由成本加成28%来确定,则其单位售价为:59×(1+28%)=75.50(元)。

成本加成定价法之所以被普遍使用,主要是因为以下几点。

(1) 成本的不确定性一般比需求少。

(2) 只要同一行业的所有企业都采用这种定价方法,它们的价格将趋同,价格竞争的变数较少。

(3) 人们觉得成本加成定价法对买卖双方都比较公平,尤其是在买方需求强烈时,卖方没有利用这一有利条件谋求额外利益,而仍能获得公平的投资收益。

但成本加成定价法的缺点也很明显:它忽视了市场竞争和供求状况的影响,缺乏灵活性,难以适应市场竞争的变化形势,特别是如果加成率的确定仅从企业角度考虑,则很难准确得知可获得的销售量。

2. 目标收益率定价法

目标收益率定价法也称为固定报酬定价法。此定价法要点是使药品的售价能保证企业达到预期的目标利润率。企业根据总成本和估计的总销售量,确定期望达到的目标收益率,然后推算价格。

采用这种方法定价时,首先应该明确所要实现的目标利润是多少,然后再根据药品的需求弹性来考虑各种价格及其对销售量的影响,最后将价格定在能够使企业实现目标利润的水平上。其计算公式是:

$$药品单价=(总成本+固定报酬)\div 产量$$

假设某医药企业年固定总成本为 800 万人民币,平均变动成本为 20 元人民币/件,某药品年产量为 30 万件,企业希望每年获得 400 万元人民币的固定报酬。则该药品的单价必须为:

$$药品单价=(800+20\times 30+400)\div 30=60(元/件)$$

目标收益率定价法属于生产者追求长期利润而非短期利润的定价方法。一般适合于经济实力雄厚,有发展前途的生产者和药品,特别适宜于新药品的定价。因为新药品如果按试制成本、小批量生产成本定价,往往会使价格大大高于市场所能接受的水平,使药品打不开销路。而按目标成本定价则可以将试制成本转移到设备潜力能较大利用的批量上,成本水平就会低得多,这样的成本加成定价,就可以为市场接受,并为企业提供期望利润。同时这种方法也能保证企业的投资按期收回,能保本求利,且简单方便。但企业根据销售量倒推价格,而价格又是影响销售量的一个重要因素,销售量的估计也许不太准确,这是运用此方法定价的一个明显缺陷。

3. 边际成本加成法

此方法是短期决策的常用方法,计算公式如下:

$$单位药品价格=[(原药品产量\times 原销售价格)+边际成本]\div 现在生产量$$

其中边际成本用以下公式计算:

$$边际成本=(增加一单位药品后的总成本-原来的总成本)$$
$$\div(增加一单位药品后的产量-原来的产量)$$
$$=总成本增量\div 产量增量$$

4. 收支平衡定价法(量本利分析法)

收支平衡定价法也称损益平衡定价法、保本点定价法,它是运用盈亏平衡的原理确定价格的一种方法。即在假定企业生产的药品全部可销的条件下,决定保证企业既不亏损也不盈利时的药品最低价格水平。这是在预测市场需求的基础上,以总成本为基础制定价格的方法。这一方法的关键是计算收支平衡点(即保本点)。

通常的盈亏平衡点计算公式如下：

销售量＝固定总成本÷(单位药品价格－单位变动成本)

上述公式是从已知的成本和价格推导出销售量,我们也可以根据已知销售量和成本推导得出其应有的价格水平来。公式为：

单位药品价格＝固定总成本÷销售量＋单位变动成本

如果企业考虑预期利润,则可将利润当作固定总成本的组成部分来看待,此时公式为：

单位药品价格＝(固定总成本＋利润额)÷销售量＋单位变动成本

假设某药品年固定总成本为 3200 万元,预期销售量为 100 万盒,单位变动成本为 15元,需要实现利润 200 万元。则此时药品的单价应为：

单位药品价格＝(32000000＋2000000)÷1000000＋15＝49(元/盒)

采用收支平衡法定价,优点是企业可以在较大范围内灵活掌握价格水平,且运用简便,但前提是首先应掌握企业成本总量、预期销售量、预期的利税等,并以药品能够全部销售出去为前提。

二、竞争导向定价法

竞争导向定价法是企业根据市场竞争的情况(市场上竞争对手的同类药品价格)而制定药品价格的定价方法。该定价方法主要考虑的不是药品成本,也不是市场对药品需求的变动状况,而是以主要竞争对手的价格为定价基础,并以此来确定本企业药品价格。

企业定价时,主要考虑竞争对手的药品价格：如果竞争对手的价格变了,即使本企业药品成本与需求量没有发生变化,也要随之改变药品价格；如果竞争对手的价格没有发生变化,即使本企业药品成本或需求发生了变化,也不应改变价格。竞争导向定价法要以提高药品的市场占有率为目的,制定有利于企业获胜的竞争价格。

1. 随行就市定价法

随行就市定价法又称为"流行水准定价法",是企业根据同行业平均价格或者同行业中实力最强竞争者的药品价格制定本企业药品价格的定价方法,因此也称为模仿价格。这是竞争导向定价的最普遍形式,在测算成本有困难、竞争者不确定或难以估计采取进攻性定价会引起对手什么反应时,这种方法提供了一个有效的解决方案,可为企业节省时间,减少风险,避免竞争,有利于同行间和平共处,少担风险,可以获得合理收益,是较普遍的定价方法。这种定价方法特别为小型企业广泛采用。

2. 投标定价法

这是我国医疗机构普遍实行集中招标采购药品以来,医药企业必须采用的定价方法。在投标时,医药企业事先根据招标公告内容,对竞争对手可能的报价进行预测,在此基础上提出自己的价格,用递价密封标书送出。

此时制定的价格,并不能完全体现企业的生产成本或市场需求。所谓投标定价法是指企业以竞争者可能的报价为基础,兼顾本身应有的利润所确定的价格。医药企业为了中标,通常要求其报价低于竞争者,但又不能低于一定的水平,最低的界限就是其生产成本。但从另一方面说,如果价格高于实际成本越多,则中标的可能性就越小。这对医药企业而言是个考验,且风险较大。

实际上,企业常通过计算期望利润的办法来确定投标价格。所谓期望利润,是指某一投标价格所取得的利润与估计中标的可能性的乘积,期望利润最大的投标价格,就是企业最佳的投标报价。

3. 低于竞争者的价格

企业想迅速扩大其药品的销售额,占有市场或扩大市场占有率,可采取此方法。采取这种方法的前提是竞争对手不会实施价格报复或者有能力抵御竞争对手可能实施的价格报复。因而必须慎重,否则极易引起价格战。

4. 高于竞争者的价格

企业生产或经营的药品质量上乘,并具有一定特色,企业声誉较高,如 GMP 企业,就可采用高于竞争者的价格出售,以谋取高利润。这种方法采用的前提是,该药品相对于竞争对手的药品有较为显著的优势,顾客愿意付出高出竞争对手药品的价格来购买该药品。

但在具体运用中,最常用的方法一般为随行就市定价法和投标定价法。

三、需求导向定价法

需求导向定价法是指按照顾客对药品的认知和需求程度,或者说是根据顾客的价值观念来制定价格,而不是根据卖方的成本定价。这类定价方法的出发点是顾客需求,认为企业生产药品就是为了满足顾客的需要,所以药品的价格应以顾客对商品价值的理解为依据来制定。若成本导向定价的逻辑关系是:成本+税金+利润=价格,则需求导向定价的逻辑关系是:价格-税金-利润=成本。

例如,人们在药品使用上普遍存在的"普通药品价格以低为好,新特药品以价格高为优"的心理,就是这些药品的理解价值。

这种方法主要考虑企业外部因素,即以药品在市场上的需求强度为定价基础,根据需求强度的不同而在一定范围内变动。需求强时价高,需求低时价低。并不是根据当时的实际成本,而是以顾客对药品的"理解价值"来确定。

需求导向定价法的主要方法包括认知价值定价法、反向定价法和需求差异定价法三种。

1. 认知价值定价法

这是利用药品在消费者心目中的价值,也就是消费者心中对价值的理解程度来确定药品价格水平的一种方法。消费者对商品价值的认知和理解程度不同,会形成不同的定价上限,如果价格刚好定在这个限度内,那么消费者既能顺利购买,企业也将更加有利可图。

如美国卡特彼勒公司用理解价值为其建筑机械设备定价。该公司为其拖拉机定价为 10 万美元,尽管其竞争对手同类的拖拉机售价只有 9 万美元,卡特彼勒公司的销售量居然超过了竞争者。当一位潜在顾客问卡特彼勒公司的经销商,买卡特彼勒的拖拉机为什么要多付 1 万美元时,经销商回答说:

90000 美元是拖拉机的价格,与竞争者的拖拉机价格相同;

+7000 美元是最佳耐用性的价格加成;

+6000 美元是最佳可靠性的价格加成;

+5000 美元是最佳服务的价格加成;

+2000 美元是零件较长保用期的价格加成;

110000 美元是总价格;

－10000 美元折扣；

最终价格为 100000 美元。

顾客惊奇地发现,尽管他购买卡特彼勒公司的拖拉机需多付 1 万美元,但实际上他却得到了 1 万美元的折扣。结果,他选择了卡特彼勒公司的拖拉机。

实施这一方法的要点在于提高消费者对商品效用认知和价值的理解度。企业可以通过实施药品差异化和适当的市场定位,突出企业药品特色,再辅以整体的营销组合策略,塑造企业和药品形象,使消费者感到购买这些药品能获取更多的相对利益,从而提高他们可接受的药品价格上限。

2. 反向定价法

这种方法又称价值定价法、向后定价法,我国实际工作中俗称为"倒剥皮"定价法。所谓反向定价法,是指企业依据消费者能够接受的最终销售价格,计算出自己从事经营的成本和利润后,逆向推算出药品的批发价和零售价。这种定价方法不以实际成本为主要依据,而是以市场需求为定价出发点,力求使价格为消费者所接受。通过各种评估方法得到预计能够实现产销量目标、利润目标的市场零售价格,然后在此基础上推算出批发价格、出厂价格。其计算公式如下：

$$批发价格 = 零售价格 \div (1+增值税率) - 批零差价$$
$$= 零售价格 \div (1+增值税率) \div (1+批零差率)$$
$$出厂价格 = 批发价格 - 进销差价$$
$$= 零售价格 \div (1+增值税率) \times (1+批零差率) \times (1-销进差率)$$

采用本方法的关键是首先要了解消费者的期望价格、能够接受的价格。当消费者对某种药品还没有形成明确定位时,企业可先利用市场营销组合中的非价格因素如展示、宣传等向消费者示范,使他们对商品形成一种较高的坐标观念。其次,分析流通环节的成本构成及费用多少,推算出该药品的生产价格的范围,即目标成本。再次,综合考虑成本和其他一些因素,最终制定出该药品的价格。这种方法的关键是对消费者理解价格的正确掌握和预测,过高或过低都会影响今后药品的销售情况。

分销渠道中的批发商和零售商多采取这种定价方法。

任务六　医药商品定价策略

在激烈的市场竞争中,定价策略是企业争夺市场的重要武器,是企业营销组合策略的重要组成部分。企业必须善于根据环境、药品特点和生命周期的阶段、消费心理和需求特点等因素,正确选择定价策略,争取顺利实现营销目标。

一、药品生命阶段定价策略

药品生命阶段定价策略是指企业根据药品市场生命周期中不同阶段的产销量、成本、市场状况及药品的特点,采用不同的价格措施和定价方法,以增强药品的竞争能力,为企业求得最佳经济效益的价格策略。利用药品生命阶段定价策略制定的价格称为阶段价格。由于药品在市场生命周期的不同阶段,其质量与成本、市场竞争程度、消费者需求及评价等都存在着较大差异,因此利用药品生命阶段定价策略能够使其价格准确地反映出价值和供求间的关系。

(一)新药品定价策略(导入期的定价策略)

在激烈的市场竞争中,企业开发的新药品能否及时打开销路、占领市场和获得满意的利润,这不仅取决于适宜的药品策略,而且还取决于其他市场营销策略手段的协调配合,其中新药品定价策略就是一种必不可少的营销策略。

新药品刚刚投放市场时,由于消费者不了解因而销量很低,因此新药品定价是涉及新药品能否顺利进入市场和取得成功的关键因素。新药品定价时须考虑药品本身的性质、代用品的情况、消费者的购买习惯、需求弹性和竞争者的反应,以及药品发展趋势等。

新药品定价的一般原则是:所规定的价格必须为市场所接受,既能推动新药品市场开拓,又能给企业带来足够的利润,弥补新药品在投入期的成本,有利于企业今后扩大生产经营。一般来说,新药品定价有以下策略。

1. 撇脂定价策略

撇脂定价策略又称定高价,是指在药品生命周期的最初阶段,把药品的价格定得很高,以获取最大利润,犹如从鲜奶中撇取奶油。企业之所以能这样做,是因为有些购买者主观认为某些商品具有很高的价值。从市场营销实践看,在以下条件下企业可以采取撇脂定价策略:第一,市场上有足够的购买者,他们的需求缺乏弹性,即使把价格定得很高,市场需求也不会大量减少;第二,高价使需求减少,因而产量也相应减少,单位成本增加,但仍然能给企业带来利润;第三,在高价情况下,仍然独家经营,别无竞争者,因为在短期内仿制很困难,类似仿制品出现的可能性很小,竞争对手少。

采用这种策略,可使企业在短期内获取尽可能多的收益。撇脂价格往往导致药品的价格阶梯式下降,伴随着生产能力的扩大和高收入市场部分需求的饱和,一边降价,一边转而面向新的市场。与此同时,药品的生命周期也向前推移。

其缺点是:新药品刚刚投放市场,如果宣传跟不上,高价往往不利于开拓市场,同时还会吸引竞争者加入。

2. 渗透定价策略

渗透定价策略又称定低价,跟上述方法正好相反,是指企业采取先低价投放、后涨价的策略:在新药品进入市场初期,将价格定得尽可能低些,微利或保本无利,以全力推出商品,用最快的速度渗透进入市场,夺取市场份额,尽早取得市场支配地位,阻止竞争者进入,待打开销路后再逐步提价,所以也叫做"侵入市场定价法"。这样做的目的是为了同现有药品竞争,通过便宜价格来吸引购买者,从而迅速侵入市场,获得最高的市场占有率,走在竞争者的前列,建立本企业在品牌、数量上的优势。

采用渗透定价策略的条件:首先,药品的市场规模较大,存在着强大的竞争潜力;其次,药品的需求弹性大,稍微降低价格,需求量会大大增加;再次,通过大批量生产能降低生产成本。

其缺点是:定价过低,不利于企业尽快收回投资,甚至使消费者怀疑药品质量。当药品在市场上地位巩固后,也不容易成功地提价。

3. 满意定价策略

满意定价策略也叫"反向"定价策略,此法介于上述两者之间,详见图13-1。它的定价高低适中,定价合理,有利于扩大销售。

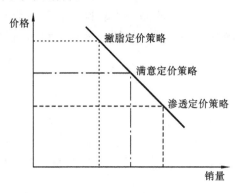

图 13-1 满意定价策略

现实生活中一般定价采取的是"成本导向法",即顺向的层层加价的办法。而满意定价策略则是通过市场调查,先拟定出能为市场接受的销售价格,再反向求出各环节价格,以决定企业在制造药品时的最大目标成本和销售费用。也就是企业在药品生产之前,就已经把市场销售价格确定下来。这样的价格,消费者能够接受,生产企业也会获得足够的利润。

当今国际市场虽然新药品种层出不穷,但夭折率却高达 80%～90%。为使新药品顺利上市,求得企业的生存与发展,这种定价方法也十分受重视。

（二）成长期的定价策略

新药品经过一段时间的推广和销售,逐渐为市场所接受,销售量上升。这个时期企业所采用的阶段价格策略是目标价格策略。目标价格是企业完成一定目标利润而制定的价格。企业应利用成长期的有利机会,适当提高目标利润水平,加速实现企业利润,到药品进入销售困难时期时,企业就有了降价促销的保证和潜力,从而保证企业生产经营目标的实现。

（三）成熟期的定价策略

药品进入成熟期的标志是竞争者的大量涌入、销量增长速度减慢并开始走下坡路。这一阶段价格策略就以竞争为核心,维持和扩大企业药品市场占有率,保持竞争优势和稳定的利润收入,因此通常使用的价格策略是降价销售。当然降价的前提是生产成本的降低,通常成本越低,价格的竞争力就越强,在价格竞争中取胜的可能性就越大。

企业在降价时需注意的是根据药品需求价格弹性的大小把握好降价的幅度:降价幅度不能太小,太小不足以引起消费者的注意,也构不成对竞争对手的威胁;当然也不能太大,太大企业可能没有利润。

（四）衰退期的定价策略

企业在药品衰退期的价格,要尽量使企业在保有微利的基础上,将药品全部销售出去,避免积压,发挥药品对企业的最后贡献作用。因此这一阶段主要采用维持价格策略或驱逐价格的策略。

1. 维持价格策略

维持价格策略是指在药品进入衰退期时不做大幅度的削价,而是基本保持原有价格水平的策略。这样做不至于恶化药品在消费者心目中的形象,可最大限度发挥药品在最后阶段的经济贡献。

2. 驱逐价格策略

驱逐价格策略也称歼灭价格，是指药品进入衰退期后采用最低价格，阻止企业药品销售量下降，将竞争者逐出市场的策略。驱逐价格一般不含利润，有时可以直接以平均变动成本作为最低经济界限来定价。

二、心理定价策略

消费者的购买行为由消费心理支配，而消费心理是非常复杂的，它受到社会地位、收入水平、兴趣爱好等诸多因素的影响和制约。企业若能在药品定价时对此予以充分考虑，就可制定出较有吸引力的价格。常用的消费者心理定价策略有以下几种。

1. 尾数定价策略

尾数定价策略即利用消费者数字认知的某种心理，尽可能在价格数字上保留零头，使消费者产生价格低廉和卖主经过认真的成本核算才定价的感觉，从而使消费者对企业药品及其定价产生信任感。例如，将本应定价100元的药品，定价为99.8元，这种方法多用于需求价格弹性较大的中低档药品。

2. 声望定价策略

声望定价策略是指企业利用消费者仰慕名牌药品或名店的声望所产生的某种心理来制定药品价格，故意把价格定成整数或高价，以显示其药品或企业的名望。质量不易鉴别的药品的定价最适宜采用此法，因为消费者有崇尚名牌的心理，往往以价格判断质量，认为高价格代表高质量。如中美史克将"康泰克"打入中国市场时，在同类药品中定价较高，结果反而畅销。

3. 招徕定价策略

招徕定价策略是指零售商利用部分顾客求廉的心理，特意将某几种药品的价格定得较低以吸引顾客。某些顾客经常来采购廉价药品，同时也选购了其他正常价格的药品，这些价格定得低的药品称为牺牲品。企业还常利用季节转换或某些节日举行大减价，以吸引更多的顾客。

三、折扣定价策略

折扣定价策略是指在医药企业在市场营销活动中，为了鼓励消费者及早购买、大量购买、淡季购买，促进商业企业和医疗单位更多地销售本企业的药品，根据国家有关规定，可以给予价格上的折扣（通常称为折扣率）。这也是调动中间商和顾客购买积极性的一种常用的激励方法。

折扣定价策略主要有以下几种。

1. 现金折扣策略

这是企业给那些当场付清货款的顾客的一种减价，其目的在于鼓励购买者尽早付清货款以加速企业资金周转。另外，在规定的期限前付款者，也可按提前程度给予不同的折扣。如提前10天折扣2%，提前20天折扣3%，这在国外很流行，目前在我国通常称为返利。

如交易条款注明"2/10，N/30"，即表示顾客在30天内必须付清货款，如果10天内付清货款，则给予2%的折扣。在企业间相互拖欠货款现象比较严重情况下，实行这种策略可以帮助企业加速资金周转，减少财务风险。

2. 数量折扣策略

数量折扣策略也称批量折扣,即根据购买者购买数量的大小给予不同的折扣。对经销药品达到一定数量时给予销售者一定的折扣优惠,如 60 折、75 折等。具体操作中还有一次性折扣和累积折扣之分。

"一次性折扣"是企业为鼓励购买者多购货,根据一次购买数量的大小给予不同的折扣;"累积折扣"是企业为了建立稳定的购销关系而将同一位购买者在一段时间内从本企业购买的数量汇总,根据累计购买量的不同而给予不同的折扣。

3. 季节折扣策略

季节折扣策略也称季节差价,一般在有明显的淡季、旺季药品或服务的行业中实行。这种价格折扣是企业给那些购买过季药品或服务的消费者的一种减价,使企业的生产和销售在一年四季保持相对稳定。如空调制造商在春秋季节给消费者以季节折扣;旅馆、航空公司等在营业额下降时给旅客以季节折扣。

4. 业务折扣策略

业务折扣策略也称交易折扣或功能折扣,是医药生产企业给予批发和零售企业的折扣。折扣的大小因中间商在药品流通中的不同功能而各异。如批发商从厂方进货给予的折扣一般要大些,零售商从厂方进货给予的折扣低于批发商。

四、需求差别定价策略

需求差别定价,也称歧视定价,是指企业按照两种或两种以上不反映成本费用的比例差异的价格销售某种药品或服务。需求差别定价有以下四种形式。

1. 以顾客为基础的差别定价策略

同一药品,对不同的消费者制定不同的价格和采用不同的价格方式。其中,有的是由于不同的消费者对同一药品的需求弹性不同,宜分不同的消费者群体制定不同的价格。如药品批发企业卖给零售药店的药品价格便宜,因为需求弹性大;卖给医疗机构价格较贵,因为需求弹性小。电力工业对工业用户收费低,因为需求弹性大;对民用收费高,因为需求弹性小。如果对工厂的收费高于厂内发电设备运转费用,工厂就会自行发电。

2. 以药品改进为基础的差别定价策略

这种定价法就是对一种药品的不同剂型、规格确定不同的价格,但价格上的差别并不与成本成比例。如某种片剂是普通剂型,成本为每盒 30 元,售价为 55 元;缓释胶囊为功能调高型产品,成本为每盒 35 元,售价为 88 元;大容量注射液为速效型产品,成本为每瓶 40 元,售价为 280 元;同种药品不同剂型、规格采用不同的定价。另外,如服装,新款与过时服装之间价格的差别就很大。

3. 以地域为基础的差别定价策略

如果同一药品在不同地理位置的市场上存在不同的需求强度,那么就应该定出不同的价格,但定价的差别并不与运费成比例。如某种药品在经济发达地区的需求十分强烈,其定价就应该比经济落后地区高一些(或折扣少一些)。再如戏院里座位的票价,前排、中排、后排、旁边的票价是不同的;旅游景点的旅馆、饭店定价通常比一般地区高。

4. 以时间为基础的差别定价策略

当商品的需求随着时间的变化而发生变化时,对同一种商品在不同时间应该定出不同的价格。如电视广告在黄金时间播出收费要高于其他时间的收费;不同季节的药品,在淡季售价低一些,在旺季则价格上涨。

五、药品组合定价策略

药品组合是指一个企业所生产经营的全部药品线和药品项目的组合。对于生产经营多种药品的企业来说,定价须着眼于整个药品组合的利润实现最大化,而不是单个药品。由于各种药品之间存在需求和成本上的联系,有时还存在替代、竞争关系,所以实际定价的难度相当大。

1. 药品线定价策略

通常企业开发出来的是药品大类,即药品线,而不是单一药品。当企业生产的系列药品存在需求和成本的内在关联性时,为了充分发挥这种内在关联性的积极效应,需要采用药品线定价策略。

在定价时,首先,确定某种药品价格为最低价格,它在药品线中充当招徕价格,吸引消费者购买药品线中的其他药品;其次,确定药品线中某种药品为最高价格,它在药品线中充当品牌质量象征和收回投资的角色;再次,药品线中的其他药品也分别依据其在药品线中的角色不同而制定不同的价格。如果是由多家企业生产经营时,则共同协商确定互补品价格。选用互补定价策略时,企业应根据市场状况,合理组合互补品价格,使系列药品有利于销售,以发挥企业多种药品整体组合效应。

2. 系列药品定价策略

有时企业向顾客提供一系列相关的药品和服务,如一家药店既为顾客提供药品,也提供加工、送货服务,那么,可考虑将药品加工的价格定低些,甚至免费,以吸引顾客,而将药品、送货的价格定稍高些,以获取利润。

3. 互补药品定价策略

互补药品是指两种或两种以上功能互相依赖、需要配合使用的药品。具体的做法是:把价值高而购买频率低的药品价格定得低些,而对与之配合使用的价值低而购买频率高的易耗品价格适当定高些。如将照相机的价格定得适当低一点,胶卷的价格提高些;电动剃须刀架的价格定低一些,而刀片的价格适当提高些;手机的价格可适当降低,电池的价格适当提高一些。

任务七 调整医药商品价格策略

企业制定价格并不是一劳永逸的,随着市场环境的不断变化,还需要适时地进行价格调整。企业调整价格主要有两种情况:一是适应市场供求环境的变化而主动调价;二是在竞争者调价行为的压力下被动调价。

一、主动调价

(一) 主动降价

1. 有以下几种情况可能导致企业考虑主动降价

(1)生产能力过剩,需要扩大销售 企业需要有追加的新的营业额,但通过加强营销手段或产品改进等措施并不能达到目的。但是价格变更的发起者有可能面临一场价格战,因为竞争者都会尽力保住自己的市场份额。

(2) 面临强有力的竞争,市场份额趋于下降　当前医药市场面临质量、价格都略优于国产品牌的外企大规模进入的冲击,国内许多医药集团都在非处方药等竞争激烈的市场中,或多或少地采取了更有竞争力的定价行动。

(3) 企业相对于竞争者有成本优势,降价可以争取在市场上居于支配地位　企业相对于竞争者有成本优势,降价可以扩大销售,扩大销售又可进一步降低企业成本(通过边际成本),使其成本远低于竞争者,获得良性循环,最终期望扩大市场份额,在市场上居于支配地位。

(4) 企业处于经济衰退时期,销量下降　经济不景气,消费需求减少,企业销量下降。但降价可以刺激需求,企业可考虑降价,维持或扩大企业销量,因为此时期愿意购买高价产品的顾客减少了。

2. 提高药品"实际"价格的方法

企业降价既可以直接降低基本价格,也可以在基本价格不变的情况下,采取增加免费项目、改进产品性能和质量、增加折扣种类、提高折扣率以及馈赠礼品等策略来实际降低产品价格。

(二) 主动提价

成功的提价能够增加相当大的利润。例如,假定某药品的利润幅度是销售额的5%,倘若销售量未受影响,则提价1%将增加40%的利润。如表13-3所示。

表13-3　某药品提价前后的利润变化

项　目	提　价　前	提　价　后
单价	20元	22元
销量	1000000盒	1000000盒
销售额	20000000元	22000000元
成本	15000000元	15000000元
利润	5000000元	7000000元(利润增长40%)

提价会引起顾客及中间商的不满,但在某些情况下企业必须主动提价。

1. 引起企业主动提价的主要原因

(1) 成本的增加　与生产率增长不相称的成本提高挤压了利润空间,同时会导致企业要定期提高价格。在预测到要发生通货膨胀或政府价格控制时,企业的提价幅度常常比成本增加要多。

(2) 供不应求　当企业不能满足其所有顾客的需要时可能提价,可能对顾客限额供应,或者两者均用。

(3) 补偿改进产品的费用　企业产品升级换代(产品质量提高或功能提升),为补偿改进产品的费用而提高价格。

(4) 树立高品质形象　企业出于竞争需要,将自己产品的价格提高到同类产品之上,从而树立高品质形象。

2. 提高药品"实际"价格的方法

（1）采用延缓报价　企业决定到药品制成或者交货时才制定最终价格。生产周期长的药品采用此法的相当普遍。

（2）使用价格自动调整条款　合同中的价格自动调整条款规定，根据某个规定的物价指数（如生活费用指数）计算提高价格。企业要求顾客按当前价格付款，并且支付交货前由于通货膨胀引起增长的全部或部分费用。

（3）分别处理药品与服务的价目　企业为了保持其药品价格，把先前供应的免费送货与服务的药品分解为各个部分，并分别为单一的或多个的部分定价出售。

（4）减少折扣　企业减少常用的现金和数量折扣，指示其销售人员不可为了争取生意不按目录价格报价。

还有一些其他的提价策略，可以不必明显提价，实现隐性提价：① 如压缩产品分量但价格不变；② 改变或减少产品功能特点以降低成本；③ 改变或减少服务项目；④ 使用低廉的包装材料或促销更大包装的产品以降低包装的相对成本；⑤ 使用便宜的材料或配件等。

二、被动调价

当企业面对由竞争者发动的价格调整时，必须在采取行动之前，努力了解竞争者的意图和价格变更可能持续的时间，然后才作出及时反应，适时调整药品价格。

一般做法如下。

（1）如果认为提价对全行业有好处，则跟随提价，否则就维持价格不变，以最终迫使发动提价的企业恢复原价。

（2）如果竞争者降价，企业能够利用的价格反应程序如图 13-2 所示。

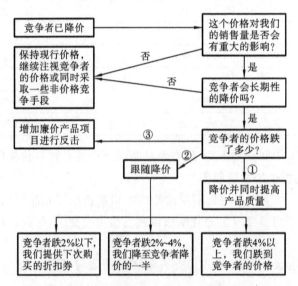

图 13-2　应付竞争者降价的价格反应方案

面对竞争者降价，具体的做法有以下几种。

（1）保持现行价格，继续注视竞争者的价格　如果认为本企业的市场份额不会失去太多，而且以后能够恢复，则可采取这种策略。

（2）在维持原价的基础上，同时采取一些非价格竞争手段 如果认为本企业的市场份额不会失去太多，但以后不一定能够恢复，则可采取这种策略。非价格竞争手段可以提高顾客对本企业产品的理解价值，如提高产品质量、改善销售服务等。

（3）跟随降价 如果认为不降价会丧失大量市场份额，将来很难东山再起，则可采取本策略。

（4）降价并同时提高产品质量 此种方法既可应对竞争者降价，又可树立本企业产品的高品质形象，以增强其竞争力。

（5）增加廉价产品项目进行反击

比如市场领导者受低价竞争者的进攻时，可选择采用维持原价格、提高被认知产品的质量、降价、提高价格同时改进质量或推出廉价产品线来反击等策略。

小 结

药品是用于预防、治疗、诊断人的疾病的物质，关乎人的生命安危，是一种特殊的商品。在药品零售市场上，大多数药品的使用和疗效不易为一般消费者所掌握，消费者的购药行为多数由第三者（即医生）决定，需按医生的处方到药房付款取药，因此药品的消费对于药品价格的约束力很弱，其价格管理也不是简单的执行市场经济的普通商品价格体制。

药品的定价，是营销组合中唯一能产生收益的要素。合理的药品定价不仅可使医药企业顺利地收回投资，达到盈利目标，而且能为医药企业的其他活动提供必要的资金支持。然而，医药企业药品定价要受到许多因素的制约，不能随意而为，并且随着市场环境的不断变化，医药企业还需要适时地调整价格，以保持竞争优势和企业拥有的市场份额。

医药企业要做到药品定价合理合法，而且价格调整适当适时，难度比较大，必须掌握药品价格体系的基本概念和内涵，熟悉我国的药品价格管理政策，在充分调研本企业影响药品定价因素的基础上，确定恰当的药品定价目标，采用合理的医药商品定价方法，运用合适的医药商品定价策略，遵循一个科学的定价程序，才有可能做到药品定价合理、调整适当。

能力检测

一、单选题

1. 药品价格的决定性因素是（　　）。
   A. 生产成本　B. 价值　　C. 供求关系　D. 竞争状态　E. 利润
2. 药品边际成本的变化一般取决于（　　）的大小。
   A. 产量　　　B. 价格　　C. 需求　　　D. 生产效率　E. 固定成本
3. 在最高和最低的价幅内，药品价格的高低取决于竞争者同等药品的（　　）。
   A. 新旧程度　B. 竞争条件　C. 价格水平　D. 价值尺度　E. 产量
4. 在完全竞争的条件下，同一药品的买主和卖主，都是市场价格的（　　）。
   A. 决定者　　B. 参与者　　C. 影响者　　D. 接受者　　E. 追随者

5. 因收入等因素而引起的需求相应的变动率,称为(　　)。
   A. 需求弹性　B. 价格弹性　C. 收入弹性　D. 供给弹性　E. 市场弹性
6. 某药品的出厂价是 4 元,批发价是 5 元,该药品的进销差率为(　　)。
   A. 20%　　　B. 25%　　　C. 80%　　　D. 0.20　　　E. 30%
7. 企业定价程序的正确顺序是(　　)。
   A. ①②③④⑤⑥　　　　　B. ⑥②⑤③①④　　　　　C. ②⑤⑥③③①
   D. ⑥②⑤①③④　　　　　E. ⑥②⑤③④①
   ① 考虑与企业其他政策的协调一致
   ② 进行成本估计
   ③ 选择有利于实现企业经营目标的定价目标、定价策略和方法
   ④ 制定药品价格
   ⑤ 预测竞争者的反应
   ⑥ 预测医药市场对药品的需求量
8. 假设某种药品的总生产成本为 300 万美元,年产量为 10 万件,该企业总投资为 7 000万美元(假设该企业只生产一种药品),预期 6 年收回投资。则投资收益率为 17%,药品价格(单价)为(　　)(美元/件)。
   A. 149　　　B. 138　　　C. 125　　　D. 168　　　E. 154

二、多选题

1. 影响药品定价因素的三个主要因素是(　　)。
   A. 定价目标　B. 市场需求　C. 成本　　D. 国家政策　E. 市场竞争
2. 影响药品市场需求的变动因素,主要有(　　)。
   A. 价格　　　B. 心理　　　C. 供给　　　D. 收入　　　E. 观念
3. 需求弹性一般分为(　　)。
   A. 需求支出弹性　　　　B. 需求供给弹性　　　　C. 需求收入弹性
   D. 需求价格弹性　　　　E. 需求交叉弹性
4. 需求收入弹性大的产品通常是一些(　　)。
   A. 高档食品　　　　　B. 耐用消费品　　　　　C. 娱乐支出
   D. 中档产品　　　　　E. 低档产品
5. 下列定价方法中,哪些属于成本导向定价法?(　　)
   A. 目标利润定价法　　　B. 随行就市定价法　　　C. 成本加成定价法
   D. 反向定价法　　　　　E. 投标定价法
6. 随药品产量的增加而递减的有(　　)。
   A. 平均固定成本　　　　B. 平均变动成本　　　　C. 平均总成本
   D. 边际成本　　　　　　E. 固定成本
7. 中央政府药品定价目录的范围是(　　)。
   A. 列入医保目录中的甲类药品　　　　B. 一类精神药品
   C. 一、二类新药　　　　　　　　　　D. 列入医保目录中的乙类药品
   E. 麻醉药品
8. 以维护企业形象为定价目标应遵循(　　)。

A. 考虑药品价格水平是否与患者的需求一致
B. 兼顾协作企业或经销商的利益,以诚信为本赢得对方信赖
C. 依照社会和职业的道德规范,不能贪图厚利而损害患者的利益
D. 服从国家宏观经济发展目标,遵守政策指导和法律约束
E. 主要考虑药品价格水平是否与企业的利润目标相一致

三、简答题

1. 影响药品定价的因素有哪些?
2. 医药企业的定价目标有哪些?
3. 医药企业可以采用哪些定价策略?
4. 常用的药品定价方法有哪些?
5. 医药企业在市场竞争中应该如何进行价格调整?

四、案例分析

前不久,央视《每周质量报告》的一期节目揭开了药品虚高价格的神秘面纱。以克林霉素磷酸酯注射液为例,它的出厂价只有6毛钱每支,中标价却达到11元每支,医院零售价竟达到12.65元每支,从出厂价到医院零售价,中间利润超过2000%!实在是疯狂。通过央视的节目我们发现,药品从低价出厂到高价零售,中间的路线图是这样的:药厂低价把药卖给代理公司,代理公司加价卖给医药代表,医药代表倚仗招投标定下的高价将药"卖"给医院,用回扣让医生多开这种药,最终患者在终端充当了冤大头。我们看到,在这个路线图中,关键就是中标价,6毛到11元是一个巨大的增长幅度,11元到12.65元的增长幅度则相对较低。为什么出厂价是6毛的药,中标价却飙升到了11元呢?

要回答这个问题,需要从药品招标制度说起。1993年3月,河南省卫生厅在省医疗机构中试行药品集中定点采购。具体做法是:在省内公开遴选7家规模较大的企业,将其确定为"定点企业",规定省直医疗机构只能在定点企业采购药品。这种集中采购的方法通过集中需求、批量采购增强买方的价格谈判能力,降低批发价格。这种方法开始取得了很好的效果,2000年卫生部把这个方法推广到全国,后来慢慢发展成药品招标制度。

应当说,药品招标制度的初衷是好的,开始也取得了积极的作用,然而,原本的统一采购不断被扭曲,变成了药价的推手。在卫生部推广药品集中采购的同时,原国家计委也推行了一项药品定价的新政——"顺加作价",就是允许医院在销售药品时,在招标价(批发价)的基础上,增加不超过15%的加价。这样招标价格越高,医院通过加成获得的利润就越大。

后来政府出台了限价招标的政策,由政府规定一个最高限价,药企只能在这个限价之下参与招标。政府制定最高限价的依据是企业的平均生产成本,根据平均生产成本加10%~20%合理的利润。但是要收集企业的平均生产成本就操作上来说是不可能的,全国药厂几千家,主管部门怎么可能去确定?所以这个药品的生产成本主要是以药厂自己上报的为主,政府部门派人调研。这样一来药厂上报的成本一般要比真实成本高到五至几十倍不等。要刹住药价虚高的风气,必须从源头开始,严厉打击腐败行为。

案例讨论:运用药品价格理论分析案例,论述你对药品虚高价格的认识。

任务八 实 战 训 练

实训一 某新药上市定价的影响因素调研

实训目的：使学生了解影响医药商品定价的因素，掌握其调研的方法和技能。

实训内容：请写出调查方案（包括调查目的、对象、内容、方法及时间安排）；设计至少一份调查问卷；完成调查，并写出调查报告。

实训步骤：

（1）教师提前5周布置本实训任务。

（2）教师把学生按学号分组，5～6人一组，两组为一对，互为对手，进行比赛，最终通过评分确定输赢。

（3）学生课后按要求查找资料，集体讨论、分析，并设计调查方案、调查问卷，做好调查工作和撰写调查报告。

（4）教师要求学生在规定时间内完成，考核学生完成情况。

① 每组均需按要求提交调研阶段性报告：

第2周星期五前上交调查方案（打印稿）；

第3周星期五前上交调查问卷（打印稿）；

第6周星期五前上交调查报告（打印稿）；

第7周星期三前发送汇报PPT及上述文件（调查方案、问卷、报告）的电子版至教师邮箱。

② 实行组长责任制管理：公开组长的聘用方法，明确组长责任、权力和利益；组长胜任工作的，则在各人课程总分上加5～10分。

③ 调查结果汇报的要求：必须制作PPT，全组成员一起上讲台，分工协作完成汇报（每个同学均参与）。

（5）学生课堂汇报后，教师针对完成情况作口头评价；成绩评定：由10名组长组成评议组，去掉最高分和最低分，取其余7人的评分的平均值。

实训提示：以实地调查研究为主，配合在图书馆、网络查找的背景资料得出相关资料，集体讨论、分析。

实训思考：现有的医药企业是否开展了新药上市定价的影响因素调研？其调查方案是否合理？

实训体会：通过实训，进一步了解影响医药商品定价的因素，掌握其调研的方法和技能。

实训报告：调查方案、问卷、报告。

实训考核的内容和标准：见附录A。

实训二 为某药品新上市选择合适的定价方法

实训目的：了解药品定价的基本程序，掌握主要的药品定价方法。

实训内容：了解药品定价的相关知识；企业定价案例观摩及解析；根据给定的条件计算价格；定价模拟演练；课外思考与练习。

实训步骤：

（1）教师前一次课布置本实训任务，学生课前预习相关知识点。

（2）教师课堂做企业定价案例观摩及解析。

（3）学生课后根据给定的条件计算药品价格。

（4）学生定价模拟课堂演练。

（5）教师归纳总结。

（6）学生课后实训思考与练习，并完成实训报告。

实训提示：以动手思考、分析和计算为主，配合在图书馆、网络查找资料相结合得出相关资料，集体讨论、分析。

实训思考：在制定药品价格的时候，必须思考哪些问题？如何据此选择适当的定价方法？

实训体会：医药企业在制定价格的时候，要充分研究市场竞争、消费者需求特点以及自身情况，采用正确的定价方法和定价程序，才能使价格成为企业进行营销活动的一把"利器"，发挥最大的作用。

实训报告：药品定价方法的总结报告。

实训考核的内容和标准：见附录 A。

实训三　为某药店制定合适的价格策略

实训目的：使学生掌握为某药店制定合适的价格策略的方法。

实训内容：请写出为该药店制定合适的价格策略的方案，并整理为报告书。

实训步骤：

（1）教师前一次课布置本实训任务。

（2）学生课后按要求查找资料，集体讨论、分析。

（3）教师于所要求时间考核学生完成情况。

① 课堂时间教师随机抽取 1~3 名学生在讲台上陈述自己的观点。

② 课后要求每位同学上交书面报告。

（4）学生课堂陈述后，教师针对完成情况作口头评价；学生书面观点，教师作出书面评语。

实训提示：以药店实地调查研究为主，配合在图书馆、网络查找的背景资料得出相关资料，集体讨论、分析。

实训思考：现有的药店是否掌握零售药品的合适的价格策略？其定价方案是否合理？

实训体会：通过实训，进一步认识到：当前药店零售市场已经相当成熟，在不久的将来，由于医改政策的不断深入，医院、诊所也将成为强有力的竞争对手。市场竞争更加激烈，是否掌握药店销售环节的药品定价技巧，已经成为药店抢占先机、制胜竞争对手、吸引更多消费顾客、获取最大经营利润的利器，更是决定经营成败的关键所在。

实训报告：药店价格策略的方案报告。

实训考核的内容和标准：

考核项目	倒挂药定价策略	一般普药定价策略	广告药定价策略	普通新药定价策略	新特药定价策略	总分
分值	15分	15分	10分	30分	30分	100分

（注：倒挂药即价格倒挂，也就是销价低于进价的药品。）

（杨文豪）

项目十四　医药分销渠道策略

学习内容
　　掌握：医药分销渠道的设计。
　　熟悉：医药分销渠道的管理。
　　了解：医药分销渠道的特征和结构。
能力目标
　　会设计医药分销渠道。
　　能管理医药分销渠道。

案例引导

网上药店 hold 住利润？

2010年，美国网上药店的销售规模占到整个医药流通领域的近30%。处在起步阶段的我国医药电子商务产业，2010年的市场规模达到100亿元，2011年达到178亿元，未来5年复合增长率有望达30%。

但是，2011年6月，美国最大的网上药品零售商 Drugstore.com 被本土最大的实体连锁药店 Walgreens 以4.09亿美元收购，Walgreens 在美国拥有7000余家门店。而成立于1999年的 Drugstore，尽管坐拥300万名注册用户，可以为越南、印度、智利、加拿大等国家和地区的消费者提供国际化订单及免费寄送服务，在被收购之时却处于销售增长、净利亏损的窘境。

纵观我国的网上药店，经营情况与美国一样不容乐观。最早成为网上药店的金象网，2011年2月就曾披露，尽管近年来销售额增幅较大，即2007年收入为1000万元，2009年收入为2400万元，却仍然处于盈亏平衡线之下。对于其他网上药店的经营状况，我们从一些细节处就可以考证，如平安旗下1号店药网，从金象药房网挖来的总经理做了3个月就离职，最初的员工后来走了70%~80%；成立了5年的上海药房网，在线咨询的客服人员仅为2名，工作时间则只有一名在线，网上支付方式也稍显落后，货到付款方式需要加收货款3‰的手续费，运费明显高过其他行业，上海至深圳的运费首公斤起价为25元。

另一方面，我国网上药店的监管也逐步严格。2011年7月8日，在淘宝商城的医药馆上线不足一个月，国家食品药品监督管理局就表示淘宝不具有在网上售药的资格。浙江省食品药品监管部门已经对淘宝网进行查处,淘宝网目前也正处于整改期。按照国家网上销售药品的政策规定,企业要想在网上售药,必须同时取得《互联网药品交易服务资格证》和《互联网药品信息服务资格证》,两证缺一不可,而淘宝网只具有"信息服务资格证"。

任务一 认识医药分销渠道

一、理解医药分销渠道

分销渠道是市场营销组合中的地点,本意上是企业需要决定将产品送达到什么地方供顾客选择,从而使企业能够比竞争者更快、更有效地传递产品和服务。在企业市场营销活动中,企业需要经历很多环节才能将产品和服务传递到消费者手中,与消费者达成交易。任何一家企业不能独立地完成产品流通的任务,是通过生产者和用户之间的大量的营销中介机构协作完成的,这些机构执行着不同的营销功能,大多数企业仅仅是一个分销系统中的一个环节。

渠道是分销渠道的简称,又称为分销。它是指产品从制造商(即生产者)向消费者转移过程中取得产品所有权或帮助产品所有权转移的所有组织或个人,即渠道是产品从生产领域转向消费领域所经过的路线和通道。

关于分销渠道的理解有不同的描述。营销之父菲利普·科特勒认为:"渠道是促使产品(或服务)顺利地被消费的一整套相互依存的组织。"

安妮认为:"渠道就是一系列相互依赖的组织,他们致力于促使一项产品或服务能够被使用或消费的过程。"

对于分销渠道的理解,有些学者认为渠道就是营销渠道,也有些学者将营销渠道与分销渠道区分开,认为二者是有区别的。后者的观点是,认为营销渠道是关于产品生产和流通的所有环节,应该包括供应商在内,因为供应商为企业的生产提供了原材料,本质上也参与了企业的营销活动;而分销渠道是针对产品生产后的产品流通的营销活动,不包括供应商内容。所以,综上所述,本书同意后者观点,认为对分销渠道的理解应该与营销渠道区分开。

二、医药分销渠道的特征

(一)医药分销渠道模式、医药分销商受到严格的限制和监管

医药产品的特殊性,国家对医药产品生产企业和医药产品经营企业实行严格的市场准入制度,以及企业日常经营过程中进行严格的监管。企业在分销药品时不同于一般的产品,可以自由地采用多种渠道模式,药品分销中虽然也可以采用多种渠道模式,但对企业的要求很高。例如,药品可以实行网上直接销售的渠道模式,即通常说的网上药店,但是其要求不是一般经销商可以达到的。

(二)医药分销渠道规划不明确、布局不合理

现今的医药企业在药品分销时,即使已经打破了传统的以地域为划分标准的医药分销

格局,但是依旧受到传统医药流通体制的影响和限制,药品分销的区域化特征仍较为明显。南方的制药企业将药品打入北方的医院较难,北方的制药企业在药品打入南方市场时同样需要依靠当地的分销力量来实现。而擅长非处方药经销的公司不善于处方药的分销,擅长处方药经销的公司不善于非处方药的分销。通常情况下,制药企业在向市场推广药品新品种时,利用现有渠道资源,有时表现出低效率。

我国药批企业中,年销售额超过2000万元的只有800余家,仅占总数的5%左右。医药商业企业中的前三位企业仅占市场份额18%,与发达国家相比比例明显较小。中国在进入WTO时签订的协议中提出,中国承诺在2003年1月1日开放药品的分销服务业务,外商可以在中国从事药品的采购、运输、仓储、批发、零售和售后服务等药品的流通业务,并且规定,药品进口关税税率由1999年的14%逐步降低至2003年的6%。中国的医药流通业在有广大发展空间的基础上,仍面临着外商医药流通业的强有力的竞争。

(三) 医药中间商数量多、规模小

我国医药流通企业相对于国外医药企业在技术上、规模上、管理上都相对落后,具体表现是中间商数量多、规模小等特征。截至2009年底,我国共有药品批发企业1.3万多家;药品零售连锁企业2149家,下属零售门店13.5万多家,零售单体药店25.3万多家,全国共计零售药店门店总数达38.8万多家。2009年,全国药品批发企业销售总额达到5684亿元,2000—2009年,年均增长15%;零售企业销售总额1487亿元,年均增长20%;城市社区和农村基层药品市场规模明显扩大。我国政府提出加快建立药品供应保障体系,发展药品现代物流和连锁经营,规范药品生产流通秩序,建立便民惠民的农村药品供应网等任务,迫切要求行业必须加快结构调整,转变发展方式,实现科学发展。

知识链接

《全国药品流通行业发展规划纲要(2011—2015年)》摘要

2011年5月5日,我国商务部正式对外发布了《全国药品流通行业发展规划纲要(2011—2015年)》,对药品现代流通和经营方式提出了总体目标和主要任务。

总体目标是:到2015年,全国药品流通行业形成网络布局合理、组织化程度显著提升、流通效率不断提高、营销模式不断创新、城乡居民用药安全便利的药品流通体系。具体目标是:形成1~3家年销售额过千亿的全国性大型医药商业集团;形成20家年销售额过百亿的区域性药品流通企业;药品批发百强企业年销售额占药品批发总额85%以上;药品零售连锁百强企业年销售额占药品零售企业销售总额60%以上;连锁药店占全部零售门店的比重提高到2/3以上。

主要任务是:①加强行业布局规划,健全准入退出制度;②调整行业结构,完善药品流通体系;③发展现代医药物流,提高药品流通效率;④促进连锁经营发展,创新药品营销方式;⑤健全行业管理制度,规范药品流通秩序;⑥加强行业信用建设,推动企业诚信自律;⑦统筹内外两个市场,形成开放竞争的市场格局;⑧加强行业基础建设,提升行业服务能力。

(四) 医药分销渠道成本较高

我国物流整体水平相对于发达国家较低,致使医药产品流通过程中,产品分销费用高、盈利低,大型医药批发企业的毛利率为6%,净利率只有0.63%。至于临床用药部分,我国要求医院的药品统一实行招标采购政策,以压低市场价格,让利于民。而为了在"十二五"期间进一步规范医疗机构的药品管理,我国于2011年10月11日发布了《医疗机构药品监督管理办法(试行)》,其中要求医疗机构对购进药品的票据保存期不得少于3年等规则。在药品质量趋于相同的药品中,招投标实质上使价格成为焦点。为争取药品进院,企业间的竞争达到了白热化,在投标过程中压低价格,使企业处于投标成功没钱赚、不投标没机会的境地。

营销案例

多家输液企业深陷生存窘境

2011年9月7日,"国内大输液行业联席会议"在北京召开,但是参会者寥寥,主办方北京嘉华特咨询服务有限公司负责人苦笑着说:"参会的人出乎意料的少,几乎办不下去了,我们是在咬牙坚持。"

峰会冷清只是大输液行业萧条的反映。2011年8月11日,江西省药品招标采购结果公布:250 mg塑瓶大输液中标价0.855元,随后,甲硝唑输液河北省中标价格也仅为0.85元。业内一片哗然。所有的企业都担心一件事,输液产品招标价格的下行通道是否已经被打开,将大输液价格永久打到一元以下?若真的如此,所有中国的输液企业未来只有两条路——要么慢性自杀,赔本经营;要么违反法令,生产作假。显然,无论哪条路,对于输液企业来说,指向的都是万劫不复的地狱。

(五)药品分销速度慢

我国目前没有大规模的物流企业,产品分销和流通水平处于相对落后的地位,而医药物流相对于其他行业更加落后。中国大部分制药企业、药品批发企业和医药零售企业各自独立地建造物流企业,彼此独立、缺乏联盟和交流,资源不能互补,没有形成对医药物流的整体需求。由于需求不足,医药产业的第三方物流没有真正兴起,医药物流产品的供应和需求没有对接,物流资源过剩,物流中心空置率高达60%,医药分销效率低。

(六)医药分销渠道冲突严重

渠道冲突历来是企业分销渠道中难以解决的顽疾,医药渠道冲突问题仍然较多。制药企业与经销商之间、经销商与经销商之间等常常发生渠道冲突。制药企业抱怨经销商销售了与企业同类的其他药企的药品,经销商之间争夺终端客户、破坏正常价格,导致同一地区、同一药品的价格不统一。甚至基于连锁药店经营模式的不同,即使是同一家连锁药店,其分店的同一药品价格也可能不同。渠道串货现象严重,受到传统药品分销的区域销售限制,不同区域的药品销售价格是不同的,经销商在渠道间的"倒货"现象仍然严重。

(七)医药分销渠道缺乏创新

我国医药分销渠道虽然打破了传统的分销模式,但仍然缺乏创新性。医药企业在OTC营销中注重营销技巧的方式推广,Rx药则注重临床的学术推广。制药企业在渠道建设中主要采取招商或自己组建销售队伍,前者适合在第一和第二终端运用,后者适合在第三终端运用,例如修正药业在第三终端的渠道策略主要是自建销售队伍做终端维护,取得良好业绩。但是,无论是招商还是自建渠道,都是通过一级分销商进入终端(包括医院或药店),接着在终端运作销售,其过程比较漫长、模式趋于一致。

三、医药分销渠道的功能与结构

(一)医药分销渠道功能

在医药生产者和消费者之间,即渠道起点(生产者)和渠道终点(最终消费者或用户)之间存在不同类型的分销渠道组织,它们分别扮演着不同的角色,执行着一系列重要功能。

1. 实现药品所有权的转移

正如分销渠道内涵的解释,分销渠道成员实现了药品的所有权在渠道中间的转移或者帮助实现所有权的转移,这样所有权就从生产厂商转移到最终用户。具体表现在:实现药品的配货,即分销渠道成员帮助制药企业完成分类、组装和包装等任务,使药品符合消费者的需求;实现药品的物流、药品的库存和运输是制药企业重要的分销环节,其操作过程不当会对药品的质量产生影响,分销商扮演着传送药品的重要角色。

2. 实现药品信息的传递

分销渠道成员进行药品传送时,与渠道终端接触密切,时刻了解消费者的用药信息资讯,在传递药品的同时也承担着信息的传递、收集、整理和加工功能。例如制药企业生产出来的药品在品种、规格、包装等方面与消费者的需求不符,渠道成员可为制药企业传递消费者用药需求信息,以及竞争制药企业的信息,也为终端市场传递产品信息。在信息时代的今天,企业间的竞争更多表现在信息资料收集的迅速和准确性等层面的竞争,制药企业通过分销渠道成员获取的信息既廉价又及时、准确。

3. 实现药品的销售和促销

制药企业擅长生产和研发,在销售中如果没有分销渠道成员的介入,则需要耗费企业大量的人力、物力和资源,分散企业的精力。例如分销渠道成员可以将产品实行拆零销售以更好地满足消费需求,并在销售过程中宣传产品,进行广告和公共关系等活动,对药品的销售起到积极的促进作用。一些有实力的经销商为了实现销售目标、提高利润,自己出资做广告传播或终端促销,对消费者施加影响以提高药品的销售量。

4. 实现财务管理功能

分销渠道成员的财务管理功能主要体现在与制药企业共同承担资金风险和实现资金流动的功能。分销商是制药企业的合作伙伴,与制药企业共同分担经营风险。这是因为生产出来的产品在流转到最终用户手中的过程中,存在各种各样的风险,例如药品磨损、有效期问题、提供售后服务等风险;分销商也与制药企业共同实现资金的流动功能,药品在从生产商向消费者转移中,资金也同时从消费者手中反方向向制药企业流动。

(二)医药分销渠道结构

医药分销渠道结构是由产品的实体流、所有权流、付款流、信息流和促销流五个主要流程,还包括药品的订货、谈判、筹资和风险承担等流程组成,这里主要介绍分销渠道的五个主要流程,如图 14-1 所示。

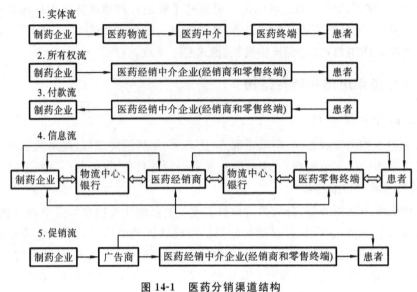

图 14-1　医药分销渠道结构

从上面的流程图可以看出实体流、所有权流和促销流是正向的,付款流是反向的,信息流是双向的。

任务二　医药分销渠道的设计技术

一、医药分销渠道设计的内容

医药分销渠道设计是指医药企业建立新的分销渠道或对已经存在的分销渠道进行调整的策略活动。医药分销渠道的设计主要包括确定分销渠道的目标与限制、明确各种分销渠道的交替方案。

（一）确定医药分销渠道的目标与限制

（1）分销渠道的目标。企业无论是设计分销渠道,还是制定任何营销策略,都需要在制定前确定目标,并且将这些目标明确地列出来,保证设计的渠道方案不会偏离公司的总体营销目标和总体经营目标,为后续的渠道调整打下基础。

一般地,渠道目标主要通过目标市场的服务产出水平来表述,即是指企业为目标消费者群体提供分销产品和服务并能够使其感到满意的能力。具体地说,医药分销渠道目标主要有以下几个方面。

① 消费者方面。医药企业需要思考是否要在新市场投入更多资源？企业是否应该调整分销渠道结构,设计并建立组合性的渠道以面向更广泛的顾客？企业是否要提高顾客满意度？

② 中间商方面。企业如何加强与中间商的合作关系？企业是否鼓励中间商的整合？

③ 企业自身方面。医药企业需要思考是否授予地区专营权？企业是否以实现收入增长为主要分销目标？企业是否应该降低分销成本？企业是否应缩短产品推出的时间？企业是否需要使用分销渠道管理系统？

（2）分销渠道的限制。营销人员在设计医药分销渠道时为了实现渠道目标，会设计不同的设计方案，但在设计渠道方案之前要充分了解渠道设计的限制因素，以及要思考在渠道运行过程中会因为哪些因素的限制而无法发挥渠道的最优化功能。因为包括分销渠道方案的设计在内，每一项营销方案的设计都不可能是完美无缺的，并且随着营销环境的变化也会出现方案的不适应而需要调整，所以，要将这些渠道的限制因素附加在渠道方案中加以论述，以供企业的决策层权衡和整体把握。分销渠道的限制因素实质上就是影响企业分销渠道目标实现的因素，即表述为影响企业对目标市场服务产出水平的因素。影响企业服务产出水平的因素如下。

① 医药产品销售批量的大小。所谓批量是指企业在产品分销过程中提供给目标顾客的单位数量，即消费者的一次购买量。批量越小，由渠道所提供的服务产出水平越高，消费者越满意，但企业耗费的渠道资源就越多。

② 分销渠道内顾客的等待时间，是指渠道内顾客等待收到商品的平均时间。顾客一般喜欢快速交货渠道，但是快速服务要求一个高的服务产出水平，需要耗费企业较多的渠道资源。

③ 分销渠道为顾客购买产品所提供的方便程度。如果顾客能够在他需要的时候不用花费很多的精力和时间，就能获得想要的产品或服务，那么，可以认为这个渠道的空间有较高的便利性。

④ 分销渠道提供的产品宽度特征，是指药品剂型、品种的宽度。一般来说，顾客喜欢较宽的花色品种，以便在购买产品时有更多的选择性，更能够使消费者满意，而宽的产品组合需要企业生产多样的产品品种，耗费较多的企业资源。

⑤ 售后服务水平。售后服务是指产品分销过程中，为渠道顾客提供的附加服务，包括消费信贷、延期的付款方式、付货、安装、修理、咨询等。售后服务水平越高，需要的服务产出水平就越高，目标顾客就会越满意。网上购物会延期消费者的实际付款，从而影响企业的商业流通成本，提高了企业的营运成本。

（二）明确各种分销渠道的交替方案

医药企业在设计分销渠道时需要考虑三个方面：是采用长渠道还是短渠道？是采用宽渠道还是窄渠道？渠道成员如何选择？

（1）长渠道和短渠道，是按照医药产品分销过程中经过的中间环节的多少进行划分。长渠道是指制药企业经过两个或两个以上类型的中间环节销售其产品；短渠道是指制药企业和终端消费者之间的中间环节少于两种类型，即没有中间环节或有一个中间环节。

长渠道与短渠道分别具有不同的市场特点。长渠道的中间环节多，流通时间长，分销费用高，信息反馈速度慢，信息反馈准确性低，但市场覆盖率高；而短渠道的中间环节少，在上述方面与长渠道的特点相反，优势较多，缺点主要是市场覆盖率低。

渠道设计者在确定渠道的长度时，可以有不同的选择。渠道策略中，渠道的长度用中间机构的级数来表示,渠道的长度设计不同会形成不同层级类型的分销渠道,如图14-2所示。

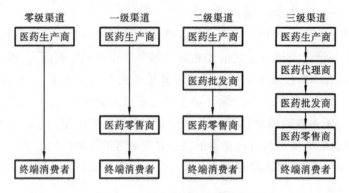

图 14-2　医药分销渠道层级类型图

① 医药生产商→终端消费者。此类型也称为直接渠道。医药生产商可以直接把医药产品销售给消费者,没有中间环节。医药产业市场(即医药组织市场)也属于零级渠道。一般情况下,生产大型医疗设备和医疗器械的制造企业都是采用零级分销渠道,在医院招投标的模式下实现销售,将产品直接出售给医疗机构。有时,面对医药消费者市场时,企业可以在社区举办医疗咨询服务活动,向消费者介绍和销售产品,这种形式的主要优点是企业能让消费者充分了解企业和其生产的产品。

知识链接

直接分销渠道——网上药店

直接分销渠道属于零级渠道类型,是指医药产品从生产者直接流向最终消费者,不经过任何中间环节的分销渠道。医药行业中,医药消费者市场中,制药企业采取直销渠道类型时,主要是以网上药店的形式向消费者出售药品。

我国的网上药店中,如盛生网上药店,是辽宁盛生医药集团旗下,经国家有关部门批准设立的网上药房,网名为"youjk盛生网",是集网上药房、健康资讯和寻医问药为一体的医药类网站,提供全面的健康及医疗服务,是东北三省唯一一家合法的通过网络销售药品的机构。

② 医药生产商→医药零售商→终端消费者。此类型是医药生产商把产品直接销售到医院、药店或诊所等零售商,再由这些医药零售商分销给消费者。目前,大型医院、药房在药品销售中占有主导地位,所以绝大多数企业都把大型医院(第一终端)和药房(第二终端)作为其主要的产品投放渠道。

③ 医药生产商→医药批发商→医药零售商→终端消费者。此类型是医药生产商将产品销售给具有医药经营资格的医药商业机构(如医药批发商),再分销到医药零售商,最后销售给终端消费者,它的主要优点是能加强企业的市场扩张能力。

④ 医药生产商→医药代理商→医药批发商→医药零售商→终端消费者。此类型是医药生产商选择分销能力较强的医药经营企业作为总代理,由总代理将医药产品分销给医药

批发商,再分销给医药零售商,销售给终端消费者。这种类型下,医药总代理只是一个用来帮助医药生产商进行销售的代理机构,并不拥有医药产品的所有权。

有时,医药企业为了提高医药产品的流通速度,会将类型④进行修正,将医药物流配送企业纳入到渠道中,渠道模式调整为:医药生产商→医药物流配送企业→医药批发商→医药零售商→终端消费者。这种模式是医药生产商根据不同的销售区域选择若干具有较强分销能力的医药物流配送机构,再利用这些机构将企业的产品送达到医药批发商。这种形式的主要优点是:能降低企业的中转成本,加速医药物流周转,并可提高企业的销售流通能力。

为了保证医药分销渠道的畅通无阻,医药生产商必须根据医药市场变化,适时调整、创新和整合,设计出最佳的、高效的分销渠道。目前,随着我国医疗制度、医保制度的改革,以及医药产品分类管理的实施,医药市场竞争更为激烈,医药生产商的销售方式已向立体化、系列化和网络化方向发展。

(2)宽渠道和窄渠道,是按照医药企业分销渠道中同种类型中间商的数量划分。宽渠道是指同一层级的中间商数量较多,如中间商数量为3个或3个以上;窄渠道是指同一个层级的中间商数量较少,如中间商数量为3个以下。

渠道宽度的不同,可以使企业具有不同类型的渠道,如图14-3所示。

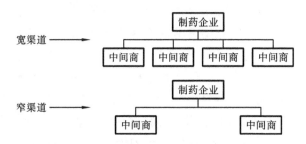

图14-3 医药分销渠道宽渠道和窄渠道类型图

宽渠道和窄渠道使医药企业形成不同的渠道策略效果,两种渠道类型分别具有优点和缺点。宽渠道具有产品市场推广速度快、对中间商依赖程度较小、渠道管理难度大、中间商之间竞争水平高、渠道稳定性弱等特点;窄渠道与宽渠道的特点正好相反,具有产品市场推广速度慢、对中间商依赖程度较大、渠道管理难度小、中间商之间竞争水平低、渠道稳定性强等特点。

渠道设计中根据渠道宽度的不同,渠道类型分为广泛性分销、选择性分销和独家分销,渠道设计者可以在上述三种策略中选择。

① 广泛性分销,又称为密集分销,是指医药生产企业在同一层级渠道中选择较多的中间商销售产品。当医药产品销售数量大或者产品生命周期短时,在分销过程中需要较快的分销速度,使广大消费者和用户能随时随地买到这些产品,以实现销售量或者可以迅速占领行业市场。医药行业中,医药企业将产品推向第二终端和第三终端时,消费者市场尤其是OTC市场比较适合这种分销策略。

② 选择性分销,是指医药生产企业在某一地区市场选择少数几家中间商来销售其产品,这种分销策略适用于所有产品。渠道管理中,医药企业经常面临着两种矛盾,那就是渠道控制和渠道灵活两个问题。医药企业希望对渠道有一定的控制能力,以把控

整体渠道；同时，希望渠道分销产品过程中可以根据市场具有一定灵活性。选择性分销可以帮助企业同时实现上述两种渠道目标，既可以使渠道在企业控制下贯彻企业整体战略，又可以在中间商的渠道网络中，实现快速地分销产品，达到有效占领目标市场的目的。

③ 独家分销，是指医药生产企业仅选择一家中间商来销售产品。这种类型的渠道策略保证了企业对中间商的有效控制，使生产企业在买方市场的今天具有较高的话语权，降低企业的渠道维护和管理成本，具有最高程度的渠道灵活性，企业调整渠道时不会产生较大的影响。而独家分销也将中间商的利益与企业的利益进行捆绑，一荣俱荣、一损俱损，调动了中间商的经营积极性，使其在销售过程中更加遵守双方的规定。但是，独家分销在产品推广中速度相对较慢，市场覆盖率不会短时间得到提升。这类渠道策略适合产品生命周期长和不容易被竞争者模仿的产品。

总之，企业无论选择哪种分销策略，都要根据产品特点、市场特点、需求特点、竞争者特点等因素，采用适合的渠道策略。但是，因为市场占有率在医药企业经营中具有战略性地位，医药生产商们总是会希望企业产品在行业市场中具有较高的市场份额，所以不断地诱导着中间商从独家分销或选择性分销转向更密集的广泛性分销。

（3）渠道成员的选择。渠道成员是指参与到产品分销过程中的所有组织和个人，主要是指渠道中间机构。通常情况下，在探索渠道策略过程中，我们是站在医药生产企业的视角，但是如果从医药中间机构视角出发，医药生产企业也可以称为渠道成员。

从某种程度上说，医药行业中的产品分销对中间商具有更高的依赖性。对于药品消费者来说，购买药品的渠道方式比较有局限性，只能通过医院、药房、诊所或网上药店。而网上药店的药品销售与其他行业的网上购物不同，没有形成规模和产业链，药品在物流过程中需要符合国家药品流通的相关规定，对物流企业的要求较高，成本也较高，所以消费者网上购药有时比在药房购药费用更高。并且，有些疾病的治疗有时间要求，使得消费者购买药品时是不能等待的，网上药店因为物流原因会在几天后送达药品，消费者自然不会采用网上购药的方式。大多数医药生产商不能直接把药品销售给最终消费者，需要医药中间商发挥出桥梁作用，方便消费者购药。

医药生产企业选择渠道成员时，需要考虑渠道成员选择的影响因素和渠道成员选择的类型两个方面。

① 渠道成员选择的影响因素。

a. 企业资质。医药行业中，医药产品的特殊性决定了产品的分销需要在国家有关部门监控下通过有资质的医药流通企业完成。我国GSP规定，只有拥有药品经营许可证并通过认证的药品流通企业才有资格从事药品流通，制药企业的药品销售只能通过这些商业企业来实现。在选择医药渠道成员时，首先要考核对方企业的证件是否齐全，包括企业法人《营业执照》、《药品经营许可证》(或《医疗器械经营许可证》)；其次是通过网络，查询对方企业是否在工商局网站上做了登记备案，以及其登记的行业和经营范围是否是医药产品的经销业务；最后，了解对方企业的性质和组织机构类型，其股东名字、法人姓名、年龄等自然情况与企业证件中的表述和工商部门的登记是否是一致等。

> **知识链接**
>
> ### GSP 简介
>
> GSP(Good Supply Practice),即《药品经营质量管理规范》,是对药品经营企业统一的质量管理准则。意指良好的药品供应规范,是对医药产品流通环节中所有可能发生药品质量事故的因素进行控制,从而防止事故发生的一整套管理程序。医药产品在生产、经营和销售的全过程中,由于各种因素的作用,随时都可能对药品的质量产生影响,需要针对药品流通中的所有环节进行严格的监控和管制,才能从根本上保证医药产品的质量。药品经营企业必须通过药品监督管理部门的认证达到 GSP 要求,并取得认证证书才能从事药品经营活动。

b. 企业信誉。对于企业信誉的了解,可以通过多种方式,如:行业间的同行评价;经销过的医药产品品种是否是形象出众、口碑良好的;以前的渠道合作记录;分销渠道的网络是否是完整、系统的;企业的总体实力;当地政府相关部门和媒体对该企业的总体评价等等,这些都是企业信誉的反映和表现。医药生产企业选择信誉好的渠道成员,有利于企业整体品牌价值的提升和市场形象的塑造,也降低了企业的经营风险。因为渠道成员间的合作如果仅仅依靠法律、协议等文本方面的制约,是无法具有高效率和高协调性的。企业产品分销中,更多的是依靠渠道成员间彼此的信任来完成,渠道效率和渠道成功需要与值得信赖的渠道伙伴共同实现。

c. 企业规模。渠道实务中,渠道成员间的实力相当,可以使渠道具有更高的稳定性。因为当渠道双方实力相差较多时,实力强的渠道成员会给另一方更多的压力,使另一方感觉到没有被对方尊重和重视,在渠道合作中会产生不作为或者机会主义倾向,不利于渠道的良性运行。而鉴于企业追逐利益的本质,实力不相当的渠道成员间也会为了共同的利益而实现渠道间的合作,但长久来看,渠道中的冲突和矛盾仍相对较多,不利于渠道合作关系的长久保持。所以,医药生产企业在选择渠道成员时以实力相当的渠道合作伙伴为第一选择,在没有同等企业规模的渠道成员中,要将实力弱于生产企业的渠道合作伙伴作为第二选择。在渠道成员企业规模的考察中,主要考察对方企业的经营理念、企业性质、企业规模、产品服务区域、销售能力、渠道网络覆盖率、企业发展能力、渠道管理能力、渠道开拓能力、渠道铺货能力、终端市场的售后服务能力、渠道业务水平、终端产品的销售回款能力等方面。

② 渠道成员选择的类型。

渠道成员类型是指医药中间商的类型。中间商是指医药生产企业与最终消费者或用户之间进行交易过程中,促使交易行为发生和实现的所有组织和个人,包括渠道中间环节的所有中间机构或个人。

中间商按照是否拥有产品所有权,可分为商人中间商(取得产品所有权,又称为经销商)和代理中间商(帮助转移产品所有权,又称为代理商)。经销商与代理商的主要区别是:经销商为取得医药产品的所有权,在购进产品时必须要付出资金,通过购进产品的进货价与销售价之间的价格差取得收益;代理商不需要垫付资金,在交易中扮演商业中介的角色,收益是产品销售的佣金,按照一定比例和产品销售的订单获得。

a. 商人中间商可分为医药批发商和医药零售商。

医药批发商,是指从医药生产商购买产品,转卖给医药零售商,再销售给终端消费者的中间商。对于医药产业市场而言,批发商是以供应给其他医药生产企业生产资料为基本业务的商业企业。医药批发商可分为完全服务批发商和有限服务批发商两种,前者提供全套的医药服务,拥有存货、管理销售人员、提供信贷和协助渠道管理等服务;后者提供有限的医药服务,分为自运批发商、卡车批发商、承销批发商(不存货)、托售批发商、邮购批发商等类型。

知识链接

九州通医药集团

九州通医药集团股份有限公司(证券代码600998),成立于1999年,2010年11月在上海证券交易所挂牌上市,是中国最大的现代民营医药分销企业,连续6年位于我国医药商业企业第3位,入围"中国企业500强"。

九州通总资产81亿元,下属公司70余家,直营和加盟的零售连锁药店达709家,2010年的销售收入为212.52亿元。公司取得了国内230多种药品的全国、区域经销商或总代理资格。现有20家大型医药物流中心、25家地级分销公司(地区配送中心)和300多个配送站,是中国唯一一家具备独立整合物流规划、物流实施、系统集成能力的医药药品批发和医药物流企业。

医药零售商,是指把医药产品直接销售给终端消费者的中间商。医药零售商是处在医药产品流通中离最终用户最近的商业企业,能够直接接触终端消费者,为广大消费者服务。医药零售商是最了解消费者的商家,并能够为企业的研发献计献策,准确地收集医药企业产品的销售信息。医药行业中,医药零售商主要包括有店铺的医药零售商和无店铺的医药零售商。

有店铺的医药零售商,包括医院、连锁药房、单体药房、诊所、社区服务站、超市、商场和宾馆等。需要特别说明的是,在超市和商场中也会有药品、保健品的销售专柜,但药品方面仅限于乙类OTC药品,不包括处方药和甲类OTC药品。这是因为,我国规定乙类OTC药品可以在超市、商场等非专业的医药销售机构出售,处方药则必须有医生的处方才能销售,甲类OTC药品必须在专业的、取得药品流通资质的医药商业企业销售。

知识链接

甲类OTC药品与乙类OTC药品

OTC(over the counter),本意是经过柜台上面进行交易的药品,即指不需要医生处方,消费者可以根据病情自己判断自行购买的药品,进行自我治疗,是相对于处方药而言的,处方药是必须从执业医师或医生开具的处方才能购买的药品。

OTC药品分为甲类OTC药品与乙类OTC药品。甲类OTC药品的OTC标识是红色的,可以在医院、药店、诊所等地方销售;乙类OTC药品的OTC标识是绿色的,相对于"红色OTC标识"的药品具有较高的安全性,可以在医院、药店、超市、商场和宾馆等地方销售。

无店铺的医药零售商,是指医药产品的销售不需要在实体店里进行,而是通过一些媒体实现,例如直销、邮购、电话订购、电视营销、网上购物模式。对于药品而言,只适合以网上药店的形式销售产品;其他的无店铺零售形式适合保健品和保健医疗器械的销售。

> **知识链接**
>
> ### 橡果国际的无店铺营销
>
> 橡果国际作为我国成功的无店铺营销模式,以电视、网络等多种媒体作为推广手段,成功创立起多媒体的商业推广平台,取得了令人瞩目的市场佳绩。
>
> 公司旗下的好记星、背背佳、氧立得、紫环、安耐驰等成为我国的著名品牌,其中氧立得是中国医药氧行业的主流品牌,紫环是我国医疗保健行业的知名品牌,品名是"紫环颈椎治疗仪"。
>
> 公司通过创新优质的产品、专业的客服、高效的物流配送等营销优势为消费者提供产品和服务,旨在提升消费者的生活品质,为消费者带来了全新的消费体验,是中国最具规模的跨媒体销售的商业平台。

b. 代理中间商可分为医药企业代理商、医药销售代理商、医药寄售商、医药经纪商和医药采购代理商。

医药企业代理商,是指受医药生产企业的委托,双方签订产品销售协议,在一定区域内负责代理该企业的医药产品,销售收入以酬金的形式体现,根据产品订单金额和双方协商的比例提取酬金的中间商。这种类型的代理商负责推销产品,医药企业代理商不需要支付医药产品的采购费用,不具有产品仓储功能,只办理产品销售的业务,由顾客直接向医药生产企业提货或由医药生产企业直接发货给顾客。

医药销售代理商,是一种独立的代理商类型,需要与医药生产企业签订长期合同,受企业的全权委托独家代理其全部产品,承担着企业产品的销售环节,替这些生产企业代理销售产品的中间商。这种类型的代理商拥有一定的售价决定权,并在其他销售方面也拥有较大的权力,且不受地域的限制。销售代理商提供售后服务、信息咨询、技术支持、仓储和物流功能、产品宣传、品牌促销等营销职能,扮演着生产商的营销部门的角色。这种代理商要求生产商授予产品的独家全权代理权,具有排他性,不允许生产企业委托其他代理商销售产品,甚至生产企业自己也不能销售其代理的产品,相当于"价值链理论"中的销售业务外包。

医药寄售商,是指医药代理商以代销、寄售的方式销售医药生产企业的产品。医药寄售商通过自建的店铺陈列销售产品,并拥有自己的储存仓库,具有一定的医药物流功能,使医药消费者可以及时购得现货。双方通过签订协议约束企业行为,医药生产企业根据协议向医药寄售商交付医药产品,医药寄售商销售产品后的所得货款在扣除自己的佣金及有关销售费用后,支付给医药生产企业。

医药经纪商,是指在医药生产企业与顾客买卖双方交易洽谈中,起到媒介作用的代理商,既不拥有医药产品的所有权,又不拥有医药产品的定价权。这种类型的代理商只是受生产企业之托拿着样品或药品说明书替生产商寻找买家的组织或个人。医药经纪商安排买卖双方接触与谈判,交易成功后向雇佣方收取佣金,没有库存,也不承担风险。

医药采购代理商,是医药产品购买方的代理人,一般与顾客有长期的友好关系,代替他们进行医药产品的采购,提供收货、验货、储存、送货、信息咨询、产品质量鉴别等服务的机构。他们消息灵通,知晓行业信息,帮助医药产品采购方与供应方讨价还价,并能够以最低的价格买到好的医药产品。

二、影响医药分销渠道设计的因素

无论是设计分销渠道还是选择分销渠道,都需要了解影响其决策的因素,这些因素主要有法律法规因素、医药企业特性、产品特性、市场特性、消费者特性、竞争特性、医药中间商特性等。

(一)法律法规因素

医药产品属于国家特别管制的商品,所有经营企业必须具有医药产品经营许可证件,使得医药产品的分销渠道具有特殊性。医药企业在进行医药产品的分销设计时,在渠道的长度、宽度和渠道成员方面要首先参考国家的相关法律,以符合国家的规定,如我国不允许在媒体上发布处方药的广告,企业自然不能选择电视直销的模式销售产品。以下是我国医药行业的主要相关法律、法规,如表14-1所示。

表14-1 我国现有医药产品相关法规

法律法规名称	颁发部门	颁发时间	执行时间
《中药品种保护条例》	中华人民共和国国务院第106号令	1992.10.14	1993.1.1
《医疗器械监督管理条例》	中华人民共和国国务院第276号令	2000.1.4	2000.4.1
《中华人民共和国药品管理法》	中华人民共和国主席令第45号	2001.2.28	2001.12.1
《中华人民共和国药品管理法实施条例》	中华人民共和国国务院第360号令	2002.8.4	2002.9.15
《麻醉药品和精神药品管理条例》	中华人民共和国国务院第442号令	2005.8.3	2005.11.1
《药品说明书和标签管理规定》	国家食品药品监督管理局令第24号	2006.3.15	2006.6.1
《药品流通监督管理办法》	国家食品药品监督管理局令第26号	2007.1.31	2007.5.1
《药品广告审查发布标准》	中华人民共和国国家工商行政管理总局令第27号;国家食品药品监督管理局	2007.3.3	2007.5.1
《国家基本药物目录(基层医疗卫生机构配备使用部分)》(2009版)	中华人民共和国卫生部令第69号	2009.8.18	2009.9.21
《药品生产质量管理规范》(2010年修订)	中华人民共和国卫生部令第79号	2011.1.17	2011.3.1
《药品不良反应报告和监测管理办法》	中华人民共和国卫生部令第81号	2011.5.4	2011.7.1
《医疗器械召回管理办法(试行)》	中华人民共和国卫生部令第82号	2011.5.20	2011.7.1

此外,有些医药产品的分销还受到地方的政策、法规的限制,具体需要参照当地的食品药品监督管理局、卫生局、工商局等政府部门的官方信息。

根据国家食品药品监督管理局于2010年7月13日,在政府官方网站发布的信息,我国目前有 27 家网站有资格向个人销售非处方药。我国关于网上药店有明确的法规规定，即《互联网药品交易服务审批暂行规定》。消费者在提供互联网药品交易服务的企业网站首页的显著位置中可以看到标明互联网药品交易服务的机构资格证书号码，该资格证书有效期为五年。《规定》中还指出："向个人消费者提供互联网药品交易服务的企业只能在网上销售本企业经营的非处方药，不得在网上向其他企业或者医疗机构销售药品。"公众可以随时登录国家食品药品监督管理局网站(http://www.sfda.gov.cn/)查询最新取得的互联网药品服务机构资格证书和向个人消费者提供互联网药品交易服务的网站名单。

（二）医药企业的经营战略目标和企业渠道现状分析

企业营销策略的制定要在企业的总体战略发展目标下进行，包括企业的渠道策略。医药企业的经营战略目标决定了企业的渠道设计总体思路和框架。如九州通医药集团股份有限公司的企业发展目标是"未来 2~3 年，九州通将建成超过 25 家的省级子公司、50 家地级分公司和地区配送中心、300 多个终端配送点，成为大型现代医药分销企业"。企业的这一发展愿景决定企业必然采取自建公司，即以自建渠道的模式实现医药产品的分销和终端覆盖，形成"多级批发——连锁配送——零售终端"的一条龙经营模式。而这种模式对医药企业渠道的设计提出了要求，在渠道长度方面表现为二级的渠道模式，渠道宽度方面表现为广泛性分销，渠道成员选择方面表现为选择医药零售商销售产品。

（三）医药产品特性

不同的医药产品特性不同、剂型不同、功能不同、有效期也不同，企业需要设计不同的渠道，即需要根据医药产品的价值、体积、重量、技术特性、售后服务、数量、有效期、保存条件、创新程度和产品生命周期等设计渠道。

1. 产品的价值

产品价值高时，如大型医疗设备、进口药品等，产品的价格也会较高，比较适合选择短的渠道模式，以减少渠道中间环节，降低产品的附加价格；产品价值低时，如普通药品，适合普通大众的消费，则比较适合选择长而宽的渠道模式，以实现终端的产品覆盖。但是，由于我国对医药产品的价格管制，以及对医院采购的招投标政策等客观原因，需要医药企业采取短的渠道模式。所以，许多医药企业通常采用制药企业直接参与医院的招投标，或者制药企业自己招聘销售员销售药品，实现终端的铺货和维护。

2. 产品的体积和重量

显然，对于体积大和重量大的医药产品不宜采用长渠道，因为在产品分销中需要耗费更多的物流成本和人力成本，是不经济的。

3. 产品的技术特性和售后服务

产品的技术含量高时，需要企业提供较高水平的售后服务，短的渠道适合这类产品。不同的企业、不同的人员掌握产品的技术水平是不同的，如广泛性渠道模式面临着产品技术机密外泄的风险，而长的渠道模式会增加企业对渠道成员的培训成本和管理成本，产品的使用质量也会因为长的渠道模式受到影响。

4. 产品的数量

产品数量大时需要广泛性渠道和长渠道模式，以实现产品在终端市场的高覆盖水平；产品数量小时需要窄渠道和短渠道模式，这样可以减少渠道分销费用，提高渠道管理水平和效率。

5. 产品的有效期

医药产品中有效期短或季节性强的产品,需要短渠道,以加快产品的流通、分销效率,而更多的分销环节和分销企业参与到产品的分销过程中,对产品质量产生影响的风险就越大,所以需要尽可能降低渠道的复杂性,以保证产品有效期、保证产品质量。

6. 产品的保存条件

有些药品需要特殊的保存环境和条件,如治疗糖尿病的胰岛素药品需要低温保存,产品分销和运输时要在一定温度下进行,以保证药品的质量和疗效,消费者在使用时也要放在冰箱里储存。

7. 产品的创新程度

产品的创新程度高,且容易被竞争者模仿时,需要快速分销产品,加快产品的流通速度,适合采用短渠道和宽渠道模式,以迅速占领目标市场。

8. 产品生命周期阶段

医药产品处于不同的产品生命周期阶段,渠道的设计有所不同。导入期时,企业的主要营销重点是价格的制定和促销的展开,这时企业适合选用一种分销渠道模式投放产品,以降低分销费用和渠道的管理难度,并且这一阶段的中间商也不愿意为新产品的渠道环节付出太多代价;成长期时,企业面临销售量的快速增长和利润的迅速回收等主要问题,为实现上述企业任务,企业需要全面进行产品的分销,以实现更多的消费者可以更便利地购买到产品,为企业赢得更多的市场份额,从而应对成熟期的激烈市场竞争;成熟期时,企业营销的主要问题是需要面对白热化的竞争,针对这一主题来设计渠道,即要拓展渠道网络,实行广泛性的渠道策略;衰退期时,企业的销售量和利润下滑,企业需要缩减渠道开支,收缩渠道网络,适合采用短而窄的渠道模式。

(四)医药市场特性

医药市场主要由医药产品的消费者构成,消费者的消费特性体现了医药市场的特性。消费者的数量、集中度、购买频率等购买行为因素不同使医药企业的渠道设计不同。

消费者数量多时,企业自身的资源和能力难以满足消费者的需求,需要借助中间商的力量实现产品的分销。相反,数量少时企业可以考虑直销等分销模式。

消费者集中度高时,如医药行业中的第一终端和第二终端,消费者从地理区域角度看分布密度高,即使消费者数量多,企业也可以采用直销等短而窄的渠道模式;消费者集中度低时,如医药行业中的第三终端,尤其是农村地区,企业适合采用长而宽的渠道模式。但是,在医药营销实务中,仍不乏营销创新而取得成功的案例,如修正药业在进行第三终端营销时,就是通过企业自己聘请销售员将药品推广到第三终端并占领市场,抢占了第三终端市场。

消费者购买频率高时,需要企业具有较高的产品分销能力,这就需要中间商的帮助以实现产品的快速、全面的分销。

(五)竞争者渠道状况

医药企业的渠道设计必须考虑竞争因素。每个企业在行业市场中的地位不同,市场领导者、市场挑战者、市场追随者和市场补缺者采取的渠道设计思路都是不同的;同时,企业采取的竞争方针不同也会使渠道设计不同。如市场挑战者为争夺市场领导者地位,采取对抗型竞争,设计与竞争对手同样的渠道策略,正面竞争;市场追随者甘愿跟随市场领导者共同发展市场,采取共生型竞争,虽然在设计渠道时也与竞争对手同样的渠道策略,但不是正面竞争,而是"跟随"的思路;市场补缺者要避开与竞争对手的正面冲突,渠道设计与其他竞争者的渠道实现互补,寻找市场空白。

(六) 医药中间商特性

医药中间商的特性决定了渠道设计思路的不同,中间商的以下特性分别对医药企业的渠道设计产生不同的影响。

1. 与企业合作的可能性

医药企业在考虑渠道设计时,要对现有医药中间商进行考查。现有医药中间商中有多少可以与企业合作?在渠道合作中有多少中间商同时经营竞争者产品?采取其他渠道合作方式,如独家经销是否会被中间商接受?理想的中间商中能否对企业的产品实现有效的分销?中间商分销企业产品时是否有一定的积极性?因为即使是大型的医药中间商,如果不投入资源到企业的产品上,其分销效果依然不好,而即使是小型的医药中间商,如果全力投入医药产品的分销上,也可能会产生良好的分销效果。

2. 医药企业和中间商的分销成本

从医药企业层面分析,医药企业选择不同的中间商会产生不同的分销成本,如果某类中间商虽然在各方面都较理想,但却需要企业承担一定的分销成本,医药企业在渠道设计中可以考虑放弃这类中间商。从医药中间商层面分析,医药企业还要思考中间商分销产品时是否会因为企业的产品需要特殊调整分销渠道?如果需要修改渠道,中间商会增加分销成本,产品渠道的终端铺货会因为中间商的低积极性产生不理想的效果。但有时,中间商为了取得产品的经销权和代理权,或者因为竞争原因,不希望竞争对手抢占了优秀的医药企业的产品,会付出一定代价争取医药企业的产品分销权。但对于医药企业而言则需要三思而行,因为从长远角度来看,中间商的这种行为具有机会主义倾向,当渠道合作过程中不能给自己带来长久利益或者不如最初设想的那样理想时,医药中间商的渠道合作热情和渠道投入就会动摇,这显然不利于企业产品的分销和市场经营。

3. 中间商能提供的服务能力

医药企业是通过中间商与顾客实行连接的,也是通过中间商向顾客提供医药产品和服务的,中间商的服务能力决定了顾客的满意度水平和企业产品的市场形象。如大型医疗器械的使用培训、安装及时等售前服务,以及相关的售后保养服务、售后技术支持和技术维护等直接影响顾客的消费感受;药品有效期的维护,有些医药中间商对投放到医药终端的药品在其有效期临近时,实行及时的下架和退换货服务,可以提高药品零售商的满意和药品的销售积极性。

任务三　医药分销渠道的管理

广义上,渠道管理包括渠道成员的选择,而渠道成员的选择在渠道设计中体现,所以本书在医药分销渠道的管理部分仅从渠道设计环节后的内容讲述,即包括医药分销渠道成员的激励和评估、医药分销渠道的合作与冲突、医药分销渠道的调整三个方面。

一、医药分销渠道成员的激励和评估

(一)医药分销渠道成员的激励

医药分销渠道成员虽然是企业,但仍和普通消费者一样具有不同的渠道需求和企业发展需求,它们不仅是医药生产企业的合作伙伴,更多的是医药生产企业的"客户"。医药生产企业在营销中不仅要使消费者满意,还要使渠道成员满意。而渠道成员满意的实现是以渠道成员需求的实现为基础的,医药企业要像辨别消费者需求一样去识别渠道成员的需求,根据不同的需求提供不同的渠道激励方案。企业如果不对渠道成员的需求进行识别,而对所有渠道成员提供同样方案的渠道激励机制,则会使有些渠道成员对这些激励表现出不需要、不满意、不重视的无所谓态度,还会使有些渠道成员在被与其他渠道成员同等对待时感到没有被重视而失望。所以,根据渠道成员的需求提供对应的渠道激励方案是医药生产企业的最佳渠道管理选择。

1. 渠道成员需求的识别

不同渠道成员的需求不同,同一个渠道成员在其企业不同发展阶段的渠道需求的表现也不同。医药生产企业不仅要了解这些渠道成员的需求,还要建立动态机制以应对渠道成员需求的变化。医药生产企业与医药中间商是彼此独立的组织,具有法人资格,在各自的企业制度、企业文化、发展理念、营销策略、人力资源政策等方面都不同,具有各自独立性。通常,渠道成员具有下列需求。

(1)中间商的自我定位。医药中间商通常认为它们是顾客的采购代理商,可以解决顾客的购买问题;其次才认为是医药生产企业的销售代理商。但中间商认为自己不从属于生产企业而是独立于医药生产企业的经营链条之外的。实际上,中间商实实在在扮演的是医药生产企业的销售环节,承担着产品的分销功能。当医药生产企业实现了这种渠道成员需求的识别后,就会从中间商角度考虑问题,渠道管理中更多的是关注如何给中间商的顾客,也就是自己的顾客提供更优、更便利的医药产品和服务,当中间商的顾客满意时,中间商自然就会满意。

(2)中间商的产品组合销售需求。中间商希望顾客对其销售的产品更加感兴趣,所以总是希望将自己经销的产品进行打包、组合,以系统方式出售给顾客。对于医药生产企业而言,为了吸引顾客购买,要思考在产品工艺、产品使用方法等方面进行改进,不断思考如何提出产品的组合销售方案来提高中间商的销售量。

(3)中间商的整体销售额提高的需求。中间商希望其销售的所有产品都有个好的销售记录,而不是某一个产品。中间商经营的整体需求是希望获得整体产品的销售订单,而不是单个产品或品种的销售订单,即追求企业整体利益的提升。

(4)中间商不希望将所有的销售记录毫无保留地提供给医药生产企业。因为这涉及中间商的宝贵的客户信息,中间商的价格信息,中间商的促销策略信息等重要记录,除非有使它满意的激励政策,否则中间商是不愿意提供给生产企业的。而即使是较丰厚的激励政策,中间商也有可能刻意隐藏,故意不提供信息给企业。原因是中间商的经营优势正是这些信息反映的,被其他企业知晓就削弱了企业的优势,面临商业信息外漏的危险。

2. 渠道成员的激励

渠道成员既是医药生产企业的合作伙伴，又可以被看做是企业的员工。生产企业在努力满足消费者需求的同时，也要研究企业员工的需求和企业合作伙伴的需求，对员工和合作伙伴的激励自然是从满足对方的需求入手，所以渠道成员也需要激励。医药生产企业在管理渠道成员时，要使企业的中间商产生满意情绪，对渠道成员进行激励。

由于激励因素的存在使得渠道成员加入到医药生产企业的渠道结构中，也因为激励因素的补充和加强使渠道成员间的合作关系得到维护和发展。渠道成员不同于普通消费者，他们更专业、更理性、更追求经济效益，对中间商的激励主要有以下几个方面。

（1）提供给渠道成员消费者感兴趣的产品。消费者感兴趣的产品必然会产生好的销售量，渠道成员与生产企业合作的主要动力正是来源于这一点。渠道成员希望销售的是热销产品，引起消费者的产品购买兴趣，就会拥有利润，这是企业存在的本质，即每个企业都是逐利的。

（2）向渠道成员保证产品的供应问题。每个渠道成员不希望消费者购买时出现产品断货的情况。当消费者到药房购买某种药品时，如果断货，在竞争激烈的药品零售终端中，消费者自然认为这家药房的药品品种不齐全，在下次购买时该药房就不会作为消费者的首选药房了。所以，如果生产企业能保证货物的供应不会出现断货现象，那么渠道成员就会感到企业对他的重视，会更加热情地投入到企业产品的销售中去。

（3）促进渠道成员的整体销售能力。如果医药生产企业可以在产品研发中思考渠道成员的因素，通过创新产品销售模式来提高渠道成员的销售业绩，这样做生产企业也会受益匪浅。渠道成员在销售中都倾向于将产品进行组合销售，而不仅仅是单个产品的销售，这样会使他的产品更快地流转，资金得到融通。制造商比中间商更加了解产品的性能、特点，知道如何组合产品才能使消费者更喜欢。

（4）对渠道成员进行实时的培训。医药生产企业需要对渠道成员进行培训，使其熟悉企业产品，那么企业也能达到激励中间商的目的。渠道成员在销售过程中了解到消费者的需求信息，在双方交流过程中，中间商可以向生产企业传递这些信息，提供产品研发和生产的建议，完善产品的功能，帮助企业更好地进行产品生产工艺的改进，提供销售支持，吸引消费者和销售产品。

（5）提供渠道功能折扣。渠道成员扮演着医药生产企业的分销功能的角色，为使其分销行为可以为企业提供更多的销售帮助，企业需要渠道成员全力、努力地销售生产企业的产品。同时，渠道成员的信息会不完全、不准确、不及时等，使生产企业处于竞争的不利地位，对渠道成员提供业务折扣成为必要。如销售奖励、信息回馈奖励、提高产品利润等措施，可以促进中间商的销售积极性，并能够获取它大量的商业信息和重要的市场信息。

（6）增加产品的宣传力度和终端促销。在 OTC 药品销售中，医药生产企业在媒体投放广告，必然会提升品牌知名度，引起终端消费者的兴趣，渠道成员也会受益。中间商对宣传力度大的产品表现出较高的销售热情。生产商向渠道成员传递产品广告宣传的信息，会促进中间商的产品订货量。在处方药药品销售中，我国规定不允许在媒体中投放广告，所以医药生产企业可以向渠道成员提供专业人员和技术支持，通过"产品说明会"的形式向医院的医生们介绍药品的功效等专业知识，以促进终端药品的销售。

（二）医药分销渠道成员的评估

渠道成员与医药生产企业之间的合作不是永恒不变的，是根据情况适当进行调整的。在这种动态变化的情况下，生产企业需要对渠道成员的分销业绩进行考核，以掌握渠道成员在销售过程中对企业产品的销售力量的投入水平和渠道成员的整体分销能力。企业对渠道成员的评估从以下方面开展。

1. 渠道成员本地区的销售能力和销售潜能

一个中间商的销售能力通过销售额、销售量、售后服务水平、区域市场占有率、价格政策执行情况、成长和盈利记录、广告宣传效果、跨地区销售行为、回款情况、偿付能力、信息收集情况、平均存货水平和交货时间等内容来体现。需要注意的是，生产企业对中间商销售能力的评估不能仅通过现有销售能力的表现，还要对其销售潜能进行考核，即通过中间商的整体实力、企业发展能力、企业经营方向、市场占有率的增长水平、市场拓展能力、消费者的满意度水平等来体现。例如，中间商可能会将未来的业务发展注重在某类药品的经营上，那么，它势必会将企业资源投放在这类药品上；中间商可能现有的市场份额不是很理想，但是通过生产企业的终端信息收集发现，中间商在渠道销售中获得了较高的心理份额和情感份额，那么，未来中间商的市场份额有增长的趋势。总之，医药生产企业对渠道成员的业绩考核，不仅从现有的分销记录中进行，更要注重渠道成员的未来成长因素带来的渠道分销能力的提高。

2. 渠道成员的渠道参与程度和参与热情

这是评价渠道成员的一个重要标准。一个实力强、有能力的中间商如果不将其资源投放在医药生产企业的产品渠道推广上，企业的分销效果就依然不理想；如果中间商的分销热情不高，即使其渠道投入水平高，也会影响今后的渠道资源的投入。相反，一个普通的渠道成员如果渠道参与程度和参与热情较高，会积极配合医药生产企业的营销活动，甚至为实现自身利润超出了生产企业的渠道投入要求，在渠道中表现出更多的主动性和热情，其分销效果会十分理想。总之，无论渠道成员是一个多么理想的渠道合作伙伴，如果它不能积极配合生产商的营销活动，可能会危害到生产商分销目标、营销目标的完成，影响到企业的整体发展进程。对于中间商的渠道参与程度和参与热情的考核，可以从以下方面进行，即渠道成员对损坏和遗失商品的处理、与企业促销行为的合作情况、参与企业培训计划的行为表现、向消费者提供的服务水平和服务项目、对销售员工提供的生产企业产品的销售激励、对终端市场的销售热情、渠道资源的投放水平等方面。而上述中间商参与度的考核，都可以通过一个很直观的数据完成，即衡量生产企业自己产品的销售量在中间商的产品销售总量的比例来确定。

二、医药分销渠道的合作与冲突

"合作"一词本身还应包括"竞争"的含义，而"竞争"本身也包含着"合作"的含义。其实，医药生产企业与渠道成员之间、渠道成员和渠道成员之间的合作伙伴关系正是"合作"与"竞争"之间的相互转换关系。所以，广义上理解"合作"还应包括"竞争"。

（一）医药分销渠道的合作

医药分销渠道的合作主要是从关系营销角度将渠道成员之间的合作关系发展成紧密

型的伙伴关系,以巩固双方(或多方)渠道成员间的合作关系。渠道的合作关系从关系的紧密程度分为交易型渠道合作、伙伴型渠道合作、关系型渠道合作和联盟型渠道合作,这四种类型的渠道关系的紧密程度是逐渐增加的。交易型渠道合作是指渠道成员之间的关系仅限于交易关系,是由一次或几次交易实现的合作关系;伙伴型渠道合作是指渠道成员之间的关系表现为经常性交易,而且每次交易都十分愉快,各自成为对方的经营伙伴;关系型渠道合作是指渠道成员之间的合作不仅仅停留在交易层面,更多的是关心对方、为对方考虑的关系营销的经营思想;联盟型渠道合作是指渠道成员之间构建了具有共同企业愿景、信息交流、相互信任、行动配合的渠道联盟组织,其合作关系是最紧密的渠道合作类型。渠道合作不仅是医药生产企业与渠道分销商之间的,不同的渠道分销商之间也可以实现渠道合作。

（二）医药分销的渠道冲突

渠道冲突是指某个渠道成员从事的分销活动对其他企业造成阻碍或影响。医药分销渠道冲突的主要原因是企业利益上的冲突,因为每个企业都是独立的,它们的利益不可能总是一致的。

医药行业中,在传统的以地理区域为划分标准的渠道模式下,渠道冲突现象比较严重。以地域为划分标准的渠道模式,规定了医药中间商的经营活动是在有限的区域内开展的,这种人为限制造成了不同的区域,使其医药产品的进货和销售价格不同。部分医药分销商因为价格差或返利的诱惑进行跨区域进货、冲货和窜货,导致市场价格混乱,市场秩序被打乱,加剧了市场的过度竞争,形成恶性循环,造成整个行业市场经营环境的混乱,使终端市场的消费者产生不满。

在渠道冲突的治理中,如果仅靠医药生产商和医药渠道成员的自律,显然是不行的。医药行业需要在体制上和法规中加以规范医药分销商的行为,并且要对渠道成员的销售行为做出预警和预防,以免造成不必要的损失。分销渠道成员之间由于渠道系统类型的不同,其冲突的表现也不同,渠道冲突根据渠道系统类型分为以下三类。

1. 水平渠道冲突

水平渠道冲突是指发生在同一渠道层级的渠道成员间的冲突。当医药生产企业采取独家分销的渠道模式时,水平渠道冲突通常是不存在的。但是当医药生产企业采取选择性分销或广泛性分销时,即同一层级的渠道中存在多家中间商时,渠道冲突往往难以避免。

当同一家制药企业的同一个药品品种在不同零售药店的销售价格不一样时,渠道冲突必然会发生。例如,为了保持渠道零售商的销售热情,在其他渠道中间商向其他渠道零售商的较低供货价格压力下,渠道中间商会在促销力度、服务支持、销售奖励、商业调拨、赠品赠送、终端促进等方面给予零售商一些渠道政策,以弥补零售商的不满,或者中间商也可能会将产品的供货价进一步降低,以实现对其他中间商的排挤和报复,保证零售终端的铺货率不被对方抢占。另外一种水平渠道冲突的主要表现是中间商的跨区域销售行为,这必然引发了该区域中间商的不满,向医药生产企业施压,希望对对方的违约行为进行惩罚或者对受侵犯方进行补偿。实际上,中间商的这些行为对所有渠道成员包括自己都是不利的,而"机会主义行为倾向"使中间商通常在面临利益时采取违约的短期行为,医药生产企业面对这样的情况也经常是无计可施、左右为难,渠道冲突已经成为企业的顽疾,是所有渠道成员希望回避又必须面对和解决的问题。

2. 垂直渠道冲突

垂直渠道冲突是指同一渠道中不同层级渠道成员之间的利害冲突,也称为渠道上下游冲突,这种类型的冲突也较为常见。医药生产商与医药批发商(或医药代理商)之间、医药生产商与医药零售商之间、医药批发商(或医药代理商)与医药零售商之间的冲突都属于垂直渠道冲突。

一般情况下,渠道的长度越长,渠道的层级越多,垂直渠道冲突越多。在医药产品分销中,有些医药批发商不仅向医药零售终端供货,自己也会建立医药批发专营店,销售对象不仅是零售商还包括医药消费者。只要一次购买量达到医药批发商的要求,批发商就会销售产品而不会对销售对象的性质进行限制,并且销售价格会低于零售商。这种行为势必造成医药零售商销售空间的挤压,影响零售终端的销售量,产生垂直渠道冲突。这种冲突主要表现在以下几个方面:回款时限冲突、销售权力冲突、销售范围冲突、折扣率冲突、激励政策冲突、进货渠道冲突和售后服务冲突等。

3. 多渠道冲突

多渠道冲突是指医药生产企业建立了两种或更多种的渠道模式,并且向同一市场销售产品时产生的渠道冲突。当医药生产企业为了实现本企业产品的市场覆盖率和品牌宣传时,会选择不同类型的渠道中间商,或者不同类型的分销渠道模式推广产品。例如,当制药企业自己开设了终端药房或者网上药店,出售该制药企业产品的其他渠道成员就会不高兴,因为生产企业的行为抢占了它们的终端市场;当医药生产企业将乙类OTC药品(绿色OTC标识药品)、保健品等送到超市或商场销售时,代销它们产品的药房零售商就会非常不满。多渠道冲突主要表现在以下几个方面:从属关系发生变化、下游成员发生变化、零售价格不统一、终端促销方案不一致、配货冲突等。

三、医药分销渠道的调整

(一)医药企业分销渠道的调整情况

(1)国家的法律、法规等行业政策变化。例如,根据中国加入WTO的承诺,从2004年12月11日起,我国的医药流通领域全面对外开放,外企可以在华从事医药采购、仓储、运输、零售及售后服务等在内的所有经营活动。

知识链接

政策刺激 外资企业布局中国医药商业流通领域

2010年12月,美国第二大医药流通巨头卡地纳健康集团斥资4.7亿美元收购永裕医药。永裕医药是亚太地区最大的医药产品分销商之一,在14个亚太国家为超过125家药厂和10万家的医药零售终端提供分销服务业务。

我国医药流通"十二五"规划明确指出,力求推动药品流通变革,鼓励境外药品流通。医药企业按照我国相关政策规定扩大在华的投资,鼓励外资参与到医药流通领域的重组并购,拓展分销业务。

外商进军中国的医药商业流通领域势必对整个行业的分销格局产生深远影响,医药企业包括生产企业和商业企业都要适时调整分销渠道,以做好提前规划应对行业竞争。

(2) 医药行业市场的分销技术发生变化。随着互联网技术的发展,我国的医药物流、医药供应链管理水平会大幅度提高,网上药店的产品流通效率也会有所提高,这会改变企业的分销渠道系统。

> **知识链接**
>
> **辽宁盛生医药集团有限公司的终端控制战略**
>
> 辽宁盛生医药集团有限公司是于2002年在辽宁鞍山市高新技术产业区成立的辽宁先臻制药有限公司,以研发、生产中药为主。公司在加强销售市场网络建设的企业发展战略下,于2007年成立辽宁盛生堂药房连锁有限公司,现在辽宁沈阳地区拥有连锁药房30余家。并且,在国家有关部门的批准下设立了网上药房(youjk盛生网),成为国家首批合法网上药房,辽宁盛生医药集团有限公司的产品分销渠道发生了改变。

(3) 一个医药生产企业的经营战略调整,营销战略和营销计划也会随之调整,企业的分销渠道自然会做出相应调整。

> **知识链接**
>
> **供应链管理**
>
> 供应链管理(supply chain management,SCM),广义的定义包含了整个企业价值链,它描述了从原材料开采到使用结束的整个过程中的采购与供应管理流程;狭义的供应链管理是指在一个供应组织内集成了不同功能领域的物流,加强从直接战略供应商通过生产商与分销商到终端消费者之间的联系。供应链管理的本质就是对生产企业的整个原材料、零部件和最终产品的供应、储存,以及产品销售系统进行总体规划、重组、协调、控制和优化,实行计算机的集成运作,以加快生产物料的流动、信息传递,减少库存,从而大大减少产品生产成本和分销成本,提高企业效益。

(4) 渠道成员的经营发生变化时,如中间商的经营战略、企业资源发生变化时会调整自己的渠道策略,医药生产企业就会受到影响,生产商也要随之调整渠道。

(5) 当现有渠道系统运行效率低时,现有的渠道系统有可能在设计之初就是不合理的,在运行过程中,渠道冲突较多、渠道管理难度大、渠道成员不满意等原因使得企业需要调整现有分销渠道。

(二)医药企业分销渠道的调整方法

医药企业分销渠道的调整方法有三种。

1. 增加或减少某些渠道成员

这是对渠道成员和渠道宽度的调整。通过具体的中间商评估来判断怎样调整渠道成员,是增加还是减少渠道成员,调整哪个或哪些渠道成员,怎样将调整好的渠道成员进行搭配组合?

2. 增加或减少某个渠道层次

这是对渠道层级的调整。当发现渠道层级过长而影响了产品分销效率和产品质量等营销任务时,需要缩短渠道层级;当发现渠道层级过短而企业资源有限而无法有效提供终端市场服务时,要考虑增加渠道层级以加强对下游渠道的管理。

3. 改变整个销售渠道系统"渠道均衡状态"

当对渠道成员、渠道宽度和渠道层级的调整不能产生较好的渠道效率时,生产企业要考虑是否应该对整个分销系统重新布局,是通过自建渠道实行产品分销还是通过渠道成员建设渠道,是否需要将旧的分销系统改变成全新的分销系统。

小 结

本模块讲述了医药市场营销组合策略中的渠道(place)策略。主要内容是认识医药分销渠道、医药分销渠道的设计、医药分销渠道的管理。其中认识医药分销渠道包括如何理解医药渠道,医药分销渠道的内涵、特征、功能与结构;医药分销渠道的设计包括确定分销渠道的目标与限制、明确各种分销渠道的交替方案和影响医药分销渠道设计的因素;医药分销渠道的管理包括医药分销渠道成员的激励和评估、医药分销渠道的合作与冲突、医药分销渠道的调整三个方面。

能力检测

一、单选题

1. 制药企业经过两个或两个以上类型的中间环节销售其产品,这种渠道类型属于( )。
   A. 长渠道　　　B. 短渠道　　　C. 宽渠道　　　D. 窄渠道
2. 同一个层级的中间商数量较少的渠道属于( )。
   A. 长渠道　　　B. 短渠道　　　C. 宽渠道　　　D. 窄渠道
3. 医药生产企业在某一地区市场选择少数几家中间商来销售其产品,这种渠道类型属于( )。
   A. 广泛性分销　　B. 选择性分销　　C. 独家分销　　D. 经销商
4. 拥有产品所有权的中间商属于( )。
   A. 经销商　　　B. 代理商　　　C. 批发商　　　D. 零售商

二、多选题

1. 医药分销渠道结构包括( )。
   A. 实体流　　B. 所有权流　　C. 付款流　　D. 信息流　　E. 促销流
2. 葡萄糖针剂处方药适合的渠道是( )。
   A. 直接渠道　B. 间接渠道　C. 宽渠道　　D. 窄渠道　　E. 短渠道
3. 代理中间商包括( )。
   A. 医药企业代理商　　　B. 医药销售代理商　　　C. 医药寄售商
   D. 医药经纪商　　　　　E. 医药采购代理商

三、简答题

1. 影响医药分销渠道设计的因素有哪些?
2. 医药分销渠道冲突的类型有哪些?针对不同的渠道冲突类型,企业应如何管理?

四、案例分析

××产品终端市场推广纪实

美是每个人都追求的,特别在这个美成为一种时尚的年代,人们对美的向往更是执著、疯狂、甚至迷恋。然而,事实却"事与愿违",各种制约着美丽的病症"相继来袭",特别是灰指甲(甲癣),更是严重困扰了人们的学习、生活和工作。灰指甲的危害性主要表现在如下几方面:妨碍工作,影响生活,损害美容,有碍社交活动,产生异常心理障碍,窝藏真菌,形成祸根,限制工作选择,并发症多。这些深深地刺伤了人们的自尊心和自信心,让众多患者"有苦说不出"。

随着社会经济水平的提高,人们需要参加各种社交活动,护美市场越来越热。而由西安灵草生物医药科技有限公司研发的××产品"凌空出世",为广大患者带来了福音,让美丽重回患者身边。

西安××生物医药科技有限公司是一家现代化高新技术产品生产厂家,信誉良好,实力雄厚,分别在加拿大、法国建立了实力强大的国际医学研究机构,积极开展国际科研合作,研发了以××产品为代表的多种天然药物制品。公司及其下属的西安三惠生物医学工程研究所,汇集了数十位国内一流的皮肤研究专家,在国内外皮肤病界享有盛誉。

××产品是由国际微生物医学研究会常务理事——加拿大著名医学专家奥斯伯特(Hornby·A·Osbert)教授与西安三惠生物医学工程研究所的十几位教授、博士、硕士等共同研制,已申报个人发明专利,属于高科技生物制剂,疗效显著,药到病除,能够彻底根治灰指甲。十几年来畅销欧、美、东南亚市场,先后治愈了患者数千万人,其产品对灰指甲(甲癣)症状有着很好的治疗和保健作用,从功能效果上远胜于常规的护美保健品。

一、市场分析

虽然整体护美保健品市场竞争激烈,但在目前竞争激烈的保健品市场中,护美、壮美市场的竞争还不算是最为激烈的。护美市场的现状是缺乏一个统领、专业的护美品牌,产品治疗症状全而多,缺少细分,现有产品没有细致与独特的品牌定位,这是目前护美市场最为明显的特点。新型护美品牌区别于其他品牌的核心与关键在于,如何能出奇制胜地迅速打动消费者内心,激发消费者的潜在需求,使其自身产生需求?如何使产品成功切入竞争白热化的护美市场?究竟什么样的品牌形象才能真正打动消费者?

据权威统计资料表明:甲菌病占所有甲病的18%~40%,占皮肤真菌感染的30%。受检居民中30%的患灰指甲,由此可见,灰指甲发病率极高,虽然灰指甲(甲癣)的危害性是显而易见的,不过平时人们感觉习以为常,认为是"没什么大不了"的。但是对于每个灰指甲(甲癣)患者而言应该积极主动地接受治疗。调研显示,目前市场流行着几种产品,但都具有效果慢、价格贵、副作用大、易反复发作等缺点,灰指甲患者想治却不知该怎么治。想要获得显著彻底的疗效,必须在消费者心中形成一个概念——品牌。

首先通过市场调研的结果对消费者进行了分析:灰指甲女性患者所占有的比例远远高于男性;灰指甲患者以20~40岁年龄段的较多;病史10年以上的患者占到全部患者的41.46%以上(这说明多年以来,××产品研发之前灰指甲的治疗有很大的市场空当);灰指甲与脚气、手足癣疾病并发的比例占所有患者的85.37%以上;灰指甲患者以体力劳动者居多。

二、品牌核心价值确立

品牌无疑是引导目标消费群体购买其产品的一张"王牌",企业必须树立创立品牌的意识。但要创立一种品牌绝非是"唾手可得"的,其间存在着各种各样的制约因素。为此,依据上面的市场调研分析,公司企划人员迅速投入到市场方案的初步制定与规划之中。

品牌核心价值的确定有利于提高产品的传播效率、提升企业形象以及品牌知名度,形成口碑效应,进而实现品牌核心价值的传递。在激烈的市场竞争中,应对强势竞争对手的有效策略就是创立属于自己的品牌,并实现品牌价值的最大化,这是每个企业都认识到的问题,也是保持企业"长盛不衰"、可持续发展的关键所在。

为此,××产品的研发公司——西安灵草生物医药科技有限公司通过特殊的"药店＋服务"的专营店分销渠道,实行全国统一特许加盟连锁系统,能够为患者提供如下品牌价值,实现消费者让渡价值最大化:一次售药,免费服务,治愈为止;疗效显著,一周去病,半月长新甲;消除其他并发症;为患者提供尊重的心理感受;为患者工作、生活、学习、社交等活动提供支持和保障。

三、产品终端宣传方案

品牌要真正推广、实施不是轻而易举的事情,必须有雄厚的经济实力和强大的企业执行力作为支撑,但对西安灵草生物医药科技有限公司来说,它在全国拥有百家以上的专营店和优秀的营销精英,具有先天优势。统一规范其品牌推广策略,对品牌终端宣传是十分重要的。

通过对××产品品牌现状的研究和对目标消费者心理需求特征的分析,认为一个新上市产品,需要传达信息量大,项目组选择了报纸作为主要宣传媒体。报纸作为一种灵活的广告工具,版面大,篇幅多,发行面广,时效性强,可信度高,采用软性文章系列宣传:如新闻类,《东方神药征服欧美灰指甲患者大揭秘》;科普类,《灰指甲真的无法治愈吗》;机理类,《广告漫天分 到底要信谁?——××产品专治灰指甲》;证言篇,《××产品让她更 High》等。这种宣传很快引起了消费者注意,扩大了产品知名度。同时也增强了消费者对产品定位和功效的了解,一段时间以来,"一份美和健康的投资,一份爱与心情的礼物"成为消费者之间的"口头禅"。

单一的媒体宣传是无法实现最佳目标的,为配合报纸广告的宣传,××产品利用电台专题讲座突出产品的效果和机理,让权威专家和消费者现身说法,有计划、有步骤、有目的向广大消费者介绍一些医疗保健专业知识。事实证明,这种做法在消费者中引起了很大的反响。电台讲座配合软性文章的使用,二者"双管齐下",给消费者带来了很强大的冲击,不仅提升了产品品牌的知晓度和美誉度,也扩大了企业的影响力。

结合媒体广告,从终端店面为着眼点,以"祛除灰指甲,生活更美好"为主题的饱含爱与美的宣传迅速刮起了一股绚丽之风。在元旦、五一、国庆、春节时宣传促销活动很快在全国各大城市开展起来。店面形象规范统一,要求干净整洁,产品摆放规范,店员着装、仪表统一,服务全面周到。同时配合着大众媒体的宣传——××产品,美丽人生,从指甲开始。销售过程中,销售员以消费者为中心,向其传递企业文化——一个专业品牌的文化,一种企业服务的文化,一种企业精神的文化。销售人员通过与消费者的面对面沟通和交流,增进了双方的相互了解,使企业更好地了解消费者现有及潜在的需求,以便为消费者提供更加满足需求的产品与服务,消除消费者的疑虑,获得消费者对产品、品牌和企业文化的认可。另外,××产品康复中心与患者之间采取一系列的公关活动,例如:了解其亲朋好友的健康状况;若来本店治疗将用车接送;对其进行销售优惠;进行回访、拜访等,进一步抓住了消费者心理,激发购买热潮,使××产品加盟商迅速发展,企业销售量迅速上升,很快占据了护美市场大部分份额,实现了品牌价值的最大化。

四、结束语

品牌塑造不是一朝一夕的事情,品牌的维护和更新更需要长期不懈的经营,××产品的终端市场维护就很好的证实了这一点。市场的繁杂与混乱使很多因素制约企业的成败,忽视其中任何单一元素的品牌塑造最终都只会"昙花一现"。

实践证明,只有通过严谨的市场调研,认真分析市场,认清市场,明确竞争对手,以定位结合品牌规划为一体的组合式立体营销模式才能实现产品的终端宣传和品牌塑造,这已经成为当今市场一种新的营销方式和手段。

案例讨论:

1. 案例中医药企业采用的渠道是长渠道还是短渠道?渠道的层级数是多少?
2. 案例中医药企业采用的渠道是宽渠道还是窄渠道?
3. 案例中医药企业进行产品市场推广时,渠道的设计对品牌塑造、产品销售,以及后续的促销策略等方面是如何影响的?

任务四 实 战 训 练

实训一 分析某一OTC药品在第三终端渠道设计的影响因素

实训目的:

(1) 通过对第三终端市场,如农村市场、个体诊所等的走访,了解该OTC药品现有的渠道设计如何。

(2) 掌握某一OTC药品的第三终端渠道设计中受哪些因素的影响。

(3) 学会分析这些影响因素如何影响医药企业药品的第三终端渠道设计。

实训内容:

分析某一医药企业的某个OTC药品分销渠道设计的影响因素。

实训步骤:

(1) 学生以实训小组为单位,共同商议选择每个实训小组的实训药品,教师指导和确定学生选择实训药品。

(2) 教师安排实训任务,提出实训目标和实训要求;学生进行小组分工,提交分析渠道设计影响因素的行动方案和制定走访记录单。

(3) 学生进行第三终端市场的实际走访工作,做好每次走访的记录,教师巡回指导并监控整个走访过程。

(4) 学生整理、分析走访记录,教师以实训小组成员的身份参与到实训小组的分析讨论中,实训小组形成分析结论。

(5) 撰写渠道影响因素分析报告。

实训提示:

在第三终端渠道设计影响因素的分析中,学生要在进行实地走访之前,确定渠道设计的主要目标,根据目标有选择地、有计划地走访,保证整个过程不能偏离目标。

实训思考:

现有的该 OTC 药品分销渠道如何?现有渠道是否合理?现有渠道存在哪些问题?该 OTC 药品分销渠道的影响因素有哪些?医药企业如何根据这些影响因素设计渠道。

实训体会:

通过实训,掌握如何了解现有医药产品的分销渠道现状,并了解在渠道设计中如何考虑影响因素,进一步学会设计医药产品分销渠道。

实训作业:

(1) 提交分析渠道设计影响因素的行动方案。

(2) 制定走访记录单。

(3) 撰写渠道影响因素分析报告。

实训考核的内容和标准:见附录 A。

实训二 对医药产品中间商的渠道管理
——以某 OTC 药品第二终端市场为例

实训目的:

对 OTC 药品的第二终端市场进行有效的渠道管理。

实训内容:

对某一医药企业某个 OTC 药品的第二终端市场进行渠道管理,包括渠道成员的需求信息的掌握、渠道激励方案的制订、渠道成员的评估工作。

实训步骤:

(1) 学生以实训小组为单位,共同商议,选择每个实训小组的实训药品,教师对学生选择的实训药品进行指导和确定;同时,设计渠道管理的思路和行动方案。

(2) 学生通过与渠道成员进行有效沟通,掌握渠道成员的渠道需求。

(3) 根据医药中间商(或零售商)的渠道需求制定渠道激励方案。

(4) 对渠道成员的渠道工作进行评估。

实训提示:

在第二终端市场渠道成员需求的掌握中,需要通过与渠道成员进行有效沟通来实现,有时要采取激励的方式获取渠道成员的需求信息;渠道激励方案的制订要以渠道成员的需求为前提;对渠道成员工作的评估要动态地、实时地进行。

实训思考:

渠道成员现有的渠道业绩如何?渠道成员是否有没有完全提供信息的情况?本次实训提供的渠道激励方案是否与其他企业不同,是否有所创新?如何更有效地、更低成本地对渠道成员进行管理。

实训体会:

通过实训,掌握现有医药渠道现状,了解渠道成员的需求,以及渠道激励方案怎样创新。

实训作业：

(1) 提交渠道成员需求分析报告。

(2) 设计渠道激励方案。

(3) 制定渠道成员工作评估行动方案。

实训考核的内容和标准：见附录 A。

（刘　徽）

项目十五 医药促销技术

学习内容

掌握：医药促销组合的策略。

熟悉：影响医药促销组合的各种因素。

了解：医药促销、医药促销组合的基本内涵。

工作目标

会策划医药促销组合方案。

能够实施医药促销组合活动。

▍案例引导▍

"阿乐"的成长

◆ 巧妙定位

"立普妥"（通用名"阿托伐他汀"）是他汀类药物全新的第三代产品，代表了他汀类药物的最高水平，目前全球处方药销售排名第一，也是辉瑞公司在全球全力推广的产品。其营销策略集中在向医生进行功能诉求的学术推广上，着重强调产品的特点和疗效。

而"阿乐"是红惠生物制药有限公司（以下简称红惠公司）在"立普妥"的行政保护到来之前，通过艰难研发，在国内上市的唯一被批准的仿制品。由于在学术和企业实力上没有优势，红惠公司给"阿乐"确定了"中国的阿托伐他汀"的市场定位，巧妙借用了"立普妥"的影响力。其诉求点是："阿乐"是中国制造的、更适合中国国情的、更能为中国百姓所接受的"阿托伐他汀"。

◆ 占领高端

处方药营销，尤其是科技含量高、机制复杂的处方药，无论是跨国公司还是国内企业都离不开学术推广。这需要国内公司拿出自信和勇气，尤其是在产品上市初期，需要彰显产品品质的时候。

"阿乐"上市后，一系列临床试验、学术推广活动相继展开："阿乐"与"立普妥"生物等效试验研究；在上海协作组九家大医院开展的"阿乐"与"舒降之"对比试验；北京六家三甲医院参与的"阿乐"临床观察试验；血脂教育专家在全国20个城市巡回演讲；全国230名心内科医生赴海外学习……这些活动占用了红惠公司大量的资源，但同时也为做大、做强、做长

"阿乐"打下了坚实的基础,为"阿乐"占领高端市场开了个好头。

◆ 长短结合

在学术推广达到一定深度后,营销重点就是配合长线开展那些能唤起医生兴趣、吸引医生眼球的短、平、快的活动。长短结合,既有高端的品牌效应,又照顾到终端的客户利益。在围绕市场定位的前提下,红惠公司开展的会议营销做得比较巧妙。

学术会议是处方药生产企业实施营销战略推广的好机会,红惠避开跨国公司锋芒,侧面出击,以较低的成本,在大型学术会议上实施文化营销,最终达到推广产品的目的。

2004年10月,被业内人士称为是心血管领域的"学术盛宴":10月16日"第15届长城国际心脏病学会议暨美国心脏病学院2004心脏病学进展研讨会"在北京召开;10月28日"第八次全国心血管病学术会议"在沈阳开幕。两次会议的参会人员几乎囊括了全国心血管领域的精英,各大、中型医院心血管科室负责人几乎都参加了会议,使得这两次会议成了心血管药物开展学术营销的良机。

外资和合资企业在大会中组织专题学术研讨,甚至投入巨资召开卫星会议进行专题研讨和学术推广。而资金实力和学术内涵略逊一筹的红惠公司避实就虚,在两场会议开幕的当天晚上举办"'阿乐'之夜"晚会,为与会专家、医生献上精心策划、具有浓郁民族特色的精彩文艺演出。

红惠人说:"在产品营销中以理服人固然重要,但情感却更能打动人心,这可能就是文化营销的精髓。"通过喜闻乐见的民族音乐歌舞节目,引起共鸣,激发民族情结,使产品更具亲和力。红惠人力图以最快的速度、最经济的手段,让医生知道阿托伐他汀类产品中还有"阿乐",并且"阿乐"更实惠,有更好的性价比……

一个心血管领域的处方药产品,一个心血管领域中市场尚未成熟的处方药产品,在药品降价、药品招标采购、仿制药激增、朝阳行业也遭遇寒流的2004年,实现了86%的增长。"阿乐,中国的阿托伐他汀"。随着"阿乐"在临床上的普遍应用,心血管专业医生在记住了"阿乐"这个产品的同时也对这句话耳熟能详。

任务一 促销策略概述

在竞争日益激烈的医药市场营销环境中,现代医药企业在营销工作中不仅要开发新药,以其有效性来满足消费者对产品的需求,而且还必须负担起传播者和促销者的角色,把有关产品信息传递给目标市场的消费者,同时要与供应商、经销商和公众保持营销沟通。经过长期的、有效的信息沟通,可以培养消费者对品牌的信任,赢得合作伙伴的支持与公众的信赖,从而实现销售和利润的增长。

一、促销的含义及作用

(一)促销的含义

促销(promotion)是促进产品销售的简称。从营销的角度来看,所谓医药促销,就是医药企业通过人员推销和非人员推销方式将医药产品或所提供的服务以及医药企业的信息与潜在消费者进行信息沟通,引发并刺激其对医药企业或所提供的服务产生兴趣、好感与信任,进而作出购买决策的一系列活动的总称。根据促销的定义,医药促销包含以下三层含义。

1. 促销的核心是信息沟通

企业与消费者之间达成交易的基本条件是信息沟通。由于消费者及其他利益主体在专业知识、时间和空间等方面的局限性,他们不可能完全了解或掌握有关医药商品的性能、质量、价格等方面的信息。若企业没有及时将自己生产或经营的产品和服务的有关信息传递给消费者,消费者对此一无所知,那么他们自然就谈不上购买该产品或服务。

2. 促销的目的是引发、刺激消费者产生购买行为

医药商品是特殊商品,消费者能否产生购买行为则取决于执业医师、执业药师和消费者(患者)的需求,而这种需求与外界的刺激和诱导密不可分。促销正是针对这一特点,通过各种传播方式把医药产品的有效性、安全性及售后服务的有关信息传递给消费者,激发消费者的购买欲望,使其产生购买行为。

3. 促销的方式有人员促销和非人员促销

我们把企业运用推销人员直接向消费者推荐销售商品或服务销售方式称为人员推销。它主要适用于消费者数量较少和比较集中的情况。我们把企业通过一定媒体或活动传递产品或服务等有关信息,用来促使消费者产生购买欲望,继而发生购买行为的销售方式称为非人员促销,它包括广告、销售促进、公共关系和口碑营销等。它主要适用于消费者数量多和比较分散的情况。在实际工作中,医药企业需要把各种促销方式有计划地结合起来综合使用才能达到预期的效果。

> **知识链接**
>
> **营销备忘**
>
> (1)人员推销,通常的推销人员是医药代表、药店促销员,由医药代表对某医院或药店进行新药推广活动,或制药企业召开新药发布会。药店促销员在店内向消费者现场推荐OTC药品。
>
> (2)非人员推销,例如OTC药品在各种媒体上的广告宣传、处方药在专业杂志上进行的介绍等,医药企业为了提高品牌影响力而采用公益活动或公益广告,医药企业为了增加销售而采用的打折销售、赠送礼品、经销折扣和销售竞争等。

(二)促销的作用

医药促销在整个医药营销市场中扮演着极其重要的角色,在市场经济条件下,无论是跨国制药公司、国有制药公司还是民营制药公司,无论其制药公司的规模如何,它们都离不开医药促销手段运用,医药消费者和医生也习惯于依据医药促销活动的信息购买医药商品和作出用药决策。具体来说,医药促销有如下作用。

1. 传递信息、强化认知

销售医药商品是医药营销市场的中心任务,信息传递是医药商品顺利销售的根本保证。医药信息传递是双向的:一方面,卖方(医药生产企业、医药经营企业和医疗机构)要将药品或服务的特点、价格和方式等信息介绍给买方(医药经营企业、医疗机构和消费者),并以此来吸引和刺激消费者产生购买欲望及购买行为;另一方面,买方要把对产品疗效、价格、质量、服务内容和方式是否满意等信息回馈给卖方,促使卖方改进产品或服务,更好地满足消费者的需求。

> **知识链接**
>
> **经典案例**
>
> 仲景牌六味地黄丸强调其现代化的中药加工工艺,八百里牛伏山天然药库造就的仲景牌六味地黄丸虽是传统中药,但效果远远高于常规六味地黄丸,对常见的老年性顽固疾病有着相当良好的辅助治疗作用。在广告传播上,以报纸作为市场初期广告投放的首选媒体,在试点城市两大主流报纸上以专版形式设立"仲景六味健康园地",主要从六味与人自身关系的科普角度讲述,从正宗、道地、疗效三方面来潜移默化地树立仲景牌六味地黄丸优质优价的高品质形象。同时,在电台开设20分钟"仲景健康之声"专题节目,完全从中医渊源的角度探讨讲述六味与现代人息息相关的各种问题、仲景牌六味地黄丸与同类产品的差异体现等。通过系统化的灌输,人们对仲景牌六味地黄丸正宗、道地、疗效的特性有了深刻的认识和了解,对仲景"药材好,药才好"的品质定位有了高度的认同。

2. 突出特点、促进销售

医药企业的竞争已经到了白热化状态,同质化的产品日益增加,消费者往往很难分辨。卖方只有通过医药促销活动来宣传,说明本企业产品在哪些方面优于同类产品,消费者购买使用本企业产品会给消费者带来什么样的益处。只有卖方突出自己产品特点,才能把潜在消费者转变为现实消费者。

3. 指导消费、扩大销售

在医药销售活动中,营销人员在把医药商品的疗效、价格、质量、用法用量和注意事项等方面的内容介绍给消费者的同时,也就起到了指导消费者的作用。消费者在了解该药品的优点后就会产生购买行为,从而扩大销售量。

4. 滋生偏爱、稳定销售

医药企业采用适当的促销方式开展促销活动,可使较多的消费者对本企业的产品产生偏爱,成为本企业或者该产品的真实消费者,进而稳住已经占领的市场,达到稳定销售的目的。

二、医药促销组合及促销策略

(一)医药促销组合

医药促销组合是一种组织促销活动的策略思路,它主张医药企业应把广告、公共关系、销售促进、人员推销和口碑营销等促销方式组合为一个策略系统,使企业的全部促销活动互相配合、协调一致,最大限度地发挥整体效果,从而顺利实现促销目标。各种促销方式的特点比较见表15-1。

表15-1 各种促销方式的特点比较

促销方式	优点	缺点
人员推销	直接沟通信息,反馈及时,可当面促成交易	所需人员多,费用高,接触面窄
广告	传播面宽,形象生动,节省人力	只针对一般消费者,难以成交

续表

促销方式	优 点	缺 点
公共关系	影响面广,信任度高,可提高企业知名度和声誉	花费较大,效果难以控制
销售促进	吸引力大,激发购买欲望,可促成消费者即时冲动购买行动	接触面窄,有局限性,有时会降低商品价格
口碑营销	宣传费用低,可信度高,针对性准确,有助于企业形象的提升	片面观点、错误言论对企业形象、经营带来不良影响,较难控制

人员推销、广告、公共关系和销售促进我们在后面的任务里详述,这里先介绍一下口碑营销。

口碑营销,源于传播学,现在广泛被市场营销所应用。传统的口碑营销是指企业通过朋友、亲戚的相互交流将自己的产品信息或者品牌传播开来。现代的口碑营销是指企业在调查市场需求的情况下,为消费者提供需要的产品和服务,同时制订一定的口碑推广计划,让消费者自动传播公司产品和服务的良好评价,从而让人们通过口碑了解产品、树立品牌、加强市场认知度,最终达到企业销售产品和提供服务的目的。

口碑营销的四大法宝:第一是要有趣,第二是让人开心,第三是赢得信任和尊敬,第四是要简单。

例如,一提到 iPhone 3G 这个名字,它就能让无数苹果爱好者们抓狂,让营销业内人士羡妒不已。这样一款产品不仅提供众多个性化的设计,关键是价格还出奇地低廉。不让它的消费者讨论似乎都很难。在这里,消费者的口碑既关于产品本身,又是传播速度极快的"病毒"。重要的是,它总是限量供应,欲购从速。拥有它的人就是时尚达人,仿佛一夜之间便与众不同,身价倍增,他们当然更愿意在亲朋好友间显摆,高谈阔论一番。

美国辉瑞公司的"万艾可",并没有投入多少广告,但却能在很短时间内风靡全球,重要的一点就是借助消费者的体验式消费,使人们对这一产品正面、负面、优点、缺点等的议论和争执,几乎成为每个国家街谈巷议的焦点,"万艾可"这一"蓝色小药丸"就在人们的口碑中成为全世界皆知的产品。

(二)医药促销策略

根据促销手段的出发点与作用的不同,可分为两种促销策略,即推式策略和拉式策略,如图 15-1 所示。

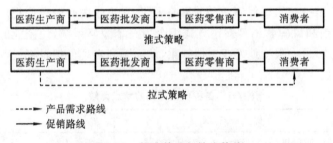

图 15-1 推式策略与拉式策略

（1）推式策略：以直接方式，运用人员推销手段，把产品推向销售渠道，其作用过程为，企业的推销员把产品或劳务推荐给批发商，再由批发商推荐给零售商，最后由零售商推荐给最终消费者，该策略适用于以下几种情况。

① 企业经营规模小，或无足够资金用以执行完善的广告计划。

② 市场较集中，分销渠道短，销售队伍大。

③ 产品具有很高的单位价值，如特殊品、选购品等。

④ 产品的使用、维修、保养方法需要进行示范。

（2）拉式策略：采取间接方式，通过广告和公共宣传等措施吸引最终消费者，使消费者对企业的产品或劳务产生兴趣，从而引起需求，主动去购买商品。其作用路线为，企业将消费者引向零售商，将零售商引向批发商，将批发商引向生产企业，这种策略适用于以下几种情况。

① 市场广大，产品多属便利品。

② 商品信息必须以最快速度告知广大消费者。

③ 对产品的初始需求已呈现出有利的趋势，市场需求日渐上升。

④ 产品具有独特性能，与其他产品的区别显而易见。

⑤ 能引起消费者某种特殊情感的产品。

⑥ 有充分资金用于广告。

三、影响医药促销的因素

促销组合实际上是企业在各种可以利用的促销手段之间合理地分配预算费用，企业的促销组合策略受企业的促销目标、产品因素、市场条件和促销预算的影响。

（一）促销目标

在企业营销的不同阶段和适应市场营销活动的不断变化，要求有不同的促销目标。因此，促销组合和促销策略的制定，要符合企业的促销目标。

（二）产品因素

1. 产品的性质

不同性质的产品，购买者和购买目的不同，因此，要采用不同的促销组合。一般说来，在消费者市场，因市场范围广而更多采用拉式策略，尤其是以广告和营业推广为主；在生产者市场，因购买者购买批量较大，市场相对集中，则以人员推销为主要形式。

2. 产品的生命周期

医药商品在投入期，这一阶段以广告为主要促销形式，以使消费者了解、认识商品，产生购买欲望。在成长期，出现了竞争对手，需加强广告的同时，注重宣传产品特色，并辅以公共关系。在成熟期，竞争者增多，促销活动以增进购买兴趣与偏爱为目标，广告的作用在于强调本产品与其他同类产品的细微差别。同时，要配合运用适当的营业推广方式。在衰退期，由于更新换代产品和新发明产品的出现，使原有产品的销量大幅度下降。为减少损失，促销费用不宜过多，促销活动宜针对老消费者，采用提示性广告，并辅之适当的营业推广和公关手段。

（三）市场条件

市场条件不同，促销组合与促销策略也有所不同。从市场地理范围大小看，若促销对象是小规模的本地市场,应以人员推销为主;而对广泛的全国甚至世界市场进行促销,则多采用广告形式。从市场类型看,消费者市场因消费者多而分散,多数靠广告等非人员推销形式;而对用户较少、批量购买、成交额较大的生产者市场,则主要采用人员推销形式。此外,在有竞争者的市场条件下,制订促销组合和促销策略还应考虑竞争者的促销形式和策略,要有针对性地不断变换自己的促销组合及促销策略。

(四)促销预算

企业开展促销活动,必然要支付一定的费用。费用是企业经营十分关心的问题,并且企业能够用于促销活动的费用总是有限的。因此,在满足促销目标的前提下,要做到效果好而费用省。企业确定的促销预算额应该是企业有能力负担的,并且是能够适应竞争需要的。为了避免盲目性,在确定促销预算额时,除了应考虑营业额的多少外,还应考虑促销目标的要求、产品市场生命周期等其他影响促销的因素。

任务二 人员推销

一、人员推销的含义及特点

(一)人员推销的含义

人员推销是指企业委派推销人员直接同目标市场的消费者建立联系、传递信息、促进商品和服务销售的活动。在人员推销活动中,推销人员、推销对象和推销品是三个基本要素。其中前两者是推销活动的主体,后者是推销活动的客体。通过推销人员与推销对象之间的接触、洽谈,将推销品推给推销对象,从而达成交易,实现既销售商品,又满足消费者需求的目的。

(二)人员推销特点

1. 实现信息双向沟通

人员推销作为一种信息传递形式,具有双向性。在人员推销过程中,一方面,推销人员通过向消费者宣传介绍推销品的有关信息,如产品的成分、功效、主治、用量、注意事项、价格以及同类产品竞争者的有关情况等,以此来达到招徕消费者、促进产品销售之目的;另一方面,推销人员通过与消费者接触,能及时了解消费者对本企业及产品评价,通过观察和有意识地调查研究,能掌握推销品的市场生命周期及市场占有率等。这样不断地收集信息、反馈信息,为企业制订合理的营销策略提供依据。

2. 推销目的双重性

人员推销可以达到激发需求与市场调研相结合和推销商品与提供服务相结合的双重目的。一方面,推销人员施展各种推销技巧,目的是推销商品;另一方面,推销人员与消费者直接接触,向消费者提供各种服务,是为了帮助消费者解决问题,满足消费者的需求。双重目的相互联系、相辅相成。推销人员只有做好消费者的参谋,更好地实现满足消费者需求这一目的,才有利于激发消费者的购买欲望,促成购买,使商品推销效果达到最大化。

3. 推销过程灵活

由于医药推销人员与消费者直接联系,当面洽谈,可以通过交谈与观察了解消费者,即察言观色,进而根据不同消费者的特点和反应,有针对性地调整自己的工作方法,为消费者拟定一套具体可行的推销方案。而且,还可以及时发现、答复和解决消费者提出的问题,消除消费者的疑虑和不满意。

4. 长期直接接触赢得真实消费者

推销人员与消费者直接见面,长期接触,可以促使买卖双方建立友谊,密切企业与消费者之间的关系,易于使消费者对企业产品产生偏爱。如此,在长期保持友谊的基础上开展推销活动,有助于建立长期的买卖协作关系,稳定地销售产品。

5. 费用大、要求高

人员推销的缺点主要表现在两个方面。一是人员支出较大,成本较高。由于每个推销人员直接接触的消费者有限,销售面窄,特别是在市场范围较大的情况下,人员推销的开支较多,这就增大了产品销售成本,一定程度上减弱了产品的竞争力。二是对推销人员的要求较高。人员推销的效果直接决定于推销人员素质的高低,并且,随着科学技术的发展,新产品层出不穷,对推销人员的素质要求越来越高。要求推销人员必须熟悉新产品的特点、功效、主治、用法和注意事项等专业知识。要培养和选择出理想的胜任其职的推销人员比较困难,而且耗费也大。

二、推销人员的素质

人员推销是一个综合复杂的过程,它既是信息沟通的过程,又是产品转移的过程,还是服务的过程。因此,推销人员的素质高低决定着其推销质量和效果。

(一) 心理素质

1. 高度的责任心和事业心

医药推销人员是企业的代表,在市场营销过程中,其行为不仅是个人行为,更是企业行为和社会行为。在积极推销企业产品的同时,要做好消费者的顾问,为消费者提供良好的服务。因此,推销人员要有高度的责任心和事业心,热爱本职工作,不辞劳苦、任劳任怨、耐心服务,与消费者建立良好的关系,才能使推销工作获得成功。

2. 乐观、开朗、积极向上的心态

在药品推销的过程中,推销员会遇到种种复杂的情况,面对的消费者可能形形色色、千奇百怪,甚至还有比较刁钻的消费者,因此需要一个乐观、开朗、积极向上的心态,才能完成推销任务。

3. 坚韧不拔的毅力

推销时,被当面拒绝时常会发生,因此,推销人员必须有坚韧不拔的毅力,有不达目的不罢休的决心。要积极寻找解决问题的方法和途径,而不是知难而退。要有接受现实的勇气,迅速调整心态,做好再次推销的准备。

4. 坚定的自信心

面对消费者时,推销人员要有坚定的自信心。不要害怕失败,相信自己一定能完成任务,因为你代表着企业,企业是你坚强的后盾。

（二）知识结构

1. 政策法规知识

推销人员应认真学习并努力掌握各种政策法规，以便使自己的推销行为符合政策法规的要求，避免发生违法违纪的现象。

2. 企业和产品知识

医药推销应该对本企业有着全面的了解，例如企业的历史和现状、组织机构、经营理念、发展战略、营销政策、营销渠道和市场地位等，同时必须熟悉企业产品情况，了解市场上同类产品的基本情况并能正确地进行比较和鉴别。

3. 医药知识

医药推销人员必须有扎实的医药基础知识，还要掌握一些新药及特效药的特点、用途、毒副作用等知识，以及该药的作用机制、临床应用等知识，只有具备了这些知识，才能保证你与医生、店长等相关专业人员良好的交流与沟通。

（三）营销基本技能

1. 沟通、协调、管理能力

沟通能力：营销人员每天要在不同的场合面对各种各样的客户或消费者，还要扮演不同的角色，来处理各类不同的问题，怎样跟不同的人打交道，如何高效地解决不同的问题，这都需具备较强的沟通能力。

协调能力：协调的精髓就是在于寻找一个"平衡点"，只有找到了这个"平衡点"，才能永恒持久。

管理能力：一名成功的营销人员不会把自己仅视为一名业务人员，他会认为自己更应该是一名成功的管理人员，他身上肩负着管理渠道、管理客户、管理团队、管理市场等的使命，其实质就是一名管理者。

2. 观察、分析、决策能力

观察能力：作为营销人员必须要具备像狼一样敏锐的市场观察能力，在这瞬息万变的市场中去捕捉所需信息。机会对于大家来说都是平等的，关键就在于你如何去发现，如何去挖掘又如何去把握。成功者往往善于发现机会，在机会来临时会毫不犹豫地去把握。只有具备了敏锐的观察能力，你才能做到知己知彼，你才能了解、把握客户的需求，你才能了解市场的需求点，你才能……也只有这些"才能"，你才能找到客户，你才能找到市场，你才能找到成功。

分析能力：营销是一个系统而又复杂的过程，如何在这复杂中找出简单，在这纷纭的幻象中发现本质，这就需要营销人员具备去伪存真的分析能力。营销人员所面对的客户都是一些比较精明的商人，他们在商海中沉浮多年，具有非常丰富的谈判经验，你若想在谈判中获胜，在谈判中占据主导地位，这就需要营销人员对谈判的对象进行详细的分析，对需要谈判的业务进行详细的分析，以及对影响谈判的因素进行详细的分析，只有具备较强的分析能力，你才能深入对方的内心，你才能掌握彼此的真正需求，才能在合作中共赢。

分析方法中有两个值得我们熟练掌握的地方：一是"SWOT"分析法，另一个就是

"5W1H"分析法。

决策能力:作为成功的营销人员要始终明白"把事情做正确不如做正确的事",如何才能做到"做正确的事"呢?这就取决于你正确的决策和决策的正确。营销管理中强调"预防性的事前管理要比补救性的事后管理重要",防患于未然,我们才能做到"去做正确的事"。

3. 计划、组织、控制能力

计划能力:"凡事预则立,不预则废"。现代营销人员应该要注重于两个计划:第一个计划是关于个人的计划,这个计划可以说是自己的人生职业规划;第二个计划就是工作计划,营销工作的性质往往带有很大的随意性和突发性。因此,没有计划的工作往往容易造成该办的事没办,不该浪费的浪费了。

> **知识链接**
>
> 一份完整的计划应该是什么样的,它应该具有以下几点:
> 计划的三个重要性:预见性、掌握性、集中性。
> 计划的三个特性:前瞻性、决策性、目标导向性。
> 计划的四个要素:清晰的目标、明确的方法与步骤、必要的资源、可能出现的问题与成功的关键。

组织能力:营销人员的组织能力主要体现在两个方面。一方面是组织会议的能力。如今的市场营销活动中,传达企业资讯常用的途径主要通过会议,如新产品上市新闻发布会、经销商恳谈会、月度(季度、年度)营销会等。营销人员将会面临这样那样的会议,并会有很多时候需要亲自去组织召开会议,这就需要营销人员具备对会议的准备、组织、实施的能力。另一方面是组织活动的能力。营销人员经常面临的是两个活动:一个是全国统一性的销售活动;另一个就是区域性的市场促销活动。如何高效地策划、组织、实施好各项活动,这就需要营销人员去争取有利于活动开展的各项资源,然后整合所能掌握的资源,去落实活动的有效实施。

控制能力:营销人员的控制能力主要应该体现在对过程的控制。什么样的过程将会决定什么样的结果,因此,在对营销的过程中要加强对各项影响营销活动及营销人员的过程监控,才会实现预期目标的达成。

4. 市场销售与回款能力

医药推销人员的最终成果是实现销售回款,因而推销人员在营销活动中所提供的各项服务要得到医生、患者、经营者的满意,才能完成药品市场销售,实现销售资金回笼。

三、人员推销的形式、对象及步骤

(一)人员推销的基本形式

一般来说,人员推销有以下三种基本形式。

1. 上门推销

上门推销是最常见的人员推销形式,是医药商品中新药最常用的方式。它是由推销人员携带新药的样品、宣传资料和价格单等走访药品经营者、医院及顾客推销药品。这种推销形式,可以针对用户的需要提供有效的服务,方便顾客,故为顾客所广泛认可和接受。此种形式是一种积极主动的、名副其实的"正宗"推销形式。

2. 柜台推销

柜台推销又称门市推销,是指企业在适当地点设置固定的医药门市部,由营业员(导购员或者入驻药店的医药推销员)接待进入门市的顾客,推销药品。门市的营业员是广义的推销人员。柜台推销与上门推销正好相反,它是等客上门式的推销方式。由于药店内药品种类齐全,能满足顾客多方面的购买要求,为顾客提供较多的购买方便,并通过医药推销人员专业化服务,帮助顾客作出正确的选择,因此,顾客比较乐于接受这种方式。柜台推销适合于OTC药品。

3. 会议推销

会议推销指的是利用各种会议向与会人员宣传和介绍本企业所经营的医药产品,开展推销活动。例如,在全国药品交易会、地区性药品交易会、各个医药学术团体的学术交流会、新产品展览会、厂商联谊会、物资交流会及有针对性的健康知识讲座等会议上推销产品均属会议推销。这种推销形式接触面广,推销集中,既展示了企业形象,又可以同时向多个推销对象推销产品,成交额较大,推销效果较好。

(二)人员推销的推销对象

推销对象是人员推销活动中接受推销的主体,是推销人员说服的对象。推销对象有消费者、生产商、中间商和医疗机构四类。

1. 向消费者推销

医药推销人员向消费者推销OTC产品,必须对消费者有所了解。为此,要掌握患者的年龄、性别、民族、职业、宗教信仰等基本情况,进而了解消费者的购买欲望、购买能力、购买特点和习惯等。并且,要注意消费者的心理反应,对不同的消费者,施以不同的推销技巧。

2. 向生产商推销

将医药中间体、原料药推销向生产商的必备条件是熟悉生产商的有关情况,包括生产用户的生产规模、人员构成、经营管理水平、产品设计与制作过程以及资金情况等。在此前提下,推销人员还要善于准确而恰当地说明自己产品的优点;并能对生产用户使用该产品后所得到的效益作简要分析,以满足其需要;同时,推销人员还应帮助生产商解决疑难问题,以取得用户信任。

3. 向中间商推销

与生产商一样,中间商也对所购商品具有丰富的专门知识,其购买行为也属于理智型。这就需要推销人员具备相当的业务知识和较高的推销技巧。在向中间商推销产品时,首先,要了解中间商的类型、业务特点、经营规模、经济实力以及他们在整个分销渠道中的地位;其次,应向中间商提供有关信息,给中间商提供帮助,建立友谊,扩大销售。

> **知识链接**
>
> 在人员推销活动中,一般采用以下三种基本策略。
>
> (1) 试探性策略,也称为"刺激-反应"策略。这种策略是在不了解顾客的情况下,推销人员运用刺激性手段引发顾客产生购买行为的策略。推销人员事先设计好能引起顾客兴趣、能刺激顾客购买欲望的推销语言,通过渗透性交谈进行刺激,在交谈中观察顾客的反应,然后根据其反应采取相应的对策,并选用得体的语言,对顾客进行刺激,进一步观察顾客的反应,以了解顾客的真实需要,诱发购买动机,引导产生购买行为。
>
> (2) 针对性策略,是指推销人员在基本了解顾客某些情况的前提下,有针对性地对顾客进行宣传、介绍,以引起顾客的兴趣和好感,从而达到成交的目的。因推销人员常常在事前已根据顾客的有关情况设计好推销语言,这与医生对患者诊断后开处方类似,故又称针对性策略为"配方-成交"策略。
>
> (3) 诱导性策略,是指推销人员运用能激起顾客某种需求的说服方法,诱发引导顾客产生购买行为。这种策略是一种创造性推销策略,它对推销人员要求较高,要求推销人员能因势利导,诱发、唤起顾客的需求;并能不失时机地宣传介绍和推荐所推销的产品,以满足顾客对产品的需求。因此,从这个意义上说,诱导性策略也可称"诱发-满足"策略。

4. 向医疗机构的推销

其实,医疗机构也属于中间商。医疗机构对于药品的信息掌握比较全面,而且面对多家同类药品,选择的余地比较大,因此在推销技巧上应该重点突出此类药品的疗效及该药品能给医疗机构带来的效益、较高的质量以及信誉保证等。

(三) 医药人员推销的步骤

医药人员推销并无固定的模式可循,但总的来说,大致要经过以下几个步骤(图15-2)。

图 15-2　医药人员推销的主要步骤

1. 寻找预期顾客

预期顾客指的是潜在的消费者,即可能成为新顾客的任何组织或个人。药品销售员首先要从各种信息来源中寻找到预期顾客。可供选择的信息源有:专业的商业数据库、报纸、电话黄页、医药商业名册、企业销售记录等。有经验的药品销售员善于利用现有顾客的推荐来发掘预期顾客,因为现有顾客的推荐具有很高的销售效果。研究显示,一个老顾客的推荐相当于12次销售员的推销访问。

2. 准备接洽

药品销售员确定了预期顾客之后,应尽可能地了解预期顾客各方面的情况,分析他们的特定需求,如对现使用品牌产品的态度、谁是购药关键决策者、决策者个人性格和购买习惯如何。面对医生传递产品信息的医药代表,要花精力了解医生的一般情况,如家庭成员、爱好、收入、处方习惯、生日、籍贯等个人资料。在掌握了必要信息的基础之上,销售员应制订访问计划,确定访问的时机、频率和方法等。

3. 接触消费者

接触消费者就是指销售员正式与预期顾客进行接洽的活动,可采取电话访问、电子访问和上门拜访等形式。在接触活动中,销售员最好以整洁的仪表、得体的着装、礼貌的举止、明确的开场白争取给预期消费者留下良好的第一印象。在交谈过程中要随时注意消费者表情和举止的变化,争取进一步了解消费者的需求。

这一阶段推销员要注意以下几个方面。

(1) 给消费者一个好印象,并引起消费者的注意,因而穿着、举止、言谈、自信而友好的态度都是必不可少的。

(2) 验证在准备阶段所准备的全部情况。

(3) 为后面的谈话做好准备。在接近时,注意使自己有一个正确的心态,即友好,自信。友好:自己与对方是进行利益交换,是互惠互利的交换。自信:你不是低人一等求别人,你的企业产品是能经得起考验的。

电子访问是美国制药企业最近采用的一种与医生接触的新方法。由于医生的工作节奏十分紧张,工作时间内没有足够的时间接受数量众多的医药代表的沟通请求,于是制药公司就把产品信息集中在电子文件中通过电子邮件发给医生;或为医生提供互动的网上服务帮助医生接受医学再教育;或为医生免费配置电脑、高速网线和可视沟通设备,利用这些设备召开网上可视电话会议,举行新产品介绍会,为医生获取新产品信息提供方便,节省了医药代表亲自拜访的成本。

4. 讲解与展示

销售员在讲解过程中应侧重于向消费者阐述产品给消费者带来的利益而不只是宣传产品价值和描述产品的特征。产品导向型推销法是一种最古老的推销方法,此法将消费者置于被动地位,销售员使用刺激性的语言和图片进行讲解,希望激起消费者的欲望,说服其购买。相比之下,销售员更应用营销导向型推销法,即在讲解之前先了解消费者的需要、习惯和态度,再采用固定的讲解模式阐述产品如何满足他们的需要;或是销售员鼓励消费者发言,自己则扮演专业知识丰富的咨询员角色。展示的目的是吸引并抓住消费者的注意力,提高他们的兴趣。医药代表应尽可能使用现代视听设备向医生传递信息,如采用动画的方式演示药物在体内作用的全过程,并用计算机、幻灯仪当场示范。

5. 异议处理

销售员在推销过程中往往会遇到消费者对产品提出反对意见的情况,这是因为产品总会存在令人不满意的地方,有些消费者喜好原有品牌就会本能地产生抵触情绪,有些消费者对价格、交货期不满意,从而抵制产品。处理异议的最佳办法就是销售员争取主动,先发制人,抢先提出消费者可能提出的异议并加以解释,解除消费者的疑虑,从而防止消费者提出异议后再辩驳消费者的意见。销售员还应该主动追问消费者,找出异议的根源并做出相应的答复和处理意见。

6. 达成交易

销售员应通过观察消费者的言语、举止和表情等交易信号判断达成交易的最佳时机是否已到来,并抓住时机提出建议性的决策促使立即成交,或通过价格优惠,免费额外赠送等推广手段促使消费者作出购买决策,从而达成交易。

7. 跟进服务

达成交易不是推销的结束,而是下一轮推销的起点。如果推销人员希望消费者满意并重复购买,希望他们传播企业的好名声,则必须坚持售后追踪。售后追踪访问调查的直接目的是了解消费者是否满意已购买的产品,发现可能产生的各种问题,表示推销人员的诚意和关心。另外一个重要的目的,是促使消费者传播企业及产品的好名声,听取消费者的改进建议,使消费者在将来很长时间内持续购买本企业产品。

> **知识链接**
>
> **向药店推销程序**
>
> 消费者的购买行为最容易受具有一定医学、药学专业知识的人员的影响,如驻店代表、药店营业员、药店诊所的医生、医院的医生等。70%的消费者是在购买地决定购买何种产品以及购买数量,所以人员促销行为对某种药品的销售影响很大。目前药品零售市场份额逐步增大,药店服务日益受到消费者的青睐,而制药企业要提高药品在药店的销量,就必须注重医药促销代表对药店的推销。
>
> (1)选择目标药店。要选择覆盖面广,公众信任的药店作为主要的促销目标。
>
> (2)制定拜访路线。由于促销人员的工作量很大,所以每天出门拜访之前要设计好当天的拜访路线,这样既节省时间又可以提高效率。
>
> (3)上门拜访药店。拜访药店的重点要集中在影响其订货决策人员上,把他们作为主要的突破点。
>
> (4)培训药店店员。为了搞好培训工作,必须拟定合理的培训计划。培训计划主要包括培训目标、培训时间、培训地点、培训方式、培训师资、培训内容等。

> **知识链接**
>
> **向医院推销方式**
>
> 制药企业在将医药产品推销进入医疗机构时通常采用以下方式。
>
> (1)通过中间商渠道。此种方式是比较传统的营销模式,由当地医药销售公司出面和医疗机构发生关系,制药企业得到的是中等利润。
>
> (2)成立自己的销售公司。该方式适用于比较有实力的制药企业,整个销售链全部掌握在自己的手中。虽然需要大量的人力、物力,但是盈利颇丰。
>
> (3)将药品由承包商包销。该方式适用于规模不大的制药企业,企业把医药产品直接以底价的形式倾销给了承包商,也就是现在比较流行的医药代表。企业当时就回收了货款,把风险转嫁给了承包商。但是制药企业利润不高,也容易导致医药代表为了高利润而提高药价,把风险转嫁给广大患者。
>
> 在现在药品招标和统一配送的大环境下,无论采用哪种方式,制药企业都必须积极参与当地政府和医疗机构的药品招标工作,只有中标,医药企业才会给自己的医药产品打开销路。

任务三 药品广告

一、药品广告的概念和作用

中国大百科全书出版社出版的《简明不列颠百科全书》对广告的解释是：广告是传播信息的一种方式，其目的在于推销商品、劳务、影响舆论，博得政治支持，推动一种事业或引起刊登广告者所希望的其他反应。广告信息通过各种宣传工具，其中包括报纸、杂志、电视、无线电广播、张贴广告及直接邮送等，传递给它所想要吸引的观众或听众。广告不同于其他传递信息形式，它必须由登广告者付给传播信息的媒介以一定的报酬。

（一）药品广告的概念

药品广告（drug advertising）是指药品生产企业或者药品经营企业承担费用，通过一定的媒介和形式介绍具体药品品种或者功效，直接或者间接地进行以药品销售为目的的商业广告。从药品广告的概念我们可以看出：

（1）药品广告是营利性机构发布的，即发布人是制药企业和药品经营企业。

（2）药品广告必须通过非人员渠道进行传播，与人员推销有着严格的区别。

（3）药品广告必须向媒体支付一定的费用。

（4）药品广告既可以介绍新产品也可以扩大企业知名度，即涵盖机构广告和产品广告。

（二）药品广告的作用

药品广告已经成为医药企业普遍采用的信息传播主要方式。广告在医药市场营销中的作用主要体现在以下几个方面。

1. 传递信息，诱导消费

传递信息是广告最基本的作用，广告可以帮助消费者了解医药商品的功效，诱导消费者的需求，影响他们的消费心理，刺激他们的购买行为，创造销售的机会。通过药品广告，可以有效地沟通企业与中间商及消费者三者之间的关系。

2. 介绍药品，引导消费

在新药层出不穷，消费者不易识别和难于选择的情况下，广告宣传能使新产品、新剂型、新的消费意识迅速流行，并形成一种消费时尚。广告对医药商品的有效介绍，可以帮助消费者在众多的同类药品中比较和选择。优秀的广告是一种文化消费，可以引导消费走向文明健康。例如，桂龙药业的"慢咽舒宁"广告就非常成功，经常看到患者自己到药店要求购买该药品，当你问其原因的时候，他会回答你"从广告上看的啊"。

3. 树立形象，促进销售

先声夺人的广告宣传和它潜移默化的作用，加深了消费者对企业和医药商品的记忆与好感。消费者在自觉与不自觉中常常参考广告来购买药品。广告可以在一定程度上展示企业的规模和知名度，在消费者心目中树立起良好的企业形象和品牌优势，以促进销售，巩固和扩大市场占有率。例如，"三精药业"通过大量广告迅速树立起了该企业在老百姓心目中的良好形象,使销售额不断增长。

二、广告的构成

任何广告必须具备以下四个要素:谁的广告、什么内容、告知谁、怎么告知,这也正是构成广告活动的四个基本要素:广告主、广告信息、广告受众和广告媒体。

1. 广告主

广告主是广告活动的主体,是指广告的发布者。广告主可以是国家机关、企事业单位、公众团体及个人,如制药企业、药品经营企业和医疗机构等也就是本次广告的付费者。

2. 广告信息

广告信息是广告活动的内容,也就是我们要告知公众什么内容,一般是指产品信息、服务信息和企业形象。

3. 广告受众

广告受众是广告活动的客体,但它是特定的,是指在传播过程中广告信息的接受方。这包括两层含义:一层是通过媒介接触广告信息的人群,即广告的媒介受众;另一层是广告的诉求对象,即广告主的目标受众。广告受众有数量、特征方面的不同,所以我们在发布药品广告时要使广告做到有的放矢。

4. 广告媒体

"媒体"又称"媒介",属于典型的外来语,即英语 media。媒体为 media 的意译,媒介为 media 的音译,在应用中,两个词基本通用不加区分。其意为"中间的"、"手段"或"工具"等。所谓广告媒体就是指能够借以实现广告主与广告受众之间信息传播的物质工具。广告媒介的种类主要有广播、电视、报纸、杂志、互联网、交通工具等。在药品广告中,非处方药的宣传主要受众是广大群众,因此非处方药可以在大众媒体宣传。而处方药的宣传主要对象是医药专业人员,所以《中华人民共和国药品法》规定,处方药只限在医药专业期刊上刊登广告。

任何一种广告媒体都既有优点又有缺点,选择广告媒体就是要扬长避短,设法充分利用广告媒体的优点,以达到最佳效果。常见广告媒体的优缺点比较如表 15-2 所示。

表 15-2 主要广告媒体优缺点比较表

媒体	优点	缺点
报纸	覆盖面广、地区特征明显、可信度高、灵活性强、传播及时	周期短、保存性差、不利于复制、可传阅性差
杂志	周期长、保存性好、可信度高	等待期长、绝对成本高
广播	人文选择性高、可复制成本低、受众广泛	覆盖面小、周期短、难以记忆、只有声音无图像缺乏表现力
电视	传递速度快、覆盖面广、声音图像并存	绝对成本过高、黄金时间受限制
户外	展露时间长、成本低、乐活性高	表现形式单调、难以吸引注意力
互联网	互动性强、成本低、反馈及时	容易被过滤、落后地区不适应

三、医药广告方案制订

在现代医药市场竞争日益激烈的情况下,企业决策者首先必须明确目标市场和消费者动机,然后以创造需求、培养新的消费观念、树立企业与产品形象为前提,进行企业广告促销方案的制订。一个完整的广告促销方案包括以下五个步骤。①任务(mission):广告的目标是什么?②资金(money):要花多少钱?③信息(message):要传送什么信息?④媒体(media):使用什么媒体?⑤衡量(measurement):如何评价结果?简称5Ms。

(一)确定广告目标

广告目标是指企业广告活动所要达到的目的。确定广告目标是广告计划中至关重要的起始环节,是为整个广告活动定性的一个环节。广告目标必须清楚、明确、具有可衡量性,只有确定了准确的广告目标,企业才可以对广告活动成功与否做出正确的评价。

(二)确定广告经费预算

广告经费预算是医药企业在一定时期内预期分配给广告活动的总费用。广告经费投入并不是越多越好,而是采用科学的手段对成本效果进行计算,预测必需的经费,以最低的成本获得最佳的效果。一般我们通过以下几种方法确定广告成本预算。

1. 目标任务法

先确定广告获得所要达到的目标,在此基础上明确所需要完成的各项具体任务,分别计算各任务的成本,总计之后就是整个广告活动的经费预算。

2. 销售百分比法

先根据企业已经发生的销售量来估计销售量的增长或减少的趋势,预测将来某段时期的销售总量,再以预测的销售总量乘以一个标准百分比而得到广告预算。这个百分比是根据整个行业平均广告支出和企业自己通常的广告支出来确定的。

3. 竞争匹配法

企业根据竞争对手广告支出总额或占销售额的百分比来决定自己的广告经费预算,也就是自己的广告预算和竞争对手广告预算大致相当。

4. 倾力投掷法

企业在不能测定广告目标和广告效果的情况下,常常采用有多少费用就做多少广告的办法,它的风险比较大。

知识链接

广告的设计原则

广告效果,不仅取决于广告媒体的选择,还取决于广告设计的质量。高质量的广告必须遵循下列原则来设计。

(1)真实性。广告的生命在于真实。虚伪、欺骗性的广告,必然会丧失企业的信誉。广告的真实性体现在两方面:一方面,广告的内容要真实;另一方面,广告主与广告商品也必须是真实的。企业必须依据真实性原则设计广告,这也是一种商业道德和社会责任。例如"毒胶囊"事件,使这些生产企业付出了惨痛的代价。

(2) 社会性。广告是一种信息传递。广告要遵循党和国家的有关方针、政策,不违背国家的法律、法令和制度,有利于社会主义精神文明,有利于培养人民的高尚情操,严禁出现带有中国国旗、国徽、国歌标志、国歌音像广告的内容和形式,杜绝损害我国民族尊严的,甚至有反动、淫秽、迷信、荒诞内容的广告等,如"用黑社会交易来反映产品紧俏、短缺以劝诱购买"的广告创意是不足取的。

(3) 针对性。广告的内容和形式要富有针对性,即对不同的商品、不同的目标市场要有不同的内容,采取不同的表现手法。广告要根据不同的广告对象来决定广告的内容,采用与之相适应的形式。例如,针对儿童的药品可以设计为动漫等形式。

(4) 艺术性。广告是一门科学,也是一门艺术。广告把真实性、思想性、针对性寓于艺术性之中。利用科学技术,吸收文学、戏剧、音乐、美术等各学科的艺术特点,把真实的、富有思想性、针对性的广告内容通过完善的艺术形式表现出来。这就要求广告设计要构思新颖,语言生动、有趣、诙谐,图案美观大方,色彩鲜艳和谐,广告形式要不断创新。

(5) 感召性。企业在从事广告宣传时,应突出宣传目标消费者最重视的产品属性或购买该种产品的主要关注点。

(6) 简明性。简短、清晰明了地点明品牌个性是品牌广告设计的客观要求。切记拖泥带水、长篇大论,既要让广告受众容易记住,又可节省广告费用。某药品广告语"两片"让人们深深记住了该药品。

(三) 设计广告信息

药品广告信息只有能够充分吸引消费者的注意力并引起共鸣,才能促进药品销售。设计广告信息时主要有两个基本步骤,即广告信息内容的产生和信息内容的表达。

1. 信息内容的产生

(1) 分析目标受众。广告的信息内容是建立在对目标受众仔细分析的基础上的,营销人员必须调查清楚谁是产品的目标消费者,根据目标消费者的特征有的放矢地设计不同的广告信息。比如某企业有一种既可以美容紧肤,又可以防治痤疮的保健护肤品,产品上市后,营销人员经过调查发现,90%的购买者是20岁左右的女性,10%的购买者是50岁以上的中老年女性,前者是为了防治痤疮,后者是为了紧肤美容。于是该企业设计出专门针对20岁左右的女性的广告,取得了良好的效果。

(2) 确定广告信息的诉求点。广告信息必须反映该产品的特色和利益,怎么让消费者在同类产品中选择本产品,就是本产品广告诉求点。如"白加黑"广告就非常成功。

2. 信息内容的表达

信息内容的表达就是对信息进行编码的过程,也就是确定了广告"说什么",还得确定广告"怎么说"。广告信息必须把产品带给消费者的利益表达清楚。信息表达方式要有独创性、感染力和亲和力,信息的表达语句须简明扼要、便于记忆、朗朗上口,才会给人们留下深刻的印象。例如,斯达舒广告,利用谐音"四大叔",使消费者在高度同质化产品中,马上就记住了该产品。

营销案例

"白加黑"治疗感冒，黑白分明

1995年，"白加黑"上市仅180天销售额就突破1.6亿元，在拥挤的感冒药市场上分割了15%的份额，登上了行业第二品牌的地位，在中国营销传播史上堪称奇迹。这一现象被称为"白加黑"震撼，在营销界产生了强烈的冲击。

一般而言，在同质化市场中，很难发掘出"独特的销售主张"（USP）。感冒药市场同类药品甚多，层出不穷，市场已呈高度同质化状态，而且无论中、西成药，都难以作出实质性的突破。康泰克、丽珠、三九等"大腕"凭借着强大的广告攻势，才各自占领一块地盘，而盖天力这家实力并不十分雄厚的药厂，竟在短短半年里就后来居上，关键在于其崭新的产品概念。

"白加黑"是个了不起的创意。它看似简单，只是把感冒药分成白片和黑片，并把感冒药中的镇静剂"扑尔敏"放在黑片中，其他什么也没做；实则不简单，它不仅在品牌的外观上与竞争品牌形成很大的差别，更重要的是它与消费者的生活形态相符合，达到了引发联想的强烈传播效果。

在广告公司的协助下，"白加黑"确定了干脆简练的广告口号："治疗感冒，黑白分明"，所有的广告传播的核心信息是"白天服白片，不瞌睡；晚上服黑片，睡得香。"产品名称和广告信息都在清晰地传达产品概念。

（四）医药广告媒体的选择

医药企业要想获得良好的广告效果必须综合考虑以下因素。

1. 医药商品的特征

不同的医药商品要选择不同的广告媒体。对于OTC产品、保健品、家用医疗器械宜选择影响面大的大众杂志、报纸、电视、广播等。对于处方药、中药材、化学试剂、玻璃仪器及大型医疗器械则宜采用专业性报纸、杂志等。

2. 媒体的特征和费用

不同的广告媒体有不同的特征，其费用的差异也很大。在选择媒体时一定要考虑媒体传播的范围与对象、媒体收视率、媒体的费用、媒体的信用、媒体的影响力等因素。考虑媒体费用时，应该注意其相对费用，即考虑广告促销效果。如果使用电视做广告需支付20 000元，预计目标市场收视者2 000万人，则每千人支付广告费为1元；若选用报纸做媒体，费用10 000元，预计目标市场收阅者500万人，则每千人广告费为2元。比较结果，应选用电视作为广告媒体。

3. 目标消费者的特性

做广告必须有的放矢，要了解消费者的消费习惯、购买力、偏好、对媒体的信赖程度等。如老年人爱听广播，小朋友爱看动画片等。如"三精药业"的广告策略，正是根据不同的目标消费者的特性去做广告，从而取得了成功。

4. 市场的竞争情况

当竞争激烈时，医药企业应选择影响力大并且影响面广的广告媒体；当竞争不激烈的时,对于广告媒体的选择则相对自由些。

当然,对于广告媒体的选择往往是综合性的,让几种媒体都一起使用,从而提高广告的总体效果。

(五) 广告效果的测定

广告效果有经济效果和社会效果之分,也有即效性效果与迟效性效果之分,还有促销效果和广告本身效果的分类。在这里,我们按最后一种分类测定其效果。

1. 广告促销效果的测定

广告促销效果,也称广告的直接经济效果,它反映广告费用与商品销售量(额)之间的比例关系。广告促销效果的测定,是以商品销售量(额)增减幅度作为衡量标准的。测定方法很多,主要有以下几种。

(1) 广告费用占销率法。通过这种方法可以测定出计划期内广告费用对产品销售量(额)的影响。广告费用占销率越小,表明广告促销效果越好;反之则越差。其公式为:

$$广告费用占销率 = [广告费/销售量(额)] \times 100\%$$

(2) 广告费用增销率法。此法可以测定计划期内广告费用增减对广告商品销售量(额)的影响。广告费用增销率越大,表明广告促销效果越好;反之则越差。其公式为:

$$广告费用增销率 = [销售量(额)增长率/广告费用增长率] \times 100\%$$

(3) 单位费用促销法。这种方法可以测定单位广告费用促销商品的数量或金额。单位广告费用促销量(额)越大,表明广告效果越好;反之则越差。其公式为:

$$单位广告费用促销量(额) = 销售量(额)/广告费用$$

(4) 单位费用增销法。此法可以测定单位广告费用对商品销售的增益程度。单位广告费用增销量(额)越大,表明广告效果越好;反之则越差。其计算公式为:

$$单位广告费用增销量(额) = [报告期销售量(额) - 基期销售量(额)]/广告费用$$

(5) 弹性系数测定法。此法即通过销售量(额)变动率与广告费用投入量变动率之比值来测定广告促销效果。

2. 广告本身效果的测定

广告本身效果不是以销售数量的多少为衡量标准,而主要是以广告对目标市场消费者所引起心理效应的大小为标准,包括对商品信息的注意、兴趣、情绪、记忆、理解、动机等。因此,对广告本身效果的测定,应主要测定知名度、注意度、理解度、记忆度、视听率、购买动机等项目。测定方法中,常用的有以下几种。

(1) 价值序列法。它是一种事前测定法。其具体做法是,邀请若干专家、消费者对事先拟定的几则同一商品的广告进行评价,然后排序,依次排出第一位、第二位、第三位……排在首位的,表明其效果最佳,选其作为可传播的广告。

(2) 配对法。此法也是一种事前测定法,其做法是,将针对同一商品设计的不同的两则广告配对,请专家、消费者进行评定,选出其中一例。评定内容包括广告作品的标题、正文、插图、标语、布局等全部内容。

(3) 评分法。此法既适合于事前测定,又适合事后测定。其做法是,将广告各要素列成表,请专家、消费者逐项评分。得分越高,表明广告自身效果越好。

(4) 访查法。这是一种主要适合于事后测定广告效果的方法。其主要做法是通过电话、直接走访等方式征集广告接受者对广告的评价意见,借以评价广告优劣。

任务四　公共关系

一、公共关系的含义及特征

(一)公共关系的含义

美国营销大师菲利普·科特勒对公共关系作了如下定义:作为促销手段的公共关系是指这样一些活动,即争取对企业有利的宣传报道,协助企业与有关的各界公众建立和保持良好关系,树立良好的企业形象,以及消除和处理对企业不利的谣言、传说和事件等。因此,公共关系是指企业为了推进相关的内外公众对它的知晓、理解、信任、合作与支持,为了塑造企业形象、创造自身发展的最佳社会环境,利用传播、沟通等手段而努力采取的各种行动,以及由此而形成的各种关系。

(二)公共关系的特征

1. 公共关系是一定社会组织与其相关的社会公众之间的相互关系

这里包括三层含义:其一,公关活动的主体是一定的组织,如企业、机关、团体等。其二,公关活动的对象,既包括企业外部的消费者、竞争者、新闻界、金融界、政府各有关部门及其他社会公众,又包括企业内部职工、股东。这些公关对象构成了企业公关活动的客体。企业与公关对象关系的好坏直接或间接地影响企业的发展。其三,公关活动的媒介是各种信息沟通工具和大众传播渠道。作为公关主体的企业,借此与客体进行联系、沟通、交往。

2. 公共关系的目标是为企业广结良缘,在社会公众中塑造良好的企业形象和社会声誉

一个企业的形象和声誉是其无形的财富。良好的形象和声誉是企业富有生命力的表现,也是公关的真正目的之所在。企业以公共关系为促销手段,是利用一切可能利用的方式和途径,让社会公众熟悉企业的经营宗旨,了解企业的产品种类、规格以及服务方式和内容等有关情况,使企业在社会上享有较高的声誉和较好的形象,促使产品销售顺利进行。

> **营销案例**
>
> 美国辉瑞公司为了塑造企业形象,2005年5月成为全球抗艾滋病联盟的首批企业,成功发起了"艾滋病公益项目";2004年向中华健康快车基金会"健康快车"捐款价值45万元的人工晶体,用于中国西部贫困白内障盲童的复明手术;2004年印度洋大地震中是捐款最多的公司,总计捐款达3 500万美元;2003年SARS疫情爆发时,通过中国红十字会总会向中国政府捐赠45万美元的物品和资金。

3. 公共关系的活动以真诚合作、平等互利、共同发展为基本原则

公共关系以一定的利益关系为基础,这就决定了主、客双方必须均有诚意,平等互利,并且要协调、兼顾企业利益和公众利益。这样,才能满足双方需求,以维护和发展良好的关系。否则,只顾企业利益而忽视公众利益,在交往中损人利己,不考虑企业信誉和形象,就不能构成良好的关系,也毫无公共关系可言。

4. 公共关系是一种信息沟通,是创造"人和"的艺术

公共关系是企业与其相关的社会公众之间的一种信息交流活动。企业从事公关活动,能沟通企业上下、内外的信息,建立相互间的理解、信任与支持,协调和改善企业的社会关系环境。公共关系追求的是企业内部和企业外部人际关系的和谐统一。

5. 公共关系是一种长期活动

公共关系着手于平时努力,着眼于长远打算。公共关系的效果不是急功近利的短期行为所能达到的,需要连续的、有计划的努力。企业要树立良好的社会形象和信誉,不能拘泥于一时一地的得失,而要追求长期的稳定的战略性关系。

总之,公共关系着眼于企业长期效益,而广告则倾向于产品销售。

二、公共关系的活动方式

公共关系的活动方式,是指以一定的公关目标和任务为核心,将若干种公关媒介与方法有机地结合起来,形成一套具有特定公关职能的工作方法系统。按照公共关系的功能不同,公共关系的活动方式可分为以下五种。

1. 宣传性公关

宣传性公关是运用报纸、杂志、广播、电视等各种传播媒介,采用撰写新闻稿、演讲稿、报告等形式,向社会各界传播企业有关信息,以形成有利的社会舆论,创造良好气氛的活动。这种方式传播面广,推广企业形象效果较好。

2. 征询性公关

这种公关方式主要是通过开办各种咨询业务、制订调查问卷、进行民意测验、设立热线电话、聘请兼职信息人员、举办信息交流会等各种形式,连续不断地努力,逐步形成效果良好的信息网络,再将获取的信息进行分析研究,为经营管理决策提供依据,为社会公众服务。

3. 交际性公关

这种方式是通过语言、文字的沟通,为企业广结良缘,巩固传播效果。可采用宴会、座谈会、招待会、谈判、专访、慰问、电话、信函等形式。交际性公关具有直接、灵活、亲密、富有人情味等特点,能深化交往层次。

4. 服务性公关

服务性公关就是通过各种实惠性服务,以行动去获取公众的了解、信任和好评,以实现既有利于促销又有利于树立和维护企业形象与声誉的活动。企业可以以各种方式为公众提供服务,如消费指导、消费培训、免费修理等。事实上,只有把服务提到公关这一层面上来,才能真正做好服务工作,也才能真正把公关转化为企业全员行为。

5. 社会性公关

社会性公关是通过赞助文化、教育、体育、卫生等事业,支持社区福利事业,参与国家、社区重大社会活动等形式来塑造企业的社会形象,提高企业的社会知名度和美誉度的活动。这种公关方式公益性强、影响力大,但成本较高。

三、公共关系的工作程序

公共关系活动的基本程序,包括公共关系调查、公共关系计划、公共关系的实施、公共关系的检测四个步骤。

1. 公共关系调查

公共关系调查是公共关系工作的一项重要内容,是开展公共关系工作的基础和起点。通过调查,能了解和掌握社会公众对企业决策与行为的意见。据此,可以基本确定企业的形象和地位,可以为企业监测环境提供判断条件,为企业制订合理决策提供科学依据等。公关调查内容广泛,主要包括企业基本状况、公众意见及社会环境三方面内容。

2. 公共关系计划

公共关系是一项长期性工作,合理的计划是公关工作持续高效的重要保证。制订公关计划,要以公关调查为前提,依据一定的原则,来确定公关工作的目标,制订科学、合理而可行的工作方案,如具体的公关项目、公关策略等。

3. 公共关系的实施

公关计划的实施是整个公关活动的"高潮"。为确保公共关系实施的效果最佳,正确地选择公共关系媒介和确定公共关系的活动方式是十分必要的。公关媒介应依据公共关系工作的目标、要求、对象和传播内容以及经济条件来选择;确定公关的活动方式,宜根据企业的自身特点、不同发展阶段、不同的公众对象和不同的公关任务选择最适合、最有效的活动方式。

4. 公共关系的检测

公关计划实施效果的检测,主要依据社会公众的评价。通过检测,能衡量和评估公关活动的效果,在肯定成绩的同时,发现新问题,为制订和不断调整企业的公关目标、公关策略提供重要依据,也为使企业的公共关系成为有计划的持续性工作提供必要的保证。

▌知识链接▐

公关危机

公关危机即公共关系危机,是公共关系学的一个较新的术语。它是指影响组织生产经营活动的正常进行,对组织的生存、发展构成威胁,从而使组织形象遭受损失的某些突发事件。

▌营销案例▐

辉瑞错误言论

2005年5月18日,全球瞩目的北京"财富论坛"上,辉瑞制药总裁杰弗瑞·肯德勒称"世界上三分之二的假药来自中国"。同时在论坛上还将矛头直指国家知识产权局,"我们对于有关部门的决定非常不满,"杰弗瑞直言不讳地表达了他对"万艾可"被宣告专利无效命运的看法,"我们在上市之前对这个药物进行了长达七年的研究,如果最后宣布专利无效,将会让人无法接受。"

该言论被媒体披露后,引起轩然大波,震惊全国。2005年5月23日,辉瑞公司更正公告称,关于全球的假药中有三分之二来自中国的说法有误,特此予以公开更正,我们对由此错误表述而可能产生的误解及负面影响深表歉意。5月25日国家食品药品监督管理局市场监督负责人表示,辉瑞公司在《财富》全球论坛期间发表的错误言论,这种不顾事实的说法是站不住脚的。他希望辉瑞公司能够采取更为负责任的态度进一步消除其错误言论所造成的不良影响。5月28日,因不满足于辉瑞目前的道歉行为,重庆、成都两地的医药商会纷纷组织旗下会员抵制辉瑞产品,并提出索赔50亿元人民币。同时150家连锁药店将辉瑞产品暂时撤下柜台,并宣称不再与辉瑞进行任何形式的技术合作。由于目前辉瑞在零售终端销售的产品主要是"万艾可",自抗议行动以来,目前已有时珍阁、康济、新力等连锁药店将"万艾可"撤下柜台。

辉瑞在处理此次危机时,认错的态度是值得称道的。但整个事件也体现出辉瑞公司自以为是、对不顾别人感受的行为付出了代价,想必辉瑞制药总裁会进行自我反省:第一,作为公司的重要官员,为什么会在如此重要的场合说出如此有损东道主国家声誉的话,这样的话语在谈判桌上是可以提的,但在中国人从上到下都认为是一场盛会的"财富论坛"上,将矛头直指中国政府和高官,这显然是缺乏技巧和冷静的表现;第二,公司的最高领导层不是道歉,而只是一个更正,显得敷衍。同时,我们看出,辉瑞明显欲把如此重大的一个错误轻描淡写地表示为发言有误。由此看来,辉瑞公司需要深思的是:对于此类危机的防范发生,公司内部还没有真正建立起一套成熟的管理体系,对于危机所造成的影响的重要性没有足够的认识,在危机处理机制和反应速度方面仍需要提高。

任务五　销 售 促 进

一、销售促进的含义

销售促进又称营业推广,它是指在一定时期内,企业应用各种促销手段或方式,激发消费者或中间商购买产品的兴趣,使产品销量增加的一切促销活动。

销售促进是指除人员推销、广告和公共关系以外的所有促销活动,尤其是指短期的促销活动,是构成促销组合的重要方面之一。

二、销售促进的特点

销售促进作为一种短期的促销方式,其特点如下。

1. 销售促进促销效果较为明显

企业采用销售促进的方式比较注重各种促销手段的使用及各种营销资源的整合,而且有一定的时间限定,因此容易引起较大规模的轰动效应,能够引导消费者及时做出购买决定,促进产品销售。它比广告、人员推销和公共关系见效快,相对来说,销售促进的促销效果更为明显。

2. 销售促进是一种辅助性的促销方式

企业在选择促销方式时,一般采用人员推销、广告和公共关系的方式,这三种方式需要长期坚持才能看到效果。销售促进是指某段时期内,为了达到某种促销目的所采用的一种短期行为,因而不宜频繁使用,否则会降低其促销效果。

3. 销售促进具有一定的风险性

医药销售促进往往是企业为了推销积压产品、尽快地批量推销产品、与同行竞争和获得短期经济效益而采用的措施。但这种促销方式的效果往往是短期的,如果运用不当,容易使消费者产生逆反心理或使消费者对产品产生怀疑,这种做法有时会降低产品的身份和地位,甚至给人以产品质量低劣的印象,从而有损产品或企业的形象。因此,选择医药营业推广形式时应慎重。

三、医药销售促进的方式

(一)针对最终消费者的医药营业推广

(1)赠送样品。

(2)赠送折价券和消费卡。

(3)特价销售(小额折价交易)。

(4)现场发布会或现场交易会。

(5)商品示范和药品陈列。

(6)发放奖品(竞赛、抽奖、游戏)。

(二)针对中间商的医药营业推广

(1)批发折价。

(2)推广津贴。

(3)销售竞赛。

(4)交易会或博览会。

(5)销售培训。

(三)针对医院的医药营业推广

(1)采用药品折扣。

(2)在企业药品进入医院药房后,必须积极开展对相关医生、护士、专家、教授的临床促销工作。促销人员会见时要注重礼仪及谈话技巧,并与医护人员进行感情交流,企业也可以为医院、科室和医生个人在科学研究方面提供赞助,以利于药品销售量的提升。

(3)公司对医院促销或该地区医疗系统促销时,企业还应将医护人员及专家、教授组织起来召开座谈会,赠送公司礼品或纪念品。这种方式能够完善医生促销环节,建立医生网络,有助于药品销量的增加。

(四)针对企业内部销售人员的医药营业推广

对医药企业内部进行医药营业推广活动,旨在使销售活动顺利进行,明确销售重点所在,策划最佳医药营业推广活动、提高销售人员对产品特性的认识,了解医药营业推广计划,促使其有效开展医药营业推广活动。医药企业要想保持长期的激励效果,还需要建立良好的激励制度来促使销售人员能努力工作。激励制度一般是由药品销售定额和药品销售佣金两方面的内容组成。

总之,医药企业对于各种医药营业推广策略的选择,应当根据其营销目标、产品特性、目标市场的消费者类型以及当时、当地的有利时机加以灵活选用。

小 结

本章主要包括医药促销与医药促销组合、医药人员推销、医药广告、医药公共关系、医药销售促进等内容。

医药促销的根本作用在于沟通买卖双方,传递各自的信息,使买方得到称心的商品,卖方生产出符合市场需求的产品,并实现目标利润。促销方式主要有人员推销与广告、公共关系、销售促进和口碑营销等非人员推销两大类。

医药企业决策层根据促销目标、产品因素、市场状况、推拉策略和促销预算等实际情况,对人员推销、药品广告、公共关系、销售促进和口碑营销等促销方式进行组合,制订医药营销组合方案与现实和潜在消费者进行信息沟通,引发并刺激对医药企业或所提供的服务产生兴趣、好感与信任,进而使消费者作出购买决策。

能力检测

一、单选题

1. 人员推销区别于其他促销手段的重要标志是( )。
   A. 寻找开拓   B. 双向沟通   C. 方式灵活   D. 提供服务
2. 不同广告媒体所需成本是有差别的,其中最昂贵的是( )。
   A. 报纸   B. 电视   C. 广播   D. 杂志
3. 为建立良好的企业形象,企业应大力开展( )活动。
   A. 广告宣传   B. 营业推广   C. 人员推销   D. 公共关系
4. 某省制药机械厂生产制药机械,目标消费者是全国药品生产企业。根据产品性质,销售范围及媒介特点,应选择的广告媒介是( )。
   A. 中央电视台,人民日报   B. 省电视台,省广播电台
   C. 中国医药报,邮政广告   D. 地方电视台,广播电台
5. 医药销售促进的主要标志是( )。
   A. 短期效益明显   B. 方式灵活
   C. 双向沟通   D. 提供服务
6. 促销工作的核心是( )。
   A. 出售商品   B. 沟通信息   C. 建立关系   D. 寻找消费者
7. 促销的目的是引发、刺激消费者产生( )。
   A. 购买行为   B. 购买欲望   C. 购买决定   D. 购买倾向
8. 下列因素中,不属于人员推销基本要素的是( )。
   A. 推销员   B. 推销品   C. 推销对象   D. 推销条件
9. 公共关系是一项( )的促销方式。
   A. 一次性   B. 偶然   C. 短期   D. 长期

10. 人员推销的缺点主要表现为（　　）。
   A. 成本低，消费者量大　　　　　　B. 成本高，消费者量大
   C. 成本低，消费者有限　　　　　　D. 成本高，消费者有限
11. 销售促进是一种（　　）的促销方式。
   A. 常规性　　　B. 辅助性　　　C. 经常性　　　D. 连续性
12. 从促销的历史发展过程看，企业最先划出（　　）职能。
   A. 销售促进　　B. 广告　　　　C. 人员推销　　D. 宣传

二、多选题

1. 以下属于公共关系的活动有（　　）。
   A. 展销　　　　　　　　　B. 赞助事件　　　　　　C. 降价销售
   D. 公益活动　　　　　　　E. 在电视台播放介绍企业的节目
2. 人员推销具有（　　）特征而区别于其他促销手段。
   A. 信息沟通双向性　　　　B. 推销过程灵活性　　　C. 友谊协作长期性
   D. 推销过程直接性　　　　E. 推销目的双重性
3. 下列因素属于促销组合的有（　　）。
   A. 产品质量　　　　　　　B. 营业推广　　　　　　C. 广告
   D. 公共关系　　　　　　　E. 人员推销
4. 广告设计的原则包括（　　）。
   A. 真实性　　B. 社会性　　C. 针对性　　D. 艺术性　　E. 广泛性
5. 四大广告媒体是指（　　）。
   A. 广播　　　B. 杂志　　　C. 报纸　　　D. 电视　　　E. 霓虹灯
6. 广播媒体的优越性是（　　）。
   A. 传播迅速，及时　　　　B. 制作简单，费用较低　　C. 有较高的灵活性
   D. 听众广泛　　　　　　　E. 针对性强，有的放矢
7. 人员推销的基本形式包括（　　）。
   A. 上门推销　B. 柜台推销　C. 会议推销　D. 洽谈推销　E. 约见推销
8. 促销策略从总的指导思想上可分为（　　）。
   A. 组合策略　B. 单一策略　C. 推式策略　D. 拉式策略　E. 综合策略
9. 促销作为促成商品交易的经济活动，必须包括（　　）。
   A. 公共关系　B. 营业推广　C. 促销主体　D. 载体　　　E. 促销对象
10. 商业性广告的特点是（　　）。
    A. 有较高的艺术性　　　　B. 有明确的广告主　　　C. 使消费者产生信任
    D. 必须支付费用　　　　　E. 必须通过一定传播媒体

三、判断题（对的在括号内画"√"，错的在括号内画"×"。）

1. 营业推广是一种经常的，无规则的促销活动。　　　　　　　　　　　（　　）
2. 营业推广又称销售促进。　　　　　　　　　　　　　　　　　　　　（　　）
3. 公共关系也叫"免费广告"。　　　　　　　　　　　　　　　　　　　（　　）
4. 双向的信息沟通是人员推销区别于其他促销手段的重要标志。　　　　（　　）
5. 广告的生命在于真实。　　　　　　　　　　　　　　　　　　　　　（　　）

四、简答题
1. 促销、人员推销、广告和销售促进的含义各是什么？
2. 影响医药广告媒体选择的因素有哪些？
3. 简述医药销售促进的方法。

五、案例分析
【案例1】

兰美抒：挑战者的成功

一、市场分析

中国属于脚气高发地区，全国平均发病率近30%，在一些高发地区如南方和东部沿海地区，发病率甚至高达60%。脚气的普及率较高，所以治疗率也较高，约90%的患者会主动治疗脚气，他们中间75%的会选择使用西药。

从市场竞争方面看，脚气药市场上不仅存在着有近十年历史和信誉度的全国性领导品牌，即来自西安杨森的"达克宁"，它占有整个市场60%以上的份额；而且，潜在的市场容量也吸引着大量有相当影响力的地方品牌，如环利、孚琪、美克等，它们也在不同程度地瓜分着市场。

兰美抒作为中美史克公司的一个全新的产品，具有快速止痒、防止复发和疗程短三大特点，是全球抗真菌领域的重大突破。因此，在拥有一个好的产品的前提下，兰美抒面临的挑战是：如何迅速有效地在目标对象中建立品牌知名度，在竞争激烈的市场上成功上市，占有一定的市场份额。

二、推广策略

兰美抒作为一个全新的产品，并且在市场上存在着绝对领先品牌的情况下，必须采用大胆而全面的推广策略，迅速建立品牌知名度并通过有效的手段鼓励消费者试用，对产品疗效形成信心，从而拥有相对早期的使用者，他们将成为品牌逐渐扩展的基础。

兰美抒的产品特点为：疗效更好，快速杀灭真菌，止痒；减少复发，持久抑制真菌再生；更短治疗期，一天两次，通常疗程为一周。所以，兰美抒的产品核心诉求点被定位为：治疗脚气的更佳选择。因为与竞争品牌"抑菌"相比，兰美抒独特的成分可以达到杀灭和抑制真菌的双重作用。而品牌个性被定义为：高效的，理解人的，现代感的。

兰美抒乳膏是以盐酸特比萘芬为主要成分，该成分在国际上也属于新一代的药品成分，因此价格较高。兰美抒以5克包装上市，售价15元，属于市场上的较高档产品，针对受众是对于价格较不敏感的人群。市场上多数产品的价格在1～2元/克，而兰美抒在3元/克。产品推广对上市成功与否起着决定性的作用。

在药店零售方面，根据销售队伍的力量将市场划分为不同级别，在200多个中心城市及通路城市分别划定不同的入店要求，基本覆盖所有的零售网点为配合启动市场，中美史克也开展一系列的渠道活动，在中心城市召开隆重的上市会，给经销商增强信心；并分阶段在不同级别城市进行药店店员教育，帮助他们了解产品特性，加强在消费者购买环节最后一环的推荐作用。在医院入药方面：医院是不可忽视的渠道，在通路铺货的同时，也逐渐加大在医院的推广力度，加强专业人士对于兰美抒的认可，并最终实现目标市场要求的入药率。除正常的入药推广活动外，在20个城市内的医院渠道针对医生和患者进行"挑战脚气"的义诊活动，获得了专业人士的认可，并赢得了患者的肯定。使用结果显示，除从医生和患者方面得到大量的肯定和认可,医院销售也呈现大幅度的增长的趋势。宣传对于新产品上市扮演了不可缺少的角色,也是帮助达成品牌知名度最有效的手段。根据上市前的消费者使用和态度研究,以及产品试用测试,我们对消费者进行了更深入的理解和洞察,并总结出广告创意,即多数患者一心希望摆脱脚气和复发的困扰,重新拥有健康的双脚的心态。

在该发现的基础上,兰美抒从消费者出发,以消费者的语言巧妙地沟通品牌承诺,区别于传统的药品广告由厂商到消费者的沟通方向,大胆地展现了广告的诉求点和15秒电视广告创意。具体如下。

简单明了的品牌主张,战胜脚气,以大胆而直接的方式承诺消费者,并突出兰美抒的优势;拟人化的执行手段:以"脚"的形象代表长年忍受脚气困扰的患者,通过"脚"来讲述患病的困扰和重获健康的用药体验;同时考虑到脚气类别的独特性,也根据性别区分不同的消费者需求。男性患者的忧虑往往是:觉得脚气是一块心病,时好时坏频繁复发是主要的烦恼。而女性患者往往认为:希望摆脱脚气困扰,拥有一双健康漂亮、细腻润滑的脚。

兰美抒在传播过程中大量运用了符号化的传播:以"V姿势的脚"作为兰美抒的代表符号,统一运用到各类媒体上,最大限度地扩大"脚"的影响力,并加强兰美抒带来"健康的脚"的信息。

兰美抒充分调动了各类媒体和渠道,根据不同特点与不同人群有针对性的沟通:广告活动主要运用电视为主要载体,传播品牌的知名度和主要产品信息;使用全国性健康类别杂志,长期投放形象广告,详细传播产品功能信息;同时在健康类别杂志上投放软文,以消费者的角度介绍产品的功能;大规模启用户外广告,通过公车和地铁接触大众人群;阶段性地使用互联网,展开"5000人挑战脚气大行动",与年轻受众沟通产品功能并招募消费者试用,对大众媒体形成有效的补充。

市场推广在短时间内将兰美抒打开一定的知名度,由于广告创意的独特性,也在一段时间内形成人们谈论的话题。同时,除电视广告外,户外媒体及药店宣传品也使用了统一的视觉符号,互相之间形成了提醒和加深印象的作用,为兰美抒的上市提供了有力的支持。

根据中美史克提供的广告片上市前定量测试结果显示,兰美抒广告片在目标消费者中间取得了极大的共鸣:整体喜好程度达到90%,购买意向达到64%。这证明它是一个有效的广告片。广告上市后,根据中美史克在北京、广州和南京进行的广告及品牌追踪调研显示,兰美抒知名度呈明显上升趋势。

2002年第四季度兰美抒市场占有率在广州、南京和成都为第二位,在北京为第三位。URC提供的八个城市零售监测数据(北京、上海、广州、成都、南京、杭州、武汉及沈阳)显示,兰美抒市场占有率为7.2%,是除达克宁以外的整体市场上第二位的品牌。

案例讨论:
1. 兰美抒作为OTC药品,在促销推广过程中,是如何进行医院进行推广的?
2. 兰美抒有哪些新颖的广告创意和宣传方式?试进行分析。

【案例2】

美国强生巧妙化解公关危机

面对危机,美国强生公司的做法是很值得借鉴的。1982年9月30日,公司下属的一个子公司所生产的泰诺胶囊,在芝加哥有7人服用后死亡,并有250人生病。这一消息顷刻间引起全美1亿多服用"泰诺"的消费者的巨大惊慌。强生公司的形象因此一落千丈,名誉扫地。面对新闻界的群起而攻和别有用心者的大肆渲染,公司领导层迅速做出决定。如向新闻界敞开大门,公布事实真相,立即着手调查,撤回市场上所有的泰诺胶囊药品,等等。面对公众和新闻界,公司公关部坦率面对公众,承认在生产过程中使用氰化物,但对人身体影响微乎其微,并努力以试验数据证明。经过调查终于发现,7位中毒者的死亡,并非"泰诺"所致,而是一位疯子调包所导致,其他250人生病则与泰诺无关。

强生公司为了使市场占有率回升,通过找回老顾客,重新树立产品的新形象,并推出新的防污染、防假冒的药品包装。终于使强生公司迅速返回市场,并且由于它开发出新的包装,其美誉度与知名度都超过了悲剧发生之前。

案例讨论:
1. 强生公司是怎么样化解危机的?
2. 从强生公司的做法你得到了什么启示?

任务六 实战训练

实训一 向医疗机构推销新药

实训目的:
了解医院进药的决策程序,掌握对医院进药决策人员推销的步骤和方法。

相关知识:
目前向医疗机构推销药品可以分为普通药品和新药两类,推销普通药品比较简单,主要是营销公司或制药厂通过参加所推销地区卫生主管部门组织的药品招标工作,中标后就可以直接供货了;而新药推销比较复杂,推销人员首先要对该医疗机构进行调查,然后接触医院药剂科,同主管人员联系后,再把新药资料推荐给主要临床科室,由主要某一临床科室主任或专家向该院药事管理委员会提出用药申请,在经过药事管理委员会审批通过后,就可以和药剂科签订购销合同了。

实训情景:
假如你是A医药营销公司一名新营销员,派你去本市B医院推销×新药,该新药主要是在C科室使用,你在医院所要接触人员都是医药专业人员。

实训要求:
(1) 运用自己所学的知识,提出该任务的计划。
(2) 形成一篇简单的实训报告,其内容包括推销步骤和方法,尤其是医院性质、对药品购进决策者调查、自己对×新药知识掌握、×新药厂家资料、A公司相关资料、竞争药品情况和准备在药事管理委员会上的×新药介绍的资料等。用Word文档打印后上交,字数不少于2000字,同时制作PPT供汇报交流时使用。每小组委派一人汇报,其余几组每组至少就汇报组的汇报提出一个问题进行交流,并给予打分。
(3) 提交一份小组讨论、人员分工、工作计划及实施过程的记录和总结。
(4) 时间安排:4课时。
(5) 活动组织:任课教师安排实践项目。学生分为每组5人;每组指定一人为联系人;每个项目每次确定一人为组长。

实训提示：

必须有向医疗机构推销×新药的推销步骤和具体方法。

实训考核的内容和标准：

见附录 A。

实训二　医药企业开业庆典策划

实训目的：

锻炼自己对医药企业庆典活动的筹划和组织实施的技能。

实训情景：

本市 B 医药超市举办开业十周年庆典活动，公司领导已经安排设计了周密的庆典活动方案，详见图 15-3。要求你去具体筹划和组织实施。

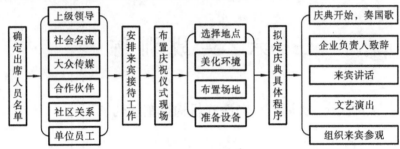

图 15-3　医药企业庆典活动的筹划和组织

实训要求：

（1）根据该方案对庆典活动进行策划和组织实施。

（2）人员可分为组织策划组、外联宣传组、活动接待和礼仪服务组、场地布置组、会议组织组和来宾组等，每组人数根据情况确定。

（3）制订各组相应职责，进行模拟训练。

（4）庆典应当以庆祝为中心。组织庆典时，要把每一项具体活动都尽可能组织得热烈、欢快而隆重。不论是举行庆典的具体场合、庆典进行过程中的每个具体场面，还是全体出席者的情绪、表现，都要体现出红火、热闹、欢愉、喜悦的气氛。只有如此，庆典的宗旨——塑造本单位的形象、显示本单位的实力、扩大本单位的影响，才能真正得以贯彻落实。

（5）参加庆典的医药企业人士必须注意的事项。仪容整洁、服饰规范、遵守时间、表情庄重、态度友好、行为自律、发言简短。

（6）由班长担任本次庆典活动总指挥。

（7）实训时间：2课时。

（8）实训地点：课堂内。

（9）写出实训报告。

实训考核的内容和标准：

见附录 A。

（王会鑫　党创世）

模块五

医药营销组织管理控制技术

项目十六 医药营销计划、组织与执行技术

学习内容

掌握：根据医药企业需要设计适合的市场营销组织模式，制订市场营销计划。

熟悉：医药营销计划的内容及执行的步骤。

了解：医药市场营销组织模式，营销执行的有关概念。

能力目标

会制订医药企业营销计划方案。

能设计适合医药企业的组织结构。

案例引导

哈药集团战略计划的执行

哈药集团在市场环境不断变化的条件下仍然保持高速增长，社会上有一些非议，认为保健品做得比药还大，但是透过现象看本质，该集团的战略是非常明确的，其产品线不仅是医药和保健品，其实国际化做得也不错，近五年来销售规模增长比较大，但是净利润一直在浮动，2002—2006年，每年销售的增长率是9.07%，利润的增长率是11.28%，为什么增长？有几方面原因。第一就是回归医药本质，放眼全球视野，是哈药集团未来成长的动力，所以在盖中盖、葡萄糖酸锌这些产品卖得比较好的情况下，生产医药产品，如抗生素类产品中的头孢类和青霉类素都有很大的增长，保健品或是OTC产品是它新的业务增长点，但它主要的业务并没有放弃，相反通过品牌宣传和产品拉动，带动了哈药集团产品品牌的成长。第二个原因就是成本领先，哈药集团在同质化竞争当中，成本做得比同行业要低，那么品牌的积累与放大，使哈药集团具备了市场比拼的先发优势，大企业的品牌深入人心，很多同样的产品，代理商专门用更优惠的条件去接受哈药集团的产品，领先的营销理念是其增长的基础。哈药集团通过两个阶段实现了从专业化到国际化的飞跃，最终向世界级的企业发展。第一，阶段是实现专业化发展阶段，也就是通过研发、生产和营销的专业化，力争完成销售收入200亿的目标，这是销售收入完成的目标；第二个阶段通过国际化的发展战略，建设创新型的世界级企业，目标很宏伟。要实现这个目标，要从五个重点出发。第一，是做强、做

大、领先,在三大领域(抗生素类药,化学合成及原料制剂,OTC 药及保健品)实现。第二,做精、做强、赶超,其新兴业务是现代中药、生物工程药和动物疫苗,如果说前面三大业务是主营业务,后面三大业务是新兴业务。第三,要在医药商业实现区域垄断,扩展国内市场新格局,在区域市场保持垄断地位,稳扎稳打之后,再进行全国扩张。第四,以创新能力为核心,实施研发体系。第五,以资本为纽带,实现集团生产资本,生产运营与资本运营同时发展。综上所述,企业运营到一定程度,一定是两手抓、两手都要硬,开始是产业发展,发展到一定程度,一定要通过资本来放大这个产业,资本发展又需要产业为基础,所以资本是帆,产业是船,有了帆的船会走得更远,走得更快。哈药集团的这五个重点方向是比较明确的,哈药集团模式也正回归专业化的本质,来适应新的市场竞争,表现在以下几个方面:①研发专业化,一个中心,五个分中心的研发体系,包括集团的技术中心、抗感染研究中心、现代中药研究中心、制剂研究中心、保健品研究中心、疫苗研究中心;②生产专业化,建立抗生素研究基地;③要打造中国第一品牌,要做中国最高制剂水平的专业化生产基地,要发展专业化,发展专业化就是引进新机制,引进新人才,注入新活力,采用新方式……

任务一　设计医药市场营销组织

随着互联网的普及和经济贸易全球化的到来,医药企业不仅要在营销方面更新观念,更需要在管理意识上有所提高。所以营销计划、组织与执行是市场营销管理过程中的一个重要步骤。营销计划需要借助一定的组织结构来实施,执行部门需要投入一定资源,同时需要控制系统来诊断或调整计划,使计划能够贯彻执行。

一、医药市场营销部门的组织模式

医药市场营销组织是指医药企业内部涉及营销活动的各项职位设置、组合及其组织结构模式。

市场营销组织模式大致分为专业化组织和结构化组织两类。一般与职能分工、区域、产品和顾客有关,按其分工方式设置模式。

(一)专业化组织

专业化组织包括四种类型:职能型组织、产品型组织、市场型组织、地理型组织。

1. 职能型组织

职能型组织(图 16-1)是最古老也最常见的营销组织形式。它强调市场营销各种职能的重要性,下级行政负责人除了要服从上级行政领导的指挥外,还要服从上级职能机构的指挥,把销售职能当成市场营销的重点,而广告、产品和调研职能则处于次要地位。

(1)优点:当企业只有一种或很少几种产品,或者企业产品的市场营销方式大体相同时,按照市场营销职能设置组织结构比较有效,且简便易行,行政管理简单。

(2)缺点:随着产品品种的增多和市场的扩大,这种组织形式会暴露出发展不平衡和难以协调的问题,能因效率降低(如妨碍统一指挥;在工作人员缺席的情况下,弹性较差)而导致工作无法继续进行;分工过粗,因为没有人专门为具体产品或市场制订特有的计划并且负完全责任。

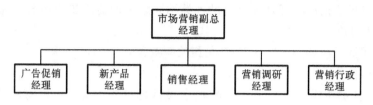

图 16-1 职能型组织

2. 产品型组织

这种组织是在企业内部建立产品经理组织制度,以协调职能型组织中的部门冲突。在企业生产的产品差异大、品种多,很难用同一套营销策略时,应该用多角化经营战略。在职能型组织无法处理的情况下,建立产品型组织是适宜的。基本做法是由一名产品市场营销经理负责,下设几个产品大类经理,产品大类经理之下再设几个具体产品经理去负责各种具体的产品(图 16-2)。

(1)优点:产品市场营销经理能够有效地协调各种市场营销职能,并对市场变化做出积极反应。由于有专门的产品经理,保证了不同品种的产品都有专人负责而不致被忽视。

(2)缺点:产品经理职权范围小,易产生矛盾;产品经理不熟悉其他部门职能,有赖于这些部门;人员过多,管理费用高;人员变动频繁,不易保持产品计划的连续性。

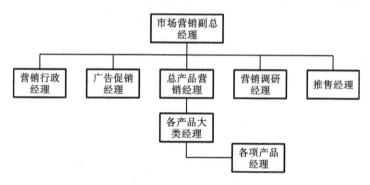

图 16-2 产品型组织

3. 市场型组织

当企业拥有单一的产品大类,面对各种不同需求的消费群体,以及使用不同的分销渠道时,建立市场型组织是可行的(图 16-3)。

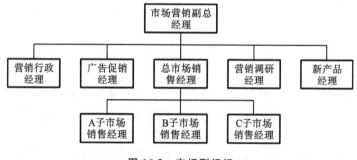

图 16-3 市场型组织

(1) 优点：市场营销活动可以按照满足各类不同顾客的需求来组织和安排，有利于企业加强销售和市场开拓。

(2) 缺点：权责不清和多头领导，与产品型组织类似。

4. 地理型组织

如果一个企业的市场营销活动面向全国，会按地理设置市场营销机构，一般这类组织会与其他类型的组织结合起来使用，适用于销售任务比较复杂、推销人员对公司利润的影响极大时(图16-4)。

(1) 优点：有利于地区经理掌握该地区的市场环境的有关信息，为企业在该地区打开产品销路进行有效谋划。

(2) 缺点：管理的跨度逐渐增加，推销人员的报酬很高。

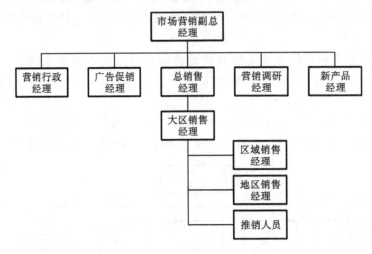

图 16-4　地理型组织

(二) 结构化组织

(1) 金字塔型组织是一个金字塔，上面是经理，两个部门经理，部门经理分别管理若干个小部门。经理至员工自上而下建立的垂直领导关系，幅度逐步加宽。

① 优点：上、下级权责明确，沟通迅速，效率较高。

② 缺点：每个员工(尤其是下层员工)权责范围有限，往往缺乏对总体市场营销状况的了解，不利于他们的晋升。

(2) 矩阵型组织是职能型组织与产品型组织相结合的产物，它是以原有按直线指挥系统为职能部门组成的垂直领导系统为基础，又建立一种横向的领导系统，两者结合起来就组成一个矩阵(表16-1)。

矩阵型组织会产生两种情况：一是企业为完成某部门的一次性任务组成，任务完成后，小组撤销。这种临时性的矩阵组织也称小组制；二是企业要求个人对于维持某个产品或品牌的利润负责任，把产品经理的位置从职能部门中分离出来固定化。

① 优点：能加强企业内部间的协作，能集中专业人员的知识技能又不增加编制，组建方便，适应性强，有利于提高工作效率。

② 缺点：双重领导，过于分权，稳定性差，成本较高，效率降低。

表 16-1　矩阵型组织

	A市场经理	B市场经理	C市场经理	D市场经理
甲产品经理				
乙产品经理				
丙产品经理				
丁产品经理				

二、设计医药营销组织需考虑的主要因素

组织结构的设计和职位类型密切相关。企业如果采用矩阵型组织,就要建立大量的协调性职位;如果采用金字塔型组织,则又要求有相应的职能性职位。因此,设计组织结构的首要问题是使各个职位与所要建立的组织结构相适应。

(一)企业规模与组织所处的发展阶段

规模是影响组织结构的重要问题。企业规模决定了营销组织设置层次的多少。小规模企业,营销组织较为简单,进行销售的人员只有几个到十几个;大企业营销组织层次多,所管理的营销人员多,管理幅度大。企业规模与组织所处的发展阶段相联系。随着组织发展,活动日趋复杂,规模越来越大,组织结构也需要随之调整。

(二)市场特点

组织是社会的一个单位,存在于一定环境中,外部环境必然对内部的组织结构产生一定影响。再者外部环境是企业的不可控因素,所以组织设计首先考虑企业所面临的外部环境及其发展趋势,外部环境包括政治、经济、社会、文化、科技等因素,其中市场因素对企业影响最大。销量较大的市场一般需要较大的市场营销组织;组织越大,需要的人员和部门也越多。从医药市场定位来看,老、中、青等各个年龄阶段、各阶层都有适用的医药产品,所以大型医药公司的组织也越来越复杂。

(三)企业经营产品的特点

由于产品种类、特色的不同,所以营销工作的侧重点也不同。例如,工业品和消费品生产企业的营销组织倾向于产品型的组织结构,但工业品多采用人员推广,消费品多用广告和分销推广。

(四)企业的战略

企业若采取单一经营战略,可采用职能型组织结构;如果采用多种经营战略,可采用多种组织结构。

根据二八法则,80%的结果往往是由20%的因素所决定的,所以在进行组织结构设计时,对于权变因素的考虑要有所侧重,抓住主要的影响因素。

> **知识链接**
>
> **二 八 法 则**
>
> 你所完成的工作里80%的成果,来自于你20%的付出,而80%的付出,只换来20%的成果,这就是二八法则。它反映了一种不平衡性,指出了在原因和结果、投入和产出、努力与报酬之间存在不平衡现象,所以在经营管理中,要抓住关键的少数顾客,加强服务,达到事半功倍的效果,会员制就是基于这一理念。在生活中,一个人应该选择在几件事上追求卓越,而不强调在每件事上都有好的表现,锁定少数能完成的人生目标,而不必追求所有的机会。

任务二 制订医药市场营销计划的内容及其执行

一、医药市场营销计划的内容

企业为实现战略目标,必须开发产品的营销计划。医药市场营销计划主要是针对医药企业在此项业务内的产品线、品牌或新的产品编制的计划,它对于业务战略计划而言,属于具体执行的计划。因为该计划一般涉及具体的产品,也被称为"商业计划书"。一个企业的产品经理必须负责编制此计划并在批准后负责组织实施。产品的市场营销计划由8个部分的内容组成。

(一)计划概要

对整个计划或主要内容的摘要或综述,可使最高管理层迅速抓住计划的要点。营销计划的开始应对计划的主要内容和关键点进行一个简明扼要的概括,以便企业的决策者能迅速了解计划的主要内容。如某企业的营销计划概要可以这样表达:"某医院决定在新的一年里使销售额比上一年增长10%,目标锁定六万个客户,城市占有率由原来的11.3%提高到25%左右,两年内力争达到30%~40%,应量身定做行之有效的营销手段,包括灵活定价、差异化、广告促销、有效的支持系统,最终将带来年营业额五千万元以上的增长,为达到这个目标,今年的营销预算要达到100万元,占计划销售额的2%……"

(二)目前营销现状

提供有关外部的市场状况、产品状况、竞争状况、分销状况、宏观环境、微观环境的相关资料及内部的企业资源和能力。

1. 市场状况

这里提供的是有关目标市场的主要数据。市场的规模和成长,按过去几年的总销售量、各细分市场、区域市场来表示。数据要反映顾客的需求、观念和购买行为的发展趋势。如目前,中国已步入老龄化社会,有6亿老年人。肩周炎、颈椎病、骨质增生等各类慢性疼痛患者占中老年群体的60%,合计3.6亿人,而且这一数字还会不断增加。由于经济发展,长期大量工作容易导致机体劳损和关节疼痛,很多人在计算机前静坐容易引发各种疼痛,所以止痛药是一个潜在的很大的市场。

2. 产品状况

要反映过去几年中主要产品的销售量、价格、边际收益和净利润。如三精药业产品线很长,它确立了主推新产品的营销策略,在众多产品中选出 SZ、SK 和葡萄糖酸钙口服液等三个新产品,后来发现,葡萄糖酸钙口服液在这三个产品中不仅销量最高,而且正式投产以来,在没有固定销售计划的情况下,销售收入一直保持在每年 2 000 万元左右,已成为哈尔滨地区各大医院治疗儿童缺钙的首选药物。市场调查结果表明:消费者认为葡萄糖酸钙口服液口感好,儿童可以接受,84%的消费者认为产品价位可以接受。最终,葡萄糖酸钙口服液被确定为主打产品。

3. 竞争状况

要识别主要的竞争对手,他们的销售规模、目标市场、市场占有率、产品质量、营销战略和行动。如蓝天医院硬件设施不如市人民医院,价格优势不如小医院和个体诊所。

4. 分销状况

要对企业的销售渠道、规模和现状进行描述。如东盛科技公司一方面要求员工保证产品供应,另一方面要求各省的营销中心、办事处与二级经销商或药店直接联系,保证"白加黑"在医院和药店铺货与销售,经全体员工共同努力,"白加黑"市场份额迅速扩大,销量达历史最高峰。

5. 宏观环境

这一部分要对影响企业产品前途的各种宏观因素进行分析,包括人口、经济、技术、政治、法律、社会和文化。

我国"十七大"召开以后,党中央明确把医改问题写入了"十七大"的报告,意味着医药产业的发展将从自由的市场竞争阶段转向由政府主导的健康服务加市场竞争阶段。医改的初步方案已经出台,给中国医药行业带来巨大变化,将会出现很多的新市场机遇,同时也给我们带来巨大的挑战。能不能进入基本医疗用药目录,能不能进入新农合目录,能不能进入社保目录十分关键,进目录就意味着你取得了竞争的资格,企业的核心竞争能力才能得到增强。

知识链接

新 农 合

新型农村合作医疗,简称"新农合",是指由政府组织、引导、支持,农民自愿参加,个人、集体和政府多方筹资,以大病统筹为主的农民医疗互助共济制度。采取个人缴费、集体扶持和政府资助的方式筹集资金。新型农村合作医疗制度从 2003 年起在全国部分县(市)试点,到 2010 年逐步实现基本覆盖全国农村居民。

---

6. 微观环境

医药营销管理人员采取各种策略和措施的最终目的是满足目标市场的需要进而获取利润。如农村的人口集中度不如城市高,不为大企业所看重,对中小制药企业来说,更容易建立自己的竞争优势。

(1) 销售网络状况：众多农村药品销售网络基本处于空白状态，不能满足农村患者对药品的需求。

(2) 消费状况：农村消费者首先考虑价格，其次才是疗效；农村患者多为经验型，品牌忠诚度较高，对药品知识了解较少，对药品的选择主要受医生、店员和广告的影响；农民缺乏保健意识，对健康重视程度低，不得已才去就诊或购药；农村患者维权意识差，买到假冒伪劣药品，很少向药监部门举报。

(3) 信息渠道：较为简单，主要有三种：广告媒体，乡村医生和店员介绍，人际口头传播。

（三）机会与问题分析

现在企业的产品经理要从产品线出发，找出所面临的主要机会与威胁、优势和劣势，以及产品线所面临的问题。

1. 机会与威胁分析

市场机会就是市场未被满足的需求。哪里有需求，哪里就有企业的市场机会。产品经理要通过各种渠道来明确所面临的主要机会和威胁。

例如，蓝天医院的主要机会：市人民医院势头虽旺，但营销意识不足，领导层决策的效率不高，员工队伍的紧迫感、危机感不强，求变的心情不急切；红十字医院虽有此意识，但还未正式行动，还正在理顺内部管理机制，整合内部结构，着手解决管理层经营医院的意识问题。而蓝天医院通过培训和以前的观念转变的思想准备，统一了认识，认为只要迅速出击，就一定能赢得先机，锁定一大批客户，抢占和扩大市场份额。

蓝天医院的主要威胁：①市人民医院新的大楼竣工后，设备进一步改善，会吸引社会注意力，将进一步增加市场份额，相应的会抢占蓝天医院市场份额。②红十字医院新的大楼已正式投入使用，新任院长有较强的营销理念和创新精神，会逐步占领蓝天医院的市场份额。③省内外医院都一直注视着本地的医疗市场，随时可能入驻，来抢占蓝天医院市场份额。

2. 优势与劣势分析

企业必须辨别所面临的优势和劣势。如某保健品的优势：质量可靠，在经济开发区建有生产基地，利用有机种植原料，生产的是绿色营养保健品，而且拥有雄厚资金和完善管理。劣势：该保健品价格比较贵，与老百姓的消费水平存在很大差距，消费群有限，会影响市场推广。

3. 问题分析

确定企业所面临的主要问题。

（四）拟定营销目标

营销目标是营销计划的核心部分，是在分析营销现状并预测未来的机会和威胁的基础上制订的。企业必须对计划的目标做出决策，包括财务目标和营销目标。

1. 财务目标

如确定投资收益率、利润和现金流量等。

2. 营销目标

财务目标必须转化为营销目标，才具有可操作性。如销售收入目标、产品价格、产品销量目标、市场份额目标,以及产品知名度、分销范围等,营销目标应以定量的形式表达,具有可行性、一致性,符合企业内外的实际情况。

（五）市场营销战略

市场营销战略即提供实现计划目标的主要营销手段或途径。在制定战略时,产品经理要与企业其他部门进行协商,以保证计划的可行性。战略可以用下述结构表现。

1. 目标市场战略

在营销策略中首先要明确目标市场,也就是企业准备服务于哪个细分市场以及市场定位。了解市场环境,结合自身的资源条件,选择目标市场,能获得比竞争对手更有利的机会。目标市场战略由三部分组成:一是市场细分;二是目标市场选择;三是市场定位。如"小儿止咳糖浆"的目标市场:3～12岁儿童。市场定位:"专治小儿咳嗽"。原因在于:儿童抵抗力较弱,有咳嗽症状就要及时控制,而成人用药不适用于小儿咳嗽,由此需要专治小儿咳嗽药物。有很多感冒药都在做广告,实际上都是在做不同的细分市场,有不同的定位。"白加黑":"白天吃白片,不瞌睡;晚上吃黑片,睡得香",既能解决白天很好工作问题,也能解决晚上很好休息的问题。"感康":"抗病毒治感冒",治疗病毒性感冒。"康必得":"中西药结合疗效好",在中西药结合这方面是比较有特色的。"快克":"治疗感冒快速起效"。

2. 差异化战略

在安排营销组合时,要比竞争对手更好地满足顾客的需求,主要有四种手段:产品、地点、促销和价格。重点就是在这种组合中找到自己的特色,将自己的产品或服务与竞争对手区别开。

（1）产品:可以通过三条途径实现产品的差异化。

① 开发出全新产品,并申请专利。江苏恒瑞,是做抗肿瘤药比较突出的企业,也比较专业化,重点研究了抗肿瘤药和麻醉药,研发实力很强,产品的储备也很多,已发展成为几十亿销售规模的企业,可见重视以市场为导向的研发是企业取胜的一个基础。

② 增加产品的附加价值,以实现差异化。顾客不仅要产品本身,而且也要产品附带的服务。服务的好坏直接影响顾客的购买价值。如王永庆最开始卖大米,大米是大众产品,也是快速消费品,很难在降低成本方面有什么作为,他首先把大米散开,把里面的树枝、树叶和小石头全部清掉,再装入米袋,对外宣传自己的大米是全村最洁白的(当然别人的大米没经过处理),而且卖米的时候提供送货服务,送到家门口就很好了,而且还要送到米缸旁边,这叫做一步到位的服务,然后他会说请你拿一张纸,把米缸里的旧米倒在纸上,再把新米倒进去,这样旧米永远先吃。小小的一个卖米,可以卖得炉火纯青,各种各样的差异化都想得到。

③ 建立品牌实现差异化。通过品牌实现差异化是最持久的。可口可乐之父伍德·罗夫说公司如果一夜间化为灰烬,那么第二天报刊头条各大银行一定会争着给我贷款,产品可以被模仿,品牌无法模仿,也不会被淘汰。

（2）地点。

渠道本身具有排他性,一旦建立良好的渠道,竞争对手很难模仿。如为了实现预期目标利润,海王星辰的发展战略定为"小店大规模"战略,把在全国扩张"店数"作为第一目标,它的门店面积较小,为50～60 m²,有点类似便利店,并且各点距离近,最近的有三五十米远。经验表明,一个城市至少要开50家药店才能形成规模效应,而所谓规模效应又与会员制紧密相关。在大连,180家海王星辰的会员数量竟然占到了当地人口的20%。目前,海王星辰全国的会员已超过1200万,一半以上的会员每个月都有消费。这样,通过占领渠道成功地阻止了竞争对手的模仿行为。

(3) 促销。

在促销要素中形成差异化的最有效工具是广告,通过广告强化卖点,在顾客头脑中形成认知,如海王的广告以密集的投放量,新颖的创意,在市场上一举成名。"海王,健康成就未来"赋予其很多内涵。一方面给海王一个清晰的定位——健康产业,同时也是海王在经历成功的烦恼后对自身的期望——除了人类有健康需求外,企业也需要健康,健康才能成就未来,健康才能成就辉煌。这样的广告词听起来顺理成章,打动人心。海王的成功可以说是广告成就的。

(4) 价格。

企业在上面三个要素很难找到差异化卖点的时候,往往采取降价行动,但是在使用价格差异化的时候要注意三个方面的问题。① 必须有实力作保证。降价行为在扩大销量的同时也在快速侵蚀利润率。价格优势的背后是成本优势,没有成本优势就没有价格优势。② 靠价格差异化很难持久。因为竞争对手很容易模仿,一旦竞争对手也加入降价行动,原有的价格优势会被削弱。③ 提高价格也可以形成差异化。对于很多高端产品和国际品牌,高价格就是差异化。如国外的LV、GUCCI和国内的四川峨眉山竹叶青茶叶。

3. 顾客满意战略

顾客满意战略就是企业的一切经营活动都围绕顾客的需求,以顾客满意为核心,不断提高顾客满意度。一方面通过提高顾客让渡价值使顾客满意;另一方面通过固定客户关系让顾客忠诚,长期忠诚的顾客交易成本更低,交易量更大,还有可能为企业带来新的客户。

战略竞争案例:当中药企业竞争非常激烈时,很多企业都有自己的中药产品时,有一些企业根据自己产品的特点及未来发展战略提出了一个未来的竞争战略,比如浙江的康恩贝集团,他的产品前列康、天保宁,这些都是从植物当中提取的有效成分做成的单体药物,它不同于同仁堂、达仁堂的传统药物,也不同于天士力提出的现代中药,把产品定位在现代植物药,可做成现代植物药的一个航空母舰,如果作为中药竞争的话,它不一定比同仁堂强,如果作为现代中药的话,可能与天士力还有一定差距,但是作为现代植物药,非常有特点和特色。提出这个战略目标后,企业的产品研发、品牌宣传及资源配置都朝着这个战略目标努力,在这个目标下,企业取得了长足的发展,培育了许多大品牌产品。

(六) 制订行动方案

行动方案是为了实现业务目标所采取的主要营销行动,如将要做什么、什么时候做、谁来做、成本是多少等,按时间顺序列表。

(七) 预算损益表

在行动计划中,要表明计划的预算。如收入,要反映预计的销售量和价格;费用要反映成本的构成和成本的细目。两者之差就是预计的利润。企业要对计划的预算进行核查,预算如果太高,就要适当削减。企业领导者审查或修改这个预算,一旦批准,便成为采购、生产和营销活动的基础。

（八）控制营销

控制营销是市场营销计划的最后一个部分，主要用来监测计划的进度，对可能遇到的风险选择相应的控制方法。通常目标和预算是按月或季度来制订的，企业要对计划的执行结果进行定期核查，出现问题要及时弥补和改进。对预先难以做出预测的因素，要制订应急计划。如明确一位责任人，负责该计划的领导、监督、协调工作，实行活动的全程控制，以保证计划的顺利实施。

二、医药市场营销计划的执行

医药市场营销计划的执行是指医药企业为了保证营销目标的实现，将医药市场营销计划和战略转化为行动方案的过程。就是解决"谁去做"、"何时做"和"怎样做"的问题。而医药市场营销计划和战略是解决医药企业"需要做什么"和"为什么要这么做"的问题。一个医药营销计划应该得到有效的执行才能体现它的价值。

战略是决定方向的，运营管理是决定效率的，执行是决定结果的，三者是密不可分的。

市场营销失败的原因很多，可能是由于战略本身的问题而导致市场营销失败，但是经美国研究表明，90%的失败原因是没有有效地执行市场营销计划。市场营销计划的执行是一项艰巨而复杂的工作，要按科学的步骤进行，同时也要解决存在的问题。

（一）市场营销执行过程

医药企业市场营销的执行过程，包括如下六个主要步骤。

1. 制订行动方案

为了有效地实施市场营销战略，必须制订详细的行动方案，包括人员配备、资源分配和时间安排。这个方案应该明确市场营销战略实施的关键性决策和任务，并将执行这些决策和任务的责任落实到个人或小组。另外，还应包含具体的时间表，定出行动的确切时间。

2. 建立组织结构

企业的正式组织在市场营销执行过程中起决定性的作用，组织将战略实施的任务分配给具体的部门和人员，规定明确的职责权限和信息沟通渠道，协调企业内部的各项决策和行动。具有不同战略的企业，需要建立不同的组织结构。也就是说，结构必须同企业战略相一致，必须同企业本身的特点和环境相适应。组织结构具有两大职能，首先是提供明确的分工，将全部工作分解成管理的几个部分，再将它们分配给各有关部门和人员；其次是发挥协调作用，通过正式的组织和信息网络的沟通，协调各部门和人员的行动。

3. 设计决策和报酬制度

为实施市场营销战略，还必须设计相应的决策和报酬制度。就是要设立合理的薪酬体系，实际就是对销售人员的激励，包括物质激励措施和精神激励措施。对新成立的企业来说，强调的是固定部分会高些，可变部分少一些，这样可以吸纳人才，可以让大家稳定一些，当销售有一定业绩之后，销售人员会感觉到不刺激，所以固定部分可以减少一些或保持不变，可变部分要加大，也就是提成奖金要加大，而且每一个年度会有一些调整和变化的，如果我们的薪酬体系一用就是五年，人员发生变化也不考虑，这是不行的。所以薪酬体系建立要有标准,要有竞争力,企业要有承受力(企业不可能把所有人的薪酬都提高,但一定会给那些作出突出贡献的、有能力的人提高薪酬),所以薪酬体系需要在年度计划中提出。同时也不要以短期的利润为依据,因为这样会使员工的行为趋于短期化,对企业的长期利益是不利的,所以薪酬体系的建立直接关系到战略实施的成败。

4. 开发人力资源

医药市场营销战略最终是由医药企业内部的工作人员来执行的,所以人力资源的开发至关重要。这涉及人员的考核、选拔、安置、培训和激励等问题。在考核选拔管理人员时,要注意将适当的工作分配给适当的人,做到人尽其才,同时也要考虑企业内部提拔还是外部招聘哪个更有利;为了激励员工的积极性,必须建立完善的工资、福利和奖惩制度。此外,企业还必须决定行政管理人员、业务管理人员和一线工人之间的比例。许多美国企业已经削减了公司一级的行政管理人员,目的是减少管理费用和提高工作效率。员工培训的目的就是提高员工的素质和技能,提高他们应用知识,解决实际问题的能力。

5. 建设企业文化和管理风格

企业文化是指企业在生产经营实践中形成的一种基本精神和凝聚力,是内部全体人员共同持有和遵循的价值观念、理想信念、企业风尚和道德行为准则。企业文化对企业经营思想和领导风格,对职工的工作态度和作风,均起着决定性的作用。企业文化的结构包括物质层、行为层、制度层和观念层四个层次。其中观念层属于一种隐性文化,是企业文化的根本,包括企业精神、企业哲学、企业价值观、道德规范等。这些内容是在长期的生产经营活动中形成的,对企业经营活动产生直接影响。物质层、行为层和制度层属于显性文化的内容,能为人们直接感觉到的内容,包括企业制度、企业行为、企业设施、企业形象和标识等。总之,企业文化主要是指企业在其所处的一定环境中,逐渐形成的共同价值标准和基本信念。这些标准和信念是通过模范人物塑造和体现的,通过正式和非正式组织加以树立、强化和传播的。由于企业文体体现了集体责任感和集体荣誉感,它甚至关系到职工人生观和价值观,它能够起到把全体员工团结在一起的"黏合剂"作用。因此,塑造和强化企业文化是执行企业战略的不容忽视的一环。与企业文化相关联的,是企业管理者的管理风格。有些管理者的管理风格属于"专权型",他们发号施令,独揽大权,严格控制,坚持采用正式的信息沟通,不容忍非正式的组织和活动。另一种管理风格称为"参与型",他们主张授权下属,协调各部门的工作,鼓励下属的主动精神和非正式的交流与沟通。这两种对立的管理风格各有利弊。不同的战略要求不同的管理风格,具体需要什么样的管理风格取决于企业的战略任务、组织结构、人员和环境。

企业文化和管理风格一旦形成,就具有相对稳定性和连续性,不易改变。因此,企业战略通常是适应企业文化和管理风格的要求来制定的,而不宜轻易改变企业原有的文化和风格。

6. 市场营销战略实施系统各要素间的关系

为了有效地实施市场营销战略,企业的行动方案、组织结构、决策和报酬制度、人力资源、企业文化和管理风格这五大要素必须协调一致、相互配合。

试着以一个医药企业为例说明这五大要素是怎么协调一致、相互配合的。

（二）影响市场营销计划有效执行的原因

市场营销计划虽然很重要，但如果不能很好地贯彻执行，就会使计划流于形式。主要包含下面六个因素。

1. 在战略上很迷茫，没有自己的方向

不去做自己擅长和有特点的领域，事实证明这类企业的发展受到很大阻碍，如有一些企业看到商业有很大的机会，那么工业企业收购商业，实际上工业企业的管理模式和商业企业有着很大的区别，不论是盈利模式、人才需求，还是运作方式，都存在很大区别。

2. 战略计划脱离实际

市场营销计划，一般是由上层管理者制订的，由于他们不了解计划执行过程中的可能出现的问题，导致计划与企业的实际情况不符，使计划难以落实。为了避免此现象的发生，应由专业人士协助上层管理者制订计划，要以市场为导向，考虑竞争对手的实际情况，制订相应的市场营销战略计划。

‖营销案例‖

天士力是医药行业很出名的一家企业，最早是一家医院的制剂室，产品很简单，就是复方丹参滴丸，但是它运用了一个品牌战略来宣传中药现代化这个理念。通过这个理念把天士力打造成一个中药现代化的龙头企业，区别于传统中药企业的丸散膏丹，产品又在美国FDA申报，这样既开创了国际化的一个道路，又达到一个墙外开花墙内红的局面，从而提高了在国内企业的形象。同时天士力又有一个中药种植的GAP基地，既能保证药材地道，又能保证产品是有科技含量的系列产品，这是一个企业战略的概念。

很多大企业早就开始为他们的战略构思及实施层面做准备，而中小企业由于生存的压力或者战略的缺失，只关注短期行为。

3. 营销人员追求短期利益

医药市场营销计划和战略着眼于企业的长期发展目标，一般是今后 3~5 年的经营目标。而医药市场营销计划和战略的执行者要根据的考核标准主要依据短期的工作绩效，如医药的销售量和利润量等指标，有的销售量很大，但是可能忘记了开发新客户，只是维持几个客户就能获得很高的利润，但如果不开发新客户，其实损失的是公司长远利益。

4. 企业因循守旧，不愿意创新

要想执行与旧战略完全不同的新战略，需要打破传统的组织模式，承担很大的风险，花费很大的成本，这样一来执行新战略遇到的阻力就大，往往遭到抵制。

5. 组织机构之间配合差，相互推卸责任，没有一致的目标导向

要想使市场营销计划得以贯彻执行并达到预期的目标，企业组织机构的密切配合、通力合作是关键。现在，任何一个企业不可能独立完成工作，部门之间的协调管理和目标导向的一致是市场营销计划有效执行的必要保证。

> **知识链接**
>
> **协作才能双赢**
>
> 　　在五官大会上,耳、眼、口、鼻说:"我们位置最高,而脚的位置最低,我们不能与他相处太密切。"大家都没有意见。几天后,有人要请吃饭,口非常想去,想一饱口福,但脚不肯走,口没有办法。又过了几天,眼想听听鸟叫,眼想看看风景,而脚也不肯走,耳和眼也无可奈何。大家便商量改变决议,但鼻不肯,他说:"脚虽然能制服你们,可我对他没什么要求,它能拿我怎么办呢?"脚听了,走到肮脏的厕所前,站着不动。恶臭的气味,直扑鼻孔,令人恶心。
>
> 　　肠和胃大声埋怨道:"他们闹意见,为什么叫我们受罪,我们招谁惹谁了!"
>
> 　　启示:组织团队的协作精神如同企业利润一样重要。在他们看来,团队里面的每一个成员都有他们的可用之处,都应该互相尊重,互相合作。

6. 没有以实战为基础的执行方案

如果只考虑总体战略而忽视执行中的细节,就会使计划太过笼统而难以执行,要建立具体的执行方案。

对于制药企业来说,计划制订相对比较容易,执行过程难以把握。要关注每一个细节、每一个步骤,否则,稍微掉以轻心,轻则失去一个客户,重则付出惨重的代价。营销计划的执行绝对不是作秀,要坚持以结果为导向,以目标实现为根本,合理调配资源,应时而动,将计划落实到实处,最终实现目标的过程。市场营销计划与执行同等重要,只有顺利地执行才能得到完美的结果,否则,再好的计划也没有意义。总之,营销计划的执行＝计划＋行动＋落实,有计划无行动,就是白日做梦;有计划有行动,而无法贯彻落实,无疑是损失、是浪费。因此,营销执行的终点在于落实。

小 结

(1) 医药市场营销组织是指医药企业内部涉及营销活动的各项职位设置、组合及其组织结构模式。市场营销组织模式大致分为专业化组织和结构化组织两类。

(2) 市场营销计划包括8个标准部分的内容:计划概要、目前营销现状、机会与问题分析、拟定营销目标、市场营销战略、制订行动方案、预算损益表和控制营销。

(3) 市场营销的执行过程,包括如下六个主要步骤:制订行动方案、建立组织结构、设计决策和报酬制度、开发人力资源、建设企业文化和管理风格、市场营销战略实施系统各要素间的关系。

(4) 影响市场营销计划有效执行的原因:在战略上很迷茫,没有自己的方向;战略计划脱离实际;营销人员追求短期利益;企业因循守旧,不愿意创新;组织机构之间配合差,相互推卸责任,没有一致的目标导向;没有以实战为基础的执行方案。

能力检测

一、单选题

1. 最古老也最常见的市场营销组织形式是（　　）。
   A. 职能型组织　　B. 产品型组织　　C. 市场型组织　　D. 地理型组织
2. 当企业拥有单一的产品大类，面对各种不同偏好的消费者群体以及使用不同的分销渠道时，适宜采取（　　）。
   A. 职能型组织　　B. 产品型组织　　C. 市场型组织　　D. 地理型组织
3. 结构性组织有两种形式：金字塔型和（　　）。
   A. 矩阵型　　　　B. 产品型　　　　C. 市场型　　　　D. 地理型
4. 职能型组织与产品型组织相结合的产物是（　　）。
   A. 金字塔型组织　B. 产品型组织　　C. 地理型组织　　D. 矩阵型组织
5. 由一名产品市场营销经理负责，下设几个产品大类经理，产品大类经理之下再设几个具体产品经理去负责各种具体的产品，适宜采取（　　）。
   A. 职能型组织　　B. 产品型组织　　C. 市场型组织　　D. 地理型组织
6. 下面哪一项不属于市场营销执行过程？（　　）
   A. 设计决策和报酬制度　　　　　　B. 开发人力资源
   C. 建设企业文化和管理风格　　　　D. 预算损益表

二、名词解释

矩阵型组织　　医药市场营销组织

三、简答题

1. 简述市场营销计划的内容。
2. 简述市场营销执行过程的主要步骤。
3. 简述影响市场营销计划有效执行的原因。

四、案例分析

感冒软胶囊的营销计划

1. 概述

感冒软胶囊是这几年发展很快的一个中药创新剂型。其源于中医传统名方"麻黄汤"和"九味羌活汤"，已有1000多年的历史。随着现代中药的发展，通过组合"麻黄汤"和"九味羌活汤"而研制出的这一创新感冒中药，具有散风解热作用，主治外感风寒引起的头痛、发烧、鼻塞、流涕、怕冷、无汗、骨节酸痛、咽喉肿痛等症，比较适合于冬季感冒和夏天空调感冒。目前，冬季感冒市场很多企业都已经注意到了，但夏天空调感冒这一细分市场还很少企业注意，目前双黄连口服液在这一细分市场占有率较高。

前几年还在新药行列的感冒软胶囊，随着这几年仿制药的出现，几乎已经沦落为普药品种了。说起来感冒软胶囊也已经有13年的发展历程了，但好像从来就没有大富大贵过，一直都是感冒家族的穷小弟。市场规模偏小、价格体系混乱、消费者认知不足、功能单一等，都是影响感冒软胶囊发育的骨头刺儿。只有去掉这些刺儿，感冒软胶囊才会有美好的明天。

2. 市场难题

(1) 市场僧多粥少，市场推广面临三大价格难题。

查询 SFDA 网站，感冒软胶囊全国共有 16 个批准文号（包括羚羊感冒软胶囊），其中有 9 个文号是 2002 年由地方批号升级为国标的，5 个文号是 2004 年批准的，1 个在 2005 年得到批准；感冒软胶囊粒装量分为 425 mg 和 500 mg 两种；从生产企业的区域分布上来看，以华北、东北地区为主，华南地区也有。因此，目前感冒软胶囊的销售重心还是以北方市场为主。

从规模上看，感冒软胶囊 2005 年全国零售总额为 2 亿元左右。目前该市场上虽有一哥领袖，但地位岌岌可危，大哥角色人人窥探。但竞争却并不因这一严峻的市场形势而有丝毫的放缓，仅 2004 年后，新进的厂商就达 6 家，而且目前还有增加的迹象。僧多粥少，必然引发大战。

据统计，2005 年，感冒药市场规模在 25 亿元左右，其中品牌药占到销售总额的 80% 以上。而且零售价格明显呈走低趋势，基本以 10 元作为划分中低档感冒药的分水岭，主流感冒药零售价均在 8~10 元的区间摆动。据此分析，感冒软胶囊新品在上市推广中一般存在这么几个问题：第一，招商价不能低于 3 元/24 粒（刚性的合作基础）；第二，从零售市场行情看，零售价不太可能超过 10 元（超过 10 元销量很低）；第三，招商价与零售价之间的绝对差值最多只有 7 元，这就是说经销商的毛利率很低。

(2) 竞争对手：区域争霸，全国性的大品牌尚未出现。

神威可谓家大业大，好产品多，单 OTC 感冒药就有清开灵软胶囊和藿香正气软胶囊两大品种。因此，在神威的产品序列中，感冒软胶囊就像个 30 多岁的老闺女一样，能嫁出去就嫁，不能嫁出去就养着她。因此神威感冒软胶囊并没有走神威的自营渠道，主要走大批发、大流通，走货价格坚挺在 3.5 元/24 粒的价位上。尽管其走量不是很大，但发展速度不可小觑。神威目前没有推感冒软胶囊的主要原因是担心出现"左手打右手"的现象，一旦市场细分，依照神威的渠道，其感冒软胶囊可以一夜遍布全国。

同仁堂这么多年来的一个营销怪圈就是在北方画地为牢，过了长江就水土不服，其感冒软胶囊也是这样。在北京，同仁堂的感冒软胶囊做得有声有色，但在其他地方就很少见了。而且它的感冒软胶囊价格批得特低。其重要策略就是依托同仁堂的百年品牌发展经销商，采用低价策略进行渗透，走货价格集中在 2.5 元/20 粒的价位。

裕泰感冒软胶囊由上海罗福太康药业（原河南太康药业）生产，2005 年，公司完成改制，随即加大了市场拓展力度，但也仅限于招商。销售的强势区域主要分布在东北、山东、河南以及广东，2005 年单品招商总额 1 500 万~1 800 万元，招商价格集中在 2.8~3.2 元之间。

新近崛起的司林是裕泰的强力竞争者，其操盘人原先为裕泰的一个经销商，采用紧贴裕泰品牌的策略，低价渗透，通常价格盘旋在 2.3~2.6 元/24 粒的区间，个别地区也有低至 2 元/24 粒的现象。

3. SWOT 分析

1) 优势 (strength)

从对产品组方的分析我们知道，感冒软胶囊对风寒感冒效果明显，但对流行性感冒和病毒性感冒效果一般。所以如果通过扩大感冒症群或者诉求、快速起效或者药效持久等这些技术层面的东西来提升感冒软胶囊的市场规模，那无异于饮鸩止渴。感冒软胶囊真正的优势不外乎两个：一是副作用小；二是剂型新，对症效果快。按这个思路进行传播，感冒软胶囊应该还是有机会的。

2) 劣势(weakness)

(1) 功能单一。

仅针对由风寒感冒引起的感冒症状，想要延伸至流感或病毒性感冒领域的难度比较大，这就限制了消费人群的扩展。因为只有一小部分人群说好，产品的再购买率必然很低。目前，感冒软胶囊必须解决好两个问题：一是尝试购买人群过少，二是再购买人群太少(对症的会再购，不对症的不再购)。

(2) 价差过小。

如裕泰感冒软胶囊招商价格3元，而零售价格又不超过10元，经销商一般是以3元进入，以4.5～5元的价格出手给药房。如果要进入连锁药房，则首先须支付5000元左右的进场费，然后以3.5～4.5元的价格铺进去。看起来利润率还不错，但当支付完税款、送货费、员工工资后，利润就所剩无几了。因此，很多经销商之所以要努力拿到感冒软胶囊的经销权，真正用意是把它当成产品线全的一张名片而已。

(3) 厂商和经销商都不敢投入。

这是导致感冒软胶囊市场较小的真正原因。一是现在药厂的成本压力非常大，现金流自然成为第一重要指标，所以肯定要影响到投入；二是感冒软胶囊已经是个普药，一家做广告所有人都有利，所以没人愿意做活雷锋；三是很多药厂规模都偏小，再加上都尝到过医药公司GSP认证时回款艰难甚至坏账的滋味，所以药厂的经营信条就是现款现货。而经销商认为不是自己的"孩子"就尽量少投入，厂家要是催急了，他也就不做了。再加上如今感冒软胶囊市场窜货异常严重，经销商更舍不得投入。

3) 机会(opportunity)

根据上面的分析，只要解决好了下面这几个问题，感冒软胶囊的市场就好做得多。

(1) 针对产品特点细分市场、选择终端。

进一步分析可以看出，感冒软胶囊的主要特点有：副作用较其他感冒药剂型小；名字中的"感冒"二字直接提示了产品功能，因而市场教育成本低；剂型新，对症人群疗效好，有一定的口碑和忠诚人群。关键是如何将优势传播出去。

(2) 市场细分。

感冒软胶囊适合于冬季感冒市场和夏季空调感冒市场，那么在两个细分市场中，冬季感冒市场的竞争对手就是西药，夏季空调感冒市场的对手就是双黄连口服液，春、秋两季的感冒市场要通过消费者尝试购买来带动销售。因此，最大的对手是西药。

(3) 终端选择。

消费者购买感冒药无非下面几种原因：备用感冒药；自我诊断购买感冒药；处方感冒药。感冒药的购买地点有医院、社区卫生中心、厂矿门诊、零售药店、个体诊所、乡镇卫生院等。从销售终端分析，个体诊所、零售药店、乡镇卫生院等的感冒药品类和容量还有很大增长空间，而且任何药品品类在这些终端几乎都具有独占性，因此，感冒软胶囊在面临激烈竞争的前提下，进入这些终端是优先之选。

据观察，农村市场感冒药零售价比城市市场偏高一点，而且品牌相对比城市市场少很多。普通村民治疗感冒的主要途径就是村卫生所或乡村医生,还有的去药店购买感冒药。因此农村市场可以作为感冒软胶囊的重点市场。

(4) 目标人群。

既然副作用小是感冒软胶囊的优势点,那么特别关注药物副作用小的孕妇、儿童、中老年人自然要成为其主体目标人群。

4) 威胁(threats)

(1) 降价:价格下降使代理商的利润空间缩小,老代理商开始采取维持或收割策略,停止新的开发投入,老市场维护压力大,吸引新代理商的难度也提高。

(2) 医药分家实行不到位,药品差价仍是医院收入的最主要来源,医院对差价小的品种持抗拒态度。

(3) 其他企业的品牌迅速创立:如果其他企业迅速创立知名品牌,则感冒软胶囊的市场将更加艰难。

4. 4P策略

1) 产品(product)

市场定位:产品定位于治疗冬季感冒和夏季空调感冒,以孕妇、儿童、中老年人为主要的目标人群,突出新剂型、效果良好和副作用小。

2) 渠道(place)

多增加自营区域:自营区域的营销手段就是农村市场的会议营销。目前农村市场感冒药竞争还不是很激烈,此时强势进入有可能抢得市场先机。

严格控制窜货:要随时注意树立企业的良好形象,以诚信对待合作伙伴。窜货和不讲诚信是目前医药保健品市场两个最大的弊端,任何企业都要注意。

3) 价格(price)

招商价格必须下沉:招商价格以在2.4~2.5元/24粒为宜。当然,如企业可加大推广力度,或考虑在央视投放广告的话,价格可适当提高,但提到4元/24粒应该就是极限了。因为投放了广告,并不等于零售价格就可能提高,还是实行低价缓步渗透为上策。

4) 促销(promotion)

加强渠道拦截:渠道商或者经销商的资金是有限的,因此,多做促销、多压货或者签订战略合作协议,将能够最大限度地从渠道源头拦截竞争品种。促销可以是折扣、补贴、返点、买赠、礼品等手段,在实际运用中一定要注意"合理"二字。

5. 市场维护

(1) 坚决推行终端医院计划,对新达罗(头孢克洛)的流向进行监控,防止业务人员和代理商出于各种目的冲货。

(2) 控制严格底价现款出货,由物控部负责。

(3) 严格执行冲货处罚规定。

(4) 加强信息调研。各地评标标准千差万别,价格不一定是中标的最主要条件。各大区应加强信息调研,不要盲目制定投标政策。加强与上层关系密切的大代理商和大商业合作是重要途径。

通过以上市场维护方法以期达到预期的目标。

案例讨论：
1. 分析本案例，感冒软胶囊在营销计划上体现有何种特征？
2. 结合医药企业当前的经营实际，分析本案例成功的经验和启示。

任务三　实战训练

实训一　中小型医药企业的营销组织设计

实训目的：

通过学习，了解中小型医药企业和初创企业在营销组织设计上的特点，初步掌握中小型医药企业营销组织设计的基本知识。

实训要求：

请以小组（一般6~8人）为单位，画出医药公司的组织结构图，写出部门职责，为该公司营销机构拟定详细的岗位的组织结构图，并写出每个岗位的岗位说明书，说明每个岗位设立的理由。

实训步骤：

（1）以小组为单位，选择一家医药公司，了解其背景。
（2）小组讨论，分析可以给组织结构设计提供思考的信息。
（3）分析影响医药企业组织结构变化的因素。
（4）要求小组成员积极参与，主动思考，积极发言，产生活跃的创意氛围。
（5）要求每位学生写出实训总结。

评价总结关键点：

学生能否充分考虑医药中小企业的环境对组织结构设计的影响，设计覆盖全体工作任务的组织结构。

考核标准：

（1）教师在实训中起指导作用，要进行实训交流，师生共同评价工作成果。
（2）是否按时完成实训课，有无明显缺陷，全组成员参与情况。

实训二　中小医院服务营销计划方案

实训目的：

通过学习，根据谁懂得医疗服务营销谁就占据了市场制高点的理念，结合实际情况，针对中小医院的现状，制订一套医疗服务营销计划方案。

实训要求：

请以小组为单位，从医药行业的概况（市场情况、设备技术情况、竞争情况和服务情况）、机会与威胁、营销目标、目标市场、营销策略、经费预算、行动方案和活动控制进行分析。

实训步骤：

（1）以小组为单位，选择一家中小医院服务营销计划方案，了解其背景。

(2) 小组讨论,分析可以给服务营销计划方案提供思考的信息。
(3) 分析影响医药服务营销计划方案变化的因素。
(4) 要求每个学生都写出一份中小医院服务营销计划方案。

考核标准:
(1) 教师对学生方案和实训报告进行批阅评分。
(2) 教师针对学生的方案提出建设性意见。

(黄　珂)

项目十七 医药营销控制技术

> **学习内容**
> **掌握**:根据医药企业需要制订市场营销计划并加以控制。
> **熟悉**:市场营销控制程序和市场营销审计步骤。
> **了解**:市场营销控制的类型,年度计划控制、市场营销控制的有关概念。
>
> **能力目标**
> 能对医药企业的营销方案进行控制。
> 学会年度计划控制的步骤。

 ## 任务一 医药市场营销控制

一、医药市场营销控制的含义

医药市场营销控制,是指医药市场营销管理者经常检查市场营销计划的执行情况,看看计划与实际是否一致,如果不一致或没有完成计划,就要找出原因所在,并采取适当措施和正确行动,以保证医药市场营销计划的完成,也就是对营销活动进行评估、发现问题、纠正偏差的过程。它包括年度计划控制、盈利率控制、效率控制和战略控制四个方面。

> **知识链接**
>
> **扁鹊的医术**
>
> 魏文王问名医扁鹊说:"你们家兄弟三人,到底医术哪一位最好呢?"
> 扁鹊答:"长兄最好,中兄次之,我最差。"
> 文王再问:"那么为什么你最出名呢?"
> 扁鹊答:"长兄治病,是治病于病情发作之前。由于不知道他事先能铲除病因,所以他的名气无法传出去;中兄治病,是治病于病情初起时,大家以为他只能治轻微的小病,所以他的名气只及本乡里;而我是治病于病情严重之时,大家都看到我在经脉上穿针管放血、在皮肤上敷药等大手术,所以以为我的医术高明,名气因此响遍全国。"
> 启示:事后控制不如事中控制,事中控制不如事前控制。

二、医药市场营销控制的必要性

(一)环境变化的需要

控制总是针对动态过程而言的。从营销管理者制订目标到目标的实现通常需要一段时间,在这段按时间里,企业内、外部的情况可能会发生变化,尤其是面对复杂而动荡的市场环境,每个企业都面临着严峻的挑战,各种变化都可能会影响到企业既定的目标,甚至有可能需要重新修改或变动以符合新情况。高效的营销控制系统,能帮助营销管理者根据环境变化情况,及时对自己的目标和计划作出必要的修正。一般来说,目标的时间跨度越大,控制也越重要。

控制系统的作用在于:帮助管理者看到形势的变化,并在必要时对原来的计划作出响应和修正。

(二)需要及时纠正执行过程中的偏差

在计划执行过程中,难免会出现一些小偏差,而且随着时间的推移,小错误如果没有得到及时的纠正,就可能逐渐积累成严重的问题。

营销控制不仅是对企业营销过程的结果进行控制,还必须对企业营销过程本身进行控制,而对过程本身的控制更是对结果控制的重要保证。因此,营销管理者必须依靠控制系统及时发现并纠正小的偏差,以免给企业造成不可挽回的损失。

控制与计划既有不同之处,又是密切相关的。一般来说,营销管理程序中的第一步是制订计划,然后是组织实施和控制。而从另一个角度看,控制与计划又是紧密联系的。控制不仅要按原计划目标对执行情况进行监控,纠正偏差,在必要时,还将对原计划目标进行检查,判断其是否合理,也就是说,要考虑及时修正战略计划,从而产生新的计划。

三、市场营销控制的类型

(一)年度计划控制

年度计划控制是指企业在本年度内采取控制步骤,检查实际绩效与计划之间是否有偏差,并采取改进措施,以确保市场营销计划的实现与完成。

(二)盈利能力控制

运用盈利能力控制来测定不同产品、不同销售区域、不同顾客群体、不同渠道以及不同订货规模的盈利能力。

(三)效率控制

高效率的方式来管理销售人员、广告、销售促进及分销。

(四)战略控制(市场营销审计)

战略控制是指市场营销管理者采取一系列行动,使实际市场营销工作与原规划尽可能一致,在控制中通过不断评审和信息反馈,对战略不断修正。

四、实施市场营销控制的基本程序

(一)确定控制对象

控制对象多,可获得较多信息,但会增加相应的费用。因此,在确定控制对象时要使成本小于活动所能带来的利润。

(二)设置控制目标

企业常见的控制目标一般有销售收入、销售成本和销售利润。

(三)建立衡量尺度,确立控制标准

①控制标准尽可能量化,如规定每个销售人员今年应开发20个新客户,在新产品投入市场前三个月内市场占有率达到2%等。②标准要切实可行,若太高,会影响执行人员的工作积极性。

> **知识链接**
>
> 美国信用卡公司认识到高质量客户服务的重要,决定对客户的服务质量进行控制。真正衡量客户服务标准基于持卡人的见解,这就需要对公司控制程序进行彻底检查。第一项就是确认用户对公司的期望,持卡人希望准时收到账单、快速处理地址变动和采取行动解决抱怨。为了了解客户期望,建立了客户服务质量标准,这些标准都基于用户所期望的服务及时性、准确性和反应的灵敏性上。计划执行效果很好。比如,处理信用卡申请时间由35天降到15天,更换信用卡从15天降到2天,回答用户查询时间从16天降到10天。这些改进给公司带来的利润是巨大的,该质量控制计划使整个公司都注重客户期望。公司的每一个员工都对改进客户服务作出了贡献,士气大增。信用卡客户服务质量控制计划的成功,使其他公司争相效仿。
>
> 为什么公司将标准建立在经济可行的水平上,而不是最高可能的水平上?

(四)比较实绩与标准,分析偏差原因

实绩与标准一般不可能完全吻合,有差异是可以接受的,执行中要有一个可衡量偏差的界限,当超出这一界限时,企业就应该采取措施。

(五)采取改进措施,纠正偏差

建立控制系统的目的就是要纠正偏差,纠正行为一般有两个方面:一方面,修改标准,使其与现实更加靠近;另一方面,改变实现目标的手段以达到原来制定的标准。这种比较常用,因为标准一经制定,如果没有特殊情况,不应该随意修改。

任务二 年度计划控制

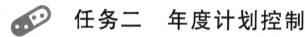

一、年度计划控制的含义

年度计划控制是指企业在本年度内采取控制步骤,检查实际绩效与计划之间是否有偏差,并采取改进控制,以确保市场营销计划的实现与完成。实施年度计划控制是非常重要的。

二、年度计划控制的过程

(1) 制定标准,即确定本年度各季(月)的目标。
(2) 绩效测量,即将实际成果与预期成果相比较。
(3) 因果分析,即分析发生偏差的原因。
(4) 改正行动,即采取措施纠正偏差。

三、检查年度营销计划执行的几个指标

(一) 销售差异分析

衡量并评估企业的实际销售额与计划销售额之间的差异情况。

譬如,某医药公司在苏州、无锡、常州三个地区的计划销售量分别是2 000件、1 500件、1 000件,总计4 500件,而实际总销量是3 800件,三个地区分别是1 200件、1 400件、1 200件,与计划的差距分别为-40%,-6.7%,$+20\%$。通过分析可知,苏州是造成销售困境的主要原因。因而应进一步查明苏州地区销量减少的原因。

(二) 市场占有率分析

衡量并评估企业的市场占有率情况。根据企业选择的比较范围不同,市场占有率一般分为三种。

(1) 全部市场占有率:企业的销售额(量)占行业销售额(量)的百分比。
(2) 目标市场占有率:企业的销售额(量)占其目标市场总销售额(量)的百分比。
(3) 相对市场占有率:企业的销售额(量)和几个最大竞争者的销售额(量)的百分比。若相对市场占有率大于1,表明本企业是行业的领导者;等于1,表明本企业与最大竞争对手实力相当;小于1,表明本企业不是行业的领导者。

(三) 营销费用率分析

衡量并评估企业的营销费用对销售额的比率,还可进一步细分为人力推销费用率、广告费用率、销售促进费用率、市场营销调研费用率、销售管理费用率等。

(四) 顾客态度跟踪

企业通过设置顾客抱怨和建议系统、建立固定的顾客样本或者通过顾客调查等方式,了解顾客对本企业及其产品的态度变化情况,进行衡量并评估。如药店顾客的一小声嘀咕、皱一下眉头,也可能是在表达不满。店长若能即时察觉,便能避免一个潜在的忠诚顾客的流失。如果店长能在明白顾客的意图,设法留住这位顾客,认真倾听他的意见与建议,即使真的留不住,请其留下通联信息,日后再找机会拜访他,听取其想法与建议,是非常必要的。

任务三 市场营销审计

一、市场营销审计的含义

市场营销审计起源于20世纪50年代初的美国公司,是对一个企业的营销环境、营销

目标、营销战略、营销组织、营销绩效等一系列的经营活动进行全面、系统、独立和定期的审查和考核，以决定企业的市场营销范围和寻找市场机会，发现企业市场营销中存在的问题，寻找改进市场营销工作的有效途径，提出正确的市场营销计划，提升企业市场营销业绩，增强企业的市场竞争力。它实质上是在一定时期对企业全部市场营销业务进行总的效果评价。在跨世纪营销中，广泛开展营销审计，全面、有效地实施营销控制，对保证企业高效率和高效益运转，有着重要的意义。开展营销审计，有利于提高营销效益，节约营销资源；有利于企业有效地规避营销风险；有利于企业适应环境变化，适时地调整营销计划。

二、市场营销审计的特征与步骤

（一）市场营销审计的特征

营销审计不是一次临时性工作，具有以下特征。

1. 全面性

营销审计涉及一个企业主要的营销活动和营销活动的全过程，只有这样才能找出真正的问题所在。

2. 系统性

营销审计包括一系列有秩序的诊断步骤，其中包括企业的营销环境、营销战略、营销组织结构、营销制度、营销效率的评价等，从多方面寻找导致问题的原因。

3. 独立性

营销审计应由独立于营销组织以外的审计机构来实施，以实现审计结果客观和公正的目的。

4. 定期性

不论营销活动进展得是否顺利，是否产生了问题，都要定期进行营销审计，而不是等到企业出现危机时才开始想到这一工作。定期不仅仅是时间上的概念，还包括营销活动发展的各个阶段。

（二）市场营销审计的步骤

营销审计是一项复杂而细致的评估活动。其具体实施步骤如下。

（1）应由公司管理当局和营销审计人员一起拟订一份有关审计目标、涉及面、深度、资料来源、报告形式以及时间安排的协议。

（2）根据协议要求准备一份详细的计划，包括会见何人、询问何问题、接触地点和时间等。在进行营销审计时，尤其应该注意的是，审计人员不能仅仅向公司经理征询意见，还必须访问顾客、经销商以及外界其他有关人士。

（3）对收集到的资料进行分析评估，提出主要的审计结果和建议。

营销审计过程实际上就是公司经理吸收、消化和发展所需营销行动的过程。

三、市场营销审计的内容

一个完整意义的市场营销审计，应该包括企业的市场营销环境审计、市场营销战略审计、市场营销组织审计、市场营销系统审计、市场营销盈利能力审计、市场营销职能审计等诸多内容。

（一）市场营销环境审计

市场营销环境审计主要通过对影响企业市场营销的宏观与微观环境进行调查和研究，预测未来市场变化对企业的影响，抓住市场机会，减少营销风险，为适时调整市场营销战略提出审计建议。市场营销环境审计主要包括宏观环境审计和微观环境审计。宏观环境如人口、经济、自然、生态、技术、政治法律、社会文化；微观环境如本企业的其他部门、顾客、供应商、营销中介、竞争对手和各种公众因素等。

（二）市场营销战略审计

市场营销战略审计主要是分析考察企业营销目标、战略是否适应外部环境的变化，包括企业经营是否以目标市场为导向；市场营销目标是否清楚明确；在企业现有条件下，企业所定目标是否恰当；企业的营销战略与竞争者战略相比有何竞争优势；企业达到目标市场的策略是否正确可靠，市场营销资源是否按各种不同细分市场、地区和产品作了适当的配置等。

（三）市场营销组织审计

市场营销组织审计主要是检查营销组织在预期环境中，选择和控制决策的能力，如市场营销活动是否按不同职能部门、不同生产部门作了最适当的组织安排；营销部门与市场研究、财务会计、产品生产、物资采购等部门是否保持良好的沟通和合作；产品管理系统是否有效地工作；销售人员的招聘、激励、培训、考核工作是否有效合理等。

（四）市场营销系统审计

市场营销系统审计主要评估企业信息系统、计划系统、控制系统及产品开发系统。如企业信息系统能否正确、及时、有效地收集和整理市场发展变化方面的信息。计划系统是否成功而有效地编制了计划及对预期目标的达到率。营销控制系统能否确保企业各项计划的实现，管理部门是否对产品、市场、地区和分销路线的经济效益进行定期分析等等。产品开发系统是否为收集、产生、筛选新产品构思进行调查研究和商业分析，是否在新产品正式上市前进行过适当的产品试验和市场试销等。

（五）市场营销盈利（效率）能力审计

市场营销盈利（效率）能力审计主要审计营销组织的获利能力和各项营销活动的成本效率，包括分析企业不同产品、市场、地区和分配路线的利润情况，分析企业应该打入哪些市场、扩大或收缩及撤出哪些市场。检查成本效益，找出某些营销活动超出预计成本的原因，以及采取哪些降低成本的步骤，评价成本控制的效果。分析审查销售收入、费用的增减程度及结构变化，分析贷款回收率及存货周转速度的快慢，分析销售员的效率和市场占有率的变化。

（六）市场营销职能审计

市场营销职能审计是指对营销组合诸因素，如产品、价格、分销、人员推销、营销组织的业绩考核以及广告管理、公共关系效果的审计。内容包括营销管理的总体审计、销售管理审计、市场调研管理审计、广告管理审计等。通过营销职能审计，可及时发现企业营销管理中的问题并提出改进意见。

小 结

（1）医药市场营销控制的含义及其必要性。

（2）年度计划控制的含义及过程、检验计划执行的四个指标：销售差异分析、市场占有率分析、营销费用率分析和顾客态度跟踪。

（3）市场营销审计的含义及市场营销审计的四个特征：全面性、系统性、独立性、定期性。

（4）市场营销审计的步骤及内容：市场营销环境审计、市场营销战略审计、市场营销组织审计、市场营销系统审计、市场营销盈利能力审计、市场营销职能审计等。

能力检测

一、单选题

1. 企业在本年度内采取控制步骤，检查实际绩效与计划之间是否有偏差，并采取改进控制，以确保市场营销计划的实现与完成，这是（　　）。
　 A. 年度计划控制　　　　　　　　B. 盈利能力控制
　 C. 效率控制　　　　　　　　　　D. 战略控制

2. 下面哪一项不属于市场营销控制的四种类型？（　　）
　 A. 年度计划控制　　　　　　　　B. 盈利能力控制
　 C. 广告效率控制　　　　　　　　D. 战略控制

3. 企业的销售额（量）占行业销售额（量）的百分比是（　　）。
　 A. 全部市场占有率　　　　　　　B. 目标市场占有率
　 C. 相对市场占有率　　　　　　　D. 市场占有率

二、简答题

1. 年度计划控制主要有哪些步骤？
2. 实施营销计划控制的基本程序有哪些？
3. 市场营销审计的基本步骤是什么？
4. 市场营销审计的内容是什么？

三、名词解释

年度计划控制　　市场营销审计　　医药市场营销控制

四、案例分析

某保健品公司营销控制的成败

某保健品公司 2005 年创立，注册资金为 30 万元，销售额 2006 年为 1 亿元，2008 年为 80 亿元，且资产负债率为零。

该保健品创造的奇迹在于，它在农村市场获得了极大成功。强有力的宣传攻势让农民认为无论患了什么病，首先想到的就是服用某保健口服液。有人误以为其是一种延年益寿的灵丹妙药，甚至倾囊购买，以防断货。

该保健品的成功得益于庞大的营销网络。遍布全中国的销售网络加上强有力的媒体宣传攻势，让其一夜成名，销售额急速上升。

2009年3月，一场人命案将该保健品公司推上被告席，而法院的判决更让该公司遭受到毁灭性打击。销售一落千丈，被迫停产，重创之下，该保健品公司不能自拔。企业的飞速扩张、单一的产业结构、疯狂的营销手段和疏漏的内部管理必将导致惨败的结局。舍得将上亿元资金投入宣传，却舍不得花上百万元进行科研和技改。试想一个科技含量不高的保健品，在农村温饱才刚刚解决的情况下，保健品怎么可能卖得如此疯狂？这无疑是宣传上的误导。这种误导只会有短期的效果，绝不可能长久。

此外，该保健品公司总裁在内部发行的《文集》中宣称该公司要做中国的第一纳税人。新聘人员进公司的第一周，便集中学习《文集》。书中很多提法让人吃惊。如该公司的发展计划是：2006年销售1亿元，2007年要达16亿，2008年则为100亿，2009年300亿，2010年900亿。如果真能做到，成为中国第一纳税人或许可以做到，问题是中国保健品市场最大的容量只有三四百亿。换句话说，即使中国人都选该保健口服液作为保健品，也不可能实现年销售900亿的目标。

缺乏成熟的管理体制，企业根本谈不上发展。企业的成熟首先应该体现为管理的成熟，其次才是产品的成熟。而管理的成熟是一个漫长的过程，绝不可能一蹴而就。企业的高速发展让当事者产生幻觉，就算可以控制一切，但绝对左右不了市场。经营企业是门学问，要学的东西很多，不管是打工白领还是总裁，区别在于所交的学费不一样。

案例讨论：
1. 分析某保健品公司在营销控制上的失败。
2. 结合某保健品公司当前的经营实际，分析其营销的阶段成功的原因。

任务四　实战训练

中小医院服务营销控制方案

实训目的：

通过学习，根据中小医院服务营销计划方案，设置控制目标，建立可行的控制标准，比较实效与标准之间的偏差，采取改进措施，纠正偏差。

实训要求：

请以小组为单位，从医药的环境、战略、组织、系统、盈利能力、职能进行审计，实施全面的营销控制，保证中小医院提高服务营销水平。

实训程序：

(1) 以小组为单位，选择一家中小医院服务营销计划方案，对其进行有效控制。

(2) 小组讨论，分析可以给服务营销计划方案提供控制的信息。

(3) 分析影响医疗服务营销计划方案控制的因素。

(4) 考虑本次实训的任务量和预算成本。

(5) 要求每人都提出切实可行的方案。

考核标准：

(1) 对营销控制的概念与理论运用正确。

(2) 联系医药企业的实际情况，能对营销计划方案进行有效控制。

（黄　珂）

附录A　实训考核评分标准

表 A-1　实训考核评分细则(教师用表)

评议指标		评分标准	得　分
实践环节总结报告内容(40分)	本环节实践项目内容分析思路	逻辑合理,思路清晰(9~10分)	
		比较合理、清晰(6~8分)	
		不清晰(3~6分)	
	决策所依据的数据资料	权威、精炼(8~10分)	
		一般(5~7分)	
		拼凑(3~5分)	
	语言文字组织	语句简练,流畅,无错别字(9~10分)	
		语句通顺,通俗易懂,偶有错别字(7~8分)	
		语句不通顺,词不答意,错别字较多(2~6分)	
	观点创新方面	观点有创新,且论点较好(8~10分)	
		没有新观点,但论证上没漏洞(6~7分)	
		没有新观点,且论述不完整(3~5分)	
总结报告形式(15分)		版面设计美观,大方,数据图表齐全,图文并茂(14~15分)	
		版面设计合理,图文搭配较好(11~13分)	
		版面设计不合理,图文搭配较差(6~10分)	
陈述报告情况(25分)	制作幻灯片等多媒体演示文稿情况	美观大方,内容翔实(9~10分)	
		形式普通,内容全面(7~8分)	
		粗制滥造,内容不全(0~6分)	
	宣讲报告	仪态大方,声音洪亮,语言流畅,条理清晰(11~15分)	
		声音较洪亮,语言较流畅,条理较清晰(6~10分)	
		声音小,听不着,语言不流畅,思维混乱(0~5分)	
回答问题情况(20分)	主答辩人	思路清晰,主次分明,回答问题简练正确(8~10分)	
		思路清晰,回答问题正确(6~8分)	
		思路不清晰,回答问题不明确(0~5分)	
	主答辩人和小组其他成员配合情况	默契,协调(9~10分)	
		有配合但不协调(7~8分)	
		不配合(0~6分)	
		得分合计	

附录B 部分参考答案

项目一 医药市场营销基础知识

一、单选题
1. B 2. B 3. A 4. D 5. A

二、多选题
1. ABCDE 2. ABCD 3. ABCD 4. BCDE 5. ABCD

项目二 医药市场概述

一、单选题
1. C 2. D

二、多选题
1. ABCDE 2. BC

项目三 医药市场营销环境分析

一、单选题
1. B 2. C 3. B 4. D

二、多选题
1. ABCE 2. BCDE 3. ABCDE 4. ABCDE 5. ABCE

项目四 医药消费者市场购买行为分析

二、单选题
1. B 2. A 3. A 4. A 5. D

项目五 医药组织市场购买行为分析

一、单选题
1. D 2. A 3. D 4. C 5. B

二、多选题
1. ABD 2. ABDE 3. ACD 4. ABCDE 5. CDE

项目六 医药市场调研技术

二、单选题
1. B 2. B 3. D 4. C 5. D 6. A

三、判断题
1. × 2. ×

项目七 医药企业市场战略规划

二、单选题

1. A 2. B 3. A 4. B 5. A 6. A 7. A 8. B 9. A 10. D

三、填空题

1. 行业吸引力
2. 规定企业任务、确定企业目标、安排业务组合、制定新业务计划
3. 指导性、全局性、长远性、竞争性、系统性、风险性
4. 市场营销战略制定、市场营销战略实施与控制、市场营销战略评价
5. 公司战略、业务单位战略、职能战略

项目八 医药目标市场营销技术

一、单选题

1. D 2. D 3. A 4. C 5. D

二、多选题

1. ACD 2. ABCDE 3. ABD 4. ABCDE

项目九 医药市场竞争性营销技术

一、单选题

1. C 2. C 3. A 4. D 5. B

二、多选题

1. ABCDE 2. ACD 3. ABC 4. ABC 5. ABC

项目十 OTC营销技术

一、单选题

1. B 2. A 3. D 4. B 5. D 6. C 7. E

二、多选题

1. ABCE 2. BCDE 3. ABD 4. AD 5. ABCDE 6. ACDE 7. ABCE

项目十一 医疗服务市场营销技术

一、单选题

1. A 2. A 3. A 4. A 5. A 6. A

二、多选题

1. ABC 2. ABCDEF 3. ABCDEF 4. AC 5. ABCD

项目十二 医药产品策略

一、单选题

1. D 2. C 3. C 4. B 5. B

二、多选题

1. ABCD 2. ABCDE 3. BDE 4. BC

项目十三 药品价格策略

一、单选题

1. C 2. C 3. B 4. C 5. D 6. A 7. B 8. A

二、多选题
1. ABC 2. ACD 3. CDE 4. ABC 5. AC 6. ACD 7. ABC 8. ABCD

项目十四　医药分销渠道策略

一、单选题
1. A 2. D 3. B 4. A

二、多选题
1. ABCDE 2. BCE 3. ABCDE

项目十五　医药促销技术

一、单选题
1. B 2. B 3. D 4. C 5. A 6. A 7. A 8. C 9. D 10. D 11. B 12. C

二、多选题
1. BDE 2. ABCDE 3. BCDE 4. ABCD 5. ABCD 6. ABCD 7. ABC 8. CD 9. CDE 10. BDE

三、判断题
1. × 2. √ 3. √ 4. √ 5. √

项目十六　医药营销计划、组织与执行技术

一、单选题
1. A 2. C 3. A 4. D 5. B 6. D

项目十七　医药营销控制技术

一、单选题
1. A 2. C 3. A

附录C 教学大纲

表 C-1 教学大纲(参考)

项目及内容	理论学时	实训学时	总学时
项目一 认识医药营销			
模块一 市场营销基础知识	2	2	4
模块二 药品市场概述	2	0	2
项目二 医药市场分析技术			
模块三 医药市场营销环境分析	2	2	4
模块四 医药消费者市场购买行为分析	3	3	6
模块五 医药组织市场购买行为分析	1	1	2
模块六 医药市场调研技术	3	3	6
项目三 医药营销市场选择技术			
模块七 医药企业市场战略规划	2	2	4
模块八 医药目标市场营销技术	3	3	6
模块九 医药市场竞争性营销技术	2	2	4
模块十 OTC营销技术	4	4	8
模块十一 医疗服务市场营销技术	1	1	2
项目四 医药营销组合技术			
模块十二 医药产品策略	3	3	6
模块十三 药品的价格策略	2	2	4
模块十四 医药的分销渠道策略	2	2	4
模块十五 医药促销技术	3	3	6
项目五 医药营销组织管理控制技术			
模块十六 医药营销计划、组织与执行技术	1	1	2
模块十七 医药营销控制技术	1	1	2
合计	37	35	72

参考文献

[1] 菲利普·科特勒. 营销管理[M]. 北京:中国人民大学出版社,2002.
[2] 金文辉. 市场营销学[M]. 北京:中国中医药出版社,2006.
[3] 山本武道,松江满之,藤田道男. 微利搏杀——43家药店经营案例剖析[M]. 孙丹,译. 北京:化学工业出版社,2008.
[4] 彭智海. 医药市场营销学[M]. 北京:科学出版社,2004.
[5] 吴虹. 医学市场营销实用技术[M]. 北京:中国医药科技出版社,2008.
[6] 汤少梁. 医药市场营销学[M]. 北京:科学出版社,2010.
[7] 乔德阳. 实用医药市场营销技术[M]. 北京:化学工业出版社,2008.
[8] 钟明练. 药品市场营销学[M]. 2版. 北京:人民卫生出版社,2010.
[9] 顾海. 医药市场营销学[M]. 北京:人民卫生出版社,2006.
[10] 顾海,杨金凤,符华平,等. 医药市场营销与实务[M]. 北京:人民卫生出版社,2010.
[11] 董国俊. 药品市场营销学[M]. 北京:人民卫生出版社,2009.
[12] 沈志平. 医药市场营销[M]. 北京:科技出版社,2010.
[13] 官翠玲. 医学市场营销学[M]. 北京:中国中医药出版社,2010.
[14] 吴健安. 市场营销学[M]. 北京:高等教育出版社,2007.
[15] 吕一林,李蕾. 现代市场营销学[M]. 4版. 北京:清华大学出版社,2007.
[16] 师东菊,安祥林. 我国OTC药品市场营销对策探讨[J]. 医药世界,2007,02:19-20.
[17] 邬时民. 非处方药市场——诱人的香饽饽[N]. 中国中医药报,2009-02-27(3).
[18] 王丹. 我国非处方药市场增长率居世界首位[N]. 健康报,2008-11-10(1).
[19] 陈玉文. 药店经营管理实务[M]. 北京:中国医药科技出版社,2006.
[20] 杨克钊,周宗华,徐传新,等. 非处方药营销与应用[M]. 北京:中国中医药出版社,2004.
[21] 侯胜田. OTC药品营销管理[M]. 北京:化学工业出版社,2004.
[22] 侯胜田. 医药营销案例点评[M]. 北京:中国医药科技出版社,2007.
[23] 侯胜田. 医疗服务营销[M]. 北京:经济管理出版社,2010.
[24] 马清学. 医药营销实训[M]. 北京:中国劳动和社会保障出版社,2007.
[25] 张大禄. 药品营销策略与技巧实战158例[M]. 北京:中国医药科技出版社,2007.

[26] 代航. 药店营销经典案例选评[M]. 上海:上海交通大学出版社,2009.
[27] 沈蕾,曹建文. 医疗服务品牌营销[M]. 上海:复旦大学出版社,2007.
[28] 罗国海. 医药市场营销学[M]. 郑州:郑州大学出版社,2005.
[29] 高凤荣. 市场营销基础与实务[M]. 北京:机械工业出版社,2007.
[30] 陶婷婷,蒋学华,胡明. WHO药品价格调查研究指南及其在我国的研究应用[J]. 中国药房,2011,22(4):311-315.
[31] 吴婷,曹阳. 浅析我国药品价格的政府规制[J]. 科技信息,2010,36:76.
[32] 李建峰,董媛,张馨予. 市场营销实务[M]. 北京:北京师范大学出版社,2011.
[33] 常永胜. 营销渠道:理论与实务[M]. 北京:电子工业出版社,2009.
[34] 严振. 药品市场营销技术[M]. 北京:化学工业出版社,2011.
[35] 钟明炼. 药品市场营销案例[M]. 北京:人民卫生出版社,2010.
[36] 纪宝成. 市场营销学教程[M]. 北京:中国人民大学出版社,2004.
[37] 上官万平. 医药营销医药代表实务[M]. 上海:上海交通大学出版社,2005.
[38] 何贯中. 医药营销100战[M]. 北京:中国经济出版社,2007.
[39] 西蒙. 医药营销大趋势[M]. 北京:电子工业出版社,2011.
[40] 张登本,张景明. 医药营销[M]. 西安:西安交通大学出版社,2011.
[41] 冯国忠. 医药市场营销学[M]. 北京:中国医药科技出版社,2008.
[42] 沈志平. 医药市场营销[M]. 北京:科学出版社,2010.